Der Naturen Bloeme...

Jacob Van Maerlant, Jean-Henri Bormans

DER

NATUREN BLOEME.

DER

NATUREN BLOEME

VAN

JACOB VAN MAERLANT,

MET INLEIDING, VARIANTEN VAN HSS., AENTEEKENINGEN EN GLOSSARIUM,

OP GEZAG VAN HET GOUVERNEMENT

EN IN NAEM DER KONINGLIJKE AKADEMIE VAN WETENSCHAPPEN,
LETTEREN EN FRAYE KUNSTEN,

voor de eerste mael uitgegeven door

J.-H. BORMANS,

Hoogleeraer bij de Universiteit van Luik, lid der koninglijke Akademie van Belgie, enz.

———

EERSTE DEEL.

BRUSSEL,

M. HAYEZ, DRUKKER DER KONINGLIJKE AKADEMIE VAN WETENSCHAPPEN.

—

1857.

Acob van marlant de dit
ghedichte. Om te sendene
dere ghichte. Wille darmen
desen boec nome Wantmie.
in dutschen boeken.
stegheen dichter wilde
rocken. Hijr te dichtene
van naturen. van so me
nigher creaturen.
alse in desen woeke staen.
st iemant en hebte des waen.
D at ic de materie vensde.
E l dan ic de rime pensde.
De matery veygaderde recht.
v an coelne broeder aelbrecht
w t desen meesters de hijr na comen

In duutsche der naturen bloeme

Fragm. G., einde.

w ant alse hi comt in sine macht
h i saeth hon danhoi in den throene
ay etten eenwehhoi loene
c ii een doepys merten vraghen
al hi ygeer hellen saghen
orphario alse die lettre seghet
heuet dies gheen yughel pleghet
D arg doi enen wet alse die droi
D en andren alse die grans renduoi

Iacob van maerlant die dichte
Om te sendene weir ghichte
Wille dat men dit boec nome
In dietscy der nature bloeme
Want noch noyt dietsche boeke
Ne gheen dichtere ne wilde weke
Hier te dichtene van nature
Van so menighen creature
Als in desen boeken staen
Tieine ne hebbe des waen
Dat ic die matere vensede
Els dan ic die rime pensede
Die matere vergaderde recht
Van coelne broeder alebrecht
Te desen meesters die hier na com
Die ic v sal bi namen nomen
Die eerste die es aristotiles
Die te rechte doerste weles
Want hi van alre filosofie
Van alre natuerliker dergie
Bouen allen heidine die oit ware
raghtet die avone mder sauren
aer so men dit r km siet: az.
ats dat hi te segghene pliet
Plinius die coemt d' naer
Dies boeke men hosit ouer waer

DER

NATUREN BLOEME

JACOB VAN MAERLANT.

PROLOGHE.

Jacob van Maerlant/
die dit dichte/
Om te sendene teere ghichte/
Wille dat men dit boec noeme
In dietsche Der Naturen Bloeme;
5 Want noch noyt/ in dietschen boeken/
Enech dichtere wilde roeken
Jet te dichtene van naturen

VERSCHILLIGE LESSEN. Vs. 1. Bruss. HS. Meerlant. Hamb. HS. Maerlant de dit ghe-
dichte. Detm. HS. Merlant. Vissers HS. Maerlant die dichte (dit *ontbreekt*). | 2. B.
sindene tere. Nimw. Fragm. seindene tere. D. Omme te s. tere ghifte. | 3-4. B. Hi
wilt dat men in ditsce nome Desen boec Der Nat. Bloeme. H. desen b. nome In duutsche Der Nat. Blome. D. Wil d. m. dit b. nome In vlaems Der Nat. Blome. V. dit b.
nome In dietsch Der Nat. Blome. N. desen bouke n. In dietsch. | 5-6. H. Want nie
in dutschen b. Negheen dichter. N. want noeit in d. boeken Neghene d. D. Want
noch noint in d. b. Negheen dichtre w. soeken. B. noit in ditscen. V. Negheen d. ne
wilde. | 7. H. Hijr te d. D. Hiet te d. V. Hiet te dichtere (*sic*). N. natueren : crea-
turen.

1

Van so meneghen creaturen /
Alse in desen boeke staen.
10 Niemen en hebbe dies waen /
Dat ik die materie veinsde /
Els van ic die rime peinsde ;
Die materie vergaderde recht
Van Coelne Broeder Alebrecht
15 Ute desen meesters / die hier na comen /
Die ic u sal bi namen nomen.
 Die eerste es Aristotiles /
Die met rechte deerste es :
Want hi van alre philosophien /
20 Van alre natuerliker clergien /
Boven allen heidinen die noqt waren
Draghet die crone in der scaren.
Waer dat men dit teken .AR. siet /
Dats dat hi te segghene pliet.
25 Plinius die comt daer naer /

Vs. 8. B. soe meneger. H.N. so menigher. D. so messeliken. V. somenighen. | 9. V. Als in d. boeken. D. in diesen (?) boeken. B. boeken. | 10. B. Niemen hebbe. H. Niemant en hebbe des. D. Niemene nebbe. V. ne hebbe des. | N. des. 11. B. veensde : peensde. H. vensde : pensde. D.V. vensede : pensede. | 12. B. Els dat ic. H. El dan ic. | 13. B. Entie m. vergederde. D. Want de m. H. De matery. | 14. B. Brueder Aelbrecht. H. Aelbrecht. N. *van de eerste hand* Brueder, *veranderd in* Broeder. D. Van Colne Meester Albr. | 15. B. Van den m. N. Wte desen m. D. Hute desen m. d. hir comen. H. Wt. d. m. de bijr na. | 16. H. *ontbr.* N. noemen. D. ic iu sal. | 17. B. Die erste es Aristotules. H. De ierste is. D. Die erste is. V. Die e. die es. N. Arest. | 18. H. De mit r. de eerste. B. te rechte di erste. D. met r. wal de erste. V. te r. doerste (*sic*) wel es. | 19. D. philosopbyen. V. filosofie. | 20. V. natuerliker; *de overige* naturl. | 21. B. alle di heidene di oit. H. beyden die ie w. D. eidinen d. hoit. V. die oit. | 22. N.H. Draecht bi cr. in deser; *ook* B., *maer toch* : in der sc. D. Crone draghet in der. V. inder sc. | 23-24. H. dit teyken .AR. aen siet. (*sic; doch voor die verkorting zal ik overal voluit* Aristotiles *schrijven*). N. dat men tekiin. D.V. Waer so m. d. teiken siet : .AR. D. Dats dat hi segghens pliet. H. Dats dat men. | 25. H. Plinius de coninc. D. comet hier na. V. Plunius d. coemt. *In plaets van dezen regel en de negen-en-vijftig volgende (vs. 25-84) vindt men*

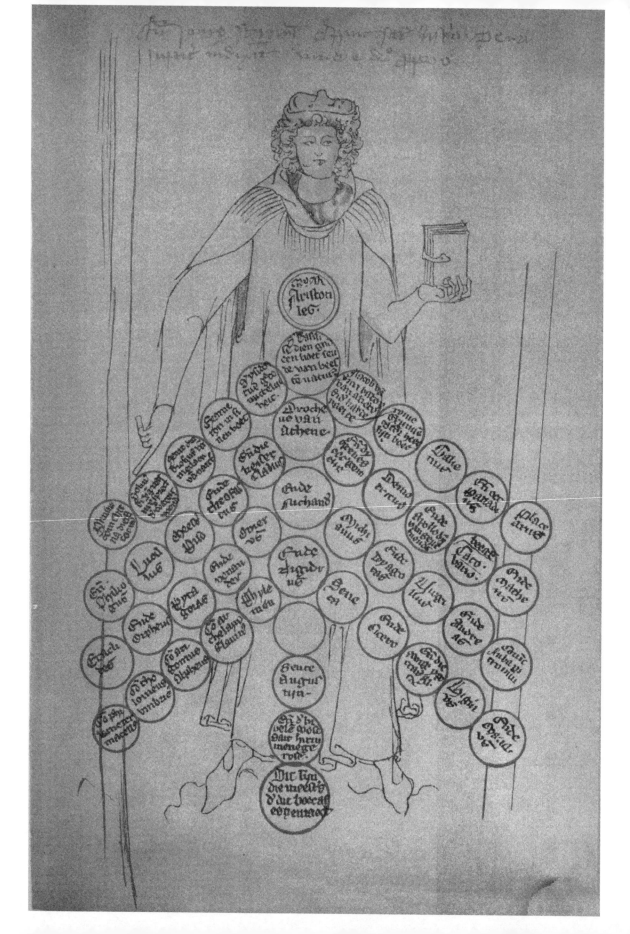

Wies boeken men hout over waer;

Solinus / die van naturen

Scone spreect in siere scrifturen /

In enen boec / die men weet

30   Die Van der Werelt Wonder heet.

Sente Ambrosius van Melane /

Die van naturen doet te verstane

In sinen boec Exameroen /

Dien noemt men dicke in dit doen.

35   Sente Baselijs sekerlike /

Dien God sende van hemelrike

Enen boec van beesten naturen /

Staet dicke oec in deser scrifturen.

Sente Ysidorus oec mede /

40   Die dicke grote nuttelichede

Ghefeit heeft in sine boeken /

Dien moet men hier dicke soeken.

Echt meester Jacob van Vitri /

in 't Bruss. HS. alleen deze twee :

    Die andre meesters die hier naer
    Comen, staen in die figure daer.

De figure, waer hij heen verwijst en de namen dier meesters beslaen inderdaed daer tegenover eene gansche bladzijde. Ik heb het geheel, zoo als het is, nauwkeurig doen nateekenen, om het hier onder de oogen van den lezer te plaetsen.

Vs. 26. N. Vive bouken. H. boeke. D. boeke m. oudet. V. boeke. | 27. H. Solinus daer na van. D.V. daer na die. | 28. H.V. Spreect scone in sire. N. in sine. D. Spreket scone in sine. | 29. N. bouc dat. D. ene boeke. V. In eenen. | 30. *Al de HSS. geven* Die, *niet een* Dat; *voorts* V. Warelt, D. Wondre. | 31. N. Sinte Ambrosijs. V. Milane. | 33-34. H. Exameron : don. N. dicken. D. boeke Exameron, Dien nopmen dicken. V. noopt m. dicken. | 35. D. Sente Hazelis. V. Sente Bazelis. N.H. Sinte. | 36. N. seinde in aertrike. D. Dien Got s. v. emelr. V. Die. | 37-38. N. natuere : Staet dicken in d. scriftuere. D. natuere : Staet dicken oec in dese scrifture. V. Eenen b. v. desen nature, Staet dicken oec in dese scrifture. H. oec *ontbr.* | 39. N. Sente Ysidorius. HV. Sente Ys. | 40. N. dicken groet. D.V. dicken. | 41. D. Ghescreven hevet. V. Gheset hevet. | 42. H. hijr. N.V. dicken besoeken. D. Dicken moet men sijns hier roeken. | 43. H. Echter meyster.

Biſſcop van Akers ſo was hi/

45 Sident kardenael van Rome:

Sijns es recht dat ic hier gome.

Een boec oec/ maer men en weet

Wiene maecte wel ghereet/

Es ghetellet met hem ſomen:

50 Experimentatoz hoozwine nomen;

Sine woozde ſetten wi hier mede/

Alſt noot es/ te menegher ſtede.

Galienus enbe Palladius/

Platearius eñ Phyſiologus/

55 Lucillus/ Piſo/ Theofraſtus/

Entie keiſer Claubius;

Dozotheus van Athene/

Enbe Diognetus ghemene;

Democritus/ Apollobijn/

60 Die van den beeſten die bzaghen venijn

In ſine boeken laet beſten;

Dionyſius die phyſicien/

Cato enbe Varro Marcus/

Vs. 44. D. van Hakers. | 45. H. Sint cardinael. N. Roeme : goeme. | D. cardin. | 46. D.V. eist recht. | 47. H. mar. N. mer mene w. D. mar menne. V. In den boec mare men w. | 48. H. Ween maecte ghereet. D.V. makede ghereet. | 49. D. Die es gheheten onder h. s. V. Es ghetellet onder hem zomen. N.H. Eñ es (is) ghetelt met hem soemen (somen). | 50. N. hore wine noemen. H. hoerwine n. D. hormenne n. V. horen winne n. | 51. H. woerde sette. D. Sijn wort setti h. m. V. Sine worde. | 52. H. is tot. D. ter meneghe stede. V. Als noot es ter menigher. | 53. H. Plinius eñ. N. Paladius. D. ende *ontbr*. | 54. N. Physologus. B.H. Phisiologus. D. Fisogolus. V. Platearis, Philiologus. | 55. H. Physo, Theocratus. N. Pyso, Theofratus. D. Lucullus, Piso, Theofr. V. Pyso, Thofrastus. | 56. H. keyser. V. Ende die keyser. | 57. N. Drotheus v. Athenen. D. Dorothenus. | 58. H. *en* N. Diogenus. D. Eñ Dyogenus. V. Dyogenes. | 59. D. Dymocritus. N. Gemeticus. V. Appolldin. | 60. H.N. Die v. d. b. draghet tsenijn. V. die draget venin. | 61. N. bouc. D. latet. | 62. H.N.V. Dyonisius; *voorts* N phisissien. H. de phisisien. D. Dionisius d. Filisien. 63. H. Cato, Vario ende Marcus. N.D. Cato (Katon), Verro eñ M. V. Caton, Varro ende M.

Eraclides eñ Orpheus/
65 Pythagoras eñ Menander/
Omerus ende Nicander/
Mucianus/ Diagoras/
Virgilius eñ Andreas/
Coninc Juba/ Petronius;
70 Coninc Philometor/ Metellus;
Coninc Ptolomeus/ Umbricius;
Coninc Antigonus/ Alfius;
Coninc Archelaus/ Flavius/
Philemon eñ Nigidius/
75 Seneca ende Cicero/
Ende Ypocras also/
Higinus eñ Mamilius:
Dit syn die meesters daer wi dus
Dit werc af hebben ghemaect;
80 Daer toe/ die boven allen smaect/
Die wise Sente Augustijn
Seit hier toe mede tsijn.
Daer toe van der Bibelen die glose
Sayt hier meneghe soete rose.

Vs. 64. H. Eradides ende. N. Eradicus. D.V. Eraclides ende. | 65. H. Pitg. eñ Man. N. Pictag. eñ Minander. D. Pitag. ende. V. Pyth. ende. | 66. N. Nitander. D. eñ. V. Homerus. | 67. N. Musianus. | 68. H. ende. D.V. ende. | 69. V. Cuenig. D. Patroneus. | 70. V. Cuenig Phelometor. N. Philometer H. Mecellus.. | 71. H. Pholomeus. N. Phol. D. Thol. V. Cuenig Tholom.; *voorts allen*: Umbricus. | 72. D. Alfeus. V. *ontbreekt.* H.N. Alpheus. | 73. V. Cuenig. D. Flaminus. | 74. H. Pylemere ende Indiguis. N. Phylemon eñ Nydigius. D. Philiomon eñ. V. ende Indius. | 75. H. Conta eñ Cycero. N. eñ Cychero. V. eñ Cicero. | 76. D. Entie wise Ipocras. V. Ende die wise Yp. | 77. H. ende Marcrilius. D. Nigidius eñ Marulidus. V. ende Matulius. N. Manilius. | 78. H. de meysters. D. dar. | 79. N.V. of. D. af ebben ghemaket. | 80. H. Daer to de. N. Daer toe dat. D. Dartoe de boven alle smaket. | 81. D. Dats die w. Sente. | 82. H. Seyt hijr to. D. Seghet hier mede toe dat sijn. V. Seghet h. t. m. dat sijn. | 83. H. to — Biblen. N.V. Bibele. D. Dar — de gl. | 84. H. Seyt hijr mede ghesoete rose. N. hier toe m. gode r. D. Sait h. menghe. V. Sayet hir in menighe.

85 WJen so fabelen ban bernoyen/
Eñ onnutte logfenen moyen/
Lese hier nutscap eñ waer/
Eñ bersta/ bat noyt een haer
Om niet en maecte bie nature.

90 Hen es so onweerbe creature/
Sten es tenegher sahe goet;
Want Gob/ bie boben al es bzoet/
Vans te ghelobene meer no min/
Bat hi iet maecte sonder fin.

95 Neghene binc maecte haer selben;
Na bie bubel/ no bie elben
En maecten creaturen nie.
Bat willic bat elc beste/
Eñ lobe Gobe in allen saken/
100 Bie wonberlec es in sijn maken.
Ic hebt belooft/ eñ wilt ghelben
Ghewillelike/ sonder scelben/

Vs. 85. B. soe s. vernoien. D. vernoien. V. favlen d. vernoien. | 86. B. onnette l. moien. D. moien. V. Ende o. loghene moien. | 87. B. nupscap eñ w. H. hiir n. ende al w. D. Lesire. V. Lese hier in n. ende. | 88. H. Ende. B. noit. N. noit een iaer. V. Ende v. d. noit. | 89. B. en maecte creature. H. Om niet te maken nature. N. Omme niet ne m. D. ne mekede nature. V. Omme niet ne makede nature. | 90. D. Het nes so onwerde. V. Hennes so onwaerde. B. N. En es so onwerde. | 91. H. Ten es — goed. N. Soe nes. D. Sones. V. Soe ne es tenigher saken. B. guet. | 92. B. boven al dinc es vroet. H. vroed. D. Got — is. | 93. H. Dat en is — noch m. N. Dat nes. V. Dants. | 94. D. hi hiet makede sond. min. V. hie hiet makede. | 95. H. Noch ghene. N. No gene d. m. hem s. D. Noch gh. d. makede har. V. Noch gheene d. ne makede haer s. | 96. H. Noch de divel noch de e. D. Noch de d. noch de belven. V. Noch d. duvelen noch. | 97. H. Maecten (Eñ ontbr.). N.D. Ne makeden. V. Ne makede. | 98. H. Dit w. N. Dat w. d. elke b. D.V. Dies wilic (wil ic). | 99. N. in elken. D. Gote van all. s. V. Ende. | 100. H. De w. is in sinen m. N. wonderleke es in sine m. D. wonderlic. V. wonderlijc. | 101. H. gheloeft. N. beloeft, ic w. D. Ic ebbe belovet. V. Ic hebbe belovet. | 102. B. Gewilleliken eñ sonder sc. D. Ghewilleghelike eñ s. sc. V. Ghewil- like s. sc.

Te dichtene enen Bestiaris;
Nochtan wetic wel dat waer is/
105 Dat her Willem Uten Hove/
Een priester van goeden love/
Van Aerdenborch/ enen heeft ghemaect;
Maer hi wasser in ontraect:
Want hine uten walsche dichte/
110 Dies wart hi ontleit te lichte/
En heeft dat ware begheven.
Maer daer ic dit ute hebbe bescreven/
Hebbic van Broeder Aelbrechte
Van Coelne/ dien men wel met rechte
115 Heeten mach bloeme der clergien:
Op hem daric coenlike lien.

Deerste boec sal u bedieden
Twonder dat men vint van lieden;
Dander van viervoeten beesten/
120 Daer men vele af spreect in iersten;

Vs. 103. H. Te dichten e. Bestiarijs. D. en Best. V. ene Best. | 104. H. wit wel dat. D. wal. V. weet ic. | 105. N. Dat der W. Vuten. D. Dat dar W. Huten Hove. V. Dat d' Willem. | 106. H. preester. B. prister v. guden. | 107. B. Erdenborg heeft .I. gem. D. Erdenborch enen hevet ghemaket : ontraket. V. Ardenburch hevet enen gh. | 108. B.D. Mar hi waser. H. waser. | 109. N. vuten. D. huten walsche. V. valsche (*sic*). | 110. B Dies was hi ontraect. H. So wart bi ontleyt. N. wort hi ontleedt. D. ontledet lichte. V. So wort hi ontledt. | 111. B. die warheit. H. heeft dat werc b. N. waer. D. hevet. V. Ende hevet. | 112. H. ute. N. vute. D. hute, *en zoo meermaels.* | 113. B. Brudre Albr. D. Ebbic, *als nog elders.* | 114. H. de men w. mit r. N. die men met r. V. Die men. B.D. diemen. | 115. H. Eren m. blome. N. Wel heten m. bl. van cl. D. Hetet bloeme van der cl. B. Heten. | 116. H. Daer ic — lyen. N. coenliken. B. darric coenlijc. D. Up h. darix conlike. V. Up h. dat ics. | 117. B. Die irste — bediden. H. De eerste — beduden. N. bouc. D. Dat erste b. s. iu b. V. Teerste b. s. hier b. | 118. H. Dat wonder— luden. N.V. Twonder. D. Dat w. — vindet. B. Dwonder. | 119. H. Dat ander v. viervoete. D. Dat ander. V. Tander. | 120. H. in geesten. N.V. of. B. sprect. D. spreket en geesten.

Die derde sal sijn / sonder lieghen /

Van den voghelen die vlieghen ;

Die vierde / dats noch mee /

Van den wonderen van der zee ;

125 Die vijfte van visschen meneghertiere

Die de zee voedt of die riviere ;

Den sesten belovic te sine

Van serpenten met venine ;

Die sevende sal sijn van wormen /

130 Die sijn van messeliker vormen ;

Vachtende van bomen die int wout

Wassen harde menechfout ;

Die neghende sal u ghewaghen

Van bomen die specie draghen ;

135 Die tiende sal bedieden truut

Dat heeft menegherhande virtuut ;

Die elfste spreket van fonteinen /

Beide van sconen eñ van onreinen ;

Vs. 121. H. Dat derde zal sonder l. D. De derde die sal sonder l. V. Die derde die sal sijn. B. ligen. | 122. B. voglen die vligen. H. Sijn van v. de vl. N.V. Van vogh. D. Sijn van vogh. | 123. H. De .IIII. is, dats. N. Die vierde es, dats. V. Dvierde dat es. | 124. B. wondere. H. in de zee. N. wonder. D. Es v. d. wondre v. de ze. V. Vander wondre. | 125. B. vifte van visce megertire. H. De ·V· (*sic*) v. vischen me- nighertiren. N. Die vichte. v. vissche m. D. De vichte v. vissche. V. v. v. menigh. | 126. B. Oft d. rivire. H. voet of die riviren. N. voedet entie. V. Die die z. voet eñ. | 127. H. gbelove ic te zine. N. Den sesten bouc belovic te siin. D. belovic te. V. Die seste. B. belovic u te s. | 128. N.V. s. van veniin. | 129. H. De .VII. zal. B. Die .VII^de. V. die sal. | 130. H. De s. v. misseliken. N. misseliker. D. Messelike. V. messeliker. | 131-132. H. Dat .VIII. v. bomen int w. N. Die achtende. B. van bomen me- nechfout Die staen gewassen int w. D. De achtende. V. Tachtende — menichf. | 133. B. Die .IX^de. boec. H. De .IX. sal ghew. N. sal ghew. D. De negh. s. iu gh. V. Die sal ghew. | 134. N. specien. | 135. H De .X. sal beduden. B. Die .X^de. sal be- diden tcruet : virtuet. D. dat cruud. | 136. B.N. menegerhande. H. menigherande. D. Dat menegherande heved vertuud. V. menigherb. hevet vertuut. | 137. B. .XI^de. sprect. H. De .XI. spreket v. fonteynen. N. elfte seit v. f. D. De .XI. spr. V. ellefste spreict. | 138. B. van sueten. H. onreynen. D. Beede van soeten. V. Bede v. soeten.

Die twelfste van dieren steenen/

140 Beide van groten eñ van cleenen;

Die dertiende van seven metalen/

Die men moet uter eerden halen;

Eñ in allen desen boeken

Mach hi vinden/ dies wille zoeken/

145 Medicine eñ dachcoztinghe/

Scone redene ende leeringhe.

Eñ dit dichtic doz sinen wille/

Dien ics an lude eñ stille/

Dats mijn heere Claus van Cats.

150 Om dat mi ghebzeert scats/

Biddic dat hem ghename si

Dit juweelken van mi;

Maer Gode biddic al te vozen

Eñ siere moeder utevercozen/

155 Dat si minen sin verlichten/

Also dat ic moete dichten

Vs. 139. B. .XII^de. v. diren stenen. H. De .XII. N. twelfte v. d. stenen. D. twe-
lefste — steenen. V. twalefste — steenen. | 140. H. Beyde. D. Beede v. grooten eñ
v. cleenen. B.N. clenen. V. Bede— clenen. | 141. B. .XIII^de. van vif m. H. De .XIII.
van soeven m. N. van .VII. *Het begin van den regel is onleesbaer.* V. van VII. |
142. N. moet halen. *De rest is onleesbaer.* D. huter erden. V. erden. | 143. B. in
al. H. boken. N. alle (*of* allen?) d. bouken. D.V. Ende. | 144. B. di wille soeken.
H. dies wil roken. N. dies wille rouken. D. wil. | 145. H.V. eñ *ontbr.* D. Medicina,
dachcurt. | 146. B. eñ. H. reden eñ. D. eñ. | 147. H. Eñ dichtic. V. Ende dit dichic (*sic*).
| 148. H. icx gan. N. Die ix ian l. ende st. D. ic can l. ende. V. ics ian l. ende st.
| 149. B. min h' Niclaise, *maer de eerste pennetrek moest* Nichaise *geven.* H. here
Claes van Kaets. D. mine here Niclaus. V. Niclais. | 150. B.V. gebrect. D. Eñ omme
dat mi ghebreket. | 151. D. Biddi. | 152. H. juwelikijn. D. iuweelkin. V. Dat in
weelkijn; *en zoo dikwijls in dit HS.* n *voor* u. | 153. B. als te v. H. Maer *ontbr.*
even als in N. *en* V. *waer tevens* voeren : vercoeren. D. Maer *ontbr.* | 154. B. sire
moeder ute v. H.N. sire m. wt (vut). D. sire moeder hute v. V. Ende sine m. uutv.
| 155. H. zin. N. ghelichten. D. Eñ si m. s. verlichte. | 156. B. mote. H. Zo dat
ic mote. D. dichte. N. Soe d. i. m. gedichten. *Na dezen regel heeft de afschrijver*
van B. vier verzen ingelascht en de twee volgende door eene kleine verandering

𝔙at bꝛomelijc ſi eꬼ bequame.
𝔍c begꝥinne in 𝔐arien name.

*er mede verbonden. Hij heeft welligt de eene blz. willen vullen om de andere
met eene groote letter te beginnen. Men leest daer aldus :*

> Alsoe dat ic mote dichten
> Dit boec , dat bequame si
> Den genen dijt horen na mi ,
> Eñ sire ute moten verstaen
> Woert, die hier na gaen ,
> Die vromelijc sijn eñ bequame.
> Ic beginne in Marien name. Amen.

Vs. 157. D. Vromelic.   V. Vromelic si ende. | 158. *Na dezen regel heeft de af-
schrijver van N. op zijne beurt twee verzen bijgedicht, die ik hier laet volgen :*

> Den eersten bouke te wensche
> Te dichtene van den mensche.

Maer, zoo ik er eene brok latijn uit Plautus mag bijvoegen : ALITER CATULI LONGE
OLENT, ALITER SUES.

EERSTE BOEC.

—

M dat die mensche/ na der Scrifturen/
Coninc es der creaturen/
So es van hem mijn beghin.

Alse tkint comt ter werelt in/
5 So eest boben allen dieren cranc:
Hen heeft no crupen no ganc;
Eñ Aristotiles die seghet/
Dat hem te wassene pleghet
Ter sebender maent sine tande;
10 Eñ meest/ es dat soch selkerhande/
Datter bzouwen melc si heet.

Vs. 1. B. minsce — Script. H. dattie m. D. Omme dat de m. V. na *ontbr.* | 2. H. is.
| 3. N. So es dus van hem eerst miin b. *In H. is 't begin weggesneden.* D.V. Es dus
(So *ontbr.*). | 4. H. kind coemt; *de rest is weg.* B. Alst. D. Alst k. comet. V. Alst tkint
comt. | 5. H. *schijnt gehad te hebben :* ist b. allen dyren. D. eist. B. eist b. a. crea-
turen cr. V. eist. | 6. H. En hevet cr. noch g. N. Eñ en heeft cr. no g. D. Want het
nevet cr. ne g. V. Het en hevet crupen no g. | 7. N. zeghet. V. Ende. | 9. H. har
tande. N. hare. D. hare. V. hare. | 10. Ja es dat soch dan selkerh. H. is har zoc
selkerande. N.V. baer soch sulkerande. D. hare soch sulkerande. | 11. H.N. is heet
D. Dat der. V. si *ontbr.*

Dat kindeken doet no ne weet
Altoes negheerhande quaet
Onthier ent spreken bestaet.

15 Dits deerste etaet van den kinde/
Also als ic ghescreven vinde.

D Ander etaet die gaet in/
Alst kint doet sprekens beghin;
En men seghet/ die spade gaen/

20 Dat si eerst sprekens bestaen.
Lettel vint merre die wel spraken/
Eer hem die monde was beloken.
In vijf iaren/ alse Aristotiles telt/
Heeft tkint siere langhen die helt.

25 Dese kintsche etaet die strecket twaren/
Als men seit/ tote .XV. iaren/
En heeft name van suverheden
In latine; maer alse nu heben

Vs. 12. H. Dat kind ne d. noch ne w. N. Dat kint ne d. D. Dat kindekin ne doet noch w. V. Dat kindekijn ne doet noch inne w. | 13. B. en gerande. H. negeenre- hande. D. negheen q. V. ne gheenrande. | 14. H. Ont eert spr. N. Onthaer en het spr. D. Voer dat sprekens b. V. Onthier en dat spr. | 15. H. Dats de eerste B. dirste. N. etate. · D. Dus (Dits?) de eerste. | 16. H. Alsict. D. icket bescr. | 17. H. De ander etaet gaet. D. Dandre. V. Tander. N. etate. | 18. H. kind. N. Alse tk. V. Als kin- der doen. | 19. H. men seyt de spaede. N. seit. V. Ende. | 20. B. irst. N. ierste. D. erst. | 21. H. Luttel vintmer de w. spreken (*sic*). N. viintmer. D. vinde merre. V. vindmer. | 22. B. Eer hen die monde sijn ontploken. H. wort de monde beloken. D. Het hem d. moude werdet beloken. V. Eer hem die mont was b. N. wort d. moude geloken. | 23. B. vif. H. iare als. N. viif. D.V. als. | 24. B. Heft tk. di lingde de h. H. sijn langhe. N. Hevet tk. sine lingde. D. Hevet kind sine langhen delt. V. Hevet tk. sire langen die h. | 25. B. kinsce etaet strect. N. kinse etate streect te w. H. kind- sche etaet str. tvaren. D. kintsce etaet str. te waren. V. kintsche e. die strect te w. | 26. H.V. Als m'. seghet tot. N. te. D. Alsemen seghet te. | 27. B. heet. H. heeft enen name. N. enen name van suverheiden. D. En hevet ene name van suumhe- den (?). V. Ende hevet een naeme. | 28. B. latijn. N. als nu heiden. D V. In latijn, maer al nu. *Stond hier niet eens* lase! *of* lasen! *in plaets van* alse!

Es die quaetheit so verheven /
30 Datter luttel suver leven
Tote dat si te dien daghe comen :
Hier bi heeft menscheit afghenomen.

Joghet heet die derde etaet /
Die te .XV. iaren begaet /
35 En strect tote .XXV. iaren.
Dan wint die mensche twaren ;
Maer lasen ! die menschelichede
Verbloyt so in donsuverhede /
Dattie mensche hem selven verteert
40 Met te doene dat hi begheert /
Dat hi cume mach heeten man.
Gans een salech raet waert dan /
Dat men huwelijc wilde sparen
Tote .XXII. iaren ;
45 Dan sijn die senewen entie been
Beide volcomen over een /
Entie wasdom meest volcomen :

Vs. 29. B.V. Soe es. D. quateit. | 30. B. bleven. H. zuver. D. suum leven; *welligt
verkeerd gelezen*. | 31. B. te deser tijt. H. Tot dat. N. daghen. D. tharen daghen.
V. tien daghe. | 32. N. die m. of gh. D.V. hevet. | 33. B. Joget. N. Joncheit — etate.
D. Joghet hetet de. V. Ineghet (*sic, voor* Jueghet). | 34. V. ten .XV. | 35. H streket
tote .XXXV. N. strect te. D. strecket. V. streit tote .XXXV. | 36. B. Dat w. di minsce.
N. viint — te waren. D. mensche vort te waren; *en zoo mede* V; *voorts* : winnet.
| 37. H. Mar alse de minschelich. N. Maer alse. D. Mar lase de m. V. lasen die men-
schelihede (*sic*). B. Mar laise d. minschelijchede. | 38. H. Zoe vloyt in de o. N. So
vloit in ons. B. Vervloit. D. Vloiet so nu in die. V. Vloeiet so in die o. | 39. N.V. Dat
die mensche. D. Dat de mensce. | 40. H. Mede te done dat. N. Me te doene dat.
D. Met de doene dat. B. Meer te done dan hi. | 41. *Allen* beten. | 42. B.H. Gans en
salich r. wert. N. Ene gans s. r. wert. D. Gans en salich r. wart. V. en salech. |
43. H.D.V. huwelic. | 44. B. Tote .XX. ofte .XXII. iaren. N. Tote .XXXII. | 45. B. ze-
nuen. D. sene wel entie. | 46. N. Bede. D. Beede vulc. V. Bede vulc. | 47. H. was-
doem is volc. N. es v. c. D. En de waesdoem es al vulc. V. Ende die w. es so v.

Plaghe mens tfoude der werelt bzomen.

Anheit heet die vierde etaet/
50 Die te .XXV. iaren angaet;
Van es die mensche volcomen/
Eñ nature heeft van ghenomen
Hare grove eñ hare linghe/
Entie luxurie eñ hare dinghe
55 Beghinnen in den man tegaen.
Van willi starke dinc beftaen:
Defe etaet van defer tijt
Maect ozloghe ende ftrijt/
Eñ nijt eñ hovaerde die rifet/
60 Die dicke te ftride wifet.
Defe etaet die loopt te waren
Tote vollen vijftich iaren.

E vijftich iaren comt die oude/
Die nont nieman hebben woude;
65 Nochtan wilt al langhe leven.
Ariftotiles heeft befcreven/

Vs. 48. B. Plagemens noch et soude vromen. D. meers het soude nu vernomen. V. tsoud. N. et soude. | 49. H. is de. N. es die. D. Manneit es die. V. Manlicheit es. | 50. B. ane gaet. *Alle tellen* .XXXV. | 51. D.V. vulc. | 52. H. dan *ontbr.* N. Eñ heift nat. gh. D. hevet gh. V. Ende n. hevet gh. | 53. H. Har — har. B. groefde. V. groeve. | 54. N. Eñ luzurie. V. Ende die l. | 55. V. Begonnen. *Vglk.* vs. 84. | 56. H. wilhi stare ding. N. willic. V. wil hi starke. | 57. H. De etaet. | 58. H. Maket oerloch eñ. N. eñ. D. Maket o. eñ. | 59. H. Nijt eñ hoveerde riset. N. Nijt; *het eerste* Eñ *ontbr. gelijk in* H.; D. overde riset. V. Ende hoverde. | 60. B. dan wiset. N. dicken. D. De dicke. V. dicken ten str. | 61. H.D. lopet tvaren (twaren). N. te waren. *Alle drie zonder* die. B. die loept tw. | 62. H. Opwert tote .L. jaren. N.V. Opwaert tote. B. viftech. D. Upwart tote .L. j. | 63. B. soe comt. H. Ten vijftichsten iaren coemt de o. D. Ten .L. jaren. V. Ten vijftich so c. | 64 H. De noyt ymant. D.V. noit niemen ebben (hebben) w. B. noit niman. | 66. N. hevet ons b. D.V. hevet h.

Dat die oude comen moet/

Alse den mensche ontgaet sijn bloet :

Al oudet saen/ man eñ wijf/

70 Die luttel bloets hebben int lijf.

Dese etaet valt in een strec/

Want hi ghierich wert eñ vrec ;

Eñ dit es die redene twi :

Die mensche merket wel dat hi

75 Te dale gaet/ eñ wille sparen

Hem/ die na hem comen/ twaren/

Te hebbene haer lijfnere ;

Eñ oec om sijns selfs teere/

Alse die costelike daer naer

80 Niet winnen mach eñ seere wert swaer.

In oude minbert an den man

Alle smette die hem ghinc an ;

Maer vrecheit eñ ghierichede

Beghinnen dan eerst wassen mede.

85 Ja/ al plach hire nie te vozen/

Nu heeft hise vaste vercozen.

Vs. 67. B. Dat oude. H. Dattie. D. houde. | 68. H. Als. V. Als die m. | 69. H. ou-
der. D. Al houden s. men eñ w. V. houdet. N. zaen. | 70. B. Di lettel. D. lettel —
ebben. | 71. H. velt. D.V. vallet. | 72. B. Dat hi girech w. H. Want hi ghirich w.
N. Want si weerden gh. D. Want so ghirech w. V. Want soe gierich wort. *En in
'tLeidsche HS*. Dan waerd hi gh. | 73. H. dit is de. N. dits. D. de red. V. Ende
dit es. | 74. H. merke wel waer bi. N. merke. V. market. | 75. N. eñ wilt. V. wil. |
76. H. De na hem coemt tw. N. Om die — te waren. D.V. Hem — te w. B. Hen die.
| 77. H.V. hare. D. Te ebne hare. *Allen* lijfnere. | 78. B. sijn. H. selves. D. sijn
s. there. V. teere. *De overige* tere. | 79. D. curtelike darnaer | 80. H. mach ten wert
suaer. N. Niene mach w. eñ w. sw. D. Niet ne wind eñ es swaer. V. zwaer. B. s'e
w't sw'. | 81. H. Int oude m. in d. m. D. In de oude m. in d. m. N.V. inden m. |
82. H. smitte de h. N. smitte. | 83. H. Mar vrechede. D. Maer vrechede. | 84. B. irst.
D. eerst dan. V. Beghonnen. *Vglk. vs.* 55. | 85. H. Al plach hijr niet te v. (**Ja** *ont-
breekt*). N. Alne plach hire niet te v. (**Ja** *ontbreekt*). D. plachire niet te voren.
V. niet. | 86. H. hi si. D. heeftise. V. hevet.

Dese etaet strect te waren
Nu bi tide tote .LXX. iaren.

Voortmeer alse die mensche lijt
90 Van .LXX. iaren den tijt /
Gaet hi suffen ende rasen /
Hem dinct al die werelt dwasen :
Al dat hi siet dinct hem quaet /
Hi lachtert al dat wel staet ;
95 Maer hi prijst al datter was /
Datter nu es dinct hem ghedwas.
Sine crachte die tebreken
In allen dinghen / sonder in spreken ;
Dat ander liede brenghen voort /
100 Dinken hem wesen dulle woort /
Eñ tsine dinct hem wijsheit groot.
Dese etaet loopt toter doot ;
Want al dat lijf heeft ontfaen
Moet ter doot ten ende gaen ;

Vs. 87. H. twaren. D. streckel. V. die strect. | 88. B. Tote .LX. N. te tiden. D. bi
tide — jaren. V. betide. | 89. B. Hordt m. H. Voert. N. mee — liidt. D. vort. V. vort
meer als d. m. lijd. | 90. B. Van .LX. iaren dien t. D. die t. V. die tijd. *Bij getal-
len, die in mijne HSS. verschilden, heb ik immer het gezag van den latijnschen
tekst voorgetrokken.* | 91. B. Dan gaet hi s. eñ r. H tsuffen eñ. D. So gaet hi tuffen
eñ. | 92. H. dunct de w. duasen. N.V. Dinct alle die. D. dinken — duasen. B. donct.
| 93. H. hi siit dunct. N. dunct. D. Dinket. V. dat denct. B. donct. | 94. B. lachter
al datter. D. wale. V. wael. | 95. DV. priset. | 96. H. Dat nu is dunct. N. nu es
dunct. D. dinket hem gheduas. V. dinct hem. B. doncten. | 97. H. Sine cr. te br.
N. crachten. B. di te br. | 98. H. dinghen dan in spr. N. Sonder allene in dat spr.
| 99. B. lide bringen — voert. H. lude — voert. N. lieden bringhen. D. andre —
vort. V. bringhen vort. | 100. H. Donken — duase woert. N. Dinken. B. Don-
ken — wordt. D. Dinken hem dulle word. V. Dinken — wort. | 101. H. dinct hem
wesen goet. N.V. dinct. D. Dinket hem wesen groot. B. donctem. | 102. N. etate.
D. die loept ter doet. V. loopt ter d. | 103. N.D.V. hevet. B. onfaen. | 104. B. ten
inde gaen; *van de eerste hand stond er saen.* N. Moet int ende ter doot gaen.
D. ten hende.

105 Maer daer na comt dat langhe lijf/

Dies nemmermee ne wert gheen blijf.

Oftu sies dat enich man

Ter gaboot spoet/ so nem van

Een mes/ en make in doze een gat;

110 En oftu sies tijt ende stat/

Doe hem laten die mediane/

Want tbloet doet/ na minen wane.

Nu hoort van wonderliken lieden/

Daer ons die wise af bedieden;

115 Maer/ eer wi spreken van elken alleene/

Hoorter af eerst int ghemeene.

Om dat dese eerste boek bediet

Twonder dat men ter werelt siet/

So braecht men/ of dat volc te samen

120 Van Adame onsen vader quamen?

En wi segghen : neen/ si niet;

Hen si dan also ghesciet/

Vs. 105. H. coemt tlanghe. | 106. B. Des nembermer en wert bl. H. Des nemmer-
meer wert geblijf. D.V. nemmermeer ne (en) wert ghebl. | 107. N. Of du. B. enech.
D.V. Jof du — enech (enich). | 108. V. Terghedoet (*sic*). B. soe nen (*sic*) dan. |
109 H int ore een gad. D. mac int hore en g. B. en g. V. mac int o. | 110. B.H. eñ
st. D. Eñ jof tu heves tijd eñ st. | 111. N. So doe. | 112. H. Want dat bl. (*de rest
is weggesneden*). B. dbloet. N. dbloet doet ic wane. D. Want bloet doet hem na
m. | 113. B. hoert — liden : bediden. D. hord. V. hort v. wonderlike. | 114. N.D.V. of
bet. | 115. N. Maer wi segghen van elken allene : ghemene. B. allene : gemene. |
116. B. Horter af tirsten. H. Hoert daer. N. Horter of. D.V. Horter of teersten
int g. | 117 H. Om dat eer.... *de rest is weggesneden.* N. eerste *ontbr.* D. bediet.|
118. H. Twonder.... *de rest is verloren.* N. Twonder d. m. ane lidet. D. Dat w.
B. Dwonder. | 119. B. Soe vragmen oft. H. So vraghemen of. D. Vraghe men. V. vra-
get men. | 120. N. Van onsen vader A. quam. *De rand is tot tegen de* m *van* quam
weggesneden en van samen, *in den voorg. regel, blijft slechts nog de* s *over; stond
daer eens* sam (saem) : quam, *of* samen : quamen? | 121. B. secgen. | 122. H. Et en
si also g. N. Hen si also. D Het ne sij. V. Enne si also. B. En si.

Alse ons bescrivet Abelijn/

Die seghet/ dat Centaurone sijn/

125 Ghewonnen ter werelt an

Van den beesten eñ van den man.

Die wise segghen ieghen dat/

Al eest ghesciet te menegher stat/

Dat selke wonder onlanghe leven.

130 Sente Jeronimus heeft bescreven

Ins outs Sinte Pauwels vite/

Die was deerste eremite/

Dat/ doene Sinte Antonijs sochte

In den woude/ daer hi mochte/

135 Hem quam een wonder te ghemoete/

Een man staende op gheets voete/

Eñ voz sijn vozhooft hozne twee/

Alse bucshozne min no mee;

Eñ seide aldus/ spzeect die scrifture:

140 « Ic ben ene sterflike creature/

Eñ van minen ghesellen bode/

Vs. 123 H. Als o. scrijft. N.V. Als o. scrivet (Adelin). D. Als ons scrivet. | 124. H. De
seyt d. Oentauronne; *maer de eerste o schijnt eerst later toegehaeld. Wilde iemand
Onocentaurone?* N. seit d. Centauroene. V. Centauroene. | 125. D. Ghewassen. |
126. H. Beeste. | 127. H. De wi segghen. N. teghen. | 128. B. eist gh. ter m. H. ist.
D. Aleist gh. V. eist. | 129. H. sulke wondre. D. sulke dier onl. V. sulke wondre
onlangh (*sic*) leven. | 130. D.N.V. hevet. | 131. H. In Sinte Pouw. N. In Sente Pauw.
D. In Sente Pauw. V. In des groots Sinte P. v. | 132. B. dierste. H. de eerste herem.
D. de eerste herem. V. herem. | 133. H.V. Datten Sinte. N. Dattene Sente. D. Datte
Sente Anth. | 134. H. Daer hine vinden mochte. D. In die w. dar. | 135. H. Eñ q. een
w. B. wonder daer tgemoete. N. ene. *Van dit vers tot 341 hebben in N. al de re-
gels hunne twee of drie eerste letters verloren.* V. Eñ q. e. w. hem te gh. | 136. N. up
ghete v. D. up. H. Gheyts. | 137. B. vorhoet. H. vorhoeft hoerne tve. N. vorhovet
horne .II. D. vorhoft h. twe. V. vorhoeft. | 138. H Als bucxhoerne noch m. noch m.
N.D. buxh. V. Als buxs horne. | 139. B. sprect d. Script. N. seit d. S. D. spreke d.
Script. V. Eñ aldus spreict de S. | 140. B. ben st. criature (ene *ontbr.*). H. bin een
sterflijc. V. Ic bem een stervelike. N.D. stervelike | 141. H. boede : Gode.

Eñ bidde u / dat ghi bidt Gode
Over mi eñ over de mine /
Die hier wonen in dese woestine ;
145 Want wi bekennen / dat hi es comen
Den mensche te salerheden eñ te bromen. »
      Nu scinet / na die selve woort /
Die men van Jeronimus hoort /
Alse of dese creature habbe in
150 Menschelike redene ende sin ;
Maer wi en segghen altoes niet /
Dat dus beestelike een ghediet
Van Adame moghe sijn comen ;
Eñ al vint men an hem somen
155 Menschelike lede een deel :
Onse ghelove es des gheheel /
Dat si die ziele niet hebben ontfaen /
Die nemmermeer en mach tegaen.
Eñ en es te wonderne niet /
160 Dat aldus menschelike een ghediet

Vs. 142. B. Eñ bidde dattu wils b. H. bidde dat ghi bid. D. Eñ wi bidden u, d.
ghi bid. V. Eñ bidden dat wilt bidden Gode. | 143. N. die mine. *Op deze plaets is
in H. een gansch blad* (= 152 *verzen*) *uitgesneden, van vers 143 tot 295.* V. Over
mie. | 144. B. hir. D. in de wostine. V. hier *ontbr.* | 145. N. wi kennen. B. bekin-
nen. ı 146. B. te salecheiden ente (*sic*) vr. D. salicheden. V. te salicheit ente vromen
N. te baten eñ te vr. | 147. B. scient na di vraie woert : hoert. D. scijnt na die vraie
word. V. schinet na vraye wort. | 148. D. Jeronimuse hort. V. hort. | 149. B. oft.
D. Als of d. cr. adde jn. V. Als of. | 150. B. Minscelijchede, redene eñ s. D. redene
eñ s. | 151. D.N.V. wine segghen. | 152. N. beestelike bediet. B. beestelike een diet.
D. beestelic een ghediet. V. Aldus beestelike een ghediet (Dat *ontbr.*) | 153. N. mach
siin. D. moghen. | 154. B. hen. D. vindemen. V. van hem s. | 155. N. leden ene d.
V. lede ende deel. | 156. N. Ghelove dats gh. D. es dat gh. V. das. ; 157. B. die zile
hebben o. D. siele. V. siele niet en h. o. | 158. B. nembermer mach. N.V. nemmer-
mee ne (en) m. D. ne (of en) *ontbr.* | 159. N. Eñ het (?) nes. D. Eñ het nes. V. Ende
en es. | 160. B. misceliken diet, *dat is, volgens de spelling van dat HS.*, mensche-
liken; *misschien stond hier eens* misseliken, *dat is* misselic een. N. al wonderlike
ghediet. D. Dat dus beestelic een ghediet   V. Dat aldus wonderlijc ghediet.

Een deel van meerren sinne si;
Want/ bi avonturen/ bedi
Dat si in uterliken leben
Ghelijken der menschelicheden/
165 Si sijn machlicht van binnen
Een deel van subtijlren sinnen.

   Nu hebben wi gheseit int ghemeene;
Hoort nu van elken alleene.

Jacob van Vitri hi seghet/
170 Dat in OriENTEN leghet
TLant van wonderliken lieden.
In sinen boec hoort men bedieden/
Eñ in vele boeken mede/
Dat daer es in ene stede
175 Volc van vreember manieren/
Eñ tlant belopen met ere rivieren/
Dat Amasonia es ghenant.
El niet van wijf wonen int lant/
Sonder gheselscap van manne/
180 Eñ daer sijnre meer nochtanne

Vs. 161. B. merren. N.V. meeren. D. meeren. | 162. D. avonturen. | 163. N. si vuterliken leiden, *zonder* in. | 164. B. minscelijcheden. | 165. N. Si sin. D. Si sijn een deel v. b. V. Sijn sin mach lichte. | 166. B. Subtilen. N. Suptilen. V. Een deel sijn van subtijlre s. D. Mach lichte v. subtilen sinne; *waerop dan nog volgt:*

> Dan andre bestelike diere,
> Dit mach men dit merken sciere.

| 167. B.N. hebbe wi. D. Nu es hier ghesproken. | 168. N. Nu (?) boort van elken wonder all. D. Vort hort van. V. Hort van elken wondre. | 169. B.V. die seget. | 171. B. liden. D. Lande. | 172. B. horet m. bediden. D. boeken or men b. V. boeken hortmen. | 173. D. in andren b. meden. V. Ende in v. | 174. N. is. D. ere. | 175. *Allen* vremder. B. maniren. | 176. B. dlant (ere *ontbr.*). D. Een lant b. met riv. V. Een l. b. van r. | 177. V. Amozonia. | 178. N. wiven. D. Eñ niet dan vrouwen. V. wijfs. | 179. N. mannen. | 180. N. mee. D. Entar sijnre. B. sinre. V. synder mee.

Van twee hondert busentich vrouwen.

Welctijt so haer manne scouwen

Dat si van enen wighe keeren/

Daer si zeghe hebben met eeren/

185 So nighen si hem alle daer.

Nemmee van ene werf int iaer

Sone willen si te manne gaen;

Eñ alsi hebben kint ontfaen/

Eest knapelijn/ si houdent .VJ. iaer/

190 Eñ sendent den vader daer naer;

Eest maghedekijn/ si houdent van:

Dus blijft haer lant sonder man.

Die manne wonen van hem versceeden:

Daers gheen gheselscap van hem beeden.

195 Ghelike recht als men mach merken/

Dat die vogle met crommen becken/

Die femellen starker sijn

Van die marle (dats an scijn):

Also mach men daer bescouwen

Vs. 181 B. twee .M. (.CC. *ontbr.*). D. Danne .CC. dusent. V. .CC.M. N. twee dusen-
tich. | 182. N. (Wel)c tiit dat hem mannen. *De eerste letters zijn verloren.* B. Wel-
tijt — scowen. D. Weltijt dat se m. sc. V. Wiltijt so hare m. | 183. N. wighe sceden.
D. een w. V. enighen w. | 184. N. Eñ si zeghe. D. zeghe ebben m. eren. B.H.V. se-
ghe. | 185. B. hen. V. *van de eerste hand:* moghen si. | 186. B. Nember. N. warf.
D.V. Nemmeer — warf (w'f). | 187. B. Sone *ontbr.* D. Ne willen. | 188. N. Alsi kiint
hebben. D. alsi k. ebben. V. Ende als si. | 189. B. Eist knapelen. N. Eest ene kna-
peliin — iare. D. Eist cnapelin si oudent. V. Est. *Allen zetten* .VII. iaer. | 190. B. sen-
dent dan den. N. nare. | 191. N. Eñ eest ene meiskiin si houden d. B. Eist mesken.
D. Eist maghedekin si oudent. V. Ist maghedekijn. | 192. N.V. Dus houden si haer.
D. ouden si har. | 193. N. mannen. D. De m. *Allen* versceden. | 194. N. Der nes.
D.V. Dar nes gh. gh. van em beeden (hem beden). | 195. B. Gelijc. D. Ghelijc r. dat m.
V. Ghelijc. | 196. D. Dat die voghele. N. Dat die voghel. B. Dattie vogle met crom-
ben b. *Ik had zeer geerne verbeterd:* bi voglen. | 197. D.N. femelen. V. Die femmele.
| 198. N. dus eest ansciin. D. merlen alst es anschijn. V. maerle alst es anschijn.
B. dats in scijn.

200 Starc boben die man die vrouwen;

Eñ oec neeft ieghen redene niet/

Die men bi nature fiet;

Want fo men feerre weberftaet

Der oncuufcher luxurien raet/

205 Daer bi men bele macht verbzibet/

So men van rechte ftarker blibet.

Hoe dat beghin van defen vrouwen

Eerft quam/ mach men befcreben fcouwen:

Si quamen uten lande van Sweden/

210 Eñ hem waren met moghentheden

Hare manne al af ghefleghen;

Doe vonden fi enen raet daer ieghen/

Dat fi voeren met ghemeenen rade

Op hem die hem daben die fcade:

215 Si floeghent altemale doot/

Eñ wzaken hare fcade groot/

Eñ voeren wonen in dat lant/

Dat Amafonia eʒ ghenant;

Eñ nemmermeer booʒt fi en wouben

Vs. 200 N. Starker dan die. D. Starker b. mannen vrouwen. V. Starker b. manne die vr. B. di. vr. | 201. N. redenen. D. Oec neist (Eñ *ontbr.*). V. Ende oic en ist. | 203. N.D. sere. V. seere. | 204. B. ons cuescer. N. oncuseer naturen saet. D. onsuveren. | 205. N. Daer men v. machten mede v. D. Dar men bi vele m. van v. V. D'men bi v. machts. | 206. N.D.V. met rechte. | 207. B.D. Doe, *met eene groote blauwe* D *in plaets van* Hoe. N. Hoort. V. dat theghin. | 208. N. Hoet eerst quam mach men scouwen. B. Irst. D. Erst. | 209. N. vut den l. v. Zweden. D. huten. | 210. B.V. Eñ waren hem. D. *als* B.; *verder* moghenteden. | 211. B. Haer manne af. N. mans al of. D. manne af gh. V. al of. | 212. D. Van volke was dar bi gheleghen. V. der i. | 213. N. Eñ voeren. B. voren. D. Dar quamen si met. V. D' voersi. | 214. N. Vp die hem die scade daden. *Het tweede die is van later hand bijgeschreven.* V.D. Up. B. Op hen die hen d. | 215. B. Eñ slogent. D. Eñ sloghen dalte m. doot : groot. V. Ende sloghent. | 217. N. woenen. V. Ende v. | 218. V. was gh. | 219. B. nembermer voert. N. nemmermee si voort wouden. D. vort sine w. V. Ende nemmerme'e vort sine wouden.

220 Dat manne haer heere wesen souden.
Dese wijf sijn den kerstinen hout/
En hebben ghevochten met ghewout
Met ons dicke op Sarrasine:
Dus es haer ghelove an scine.

225 Ander liede/ heeten Naecte Vroede/
Wonen daer bi in hare hoede/
Oetmoedech/ naect en arm mede;
Die onweert hebben die hoecheede
Van eertrike altemale.

230 In holen wonen si/ sonder zale;
En hare wijf en hare kinder
Wonen met den beesten ghinder.
Si ne vechten no ne striden.
Wilen quam/ in ouden tiden/

235 Alexander in haer lant/
En doe hise arm en wijs vant/
Heeft hi oetmoedelijc gheseit:
« Bidt dat ghi wilt: hets u ghereit. »
Doe seiden si: « So doe onse bede:

Vs. 220. N. mannen. D. hare heren. | 221. B. der kerst. N. kerstenen. D. houd.
V. wijs. | 222. B. En gevochten. N. genoecht menichfout. D. ebben gh. m. ghe-
woud. V. menichfout. | 223. N. Met ons up die Zarr. D. Met ons up die S. V. Met
ons op die Sarasine. B. dicke op Serrasine. | 224 B. Des es h. g. in scine. N. Des es
haer. D. hare. V anschine. | 225. B. lide heten Naecte Vrode. D. Andre lieden he-
ten Nakede Vr. N. heten. | 226. N.D. daer in hare h. B. baer h. | 227. N. Omoedich—
aerm. B. Oetmodech. D. Homoedech, naket en arem m. | 228. B. onwerd. N. hebben
hovesschede. D. onwert ebben die hoech. V. onwaert. | 229. N. eerdr. D. arderike.
V. aerdrike | 230. B. Hole. N. Hoelen w. si, weet wale. V. hole—sale. | 231. B. Haer
wijs. V. Hare wijs, beide zonder En. | 232. B. den ontbr. D. metten. V. Die wonen
met beesten. N. breekt hier af. | 233. B. Altoes vechten si en str. V. Altoes ne vech-
ten si. | 234. V. houden. | 235. D. Hare. | 236. D. alsise wijs en arem. V. als hijse wijs
en arm. | 237. D. Hevet hi homoedelike. V. ontfermelike. B. oetmod. | 238. D. dats
ghi wilt ets iu gh. V. Bid. | 239. D. so ontbr. V. ons.

240 Wi bidden bi onsterfelichede. »

Alexander antwozde hem:

« Ic / die selve sterfelec bem /

Welker wijs maghic u gheven /

Dat ghi sout emelike leven? »

245 Si seiden : « Seghet dat bijn raet /

Datti emmer te sterdene staet /

Wat jaghet bi achter lande van

Te scendene so meneghen man? »

D Aer sijn liede van andze maniere

250 Over Ganges die ribiere /

Die de lettre heet Bzacmanne /

Van sonderliken live nochtanne;

Want dats wonderlike dinc :

Eer die Gods sone lijf ontfinc /

255 So screven wiselijc die gone

Van den Vader eñ van den Sone /

Eñ van hare evengheweldechede

Ane Alexandze / doz sine bede /

Eñ scinen haer woozt openbare /

260 Oft kerstinlijc ghelobe ware.

Vs. 240. D. b. di dan onstervelicede (?). B. onsterffelijcheden (di *ontbr*.). V. So b. wi die onstervelichede. | 241. B. antwerde hen : ben. V. andwoerde. | 242. B. stervelic. V. stervelijc. | 243. D. mochtic. V. machic. | 244. D. soudet. | 245. D. Doe seiden si. | 247. D. Twi iaghestu. V. Wat iaghestu. | 249. B. andren maniren. D. lieden. | 250. V. Ovegangbes (*sic*). | 251. D. Dien de lettre hetet Bracmane. V. heetet Bragm. | 252. D.V. sonderlanghen. l. nochtane (nochtanne). | 254. D. Her de Gots sone. *Daer ik het Detmoldsch HS. zelf niet kan inzien, is het mij niet altijd mogelijk eene drukfout van eene ware variant te onderscheiden.* V. Godsone vleesch. B. onf. | 255. D.V. Screven wiselike de gone (die ghone). *In beide ontbr.* So. B. de goene : soene. | 257. V. v. haren evengheweldichede : bede. B. — heden : beden. | 258. DV. An. | 259. D. hare wort openbare. B. wordt oppenb. V. haren wort openhare. | 260. D. Joft kerstiulic. V. Joft kerstenlijc. B. kersten g.

Ander liede ſijn daer beneben/
Die om te comene in dat leben/
Dat comt na dat ſterben hier/
Hem berbernen in een bier.

265 Ander bolc es daer onbroeder/
Die haren bader eñ hare moeder/
Alſi ban ouden ſijn berſleten/
Te doot ſlaen/ eñ te ſamen eten.
Dit houden ſi ober welbaet :
270 Dies nine doet/ hi es quaet.

Der bint men daer in ſomech lant
Meneghen groten gygant/
Die .FV. cubitus ſijn lanc;
Eñ oec bolc ſo clene eñ cranc/
275 Cume alſo groot/ wi leſent dus/
Alſe drie boeten oft twee cubitus.

Daer ſijn oec brouwen/ horic ghewaghen/
Die maer enewarf kinder braghen/
Entie werden graeu gheboren;

Vs. 261. D. Andre lieden woner dar neven. V. dair. | 263. D. Dat na dat st. comet.
| 264. D. Hem v. in dat v. B. Hen. | 266. D. ende. | 267. V. houden. | 268. B. ente
samen. D. ente s. heten. V. Doot slaen. (zonder Te). | 269. D. Eñ dit ouden, naer
de vlaemsche uitspraek, gelijk meer anders. | 270. D. Dies niet ne dade, hiete q.
V. Eñ dies niet en doet, heet q. | 271. D. vindemen daer. V. somichlant. B. in menech.
| 272. D. Menghen grooten. V. Meenighen grooten. | 273. Ontbr. in D. V. .XII. cub. ·
| 274. B. volc die sijn so cl. D. Eñ volxkin so cl., so cr. V. Ander volc sijn so cleine
eñ so cranc. | 275. D. Cume so groot, wie l. d. B. alse lanc, w. lesen d. V. also lanc
wi lesen d. | 276. B. Alse ontbr.; dan : een cub. D. voeten iofte .II. c. V. Als .III.
voete of een c. | 277. D. Dar sijn vr. horic iwagen. B. horic. V. Dair sijn vr. horic.
| 278. D.V. Die als enew. kinter (kinder). | 279. V. Eñ die worden graeu. B.D. grau.

280 Eñ alſi out ſijn / alſe wijs hozen /
So wert hem al ſwart dat haer.

Ander wijf wonen daer naer /
Diere bibe bzaghen teere bzachte /
Maer ſi leben der iare maer achte.

285 Oer es daer een bolc gheſeten /
Die de rauwe biſſche eten /
Eñ bzinken die zoute zee.

Ander bolc woont daer mee /
Die de hande hebben berkeert;
290 Eñ an die boete / als men ons leert /
So hebbenſe teen tweewarf biere.

Bolc eſſer ban ander maniere /
Dien die boete ſtaen berkeert;
Eñ / alſe ons Sente Jeronimus leert /
295 Oer eſſer erande bolc bonden
Ghehobet ghelike honden /
Met crommen clauwen eñ met langhen /

Vs. 280. Ent alsi (?) o. s., als wijt h. V. hout s. als w. | 281. B. hen al sw't. D werdet em al grau dat aer. V. wort hem al swart. | 282. V. Wijfs. | 283. D. bringhen tere. B. Dire v. dr. terre. V. Diere — bringhen terre. | 284. D. sine leve. B. iaer. V. sine l. d. i. w' (=wer; waer) achte. | 286. B. de r. vesche. D.V. Die die rowe v. heten (eeten). | 287. D. soute ze. V. Ende— soute. | 288. D. so wont dar me. V. so woenter. | 289. D. ebben verkert. | 290. B. Entie voete. | 291. D. Ebben si theen. B. twew'f. V. Hebben si teen .II. warven vive viere (sic, maer vive is doorgehaeld). | 292. D. esserte (?) van vremder. B. eser. | 293. D. de voeten stan verkert. V. Die die vote. | 294. D. als—lert. V. Als ons (Eñ ontb.). | 295. H. So isser graeu volc v. D.V. So isser erande. | 296. B. Gehoet gelijc. H. Gehoevet. D. Die sijn gehoeft gelijc den onden. V. Ghehovet ghel. den h. | 297. B. cromben. H. Mit cr. clawen eñ mit D. crummen clawen ende. V. clawen.

Eñ met beesten vellen behanghen/
Entie/ over haer spreken/ baffen.

300 Ander volc es daer bi ghewassen/
So cleene monde hebben die liede/
Dat si met enen cleenen riede
Insughen moeten daer si bi leven.

Ander volc es daer beneven/
305 Die menschen eten/ alsic hore;
Dese volghen den lieden bi den spore/
Bi den roke/ dits hare maniere/
Tote dat si comen teere riviere.

Ander liede sijn daer bi/
310 Die heten Arismaspi/
Oft Cyclopen in latijn/
Die met ere oghen sijn
Ende staende int voorhooft vooren.

Ander volc es daer ghebooren/

Vs. 298. H. mit b. vel b. B. beesten velle. D. Ende. | 299. H. Eñ die voer h. Eñ
over hare. V. Eñ die. | 300. H. isser bi. D. es dar gh. | 301. H. Zo clene. D. clee-
nen mont ebben. V. clenen m. h. de liede. B. clene— di lide. | 302. D. Dat se. V. mit
enen clenen. B.H. clenen. | 303. B. In s. moten daer bi si l. V. In zughen. H. In s.
| 305. H. alsict. D. heten, als ut (?) ore. V. als ic. | 306. H. luden bi den spore.
D. lieden bi sp. V. die liede bi sporen (sic). | 307. H.D.V. Bi der roke dats hare m. |
308. B.D.H. tere. *Na dezen regel schuift* D. *er alweêr* (*Z. vs.* 166) *twee nieuwe in :*

Eñ dar nemen si den lieden dat lijf,
Weder het si man of wijf.

| 309. H. zijn. D. lieden die wonen d. b. | 310. V. Die men heet. | 311. H. Of. D. Ofte
Ciel. B. Cicl. V. Jof. | 312. H.V. De mit (met) enen oghe sijn. *In* H. oghen, *met on-
derstipte* n. D. Die mar met enen oge sien. | 313. B. Eñ st. int voerhoet. H. foere-
hoeft. D. Eñ staet hem int vorovet. V. vorhoeft. | 314. B. Daer bi g. V. volc *ontbr.*

315 Die lopen utermaten seere
    Met enen voete eñ nemmeere;
    Nochtan es die voet so breet/
    Dat si ieghen die sonne heet
    Hem bescermen daer mede/
320 Waer so si rusten teere stede.

    Ander liede/ dies gheloovet/
    Vint men daer sonder hovet/
    Haer oghen in haer scouderen staende;
    In haer borst twee gaten uutgaende/
325 Over nese eñ over mont;
    Si sijn eiselijc alse een hont.

    Ander liede sijn daer beneven/
    Die bi eens appels roke leven/
    Sonder ander spise tontfane.
330 Eest dat hem verre staet te gane/
    Si draghene vor hem ter noot;
    Want anders so bleven si doot/
    Quame hem eneghe quade lucht an.

Vs. 315. H. De l u. zere. D. loepen u. seere. V. seere. | 316. H. Mit e. vote eñ ne-
mere. B. vote D. eñ met n. V. Mit e. v. min no meere. | 317. H. is de v. D. beet (?). |
318. D. Dat sie hem i. | 319. B. Hen, *voluit.* D. hem bescerme dermede. | 320. B. Waer
si resten tere. D. War dat si r. tenegher. V. theere st. | 321. H. lude des gheloeft :
hoeft. D. lieden d. gheloevet. V. Ander lie dies gh. | 322. D. Vindemen dar al s. ho-
vet. V. al sonder. | 323. H. Har o. in har scoudre. D.V. Hare o. i. hare sc. (scoudren).
| 324. D. Hare barste — hute gaende. H. Hare — wtg. V. hare — uteg. B. ut g. |
325. B. ende. V. nose. D. Hover — hover. | 326. H. Ewelike sien si als. *welligt te*
lesen : Eiselic sien si (*zien zij er uit*) D. Eisemlic sijn si als. V. Eyselijc sijn si als.
B. Sijn si eiselijc. | 237. D. lieden. H. lude. | 328. B. bi een appels r. D. enes. |
329 B.V. tonfane. | 330. H.V. Ist D. Eist. B. Eist — steet. | 331. D. So dr. voer h.
| 332. B. want en se *ontbreken.* D. andersijns — doot. | 333. B. hen enege lucht.
D.V. hem eneghe quade l. H. hem eneghe lucht an Quade. *Dit laetste woord staet*
aen 't hoofd van den volgenden regel, met een punctum daer achter. Zie hier

Oec vint men daer wilde man
335 Met ses vingheren an elke hant.

Oec so vint men daer int lant
Wijf van seere scoonre maniere /
Die houden hem in ene riviere.
Want si ne hebben iser negheen /
340 Wapenen si hem al in een
Met wapinen van silvere al.

Oec vint men daer / in menich bal
Van India / wijf ghebaert
Al toten borsten nederwaert /
345 Entie cledre van huden draghen /
En hem al gheneren int iaghen.
Si hebben tigre en lyoene
En luparde tharen doene /
Ghetemt; daer iaghense mede.

den tekst zelven van H., want daer is meer verbroddeld :

> Quade. Oec vintmen daer wilde man.
> Oec vintmen daer int lant
> Met .VII. vingheren in elke hand,
> Wijf van scoenre manire,
> De houden hem in ene rivire, enz.

Vs. 334. D. Oec wonen daer. | 336. D. Oec so wonen dar. | 337. B.H. scoenre ma-
nire (seere ontbr. in H.). D. Wijfs. V. Wijfs v. s. scoenre. | 338. D. ouden H. rivire.
B. in ene warme rivire. | 339. B. Dies si ne h. yser. H. si en hebben yser (en is van
later hand). D. En want si ne ebben iser neghen. V. En want—yser. | 340. D.H. Wa-
pen si. V. Si wapen hem. B. hen. | 341. H.V. wapen. B. van selveren. D. selvre.
| 342. B.V. daer ontb. D. Hoec wonen dar in somech. | 343. H. ghehaert. B. ge-
bardt : wart. D. gebart. V. wijfs. | 344. H. Toten armen. D. Tote mammen neder-
wart. V. Toten mammen. | 345. B. cleder v. hude. D. cleder. V. cleden. | 346. B. En
hen. D. Enti hem. V. hem al gheneeren. | 347. H. leyone. D ebben luparte en lioene.
V. lyone. B. tigre en lyoene. | 348. H. taren done. D. En tigren th. V. lapaerde. |
349. H. daer si iaghen m. D. Ghetammet dar si iaghen m. V. Ghetemmet daer si i.

350 Och es daer in somigher stede
Volc/ beide man eñ wijf/
Die gheene cleder dzaghen ant lijf/
Eñ ru ghehaert sijn an den lichame.
Waert dat hem enech man toe quame/
355 So bucken si int water dan;
Wantie wijf entie man
Leben wel/ na hare maniere/
Opt lant eñ in die riviere.

Er vint men daer wilde liede/
360 Gzoot/ starc eñ onghediede/
Die ru sijn alse een swijn van hare/
Eñ bziesschen alst een stier ware.

In ene riviere sijn oec daer wijf/
Die harde scone hebben tlijf/
365 Sonder dat si in den mont
Ghetant sijn ghelijc den hont.

Vs. 350. H. is. B. ter meneger st. D. te somegher. V. Ooch, *de eerste* O *in 't rood*
(*voor* N). | 351. D.V. beede (bede) m. ende w. | 352. B. Engeen cleet dragense ant l.
D. gheen cleet dr. V. gheen cleet ne dr. | 353. H. sijn *ontbr.*, voorts an haren l. D. ru
gehart an den lech. V. Ende ruu (sijn *ontbr.*). | 354. H. enich m. to q. D. Wart d.
han (?) e. m. to q. V. enich. | 355. D.V. doken. | 356. D. Want die. V. die wijfs ende
die. | 357. H. Leren. D. na hare lieder m. D.H. manire : rivire. | 358. D. Bede upt. l.
eñ in de r. V. Upt ende inde r. | 359. D. Vindemen dar. | 360. D. eñ onghiere. V. Gr.
eñ st. eñ onged. | 361-362. H. *Omgekeerd :*

Eñ breeschen oft een steer ware,
Eñ sijn ru alst swijn van hare.

D. Die ru als een suijn sijn v. h. V. als. | 362. B. Brissen. D. alse oft een st. V. Ende
briesschen. | 363. H. rivire sin der oec w. D. riviere wonen dar. V. oec *ontbr.* |
364. D. Die hutscone ebben dat l. V. huut sc. h. tlijf. B. dlijf | 366. B. Alse een.
D. Sijn ghetant ioft ware en ont. V. sijn alst ware .I. h.

Der vint men daer Pigmeene/
Liedekine harde cleene/
In die montange van Indi.
370 Ten derden iare so pleghen si
Dat si winnen eñ draghen kinder.
Men ne vint gheen volc minder/
Eñ si ouden ten .VIII. iare.
Dese houden orloghe sware
375 Jeghen die cranen/ die met ghewelt
Hem willen nemen haer coren opt velt.

Der heeft men in ouden stonden
Eerhande volc met sterten bonden.

Men vint in Oriënten mede
380 Wilde liede in wilder stede;
Alse mense int wout vaen mochte/
Eñ mense onder die liede brochte/

Vs. 367. H. wonen d. de Picmene. D.V. wonen daer die Pigmeene (Pigmene). |
368. H. Ludekijn. D. arde cleene; *de overige* clene. | 369. H. montane v. Endi. D. Inde
montainem (?) v. Endi. V. montaenge v. Endi. | 370. B.D.V. *so ontbreekt, voorts*
V. iaren. | 371. V. winden eñ draeghen. | 372. B. Men vint geen volc. D. vindet
gheen volxkin. H. Men vint en gheen. | 373–374. D.

Ende si ouden te achtenden iare
Ene orloghe arde sware.

De Vlaming heeft ouden *met* houden *verward en het laetste als overbodig uitge-
laten.* H. Suare. V. Ende si houden ten achtenden jare; *de rest als onze tekst.* |
375. B. *Het tweede* die *ontbr.* H.V. mit. D. de cr. | 376. B. Die willen. H. nemen
de vrucht opt velt. D. Willen hem al winnen de vrucht upt velt. V. die vrucht. |
277. D. hebbemen. V. hevetmen. | 378. H. Erehande v. mit st. ghev. D. Erande—
starten. V. Eenrande — starten. | 379. D. vindet. | 380. H. lude in wilden. D. lieden.
| 381. H. Als mens int w. vinden. B. in wout. D. vangen. V. Alsmense — vanghen.
| 382. H. Eñ als mens onder de lude. D. onder lieden. V. lieden.

En mochten si van niet ontgaen /

Si ne wilden gheen eten ontfaen /

385 Eñ doden hem met honghere van.

MEn vint oec in Jndia man /

Die die oghen nachts hebben so claer /

Als oft ene kersse ware / dats waer.

OEr wonen daer scone liede mede

390 Optie zee / in ene stede /

Die niet eten dan vleesch al ro /

Ende ute goet honich also.

JN ene riviere / heet Bzisant /

Die loopt tote Jndia int lant /

395 Sijn liede .XII. voete lanc /

Die die huut hebben seere blanc /

Eñ danschijn ghedeilt in tween.

Dit wonder / eñ menech een

Dat hier boven staet bescreven /

Vs. 383. H. dan *ontbr*. D. En *ontbr*. V. Mochtsi dan. | 384. H. Si en w. D. Gheen eten ne wilden si ontf. | 385. B. doetden hen. H. doden h. mit bongher. D. dooden — ongre. V. doden hem mit hongre | 386. D. vindet in India oec. | 387. H. De nachts hebben de o. B. nachs. D. doghen nachts ebben. V. claer *bleef in de pen*. | 388 H. Oft ene keers ware, d. w. (Als *ontbr*.). D. Als ioft. B. Alst oft. V. Als ioft ene karse. | 389. H. some lude. B. some lide. D.V. scone lieden. *Het latijn heeft*: hominum genus formosum valde. | 390. H. Op die zee. D. Up de ze in ere st. V. Op die see. | 391. B. vlesc al roe. H. visch. D. niet neten d. vlesch. V. niet ne eten d. vleesch. | 392. B. Eñ ute gegoten honech alsoe, *misschien wilde hij* ute ghecosen, *naer 't latijn :* mel optimum? H. Ende ander goet honich al so. D. Ende sughen honech. V. Ende uut goet honech. | 393. H. Busant. D. rieviere heit Buxant. V. hetet Brixant | 394. H. tot Endi. D. Lopet tote Endi (Die *ontbreekt*). V. Endi. | 395. lieden hutermaten l. | 396. B. Die de hude hebben bl. D. Die de hut ebben. H. Die hude. | 397. H. Eñ dat a. ghedeelt an tw. D. tanschin ghedelet. V. Eñ tanschijn ghedeelt. | 398. H. Manich. V. menich. | 399. H. hijr. b. st. ghescr.

400 Alst ons die vraye boeken gheven/
Vint men int lantscap van Judi.
Nu hoozt wonder meer van mi.

Jacob van Vitri hi seghet/
Dat in Europa een lant leghet/
405 Daer/ alse die kinder werden ghebozen/
Alre eerst comt ene padde bozen;
Wozde oec ghebozen tenegher stede
Een kint/ eñ gheene padde mede/
Men soude der moeder tien an/
410 Dat sijt an enen vzeemden man
Ghewonnen hadde; eñ dese onwaerde/
Seit men/ es onder die Lombaerde.

JN Bozgonien/ int een ende/
Den berghe van Monjou ghehende/
415 Sijn liede utermaten vele
Met enen croppe onder die kele/
Alse groot oft ene cauwozde ware.

JN Vzancrike eerst oec wozden mare/

Vs. 400. H.V. Als ons. B. vraie boke. D. Alse—vraie. | 401. B. int lant v. I. D. Vint
ment—Endi. H.V. Endi. | 402. B. Wonder meer nu hord na mi. D. Doch hort. V. Noch
hort w. mee. | 403. H.V. hi ontbr. D. die zeghet. | 404. H. Eropa. D. Eur. en l. l. |
405. H. warden. D. Dar als de k. V. als—worden. | 406. B. Comt alre irst. H. coemt.
D. Alreerst comet. | 407. B. Werde. D. Ware. V. tenigher. | 408. H. en ghine. V. daer
mede. | 409. H. tyen. V. tien dan. | 410. B. andren. D. soet van e. andren. V. soet
an e. vremden. | 411. H. onweerde : Lombaerde. D. entese onwarde. B. onwarde:
Lombarde. | 412. H. Seytm. is o. D. Seg men wesen onder de Lambarde. V. Seghet
men. | 413. B. In een inde : gehinde. D. hende. V. Burgoengen. | 414. H. Montion.
D. Moniou. V. Monjouwe. | 415. H. Zijn lude. D. lieden. B. lide. | 416. D. de kele.
| 417. H. Also groet als ene caw. D. A. gr. alst ene cow. V. Also gr. alst e. cau-
woerde. | 418. H. is oec. D. Int Vrankrike eist B. eist. V. Vrankrike ist.

3

Vat men liede heeft gheften/

420 Die hadden tuſſchen hare dien

Vozme van wive eñ van manne.

In Sicilien nochtanne

Es een wout/ den berghe na

Die bert/ eñ heet Etna;

425 Daer ſijn liede met ere oghe/

Boven alle bomen hoghe:

Voghe es groot alſe een ſcilt.

Deſe ſijn vzeeſſelijc eñ wilt/

Eñ leven bi vleeſche eñ bi bloede.

430 Int weſtende/ alſic bzoede/

Van Europen/ ſo was bonden

Een wijf verſleghen teere ſtonden/

Met ere wonden int hooft bozen;

Eñ was comen/ alſe wijt hozen/

435 Ghedzeven metter zee baren/

Men ne wiſte wanen twaren.

Vs. 419. D. liden hevet. V. hevet. B. lide. | 420. B. tuscen. | 421. B. Vorme alse wijf oft van manne. V. vormen. | 422. B. Cecilien. H. Cicilien. D. Cicilien nochthanne. V. Cisilien. | 423. V. woud. | 424. B. Hetna. H. Bernt—Ethna D. bernet ende etet. V. barnet ende. | 425. H. lude mit enen o. D. lieden met een. V. lieden met enen. B. lide. | 426. H. bome. D.V. allen b. | 427. B. Doge groet als. H. Dat o. is gr. D. Thoghe alse gr. als en sc. V. Thoghe groot als. | 428. H. De vreslic sijn eñ w. D.V. Dies vreselic eñ (ende). B. vresselijc. | 429. H. vleysche. B. blode : vrode. V. vleessche. B. vlesce. | 430. D. westhende, als ict bevroede. V. Int west eñ als ic gevroede. B. westinde — vrode. | 433. H. Met een oghe in har hoeft. B. int hoet. V. wonde int hovet.

    D. Met ere wonden, als wijt horen,
        Die stont hare int vorovet voren ;
        Ende quam ghedreghen metten zebaren.

| 434. Als. | 435. H.V. Mitten zebaren (zeeb.). | 436. H. Men wist wane tw. D.V. te waren.

Met purpere was si ghecleet;
Hare langhe was / alsment weet
(Die historie bescrivet dus)/
440 Ghemeten neghen cubitus.

Die grote oer van Hercules /
Daer niet af bleven en es /
Wondert der werelt ghemeenlike :
Sine wapine sonder ghelike /
445 Die so groot sijn daermense siet /
Wondert alder werelt diet.
Ja / na dien dat hi verwan
Menech lant en meneghen man /
Hi sette tekine ende pale
450 Van sinen zeghe scone en wale /
Int westende van Spanienlant /
Colompnen groot opter zee rant /
Te lictekene dat hi habbe verwonnen

Vs. 437. B. purpe. H. Mit purper. D.V. purpre was soe ghecledet (ghecleet). |
438. B. Hare lingde alsm. H. Har l. D. alsemen weet. | 439. B. hystorie. H. hystorij
h. ons dus. D. De istorie bescr. ons d. V. istorie. | 540. H.V. Gemeten een cubitus.
D. Gh. .L. cub. | 441-446. Die groote nochtan v. Ercules, Dar ons niet af bl. es,
Wondert der wonder (sic) ghemeinl. V. Die grote nochtanne van Hercules Daer oec
niet of bl. es. B. groette. In H. staet :

> De grote van Ercules,
> Daer oec niet af bleven is,
> Onder de werelt ghemeenlike,
> Sine wapene sekerlike,
> De groet sijn daer mense siet,
> Wonder alder werelt diet.

| 447. H. De na dien. Van hier tot vs. 642 is de laetste helft van schier al de re-
gels verloren. V.D. Die na dien. | 448. V. Menich, enz. | 449. H. Sette teyken en p.
(Hi ontbr.). D.V. Sette tekine (tekijn) ende p. (Hi ontbr.). B. teken en p. | 450. H.V. se-
ghe. | 451. V. Spaenge. B. Int west ende in Sp l. | 452. B. Columben. H. op dien z.
D. Colummen upter ze c. V. Columne gr. up der z. k. | 453. H. te licteken. D. Ten
lyctekine dat hi verw. V. Te litekene.

Van den risene van der zonnen

455 Alle die lande tote daer.

Daer na quam hem een evel swaer /

Dat hem swaer was eñ onghier /

Eñ warp hem selven in een vier /

Daer hi te pulvere es versleten;

460 Dus es sijns langhe vergheten.

Also alsmens litteken vint /

So ne twifelts mi een twint /

Hen was menech starc gygant

Wilen eer int duutsche lant.

465 Daer was een die hiet Teutaen /

Daer Duutschelant af heeft ontfaen

Sinen name / eñ hout noch heden;

Sijn graf steet teere steden

Bi der Dunouwen sekerlike /

470 Bi der Weinen in Oestrike;

Twee milen al daer beneven /

In een dorp / heet Sente Steven /

Teit hi neghen cubitus lanc.

Vs. 454. H. risende v. d. son. D. Hadde van d. ris. v. d. s. | 455. Al die. D. Al de l. V. al tote. | 456. D. Daer naer. V. zwaer. | 457. V. ongehier. B. ongier. H. *heeft alleen nog on....* | 458. B. in en v. | 459. H. Daer hi pulvere is v. | 460. B. sijn. H. is. D. Dar es langhe sijns v. | 461. H. Alsmen et liet. D. men lytteken. V. liteken. | 462. H. zone. B. twivelwijs tw. D. twisel mens twynt. V. twivel wijs niet een. | 463. D. Henne w. B.H.V. En was m. st. gygant. | 464. H. in dutsche l. B. int ditsce l. D. in duutscen l. V. in duutsche l. | 465. H. So datter een was, heet T. D.V. So datter een was, hiet Teuta. (Theutaen). B. heet. | 466. H. Daer of heeft Dutschelant. B. dutsce l. D. Dar Dutscel. of hevet ontfaet. | 467. D. Sine name eñ out noch eden. V. Sine name. | 468. H. Sijn gr. noch t. stede (steet *of* staet *ontbr.*). D.V. Sijn gr. es noch. | 469. B. Denouwen. D. Donauwen. V. Dunauwe. | 470. H. Bi den Wenden. D. Bider Weinder in Ostr. V. Weemen in Oest. | 471. H. Twe m. als daer. D.V. dar (daer) benerene. | 472. D.V. Sente (Sinte) Stevene. | 473. H.V. Dat .XV. cubitus is (es) lanc. D. Dat .XC. cub. es lanc.

Die daer toe doet sinen ganc/

475 Hi bint daer beenre op desen dach/.

Meer dan men gheloben mach.

Chersenbecken legghet daer :

Broeder Aelbzecht seit boz waer/

Name een man/ diet pzoeben begheerde/

480 Cusschen appel eñ helte .IJ. sweerde/

Dat een op/ dat ander neder/

Hi mochtse keeren bozt eñ weder

Allomme int hersenbecken binnen.

Sine tande/ segghen diese kinnen/

485 Die sijn meer dan .IJ. palmen bzeet.

Dat ic ban wondere bant eñ weet/

Hebbic ghefeit in desen boec :

Ghelobe die wille/ ine roec ;

Maer seker ben ic/ sonder waen/

490 Dat ic tware doe berstaen/

Na dien dat ict bescreben hende.

Vs. 474. H. De daer to d. B. Di. | 475. D.V. up. | 476. H. Mere. D. Meerre. danne m. gheloeven m. ¦ 477. H. Et herseb. D. Tersinbeckin. V. Theersenbekijn. | 478. D. Broder Albr. s. vorwar. B. Brueder Albr. V. seghet over w. | 479. B. en man di proven b. H. Neme een diet pr. | 480. D.V. eñ hilte. | 481. H. Dat een ende op.... D. Dat en up entander n. V. Dat een up eñ tander. | 482. H. Hi mocht keren. V. keren. B. mochse keren vordt. | 483. B. Alombe. H. Namelike in.... D. Namelike int ersinbeckin. V. Namelike. | 484. B. secgen dise. D. diet kinnen. V. kinne. | 485. *Van hier af tot vs. 676, is in* H. *'t begin van al de regels weggesneden.* D. meer. | 486. H.D.V. wondre. *Na dezen regel stonden er in* D. *en* H.V. *nog twee, die in* B. *ontbreken. In* D. *voluit :*

Alse van menscheliker figuren
In gheloveliker scrifturen.

In H. *zijn de drie eerste sylben van beide weggesneden.* V. *schrijft naer gewoonte* Als *voor* Alse. | 487. H..... gheseghet. D. Ebbic. V. Heb ic gheset | 488. H. mi en roec. D. minne roec. V. mine r. | 489. H. zonder. D. bem ic. V. Mare s. bem. ic. | 490. H. heb doen v. D. dat ware. B. dware. | 491. D. icket bescr. B.H. ic bescr. vinde.

𝕯𝖎𝖊 𝖊𝖊𝖗𝖘𝖙𝖊 𝖇𝖔𝖊𝖗 𝖓𝖊𝖊𝖒𝖙 𝖍𝖎𝖊𝖗 𝖊𝖓𝖉𝖊.

𝕹𝖚 𝖘𝖆𝖑 𝖎𝖈 𝖉𝖊𝖓 𝖆𝖓𝖉𝖗𝖊𝖓 𝖌𝖍𝖊𝖑𝖊𝖊𝖘𝖙𝖊𝖓

𝖁𝖔𝖗𝖜𝖆𝖊𝖗𝖙 𝖛𝖆𝖓 𝖉𝖊𝖓 𝖌𝖆𝖊𝖓𝖉𝖊𝖓 𝖇𝖊𝖊𝖘𝖙𝖊𝖓.

Vs. 492. B. ierste boec nempt h. inde. H. hijr ende, *rijmende met* vinde. D. Die herste b. nemet hier hende. V. die neemt hir. | 493. H. ...ven dat ic can gh. D.V. Nu hort, na dat icket (ic) can ghesleesten. | 494. B. Vorwardt. D.V. Den boec v. d. g. b. *Het woord* vorwaert *ontbreekt in deze twee HSS.; of het mede in* H. *ontbrak, maekt de verminking onzeker; maer de drie HSS. komen dikwijls overeen.*

TWEEDE BOEC.

—

Ghemeenelike so sal ic te bozen
Ghemeene nature laten horen/
Die beesten hebben int gheminghe/
Daer na van elken sonderlinghe.

5   Aristotiles die seghet/
Wat dat voete te hebbene pleghet/
Oft twee/ oft viere/ oft negheene/
Die diere hebben alle ghemeene
Adere/ en bloet daer in;
10 Diere meer hebben/ seit sijn sin/
Van viere/ si ne hebben gheen bloet.
En merct dat men verstaen moet/
Dat hi « bloet in aderen » seghet;

Vs. 1. V. Ghemeenelike. B. Gemenelike. H. Ghemeenlijc. | 2. H. Ghemene. V. Ghe-
meene n. iou laten. B. Gemeine. | 3. V. Gemange (*sic*). | 4. V. van elker sonderlan-
ghe. | 6. V. thebbene. | 7. H. enghene. B. ne gene. V. jof twee, iof v., iof ne gh.
| 8. V. dieren. B. Die dire h. a. gemene. | 9. V. Aderen. B. Adren. | 10. H. seg-
ghen si sin. B. Dire. | 11. H. ...re, hebben gh. bl. (si ne *ontbr.*). V. Dan .IIII. en
heb. B. vire. | 12. V. Maerct. | 13. B. Adren.

Want die worm bloet te hebbene pleghet;

15 Maer haer negheen hebben adre.

Die vissche hebben allegadre

Benine oghen eñ starc dat vel/

Om dat si dat water wel

Weeren sullen eñ gheboghen;

20 Dat mach men wel met redenen toghen.

Bi den watre si u bekent

Dese wereltlike torment;

Bi den visschen selvi bekinnen

Liede die de werelt minnen.

25 Merct van den wereltliken lieden:

Al hozen si iet van Gode bedieden/

Si hebben so harde verstannesse/

Negheene gheestelike lesse

Moghen si bescouwen wel:

30 So hart es hem oghe eñ vel.

Die diere/ die hebben ozen/ ghemeene

Roerense/ sonder die mensche alleene.

Dit meint/ dat hi onthout eñ leere

Al dat hi hoozt van Onsen Heere.

Vs. 14. H.V. hebben. | 15. H. ne gheen en heeft adre. B. aderen. V. ne gheen diene hevet. | 16. B. visce h. allegadren. V. visschen. D. De vissche ebben. | 17. H. ...e oghen eñ stert dat wet wel. B. Beinen. | 18. H. ...weren sullen eñ gheduren wel. D. Omme. | 19. B. weren selen. D. gedhoghen. | 20. H. mit redene. V. Dit—bi redene. D. Dit—met redenen. | 21. B. water. D. si iu b. | 22. H. ...werlike. B. werel-like. V. Desen waerliken. D. werlike. | 23. H. ...n vische zuldi bekennen. B. viscen. V.D. suldi. | 24. H. Lude die. V. Luden die die. D. Lieden. | 25. B. werenliken liden: bediden. H. van werliken lud. V. Maert van werlieken l. D. Nu merket van wereldl. | 26. V. Al *ontbr.* D. Al horsi hiet. | 27. B. soe hart. H. so hare. D. ebben so arde. | 28. D. gestelike. | 29. B. si verstaen w. V.D. Ne moghen si; *voorts* D. verstaen. | 30. B. Soe hard es hen ogen. H. is. D. ard ebben si. | 31. H. De diere hebben oghen gh. V. Dieren die h. oghen gb. B. dire—gemene. | 32. H. Roeren si, sonder de m. B. Rorense—allene. | 33. H. De mont dat hi. *misschien* maent? V. Dat meent d. h. onthouden leere. B. lere: Here. | 54. V. hi hout. B. hord hi, *met teregtwijzing.*

35 Eñ some creaturen hozen

Met gaten / al sonder ozen /

Alse alle boghele ghemeine.

Alle diere groot ende cleine

Roeren die onderste haken.

40 Twee diere gaen teghen dese saken :

Dats cocobzillus eñ daer na

Een dier / heet gentilia /

Die de opperste haken roeren /

Eñ dats maniere van bzeember voeren.

45 Ambzosius spzeect / dat God hevet

Someghen diere / dat nu levet /

Ghemaect den hals lanc / bedi

Dat sine spise op deerde si /

Alse den hemel eñ den paerde ;

50 Maer den wolve eñ den liebaerde /

Dien heeft hine cozt ghegheven /

Want si bi der pzoyen leven.

Die langhe hals / dats die langhe hope.

Elc man merke wien ic nope :

Vs. 35. V. Ende somighe. H. somighe. | 36. H. Mit gaten sonder o. V. Mit g. al sonder horen. | 37. V. Als a. voglen ghemeene. B. vogle ghemeene. | 38. B. dire groet. H. dire groet eñ cle...; *de rest is weggesneden.* V. dieren — clene. | 39. H. De roeren de nederste. B. Roren. V. Die roeren. | 40. H. Twe dire gaen dese....; *ook*, B., *als meest*, dire. V. dieren. | 41 B. cocadrillis. V. cocdrillus. | 42. H. getulia. V. hetet. | 43. H. De dupp. caken. B. roren. V. de upp. | 44 H. Dats manerye. B. vremder voren. V. vremder. | 45. H Sinte Ambr. seghet d. G.... V. spreict. | 46. B. Somengen dire; *maer de eerste* n *is onderstipt.* H. dire dat leeft. V. So menighen diere dat levet. | 47. H. lanc da... (*Welligt daer bi, of zoo als in*). V. lanc dats bedi. | 48. H.V. op (up) die eerde si. B. haer spise op derde. | 49. B. enten parde. V. Als | 50. B. wolf enten libarde. V. dien wolve enten l. | 51. H.V. Heeft (Hevet) hi den hals cort gh. (Dien *ontbr.*). | 52. B. proien. | 53-55. *ontbreken in* H. *De afschrijver heeft zich, bloot door onoplettendheid, bij 't rijmwoord* leven *verzien. Vergelijk hier achter vs.* 65. V. als meent die. | 54. B. wat ic nope.

55 Die ghens / die bi der pzoyen leben /
   Hoe mach haer hope sijn verheven
   Enechsins te Gode waert?
   Die den armen niene spaert /
   Eñ met hem hout sine ghile /
60 Hoe waent hi ter lester wile
   An Onsen Heere vinden ghenaden /
   Die emmer den armen sal beraden?
     Almeest alrehande diere /
     Die pleghen ederekens maniere
65 (Dats die vermaelt sine spise) /
   Hebben halse van langher wise.
   Dat meent / die die heileghe woozt /
   Die hi leset ofte oec hoozt /
   Verwandelt dicke sonder ontlopen /
70 Die behoozt te langher hopen.
     Men vint onder alle die diere
     Tande van bzierhande maniere :
     Some effene / some alse zaghen /
     Eñ some tande die ute raghen.
75 Effene tande heeft die man /
   Eñ wat so hozne bzaghet nochtan /

Vs. 55. B. prouen (proven). V. Die ghone die mit. | 57. B. wardt : spardt. V. Enich sins. | 58. H. niet en sp. V. niet ne. | 59. H. mit. V. houdet sine. | 61. V. Heere. | 62. B. ember. H. de arme. V. emmermee die a. | 63-64. H. Meest alrehande dire Hebben edekens manire. B. Alremeest alreh. dire Plegen, enz. (Die ontbr. als bij H.). V. edekens. | 65. *Deze regel en de zeven volgende ontbreken in* H.; *de afschrijver sloeg van het rijmwoord* maniere, vs. 64, *tot het zelfde woord*, vs. 72, *alles over. Zulks is meermaels geschied, nu in het een, dan in het ander handschrift.* V. die vermaken hare sp. | 66. V. alse. | 67. V. Dat men d. d. helighe wort. B meent die h. word (*één die ontbr.*). | 68. V. die hi l. of te hort. B. hord. | 69. V. verhandelt dicken. | 70. B. behord. V. behort ter langhen open. | 71. V. alle diere. B. die dire. maniere. | 73. B. some van z. H. saghen. V. eñ some als saghen. | 74. B. di ute. 75. V. Effen t. hevet. | 76. V. Eñ so wat h.

Hen ware [t]ghehoznet serpent.

Wat so hem met pzoyen bekent/

Es ghetant ghelijc der zaghen/

80 Selke/ meenic/ alse honde bzaghen;

Entie ever/ entie olifant

Hebben den raghenden tant.

    Al dat bloet heeft/ des ghelooft/

Dat heeft hersenen int hooft/

85 Sonder wozme/ segghic u;

En wat diere den steert heeft ru/

Heeft grote kenebacken ghemeene/

En dat hersenbecken cleene.

    Owi! och arme! hoe waer eest heden

90 In die heeren der mogentheden!

Haer steert/ dats haer maisenide/

Die verteeren dat darme liede

Souden hebben thaerre noot.

Dese hebben de kenebacken so groot/

95 Dat si verteeren in overdaden

Haer goet te haren scaden:

Dus so wert hem cleene thooft;

Vs. 77. V. ghehorent. H. ghehoernet. B.V. *spellen En, zonder aspiratie, en missen 't lidwoord* [t]. H. *is verminkt.* | 78. B. proien. V. So wat hem. | 79. H. den saghen. V. saghen. | 80. V. Sulke meenic als. B. menic. | 81. H. of olifant. V. En die ever ende die. | 82 H. ...n raghende tant. V. Die hebben 83. V. hevet dies ghelovet. | 84. H. hersen in sijn hoeft. V. hevet hersene int hovet. | 85. B. secgic. H. segic. V. seg ic. | 86. V.D. staert(start) hevet. B.H. stert. | 87. H. ...enbacken. V.D. Hevet gr. kinbacken. | 88. H. ...ebecken. V. Ende d. h. D. ersinbeckin cleene. | 89. H. hoe swaer ist. V. ocharmen h. w. est h. D. wacharmen hoe waer est eden. | 90. V. In heeren. D. Inder eren der moghendelicheden. | 91. H. Hare maisneden. V.D. Hare sterte (starte) hare messniden (meisenieden). B. stert. | 92. H. ...den armen leden. V. dat daerme lieden. D. verteren dat arme lieden. B. verteren. | 93. H. ...n souden tare noet. V. te hare. B. tharre. D. ebben thare. | 94. H. ...cke kenbacken. B. so ontbr. V.D. Si hebben die (ebben de) kinbacken gr. | 95. B. verteren. D. hoverdaden. | 96. B. guet. D. Hare g. | 97. V. wort - thovet. D. Dus se (?) werdet h. clene thovet.

Want si werden so verdooft /

Dat sijt laten varen al /

100 Watter ave comen sal.

Haer eñ wolle van allen dieren

Verwandelt na des lants manieren :

In heeten lande kersp eñ swart /

Eñ in tastene een deel hart;

105 In couden lande slecht eñ wit :

Aldus mach men merken dit.

Vierboete ghehoznede diere

Boven / dats hare maniere /

So ne hebben si gheene tande /

110 Also alst Aristotiles becande.

Alle creaturen van hare ru

Ghenoten vele / dat segghic u.

In die maghe van zughenden dieren

Vint men libbe van goeder manieren /

115 So ouder / so van betren doene :

Herts slotel van den menisoene;

Maer des herts libbe eñ thasen mede

Es van der meester crachtechede;

Maer die diere die niet vermalen

120 Haer spise / die si in halen /

Ne hebben libbe groot na cleene /

Vs. 98. V. worden so verdovet. D. verdoevet. | 99. V.D. Dat si laten. | 100. H. ....s comen zal. V. Wat datter of of comen sal (*sic*). D. Wat datter hem af. | 101. H. allen dire : manire. V. wulle. | 102. B. lans. V. der lande. | 103. V. In eten. l. karsp eñ zw. | 104. V. Ende in t. | 106. V. Aldus so machmen marken d. | 107. B. Viervoette gh. dire. V. Viere voete ghehorende. | 108. V. dat es. | 110. V. cande. | 111. H. creature. | 112. H.V. Noten — segic (seg ic). B. Secgic. | 113. B. zugeden. H.V. sughenden. | 114. B. guder. H. lib van g. | 115. H. so beteren van doene. V. So houder so van beteren. | 116. H. Ets sloetel van menis. B. menisone. | 117. H. lib eñ des hasen. V. eñ dev' (*sic, voor* des?) hasen. | 118. H. van meester crachtich. | 119. V. die niere (*sic*) v. | 120. V. Hare.

Sonder die hase alleene.

Al dat heeft oghelede/

Dat luucter sine oghen mede

125 Alst slaept/ sonder die liebaert

Entie blode hase Cuwaert.

Al dat voete heeft/ sonder ghile/

Mach wel swemmen ene wile;

Die mensche minst van hem allen.

130 Men seit oec dat hem doet gheballen/

Dat hi heeft boven hem allen/

Na sine grote/ alreminst gallen;

Want die galle es heet eñ dzoghe/

Dus heffet si opwaert int hoghe.

135 Maer die swembalch/ die den wint hout/

Doet vissche swemmen met ghewout.

Men bzaghet des in meneghen lande/

Twi die ever heeft sine tande/

Die liebaert clauwen entie beere/

140 Die stier sine hozne ter weere/

Die ree/ die hase/ haer snelhede:

Den mensche/ van meester werderhede/

Vs. 123. B. hoge lede. H. oechlede. V. hevet oge lede. | 124. B. luecter s. lede m. H. luecter sijn o. | 126. V. Eñ die. | 128. B. swimmen. | 129. B. hen. V. minst oec van h. | 130. H. Men seyt dat men doet gh. V. Men seghet dat hem. | 131. V. hevet. | 132. H. Na sine gr. de minste gallen. V. Na sire gr. | 131-132. *Ontbreken in B.* | 133. H. is. | 134. B. heffe opwart (*welligt voor* hefse = heftse). V. hef si up waert. | 135. B. den swimb. H. de swembalch den w. h. V. zwijnbalch. | 136. B. visce swimmen. H. Dat vissche sw. mit. | 137. B. vrages. V. dies in menigen. D. vraget d. in menghen l. | 138. V. hevet. B. Twidi ever. D. de hever hevet. | 139. H. clawen eñ die bere : were. V. claeuwe. D. liebart clawen entie bere were. | 140. H. De stijr s. hoerne. V. sijn horne. | 141. H. Het ree, de h. har sn. V. hare sn. D. here (?) snellede. | 142. B. Die minsce. H. de mensche. V. Die mensche. D. Die mensce v. mesten ward.

Nature en wapende niet so wel /
No ne maecten ter vlucht niet so snel.
145 Dus mach men antwerden hier inne :
Mensche / die redene heeft van sinne /
Heeft tweerhande weere an /
Dats raet en daet nochtan ;
Dus heeft hi met rade bonden /
150 In orloghen tallen stonden /
Dat hire hem ieghen wapenen can ;
En als hi pays heeft / laet hise dan.
Waer hi ghebozen van daer mede /
So sceme hi altoes buten brede.
155 Waer hi oec snel alse die ree /
Hine ghewachtes hem nemmermee /
Hine souder verliesen mede
Sine edele ghestadechede.
Nu / alst tijt es en stede /
160 So raet hem die behendechede /
Sijt op waghene / sijt op paerde /
Snellike te varme siere varde /
En in scepe in corter stonde

Vs. 143. H. Nat. wapenden ni s. w. V. ne wap. D. ne wapinde. | 144. H. Noch
maecten de vlocht so snel. V. Noch ne m. t. vlucht so sn. D. None makede t. vl. so
sn. | 145. H. Antworden hijr. V. andw'den hir. D. antworden. | 146. V. hevet. |
147. B. werke. H. Heeft tvierande were. V. Hevet twerande werke. D. Hevet twei-
rande ghewerke. | 149. H. mit sinne. V. hevet hi sinne v. (met *ontbr.*). D Dies hevet
hi met sine v. | 151. H. Dat hi hem wapenen c. V. Dat hi daer toe hem w. c. D. Dat
hi hem daer toe wapinen. | 152. B. alsi pais. V. hevet. H. laet hi si dan. D. alsi pais
h. latise. | 153. H. dan *ontbr.* | V. ware bi. D. wari gh. | 154. B. sceen hi. V. scheen
hi D. sceni. | 155. H. als dat ree. V. als. D. ware oec snel als die re. | 156. H. Hine
wachts. B. nembermee. D. wachters h. nemmerme. | 157. H.V.D. soude verliesen
daer (der) mede. | 159. H. is. V. ende st. | 160. B. die edel behindichede. H.V. So
ontbreekt. D. So *ontbr.* | 161. B. wagen—parde. V. up waghen s. up paerde. D. up
w. of up parde. | 162. B.D. varne sire varde. H. varen sire. V. sire. | 163. H.V.D. sce-
pen mit (met) corten stonden.

Overliden des waters gronde.

165 Dus mach men antwerden van
Hem / die vraghet / twi die man
Craech en onghewapent mede
Ghebozen es ter menschelichede.

Ghetande diere / zaghen wise /

170 Hebben vercozen vleesch ter spise.
Si lapen metter tonghen in
Twater / dit leert hem haer sin;
Maer diere met effenen tanden
Zughen twater in te handen.

175 Dat vele tande en ganz heeft /
Men seit dattet langhe leeft /
Eest dier / eest man : dat verstaet /
Dat over die meerre meneghe gaet.

Wat dier gheene longhe ne heeft /

180 Es sonder luut alse langhe alst leeft.
Niet dat leeft werpt sijn saet
Buter semellen / daert toe gaet /
Wakende / slapende / sonder die man ;
Dits grote onsalicheit nochtan /

Vs. 164. Overl. d. w. honden. V. Ov. lijden d. w. onden. D. Hover liden d. w. gron-
den. B. Over l. | 165. H.D. antworden. V. andw. | 166. B. De m. | 167. H. Traghe.
D. onghewapint. | 168. H. is. | 169. H. dire, *en met* V. saghe wise. | 171. B. metten.
H. mitter. V. mitten. | 172. B. Dwater d. l. hen. H. Et water d. l. hem hor sin.
V. zin. | 174. H. Sughen tw. V. Sughen in tw. B. dwater. | 175. H. hevet. V. ganse
hevet. | 176. H. seghet — levet. V. seghet dat het l. levet. | 177. B. Eist — eist. H. Eest
d. of man. V. Ist d. ist m. dit v. | 178. H. Die mere meninghe. V. meere menichte.
| 179. H. dire ghene longhe en h. B. diere gene longene h. V. Wat diere ne lon-
gere gheene hevet. | 180. H. is. B. als lange. V. luud also alst levet. | 181. V. levet
werp sijn s. | 182. H. Buter femellen allen daert to gaet. *Van de eerste hand stond
er slechts* daer; *de t werd er later boven den regel bijgeschreven* (daer'). B. Buten
femelen dat verstaet. V. Buter femelen daer toe g. | 183. V. de man. B. di man. |
184. H. groete onsalichede.

185 Dat hi so swaerlike hem besmet:
    Dese redene verstaet eñ wet.
    Alrehande creaturen
    Nemen voetsel bi naturen
    In spisen die hem best ghenoeghet/
190 Eñ in dranke die hem borghet.
    Bi naturen die diere alle
    Die leben eñ sijn sonder galle/
    Alse herten eñ olifante sijn/
    Entie kemel eñ dat delfijn/
195 Die moghen alle langhe leven:
    Eñ dats recht; want hets bescreven:
    « Die goedertieren die sellen daer erven/
    Daer altoes nieman en mach sterven. »
    Diere die groot sijn van lichaemen/
200 Winnen lettel alle te samen;
    Eñ so dierkine oec sijn minder/
    So si winnen meer kinder.
    Owi! hoe waer es dit noch heden!
    Grote heeren van werdecheden
205 Hoe lettel baten doen si den lieden!
    Si gapen also seere ter mieden/
    Dat si thaerre langher vlucht

Vs. 185. H. besmit. B. swerl. | 186. H. De redene v. ende wit. V. Die r. v. ende
w. | 188. H. har voedsel. | 189. H. die hem ghen. B. hen. | 190. H. die hem ghe-
noeghet (*sic*). B. hen voget. V. ghevoeget. | 193. H. Alse herte olifante s. V. Als
herte ende. | 194. V. Eñ die k. ende dat delfin. | 196. H. Eñ *ontbr.; voorts* dats
bescr. V. Ende d. recht hets b. (want *ontbr.*). | 197. B. gudertierre di selen ter (se-
lenter?) erven. V. goedertiere sullen ter erven. | 198. B. niman mach st. V. nie-
ment ī mach st. (*sic*). | 199. H. lichame. | 200. H. lettel al te samen. V. luttel. |
201. H. de dierkijn sijn minder. V. Ende. B. dirkine | 202. H. So si meer winnen k.
V. So si winnen die meere k. B. So si winnen meer kinder. | 203. H. ho waer is. |
204. H.V. moegentheden. | 205. H.V. luttel. B liden. | 206. H. gnappen. B. alse
s. t. miden. | 207. H. thare langhe vlocht. V. ter hare.

En moghen winnen gheene brucht.

Vijfterhande creaturen

210 Die verwinnen bi naturen

Ons menschen in onsen vijf sinnen :

Lynx siet claerre/ alse wijt kinnen ;

Die ghier riect vorder ene sake ;

Tsimminkel es van scarper smake ;

215 Die coppe gaet int ghevoelen boven ;

Die ever es subtielre int horen.

Die creaturen/ hoor ic ghewaghen/

Die de moedre langhe draghen/

Plinius die heeft bescreven

220 Dat si moghen lancst leven.

Nu hoort voort van elken diere

Sine sonderlinghe maniere ;

In latijn sal ic haer namen

Ordineeren al te samen/

225 Om datter menech dier in steet/

Daer ict dietsch niet af en weet.

Na der ordenen van .A.B.C./

Teerst in .A./ daer na in .B./

Vs. 208. B. Mogen winne (En *ontbr.*). H. vrocht. V. Ne moghen. | 209. B. Vifterhande. H. Vijferande. V. Vijterande. | 210. H. Die *ontbr.* | 211. B. in ons vif. V. in onse v. sinne. | 212. B. Linx siet claer. H. Linx — als ict kinnen. V. Linx — als ic kinne. | 213 H. De gh. ruket. | 214. H. tsimminke es. V. Tscimm. | 215. H. De coppe. B. gevolen. | 216. H. is suptijl. V. hever es subtijlre. B. subtiel int h. | 217. H. creature horic. V.B. horic gewagen. | 218. B. moder. H. modre. V. Die die moeder. | 219. H. die *ontbreekt.* V. hevet. | 220. H. lanxt moghen. | 221. B. hordt — dire. H. hoert. V. hort vort. | 222. H.V. sonderlanghe maniere. B. manire. | 223. H. In latij (*sic*) sal ic u hare men (*sic*) V. In tlatijn s. ic hare n. D. salic hare n. | 224. B. Orderen. H. Ordiniren. D. ordineren. | 225. D. Omme. | 226. B. ic dijtsch. H. ict dutsch. V. ic dietsch niet of. D. ic dat dietsch n. af ne w. | 227. H. Na de ordine. B. van .a. b. c. V. die ordine van den. D. Vander ordinen int. | 228. H. Dat eerste een .a., dat ander een .b. V. daer *ontbr.* D. Terst.

4

Sullen haer namen sijn gheset /
230 Dat men elc binden mach te bet.

A Sinus dats des esels name /
Een lelic dier eñ onbequame /
Met groten hovede / met ozen lanc /
Traghe seere an sinen ganc /
235 Eñ dat niet can werden bet.
Op sine scouderen es gheset
Dat teken van der passien Ons Heeren :
Om dat hi ons wilde leeren
Oetmoederheit / reet hi sulc paert /
240 Daer hi voer ter passien waert.
Die esel die ne can niet vechten /
Eñ ghedoghet oec van knechten
Vele swaerre steke eñ slaghen ;
Eñ wil men hem oec doen dzaghen
245 Meer dan hi gheleesten can /
Hi ne strijter niet ieghen dan :
Dit es sine doghdachterhede.
Nu hoozt oec sine quaethede :
Achter starker dan voren /

Vs. 229. B. Sellen. H. hore n. V. h. name. D. haren n. | 230. B. mach vinden.
D. Dat men se v. | 231. H. das een esels n. V. dats esels. | 232. H. lelic deer eñ ombe-
quaem. B. lelijc. D. En l. d. end onb. | 233. H. hoefde, mit o. V. horen. | 234. H. Traech
sere in haren g. V. Traech. | 235. V. worden. | 236. V. Up. | 237. H. Teken v. d. passi
(Dat *is in* Teken *versmolten*). V. tekijn v. d. passie. | 238. H.V. Want dat hi (dat *bij*
V. *van later hand*). | 239. H. De oetmoet r. hi s. een peert B. selc part : wart. V. Oet-
moedichede. | 240. H. vor ter p. weert. | 241. H. De esel en can oec n. v. B. dine. |
242. B. No gedogen oec. H. oec *ontbr.* | 243. H.V. Van swaren (zw.) steken eñ van
sl. (slaen). | 244. H. wilde men hem doen. V. Ende. | 245. B. geleisten. V. Mee. |
246. B. strijcter (*voor* strijtter? *of* strijken = slaen?) H. streder — nochtan. V. Hine
striter — nochtan. | 247. B. dodechtechede. H. So is dit sine ghedoechsemede. V. due-
ghetatichede. | 248. V.B. hort sine quaethede (queth.). | 249. H. After. V. Bachten.

Hi es luxurieus uutvercozen;

250 Onbehendegher van manieren

Van enech van den andren dieren:

Daer hi sinen wech sal striken /

Daer en can hi niemans wiken.

Daer toe es sijn luut so swaer /

255 Dat hi quetst al dat hem es naer.

Alse cleine sijn hare ionghe

Sijn si scoonst ten eersten spronghe;

Maer si leliken emmer voort:

So ouder so argher es haer voort.

260 Te dertig maenden nootst twaren;

Maer si winnen te drien iaren.

Esels melc es seere wit;

Plinius die scrijft ons dit /

Dat soe witte huut mach gheven.

265 Bedi so vint men bescreven

Dat Poppeya / skeysers Nerons wijf /

Dwaen dede daer mede haer lijf /

Om dat si wilde wesen wit;

Die roomsche teesten houden dit.

Vs. 249. H. Hiis luxurioes wtv. | 250. B. Onbedecter v. maniren. V. Ombedecter.
H. Ombehendigher v. maniren. | 251. H. van andren diren. V. enich van alden d.
B. diren. | 253. H. nimant. V. Daer ne c. hi niemens. | 254. H. Daer to is. B. luut
ontbr. V. luud s. zw. | 255. H. Dat hi al quesset dat h. is n. V. quest. | 256. H. clene.
V. Alsi clene. | 257. V. So sijn si scoenst. B. scoenst ten irsten. | 258. B. ember voert:
boert. V. vort. | 259. H. is hor woert. V. houder — wort. | 260. B. Ten .XXX.
H. noet si. V. noot si te w. B. noten si. | 261. B. ten drien. H. Mer. V. tenden .III. i.
| 262. H. is sere. B. sere. | 263. B. bescrijft. H. Plinius scrijft. V. bescrivet. *Ik
volgde* E., *waervan hier het begin.* | 264. E. Dat so w. huut B. soe ontbr. V. soe.
| 265. E. Be die, *met eene stip onder de* e *van* die. H. Wi vinden oec bescr. |
266. E. Popeya skeyses Nerones wiif. B. Pompeya .cö. Norons w. H. Dat Popea key-
ser Coreus w. V. Popea keysers Nerones w. | 267. E. har liif. H. har. | 268. E. Omme
d. s. woude. V. soe wilde. | 269. E. roemsche. H. De roemsche geeste hout. B. romsce.
V. roemsche geesten.

270   Esels vleesch dat maect quaet bloet/

Om dat quaet te verduwene doet.

Die esel heeft in spisen vercozen

Scarpe distelen eñ dozen.

Esels melc/ alse warm als bloet/

275   Es ieghen den tantsweere goet/

Wilmer die tande mede dwaen;

Eñ het doetse vaste staen/

Wilmense daer op striken.

Oec es si goet ieghen verstiken.

280   Die esel es van groter coutheden:

Hine wint niet in couden steden;

Bedi en dzaghen si none winnen

In lande die cout sijn binnen;

Noch sine noten in gheere stede

285   In herfste no in lenten mede/

Maer in des heets somers cracht.

Een iaer dzaghen si hare dzacht.

Alse die eselinne es opten spzonc

Datse werpen sal haer ionc/

290   Wilse in demsterheiden vlien/

Daer si gheenen man mach sien.

Haer leven dat es .LXX. iaer.

Vs. 270. E. quaet *ontb.* B. Esels melc d. m. bl. (quaet *ontb.*). H. Esels vleysch maect. | 271. E. verduwene (*sic*, *onderstipt*). H. verduwen. V. verduwende. | 272. H. een spise. V. hevet. | 273. B. Scarpen. H. stekelen. V. stekelen ende. | 274. E.H.V. melc warm als. | 276. H. tantsueer. V. ieghen tantsweere. | 277. E. Eñ het duetse. H. Eñ si doetse. V. Eñ soe d. | 278. B. wiltment. V. up. | 279. E. Eñ sijs goet. B. Eñ ets guet. | 280. B. coenheden. | 181. H. Hi en innet niet. B. couder. V. Hi ne winnet niet. | 282. H. ne dr. si noch w. V. *sloeg dit en de twee vlg. verzen over.* | 283. H. de cout sijn. B. van binnen. | 285. H. herfst noch. V. herfst no in lentine. | 286. H. Mar. | 287. B. haer. | 288. H. Als de e. is. B. eselline. V. Als d. esell. | 289. H. Dat si warpen zal har ionc. V. Datsi. | 290. H. willen si. V. Wilsi. | 291. H. Dat si gheen m. *Lees naer 't latijn:* Daerse geen m. | 292. H. Har l. d. is. B.V. dat *ontbr.*

Alse langhe winnense/ dats waer.

Si ne sparen gheen bier datse binden/

295 Si ne gaenre doze tharen kinden.

Merct alle liede an desen bziebe

Scramenesse eñ kinderliebe.

Aper silbester/ in latijn/

Wille in dietsche een ever sijn/

300 Eñ es ene beeste starc eñ wzeet:

Doe men hem lief afte leet/

Men maghene in engheere manieren

Cegherande doghet bestieren;

Maer emmer blijft hi wzeet eñ fel.

305 Swart van aerde es sijn bel.

Merct: so men ben scalc meer bit/

So hem sijn hals crommer sit;

Sijn sin es ongheleert eñ hart/

Dus es sijn bel van swart.

310 Aghende tanbe crom eñ lanc

Heefti/ die scarp sijn eñ stranc/

Eñ met scarpen snidenden egghen;

Vs. 293. H. levense. V. Also l. winnen si. | 294. H. dat si swinden. *Van de eerste hand stond er alleen* dat swinden. | 295. H. gare d. tot haren k. | 296. H. alle gader. B. lide — brive — : live, *naer gewoonte.*. V. Maerct a. l. an dese. | 297. V. ende kinder lieve. H. Scamenisse eñ k. l. | 298. E. Aper silvestris. | 299. B. Wilt in ditsch wilt ever sijn. H. dutsche. V. in duutsche een wilt e. s. D. wil en wilt ever sijn. | 300. H. is. V. Ende. | 301. H. Domen hem l. of l. V. Doet m. h. l. of te l. B. ost. | 302. H. maghen in ghire m. V. machene in ghere. | 303. H. Tot enigher doeghet. V. dueghet. | 304. H. Mer. B. ember. V. blivet. | 305. H. Suart van hare is. V. van hare. | 306. B. bie. V. Marct. | 307. B. cromber sie. H. hem de hals. V. die hals. | 308. H. Si sijn ongh. B. hart : swert. V. es hem ongh. | 309. H. Aldus is hem sijn vel suart. V. es hem sijn. | 310. H. crom *ontbreekt.* | 311. H. Heefti crûm eñ str. V. Heeft hi die starc s. | 312. B. scarpen snidende (*van de eerste hand* snidege *of* snidēge) ecgen : secgen. H. *naer gewoonte* mit. V. Ende mit.

Maer men hoorter wonder af segghen:
Die scarpe egghen / die die tant heeft

315 Die wile dattie beeste leeft /
Verliest die tant / alst eg doot.
Dit heeft betekenesse groot:
Al deert ons in dit lijf die felle /
Hi voert met hem in die helle

320 Sine quaetheit altemale.
    Men mach den ever lichte en wale
Moede maken met cleinre pine /
Bestaet menne eer hi maert urine /
Tileke metter marghenstont:

325 Anders ontloopt hi den hont;
En nochtan / al eg hi moede /
Hi werpt hem ter weere enter hoede /
En biet den iaghere enten man
Beide camp en weere nochtan.

330 En wach hem so wiene bestaet!
Hen si dattie ever ontsaet
Ene dootwonde ter eerster steke /

Vs. 313. H. Mer m. hoerter. B. horter. V. horter w. of. | 314. H. De sc. ande die
de t. h. V. egghe — hevet. | 315. H. De dattie b. l. (wile *ontbr.*). V. dat die b. levet.
| 316. B. Verlijst. H. Verliest bi den tant als hi is d. V. Verlieset d. t. als soe es d.
| 317. H. beteekenisse groet. V. hevet. | 318. H. de felle. | 319. H. Hi voertet (l.
voeret) mit h. in de h. | 320. H. quaetheyt. | 321. H. licht. | 322. B. Mode—pinen.
H. mit cleenre. V. cleiner. | 323. H. Bestamen als hi. V. mene—orine. | 324. B. Ti-
lijk in de (*sic*) m. H. Tilike mitter. V. in die morgh. | 325. H. ontgaet hi wel den
h. V. ontgaet hi lichte. | 326. B. mode : hode. | 327. B. Hi werpten ter were. H. were.
| 328-329. staen dus omgekeerd en bedorven in H. :

> Bede campt en were nochtan,
> En hijt den iagher, den man.

V. En bit. | 329. V. Bede campt ende weere. | 330. B. En wachtem wine. V. hem so wie
datten bestaet. H. wach hem wine. | 331. B.H. En si. V. En si dat die. | 332. B.H.V. doet
(doot) wonde, *in twee woorden*.

Hi es in vresen sekerleke.

So vliet hi in die dorne dan/

335 Dat hi den honden enten man

Also te bat moghe onflien.

Boben alle beesten die sien

Hoort hi dat ban allen die leben.

Experimentator heeft bescreben

340 Dat sijn dzer bersch seere es goet/

Want hi stelpt des nesen bloet.

Alle swine soeken haer eten

In die eerde/ daer sijt weten/

En wintelen gheerne in den gore.

345 Verdoemt woekere/ nu hore:

Twi setstu al dinen moet

Om dit neder eertsche goet?

Int eertsche goet leit al dijn sin;

Daer af naect di een swaer ghewin.

350 In India/ wi lesent dus/

Sijn alse lanc als een cubitus

Ebers tande/ en ghehoornet mede

Vs. 333. H. Hi nes in vr. B.V. Hies. | 334. H. in den dorne. V. in dorne. *In plaets van* So, *dat hier zonder betrekking staet, ware* Oec *beter geweest.* | 335. H. en den man. V. Datte hi. | 336. H. te bet mach. V. bet. | 337. H. beeste de sien. V. allen. | 338. H. Hoert hi best boven alle de l. V. Hort hi best vor alle. | 339. V. hevet. | 340. E. sere es goet. H. sere is. B. vers es guet : bluet. V. varsch sere es goet. | 341. H. stempt der nesen bloet. V. het st. der nese bl. | 342 B. soken. H. hor eten. D. swijne. | 343. V. aerde. D. erde dar sijd w. | 344. H. in die gore (gherne *ontbr.*). V. Ende went. gh. in die g. D. die g. | 345. B. wokere. H. woekenaer. *Van de eerste hand* wokenaer. V. woekerare. D. woukerare. | 346. H. Waer om. D. Twi setster (?). | 347. H. In dit eertsche quade goet. V. In d. nederste aertsche g D In die (?) neder artsce g. | 348. H. In eertscen goede leghet al. B. guet. V. Int aertsche g. leicht al dinen s. D. In artsch g. legt al din s. | 349. B. naecti een swar. H. een quaet ghew. V. Daer of maecti een zw. begin. D. Dar of naect die en swar ghew. | 350. B.V. lesen dus. | 351. H. Also. V. Also lange. | 352. H. ghehoernet. V. ghehorent.

Vintmenfe te fomegher ftede.

In Arabia es befcreven

355 Vat altoes gheen fwijn mach leven.

Aper domefticus/ in latijn/

Luut in dietfche een tam fwijn;

Een beer heetet in onfe tale.

Wreet is hi/ entie hem te male

360 In die modere gheerne befmit;

En al ware hi ghewaffchen wit/

Hi ghinghe weder in den gore.

Onder die beere/ alfic hore/

Hoe vele fore es teere partie/

365 Een heeft alle die vochdie.

Comt onder hem een fterker dan/

So gaet hi den voghet an/

En fo wie daer wint den zeghe/

Hi blijft voghet alleweghe.

370 Welken tijt fo een fwijn ghellet/

Al die rote hem verfellet/

Of fi alle verwoet waren/

Om dat fijt horen mefbaren;

Vs. 353. B. ter menger. H. te somegher. V. ter somigher. | 354. H. ist ghescr. | 355. B. swin. | 357. H. Dats een tam everswijn. V. Es in duutsche een t. ever zw. D. Es in dietsch en everswijn. | 359. H.V. eñ die hem. | 360. H. de moddre gaerne. V. modre. | 361. H. Eñ ware hi ghewasset w. V. wart hi. B. gewassen. | 362. H. in die gore.. V. onder die gore. | 363. H. de beren alsict. V. beere als ic. B. bere. | 364. B. Ho. H. Hoe vele er is der partien. | 365. H. En heeft alle die voghedien. B. al die. V. Ene hevet al die voechdie. | 366. H. Coemt onder hem. B. onder hen. | 367. B. voecht. | 368. H. Wie so datter winnet seghe. V. Ende — winnet die s. | 369. H.V. blivet. | 370. H. So wilctijt een sw. V. So wiltijt so een zw. g. | 371. B. hare gesellet. V. Alle die rote haer. | 372-373. B. Oft si. V. *heeft in den tweeden regel:* Om dat si horen. *In beide HSS. staet vs. 373 voor 372; ik hebze verplaetst, gelijk de zin het vereischte. In H. staen de twee verzen op hunne plaets; maer het ziet er*

Eñ ban eest bꝛeeseler tallen tiden
375 Hare vermoetheit ontbiden.

   Welctijt so die soghen riden/

   So vermoetsi in dien tiden/

   Dat si gherne scoꝛen den man/

   Die een wit cleet hevet an;

380 Dit scrivet Plinius twaren.

   Die beer wint niet na .III. iaren.

   Die den zoghen snijt af die manen/

   Men wil segghen ende wanen

   Dat haer luxurie coelt te bet/

385 Eñ dat si dan werden bet.

   Aristotiles heeft bescreven

   Dat si .XV. iaer moghen leven.

   Boven vele viervoete beesten

   Mach die beer meest ridens gheleesten/

390 Es dat sake dat hi es bet.

   Swinen vleesch es int saysoen bet

duerom niet beter uit. Ik laet hier den tekst van dat HS. volgen, zonder afstipping.

Al die rote hem versellet
Hoe dat si horen misbaren
Of si alle verwoet waren
Dat scrijft Plinius en twaren
De beer winnet te drien iaren
Eñ is vreeslic tallen tiden
Sometijt als die sogbe riden
So verwoeden si in die stont
Dats gheseen en name cont
Dat si gaerne scoren den man, enz.

Vs. 374. B. eist. V. danne ist — tijden. | 375. V. ombiden. | 376. B. Weltijt. V. Sulke tijt. | 377. V. tijlen. | 379. B.H. heeft. | 380. V. te waren. | 381. V. ne winnet niet | 382. H. soghen af sniden de m̃. V. sueghen of sn. | 383. B.H. wil secgen (segghen) eñ w. V. wille. | 384. H. Hoer l. coelt (Dat *ontbr.*). B. cuelt. V. hare l. coelen. | 385. V. si danne worden. | 386. V. hevet. | 387. H. moeghen. | 388. H. viervoten. V. Boven .IIII. vele voeten. B. voette. | 389. H. de beer meer. V. beere. | 390. H. Ist d. s. d. hi is v. |·391. H. vleys in saysen bet (es *of* is *ontbr.*). B. saisoen. V. Swinin — saisoen.

Dan in den somer na den lentijn;
Want toten oeste slaept dat swijn
So vele / dat sijn vleesch daer mede
395 Ontfaen moet onreinechede.

ALs dat$ / sonder waen /
Een dier na den kemel ghedaen;
Maer sonder knien sijn sine been.
Alst hem sal rusten al in een /
400 Moet an enen boom staen;
Eñ alst die iagheren willen vaen /
Onderhouwen si den boom;
Die beeste nemet$ gheenen goom /
Eñ valt metten bome neder :
405 Dan esser gheen opcomen weder.
Anders e$ dat dier so snel /
Datment niet ghevaen can wel.

ABabula e$ in Ethiopen
Een dier dat men daer siet lopen.
410 Plinius scrijft dat men$ gheloвet /
Dattet heeft een$ kemel$ hovet /
Eñ e$ ghehalset alse een paert;

Vs. 392. B.V. In den somer dan inden linten (lentijn). H. Dan in d. somer in den l.
| 393. H. Slapet sw. V. toten hoghesten. | 394. H. vleys. V. vleesch. | 395. H. on-
renichede. V. Ontfanghen. | 396. H. Een deer. | 397. B. sonder knien eñ sonder been.
| 401. V. Ende alst die iaghere wille v. | 402. B.H. boem : goem. V. dien boem. |
403. H. De b nemens. V. en nemets gheenen goem. | 404. B mitten. V. Ende vallet
m. b. daer neder. | 405. H. So en esset gh. V. Sone — up comen. | 406. H. is d. deer.
| 407. H. Datmens ghevaen en can w. B. can gevaen. V. ghevanghen can el. |
408. B. Echyopen. D. Argabula — Etyopen. | 409. H. deer. D. En dier. | 410. H. scrijft
de mens gheloeft. V. scrivet die mens. | 411. H. hoeft. V. Dat het h. e. kmels (*sic;
vóór eens had de afschrijver, door eene andere onoplettendheid, de h van heeft
herhaeld*). | 412. B. es *ontbr.* H. is ghehalst als. V. Ende ghehalst als.

Maer so edelike ghehaert

Over algader sine lede/

415 Dat te siene es wonderlichede.

Om sine scoonheit/ wet dat wel/

So es te dierre vele sijn vel/

Om die ghenoechte van den oghen/

Die hem niet en connen ghevoghen/

420 No die men sat en can ghemaken

Te siene scone niewe saken;

Dat sijn die venstre/ dat verstaet/

Daer die doot bi ter zielen gaet.

Arches/ alse ons Solinus seghet/

425 Daer oec wonder groot an leghet/

Es een dier dat bi gherse levet/

Dat doverste lippe so lanc hevet/

Eest dattet eten begheert/

So moet gaen achterweert:

430 Dat doet sine lippe lanc.

Sonder/ hoe weder dinen ganc

Ten levene van onnoselhede/

Eñ begeef die vulerhede/

Vs. 413. H. Mar so edelijc gehart. | 414. V. al gader. | 415. B. te sine. H. Dats te
siene w. | 416. H. scoenheyt wit dat wel. V. sconeit. B. dat *ontbr*. | 417. B. Dat te
dierre es sijn v. H. duerre. V. diere. | 418. B. Om dattie genoechte. V. ghenouchte.
| 419. H. De hem niet. B. en *ontbr*. V. hem niene connen. | 420. H. Noch niemen
sat connen maken. B. Noe die men. V. sat ne can. gh. | 421. B. newe. H. nuwe. |
422. B. Dit sijn di vensteren. V. Dit s. d. venstren. | 423. H. Daer der sielen die doet
dore g. V. sielen. | 424. H. Alses als ons. V. als ons. | 425. H. Groet in l. V. groot
wonder in l. | 426. H. bi grase leeft. V. garse. | 427. H. Dat operste—heeft. V. dup-
perste. | 428. H. Ist dat et teten begeert (*sic*). V. Es dat het e. begaert. | 429. H. So
motet g. afterwaert. V. moet het g. a. waert. | 430. H. Dat doet sijn lip lanc. B. doen.
431. H. de weder. V. Sondare. | 432-433. *Zijn door* H. *overgeslagen*. V. Ten levene
ter onn.; *hier werd vs. 433 bij het overgaen tot de vlg. kolom vergeten.*

Eñ maer reine binen moet /

435 Oftu wilt wesen gheboet

Metter spisen daer God af spzeect /

Die altoes nemmermeer ghebzeect.

Dine langhe lippe / dijn quade ber

Heeft bi bzacht in selken strec /

440 Gaestu boozt / du blibes doot

In die ewelike noot.

AHune bats een dier /

Alse Aristotiles spzeect hier /

Daer nature in berkeert heeft

445 Crecht datse allen beesten gheeft.

Want bierboete beesten alle

Hebben binnen hare galle;

Maer dit heeftse in been oze.

Die dit merct en es gheen boze:

450 Wie heeft anders in boze galle /

Sonder die ghene die hoozt alle

Die oozscalke / eñ hem ghelobet?

Dicke wert hi so berdobet /

Eñ so ontweghet bi haren rabe /

455 Dat op hem moet ballen die scabe.

Vs. 434. H. make rene. V. mac. | 436. H. Mitter spise. V. spise d. G. of spreict. |
437. H. Daer altoes nummer en gb. V. nemmermee gebreict. | 438. H. Dijn l. l. |
439. H. Heefti br. in sulken. V. Heefti brocht in sulc een str. | 440. B.H. voert. V. vort.
| 442. H. Ahinie. V. Ahune dat es. | 443. H.V. Als Ar. spreket bijr (spreict hier). |
444. V. bevet. | 445. H. dat si. V. datsoe a. b. gevet. | 446. V. viere v. | 448. H. Mer
hi heefse in een ore. B. heefse. V. hevese int een bore. | 449. B. eens geen dore.
V. Eñ dit maerct ne es. | 450. H. int ore g. V. bevet a. int bore die g. | 451. B. hort.
H. de ghene de hoert. V. die ghone diese hort. | 452. H. die hor scalke (*sic, in twes
woorden*) entie hem ghel. V. orscalke, die hem gelovet. B. hen, *gelijk tot hier too
overal, nooyt* hem. | 453. H. wert si so v. V. Dicken wort. | 455. V. up hem. B. di
scade.

Aia/ spreect Aristotiles/
Vat in Orienten een dier es/
En es utermaten wreet;
Maer haer negheen heeft anderen leet.
460 So gheliebe sijn si onderlinghe/
Comt enech dier in haren ringhe
Vat es van andren manieren/
Al die scare van den dieren
Comen op dat dier ghescoten/
465 En wondent so met haren roten/
Vat vliet of sterft te hant;
Want die Ana sijn wel betant.
    Vit exempel segghic den leken:
Wat so die clerke segghen of smeken/
470 Si bragghen over een so wel/
Aopen sire eneghen ant vel/
Si hebben op hem te handen
Vie clergie met haren tanden/
Vie dorbiten wijf en man/
475 En men verwinnen niue can.

Vs. 456. V. spreict. D. Aja spr. | 458. B. utermatene. V. Ende es. D. Eñ es uterm. wreed : leed. | 459. B. harre geen. H. harne gheen is andien l. V. en gheen h. andren. D. hare — andren. | 460. B.D.V. gbelive — onderlanghe. | 461. B.D.V. in haren gange. *De afschrijver van* V. *had eerst* hande *gezet.* D. hare ghanghe. | 462. V. van andre. | 463. H. Alle de scaren. V. Alle d. sc. v. dien d. D. Alle de scaren v. dien. | 464. H. Coemt. V. up. D. up hem gh. | 465. H. mit horen roten. V. Ende. | 466. H. of stervet. V. of te stervet. B. oft. D. iofte stervet thant. | 467. B. becant. H. bekant. D. die bana es w. becant (?). | 468. H. segt den l. V. segget d. leeken. D. exemple seggic d. leeken. | 469. V. cleerken s. of smeeken. B. oft. D. de clerke s. iof sm. | 470. D. also wel. | 471. H. Dademen hem iet el dan wel. V. enighe hant vel. D. enen ant v. | 472. H. hebbent. V. up. D. ebben up h. thanden. | 473. V. mit. | 474. V. durbiten w. ende m. B.D. dorb. | 475. H. Eñ die men v. niet en can. B. Diemen (Eñ ontbr.). D. Diemen, *even als* B. *zonder* Eñ; *voorts* niet ne c. V. Eñ m. ghewinnen niene can.

Hier int van den dieren in .A.;
Hooʒt van der .B. daer na.

Bubalus dat es een dier/
Eñ alse mi dinct te merkene hier/
480 Heetment een buffel in dietsche wooʒt;
Eñ dats meerre/ alsment hooʒt/
Van hier sijn onse ossen som.
Die hoʒne hebet lanc eñ crom/
Den hals lanc/ eñ swart van hare/
485 Thoeft groot/ eñ niet van bare;
Want sijn opsien es goedertiere.
Magher sijn dusghedane diere/
Eñ si hebben cleinen stert.
Alse dit dier verbolghen wert/
490 So eest utermaten fel.
Nutteliker vintment van iet el
Cote des menschen nuttelichede;
Want het heeft doʒstarke lede.
Experimentatoʒ die seghet/
495 Vattie melke van bubaluse pleghet/

Vs. 476. V. endet van dieren. H. Hijr endet. B. diren. | 477. H. Nu hoert. V. Nu hort vander B der na. B. Hoert.| 479. H. Als mi dunct te merken. B. Eñ alse mi donct. V. Eñ als mi dunct te markene. *De u van dunct heeft eens stip als of 't eene i ware.* | 480. B. Het ment .I. buffels in leke word : hord. V. Heet ment — in leke wort.| 481. H. Eñ meerre (dats *ontbr.*). V. Ende dats meere a. men hort. | 482. B. Dan sijn onse somme. H. Dan hijr onse ossen sijm (*sic*) sum. V. Dan sijn onse osse sum. | 483. B. cromme. H. heeft l. eñ crum. V. crum. | 484. B. swaer v. h. | 485. V. Thovet. | 486. B. gudertiren : diren. V. upsien. | 487. H. dusdanighe. V. dustane d. B. diren. | 488. H. si *ontbr. voorts :* clenen. V. clenen staert. | 489. H. Als. V. Als die dier v. waert. | 490. H.V. ist. | 491. B. vint men dan. H. vintment cum iet el. V. vintemen iet el.| 492. H. Te des menschen. | 493. H. Want et h. V. hevet dor st. | 494. E. die seegt. H. mi seghet. | 495. E. Dat die m. v. buffen plegt. H melc v. bubalus. V. mellec v. bubalus.

Dat si den lichame gheeft ter vaert /

Eñ dat si versche wonden bewaert /

Eñ si den ghenen staet te staden

Die met venine sijn verladen.

500   Bubalus es binne van hare /

Eñ hi mach pine doghen sware.

Sijn luut es te hoozne pine /

Eñ sine galle es medicine

Te lijremen van swaren wonden.

505   Met melke gheminct tallen stonden

Geneest die galle / alsewijt hozen /

Die mesquame van den ozen.

Sine huut es hert utermaten

Men pleghet / in sine nesegaten /

510   Dat menre een rinc in doet /

Daer menne bi leiden moet /

Dat hi met selken bedwanghe

In des menschen ghenade ganghe.

Verlaet menne oec al te seere /

515   So verwoet hi ie lanc so meere /

Eñ werpt van hem den last saen /

Vs. 496. E Te gevene d. l. ter vaert. H. Dat si den lichaem ghevet tot v. B. Dattet den l. g. ter (of ten?) vardt. V. ghevet. | 497. E.H.V. Eñ dat si (datsi) v. B. Eñ soet versce w. bewardt. | 498. E. Eñ si. B. Eñ soe. V. den ghonen st. in staden. | 499. H. De mit. V. geladen. | 501. B. dragen. H. Eñ mach. | 502. B. luet. H. te hoeren. V. luud es te horne. B. horne. | 503. V. Eñ *ontbr*. | 504. E. lixenien. B. luxenien. H. lixemen. V. Ten lijxemen. | 505. B. Mel melke. H. Mit m. ghemanc. V. ghemenghet. | 506. E. als wiit. H.V. Gheneset de (die) g. als. | 507. H. De misquame. V. horen. | 508. H. De huut is hart. B. huet. V. Sijn huut es hart. | 509. V. nose gaten. | 510. H. Dat meer in een rint (*sic*) doet. V. enen rijnc. | 511. B. Daer mense bi. H. Daer ment bi leden m. V. leeden. | 512. H. hi bi wt sulken bedw. B. beduange. V. mit sulken bedwanghe. | 513. H. Ins menschen. V. genaden. | 514. B. Verleitmenne. H. Verleedemen oec iet te sere. V. Verledemen oec al te seere. | 515. H. Verwoede hi so lanc so meerre. V. So verwoedi yelanc so meere. B. Soe verwoet hi ilanc soe mere. | 516. H. dat last saen.

Eñ hine wil niet gherne opstaen

Eer sijn last ghemindert es.

Bubalus draghet/ des sijt ghewes/

520 Onder dwater groten last;

Nochtan sijn adem es so vast/

Dat sijn adem gaet al dure.

Oer vint men someghe scrifture/

Die van verre beesten weet/

525 Eñ diene bisonte heet.

Bonacus es een dier/

Eñ hevet thoeft alse een stier/

Dat lijf entie manen mede

Recht na der paerde sede;

530 Horne met so meneghen keere

Si ne moghen wonden nemmermeere.

Als ment wil iaghen int strec/

Werpet na hem sinen drec/

Daert henen loept/ verre seere;

535 Eñ wient gheraect emmermeere/

Dien maket dat lijf verbolghen:

Dus wreket hem optie hem volghen.

Vs. 517. B. Eñ hi wilt. H. gaerne. V. up. | 518. H. gheminnert. | 519. H. gheloeft des. V. ghelovet des. | 520. H. Hondert twater. V. twater. | 521. H. Nochtan is hem sijn adem so rast. V. es sijn adem so v.; *doch so van later hand.* | 523. H. men in somighe. V. somighe. | 524. H. van desen beeste. V. van deser b. | 525. B. dine besonte. V. Ende diene bisontes heet. | 526. H. Bonatus is. V. dat es. | 527. H. Diet thoeft heeft als. V. Ende hevet thovet als. | 529. B. parde. H. peerde. V. paerden. | 530. H. Horen met meneghen k. V. Horen m so menighen. | 531. H. ronden. B. wenden nemberm. V. vouden. | 532. H. Als men dit wil. B. wilt. V. *laet dit en de drie volgende vz.* (534-537) *achter.* | 533. H. Werpt achter hem. D. Werptet. | 534. H. Daert loept verre sere. D. loepet v. seere. | 535. B. geraect mere. H. ummerm. D. End wien so et gheraket mere. | 536. V. maecthet. D. maketet. H. tlijf. | 537. H.V. Dus wert hem die hem v. D. Den vreken (?) hem die em v.

Dit dier betekent die ypocrite/
Die bozen scinen oft si quite
540 Waren van alre mesdaet;
Maer wi so na hem gaet
Eñ ondersoect hare meninghe/
Hi salre in vinden selke dinghe
Daer hi mede wert bescout/
545 Eest dat hi hem daer ane hout.
Hier enden namen in .B.;
Hoort voort van der .C.

Camelus es des kemels name/
Eñ es een dier onbequame.
550 Die kemele hebben bulen twee
Opten rugghe/eñ noch een mee
Neven den rugghe/op haer barste/
Daer si op nemen hare raste;
Langhe been/den hals lanc/
555 Eñ traghe an haren ganc.

Vs. 538. Dit bediet den yp. V. Dit bediet die ypocrite. D. bediedet den ipocrite. |
539. H.V. voren — of. B. vore. D. voeren sc. of. | 540. B. van harre. H. misdaet.
V. ware van. D. van haren. | 541. H. Maer soe wie na hem g. B. hen. D. End on-
dersoeket. | 542. B. ondersoecht. V. meeninghe. | 543. H. De salre vinden sulke.
V.D. sulke. | 544. B. bescoudt. V. wort. D. werdet. | 545. H.V. Ist dat h. h. d. mede h.
D. Eist d. h. h. met hem h. | 546-547.

.   H. Hijr enden name van der B;
Hoert nu name voert in C.
V. Hier endet namen van der B;
Hort vort die worden van der C.

B. Hier inden n. — Hort vort. | 548. H. is die kemels n. V. dats kemels. | 549. H. om-
beq. | 550. H. kemle (Die *ontbr.*). V. kemelen. | 551. B. rucge. H. en ene noch mee.
V. Up den rijc en n. ene m. | 552. B. rucge, op har borste. H. in hare barste. V. Nef-
fens rics in hare barste. | 553. H. Nemen raste. V. up n. hare harste. | 554. H. eñ den
hals lang (*sic*). V. entien hals. | 555. H. Eñ traech in h. ganc. V. Ende traech in.

5

Solinus spreect dat men achter lande
Kemele vint vierhande :
Die een stre last te draghene goet/
Eñ dander te ridene ter spoet ;
560 Maer deen wille niet draghen
Meer dan hem wille behaghen/
Eñ dander/ oer wats ghesciet/
Loopt over sinen pas niet.
Jacob seit/ alsmenne sal laden/
565 Noopt men sine knien met staden/
Eñ knielende ontfaet hi dan
Den last/ dien hi ghedraghen can.
      Aldus soutstu ontfaen/ sondere ;
Du best onscone eñ onmere/
570 Ghebuult eñ onreine van sonden :
Oetmodelijc ontfa tallen stonden
Die penitentie van dinen mesdaden/
Dits die last die du moest laden.

Vs. 556. V. spreict. | 557 H. vintmen. | 558. H. Die een sijn l. te draghen. V. Deen
sijn l. te draghene. B. te dragen guet. | 559. B. Entie andere te riden. H. te riden.
V. ter *ontbr.* | 560. H. Mar deene wil altoes niet meer dr. V. deen en wil altoes n. dr.
| 561. H. Dan hem selven wil. B. wilt. | 562. V. Ende dander so w. g. | 563. H. Eñ
loept oec over sijn p. n. V. En loopt over sinen pael n. B. Loept. | 564. B.H.V. alsmen
sal. D. alsemenne. | 565. H. Cloppemene an s. kn. bi st. D. Nopemen. B. Noeptm.
V. Clopt men an s. kn. mit. | 566. B. knilende. V. Ende kn. | 567. H. de hi. V. die
hi. | 568. B. soustu onfaen. H. sondare. D.V. soutu (soutstu) o. sondare. | 569. H. bist
onsc. eñ onmare. D. onscore (?) end ommare. V. onscouwe eñ onmare. | 570. H.V. Ge-
buult (Gheb.) eñ onscone. D. Ghebulet end onrene. | 571. D. Omoedelike. V. Oetmoe-
delike. H. Oemodelike. *Na dezen regel gaet* H., *met twee verzen meer, op deze
wijze voort :*

      Penitentie van dinen zonden,
      So dattu suver werdes vonden :
      Dats die last de du moets laden,
      Eer du vinden moeghes ghenaden.

| 572. D. De pen. die du mots draghen. V. van dinen daghen. | 573. B. traden. D. Dits
de l. van dinen daghen. V. Dat es die l. d. d. m. draghen.

Plinius feit/ alft comt ten riben

575 Dat fi willen noten eñ riben/

Van fijnfe berwoet eñ wreet.

Si hebben alle paerbe leet.

Vier baghe fijn fi wel fonber branc/

Eñ alfi boen ten watre ganc

580 Drinkens fo vele/ hebfijs ftabe/

Dat fi berhalen hare fcabe

Om bat hem es onthouben al/

Eñ bat hem na gheb2eken fal.

Si fcuwen bat water claer;

585 Maer bat bicke es eñ fwaer/

Dat houben fi gherne ober goet;

Want fi manen bat wel boet.

Bafilius fp2eect/ battie kemel langhe

Ghebinct ber flaghe in finen bebwanghe/

590 Eñ baert of hijs niet achte mebe;

Eñ alfi bint ftabe eñ ftebe/

So w2eecti bat hi was ghefleghen.

Men feit battie kemel pleghen/

Stater enech in enen ftal

595 Siec onber bie anb2e al/

Eñ hi nine eet/ bat banb2e mebe

Vs. 574. H. seghet. | 576. H. V. Sijn si (Dan ontbr.). | 577. B. Eñ hebben. H. peerde.
| 578. H. wael. | 579. H. te w. B. ten wat'. V. Ende als si ten watre g. (doen ontbr.).
| 580. B. Drinct si soe vele. H. hebben sijs st. V. Drinc sijs so vele, bebben sijs st. |
581. H. baren. | 583. H. Eñ om dat—zal. V. Ende dat. | 584. H. sciwent tw. | 585. B. es
hen sw. V. ende sw. | 586. H. houden si al over g. B. guet. V. houtsi. | 587. H. Dat
is om dat wael voet. V. Eñ dat es om dat wel v. | 588. V. Basilijs spreict dat die k. |
589. H. Ghedent — in beduanghe. | 590. B. vaert. H. Si baren alsijs n. achten m.
V. Ende vaert als dies niene acht m. | 591. H. Mar alsi vinden. V. Maer als hi vint
state. | 592. H. So wrect hi de is ghesleg. B. wrecti. V. wreect hi dat hi es. | 593. V. dat
die kemele. | 594. H. Staeter enich in enich st. V. enich in een st. | 595. H. Sijt on-
der de andre. V. ondre die andre. | 596. H. Eñ hi niet et, de andre m. V. Eñ hi niene

Vasten voz ontfermechede.

Ay! mensche/ dune achtes niet

Al heeft dijn evenkersten verdziet!

600　Plinius seghet over waer

Dat een kemel leeft .C. iaer/

Eeft dat hi in sinen aerde blijft;

Eñ eeft dat menne verdzijft/

Dat si ne noten no en riden:

605　Si sijng te starker tallen tiden.

Erande kemel cursarijs

Es die men heet dzomedarijs/

Die utermaten seere sijn snel.

Die kemel dzaghen/ weet men wel/

610　.XII. maende/ eñ si noten

Gaende/ eñ met langhe stoten/

Eñ dan sijn si in hemelicheden.

Scaembi/ mensche/ dire seden/

Alstu salt soeken dijn ghenoot/

615　Dattu di laets sien al bloot!

Rechte kemele die dzaghen

.Maer ene bule/ hozic ghewaghen;

Die dzomedarise hebber twee.

Hare voete doen hem so wee/

eet, dat d. m. *De afschrijver had eerst et geschreven en maekte er zelf eet van.*
B. Eñ nine et (hi *ontbr.*). Vs. 598. H. Eñ m. du en achtes. V. Ende du mensche du ne
achts. | 599. H. Al *ontbr.* V. Hevet (Al *ontbr.*). | 600 B. sprect. V. scrivet. | 601. V. le-
vet. | 602. H. Ist — aert blivet. V. Ist — blivet. | 603. B. verdrieft. H. ist datmen ver-
drivet. V. Ende ist datmense verdrivet. | 604. B. Daer. H. Dat si noch noten noch r.
| 605. H.V. Si sijn te st. | 606. H.V. Eenrehande (Eenrande) k. cursaris. | 607. H.V. hiet
(heet) dromedaris. | 609. B. dracht. H. draghen wit vel! V. kemele draghet men
· weet wel. | 610. H. maende als hi sal noten. V. maenden eñ als si n. | 611. H. Gaen
si eñ langhe st. V. Gaensi ende langhe st. | 613. H. Scame di. | 614. B. soken salt.
V. sult souken d. g. | 615. V. di *ontbr.* | 616. H. kemel dine dr. V. kemele die ne dr. |
617. H.B. Horic. V. horic saghen. | 618. B. dromedaris. | 619. B. Haer v. d. hen.

620 Alsi swaren wech selen doen/
Dat men hem moet maken scoen.

    Plinius die meester toghet/
Die eens kemels hersene draghet/
Eñ dan drinket met asine/
625 Dattet sacht die grote pine
Van den evle daer men af valt.
Nu es u van den kemel ghetalt.

    C Anis dats in dietsch een hont.
Jacob van Vitri maect ons cont/
630 Dat beesten sijn/ die men mach wel
Leeren menegherande spel.
Eñ al slapen si gheerne mede/
Nochtan so eest haer sede/
Dat huus te wachtene voz den dief.
635 Haren heere hebben si lief/
So dat si dicke sijn doot bleven
Om te bescermene haers heeren leven;
Eñ dies toghen si noch vele
Nachts/ eñ met haren ghebele.
640 Oec es dicke dat ghespzaken/
Dat honde haren heere wzaken/
Eñ Sinte Ambzosijs scribet mede

Vs. 620. H. sullen gaen V. sullen. | 621. B. Dat men hen maken sc. (moet *ontbr.*).
H. Datmen hem scoen sal maken saen. | 622. H. de meyster. | 623. B. hersenen dra-
get. | 024. B. alsine. V. Ende dan so dr. m. aysine. | 625. H. Dat si dan sachter de gr.
V. Dien sochtet d. gr. B. saecht. | 626. H. evel — vallet. V. of vallet. | 627. H. Nu is
hijr — ghetallet V. kemele gecallet. | 628. H. dutsche. V. dietsche. | 631. V. Leeren
menicbrande. B.H. Leren. | 632. H. alle sl. si gaerne. | 633. H. Mar nochtan is. V. ist
hare. | 634. H.V. Dat si thuus wachten. | 635. H. Horen. V. Hare heren h. si so l. |
636. H. So *ontbr. dus ook*. V. Datsi d. doot sijn bl. | 637. H. bescermen hors. B. be-
scermëne. | 638. H. des. V. Ende dies. | 639. H. Nachts ende mit horen gh. V. Nach
ende al met. B. Tnacht eñ. | 640. V. dicken. | 642. B. scrijft. H. Ambrosius. V. Ende.

Dat selve over ene waerhede.

Plinius eñ Solinus leeren/

645 Doe Alexander hem soude keeren

Tlant van India te bestane/

Dat hem die coninc van Albane

Enen hont sende so groot/

Dat men nie vant sijn ghenoot.

650 Alexandre wonders seere/

Eñ dede evere eñ beere

Voз ghenen hont ghinder toghen.

Cume keerdi omme sijn oghen/

Eñ bleef ligghende al stille.

655 Alse die selke pзoye niwe wille.

Doe gheboot hine te verslane.

Dit hooзde die coninc van Albane/

Eñ sende noch enen van dien doene;

Eñ ontboot hine an lyoene

660 Pзoefde wies hi ware waert.

Alexander liet gaen enen liebaert:

Eñ dien scooзdi al te hant/

Eñ daer na enen olifant.

Jacob die spзeect/ van Vitri/

Vs. 643. B. Dat *ontbr.* H. over warede. V. Dat *ontbr.; voorts* een w. | 644. H. ons leren. V. leeren. | 645. H. Dat Alex. B. Doe Alex. sonder k. V. Alexandre — keeren. | 646. H. Tlant. B. van Indi begonste te best. | 649. B. noit van sinen genoet. V. Dat iemant noit van sijn g. | 650. V. wonderets seere. | 651. H. Eñ dedene an bere eñ an bere (*sic*). V. Ende d. e. eñ beere. | 652. H. tonen. V. ghonen. | 653. H. keerde hi om. | 654. B. lingende. H. ligghen. V. Ende. | 655. H. Als d. sulke pr. niet en wille. V. Als d. sulke proie niene w. | 657. V. Die hort. B. horde di c. H. boerde. | 658. V. Ende B. done. | 659. B. ontboet hem dat hi an lione. H. omboet — leyone. V. omboot — lyoene. | 660. B. wert. H. wes h. w. weert; *doch met een a boven de eerste* e. V. Proevede. | 661. B. hiet gaen om .I. libaert. | 662. H. Eñ den scoerde bi. V. Ende die hont scuerdene te hant. B. scoerdi. | 663. V. Daer naer eenen (Eñ *ontbr.*). | 664. H. die *ontbr.* V. die *ontbr., voorts, naer gewoonte,* spreict.

665 Dat someghe maniere van honden si /
Die mordenaers rieken eñ dieve;
Maer / alse ons segghen someghe briede /
Si sijn met brouwen melke gheboet /
Eñ ghetemt in mans bloet.

670 Drie manieren sijn van honden /
Alse ons die brane boeke oronden:
Dedelste sijn hoghe eñ lanc /
Eñ snel in lopene eñ in ganc;
Eñ dese sijn goet ter iacht;

675 Te baffene hebben si gheene macht.
Owi! die honde die nine baffen /
Hoe si alle daghe waffen /
Dese edele honde van der iacht!
Edelinghe hebben nu die macht

680 Over dat es kerkelijc goet /
Daer Ihesus omme storte sijn bloet.
Dat souden hebben Ons Heren lede /
Nu hebet al die edelhede;

Vs. 666. B. mordeners riken eñ dive: brive. H. moerdenaers ruken. V. morders ruken. | 667. H. Mar als. V. als o. seggen some br. B. secgen. | 668. H. So sijn si mit. V. So sijn si m. vr. melc. | 669. H. ghetrahijnt. V. ghetraijnt. | 070. D. onden. V. maniere. | 671. H. Als ons alle boke. B. vraie. D. vraie (die *ontbr.*). V. Also als ons boeke. | 672. H. Die eerste sijn. D. oghe end l. V. Die edelste sijn sijn oech eñ lanc (*sic*). | 673. V. Ende sn. in lopende eñ. | 674. B. Eñ d. s. guet. D. Dese die sijn. V. Ende dese. | 675. D. Te bassene nebsi gh. *Ik volgde hier de orde van V., terwijl B.D. en H. regel 677 voor 676 stellen, zeer onnauwkeurig; waerom dan ook H. den samenhang zocht te herstellen door de volgende wijziging :*

Te bassene hebben si gheene macht;
Mar si sijn goet ter iacht.

| 676. H. de niet bassen. D. die onde die niet ne b. V. die honden d. niet ne bassen. | 678. B. van deser i. B. edle. | 679. B. hebben in die m. D. ebben nu de. | 680 B. guet. H. Over dit kerkelike goet. D.V. Over dat kerkelike. | 681. H. om gaf. D. sturte. | 682. B.H.V. Dit souden. D. Dit s. ebben o here l. | 683. H heeft al de. D. edellede.

Eñ dese honde en baffen niet

685 (Baffen prediken hier bediet);

Want edelinghe nine leeren

Daer si tfolc mede bekeeren;

Maer si voeden hen metter proye

Eñ sulc es/ hi hevets ioye/

690 Alsi vrouwen bedrieghen mach:

Dits sine proye eñ sijn besiach.

    Ander maniere die heeten bracken/

Met langhen ozen/ entie backen

Na die diere/ eñ rieken wel/

695 Eñ al en sijn si niet so snel/

Si maken die beesten moede.

Oec vintmer riekende so vroede/

Die al dozendoze in den wouden

Haer eerste spooz emmer houden.

700   Huushonde es die derde maniere:

Al en rekent men se niet so diere/

Nochtan sijn si in die wachte

Nuttelijcst bi daghe eñ bi nachte.

Plinius bescrijft ons dit:

705 Alse een man ter eerden sit/

Vs. 684. H. Eñ *ontbr.; voorts :* belen niet. D. ne bassen (Eñ *ontbr.*). V. Ende d. h. ne hebben n. | 685. H. Dat bassen. B. predeken. D.V. hier *ontbr.* | 686. H. niet en l. D. niet ne. V. niene leeren. | 687. D. sijt folc. V. si volc mede bekeeren. | 688. H.D. Mar si gheneren hem mitter (metter proie). B. proie. V. neeren hem m. proie. | 689. B. Eñ die een hevets ioie. D. Eud en die evets ioie. V. Een edelinc die hevets yoie. | 690. V. Als hi. | 691. D. Dets s. proie. V. proie ende s. | 692. H.V. manieren heetmen (heten). B. manire di heten. | 693. H. eñ kenebacken. V. horen. | 694. H. ruken. B. dire eñ riken wel. | 695. V. Eñ alne sijn si. | 696. di beeste mode. | 697. B. vintmen rik. soe vrode. H. vintmen ruk. so goede. V. vintmen. | 698. H.V. Die al dore. | 699. H.V. Emmer haer eerste spore (spoer) behouden. B. Hare ierste proie ember h. | 700. H. Hws honde es. V. dats die darde. B. Huesh. es di d. manire : dire. | 701. B. rekemense. V. Eñ al ne rek. | 702. B. si *ontbr.* H. wacht. V. in der wacht. | 703. H. Nuttelike dach eñ nacht. V. Nuttelijc. | 704. E. scrijft. | 705. H.V. Als.

Wattene dan die honde sparen.

Hets recht / die hem oetmoederht twaren

Voz die hem fellike vermeten /

Dat hi ontgaet hare beten.

710   Die hont wert ghebozen blent.

En .XL. daghe / eest bekent /

So bzaghen teven. Als men waent /

Die hont rijdt te stere .VIII. maent /

Entie teve als sire heeft sevene.

715   .XV. iaer pleghen si te levene ;

Selc mach oec .XX. iaer leven.

Dat si dachten te gader cleven /

Dat comt van heeter luxuren.

Dat welp heet men best bi naturen

720   Watter spaetst sien beghinnet /

Of dattie moeder meest minnet.

.XII. daghe sijn si blent /

En selc ene maent omtrent.

    Men sal gheven verwoeden honden

725   In haer eten tallen stonden

Capoens bzer / dats hem goet ;

Vs. 706. E. dic. H. Datten dan de honde. | V. Dat hem dan. | 707. E. hem oetmoe-
dich. H. Ets recht d. h. omodicht. V. te waren. B. di hem oetmod. | 708. H. Dor
die. | 709. E. Daer bi ongaet hare. B. harre. | 710. H. wort gh. blint. V. wort ghe-
worpen. | 711. B. .XL. H. so ist bekint. V. .XL. d. so ist b. | 712. H.V. So draghet
die teve. | 713. H. tijt tot s. B. rijd te s. .XVIII. V. rijt te s. achtende. | 714. H. En
die t. alser h. V. Ende die t. als soere hevet. B. alsore heft. | 715. V. pleghet si. |
716. H. sulc. | 717. B. achter so te g. H. te zamen. V. te samene. | 718. B. Dat
ontbr.; voorts : van harre heter luxurien. V. Comt hem van heeter. H. coemt v. heter.
| 719. B. Dwelpen. V. welpt. | 720. H. spaets s. beghinnen. B. spaets s. begint. |
721. H. Of welc die moder seerst. V. Iof welc d. moeder meest m. B. *stelt dit vs. na
de twee volgende en doet* mint op omtrent *rijmen.* | 722. H.B. blint. V. sien si. |
723. H. En sulke .III. weken al omtrent. V. sulc .III. maent. | 724. B. verwoenden.
V. ghenen. | 725. E. haer. | 726. E. drec, dat es. B. drec es hen g. H. drec, dats goet.

Eñ bijt oec bi een hont verwoet/

Die wortele van der wilder rosen

Sal bi ghenesen van der nosen.

730   Alse een ghequetst hont beghint ghellen/

Lopen op hem sine ghesellen/

Eñ bitene alle ghemeene.

Pissende heffen si op die beene/

Welctijt so si iarech sijn.

735   Want si hebben den roke sijn/

Eñ int rieken ghenoechte groot/

Riect elc andren achter bloot.

Die iachthont en leeft maer .X. iaer/

Entie teve twee iaer daer naer.

740   In al dat leeft/ sonder in desen/

Leven langher/ alse wi lesen/

Die hie van die zoen ghemeine/

Sonder in den iachthont alleine.

Aristotiles die seghet/

745   Als den hont siecheit an leghet/

So eet hi gars oft ander cruut

Eñ spuwet dat evel uut.

Vs. 727. E. bit die .I. h. verwoedt. B. bidt di. H. bid oec die. V. Maer bijt di. |
728. B. welder. H.V. De (Die) wortel. | 729. E. v. dier. H. Hi sal ghenesen v. der n.
| 730. H. Als een ghequest. B. ghequetst *ontbr*. V. Als een gequest hont beginnet. |
732. B. bitenne (*sic*). V. al. | 734. H. So welctijt dat si iarich. B. Weltijt. V. Sulc
tijt so si iarich. | 735. H.V. die roke. | 736. V. riecke. | 737. H. Ruect elc andren
bachten bloet. V. elc den andren bachten. | 738. B. iach hont. H. iachont leeft mer.
V. Een iach hont en levet w' (*d. i.* waer = maer). | 739. H. Eñ de teve. V. Eñ die t.
| 740. H. In allen dat levet. V. levet. | 741. V. als wi. H.

Leven langher die hic, als wijt lesen;
Dan die sien doen ghemeene.

| 742. B. Die hi dan de zoen. V. Die hye d. die si ghemeine. | 745. H. heeft dit vs. niet.
B. iacht hont. V. in iach honden allene. | 746. H. Soect hi gras eñ a. cr. B. et hi geers —
cruet. V. beet hi gras of. | 747. B. evel vet (*sic* = uet). V. Ende sp. dat wel huut.

Selke segghen oec hier an/
Gheen hont mach leven sonder man.

750 Des honts tonghe es goet ten monden;
Es hi ghewont oec tenegher stonden/
Eñ hijt ghelecken niet mach bloot/
So leert hi sijns selves poot/
Eñ salfter sine wonden mede:

755 Nature leert hem desen sede.
Der ouder philosophien boec
Seit enen vreemden onbersoec:
Neem een welpen dat men soghet/
Eñ enen sieken/ die ghedoghet

760 Ozanica/ dat evel groot/
Eñ legghet hem op die borst bloot/
Dicke eest des siecs mans helpe/
Entie doot van den welpe.
Honde en biten niet die leven/

765 Si en sijnre toe verbreven.
Dus eest wel na van allen dieren.
Scaembi mensche van felre manieren:
Hi nes mans name niet waert/

Vs. 748. H. Sulke — hijr. B. secgen. V. Sulke. | 750. B. hons tonge es guet ten w.
V. ten w. | 751. B. oec *ontbr.* | 752. B. Eñ hi gel. — bloet. H. bloet. V. niet en mach.
| 753. B. selfs — poet. H. poet. V. sijns selfs. | 754. H. Eñ salvetter. Ende s. s. wonde.
| 755. H. dese seden. V. dese sede. | 756. B. philosophen. H. filosophien. V. hou-
der. | 757. B. vremden. V. Seghet enen vremden. | 758. B. Nem. H. Neemt.
V. Neemt een welpin. E. welpkiin dat m. soegt. | 759. E. die gedoegt. V. Ende.
B. siken. | 760. E. Ozanica. H. Orinica. V. Oronica. | 761. E. Eñ legt hem — al bloet.
B. legtem. V. Legghet h. o. d. b. al bl. | 762. E. Dat soe es — mans h. B. Dat es des
siecs man h. H. ist des seecs mans h. V. Dicken hets des sicxs. | 763. E. Eñ die.
H. Eñ iets die d. V. Ende hets die d. | 764. H. en *ontbr.* V. diene biten niet. |
765. H. Of hine (*lees* : si ne; *het volgende* sire *is de verkorting van* sijnre, sijn er)
sire toe v. V. Sine sijnre toe bedreven. | 766. B. in allen. V. eist w. naer in allen.
B. eist — diren. | 767. B. Scamdi minsce. H. man van alre m. V. man felre m. |
768. H. Hi en es — wĕert (*sic*). V. Hine nes dies mans.

Die man/ die b2oumen nine ſpaert.

770   Het̄s meeſt alre honbe ſebe/

Dat ſi ontreinen ſubere ſtebe.

Honbine ſcoen ſijn ſekerlike

Goet ieghen die arth2itike;

Maer riertſe een hont b2aghen den man/

775 Hi licht ſijn been eñ piſter an.

    Aſtor/ dit wo2t in latijn

Mach in dietſch een beber ſijn.

Caſto2ium heeten ſine hoben/

Die ſijn nutte te bele noben;

780 Eñ bit̄s baer menſe omme iaghet.

Eñ alſe den beber ban wanhaghet/

So bijt hiſe af ſelbe twaren:

Van latene die iaghere baren;

Eñ alſe menne anberwerf iaghet/

785 Van toghet hi bat hi niet b2aghet/

Eñ balt bo2 den iaghere neber.

Die Pollanen ſegghen hier weber/

Vs. 769. H. Die *ontbr.*; voorts: de vr. niet en sp. V. niene. | 770. H. Dats. V. Het es meest a. honden s. | 771. H. onsuveren reyne st. V. die reine st. | 772. E. Hondine sc. B. Hunden. | 773. E.H. die artetike. H. di artentike. V. articike. | 774. E.V. riecse .I. h. dragen (draghen). B. riecse — dragende. H. ruucse. | 775. H. Hi heft op sijn b. V. Hi eft u sijn been. | 776. B. wordt. H. woert. | 777. H. dutsche. V. dietsche. | 778. H. Castorijt h. hare hoeden. V. Castorum heeten horen hoden. B. heten s. hoeden. | 779. B. nette t. v. n. H. De sijn n. ter evele noeden. | 780. H.V. Eñ dat es (is). B. ombe. | 781. V. Eñ als. H. *sloeg dezen regel over en stelde in de plaets:* Hi toghet dat niet draghet, *welk vers vier regels later eerst komen moest; het rijm heeft den afschrijver bedrogen. Alles bewijst nogtans dat hij het dadelijk gewaer geworden is en niet heeft willen of durven verbeteren.* | 782. B. bit. H. hise selve af. V. So bijttise of s. te waren. | 783. B. laetene die iegere. H. So laten die iagher. V. iagher. | 784. H. *heeft dit vers niet; het volgende had hij vier regels hooger reeds misbruikt.* V. Ist datmen anderw. dien i. | 785. V. Hi toghet dat hi niet ne draghet. | 786. H.V. Eñ (Ende) vallet v. d. iagher. | 787. H.V. Pollane. B. seegen hir w.

Haer bevere hebben haer hoden binnen/
Recht als wi nieren segghen kinnen:
790 Hoe mochtsi van hem selven vuren?
Die bevere pleghen bi naturen
Als ene gans te smeltene daer.
Plinius seit over waer/
Dat hi sine galle uut spuwet/
795 Die messelijc evel verduwet.
Hi waent dat menne bedi iaghet.
Sijn libbe es nuttelijc/ die hi braghet;
Want het gheneset/ als men ons callet/
Dat evel daer men af vallet.
800   Dat dier en mach niet langhe leven/
Sijn steert en si den watere beneven;
Entie es ghescepen als een vischstaert.
Experimentator seit/ hets sijn aert
Dat sijn steert smaect na vissche:
805 Bedi etene sonder ghewissche
Die Kerstine/ als men vasten sal;
Maer some eten sine eñ niet al.
Sijn lijf es vleesch al anderswaer;
Sijn steert drie voete lanc wel naer/

Vs. 788. H.V. Hare b. h. die hoeden (hŏdēn). B. hoefde. | 789. B. niren seeghen. kinnen. H. als wi meer segghen kinnen. V. nieeren seggen kinnen. *Ik zou geerne mijne gissing:* liggben kinnen *in de plaets stellen.* | 790. B. mochsi. | 791. B. Di b. | 793. H. spreket. V. spreict. V. Dat als hi. | 705. H. De messelic ever. V. Daer si misselic hevel. | 796. H. dat men daer bi. V. Want bi w. d. men b. | 797. B. nettelijc. H. lib is nuttelic dat h. dr. V. Sine l. es nuttelic dat hi. | 798. H. Want gheneset als men ons tallet (*sic*). | 799. B. Devel. H. vallen (*sic*). V. Thevel d. m. of. | 800. V. Dit d. ne mach. | 801. H. watre neven. V. staert. | 802. H. is ghemaect als vischs stert. B. stert: aert. V. Eñ die es ghemaect. | 803. H. seyt ets. V. spreict h. | 804. H.V. van den vissche. B. vesce. V. staert. | 805. B. Bedie — gewisce. H.V. sonder wische (wissche). | 806. H. als men eten sal. | 807. H. Merswijn heetsine. V. Mar swijn heet sine. | 808. H. Sijn lijf is vleys. B. vlesch dats waer. V. al ander waer.

810 Ende die utermaten het.

    Subtiliker eñ oec niet bet

    Maect gheene beeste onder beerde

    Huſckine na ſtere weerde/

    Some op eñ ſome neber :

815 Waſſet water of daelt neder/

    Wattet dalet ofte clibet/

    So dattie ſteert int water blibet.

    Scorſe ban bomen entie blade

    Eet hi/ baer hijs heeft ſtabe/

820 Boben allen dinghen die men weet.

    In bitene eſ die bever wꝛeet :

    Wat dat hi mach met tanden ſlaen/

    Dat en laet hi niet ontgaen/

    Eer hi beſeft den tant al bure.

825   Experimentatoꝛ ſcrijft ſine nature/

    Eñ ſeit dat ſi met ſcaren

    Te ſamen alle te woude baren ;

    Eñ alſi bome hebben ghebelt

    Met haren tanden/ met ghewelt/

830 Eñ afghebeten dat hem ghenoeghet/

    Nemen ſi enen die hem boeghet/

    Eñ werpen ban opwaert wel onſoete/

Vs. 810. H.V. Entie. | 811. V. nochte bet. | 812. H. die erde. V. daerde : waerde. B. derde : werde. | 813. *Allen* sire. | 814. V. ende. | 815. H. of vallet n. V. Wasset tw. of dalet. B. oft dalt. | 816. H.V. Dat hi dale ofte clive. | 817. H.V. So dat sijn stert (staert) int w. blive. | 818. H. Bittere scoerse eñ bl. V. Buters scortsen eñ bl. | 819. H. Eñ hi — vint st. B. Et hi. V. Heeti d. h. bevet stade. | 820. V. die hi weet. B. dimen. | 821. V. biten. | 822. H.V. Wat so hi mach mit. 823. H. Laet hi altoes niet ontg. V. Ne laet hi niet. | 824. H. beseffet. B. dore. V. Heer hi beseffet. | 825. V. scrivet. | 826. V. Ende seghet. | 827. H. Te woude gaen te waren. V. Te woude gaen te samene te waren. | 828. V. bomen. | 829. V. Mit — mit. | 830. B. hen genoget. V. of gheb. | 831 H. ene de hem. B. hen voeget. V. sire een d. h. gevoeget. | 832. B. onsote. H. *van de eerste hand* : onsuete. V. werpene d. upw't onsoete (wel *ontbr*.).

Eñ ladene tuſſcen ſine .IIII. voete/
Eñ ſlepene alſo te hole.
835 Dit en doen ſi niemenne uut hare ſcole;
Maer vreemden ute vreemden lande
Doen ſi duſghedane ſcande:
Want ſiſe in eighendome houden.
Andre ſegghen/ ſi doent den ouden/
840 Dien haer tande ſo ſijn verſleten/
Dat ſi nine doghen ter beten.
Deſe bevers kennen die iaghers wel/
Want hem eg opten rugghe tſel
Van den ſlepene al bloot/
845 Eñ latenſe lopen uter noot.
Thout minnen ſi vo₂.II. ſaken:
Om dat ſire af haer huſe maken/
Eñ om die ſco₂ſe die ſi eten.
Op dachterſte voete eg hi gheſeten/
850 Eñ hout vo₂ hem in die voete
Sine ſpiſe met goeder moete.
Al die ſco₂ſe eet hi dan
Die ſijn poot beluken can.
Dachterſte voete ſijn min no mee

Vs. 833. H. ladent tusschen har. B. ladene. | 834. H.V. slepent. B. slepenne. | 835. Dit en doet niemant wt hore sc. V. Dit ne doen si niemen. | 836. H. Mer vremden wt. V. vremden uut vremden. | 837. H. dusdane. V. Doen si alle dusgh. | 838. V. eygh. | 839 B. Eñ andre secgen. V. Ander s. si d. d. houden. | 840. H. hare tande sijn v. V. Dien haren tanden sijn so v. | 841. B. mogen. H. si niet doeghen. V. niet en doghen te b. | 842. B. kinnen iagers. | 843. B. ruege dat vel. V. up den ric dat vel. | 844. B. den ontbr. | 845. H. Dan laetsi lopen uter noet. V. Si laetse. | 846. B. Di oude minnen si. V. om .II. s. | 847. H. hor h. V. of hare h. | 848. V. Ende die scortse dat sise. B. di si. | 849. V. Up d. voet. B. vote. | 850. H.V. hout voren. B. vote. | 851. B. guder. | 852. B.H. et hi. V. Alle die scoertse eti dan. | 853. H. poet gheluken. Ook in B. staet poet geschreven. V. geluken. | 854. H. Dachterste sijn min noch me; het woord voete ontbreekt.

855 Alfe ganfe voete twee /

   Maer meerre / entie clauwen ront /

   Die vorfte recht / alfe die hont.

   Dies prife men die nature goet /

   Om dat dit dier vozen es gheboet

860 Alfe die hont / opt lant te gane /

   Eñ achter / mede te beftane

   Te fwemmene / alft hevet noot.

   Sijns tants cracht es fo groot /

   Welctijt fo hi flaet enen boom /

865 Henen hi bliet / eñ neemt goom

   Of die boom iet vallet noch;

   Eñ fo dicke doet hijt doch /

   Dattie boom dan vallen moet.

   Vier tande heeft hi ftarc eñ goet /

870 Twee beneden eñ twee boven;

   Eñ / falmen ouden boeken gheloven /

   So es die tant eñ dat kakebeen

   Beide maffijfs eñ al een.

   Sijn haer es edel eñ goet:

875 So fwarter / foet meer te prifene doet.

   Solinus feit dat dit haer hout

Vs. 855. H.V. Als der ganse (ghanse) voete twe (twee). | 856. H. Mer mere. V. meerre entie clawen. | 857. H.V. als een hont. | 858. H. Des. B. proeftmen. V. prijsmen. | 859. B. vore. V. Om dat dier. | 860. H. Als een h. B. op lant. V. Als een h. op tlant. | 861. H. bachten. V. Ende bachten. | 862. B. swimne. | 863. B. tans. H. craft is also groet. V. die' es. | 864. B. Weltijt. H. Selctijt alsi — boem. V. So weltijt als hi. | 865. H. Eñ hi vl. — goem. B. nempt goem. V. Dat hi vl. eñ nemet. | 866. V. lof. | 867. H. doet hi doch. B. Eñ *ontbr.* V. dicken. | 868. V. Dat dien boem. | 871. H. Eñ zelmen. | 872. B. eñ cake al een. V. ente kaken been. | 873. B. Beide tant eñ kinnebacbeen; *maer de drie laetste woorden zijn later aengevuld in de eerst open gelaten plaets.* H. massijts. V. Bede massijds. | 874. B. Sijn smere es edel. H. Si sijn edel eñ goet; *hij wist dus zoo min als* B. *wat edel haer beteekenen mogt.* V. ende goet.| 875. B. prisen. H. So meer. V. mee. | 876. B. oud. H. dat haer hout. V. seghet.

Boven allen hare wel gout /
Eñ es ene dinc die seere es diere
Onder die heidene maniere.

880 Dien die crampe pine doet /
Hem es bevers smeere goet ;
Eñ hem / dien die lede beven /
Mach dit grote bate gheven.
Van den balghe es goet dat smout

885 Daer men sine hoden in hout.
Wijn met bevers cullen ghesoden /
Entie roke van den hoden /
Es hem goede medecine /
Die van der iucht heeft pine.

890 Chana es ene beeste /
Daer Plinius af spreect in der ieeste /
Dat hi den wolve gheliket wel ;
Maer dat spekelde es sijn vel.
Ut Ethiopen sijn si comen /

895 Dese beesten die wi nomen /
Al vint mense in ander lant.
Pompeius / Julius viant /
Was dierste diese doz wonderlichede
Te Rome brachte in die stede.

Vs. 877. B. alle hare — goud. H. haren wel vout. | 878. B. Eñ ene dinc di sere es
dire. V. Ende es een d. dat seere. | 879. V. der heidine. B. manire. | 880. B. den cr.
wee doet. | 881. H. Hem es die bever sere goet. B. Dien es. V. Dien es bevers sere. |
882. B. die *ontbr.* H. dien *ontbr.* V. Eñ hem dan die. | 883. H. Maghet gr. V. Ma-
chet gr. | 884. H. tsmout. | 885. B. sinen hoeden. | 886. V. cul. | 887. H. Eñ die. |
888. V. hem dor goede. | 889. B. Di. H. iecht hevet. V. hevet. | 890. H. dats ene.
V. Chama dat es. | 891. H. of seyt. V. of spreict i. d. geeste. | 892. B. den wol, *met
eene c boven, achter de l, bijgeschreven.* H. Dat si den hule gh. V. si den wulf. |
893. H. dat *ontbr.* V. spekelende. | 894. B. Ut Ethy. V. Ute Eth. so sijn si. | 895. B. di
wi. | 896. V. vindmense. | 898. H. di dor w. B. dirste dise. | 899. V. brochte.

6

900 Calopus es een dier
Seere stout eñ ongheļier/
So breesselịc in allen saken/
Gheen iaghere dar ļem ghenaken;
Want langhe ļorne si braghen/
905 Eñ ghetant ghelịc der zaghen;
So dattet daer mede velt
Grote bome met ghewelt;
Wantet can wel saghen daer mede.
Optie Euphrate es sine stede.
910 Nu wassen daer erande ļaghen/
Die cleine langhe roeden braghen:
Eñ alst dan ghebronken ļeeft/
Eñ ļem dunct dat met feesten leeft/
Gaet dan spelen ieghen die roeden/
915 Eñ met sinen ļornen verwoeden;
Eñ speelt so vele in die wedauwe/
Dat sine ļorne/ ghetact nauwe/
Verwerren in ghene telghen.
Van alre eerst moet belghen/

Vs. 900. B. Calempus. H.V. Calepus dats (dat es). | 901. H. Wreet, stout eñ onghier.
V. Wreet eñ st. eñ ongh. | 902. H. vreselic. | 903. H. Negheen iagher daer hem. V. ne
mach hem g. | 904. H. siemen hem dr. V. lang h. sietmen hem dr. | 905. H. saghen.
V. Ende gh. ghelijder s. *Later schoof men er de c in*: ghelijc der. | 906. H. So daer
mede v. V. So dat het. | 907. B.V. Lange b. | 908. B.H. Want et. V. Want het. |
909. B. Eufrate. H Op die Effraten is, V. Up die Eufr. | 910. H. erehande. N. eerande.
V. eenrande. | 911. H.N. clene, *voorts met* B. roden. V. cleene l. roede. | 912. N. he-
vet. V. alset danne gh. hevet. | 913. H. dunct d. mit. N. dinct. B. donct. V. dinc dat
in f. levet. | 914. H. Gaet spolen. N. Gatet spelen. V. Gaet het. | 915. H. mit s. hoerne.
V. horne. | 916. H. spelet — wedowe : nowe. N. speelt so langhe in die wedouwe :
nouwe. B. inden dauwe : nauwe. V. in den weedauwe. | 917. H. hoerne. V. gecant
nauwe. | 918. B. in die teelgen. N. gheen. V. Verwarren in ghone t. | 919. B. alre
irst m. beelgen. H. Want dan alreest. N. Want d. alre ierste. V. so moet het b.

920 Eñ geeft enen vreeffeliken luut.
Dan fo comt die iaghere uut/
Eñ flaet fonder pine doot.
   Nu merct hier exempel groot/
Ghi ftarke! Die niemene ontfiet/
925 Die den cranken niene bliet/
Eñ niet acht dien oft defen/
Hi ne mach niemer feker wefen.

Cameleopardalis
Leeft men dat een beefte is
930 In Ethiopen/ dus ghedaen/
Als ons die glofe doet verftaen:
Hoeft na den kemel/ hals na den paerde/
Voete eñ been na des herts aerde;
Dat ghefpekelt es harentare
935 Met enen fconen claren hare.
Dit dier was oer te Rome mede
Wilen bracht vor wonderlichede.

Capra dats in dietfche die gheet/
Die horne heeft fcarp eñ wreet/

Vs. 920. B. vresseliken luet : uet. H. gevet. N. geven ene vreseliic l. V. Ende ghe-
vet een vreselic l. | 921. B.V. Dan comt. H. Dan coempt de iagre. | 922. N. slaedt.
V. Ende sl. | 923. B. hir. H. hijr an exemple. N. exemple. V. maerct bir an exemple.
| 924. B. nimene. H. sterke die niemen. N. die niet onts. V. niemen. | 925. B. nine.
H. niet ontfliet. N. niet en vliet. V. niet ne. | 926. V. Ende niene acht d. noch d. |
927. B. mach nembermeer. | 928. N. perdalis. | 929. V. Leset. H. beest. | 930. B. eñ
dus. H. Antiopen. N. Ethyopen. V. die es dus g. | 931. N. Alse. | 932. B. parde.
V. Thovet na d. k. als na d. p. | 933. B. Eñ vote — hers arde. H. Voet eñ b. V. ende
been. | 934. H. is. N. haere en tare (*sic*). V. ghesplect. | 935. H. Mit. N. cleinen hare.
| 936. H. oec *ontbr.* N. ooc; *voorts* H.N.V. te Romen. | 937 H.N.V. brocht dor w.
| 938. B. dats in dits di geet. H.V. in dutsche (duutsche) ene geet. N. in dietsche
ene. | 939. H. hoerne. N. heeftet (heeftsi?) scarpe. V. hevet.

940 Eñ onder den kin enen baert.

Haer weide leet te dale waert/

Eñ in berghen/ eñ in haghen/

Aldaer si hare can beiaghen.

Hare melc es dozegoet;

945 Maer alsmer libbe in doet/

So cozzumpeert/ wantie kase/

Seit men/ en es niet weert ere blase.

Vijf maent dzaghet die gheet/

Also als men van scapen weet.

950 In den vozwinter es best haer riden/

Also dat si in lenten tiden

Moghen bzinghen hare dzacht:

Dit sijn die beste scaep geacht.

Isidozus spzeect oec hier

955 Dattie boc es een luxurieus dier/

Dat altoes bi na wil riden;

Sijn oghen lopen eñ gliden

Vele/ na der luxurien cracht.

Even wel siet hi dach eñ nacht.

960 Die savonts niet siet ghereet/

Vs. 940. N. den kinne. V. Ende. | 941. H. Hare weyde leghet. N. Hare weide leget. V. leghet. | 942. B. berge. V. Ende. | 943. H. Aldaer si can bei. N. Al daer so haer can bei. V. Aldaer sise connen. | 944. B. Haer melc es sere guet : doet. V. dure. | 945. H. Mer alsemer lip in d. N. als mer libbe. B. Mar alsmaer. | 946. H. Si corr. w. case. N. So c. die case. V. So corumperthet want dat case. B. Soe. | 947. H. Seghemen niet w. N. Seit men nes n. w. V. Segsi niet waert ene. | 948. B. vif m. dracht. N. Viif maenden. V. maende. | 949. B. als ment. | 950. H. hoer. | 951. N. in den lenten tiden. V. lentijn tijden. | 952. H. brenghen. N. Bringhen moghen. | 953. H. De sijn de beeste goet gheacht. N. Dat siin d. b. gheten gh. B. de beste. V. Want hem es quaet des winters cracht. | 954. H. hijr. N. die seit oec hier. V. die spreict. | 955. H. De buc is (Dat ontbr.). N. Dat die buc es ene. V. Die buc es luxur. dier. | 956. B. wilt. N. Dat bina altoes. V. Eñ dat alt. | 957. H.N. Sine oghen l. tallen tiden. | 958. H. craft. | 959. H.N. Even ontbr. B. nachte. | 960. E. Die avonts — gereit. H. Die navonts niet ghesiet ghereet. N. savonts niet ne s. V. navens niene s. B. savons, hier en elders.

Ete die levere van der gheet/

Hi siet savonts vele te bet.

Aristotiles hevet gheset/

Dat nochtan dicke opten dach

965   Die buc lettel ghesien mach;

Maer savonts siet hi claer.

Experimentatoz seit voz waer/

Dat van den bucke die galle

Die winchbzawen doet vallen alle.

970   Kyramidarium boec seghet/

Daer doude philosophie in leghet/

Dat van den bucke dat bloet

Alle hare ballen doet.

Oec seit hi : burs bloet ghebzant

975   Doet ontwaken altehant

Die ligghen in letargien/

Oft in sware epileptien.

Oec maket donkere oghen claer.

Burs galle/ seit hi voz waer/

980   Es si in enegher stede gheleghen/

Datter pude te versamene pleghen.

Vs. 961. E. geit. H. Die de levere van d. gh. Etet, siet des avonts v. de bet (sic). N. Ete die lever van eer gh. B. levre. | 962. B. savons. N.V. navons v. te bat (bet). | 963. E. Aristoteles die heft. H. heeft. N. heeft ghescat. | 964. E. op den. H. op den. N.V. dicken up d. | 965. E. boc luttel. H. De buc luttel. N. Die buc lutel. | 966. E. Maer avonts. H. Mer des avonts. N. navons s. hi clare : voer ware. V. navonts. | 967. E. over waer. H. seyt overwaer. | 968. E. vanden boc die g. H.N. buc. | 969. H. winbrawen. N. winbrawe. V. wimbrawen. | 970. E. segt. V. Kytamniclarum b. die s. | 971. E. philosophie in legt. H. filosofie. N.V. phyl. B. phylophie. | 972. E. bocke. H.V. uten bucke. N. uuten buc. | 973. V. haer. | 974. E. box. N. bux. V. seghet hi buxbl. | 976. E liggen. B. liggen in lit. N. letardien. *Dit en de zeven volgende verzen ontbr. in* H. | 977. E. Ofte in swarre epyletien. B.N. epylentien. V. Of — epilentien. | 978. E. donker. N. maket donker oghen clare : voer ware. V. maect het donker. | 979. E. Box. N. Bux. V. Bux. g. seghet hi vorw. | 980. E. Es soe. B. eng'hande. N.V. Es so (Essi) in enigher. | 981. E. toe versamen. N. puden toe te versamenen.

Burg haer te pulvere verbzant

Stoppet bluden te hant/

Eñ van den lichame die bloet.

985 Jeghen venijn dzinc sijn bloet/

Heefstuut ghebzonken oft gheten.

Sijn smeere es goet ieghen veten

Eñ ieghen der quetsingen veere.

Sijn bzec es goet ieghen tantsweere/

990 Maectmer af ene plaester opt seer.

Gheets hozne/ bitg wonder meer/

Ghebernet/ eñ ghebonden van

Optie nesegate van den man/

Die waerlike hebet tebel swaer/

995 Stappang moet hi vallen daer.

Serpente die vlien oec mede

Van den roke/ hetg haer sede.

Die buc hi es harde fier/

Eñ starc/ eñ een moylijc dier.

Vs. 982. E. Box. N. Bux hert te pulver. V. Bux. | 983. E.V. Stopt (dat) bloet al te b.
N. Stelpet bloet. | 984. B. Eñ iegen des lichamen vloet. *Ik had deze les kunnen be-
houden met enkelijk de punctuatie te veranderen. Het latijn heeft dit niet.* N. Eñ
ontbr. V. Ende. | 985. E. drinct. H. drinkement bl. N. drinct men bl. V. drijnct.
| 986. E. Befestu gedronken. H. Heefstuut ghedr. of gheten. N. Hetenuut ghedr. of
geheten. B. Besestu dronken. V. of oec gheten. | 987. E. smeer es goet. H. smeer is.
B. guet. V. smare. | 988. E. deere. B. iegen quetsinge dere. H. der quessinghen dere.
V. Ende i. der quetsinghe d. | 989. E. goet i. tansw. H. is g. i. tansw. B. es *ontbr.* |
990. E. Maecter af .I. plaester op ts. H. een pl. N.V. of een pl. upt (up) seer. B. Maec-
ter ene plaestre opt s. | 991. E. Geits. H. hoerne dats. N. horne dats. V. horen dats.
| 992. E. Gebernent. B. Gebernt. V. Ghebarnet. | 993. E. Op die. H. Vor de n. vor-
den man. N. Vor die nese gaete enen man. V. Vor die nose gate eñ vor den man. |
994. E. beft. H. De w. heeft. B. warl. h. devel. V. zwaer. | 995. H. Te hant mach val-
len daer. N. Te hant moet hi. V. The hant so moeti. | 996. B. Serpenten die. H. Ser-
pente vlien. N. Serpenten vlien. | 997. E.V. Die roke het es haer (hare) s. H. De roke,
ets hare s. N. Die r. dats hare zede (Van *ontbr.* *in die vier HSS.*). | 998. E. boc
die es. H. De b. is. N. hi *ontbr.* V. die es. | 999. E. een moyliic. H.V. eñ moelic (een
ontbr.). N. Eñ *in 't begin ontbr.; verder* een moiliic B. moilijc.

1000 In horne / in hooft leit sine cracht;

Sijn bloet es oec van selker macht /

Dattet scoret den adamant /

Die noyt anders meester vant.

Gheets bete es den bomen quaet /

1005 Want si verliesen vrucht eñ saet.

Capreola dats die ree /

Den haren pijnlec emmermee;

Nochtan teghen andre diere

Seere blode eñ goedertiere.

1010 Als die ree / in Crete lant /

Ghescoten wert / soect si thant

Polioen / om dat si verdrive

Dat ijser ghescoten in haren live.

Reebucke vechten om die reen

1015 Harde seere / wel na in een /

Eñ dats meer als si riden van;

Vs. 1000. B. hoeft. E. legt. H. In hoefde, in hoerne leghet. N. In hovede, in h. l.
die cr. V. In h., in hovede leghet. | 1001. E. sulker. H. is — sulker. N. sulkr (*sic*).
B. seker. V. oec goet van sulker. | 1002. E. Dat het scoert d. dyam. H. Dat scoert d.
a. N. scoert den harden dyamant. V. Dat het scinet den ademant. | 1003. H. Dien
nie a. meyster v. N. anderen. V. meesters ne vant. | 1004. E. Geits b. es bomen q.
B. Geet bete es bomen q. H. Geets b. is den b. q. N. Gh. beeten siin den bomen q.
V. Gheets boete. | 1005. N.V. ende saet. *Dezen regel heeft* V., *om op het einde van
de kolom de plaets te vullen, in tweeën verdeeld, en er bovendien nog onder geschreven:* Keert omme dander side. *Daer was nogtans niets om te keeren, als zijnde
deze kolom de tweede van f° v*. | 1006. B.H. Capricola. *voorts* H. een ree. V. dat es.
| 1007. B. pinlec embermee. H. pijnlic. N. piinliic. V. Den aren pijnlic. | 1008. B. Noc-
tan — dire. | 1009. B. Onnosel eñ gud. N. blode (?). V. Seere bloot ende. H. bloe.
| 1010. E. die loept opt lant. H. ree in trite lant. N. int C. de lant. B. die loept op l.
V. in Criten lant. | 1011. E. soe te hant. H. word. ·N. wert soe te hant. V. wort.
1012. E. Polion om dat soe. H.V. Pullegium om dat (si) verdrive. N..... om dat te
verdrivene. B. dat *ontbr.* | 1013. H. Daer mede yser wt sinen l. N.V.D. mede tyser
(tiser) uut haren l. | 1014. H. Rebucke. N. Reebuc vechten. V. omme. | 1015. N. wel
na al in een. V. wel naer. | 1016. H.V. Eñ dats meer alsi (als si). B. meer *ontbr*.

Eñ als men hem gaet met honden an/

Ontvlien si/ want si sijn snel;

Maer aldus vaet mense wel :

1020 Want si altehant van vlien

Daer si de hoghefte berghe fien/

Daer volghet die iaghere naer;

Eñ alsi wert ghewaer daer

Datse die iaghere wacht daer neder/

1025 Eñ si ne mach no voort no weder/

Si fiet den iaghere enten spiet/

Eñ screit : algader omme niet ;

Want hine foect el niet van hare/

Eñ doetse neder rollen sware.

1030 Ja fomwile climt die iaghere daer/

Dat hi mede moet vallen naer.

Die ree gaet op montaengen hoghe

Eñ laet verre gaen haer oghe/

Eñ fiet fi lide van verre gaen/

1035 Altehant heeft sijt verstaen

Oft iaghers sijn dat si fiet aen.

Vs. 1017. H.V. Eñ *ontbr.* N. als *ontbr.* | 1018. H. Ontflien — sere snel. V. si sere
sijn snel. | 1019. H. Mer ald. vamense dan w. V. vangmense. | 1020. H.N. al *ontbr.*
V. vliet. | 1021. N. die hoechste. V. siet. | 1022. H. Dan v. die iagre. N. Dan volght. |
1023. H. alsi gheware wert. N. als hi. V. als hi dan wort ghewaer (daer *ontbr.*). |
1024. H. Datten d. iagher. N. Dattene wacht die iaghere daer naer (*sic*). V. nedere.
| 1025. H. hi ne mach noch voert noch w. N. hine. V. si niet mach vort no wedere.
B. si en m. vort. | 1026. N. Hi s. d. iagere eñ bespiet. H. Hi si d. iagher eñ spiet. |
1027. B. Dan screitse, hets om niet. N. om niet. V. Dan screict soe, dats omme n.
| 1028. H. Suect. B. hi soect (ne *ontbr.*). V. Want hine el niet d. h. (soect *ontbr.*). |
1029. V. doese. | 1030. B. climpt d. iagere naer. H. clemt d. iagher. V. clemmet.
| 1031. B. neder moet vallen daer. N. v. daer naer (mede *ontbr.*). | 1032. B. optie
montanien. N. montanien. V. montangen oge. | 1033. N. hare oghe. V. gaen omme
haere oghe. | 1034. H. lude verre g. N. siet so verre liden. V. Ende siet soe liden. |
1035. B. heeft si v. N. heeft soet v. V. heeft si v. | 1036. B. iagers sien dat si siet
an. H. sijn alsoe si siet an. N. die soe siet. V. Ioft i. s. d. soe siet dan.

Dit doet nature diet al can.

Cacus es een dier/ een wonder/
In die Mozeie al besonder/
1040 Dat es gheboztelt als een swijn;
Eñ/ als ons scrivet Adelijn/
Alst gram es eñ onghier/
So werpet uten buke vier.
Dit wonder hout hem verstolen
1045 In haghedochten eñ in holen/
Eñ es so wzeet eñ so fel/
Een osse ghenoeghet hem niet wel;
Maer het neemter dzie of viere
Bi den steerte starker viere/
1050 Met crachte/ eñ trectse achterwaert
In sine hole dan ter vaert/
Dat mense vinden niet can wel;
Eñ al eeft den beesten fel/
Ent den mensche seere ontsiet/
1055 Nochtan en laet sijn iaghen niet/
Eñ wacht altoes/ vzoe ende spade/

Vs. 1037. H. Dat d. N. diet wel can. B. dijt al c. | 1038. H. Cacus dats e. N. Catus es ene d., ene w. | 1039. H.N. In die nature al besonder. B. al *ontbr*. | 1040. H. Dats. N. Eñ is. V. Eñ es gheburstelt. | 1041. H. Aldus scrivet Ad. N. Aldus bescrivet Ad. B. scrijft. V. Ende als. | 1042. N.V. onghehier. | 1043. H. werpt uten'monde v. N. wten den buuc v. B. ut sinen b. vir. | 1044. B. Dit dier hout. H. verholen. | 1045. B. hac-dochten eñ in dipe holen. | 1046. B. es wr. eñ oec f. H. is wr. eñ fel. V. Ende es wr. ende f. | 1047. N. en ghenoghet. B. genuget. V. ghevoeghet (?). | 1048. N. Maer nemter. H. Mer hi neemter. B, et nemter dr. oft vire. | 1049. B. Vaste biden sterte scire. V. Biden starte starke stiere. | 1050. B.V. trect hise achterw. H. trect hi si. N. Met crachten eñ trecse. | 1051. B. hole metter v. H.N.V. In sijn hol; *voorts* V. dan mitter v. | 1052. H. Daer mense nie (N. noyt) mocht vinden w. V. Dat mense niet ne vinde w. | 1053. B. eist. V. Ende al ist. | 1054. B. Nochtan den minsce onsiet (*sic; de plaets voor sere is opengebleven*). N. Eñ het. V. Ende het. | 1055. B. lagen. V. ne laet sijn lagen. | 1056. B. altoes *ontbr*. H. Et wacht. V. Het ne wacht so vro eñ sp.

Seere om des menschen scade.

Cefusa es een wonderlike beeste;
Daer af spreect Solinus teeste/
1060 Dat mense wilen te Rome brochte/
En dat mense te wondere besien mochte.
Haer achterste voete en hare been/
En des menschen/ scinen al een;
En hare borste voete twee/
1065 Alse menschen hande min no mee.

Cerbus dats die hert/ weet wel/
Ene beeste die seere es snel/
Ghehornet met telghen langhen;
Alset twee iaer heeft omganghen/
1070 Beghinnen hem horne ute gaen/
En elcs iaers boort/ sonder waen/
Achter een/ tote ses iaren/
Wast hem een telch boort te waren.
Nemmeer telghe en wassen hem dan/

Vs. 1057. H. Seere *ontbr. als mede in* N., *welk* Omme *schrijft.* V. *liet* scade *in de pen.* | 1058. V. es ene. | 1059. H. Solinus in der ieeste. N. Daer Plinius of seit in de i. V. Daer of spreict S. geeste. | 1060. H.N. te Romen. B. brachte. | 1061. B. Eñ dat. H.V. Eñ *ontbr.; voorts* H. wond' aen sien. V. wondere. N. Om dat m. te wonder sien. | 1062. H. Har afterste v. eñ been. B. vote eñ been (hare *ontbr.*). V. Hare a. v. eñ been. | 1063. N. Eñ smenschen sciin al een. V. Ende des. | 1064. V. Ende h. voerste. | 1065. H. Als. N. Als smenscen handen. V. Als menschen handen. | 1066. B.V. weet men wel. H. wit wel. N. die herte, weit wel. | 1067. B. die en es *ontbr.* | 1068. H. Ghehoernt mit hoernen langhe. N. Ghehornt — lange. V. langhe. | 1069. B. Eñ alsi .II. iaer beeft ontgangen. H. Alst — omganghe. N. twe iare hevet omme gange. V. Als hi .II. iaer hevet omme ganghe. | 1070. B. Beginnen die h. ut gaen. H. hoerne wtgaen. N. hem die horne. V. Beghonnen h. die h. | 1071. B. elsc iaers. H. elcs iaers wert. N. elx i. voert. V. Ende elxs iaers sonder w. | 1073. B. telech v. twaren. H. een tac voert. N. vort *ontbr.* | 1074. B.V. Nember (nemmer) t. w. (en *ontbr.*). H. Niemeer. N. Nemmee telgen w. h. vort an.

1075 Maer si meerren emmer an.

Aristotiles die seghet/

Dat gheen els te wassene pleghet

Sijn horne van iare te iare.

Alsi sierheit beseffet sware/

1080 Oft als hem doude gaet an/

Soeken si serpentine van

En gaen ten fonteinen drinken:

Dus doen si haer evel sinken/

En veriogheden/ sijn si swaer.

1085 Augustinus scrijft over waer/

Alsi te betere weide riden/

En si water selen liden/

Die starcste swemmen voren van/

En dandere volghen hem alle an/

1090 Elcs hoet ligghende op sanders stiet:

Dus helpt elc anderen in den vliet.

Hier bi si elc mensche beraden

Dat een den andren sta in staden.

Alse die herte willen riden/

Vs. 1075. B. merren vorwert an. N. si meersen. V. si meersen emmer vort an. | 1077. B. te wassen. N. Dat ghenen dieren te wassen. V. gheen dier als te wassen. | 1078. (E. *Begin van het uittreksel:* Aristoteles sprect oppenbare). N.V. Sine horne. | 1079. E. Alsi siecheit gevoelen sw. N. Alse hi s. beseft. V. Als hi. | 1080. E Ofte alse hem. B. alsem doude. H. En als h. de oude. N. En als. V. Of als. | 1081. N. Souken. H. serpenten. V. serpente. | 1082. H.N. te font. V. Ende g. | 1083. H. hor. | 1084. B. En in dochden. H. verioegheden. N. verionghen. V. En ver juegheden. | 1085. B. vor waer. N. Augustine. V. Augustijn scrivet. | 1086. B. weiden riden. H. betre weyde. N. wede. V. Alsi si te beter weiden tijden. | 1087. H.N. sullen. V. Ende si w. sullen lijden. | 1088. B. swimmen vore. V. swemmet. | 1089. H. En de andre. N. Entie. *In beide ontbr.* alle. V. En die ander (alle *ontbr.*). | 1090. H. Elc sijn hoeft leghet ops a. st. N. Elcs hovet leget np anderen sciet (*sic*). V. Elc hovet l. up anders st. | 1091. H. andren int vliet. V. andren. | 1092. H. elc man. | 1093. B. Dat elc andren stae te st. V. Dat elc andren. N. Dat hi den andren. | 1094. B. die hert wille r. V. Als die herte.

1095 Verwoeden si wel na tien tiben:
      Also seere werden si berhit;
      Eñ na oefte ghesciet hem dit.
      Solinus seit dat sire twee braghen/
      Die si in riser eñ in haghen
1100 Derken harde nerenstelike/
      Eñ leerense ligghen heimelike;
      Eñ alsi starc sijn/ leerst hem mede
      Springhen/ lopen/ dapperhede.
      Herts calf/ dat in die moeder sterft/
1105 Sijn vleesch verdribet eñ verderft
      Venijn/ eñ het es tallen stonden
      Goet ieghen serpente wonden.
      Blasen/ pipen/ baffen van honden/
      Horen si gheerne te menighen stonden/
1110 Eñ men seit dat si best horen/
      Alsi staen opgherechten oren.
         Ambrosius doet te verstane/
      Dat si cruut/ dat heet diptane/
      Eerst ven mensche maecten cont;
1115 Want als die hert was ghewont

Vs. 1095. H. Verwoet si w. na te dien t. N. wel na in allen t. V. Verwoed si wel naer inden tijden. | 1096. V. worden. | 1097. H. oest. N. naer oest. V. Ende naden oeste. | 1098. V. seghet. | 1099. H. De. N. risers. V. risen. | 1100. B. Dicke b. nerstelike. V. narenst. | 1101. B. leerse licgen. H. leren si. V. leerense ligg. hemel. | 1102. B. alsi starc leren si h. m. N. leren si. H. leertsi. V. als si. | 1103. N. met dapperb. | 1104. V.N. stervet. | 1105. E. verduwet. B. verduct (verdoet). H. vleys verdrijft. N. bedervet. V. verdervet. | 1106. E. eñ het es. H. eñ is tot allen st. N. hets tallen st. V. es goet tallen st. | 1107. E. ieghen serpents. H. teghen serpents. N. serpens. B. Guet. V. ieghens des serpents w. | 1108. N. Blaisen, bassen van honden. | 1109. B. Horen si node tallen st. V. Hoorsi gaerne te menighe. | 1110. V. Ende m. seghet datsi. | 1111. B. met gerechten. H. op gerechten horen. V. up gherechter horen. | 1112. H.N. AR. (Aristotiles) doet, enz. | 1113. E. dyptane. H. si cruut d. heit. N. diptaene. V. sijt cr. d. h. dypt. | 1114. E. Ierst. B. Eirst. H. Teerst d. m. maken. | 1115. E. Alse die. H. de hert is. N. die herte es.

Met enen ghevenijnden strale /

At hi dat cruut / eñ ghenas altemale.

Herts bleesch / vro eñ dicke gheten /

Verdrijft den corts / wilmen weten.

1120　Der Persen historie seghet /

Dattie hert te levene pleghet

Hondert iaer eñ daer toe meere.

Venijn scuwet hi altoes seere.

Alsi sine horne hebet niet /

1125　Gaet hi daer menne niet en siet /

Eñ etet in die donkere nacht.

Van scuwet hi der wolve cracht /

Alse die selve weet te voren

Dat sine wapine sijn verloren ;

1130　Eñ alse hare horne nieuwe sijn /

Soeken si dat sonnescijn /

Om dat si droghen selen eñ stiven /

Eñ dat sire op moghen tiden :

Van gaen si ieghen die bome slaen

1135　Eñ proven of si vaste staen.

Haren rechteren horen decken si weerde /

Vs. 1116. H. Mit ene ghevenijnde str. V. eenen veninden. | 1117. E. At genas wale
H.N. At hijt cruut eñ ghenas wale. V. Haddi d. cr. eñ gh. wale. | 1118. B. vro eñ
ontbr. N.V. dicken. | 1119. E.N. Verdriift. B. Verdrieft. V. Verdrivet d. c. wilment
w. | 1120. B. Der Peersen hyst. H.V. yst. N. der passien yst. | 1121. N. Dat die.
V. Dat die hrt die te l. | 1122. N. iare eñ mere. H. .C. iaer eñ meer. | 1123. B. scuet.
H. scywet hi dor seer. V. hi dor seere. | 1124. B. heft. H. hoerne heeft. N. Alse hi.
V. Als hi. | 1125. B. niet *ontbr.* H.N. Gaet hi dat men niet en siet. V. daer men niene.
| 1126. B. in donkerre n. N. Eñ eit in d. donker n. V. hetet. | 1127. H.N. der wlue
cr. V. wulve. | 1128. H. Also. N. Alse hiit s. V. Als. | 1129. H. wapene. N. siin w.
siin v. | 1130. B. neue. H. haer h. nywe. N. haer. V. als haer h. puwe. | 1131. B. sonne
scijn. H. sonnen scijn. N. So soeken si. V. Soecken. | 1132. H.V. So (Om) dat si dr.
sullen. N. droghen moghen. | 1133. H. sier op. N.V. So dat sire up m. t. (tijden). |
1134. B. gaensise iegen. V. gaen si. | 1135. B. Proven ofte si. *Ook in* H. *en* V.
ontbr. Eñ. | 1136. E. rechten. N. rechten horne. H. rechtren h. doetsi w. V. waerde.

Sijt in watere ofte in eerde;

Eñ dat schijnt van nide wesen:

Hi es seere goet alse wi lesen;

1140 Want sine roke die verdrivet

Die serpente / als men ons scrivet /

Alsi es int vier gheleghet.

Platearius die seghet /

Ute siere herten mach men halen

1145 Een been / eñ dat te stucken malen:

Dat pulver gheeft vervanc

Jeghen den starken hertvanc.

Esculapius die seghet /

Dat men den hoзen te vernen pleghet /

1150 Eñ pulvert dat te handen:

Het es goet onvasten tanden /

Op dat mense daer mede wrivet.

Met wine ghedronken / dit / alsi scrivet /

Es jeghen tgroot evel goet.

1155 Oec stoppet den vrouwen bbloet /

Eñ stopt des lichamen onbrede.

Vs. 1137. E. watre oft. H.N. int water of (oft, N.) in die erde (Sijt ontbr.). V. Sijt int water, sijt in die aerde. | 1138. H.N. Eñ ontbr., doch E. erkent het. V. Ende. | 1139. E. Hi es. H. Hi is seere g. als. N. als. V. Hi es seere als wi l. (goet ontbr.). | 1140 H N. die ontbr.; voorts N. roeke. | 1141. H. De serp. | 1142. E. Alse hi es — gelegt. H. Alsi int v. leghet. N. Alse hi int viere leghet. V. Als hi. | 1143. E. Platearius die segt. | 1144. H. Wt. N. Vut. | 1145. E. te sticken. N. te stickene malen. H. Een been salmen te st. B. Een been dat mach men. V. Een b. salmen sticken m. (te ontbr.). | 1146. E. ver vanc. B. vor want. H. gheeft hem verganc. N. ghevet voertganc. V. ghevet verganc. | 1147. E.B. hert vanc. | 1148. E. segt. | 1149. E. plegt. H. hoern. B.V. berne. | 1150. H. pulveret. N. Eñ dat pulver te h. V. Ende. | 1151. E. hets. B. Want het es. H.V. Dats goet om vasten (onv.) t. N. Goet es den onvasten tanden. | 1152. N.V. Up dat. | 1153. E. dit als hi. B. dits. N. als hi (dit ontbr., als mede in H.). V. Met w. dro ghedronken dit als hie scrivet. | 1154. H. Eest ieghent groete. N.V. Eist i. tgroet (tgroot). | 1155. N. der vr. vloet (?). V. stoptet des mensche bl. | 1156. B. stopt ontbr. H. stoppet. | E. en B. stellen vs. 1157 vóór 1156.

Platiuſe dodet mede.

Die hem bewint in een herts vel/

Serpente en ſijn hem niet fel.

1160 In die matrice van den hinden/

Mach men oec enen ſteen vinden/

Die vrouwen kint dzaghen doet.

March van den hert es ſo goet/

Dattet dzivet uten leden.

1165 Die noot van menegher ſiecheden.

Jagers ſegghen onder hem ſomen/

Mach die hert te watere comen/

Dat hi der moetheit wert los.

Die hert ontſiet tluut van den bos.

1170 Herte vechten onder hem ſeere/

Eñ wie ſo behout die eere/

Vandze houden hem alle vzede

Met groter onderdanechede.

Herts vleeſch es te verduwene ſwaer;

1175 Die calver daer af/ weet over waer/

Sijn gheſonder eñ werder van/

Eñ ſijn alre beſt den man.

Vs. 1157. E. *en* B. doet mer mede. V. doot het. | 1158. B. bewijnt. N. wint in ene h. v. | 1159. H.V. ne sijn. N. Serpenten. | 1160. B. matrise v. d. inden. N. kinden (*sic*). V. van der h. | 1161. E. Machmen .I. st. (Daer *ontbr.*). B. Daer mach men enen st. | 1163. H. Dat m. v. d. h. es goet. N. Tmarch v. d. h. waer hem goet. V. van d. hart dats so goet. | 1164. E.V. Dat het. H. Dat drivet. N. want het verdrivet uuten leden. | 1165. H. Die *ontbr.*, als mede in N. | 1166. B. Eñ iager. V. Ja iagbers legghen (*sic*), *het bovenste deel van de s niet omgehaeld zijnde.* | 1167. H.V. watre. | 1168. B.V. sire moetheit w. loes (wort los). | 1169. B. dlut. N. onsiet. V. tluud. | 1170. B.V. Die herte. | 1171. V. Ende wie. | 1172. B.V. Dandre (Dander) alle h. h. vrede. N. allen. | 1173. B. Eñ doen hem grote verdechede (*sic*). H.V. Met (Mit) gr. onderhorichede | 1174. H. Herts vleys is ter verd. N. sware. V. te verduwende sw. | 1175. E. Die calver daer af wet vor w. H. wit verwaer. N. daer of wet voer ware. B. calvere. V. Die cal- vere dair of weit vor w. | 1176. N. werden. V. waerder.' *'t Woordje* dan doet *mij hier 't verlies van twee regels vermoeden. Z. de Aentt.* | 1177. H.V.N. Si sijn (siin).

Chimera es een van den dieren/
Die men van menegher manieren
1180 Int woeste Babylonien vint.
Selsaenre es cume iet een twint:
Dozen hoghe en neder dachten.
Jacob seit dattie heidine wachten
Nauwe te vane dese beeste/
1185 En maker mede grote feeste.
Welctijt so sise hebben ghevaen/
Met dieren cleederen ane ghedaen
Prosenteren sise haren heere/
Om hem te doene sonderlinghe eere.
1190 Chimera mach die ziele bedieden;
Die nernst van dien heidenen lieden/
Dats dire viande engien/
Die utermaten nauwe spien
Hoe sise brenghen te prosente
1195 Haren heere/ ten tormente/
Daer si hem met dienen liede.
Elc wacht hem voz dese diebe!

Vs. 1178. H. Chymera. N. Cymera es ene. V. Cymera. | 1179. B. in menegerbande
m. H.V. van meneghen m. | 1180. H.V. In woeste Babil. N. Int woest Babil. B. vind.
| 1181. B. Selsaenre iet c. en twijnt. H.V. Selsenre is (Selsienre es) c. iet en tvint (tw.).
N. Selsienre cume een tw. | 1182. B. hoech. | 1183. B. seid dat die. H. heyden. N.V. Dat
die heidene. | 1184. B. tonfane. H. Nawe. N. Nouwe te vaene d. beesten : feesten. |
1186. B. Weltijt. H. Wilkentijt. N. Welketijt dat sise. V. Sulctijt so sise. | 1187. H. di-
ren clederen an gh. N. an. V. cleden an gh. | 1188. B. Prosinten sise. H. Presen-
teren sise horen h N.V. Prosenteren sise. | 1189. H. Om te done sonderlic ere. N. Om
hem te doen sonderlanghe ere. V. sonderlanghe eere. | 1190. H. de siele. V. Cymera
m. d. siele. | 1191. H. Die verenst v. den heydenen l. N. nernsticheit van den b. l.
N. narenst v. den. | 1192. B. eigen, *veranderd in* eigien. H. Dats vanden vianden.
N. van der viande. V. Dat es der viande. | 1193. H. De uterm. sere sp. N.V. sere sp.
| 1194. B. bringen te presinte. H. te presenten. | 1195. H. te tormenten. N.V. te torme-
mente. | 1196. H.N.V. mede. B. lieven. | 1197. B. wach h. van desen d. H.V. van d. d.

Cyrogrillus es een dier bore groot/
Dat Moyses in die wet verboot;
1200 En al eest cranc en cleene/
Nochtan eest nosel alghemeene
En breeselijc allen dieren:
So fel eest van manieren.

Cuniculus es een conijn/
1205 Dier vele in allen lande sijn.
In deerde wonen si/ in holen;
Nachts comen si ute gheftolen/
En doen scade ende toren
Beide in wijngaerden en in coren;
1210 Van keeren si ter morghenstont/
En stoppen weder des gaets mont/
Dat mense daghes niet vinde daer.
Waer so conijn woont een iaer/
Daer bien si seere in corten tiden/
1215 Want si vele braghen en riden;
Mescomt hem iet in ene stede/

Vs. 1198. B. dier bore groet. H. is een deerken niet groet. N. ene diere niet groet. V. Cyrogrillis es een dier bur groot. | 1199. H.N. wit verboet. B. verboet. | 1200. B. En ontbr. H. ist. N. ende cl. V. Ende al ist cranc. ende cleine. | 1201. N. eist. V. ist. | 1202. H. vreselic a. diren. V. Ende vreselic. | 1203. N. eist. V. es het. | 1204. H.N. dats. V. Cymiculus dat es. | 1205. H. Der vele in vele l. B. in vele l. V. in velen lande. | 1206. N. hoelen. V. In daerde. | 1207. B. Nachs. H. wt. N. uut verstolen. V. Nachts so comen. | 1208. N. doene sc. B.H. en toren V. Ende — ende. | 1209. B. wingarden. H.N. Beide ontbr. *Verder is in* N. *bij* in *later eene* t *gevoegd :* int coren. V. Bede in wijngaerde. | 1210. B. kiren. H. En keren weder ter m. N. En k. weder t. morgh. | 1211. H. stoppen des gats m. *Ook in* N. ontbr. weder. V. ghates. | 1212. H. sdaghes niet vint. *Ook* N. *heeft* vint. V. niet ne vindet. | 1213. N. So waer coniin wonen. | 1214. B. Daer stichten si sere in corten tiden. H. dyen si in corten t. N. dienen si in corten t. (sere ontbr.). V. tijden. | 1215. V. dicken draghen en riden. | 1216. V. Mescomt iet hem.

7

Si lopen wech / eñ bandze mede /
Die van haerre kinnessen sijn.
Tanghe rivet vat consijn.

1220 Crisecus es een cleine dierkijn /
Dier vele int lant van Polien sijn.
Alse groot alse een eecozen es dit;
Sijn hooft es swart eñ wit;
Sijn haer / seghet men / so vaste sit
1225 (Op den rugghe root / opten buuc wit) /
Men moet hem scozen eer die huut /
Eer mense mach bzinghen uut.
Dit bediet wel den bzecken /
Bedi men ne can van hem ghetrecken

Vs. 1217. H. So lopen si w. N.V. So l. si w. eñ dander. | 1218. V.H. hare ken-
nisse. N. haere. B. harre. | 1219. H. Eñ langhe noet dat c. N. Langhe notet dat c.
V. Ende l. noot. | 1220. H. Cisocus es een cliene (*sic*). N. Cysetus es ene clene. D. Cri-
setus — clene. V. Cricetus. | 1221. H. Der vele — Polegen. N. Diere vele — Polien.
Ook B. Polien. V. Die vele — van Poelgen. | 1222. H.N.V. Also groot als; *voorts*
H. eecorn. V. een coren. N.B. ecoren. | 1223. B.H.N. *geven elk de drie volgende*
verzen in eene verschillige orde, B. *als in den tekst;* H. *als volgt :*

Sijn hoeft is swart eñ wit.
Opten rug roet, an den buec wit.
Sijn haer seghe men so vast sit.
Men moet hem eer scoren de huut , enz.

N. *plaetst ze aldus :*

Siin hare, seit men, so vaste sit
Up den rugghe root, an den buuc wit.
Siin hovet bede swart eñ wit.
Men moet hem ere scoren die huut , enz.

De eigene lezing van B. *was :* sege men dat so — roet — buc — hut : ut. V. *komt*
met H *overeen behalve in enkele woorden :* Sijn hooft es sw. ende w., Up den ric root
anden buuc w., Sijn h. seitmen dat so vaste sit, Men m. h. eer score die huut, enz.
D. *volgt de orde van* B. *met de volgende varr. :* Sijn aer segmen dat so vaste sit, Up-
ten ric root, an den b. wit. Men moetem her scoren die huut. | 1227. H.N. Eer men
mach. D. Her mense m. br. ut. V. Eermet m. ghewinnen huut. | 1228. H. vreken.
D. bediedet. V. betekent. | 1229. B. Bedie. H.N. men mach niet van hem trecken
(treken). D. Bedi m. can getr. V. met beden ne can v. h. trecken.

1230 Altoes niet / so hoe soet vare /

Hem en dunct dat sijn bet ware :

So vaste hout hi dat hi heeft.

Dese beeste / die also leeft /

Woont in deerde alse een confin ;

1235 Niet lichte mach si verdreven sijn

Uten hole daer si in gheet /

Men [ne] ghieter in water scoutheet.

Aldus heeft die vzerke rike

Ghefet hier in eertrike

1240 Also vaste fine finne /

Dat hi doot blivet daer inne.

C ozocrotes es ene beeste /

Alse Solinus scrijft in fine geeste /

En Jacob van Vitri nochtan /

1245 Die luut heeft recht na den man /

Sine oghen ontdaen talre stont /

En gheen tantvleesch in den mont.

Enen tant hevet starc en groot /

Vs. 1230. H. Altoes niemant hoe soet vare. D. Altoes niet hoe dat vare. N.V. Altoes niemen h. soet ware. | 1231. H. Hem dinct of sijn lijf w. N.V. Hem ne dinct oft s. liif (lijf) w. D. Hem ne dinket dat. | 1232. H. Dat heeft (hi ontbr.). N. vast. D. outi datti hevet. V. hevet. | 1233. H. levet. V. levet (die ontbr.); *in* B. *staet het achter den regel aengevuld.* | 1234. H. alst conijn. V. Woent in daerde alst tconijn; *maer ter plaetse der laetste* t *schijnt een* uitgeschrapt. | 1235. N. macht verdr. V. mach soe v. | 1236. H. Buten holen. N. Uut sinen hoele daert in. V. holen daer soe in gheet. | 1237. B. Men geeter w. sc. H. Nemmer ghietmer in water so heet. N. Al ghiet mer in w. heet. V. Men ghietere in w. sc. | 1238. H. de vreke. V. hevet. | 1239. N. Hem (?) ghefet hier. V. aerdrike. | 1240. H. Also vast sijn sine sinne (*sic*). B. sijnne. V. si- nen s. | 1241. B. bliven. H.N. blijft (bliift). V. hi blivet toter doot daer i. | 1242. H. Cy- rocrotes. V. Corocretes. | 1244. V. Ende I. v. Vctri. | 1245. H. wel na als een man. N. wel na als die man. V. luud hevet wel naer als die man. B. lut. | 1246. H.V. Sijn oghen ondaen. B. ondaen tallere st. | 1247. H.N.V. Negheen tantfleys (tantvleesch) in sinen. | 1248. B. Enen start hevet en groet. H. heeftet.

Van crachte en es gheen sijn ghenoot;

1250 So vreesselijc es hi / sonder waen /

Dat vor den tant niet mach ghestaen.

Dit dier es comen / bint men bescreven /

Van den wolf eñ van der teven.

Catoblepa es een dier

1255 Vreesselijc seere ende onghier /

Eñ es op Nilus die riviere /

Van vreesselijker maniere.

Traech eest eñ ne boze groot;

Den last hevet swaer ter noot

1260 Van sinen hoofde dat hem verweghet.

Van deser beesten eest dat men seghet:

Comt ieman op hem onversien /

Eñ tusschen den oghen siet mettien /

Hi es van quite van den live.

1265   Dit dier slacht een deel den wive /

Die thovet draghet ghehoornet so seere /

Vs. 1249. H. van crachte is gh. N. van crachten nes gh. | 1250. H. vreeslic eest.
N. vreseliic eest. V. vreselic. | 1251. B. Want vor. H. vor den t. mach niet onstaen.
N. Dat voer den t. n. m. ontst. V. vor dien t. en mach niet staen. | 1252. B.V. es co-
men, es bescr. H. is comen, vintwi. | 1253. N.V. wulf. | 1254. H. Caraphelia. N. Cata-
phesie es ene diere. D.V. Cathapleba. B. Chathepheba. | 1255. H. vreeslic eñ ongier.
N.V. vreselic eñ onghehiere (ende onghehier). D. vreselic seere end o. | 1256. D. up
N. de r. V. Ende. | 1257. B. Van der vreselijcker. H. Van der vreesliker. V. Van der vr.
D. *schijnt dit vers niet te hebben.* | 1258. B. en en bore. H. eñ bore (*het tweede en
of ne ontbr.*). N. *thans onleesbaer, heeft de negatie gehad.* D. Traghe eist ne b. gr.
V. eñ ne buer. | 1259. N. *had eens:* hevet sware; *thans onleesbaer.* H. Den last heeft.
B. Den hals h. swar. D. swar. | 1260. D.V. hovede. | 1261. N.V. beeste (ist). H. beesten
es dat. D. Dat desen beesten es datm. | 1262. H. Coemt iemant. B. iman. D. Comet hie-
men uphem. V. Yemen—onvors. | 1263. H. sien mittien. N. *schijnt gehad te hebben:*
doghen siet dien. *Van* siet dien *ben ik zeker.* D. met dien. V. Ende. | 1264. H. Hi
is. B. Hies. V. Hijs thant q. | 1265. H.N.V. Dat dier. D. Dat d. slachtet | 1266. H. Diet
hoeft dr. gheh. sere. N. hovet draghe gh. sere (so *ontbr.*). D. geornet.

Dattet stinct voz Onsen Heere/

En schijnt oft hare verwoeghe.

Van comt een ries/ die tongheboeghe

1270 Op hare stet/ en wert bebaen/

En van herten so ontbaen/

Dat hi ziele en lijf verliest/

Entie doot daer omme kiest.

Van der .C. neemt hier ende;

1275 Hoozt wat van der .D. ic u sende.

Dama es een dier dat so heet/

(En) also groot alse es die gheet/

En starc na siere grote bozen.

Het heeft seere starc den hozen.

1280 Nauwe rieket en es snel/

En can sijn leben hoeden wel.

Sine hozne twee voete lanc :

Opwaert recht es haer ganc/

En ghespleten daer si staen/

Vs. 1267. B. stinc (*of* scinc?). N. Dat scint voer Gode Onsen Here. H. Dat stinct.
D.V. Dat het stinket (stijnct voir). | 1268. H. oft har verwoghe. B. haer verwoge.
N. verwoghe. D. scinct offet. V. Ende. | 1269. B. Soe comt — tongevoge. N. Dat
comt — tonghevoughe. D. So comet en r. V. So c. | 1270. H. Op haer. N. Up haer—
wort. D. Up hare s. end werdet ghevaen. V. wort ghevaen. | 1271. H.V. van herten
also ghedaen (ondaen). N. van h. al so onghedaen. D. ondaen. | 1272. H. ziele. B. ver-
lijst. D. siele ende lijf verlieset. V. verlieset. | 1273. B. En die doet d. ombe kijst.
D. kieset. V. Ende die — kieset. | 1274. H. hijr ende. N. neem h. ende. B.V. nemt
(neemt) hir ende. | 1275. B. Hort vort — sinde. H. Hoert wat ic v. d. D vinde. N. Hoort
wat ic — wende. V. Hort w. ic v. der .D. vort vende. | 1276. B. Danma *of* Damna.
H. Damma dats .I. d. dat also h. N. Damma es ene diere also h. V. Damma een d.
dat also heet. | 1277. B. En. H. En is van der grote eenre cleenre gheet. N. En es
van der groet ere cleenre gh. V. Es van der grote dat ene gh. | 1278. H.N. En starc
van sire. V. Ende st. B. En es. | 1279. H. En heeft. V. hevet. | 1280. B. riekende
en het es. H. ruket. V. riecthet en het es. | 1281. H. En et can. N.V. En het c. |
1282. N. Siin hoerne — vote. V. hoorne. | 1283. B. Opwert hevet sinen g. N. Upw.—
hare. V. Upwert. | 1284. B. gesleten — staen (*eerst* gaen). V. Ende gheslepen.

1285 Alse eens menschen hande ontdaen.

Dammula/ over dat ict hilt/
Es in dietsch een damwilt/
Eñ es een blode dier eñ cranc/
Daer een poëte dus af sanc:
1290 « Die ever weert hem metten tanden/
Die hert met hoernen ieghen bianden;
Maer damwilt es niet el/
Van proye den dieren fel. »
Dese beesten si bedieden
1295 Die ghemeinte van den lieden/
Die proye sijn der hogher heeren:
Waer so si henen keeren/
Alle die heeren op hem gapen/
Beide ridders eñ knapen.

1300 Duran/ spreect Aristotiles/
Dat ene wreede beeste es/
Utermaten starc eñ snel.
Alse hem die iaghers sijn te fel/

Vs. 1285. H. ondaen. N. Als eens m. handen. B. een minsche de hande ondaen. V. Als een menschen hant ondaen. | 1286. N. Damula als over dat. *In* V. *van de eerste hand* Dammala. | 1287. B. Es in dichs een danwilt. H. Eñ mi dochte, so ist dam wilt. N. Eñ mi dochte so eest dan wilt. V. Ende mi dochte so ist dauwilt. | 1288. B. Eñ es een blode eñ cranc. N. een bl. diere ene cr. V. Ende es een bloot dier. | 1289. B. dos af s. H. die poëte. N. die p. dus of zanc. V. aldus of s. | 1290. N. wreect. V. hever. | 1291. B. metten horne sinen v. H. mit hoernen. V. met hornen sinen v. | 1292. B. dan welt. N. dan wilt. V. Maer dat danwilt. | 1293. B. proie van dieren. N.V. proyen der (des) dieren. | 1294. H.N. si *ontbr.* V. die bed. | 1295. H. De ghemeente. N.V. ghemeente. | 1296. B. proyen s. d. horiger h. N. proyen. V. proien s. dier ogher h. | 1297. B. Waer dat si hen bekeren. H. si hem keren. V. So waer dat si hem ene k. | 1298. N.V. up hem. | 1299. N. Bede rudders eñ papen. V. Bede ridders ende. | 1300. B. Duram. N. seit Ar. V. spreict. | 1301. B. vremde. H.N. vreemde. *Hier eindigt het Nijmeegsche fragment.* V. wrede. | 1302. V. ende. | 1303. H.V. Als.

Eñ sijt moede hebben gheiaghet/

1305 So dat hem sijns selfs wanhaghet/

Eñ ducht tontgane haer strec:

Het werpt ute sinen bzer

Ieghen die honde die hem volghen/

Eñ het maertse so verbolghen

1310 Met stere onreine lucht/

Dattet ontgaet metter vlucht.

NArus/ wanic/ dats die das/

Die selben meerre ghesien was

Van die vos/ eñ cozte been/

1315 Eñ alle biere niet ober een;

Want coztst sijn si ter luchter siden;

Daer omme soect hi vlucht ter liden

Emmer in die waghen slaghen/

Welctijt so hi hem hoozt iaghen:

1320 Hi set die rechter been int bal/

Eñ die luchtere boben al.

Dat bel heeft hi dicke eñ hart/

Eñ ghebarwet ten graeuwen wart.

Sijn smeere wast eñ waent

Vs. 1304. B. mode. V. Ende. | 1305. V. sijn sels. | 1306. B. Pinset sus tongane tstrect. H. tongane. V. Penset dus tonganc hare strec. | 1307. B Eñ het werpt ut. H. Eñ warpt wt. V. Het werpet. | 1309. B. maecse. H. Eñ maecse (sonder het). V. Ende maectse. | 1310. B. locht. | 1311. B. ongaet—vlocht. V. Dat het. | 1312. B. van de eerste hand : die vos. H.V. een das. | 1313. H.V. meere. | 1314. V. ende corte. | 1315. V. Ende alle. | 1316. B. corst. H. cort — side. V. corst — side. | 1317. B. Eñ daer ombe. H. daer om — lide. V. Eñ d. o. soecti vl. t. lide. | 1318. B. Ember. V. in der waghen. | 1319. B. Weltijt —hort. H. Welketijt. V. Sulke tijt als bi h. | 1320. H. Eñ set. V. Ende set d. rechtere beene. | 1321. B. van de eerste hand : over al. V. Ende die. | 1322. H. Tfel. V. Eñ dat v. heefti dicke gheaert (d. i. ghehaert). B. heft hi. | 1323. H. grawe. B grawen. V. ghevaerwet t. graw. | 1324. E. Des das smere. V. Sijn smare dat w.

1325 Metter mane in elke maent;
    Ja / slaet menne alse die mane es niet /
    Datmer gheen smeere in en siet.
    Men maect salve van sinen smare
    Jeghen quetsinghe / goet eñ mare;
1330 Eñ sijn smeere es gang mede
    Jeghen messelike siechede;
    Eñ dit es dat te wonderne schijnt /
    Want sine bete es ghevenijnt;
    Maer die redene diemer toe ghevet /
1335 Dats dat hi bi wormen levet
    Die ghevenijnt sijn / eñ bi slanghen :
    Hier af moetent sine tande ontfanghen.
      Esculapius / die vroet was /
    Hi bescrivet dus van den das :
1340 Bestrijct den ghenen hare lede
    Metten smeere / die hebben den rede /
    Hem wert te bat in haren noden.
    Sine hersenen in olien ghesoden /
    Dit doet al evel ghenesen

Vs. 1325. E. Met der mane. | 1326. E. Ia slaetmen a. de m. B. slamenne. H. sla-
men als die mane niet. V. slaetmene als. | 1327. E. smeer. H. inne siet. V. Datmenre
gh. smaer in siet. | 1328. H. smaere. | 1329. B. maere. H. quessinghe. | 1330. V. Ende
sijn smare so g. | 1331. E. mislike. B. messelijc. H. meslike. *De regels 1332-1333
stonden in al mijne HSS. na 1334-1335; ik heb ze op eigen gezag verplaetst.*
| 1332. E. Eñ dats dat. H. datte w. | 1333. E. siin bete. H.V. Dat sine bete is (es).
B. beete. | 1334. E. die mer toe geeft : leeft. H. to gheeft : leeft. | 1335. B. bi vro-
men. | 1337. H. Daer of moeten si tande ontfanghen B. moet hi sine spise ontfan-
gen. V. Daer of m. | 1338. B. Eeculalius. V. Esculatus. | 1339. E. Hi scrijft dies.
H. Scrijft aldus (Hi *ontbr.*). V. Die scrivet aldus. | 1340. E. haer. H. har. V. Bestrijt
den ghonen. | 1341. V. Met dat smare. | 1342. E. in hare noeden. H. te bet in haren
ouden. B. in har lede noden, *maer lede schijnt met een schrabbetje doorgehaeld;
elders, als boven, vs. 1284, geschiedt dit door onderstipping, gewis van des af-
schrijvers eigen hand.* V. wort te bet in haren noden. | 1343. E. olie. H. hersen
in oli ghehouden. V. Sijn hersene in olie wel gh. | 1344. H. Dit *ontbr.* B.E. Die doet.

1345 Dat aen smenschen scamenesse mach wesen.

Sijn bloet / eñ sout daer mede /

Gestreken an des menschen lede /

Bescermt drie daghe den man /

Dat hem gheene mortplaghe comt an.

1350 Daer toe mede sine hoden

In honeghe wel ghesoden /

Eñ nuchterne gheten dan /

Gheven macht den vercouden man /

Dat hi drie daghe daer na wel

1355 Pleghen mach der vrouwen spel.

Van der .V. segghic nemmee ;

Nu hoort voort van der .E.

ELephas es die olifant /

In dietsche elpendier ghenant :

1360 Een dier groot eñ stranc ;

Ter mulen hanct hem een snabel lanc /

Die groot es / eñ daer hi mede

Doet al sine besichede ;

Eñ des snabels heeft hi noot ;

1365 Want die beeste es hoghe eñ groot /

Eñ en mach hem niet ter eerden boghen :

Vs. 1345. H. Dat an mensche scamenes. B. Die ans m. sc. mah w. V. Dat mach ans smenschen sc. w. | 1346. E. zout. B. soud. H. Dat bl. | 1347. E. Gestrueken. B. Gesterken. H. smenschen. | 1349. E. hem gene pl. B. geenne pl. (mort of moert ontbr.). | 1350. V. sijn hoden. | 1351. E. gesoden. H.V. honighe. | 1352. H. nuchteren. V. Ende nuchtere. | 1353. E. vercoudden. H. den ouden man. V. Gheven mach den couden. | 1354. E. darna. H. daer na mach wel Pleghen der vr. spel. | 1356. V. en segghic nemme. H. niet me. | 1357. H.V. Voert (Vort) suldi horen. | 1358. B. Elaphas. H. dats die oliph. V. dats dol. | 1359. B. In dietsch. V.H. In dietsche ist. | 1360. H.V. Een dier is (es) groot. | 1361. B. hanc hem. V. mule hangt hem enen snavel. | 1363. B. besethede (sic). V. alle sine. | 1364. B. heft hi noet : groet. | 1365. V. hooch eñ groot. | 1366. H. Eñ mach — boeghen. V. Eñ ne mach hem niet ter erden boghen.

Anders ne mochte hi niet gheboghen

Hem te voedene in gheerre wise :

Hi neemter met dranc eñ spise/

1370 Eñ doeter mede in sinen mont.

Jacob van Vitri maect ons cont/

Dat sire mede in wighe slaen

Hare viande eñ vaen;

Want si goet in wighe sijn eñ stout/

1375 Eñ oec haren partien hout.

Coghet men hem rooden wijn ofte bloet/

Daer af wast hem haer moet.

Die Persine eñ die van Inden

Sijn die hem vechtens onderwinden

1380 Metten beesten/ eñ doenre op dan

In enen casteel wel .X. man/

Eñ doerbreker mede die scaren:

Daer mach niet wederstaen twaren.

Haer luut/ hi es so swaer/

1385 Dat hi elken man ghedet vaer.

Langhe tande heeft telpendier/

Ute raghende/ lesen wi hier/

Vs. 1367-1368. H.

Anders en conde hi niet van hoghen
Hem ghevoeden in ghere wise.

V. Anders no condi; *de rest als* H | 1369. B.V. nemter. H. neemt daer. | 1370. H.V. doet daer m. | 1372. H. sier m. | 1373. B. Har. V. Ende. | 1374. H.V. Want si sijn goet in w. eñ. | 1375. H. oec *ontbr.* V. Ende hare (= haerre). | 1376. B. Toegenmen. H. Toeghemen h. rode w. eñ bl. V. root w. of bl. | 1377. H. Zo wast hem har m. V. So wast h. daer bi die moet. | 1378. H. Die Persen entie. V. Persiene ende d. v. Hinden. | 1379. B. ondewinden. | 1380. B. Met b. en doere op. V. Met dien b. eñ d. up. | 1382. V. Ende doorbrekenre m. | 1383. B. mach *ontbr.* H. te waren. V. Daer en mach n. ieghen st. te w. | 1384. H. bi *ontbr.* V. Haer luud dat es. | 1385. H. Dat elken mensche g. v. V. Dat elken man. | 1386. E. telpen d. B. telpen d. H. hevet dit dier. V. hevet thelpin dier. | 1387. B. lesewi. H. W'te ragh. wi lesent hijr.

Crom boven/ lanc .ЯЯ. cubitus.

Van desen tanden maect men dus

1390 Medicine goede eñ diere:

Te pulvere bernt mense in biere.

Dat pulver stopt der nesen bloet;

Menisoen stoppet metter spoet;

Menstrua eñ hemoroyde

1395 Stoppen niewer mede mee.

Dat moet men dzinken eñ ghereiden

Met sope van weghebreiden.

Dese tant es yvoze fijn/

Dat dandze alle niet en sijn/

1400 No so goet/ no so diere.

Der hie tande/ dats hare maniere/

Sijn crom boven/ eñ der soe recht:

Die cromme sijn die meertste echt.

Eñ men leest in ouden boeken/

1405 Dat mense dus can vanghen eñ soeken:

Twee maechde gaen in die woestine

Naect/ daer si pleghen te sine;

Vs. 1388. B. cupidus. | 1389. B. Van den tanden maecmen. E. tande. | 1390. E. goet. H. goet. V. goet ende d. | 1391. B.E. Te pulvere bermense. H. ghebernt. V. berrent-mense. | 1392. E. pulver *ontbr.* H. polver. V. stopt ter nosen bl. | 1393. E. Menison. H. Meynsoen st. mitter sp. V. Tmenisoen stopt het. | 1394. B. Menstrua een moroyde. E. eñ moroyde. H.V. emoroyde. | 1395. H. Ne stoppet me veroyde (*sic*). V. Ne stoppen nieuweroyde (*sic*). B. me. | 1396. H.V. ghereden. | 1397. £. wegebreiden, *maer de* i *is onderstipt.* H.V. Mit sape v. weghebreden. | 1398. E. yvorien fiin. H.V. Dese tande dats yvoer (yvor). | 1399. E. dander. H. Dandre bene niet (Dat *ontbr.*). V. Dan-der beene die ne sijn. | 1400. E. so goet no soe d. H. So goet noch so diere. No, *in* 't begin, *ontbr.* V. Niet so g. no. | 1401. E.B. Der hi tande. H. Der hy tande es har manire; *met een punctum achter* hy. Ook V. Der hye. *Het woord* hie *staet dus in* 't meerv. | 1402. E. boven der s r. N. eñ onder so recht. | 1403. B. werste. H. sijn weerts echt. V. waertste. | 1404. H. leset. D. bouken : soeken. V. leset in houden bouken : soeken. | 1405. H. dus can vaen. B. dos. | 1406. H.D. Tve (Twe) maghede. *Voorts* D. *en* B. wostine. | 1407. B. Naecht. D. Naket dat si.

Deene baecht een bat in die baert/

Eñ bandze een fcarp fwaert;

1410 Soete finghende gaen fi boozt.

Alfe bolifant bat hoozt/

Comt hire toe ghelopen ban/

Eñ alfi fiet die maerhde an

(Natuurlije mint hi fuberhede)/

1415 So leet hi die fuber lede/

Hare boofte eñ haer lijf al bloot:

So heeft hire in ghenoerhte groot/

Dat hi baer flaept metter baert.

Die ene ioncfroume heeft bat fwaert/

1420 Eñ wontene int lijf metter fpoet;

Die andre ioncfroume ontfaet bat bloet:

Eñ dus bliuet bat bier boot.

Men baruwet metten bloede root

Purpure/ die roninghe bzaghen/

1425 Dus hooz ic ben boeken ghewaghen.

Vs. 1408. H. Deen draghet. B. dracht en v. in d. vart : swart. D. Deene draghet en v. ande vart. V. Die ene draghet een v. an die v. | 1409. H. Eñ die ander een naect svaert. D. en sc. suard. V. Eñ die ander draecht een zw. | 1410. H. Eñ singh. g. si dan voert. B.D. vort. V. Lude singh. g. si vort. | 1411. H. Eñ als die olif. dit hoert. D. Als die die ol. verhort. V. Als dolif. d. verhort. | 1412. B. Comt hi toe. H. Coemt hire to. D. Comti toe. | 1413. H. de magheden an. D. maghede. V. als hi s. den magheden an. | 1414. H. Natuurlike. B. Naturl. mijnt hi. D. Naturlike minti. V. Natuerlike minnet. | 1415. B. lecht — suverhede. H. lecht. D. lecti die reine l. V. zuvre. | 1416. D. burste end.hare lijf bloet. V. abbloot (sic). | 1417. H. hier. B. genoecte. D. heeftire in gnoechte groot. V. hevet—ghenouchte. | 1418. H. daer ontbr. B.D. vart. V. Dat hi wort slapende m. v. | 1419. H.V. Die ioncfr. heeft tsvaert (bevet zwaert). D. Dene j. neemt d. swart. | 1420. H. Eñ steecten int lijf mitter. | D. wonten dar metter sp. Ook B. laet int lijf achter. V. Si steectene int l. | 1421. H. Entie andre ontf. dbloet. D. Dandre j. ontvaet bloet. V. Ende die ander ontf. | 1422. B. blijft dat edel d. d. H. Eñ ontbr. D. dat edel dier. V. Eñ dat dier blivet dus d. | 1423. H. verwet mitten. D. varwet mettien. V. verwet. | 1424. H. Purpre de c. draghen. V. Purpere. | 1425. H. horic den boken. D. horic in den boeke gwaghen. V. Dit horic den boeken ghewaghen.

Dit bloet bediet dat soete bloet/

Dat ute Jhesus siden woet;

Die twee ioncfrouwen bedieden

Twee wette/ twee manieren van lieden/

1430 Dats doude eñ die nieuwe wet/

Daer Joden eñ Kerstine in sijn ghuset.

Synagoga/ der Joden ioncfroume/

Die bose was eñ onghetroume/

Dat es die Jhesus side ondoet;

1435 Ecclesia ontfaet dat bloet

In den kelc opten outare;

Dat soete vlies/ dat purper clare

Van Jhesus was ghevarewet daer mede

Met uutnemender sierhede;

1440 Dies singhet die bruut in haren sanc:

« Mijn lief es wit eñ root ghemanc/

Van dusentech uutvercozen. »

Voort selvi die materie hozen/

Hoe men temt dat elpendier;

1445 Dat vindi bescreven hier

Also alst die glose seghet/

Vs. 1427. B. woeet. H.D. J. (Jesu) side. | 1428. B.V. ionfr. | 1429. H. eñ .II. manire. | 1430. H. entie niwe. B. neuwe. D. ente niewe. V. douwe entie niewe. | 1431. H. Der J. en Kerstijn sijn gh. D. Dar Jueden end K. sijn gset. V. Karstine. | 1432. H. Sinag. B. dat Jod. D. Jued. V. Synagoghe | 1433. D. onghetroue. | 1434. H. Dats—ondoet. B. Jh. ondoet (side *ontbr.*). D. Jesu side ond. V. datsi die Jh. s. ond. | 1435. V. Eccl. die ontf. | 1436. B. ceelc. H. outaer. D. keelct up den. V. In den kelect up den altaer. | 1437. B. vlesch. H. vel van purper claer. D. vleesch d. purpur. V. soete vel, dat purpere. | 1438. B. Want Jh. D. Want J. waser gverwet m. H. gheverwet. V. ghevarwet. | 1439. B. utnem. H. Mit wtnem. ghirichede. D. ute nemender sierede. V. chierhede.¶1440. H. Des singhet. B. sinct d. brut in hare. D. Dis singt d. brud.|1441. B. lijf es wijt. D. roet gmanc. V. is. | 1442. H. Van dusent. B. dusentecht ut verc. D. Van ar (?.M.) ute v. V. Van .M. uut v. | 1443. H.V. suldi. | 1444. B. timt. H. temmet dat dier. V. temmet. | 1445. B. vinde wi bescr. | 1446. B. seegt : leegt. V. als die gl.

Die op die brane Bible legget:

Alse dolifant es ghebaen

Metten engienen diere toe gheftaen /

1450 So blouwetten feere eñ ftaet

Die / in wies bedwanghe hi ftaet.

So comter toe een ander faen /

Die dat dier hem wil doen onberdaen /

Eñ berfteertene ban den biere.

1455 Van es die beefte fo goedertiere /

Dat foe den ghenen doet fulke eere /

Diefe quitet ban den feere /

Dat foe hem blijft onberdaen.

Dit foude elc menfche berftaen /

1460 Eñ Gode danken / diene ontdant

Van den eubeliken biant.

Cuffchen telpendier enten brake

So es ban nide ene fake /

Die nemmermeer ftaet in breden.

1465 Die brake es groot eñ ftarc ban leden /

Eñ iaghet die diere / te waren /

Daer fi te gadre gaen in fraren /

Eñ cnoopt hem omme de boete den ftaert;

Vs. 1447. H. fraye. V. In die vraie. | 1448. H. Als die ol. is. V. Als. | 1449. H. Men
en ghene d. t. staen. B. Metten eigenen. V. Met engiene. V. Met engiene d. t. staen.
| 1450. B. So blumen even hont eñ sl. (*bedorven uit :* So blu(wt) menne eñ houwt
eñ sl.). H. blowetten. V. So bloutene sere ende sl. | 1451. B.H. hi *ontbr.* V. In wies
(Die *ontbr.*). | 1452. Comt toe. | 1453. B. Eñ dan wilt dat dier sijn ond. V. Die dier
hem wille doen o. | 1454. B. Eñ men verst. H Eñ versteken dan van d. d. V. verscrec-
kene. | 1455. V. So es die b. | 1456. B. den geven d. grote ere. H. Dat si. V. Dat si
den gh. | 1457. B. Dise quijt. H. De si quite. V. quite. | 1458. H. Dat si. V. Dat si h.
blivet. | 1460. V. Ende. | 1461. H.V. ew. | 1462. H. enten dr. B. eñ drake. V. telpin d.
enten dr. | 1463. H. eñ sake (*sic*). V. nijde. | 1464. H. De nemmer st. V. nemmermee
ne st. | 1465. B. starc eñ groet. | 1466. H. de dire te samen. V. laghet. | 1467. H.te sa-
men g. mit sc. V. te gader. | 1468. H. coemt h. om den voet d. stert. V. om die v. d. st.

Eñ dat ontrnoopt metter vaert

1470 Met sinen snabele die olifant.

So vaert hem die brake thant

In doghen eñ in die nesegate;

Want daer en mach hi gheene bate

Hem selven metten snabele doen:

1475 So sughet ute die bragoen

Van den elpenbiere bbloet.

Plinius seghet / alse die was broet /

Dat die brake es so groot een dier /

Dat bloet van den elpendier

1480 Hem lettel ghenoech es tenen toghe.

Die brake wert des bloets in hoghe /

Eñ wert bronken an dien branc /

Eñ die olifant wert so cranc /

Dat hi moet vallen dor die noot /

1485 Eñ valt somwile den brake doot.

Nu hoort met welkerhande sake

Dolifant belaghen den brake:

Si merken nauwe seere die stede

Waer die braken slapen mede /

1490 Eest onder roke ofte onder boom;

Vs. 1469. H. Eñ ondoet dat mitter v. V. ondoet dan m. vaert. | 1470. H. Mit s. snavel den ol. | 1471. V. die dr. in hant. | 1472. H. In oghen eñ in nesegaten. V. In oghen ende in nose g. | 1473. H. Want daer bi mach gh. baten. V. Want daer ne mach hi. B. Want en maget. | 1475. H. dracoen. | 1476. H.V. elpendier (elpin diere) dat bl. | 1477. H.V. als die. | 1478. H. Dattie dr. is so groten dier. B. es also g. | 1479. V. Dat al tbloet. | 1480. Lettel gnoch es terretoege. (Hem *ontbr.*). V. luttel ghenouch es tere tueghe. | 1481. H.V. Des (Dies) dranes wort die drake in hogbe (an hueghe). | 1482. H. an den dr. V. Eñ wort dronkich an. | 1483. H.V. Eñtie (Ende die) ol. w. (wort) cranc (so *ontbr. in beide*). | 1484. Eñ moet v. V. Eñ moet v. d. dien n. | 1485. B. den andren d. V. Eñ vallet. | 1486. H. mit wilkerande saken. V. wilkerande. | 1487. H. Die ol. belaghet d. draken. V. belaghet. | 1488. H. sere nauwe. V. marken s. nauwe. | 1490. B. roeke. H. roche eñ boem. V. Ist o. roetse, ist o. boom.

Eñ dan nemen si nauwen goom

Dat si op hem vellen een last.

Dese strijt es euwelike vast :

Daer si die serpente begaen /

1495 Si verteerense eñ verslaen.

    Aristotiles scrijft te waren /

Alse die soen sijn van tien iaren /

Eñ van vijf iaren die hien /

Dat si dan notens plien.

1500 Twee iaer noten si achter een /

Elcs iaers in baghen tween /

Eñ oer nemmeer in elc iaer.

Scramenesse hebben si eñ vaer /

Eñ noten heimelike / twaren /

1505 Noch keeren niet te haren scaren /

Eer si ghedweghen na hare maniere

Sijn in lopende riviere.

Si en striden niet om hare soen /

Want si gheen overspel en doen.

1510   Mensche nu merke hovesche manieren

Vs. 1491 H. nauwen *ontbr.* V. nauwe. | 1492. H. den last. V. up h. v. die last.
| 1493. V. ewelijc. H. is ew. | 1494. de serp. | 1495. H. Si verteren si. V. Si ver-
taertsi ende v. B. verterense (*liever* verterdense). | 1496. H.V. scrivet. | 1497. B. van
haren i. H. Als die sone van .X. i. V. Als die suen sijn. | 1498. H. de hyen. V. Eñ
die hyen van vijf jaren (*sic, door den afschrijver bedorven*). | 1499. V. noten pl. |
1500. V. nooten. B. noeten. | 1501. H. Eñ elcs — tveen. V. Eñ elxs iaers. | 1502-
1503. H.V.

               Eñ in elc iaer niemere (nemmere).
               Mensche scaemdi der onnere.

| 1504. H.V. note h. te waren. B. noeten. | 1505. B. kiren. H.V. Noch en kere (ne
keeren) niet te (ten) scaren. *Het teeken der n van tē schijnt in* V. *door later hand
bijgedaen.* | 1506. B. manieren. H. Eer ghetoghen na. V. gedoghen na h. manie-
ren. | 1507. V. rivieren. | 1508. H. Sine str. n. o. haer s. V. Sine stride n. om h' soen.
| 1509. B. en *ontbr.* V. ne doen. | 1510. H. Mensche merc hoefsche manire. V. marc
hovessche maniere. B. maniren, *naer gewoonte.*

An dese stomme dulle dieren.

   Alst noten deen ridet danderen/
  Eñ die moeder moet wanderen
  Twee iare omme met haerre bꝛacht/
1515 Eer hare daer af wert ghesacht;
  Eñ dan gaet soe in bꝛoeken
  Hare bꝛucht te werpene soeken;
  Want viel soe op deerde/ sonder waen/
  Nemmermeer mochtse op staen;
1520 Eñ some doen si alte handen
  Hare calvere op eilanden :
  Eñ dat es om die sake/
  Dat si ontsien den bꝛake;
  Eñ emmer alsi calven sal/
1525 So es die hi bi hare dan al.
  Solinus/ die meester ghewaghet/
  Dat dolifant maer eens en bꝛaghet;
  Maer hets onderbonden dat ic scrive :
  Hi bꝛaghet vier warf ofte vive.
1530 Siet hi die muus/ hi es versaghet
  Eñ vliet ofte hi ware geiaghet/

Vs. 1511. H. Na d. stumme dulle dire. | 1512. B. rijd-
det. H. deen tijt (sic) den anderen. V. rijt den andren. | 1513. H. Entie. B. wandren.
V. die moeder die moet. | 1514. H. Tve iaer omme mit hare. B. ombe. V. Twee iaer
omme mit. | 1515. H. Eer har. V. Eer haer daer of wort. | 1516. H. gaet si in bruken.
V. Ende dan so gaet soe. | 1517. H. Haere vr. te warpene suken. | 1518. H. vielt op
deerde. V. vellet up die eerde. | 1519. B. Nemb. mochse. H. Numm. mocht op. V. Nem-
mermee ne mocht op st. | 1520. H. alrehanden. V. alle te h. | 1521. H. in eyl. V. in
heylanden. | 1522. H. Dat es al om de saken. V. Eñ dat es alle die sake. | 1523. H.V. Om
dat si onts. die draken (den drake). | 1524. B. ember. V. alsoe calven. | 1525. V. die
hye. H. de bi bi hare al. | 1526. H. de meester. | 1527. H. Dattie olifant mer. V. w'
(= waer) eens ne draghet. | 1528. H. *heeft dit en de drie volgende verzen niet;
de gelijkheid der rijmwoorden is alleen daer oorzaek van geweest.* V. hets bevon-
den. | 1529. B. driewarf ofte wive (sic). V. .IIII. waerf ofte v. | 1530 B. mus. V. mues.
| 1531. V. Eñ hi vl. of hi w. veriaghet.

Eñ dit es te wonderne seere.

Wonderlike bestu / God Heere /

In al dinen werken ghemeine /

1535 Weder si sijn groot ofte cleine :

Den olifant ontsiet dat paert /

Eñ hi es van der muus vervaert !

Si leven drie hondert iaer.

Troude dat es hem te swaer.

1540 Tam olifant nighet den coninc :

Eñ dits wonderlike dinc.

Alse telpendier rusten sal /

Sittet op sijn inde al /

Die vorste voete staende recht /

1545 Eñ an enen boom lenende echt /

Eñ alst dzeert / vallen si neder /

Eñ dan esser gheen opstaen weder.

Eñ somwile nemens iaghers goom /

Die ontwee saghen den boom :

1550 Dan dzieschet seere eñ mesbaert ;

Dan comen dandze daerwaert /

Eñ mesbaren eñ onthoghen /

Alst hem niet ghehelpen moghen.

Vs. 1532. H. is — sere : Here. B. sere : Here. | 1533. H. Wonderlic bistu. V. Won-
derlijc. | 1534. H. werke ghemene. V. ghewerke ghemeene. | 1535. H. of clene.
V. Weder sijn si groot so cleene. | 1536. H. tpaert. V. Die olifant. | 1537. B. mus
vervart. H. hi is vander mws vervart. V. Ende hi es v. d. mus. | 1539. H. dats hem te
suaer. V. Ende dat es hem. B. hen. | 1540. V. conijnc. | 1541. V. Ende dit es. |
1542. H. Als die olifant r. s. V. Als telpin dier. B. telpen dier. | 1543. H. Sit hi op s.
ende. B. Settet. V. up sinen ende. | 1544. H. vorste v. been st. r. | 1545. V. Ende. |
1546. B. brecht. H. si vallen n. V. Ende als si breken si vallen n. | 1547. B. gheen *ontbr.*
H. Dan es gh. (Eñ *ontbr.*). V. Eñ *ontbr. ; voorts* upst. | 1548. B. nemen iag. goem.
H. iagher goom. | 1549. H. ontvie. V. Die oec ontwee. | 1550. H. breyscht. V. Danne
briescht hi sere. | 1551. V. Danne c. d. dare w. H. darwart. B. darwart. | 1552. B. mes-
hoghen. V. onthueghen. | 1553. H. Eñ alsi h. n. helpen en m. V. hem helpen niene m.

Somwile helpen hem die cleene

1555 Met snabele eñ met live ghemeene/

So dat opcomt eñ vliet;

Eñ alse hem dat niet ghesciet/

So blijft hi van den man ghevaen.

Alle vier sine voete staen

1560 Alse paste/ sonder knien :

Bedi en mach hem niet ghescien/

Valt hi/ dat hi iet opcomen mach.

Die wint es hem een swaer slach;

Eñ alle elpendiere die sijn/

1565 Drinken alle gheerne wijn.

Si wassen tote .XL. iaren.

Nivtere minnen si te waren.

Equus es in latijn dat paert/

Eñ es ene beeste waert/

1570 Die men in menech lantscap vint;

Maer die beste die men kint/

Die sijn in Cappadocia/

Eñ int lant van Scycia.

Die thooft diepst int water steken

Vs. 1554. V. cleine : ghemeine. B.H. clene : gemene. | 1555. H.V. snavelen. | 1556. H. V. dat hi op coemt (up comt). | 1557. H. Eñ als hem niet en sciet. V. Ende als hem dat niene gh. | 1558. H. So moethi bliven ghev. V. So blivet hi. | 1559. B. sine viere voete. | 1560. V. Als. | 1561. H. Want en mach. V. Bedi ne mach. B. Bedie mach. | 1562. H. iet *ontbr.* V. Vallet hi dat hi up c. m. | 1563. B. swar. | 1564. H. alle oli- fante de sijn. V. elpin diere. B. elpen d. | 1565. H. De drinken gaerne w. V. Drinken dor ghaerne (*sic*) w. | 1566. H.V. tot. | 1567. H. Riviren — twaren. V. Rivieren. | 1568. B. Equs. H. heet in latine een peert: weert. V. heet in latijn. | 1570. B. lant vint. V. Datmen in menich lantsc. vint. | 1571. V. beeste (*de tweede e is onderstipt*) diemen vint (*sic*). | 1572. H.V. Capadocia. B. Capidocia. | 1573. B. Sycia. H. Sicia. V.Ende — Scicilia (*sic, maer de eerste pennetrek was* Scicia *geweest; de zelfde hand veranderde het met bleekeren inkt.*) | 1574. B. thoeft dipe. V. thovet.

1575 Hout men ouer best / horic spreken.

Den wilden paerden / wil men wanen /

Snide men hem af die manen /

Dat hem die luxurie ontfaert /

Om datse dat haer verhovaert.

1580 Dit selve bint men an die wijf /

Die hen verheffen in haer lijf

Om haer haer scone eñ lanc.

Int lant van Scycien eñ oec ghemanc

In Cappadocia / sonder waen /

1585 Spreect men dat die merien ontfaen

Van den winde; maer / ouer waer /

So en leven si maer drie iaer.

Alse tpaert es out drie iaer of twee /

So notet; maer nemmermee

1590 Ne diet dat si tilike winnen.

Tote .XX. iaren / wil men kinnen /

Es haer noten wel in den tijt.

Dat paert notet eñ rijt

Al tote sinen .XXX. iaren /

1595 Eñ die merie tote .XX. twaren.

.XXXV. iaer es des paerts lijf /

Vs. 1575. H. Houtm. vor b., hor wi B. Houdm. V. Houtmen over b., dat horic sp. | 1576 B. Die welde parde woude tammen. H. peerde., V. Den wilen, *met nog eene e later voor de l bijgevoegd*: wielen(*sic!*). | 1577. B. Men snide h. V. Ist datmen of snijt die m. *Op den kant staet nog van later hand* bem *als tusschen* datmen en of te plaetsen. | 1578. B. Om dat h. d. l. ontfart. | 1579. B. Eñ dasse. H. Om datsi thaer. | 1580. B. selve *ontbr*. | 1581. H. Die hem v. in dat lijf. V. Die hem. B. hen, *wat ik hier behield*. | 1582. B.H. har haer. V. scoen. | 1583. B. Siteen. H. Sycen oec gh. V. Siten. | 1584. V. Int Capadoc. | 1585. B. marien. H. Seytmen. | 1586. B. maer *ontbr*. H. meer, *met de eerste e onderstipt*. | 1587. V. Sone leven. | 1588. B. drie iar ofte. V. Alst tpaert es hout. | 1589. H. So noetmer nimmermee. | 1590. H. Dyet dat si tijtlike w. B. si *ontbr*. V. Ne dyet. | 1591. H. Tote .XXX. | 1592. H. wel in tijt. V. in die tijt. | 1593. B. paerd noetet. H. Tpaert. V. noot ende. | 1594. Al *ontbr*. | 1595. B. tote .XL. H. tot .XL. V. tot .XL. te w. | 1596. H. es speerts l. B. pardes lijf. V. dats paerts.

Eñ .XL. so leeft sijn wijf.

Maer men seght dat in Sicilen

Een paert leeft .LXX. iaer bi wilen.

1600 Noch seit men / dat die paerde daer

Leven also menech iaer /

Op dat paert van danen si.

Tselve seit men van Persi.

Die spaensche paerde entie van Gallen

1605 Leven onlanghe / hoozwi callen.

In paerden meest / boven allen dieren /

Mach men merken hare manieren /

Hoedane wijs si sijn ghesinnet;

Eñ dats an bozen dat men kinnet

1610 Hoet hem van moede mach staen :

Sijn si vermoeyt / si latense gaen;

Sijn si gram / si legghense an thooft;

Sijn si vervaert / dies ghelooft /

Si rechtense bozweert weder;

1615 Eñ sijn si sier / si legghense neder.

Isidozus seght dat dat paert

Vier poente moet hebben / salt sijn waert:

Vs. 1597. H. Eñ .XL. iaer leeft har wijf. *Ook in* B. har. *Ik schreef* sijn. V. Eñ .XL. iaer so levet haer wijf. | 1598. H. Mer m. seghet — Cicilien. B. Cesilen. V. seicht d. in Cysilen. | 1599. H. peert leeft. .XL. B. part levede .LXX. iar bi wilen. V. levede .LXX. iaer wilen (bi *ontbr.*). | 1600. B. seidemen. H. seghemen dattie peerde. V. Seghet men. | 1601. H. mēnich. V. menich. | 1602. B. part. v. danen sijn. V. Updat dat p. van dane si. | 1603. B. seidemen van Persijn. H. seghemen. V. Dat selve seghet men. | 1604. B. entie *ontbreekt.* H. peerde. | 1605. B.V. onlange met allen. | 1607. H. har maniren. V. marken | 1609. B. dat mense k. V. datmen k. | 1610. V. Hoe hem. | 1611. B. vermoeit. H. vermoyt si lat. g. V. vermoeit si laetse g. | 1612. H. legghens ant hoeft. V. leggense an thovet. B. ant hoeft. | 1613. B. vervart. H.V. Eñ hebben *si* vaer, des (dies) gheloeft (ghelovet). | 1614. H.V. So recht sise vorwart (vorwaert) w. | 1615. V. Ende sijn si seer si legse neder. | 1616. H. Ysidorus seyt dat tpaert. V. Ysidorius seit. | 1617. H.V. pointe.

Scepenesse / doghet eñ scoenhede /
Die varuwe van den hare mede.

1620 Dits die scepenesse / nu merc:
Dat sijn lijf si hert eñ sterc /
Wel ghesonken langhe siden /
Hoghe gherugghet / recht int riden /
Ront / ghecloven over den stiet /

1625 Chel vet an die voete niet /
Hol eñ vast eñ dzoghe die hoeven;
Over al sijn lijf sal hem behoeven
Dat ront sal scinen sijn vel.

Sine doghet hoozt also wel:

1630 Dat si stout eñ niet en snede /
Eñ het metten leben veve:
Dit es een tekijn van crachte;
Eñ alst staet stille eñ sachte /
Dattet si te pozne goet;

1635 Eñ alse hem iet verhet die moet /
Dattet goet te houdene si /
Eñ saen ghefit sijn moet daer bi.

Die scoenheit pzijst men int ghemeine /
Dat hem si dat hooft cleine /

Vs. 1618. H. Sceppenisse. V. Sceppenesse, dueghet eñ sconede. | 1619. H. varwe.
B. den *ontbr.* V. Die vaerde. | 1620. H. Dit is de sceppenisse nu marc. V. maerc. |
1621. H. hart eñ starc. V. hart eñ staerc. | 1622. H. Wel ghesonken mit lanken s. |
1623. B. gerugt. V. Hoech gheriggbet. H. goet in sijn riden. | 1624. B. Ront geclo-
gen. H. Ront eñ clivende onder stiet. V. eñ clovende. | 1625. H. Eñ vet an die vote
n. V. Te vet. | 1626. H. hoven. V. Hol ende v. | 1627. H. sal men b. | 1628. H. ront
scine in s. v. V. ront scinende si sijn v. | 1629. H. bort alse. B.V. hort. | 1630. V. Dat
snel eñ stout si en niene sn. | 1631. H. Eñ dat metten. V. Ende metten leden leve. |
1632. H. Dats een teyken mit crachte. V. Dat es. | 1634. B. te pointe. V. Dat het si.
| 1635. H. Eñ als h. yet verblijt. V. als h. i. verhit. | 1636. H. Dat goet. V. Dat het
goet. | 1637. H.V. saen sijn moet ghesacht (ghesocht). | 1638. H. scoeneyt te prisene
int ghemene. V. sconeit — ghemeene. | 1639. H. thoeft clene. V. dat hovet clene.

1640 Droghe dat bel an die been /

Dozen cozt / scarp en cleen /

Groot boghen / die nosegate wijt /

De(n) hals opwaert talre tijt /

Dicke manen ende steert /

1645 Die voete ter rontheben weert;

Sine varuwe van den hare

Swart / segghet men dat best ware /

Root / ofte appelgraeu / ofte wit /

Andze varuwe danne dit /

1650 Es niet van der bester weerde.

Men vint dzierhande peerde :

Deen dat es tozloghen goet;

Een ander dat men riden moet

Elcs daghes na gheboech;

1655 Ent derde dat es goet ter ploech.

Men bant peerde in ouden tiden

Die hem niet en liten riden /

Van hem die teerst haer heere waert.

Also dede Julius Cesars paert /

1660 En des conincs paert van Scyten;

Vs. 1640. H. tsel an d. bene. V. Droghe eñ tvel an d. beene. | 1641. H. Die oren cort, scone eñ clene. V. Dhoren c. sc. ende clene. | 1642. B. Groet ogen, nesegaten w. H. Grote oghen. V. Grote oghen nose g. | 1644. B. eñ den st. H. eñ stert : wert. V. eñ start. | 1645. H. vote. B. ten ronsten. V. tot ronsten waert. | 1646. H.V. varwe. | 1647. B. Swaert. H. Svart. V. Swart dat seitmen dat. B. segemen. | 1648. H. Roet, appelgraeu of wit. B. appelvaer. V. Root of app. of w. | 1049. H. varwe dant dit ; *met eene stip onder de eerste* t. V. Anders varwe dan d. | 1650. B. werde : perde. H. waerde : paerde. V. Nes niet. | 1651. B. driehande. V. .III. rande. | 1652. H. Een is torl. V. Een dat es. | 1654. V. Elxs d. n. ghevouch. B. Elchs dages. | 1655. B. Eñ terde. H. dats nutte t. pl. V. Een ander dat nutte es ter plouch. | 1656. V. tijden. | 1657. B. rieden. H. hem niemen heten. V. hem niemene en l. r. | 1658. H.V. Dan die eerst. B. tierst — wart : part. | 1659. H. Alsulc was J. C. paert. V. Aldus was. | 1660. B. part van Citen. H. peert v. Siten. V. Citen.

Eñ in Alexanders liten

Was selc Bucifal sijn paert;

Doet starf/ had hijt also waert/

Dat hijt eerlijc graven dede/

1665 Eñ maecte in sine ere ene stede.

Oer waren selke paerde hier te voren/

Alsi haren heere verloren/

Dat si nemmermeer en aten;

Eñ oer weenende utermaten/

1670 Heeft men gheweten dat paert/

Daer sijn heere verslaghen waert.

Isidorus spreect eñ meent/

Dat sonder die mensche el niet weent.

Oer sijn peerde daer liede an sien

1675 Wat hem in wighe sal ghescien:

Sijn si droeve ofte vro/

Dat daer na die dinc comt so;

Dit vint men an sonderlinghe peerde.

Merien hebben selke weerde

1680 Deen op dander/ sterfter eene

In haer scare al ghemeene/

Dat dander ophouden hare vole:

Vs. 1661. H. in *ontbr.* | 1662. H. sulc—peert. B. part. V. sulc Busifal. | 1663. H. hijt so weert. B. wart. V. Doet starf doe haddijt so w. | 1664. H. eerlike. V. eerliken. | 1665. V. sijn ere. | 1666. H. sulke peerde hijr voren. B. parde hir te v. V. sulke p. hir voren. | 1668. B. nemberm. V. nemmerme ne haten. | 1669. B. weueden (*sic*). H. weenden. V. wenende. | 1670. H. tpaert. V. Hevet men. | 1671. H. Daer die h. B. wart. V. die here verslegen. | 1672. V. Ysidorius. | 1673. H. Dat niemen s. die mensche w. B. den mensche. V. el niet ne w. | 1674. B. parde — an sijn. H. lude. | 1675. B.V. Want (Wat) in w. (hem *ontbr.*). | 1676. H. drove of sijn si vro. B. drove— vroe. V. of te. | 1677. H. comt die dinc also. V. comt also. | 1678. H.V. an sonderling-ghen (— langen) peerde. B. vindmen in somege perde. | 1679. B. Menen (*sic*) hebben. H.V. sulke w. (waerde.) | 1680. H. Dene dandre. V. Deene ter andere stervetter eene. | 1681. V.H. In al hare sc. gh. (ghemene). | 1682. H. dandre op h. V. dandere up hare.

So gheliebe es haer scole.

Equiterbus es een dier
1685 Van Orienten/ spreect Solinus hier/
Dat ghemaent es alse dat paert.
Onder den kin hebet enen baert.
Die hi heeft horne/ die soe engheene;
Spleetboete sijn si ghemeene/
1690 Eñ sijn na den hert ghemaect/
Eñ hebben bleesch dat seere wel smaect.

Ele dats ene beeste
Ghelijc den peerde/ spreect die leeste/
Alse bolifant eest ghestaert/
1695 Eñ es perswart ghehaert/
Eñ ghekinbart na dat everswijn/
Eñ heeft horne die lanc sijn
Twee boete/ baert mede boet
Menech breesselijc ghemoet:
1700 Dit spreect Solinus; eñ Jacob seghet/
Alst wille/ dattet achter leghet
Den enen horen/ eñ orbaert

Vs. 1683. H. So goelic is. V. hare. | 1684. H. dats een. V. Equitervus dats. | 1685. B. sprect S. hir. V. spreict. | 1686. B. genamt. H. ghemaenc is als een pert. V. als een p. | 1687. H. Ondertiden heeft enen stert! | 1688. H. De by heeft hoerne, de sy enghene. V. Die hye hevet h. eñ die soee (sic) ne gh. | 1689. H. Spletvoet sijn si al gh. V. alle ghemeene. | 1690. V. Ende sijn na dien h. | 1691. H. vleys dat wel sm. | 1693. H. Den peerde ghelijc. V. Den paerde ghelijc spreict de geste. | 1694. H. Als die olifant. B. gesteert : gheheert. V. Als telpen dier es het gh. | 1695. H. es ontbr. V. Eñ het es pec sw. | 1696. B. geknibacht naden. H. Ghekniebaet als dat. V. Ghekinnebaet na dat. | 1697. H. hoerne de langher sijn. V. hevet h. die langher sijn. | 1698. H. Dan .II. voete. V. Dan twee v. B. dart mede. | 1699. H. Mennich vreeslic gh. V. Menich vreselic. | 1700. V. spreict. | 1701. H. dat achter. V. dathet a. l. | 1702. H. horn nderwart (sic). B. orbart : wart. V. Den enen oren eñ orebaert.

Den anderen te stride waert;

Eñ alse die plomp es ofte moede/

1705 Rechtet den andren op met spoede/

Eñ laet dien ligghen na fiere manieren.

Dit dier es gheerne bi rivieren.

Enturres es een dier bekent

In dat lant van Ozient/

1710 Dat den stier ghelijc es/

Als ons scrijft Aristotiles;

Maer die manen als dat paert/

Cozter eñ sachter / nederwaert

Hangende bi den scoudren baer.

1715 Bruun root hevet dat haer;

Sijn ander haer na wullen manieren/

Eñ sijn luut es ghelijc den stieren.

Sine hozne crom / al ommegaende/

Eñ mede te stribene wel staende.

1720 Sijn vozhooft ru / eñ thaer ghesceeden

Boven sinen oghen beeden.

Recht ghetant alse die roe/

Vs. 1703. H. andren ten stride wart. B. andren-wart. | 1704. H. Eñ als die blout is eñ m. V. Ende als die blonc es ofte m. | 1705. H. Rechtet op den and' m. sp. V. Recht het up d. andren. | 1706. H. sine manire. V.B. sire. *Na dezen regel volgt in* B : Eñ sijn lut es gelijc den stiren (*zie hier onder vs.* 1717); *doch ieder woord er van is met een nauwelijks zigtbaer schrapje doorgehaeld, en wel door dezelfde hand. Dan volgt de echte versregel :* Dit dier, enz. | 1707. H. is gh. bi riviren. V. gherne. B. gerne. | 1708. H. Euchures. V. Enthroes. | 1709. H. Int lant. | 1710. H.V. ghelijc oec es. | 1712. H. Mer manen heeft als een peert V. Maer dat manen hevet als een. | 1713. H. safter nederwaert (*sic*). | 1714. H. scouderen. V. bi sinen scouderen. | 1715. H. Bruunroet es sijn haer. B. Brun rout. V. Br. root so hes et (*sic*) ghehaer. | 1716. B. wulve. H. Eñ sine huut na wlve manire. V. na wllen m. | 1717. H. Eñ s. l. eñ (*sic*) gh. d. stiere. B. lut. V. luud. | 1718. V. Sijn. H. hoerne cr. al om g. B. al ombe gange. | 1719. H. Eñ beyde te stride wael st. V. te stride. B. wel gehange (mede *ontbr.*). | 1720. H. eñ *ontbr.* B.V. g(h)esceden : beden. | 1722. H.V. als.

Gheboet eñ gheſteert daer toe;

Maer coꝛter eꝯ hi/ eñ ſijn vel

1725 Mach vele ſlaghe ghedoghen wel.

So doꝛeſoete vleeſch het dꝛaghet/

Watment daer omme ſlaet eñ iaghet;

Eñ alſment iaghet over ſinen wille/

Blivet ſomwile ſtaende al ſtille/

1730 Eñ ruſt hem ende vecht/

Eñ werpt ſinen dꝛec uut recht

Ene roede verre ofte mee.

Alſe hem wert van calve wee/

So comen die biere elkerlijc

1735 Eñ maken van dꝛecke enen dijc

Omtrent dat bier/ om die ſaken

Wat men hem niet mach ghenaken.

Entira eꝯ een dierekijn

Dier vele in Almanien ſijn.

1740 Hi eñ ſoe doen alſe die wiſe/

Eñ verſamen hare ſpiſe

Onder vaerde in ſomertijt/

Vs. 1723. H. ghestert. V. eñ starc. | 1725. H. doghen. V. slaghe vele. | 1726. H. Zo dor s. vleys et dr. V. So dure. B. vlesch. | 1727. B. daer ombe slaet. | 1728. H. boven. B. sine wille (iaghet ontbr.). | 1729. H. staen. | 1730. H. eñ vecht. V. Ende rust hem eñ v. | 1731. B. ut echt. V. ute echt. | 1732. B. rode. H. rode vérre of m. V. Eere roeden v. of te m. | 1733. B. Eñ alse. H. Als hem v. calve wert w. V. Als h. wort. | 1737. H.V. niet sal. | 1738. H. Eutiera e. e. dierkijn. D. Entura es en dierkin. V. Entira. | 1739. H.V. Der — Almanyen (Almaengen). D. Diere v. in Almaingen. | 1740. H. Hi eñ si d. als. D. als. V. Hye eñ soee (sic) doen als. | 1741. H. Eñ samen. D. End vergadren. V. Ende versamen. *Na dezen regel heeft de afschrijver van H. elf verzen overgeslagen (vs. 1742-1753), en een ander verplaetst. Ook in B. zijn een paer regels uitgevallen (na 1744). Ik volg den tekst van V. behalve dat ik vs. 1743, somer voor winter schrijf, en tetene alse, in plaets van te etene als; voorts de eerste vokael van markende in e verander, soee en hye tot soe en*

Om tetene alfe die fomer lijt;

Die foe eſ ghiericg ter ſpiſe;

1745 Maer die hi eſ van brecker wiſe/

So dat hi cume hem ſelven ghevet/

Daer hi nauwelike bi levet.

Alſ hi verneemt dat ſine ſoe

Gulſelike der ſpiſen gaet toe/

1750 So verſtopt hi hare dat gat;

Eñ alſe die ſoe wert merkende dat/

Dat beſloten eſ die ſpiſe/

So doet ſi na deſ ſcalcſ wiſe/

Eñ maert een ander heimelijc gat

hi verscherp. Ziet hier den tekst der drie andere handschriften :

B. Onder aerde in somer tijt
   Om tetene alse die somer lijt;
   Soe dat hi cume hem selven gevet,
   Daer hi nauwelike bi levet.
   Als hi verneemt dat sine soe, enz.

H. Eñ samen hare spise
   Mer de hi sijn van vrecker wise.
   De si doet na scalcs wise,
   Eñ maect een ander heimelic gat,
   Eñ als de si wert merkende dat
   Eñ steelt der spise har ghevoech, enz.

D., ofschoon vollediger, is niet minder bedorven; men leest daer :

Mar die hie es van vrecker wise,
End die soe ghierech om hare spise,
Onder derde om die somer tijt,
Om tetene als die somer lijd,
So dat hi cume hem selven ghevet,
Dar hi nouwelike bi levet, enz.

Vs. 1748. D. Alsi vernempt. | 1749. D.V. Guls. gaet der sp. toe. B. gaet *ontbr*. | 1750. D. verstopti are d. g. B. verstoept. | 1751. H. *stelt dit vs. :* Eñ als de si (*sic*), enz. *na vs.* 1754 : Eñ maect, enz., *zoo dat de verwisseling der rijmwoorden daer alles heeft doen verwarren.* D. merket dat. V. Eñ als d. s. wort markende dat. | 1752. D. spiese. V. versloten. | 1753. D.V. So doet soe na des scalkes (scalcs). | 1754. B. een *ontbr*. D. So maecse en ander cimelic. g. V. Ende m. een a. hemelic.

1755 Ter spisen waert / eñ gaet in dat /

Eñ eet der spisen al haer gheboech /

Eñ laet den brecken wachten gnoech.

Alse comt die somer gheballet wel /

Dat die soe heeft een scone bel /

1760 Eñ si ront es ende vet;

Die hi / die hem ter brecheit set /

Heeft een verhongert lijf.

Elc man die wille wachten sijn wijf!

Erinacius es een dier /

1765 Eñ men waent die waerheit hier /

Dat Cyrogrillus mede heet /

Dat ghenaemt hier boren steet.

Een eghel heetet in dietsche tale /

In Vlaendren een herts / dat wetic wale.

1770 Na een swijnkijn eest ghedaen /

Eñ es met borren al bebaen /

Sonder an den buuc alleene ;

Beseffet sorghe groot oftr cleene /

Vs. 1756. B. Eñ et die sp. H. Eñ steelt die spise har gh. D. End hetet d. spise al hare gh. | 1757. H. laet den snoedel wel ghenoech. V. snodel wel ghevoech (*sic*). | 1758. H. Als die somer comt, ghevalt w. B. die somer comt. D. Alse somer comt g. V. Als somer c. | 1759. H. Dattie si heeft. D. die soe evet en sc. V. hevet. | 1760. H. Si is dan ront eñ vet. B. Eñ so ront es eñ so vet. D. End so ront end so vet. V. En soe ront es ende vet. | 1761. H. De hi. D.V. Die hie die hem ter vreckeit (wretheit). | 1762. D. Hevet en verongh. V. Hevet. | 1763. H. wacht. V. wachte. D. De m. die w. wachte.. | 1764. E. dats .I. dier. B. Errinatius. H. Ermacius dats. V. Er. dats. | 1765. E. waerheit. B. warheit. H. die wareyt. | 1766. H. heit : steilt. | 1767. E. genoemt. H. Die ghenoemt. V. ghenoemt. | 1768. H. beet in dutscher. V. duutscher. | 1769. E. In Vl. .I. herts wetic wale. B. In Vlandren. H.V. In vlaemschen (vlaemsch een) berts, (V. dat) wetic w. (dat *ontbr.* in H.). | 1770. B. Nae .I. swinkijn. H ist. V. swijnkijn est gh. | 1771. H. is. mit doernen. V. Ende es m. dornen. D. es al van d. b. B. met dorise. | 1772. B.H. allene : clene. V. allene cleene. | 1773. H. En (*sic*) hevet vrese groet noch clene. B. Besefleffet (*sic*). V. Beseft het vreese gr. of cl.

So windet hem te gadze als een bal /

1775 Eñ dect hem in sine wapine al.

Hets te siene eñ te tastene quaet;

Doch doemer toe besen raet:

Alsment in warm water doet /

Eest te siene eñ tastene goet.

1780 Ambzosius ons te verstane doet /

Dat es bi naturen bzoet:

Het maect te sinen hole twee uutganghe /

Eñ versiet te bozen langhe

Welcs sins dat die wint sal gaen;

1785 Sal hi Nozt / het stoppet saen

Dat gat dat int Nozden steet;

Eñ welctijt dattie wint Zuut gheet /

So stoppet t Suden eñ ontdoet Nozden :

Dit sijn Sinte Ambzosis wozden.

1790 Sijn bleesch dzoghet / eñ ontbint tlijf /

Dat es ter maghen confoztatijf.

Het doet wel ozine maken.

Nuttelijc eest te haren saken /

Die ghefet sijn lasers te sine

Vs. 1774. H. Et wint hem te gader. 'T woordje hem is van later hand. V. Twint hem te g. | 1775. H. wapene. | 1776. H. Ets te s. of tastene. V. Of te. | 1777. H. do-mer toe sulken r. | 1778. H. int water (warm ontbr.). V. warmen w. | 1779. H.V. So ist (est) te siene eñ te tasten (tastene) g. | 1780. V. Ambrosis. | 1781. H. Dat is v. n. V. dat het es. | 1782. H. Et maect. B. utgange. | 1783. H. vorsiet. V. Ende vorsiet. | 1784. B. Wechs sins die w. H. Welcsins dattie w. V. Welc sijns. | 1785. H. Sal si Noert so st. B. stoept. V. Sal hi Noort so bestopt het saen. | 1786. H. Tgat dat int Noerden staet. V. staet. | 1787. B. Eñ wetijt dat wijnt Zuet geet. H. gaet. V. Eñ sulc tijt dat die wint Suut gaet. | 1788. H. So stoppet (stopt het) Suden eñ ondoet Noerden (Norden). | 1789. H. Ambrosius woerden. | 1790. E.B. Sijn vlesch droge eñ binnen dlijf. H. Sijn vleys dr. eñ ontwint lijf. V. onbint lijf. | 1791. E. der mage. H. Eñ is der maghet. V. Eñ es der maghe gheen c. | 1792. H. Et doet wel urine. | 1793. E. eist tharen. H. Nuttelic est tharen. V. es het. | 1794. E. lazers. H. De gh. s. lazarus te s.

1795 In den poent dat heet elefantine.

Dat gans es / dat moet het sijn.

Gheuleghen eest ghemaect als een swijn.

Dit dier / en anders nemmee /

Heeft beneden gaten twee.

1800 Daer der vogle eier ligghen / dats waer /

Sine hoden ligghen rechte albaer.

Isidorus scrijft / dat clemt ter vaert

In den herfst in den wijngaert /

En vellet die druve neder /

1805 En lesetse dan op weder /

En wintelt daer op / en draghes so

Sinen ionghen / des sijn si vro.

Herts vleesch te pulvere verbrant /

En met percke gheminct thant /

1810 Doet in licsemen wassen haer :

Dit spreect Plinius vor waer.

Aristotiles seit al bloot /

Alse deen teghen dander noot /

Dat si staende hem gheboeghen.

Vs. 1795. E. poent; *voorts met* B. dat mense heet. V. Int point datmen h. H. Int point. | 1796. E.B. Dat gans es en m. H. Dat moet gans en vers sijn. V. Dat gans es dat moet. | 1797. E. Gevilt eist. H. alse swijn. V. ist gh. als sw. | 1798. H. nieme. | 1800. B. der vogle eter dats w. H. Daer de voghenes leghet, dats w., En sine h. l. daer. V. Daer die voghele liggen dats w. | 1801. B. hoeden. V. Ende sine hoeden liegen daer. | 1802. H. schrijft si sijn onvervaert. V. Ysidorius scrivet dat het vaert. | 1803. B. erfst — wing. H. In herfste op den wing. V. In heerfs tijt up d. wijnghaert. | 1804. H. vellen si de wijndruven. V. die wijndruven. V. vellen. | 1805. H. En legghen si te samen w. V. Dan lesetse te samen w. B. lesense. | 1806. H. wentelter op en draghetse so. V. Ende wentelter up en draechse also. B. soe : vroe. | 1807. H. dies sijn vro. V. Sine i. die des s. vr. | 1808. E.B. vlesch. H. Den herts te p. verbrant. V. Dat herts te p. | 1809. E. te hant. H. En mit pelre gh. te hant. V. peke ghemen-ghet te hant. | 1810. E. Dat doet in lixemen. H. lijcsemen. V. luxemen. | 1811. H. Dat spr. Pl. over waer. V. spreict Pl. over waer. | 1812. H. seghet. B. seid. V. Aelbrecht seghet. | 1813. H. Als. V. Als teen teghen tander (*sic*).

1815 Nature mach elken ghenoeghen /
Die elker creaturen ghevet
Vaert bi sine ghenoechte hevet.

Erminius es een hermelijn /
Een utescone dierekijn /
1820 Eñ es van wesels gheslachte.
Oec segghen meer dan si achte /
Dat al eens es dat eñ dit.
In wintertiden eest sneewit /
Sonder an den steert / an dende.
1825 Als hem somers hitte es ghehende /
So eest op den rugghe bruun eñ root.
Muse bitet gheerne doot /
Want het bi haren vleesche leeft.
Als men sijn vel sneewit heeft /
1830 So eest weert eñ diere ;
Anders ne doghet in gheerre maniere.
Van der .E. hebbi ghehoort /
Nu verstaet van der .F. voort.

Falena es een dier /
1835 Vreeselijc eñ onghier /

Vs. 1816. H. gheeft. V. creature. | 1817. H. bi gh. heeft (sine *ontbr.*). V. ghe-
nouchte. | 1818. H. Erminius dats een Ermerkijn. B. heimelijn. V. Ermin. dat es
een erm. | 1819. H. harde scone dierkijn. V. huutscone dierkijn. | 1820. H.V. is (es)
v. weselen gh. | 1821. V. seggent mee dan. | 1822. H. al een is. B. aleens es. V. dat
ende d. | 1823. V. wintertijt so ist snee wit. B. snewit. | 1824. B. st. eñ an dende.
V.H. st. ant ende. | 1825. B. des someers h. es gende. V. Als tsomers hitte hem comt
geh. | 1826. H. ist — bruen. B. brun. V. ist up den ric. | 1827. H. bitent ghaerne. |
1828. H. Wantet mit h. vleysche. V. Want met h. vl. levet. | 1829. B. snewit. V. hevet. |
1830. H. ist weert eñ dure. B. wert. V. es het waert ende diere. | 1831. H. en doecht
in ghere manire. V. gheere. | 1832. B. Want — ghort. H. ghehoert. V. ghehort. |
1833. B. Nu hort — vort. H. voert. V. vort. | 1835. H. Vreeslic. V. eñ onghehier.

Verre in herde woesten landen;

Eñ es ghemaect te smenschen scanden /

Om te matene sine hoveerde;

Want het met so groter onweerde

1840 Bestaet den fieren man /

Eñ verwintene mede dan /

Eñ scooztene in vele sticken.

Eñ oer eerst gheballen dicken /

Dattet ghemoette van der vlucht

1845 Enen comen met groter vzucht /

Eñ alstene oetmoederh verstoet /

So ne deet hem quaet no goet.

Furunculus es dat furet /

Eñ es na den wesel gheset /

1850 Meerre van die wesel een deel /

Ghemaect na tfissau gheheel;

Stouter eñ wzeeder nochtan

Dan sine cracht gheleesten can.

Si sijn also gheset ter scolen /

Vs. 1836. H. harde. V. lande. | 1837. H. is gh. tsmenschen. B. tes menschen. V. gh. des menschen scande. | 1838. B. mattene. V. Omme te matene. | 1839. H. Want mit. V. Want met so uut grooter onw. | 1840. H. firen. V. Bestaetheit (*sic*) den f. m. | 1842. B. scortene. H. storten. V. scuertene. | 1843. V. ist. | 1844. H. Dat ghemoete v. d. vlocht (*sic*). V. ghemoetet ander vl. | 1845. H. coman mit groter vrucht (*sic*). V. mit. | 1846. H. Eñ alsten omodich v. B. alst den oetmodegen. V. oetmoedich. | 1847. H.V. Ne deet h. q. noch (no) g. B. doet h. | 1848. B. Furmiculus. H. Furniculus dats een foret. V. Furmiculus dat es een f. | 1849. H. Sine nagle sijn gheset V. Sijn haer naghelen .I. deel geset. | 1850. H. Sere na die wesele. V. Meere. | 1851. B. natwissau gheel. V. Ghemaect natfitsau gheheel. H. tfissau. *Na dezen regel schuift H. zes regels in die tot het volgende capittel behooren* (vs. 1894-1899): Want de si leecht (*sic*) onder — daer ghewaghen, *en springt dan over tot* Furionus, *zonder nog iets van* Furunculus *er bij te voegen. De zes verloopen verzen komen echter beneden, op hunne plaets, en wel in dezelfde colom, nog eens weder.* | 1852. V. Stouter ende wreeder. B. vreder. | 1853. B. geleisten. | 1854. V. Die sijn.

1855 Dat si in ber conine holen

Gaen / eñ bitense boot /

Oft si moeten sterven boz noot.

Alleene ne hatense niet bese beeste ;

Maer al bat leeft / minste eñ meeste /

1860 Bestaen si / moghen sise berwinnen.

Niet bat si bat bleesch so minnen ;

Want si ne nutten niet ban bloet /

Eñ ter quaetheit staet hem bie moet.

Dese ionghe hebet bat suret :

1865 Sebene ofte achte es gheset.

Tiggende segt men bat si riben /

Eñ als bie soe wille te noten tiden /

Heeft soe ban niet haren ghenoot /

Soe tebzinct eñ blibet boot.

1870 Deertich baghe bzaghen si omtrent /

Eñ .XL. baghe sijn si blent /

Eñ baer na / binnen .XL. baghen /

Beghinnen si biten eñ cnaghen.

F urionus / spzeect Aristotiles /

1875 Dat een luxurieus bier es /

Eñ guls ban etene nochtan ;

Dicke moetet banghen an

Vs. 1856. V. ende bitense dan doot. | 1857. V. Jof si moeten ute dor die noot. B. moten.| 1858. V. Allene haetsi niet.| 1859. V. Maer wat so levet.| 1861. V. tvleesch. B. vlesch. | 1863. V. Maer te quaetheden staet haer moet. | 1864. V. hevet tforet. | 1865. V. of .VIII. dus ist gh. | 1866. B. segmen. V. seitmen. | 1867. B. En alsi willen dan notens tiden. V. Als die soee. D. w. notens tiden. | 1868. V. Hevet si dan n. haer gh. B. Heft soe. | 1869. B. Soe te drinc. V. Si te dr. ende. | 1870. B. Virtech. V. .XL. daghen dr. sise omtrent. | 1871. R. blint. V. Ende. | 1872. V. Ende dair na. | 1873. V. Beghonnen si dan b. | 1874. V. Furionet spreict. | 1875. H. luxurioes. | 1876. V. Ende g. H. glus v. eten. | 1877. H. Eñ d. V. Ende dicken m. v. dan. B. moet.

Sware abenture om sijn eten.

Niet langhe levet; wil men weten

1880 Waer bi dat dit es mede?

Dat es bi stere onsuverhede.

Want alse hem die wille wee doet /

Ghebaret dan oft ware verwoet.

Sijn wille es meerre dan die macht;

1885 En om dat der naturen cracht

Allen creaturen ontseghet

Luxurie / die es ontweghet

Boven der naturen ganc /

So en mach haer lijf niet wesen lanc /

1890 Die so nobe rusten stille /

Al es dat vleesch anders wille.

Furionus notet mede

Recht na des menschen sede;

Want si leghet onder / en hi boven;

1895 En in desen mach men loven

Dit dier / dat seere es ongheleert /

Dat sine nature niet verkeert /

Dies quade menschen plien en plaghen /

Dies ic / lase! niet dar ghewaghen.

Vs. 1878. H. Svaer. | 1879. H. leeftet. B. wiltmen weeten. V. Onlanghe levet eist wildijt w. | 1880. H. Daer bi. V. Waer bi dat die dinc es m. | 1881. H. Dat is bi sire. B. sire. V. Dats bi sire. | 1882. H.V. als hem de (die) wille doet. | 1883. H. Ghebaertet alst w. B. verwoeet. V. Ghebaert of het w. v. *De r van ghebaert is later bijgeschreven.* | 1884. H. is. | 1885. B. om datter. V. om dat diere n. cr. | 1886. V. Allen naturen o. | 1887. V. Luxurien. B. onweget. H. de is. *Ik meen dat de gansche plaets moet verbeterd worden :* En om dat die nature cracht Allen creaturen ontseghet Ter luxurien, die es, enz. | 1889. B. nit. V. Sone mach. | 1890. B. soe note rustet. H. rustet. | 1891. H. Al is dat vleys. V. Al ist dat dat vleesch. B. vlesch. | 1892. H. Furionet. V. Furionet dat n. m. | 1894. H. Want de si l. onder, de hi b. V. Want soe leit o. en hie b. | 1895. V. In desen so mach. | 1896. B.H. sere es (is). | 1897. H.V. niet en v. | 1898. H. Des quade m. V. Als quade m. | 1899. H. Des ic laese en daer gh. V. laes.

1900 Feles es een dier / daer aldus
    Ons afscrivet Plinius:
    Van quaetheiden groot / van libe cleene.
    In deerde wonen dese dier ghemeene.
    Si decken haren drec in deerde /
1905 Oft enech dier daer ginghe siere veerde /
    Dat sijn drec niet oppenbare
    Dat feles daer ware.
    Alset dan die diere siet /
    Want het ne mach lopen niet /
1910 Gaet swaerlike ende stille;
    Eñ alster een siet te sinen wille /
    Morderlike vaerter op te handen :
    Beide met clauwen eñ met tanden /
    So gaet scoren eñ biten.
1915 Dit dier slacht den ypocriten /
    Die maken een heimelijc dec
    Over hare sonden (dats haer drec)

Vs. 1900. H. Fenes is een dier aldus. B. Fenes. | 1901. H. Ons bescrivet Pl. D. Of scrivet ons. V. Ons of bescr. | 1902. H. quaetheden. D. quateit. V. quaetheden — clene. *Allen* clene. | 1903. B. In derde. H. dese gh. (dier *ontbr.*). D. Dese diere wo- nen in derde gmene (*sic?*). V. Daerde — ghemeene. | 1904. B. decke — derde : verde. D. derde : verde. V. daerde : vaerde. | 1905. H.D.V. Of enich (enech) dier ghen- ghe (ghinge) sire. *In alle drie ontbr.* daer. B. sire. | 1906. H. openbare. D. Open- barde. V. niet ne openbare. | 1907. H.V. Dat fenes (feles) dat dier daer w. D. feles. | 1908. H.D. Alst d. d. dire (diere). V. Als het danne. | 1909. B.V. ne mach oec lopen. H. Want en mach. D. Want et ne m. oec l. | 1910. B. swarl. H. suaerl. eñ st. D. Gatet suarl. end st. V. Gaet het. | 1911. B. alster dan een. H. tsinen. D. End alstet en s. V. Ende alset. | 1912. H. Mordelic varet op hem thanden. D. Mordadelic varter up thanden. V. Mordadelike vaert het up hem te b. | 1913. H.D. Bede mit (met) cla- wen eñ mit (end met). V. Bede m. claw. | 1914. H. Gaet sc. ende biten (So *ontbr.*). D. end. V. scueren ende b. | 1915. H.V. someghen yp. D. gslacht (*sic*). | 1916. H. Si maken e. heimelic d. D. eimeliken d. V. heimelic. | 1917. H. Dor har sonden, dat har d. D. bare drec. V. dats wel haer drec.

Met biechten die si spreken/

Eñ al omme lose treken/

1920 Om dat mense sal heeten goet;

Maer comt hem teman int ghemoet/

Die scoren si eñ nemen thare/

Hoe soet emmer boort ghebare.

F Inges/ dat hier siet men lopen

1925 Int lantscap Ethiopen/

Eñ een deel bruun van hare.

Plinius spreect oppenbare/

Dat die soe an die borst boren

Twee spenen draghet; alse wijt horen/

1930 Het pleghens lettel biere van dit.

Int lant/ daert in woont eñ sit/

So eest sachte eñ niet wreet;

Maer doet hem ieman enech leet/

Van ne rant niet lichte verbraghen.

1935 Die sinen pays wille beiaghen

Met desen dieren in hare stede/

Sie dat hi hem houde brede.

Hier comt van der letter .G./

Vs. 1918. H. de si. D. die sij. V. biechte. | 1919. B. ombe. H. om. D. End al om hare l. tr. | 1920. D. eten. | 1921. H. Mer comen hem int. D. enegh int. gh. V. Maer comen hem daer mee int. | 1922. H. Die scoertsi eñ nement hare. D. end menen (?). V. Die scuersi. | 1923. B. ember vord. H. voert vare. D. vort. V. vort. | 1924. H. siemen. | 1925. B. Etheopen. H.V. Int lant van Ethyopen (Ethiopen). | 1926. H. bruen. | 1927. H.V. seghet openb. | 1928. H. Dattie si. V. die soee. | 1929. H. als. V. draghen, eñ als wijt. | 1930. H.V. So pleghens luttel (lettel). | 1931. H. daert woent. V. daert woent ende s. B. woent. | 1932. H. So nes te sachte no te wr. V. Sone eist te sochte no te wr. | 1933. H. ymant leet. V. iemen enich l. B. iman. | 1934. H. Dat en cant niet verdraghet (sic). V. Dat ne cant. Ik volgde B. | 1935. H. De sinen. B.V. pais. | 1936. H. Mit desen diere. | 1837. H. So dat. | 1938. B. Hier comen die letteren van .G. H. Hijr coemt. V. Hier comt an vander lettere .G.

Van .F. ne binbics nemmee.

1940 GRis es een dier ne boze groot /
Som wit / som swart / som root.
In Vlaendzen heetet slaepmuus bi namen ;
Want den winter al te samen
Slapen si sonder spise eñ bzanc ;
1945 Eñ alse die sonne haren ganc
Verheft / eñ die somer naect /
Bi naturen dat dier ontwaect.
Minder dan die ratte eest.
Van desen diere reft dat men leeft
1950 In Plinius boeken / dat sijn smare /
Ghesoden / seere nuttelijc ware
Hem / die hem ontsaghe der scaden /
Dat hi twater soude laden /
Bestreke hire mee sine lede.
1955 Op deerde eñ op bome mede
Lopet even wel / alse wijt hozen.
Appele hebet seere bercozen /
Eñ doetter in / alst bint stade /
Dicke bernon eñ scabe.

Vs. 1939. H. Van der .F. vandic niet me. B. vindix nemme. V. Van der .F. van-
dics nemmee. | 1940. E.H. dier bore gr. (ne *ontbr.*). V. ne bur gr. | 1941. V. Some —
some—some. | 1942. B. In Vlandre heet men sl. H. hetet slaepmuse (*eerst* : slapm.).
V. hetet slaepmus. | 1943. H. Van den wintere. | 1944. H. Slapet sonder. V. Slaept
het. | 1945. H.V. als. | 1946. H. Verhoghet entie s. naket : ontwaket. V. Verhoghet
eñ die. | 1948. H. so eest. V. so ist. | 1949. H. van d. diere men leest. V. ist dat-
men leist. | 1950. E. Plinius segt dat. H. boke. V. boeke. | 1951. H. harde nutt. |
1952. H. Hem die onts. d. sc. B. dar sc. | 1953. H. hijt w. B. dwater. V. soude la-
ten. | 1954. E. Bestreke hire me siin lede. H.V. hire mede. B. Bestreker mede. |
1955. B. Op herde. V. Up daerde ende bome mede. | 1956. H. henc wel als. V. als.
| 1957. B. Applen hevet verc. V. Appelen. | 1958. H. doet daer in. B. vind. B. doe-
ter in als het. | 1959. B. Dicken vernoi. V. Dicken.

1960   Gali/ spreect Aristotiles,

Dat een seer stout dier es;

Want het hout te menegher tijt

Jeghen die serpente strijt;

Eñ als hetse heeft verbeten /

1965   So gaet hetse te handen eten !

Eñ danne te hant etet rute /

Eñ also iaghet dat venijn ute.

    Daer toe es ene redene groot /

Twi het die serpente doot :

1970   Want gali bi musen levet;

Eñ om dattet verstaen hevet /

Dat si die muse verteeren /

Hier omme so wilt hem deeren /

Om dat si cranken sijn beiach.

1975   Hier omme eest dat men segghen mach :

« Onder stompers was oyt nijt /

Want elc om sijn winnen tijt. »

      Geneta es ene beeste

Meerre dan die vos; die meeste

Vs. 1960. V. spreict. | 1961. V. Dat het een seere. | 1962. H. Want et. V. te *ontbr*. | 1963. H. die *ontbr*. | 1964. H. Eñ alset heeft v. B. als het se heft. V. alsetse hevet. | 1965. H. So gaetse eten. B. Gaet het se (So *ontbreekt*). V. So gaet hetse te hant. | 1966. H. Eñ daer na etet r. B. danne, *wat ik hier heb willen behouden*. V. Eñ alte-hant daer na hetet rute. | 1967. H. Daer bi iaghet venijn ute. V. Dat (*sic*) het bi dat venijn veriaghet ute. | 1968. H. Eñ daer toe is red. V. Eñ daer es toe. | 1969. H. Twi et bijt de serpenten d. B. Twij. V. Twi het bijt die s. doot. | 1970. H.V. biden m. | 1971. H. om dat v. heeft. V. om dat het. | 1972. B. Dattet die m. verteren. H. de m. verteren. | 1973. B. Hir ombe s. w. hen deren. H. Hijr bi s. w. hem deren. V. Hier bi so wil het hem d. | 1974. B. Maer datsi cr. har b. V. hare beiach. | 1975. B. ombe. H. Hijr bi. V. Hier bi eist. | 1976. B.V. scompers was oit. | 1977. H. sijn gbewin. | 1978. B. Genera. V. Geneca dat es. H dats. | 1979. B. Merre. V. Meere. H. de meeste.

1980 Valu root/ eñ daer in bont
Swarte scivekine ront.
Ene beeste goedertieren ghenoech/
Men ne dade haer ongheboech.
Soe ne es fier no clemmet hoghe;
1985 Maer ghemate eñ gheboghe/
Eñ bi rivieren es haer ganc :
Daer soectse spise na haer belanc.

Gllessules es een dier
No wreet/ no fel/ no onghehier.
1990 Bi watere reest te menegher stont.
Meerre reest dan die muushont/
· Eñ minder dan teencozen.
Root valu eest/ als wijt hozen/
Maer die wamme die es wit.
1995 Onder beerde wonet dit.
Sijn drec riect alse musscheliaet/
Eñ menech die hem niet verstaet/
Hevet over musscheliaet gheacht;
Maer het ne hevet niet die cracht.

Vs. 1980. H. Valu roet eñ daer in blont. V. Valu r. ende daer in bont. B. Valu roet
alse blont. | 1981. H. scivelkine, *eerst was 't* stivelkine. V. scivende r. | 1982. B. goe-
derrentieren (*sic*) gnoch. B.V. goedertiere gnoch (ghenouch). | 1983. H.V. Men dade.
B. hare. 1984. B. Sone es. H. Et en is fier noch hoghe. V. Sine es fier no ne cl. |
| 1985. H. Mer. | 1986-1987. *Deze twee regels ontbreken hier in* H.; *maer zij staen
in dat HS. na vs.* 2011 : Eñ nemmer ne soeke prijs, *met de varr.* : riviren is har
g. Daer soect si spise haer b. (na *ontbr.*). V. Ende bi. | 1987. B. soecse. V. soetse sp.
na haren b. | 1988. H. Guessulus dats. V. dat es. | 1989. B. *van de eerste hand :*
no gehier; on *is aengevuld.* H. Noch — noch — noch onghier. | 1990. V. watre es het
menich st. | 1991. H. Meere. V. es het d. d. mush. | 1992. H. minre dant eenc. V. Ende
m. d. teenc. B. deenc. | 1993. B. alstwijt. V. esset als wijt. | 1994. H. Mer al die w.
is wit. V. al die w. | 1995. B. derde woent. V. daerde. | 1996. H. ruuct als muske-
liaet. B. riecht. V. als musscel. | 1997 V. Ende menich d. h. nienc. | 1998. H. Heeft
o. muskeliaet. | 1999. H. Mer en beeft niet de cr. B. Maer et ne. V. niet ne cracht.

2000 Eñ dits wonder des het pleghet /
Dat het oppenbare leghet
Sinen bzec / alse oft woude
Dat menne albaer binden soude /
Allen lieden te baten.
2005 Nochtan bliet utermaten /
Waer soet mach / wijf ofte man /
Datment qualike gheslen can.
　　In desen doene leert ons hier
　　Dit ongheleerde wilde dier /
2010 Dat elc wel doe in alre wijs /
Eñ nemmer ne soeke pzijs
Ter werelt / hoet ga daer of :
Der werelt pzijs es maer een stof.
　　Hier nemet ende van der .G.;
2015 Van der .I. hoozt vozwaert mee.

Ibex es een dierkijn cleene;
Op rochen wandelet eñ steene;
Alse Sinte Gzegozius seghet /
Dat daer siere ioghet pleghet /

Vs. 2000. B. dits wonder het pl. H. des et pl. V. Ende dits. | 2001. H. Dat oec openb. V. Dat het in openb. | 2002. H. als. V. als of het. | 2003. H. al *ontbr.* B. Dat ment ald. V. Dat men al daer. | 2004. H. luden. V. Alle den lieden. | 2005. V. vliethet. | 2006. H. Of. V. Waert so hi mach w. eñ m. | 2007. H. qualic. B. Darment. | 2008. H. *plaetst dezen regel na den volgenden, zonder ander verschil, ten zij* leret *voor* leert. | 2010. H. wel do. | 2011. H. nemmermeer soke. B. nember. V. nem mermee ne souke. *Na dit vs. schuift* H. *de twee regels* 1986–1987, *als daer gezeid is, in.* | 2012. H.V. ho (hoe) soet gaet d. of. B. gae der of. | 2013. H. is mer. B. prijs *ontbr.* V. prijs en es waer stof. | 2014. B. Hir nemt. B. Hijr neemt. | 2015. B. hort voert me. V. So hort vort mee. | 2016. H. Ilex—dierken clene. B. Ilex—clene. V. Iles—cleine. | 2017. H. roetsen wandelt eñ op stene. B. wadelet eñ stene. V. Up roetsen wanderende eñ up steine. | 2018. H. Als ons Sint Gr. V. Als ons S. Grigoris. | 2019. H. Dat daer sire. V. Dat het dair sire. B. dar sire.

2020 Daer serpent / wijf no man /
No ander dier ghenaken can.
Plinius seghet het es snel /
Eñ ghehoznet seere wel;
Vernemen si iet bzesen met allen /
2025 Si laten hem van der rochen vallen /
Eñ hoeden hem ieghen den val
Op hare hozne / onghequetst al.
Selke boeke wanen des /
Dat dit van herten comen es.

2030 Bziba es een dier
Ghemanc / eñ seere onghier /
Van enen ebze die es wilt /
Eñ van der zoghe die men thuus hilt.
Al eest dat si selsene sijn /
2035 Nochtan sijn beter die huus swijn /
Oft die wilt sijn in den woude;
Want si ne betten niet alsa houde /
No hare vleesch es niet so ghesont:
Dit es naturienen cont.

Vs. 2020. H. noch serpente, noch man. V. Daer noch serpente, nochte man. |
2021. H.V. Noch quaet dier ghecomen (en) can. | 2022. B. seghet *ontbr.* H.V. seyt
(seghet) si sijn sn. | 2023. H. ghehoernet s. V. Ende gh. sere. B. sere. | 2024. H. mit.
| 2025. H. roetsen. V. rootsen. | 2026. H. behouden h. ieghen d. dal. V. behouden. |
2027. H. har hoerne ghequessel al. B. ongequets. V. onghequetset. | 2028. H.V. Sulke.
| 2029. H. *schreef eerst* is, *maer verbeterde het.* | 2030. H. dats. V. dat es. *In al-*
len staet Ibida. | 2031. B. ongier. H. eñ een deel ongier. V. eñ een deel ongehier. |
2032. H. Van den ever de is wilt. V. die es een wilt. | 2033. H. vanden soghen de
men in h. h. V. sueghe. | 2034. H. selsine. V. Al es dat si selsiene. | 2035. H. Noch-
tan sijn si huus sw. | 2036-2037. B. *heeft deze twee regels niet.* V. lof; *voorts sine*
veeten (sic). | 2038. V. Noch hare vl. nes so ghesont. H. Noch har vleys is niet zo
ghesont B. so *ontbr.* | 2039. B. naturien. H. Dats natuerlike cont. V. Dat es na-
turienen cont. *Welligt* naturienen *gelijk elders* fysicienen?

2040 Istrix/ als ons scrivet Solijn/
Es een dier dat men heet porc espijn.
Dit dier wandelt bi der zee/
Eñ in holen van berghen mee/
Als het niewerinc een twint
2045 Te luschene bi der zee en vint.
Te somere comet selven voort;
Maer als men den winter hoort
Van couden maken groot ghedinghe/
Van es sine wandelinghe:
2050 Int water eñ opt lant mede
Houdet sine legherstede.
Met borstelen swart eñ wit
So es behanghen dit/
Die scarp sijn/ grof eñ stide/
2055 Eñ daert hem mede weert ten stride.
Ghenaert hem man ofte hont/
Het scut hem in corter stont:
So sciet hetre twee ofte eene/
Die invlieghen toten beene/
2060 Eñ hier met eest altoes bewaert

Vs. 2040. B. Ictrix os als ons (os *is welligt eerst es geweest, waer men so van heeft willen maken, zonder op de verplaetsing der letters acht te geven*). H. Ictrix — scrijft. | 2041. B. en dier—porc aspijn. H. dier d. h. porcepijn. V. porcaspijn. | 2042. V. wandert. | 2043. B.H. berge. | 2044. B. niewerijnc en twijn. H.V. Alst (Als het) niewer niet en twint. | 2045. B. luschene. H. lustene (en *ontbr.*). V. lusschene (en *ontbr.*). | 2046. B. somore. H. coemtet. V. comt het. *Verder* B.V. vort; hort; H. voert: hoert. | 2048. V. Van coude. | 2049. V. wanderinghe. | 2050. H. eñ int lant. V. up tw. en up tl. | 2051. V. Hout het. | 2052. V. burstelen. | 2053. V. So es het behanghen dit. | 2054. H. Eñ scarp, eñ gr., eñ st. V. Die staere sijn, groof eñ st. | 2055. H.V. in stride. B. wert. | 2056. H. noch hont. V. of hont. | 2057. H. Et scut. V. Het scuddet hem eñ in c. | 2058. H. So sciet hem .II. of ene. V. So scietet .II. of ene: beene. | 2060. H. hijr mede. B. altoes bew't: vert. V. Ende hier mede ist.

Waer soet heen gaet ofte vaert.

Van desen borstelen eest ghesciet

Dat menre herhte van messen af siet.

Ena/ dat es ene beeste/

2065 In boven graven es hare feeste/

Daer bode begraven sijn.

Plinius scrivet ende Solijn/

Dat hem twee dinghe horen toe;

Want het es hi en soe.

2070 Beide hals en halsbeen

Sijn hem even stijf over een/

So dat niet omsien en can/

Hen keere hem altemale van.

Daer heerden sijn in die woestine/

2075 Gatet nachts stillekine/

En verstaet nauwe en hoort

Hoe van haren name es dat woort/

En leert haren name nomen.

So eest dicke bi nachte comen

2080 Roepende ter heerden keeten/

En noemende hoe si heeten;

Vs 2061. H. henen gaet of. B. geet. V. hene gaet of staet vaert; *maer staet is doorgehaeld.* | 2062. H. is ghesc. V. burstelen. | 2063. H. Dat mer h. V. Dat merre echte v. messen of s. B. van messe. | 2064. H.V. dats. | 2066. H.V. ghedolven sijn. | 2069. H. want ets hi en zoe. V. bye ende soe. | 2070. H. Beede sijn h. en sijn been. V. Bede sijn h. en sijn halsb. *Ik volgde B.; doch had Maerl. niet* harst *geschreven?* | 2071. H. Sijn even st. B. Sijn hem beide st. V. Si hem even stijt (*sic*). | 2072. H. So dat omme sien en c. V. niet omme sien ne can | 2073. H. Ten kere. V. En kere. B. kere. | 2074. H.B. herden. | 2075. H. Gaet. V. Gaet het nachts al st. | 2076. H. nawe en hoert. B. hort. V. Ende — hort. | 2077. B. van hare name es twort. H. woert. V. hare name. | 2078. H. ghenen name. V. ghone namen. | 2079. H. Dan eest. V. Dan est dicken. | 2080. H.V. Ropende (Roep.) ter herden keten. B. Roepen ter herden. | 2081. H. En nomense hoe. V. En nomen de hoe si heeten. B. En noemeden hoe.

(141)

Eñ alse hetse ute bꝛochte /
Dode hetse oftet mochte.
Dicke dat hier ghebaren leert
2085 Als een die in wee es / eñ keert
Dat hi heeft in sine maghe ;
Eñ alst dan vant in sine claghe
Weder dat man ware ofte hont /
Dien verbeet aldaer ter stont.
2090 Comen iachthonde daert gaet /
Eñ datse sine scade beslaet /
So hebben si hare baffen verloꝛen.
Alle die dolen in hare spoꝛen /
Eest dat hetse mach bi gaen /
2095 Het verbijtse alle saen :
Dus fel eest in sine manieren /
Eñ dits wonder van desen dieren.
Dese beeste bꝛaghet enen steen /
Sijn ghelijc en es negheen /
2100 Voꝛen int hovet ofte in boghe :

Vs. 2082. H. Eñ alsetse wte. V. alshetse dan uut. | 2083. H. Dodetse op dat mochte.
V. Dodetse up dat het m. B. Dodet hetse. | 2084. V. Dicken d. d. ghebaren beert. |
2085. B. Als een es eñ wee es eñ keert. H. een de wie heeft eñ k. V. die wee hevet.
2086. V. hevet. | 2087. B. vand in sine. H. vanden sinen cl. V. Eñ als danne v. an
sinen laghe. | 2088. B. Weder het es man ofte hond : te stond. V. Weder dat man
es of te hont. | 2089. H. Den verbeet. | 2090. B. iachonde. H. Iachonde comen si d.
V. Iach honde comense daert het g. | 2092. H. hebsi. | 2093-2097. H. heeft hier
eene gansch andere les, die zich gedeeltelijk nader bij het latijn houdt; V. verschilt er slechts van door eenige varr. Ik zal beide lessen hier bijschrijven:

Alle dire dolen buten hare sporen,	V. Alle dieren dolen uut haren sporen,
Ist dat si mach manne ontgaen.	V. Eist datse mach dan ommegaen.
Alst wille verkeert saen	V. Als het wille verkeert het saen
Sine varwe in alre maniere ;	V. Sine vaerwe in alre manieren.
Eñ dits wonder van den diere.	V. Eñ dits wonder vanden dieren.

Zie mijne Aentt. | 2098. H.V. Dese iena (yena) dr. | 2099. H. en *ontbr.* V. Sine ge-
like es ne gheen. | 2100. H. hoeft of int o. V. in thovet of in togbe. B. int thovet.

Hier na / alsic van steenen toghe /

Sal ic u ghewaghen des.

Van des wolfs grote het es /

En es ghemaent na paerde ghelike.

2105 Vele esser in Afrike.

    Van der .I. gaet ute dat spel;

    Nu hoozt voozt van der .L.

L Eo / segghen Solinus ieesten /

Es coninc van den vierboeten beesten.

2110 Lewe es hi in dietsche ghenant /

En liebaert in blaemsch becant.

    Men vint / hooz ic versteren /

    Van liebaerden .III. manieren:

    Cozte vint men als en als /

2115 Ru ghehaert / kersp in den hals;

    Maer die ne sijn starc no snel.

    Andze vint men alse wel /

    Die pardus wint / dat wzede dier /

    Die ne sijn no edel no fier /

2120 No in den hals ghemaent;

Vs. 2101. B. Hir — stenen. H. Hijr — stenen. | 2102. B. Salijc. H. Sallic. | 2103. H. et es; *eerst:* et is. V. wolves gr. so es. | 2104. B. gemaect. H. peerds. V. Ende es gh. na des paerts gh. | 2105. H. Vle (*sic*) vintmer in Affr. V. Vele vintmer. B. Affr. | 2106. H. wt dit sp. | 2107. B. hort vort. H. hoert voert. V. hort vort hir na van der L. | 2108. H. seghet. V. geesten. | 2109. V. van den .IIII. voeten b. H. van .IIII. voeten b. B. van vier voeten b. | 2110. B. Leo es hi in latijn. H. in duutsche. V. Leewe es hi in diedsche. | 2111. B. bibart, *tot* lijbart *verbeterd; voorts :* vlamesch. H. libaert hetet hijr int lant. V. Ende liebaert heetmen hier int lant. | 2112. B. horic viseren. H. horic visiren: maniren. V. dit horic visieren. | 2114. B. vindmen. V. als ende als. | 2115. H. Eñ ghehaert kerps. V. Nu ghehart carpts inden hals. B. Rugehart. | 2116. H. Mer die ne sijn stert (*sic*) no snel. V. Mare die ne sijn no st. no sn | 2117. B. vindmen. H.V. also. | 2118. B. pardus vind d. wrede. H.V. winnet d. wrede. | 2119. B. no wrert (*sic; weert?*), no f. H. De en sijn edel noch f. V. no edel no f. | 2120. H. Noch inden h. B. No inden h. no g. V. Noch inden h. oec gh.

Maer edele lyoene / als men waent,

Sijn lanc eñ flecht ghehaert /

Snel / ftarc eñ onverbaert;

Sine weten ghene fcalchede /

2125 Noch gheen bedzierh connen fi mede :

Simpel es dat fien van befen /

Eñ alfo wilfi beften wefen.

Haer vozhooft eñ hare ftaert doet

Verftaen hoe fi fijn ghemoet.

2130 In bozfte eñ in voeten bozen

Tigghen hare crachte / alfe wijt hozen.

So heet fijn fi / dat fi riden

Hare ghenoot willen tallen tiden.

Die lewinne bzinct eerft .V. ionghe ,

2135 Daerna .JV. ten andzen fpzonghe /

Van dzie / van twee / van een /

Daer na nemmermeer negheen.

Twee fpenen heeft fi / eñ die cleene /

Midden an haren buuc alleene.

2140 Auguftinus / die heilighe / feghet /

Vs. 2121. H. leone. B. lyone. V. Mer edel lyoene. | 2122. B. slacht gehaert.| 2123. H. Snel, scarp. V. Snel ende scarp. B. vart. | 2124. V. weten altoes gheene. | 2125. H. bedrien ontsien si m. V. gh. bedriegen no ontsien si m. *Was het eens bedreigen?* | 2127. H. wil si ghesien. V. Ende also wil si. B. wil hi. | 2128. B. Hare vorhoeft. H. eñ stert. V. Haer vorh. eñ haren st. die doet. | 2129. B. Besien hoe. | 2130. H. in voete. V. barste ende. | 2131. B. Ligen. H. Leghet sine cracht, als. V. sine crafte als. | 2132-2133. H. Haren gh. B.

Soe weltijt soe dat si riden,
Hare genoet wilsi tallen tiden.

| 2134. B. leuwinne br. irst .IIII. ionge. H. De lewinne br. teerst .V. iongben. V. Die leew. bringhe. | 2135. B. Daerna .V. eñ .IIII. ten a. spr. V. Danne .IIII. | 2137. B. nemberm. V. Eñ daer na nemmermee. | 2138. H. heeft entie clene (si *ontbr.*). V. hevetse eñ die clene (die *is van later hand*). | 2239. B. in hare borst allene. V. Middel an h. b. allene. | 2140. H. Augustijn eest die seghet. V. Austijn die h. man s.

Alse die lewinne haer ionc legghet/
Dat si in drien daghen niet ontwaken.
Dan comt die vader claghe maken/
En grongieren en mesbaren/
2145 En dan ontwaken si te waren/
En dese slaep ghelijct der doot.
Dits van beesten wonder groot.
　　Solinus seghet in sijn ghedichte/
Men [ne] quetstene/ hi ne belght niet lichte;
2150 Maect menne erre/ so eest al verlozen.
De ghene die legghet hem vozen
Dien spaert hi : dats heeren doen.
Twi draghen si in den scilt den lyoen/
En sine int herte niene draghen?
2155 Vindsi weere/ si laten hem iaghen;
Maer den armen en den verwonnen/
Dats dien si sparen niet ne connen.
Vint die lyoen oer/ sonder waen/
Enen man die was ghevaen/
2160 Dien comt hi altoes niet an;
No verbijt oer niet den man/

Vs. 2141. H. Als die lew. h. i. hevet. V. Als d. leew. hare ionghen hevet. B. lew.
| 2142. H. in dien daghe. | 2143. H. coemt de v. V. Dat comt. | 2144. B. groengie-
rende. H. gronguen (sic). V. Ende grongieren ende mesb. | 2145. V. En ontbr. |
2146. B. dese slap; doch eerst tweemael misschreven : (sp. slp.). H. ter doet. |
2148. H. spreect. V. spreict. | 2149. B. belch. H. Men quessen, hine belghet. V. Ene
questie (sic) hine belget. | 2150. B. Maecmenne (al ontbr.). H.V. Mer (Maer) maect-
men e., so ist al v. | 2151. B. Al dat hem comt te voren. V. Den ghonen die hem
leghet v. | 2152. B. Nochtan spart hi. V. dits heren d. | 2153. H. in dien sc. d. leoen.
B. Twij draghen si in den scilt lyoen. V. lyoen. | 2154. H. niet en dr. B. nine. |
2155. B.H. Vind si were. V. Vintsi w. | 2156. H. entien v. V. enten v. | 2157. H. dien
si niet sp. en c. V. Dats die si sp. niene c. | 2158. B. Vind die lyoen. H.V. lyoen. |
2159. H.V. Ontlopen enen de (die) was. | 2160. H. Coemt bi niet an. V. Dien ne
comt bi. | 2161. H.V. Node verbijt hi den man.

Hen doe hem hongher alte groot;
Houder hi oer den man doot /
Van twijf : dat es edelhede.

2165 Houder doot hi dat wijf mede /
Van maghede onbesmet.
Als hi slaept sijn oghelet
Ne wert gheloken nemmermee.
Gaet hi in sande ofte in snee /

2170 Hi dect met sinen staerte dan
Sijn spore / om datten die man
Niet ne vinde also ghereet.
In hare gheselscap sijn si niet wreet;
Maer elc andren brede draghet.

2175 Solinus / die meester / ghewaghet;
Als hem die iaghere volghet an /
Onwerdelike vliet hi dan /
En stappet stille een stic daer naer /
Alse ofte hi ne hadde gheenen vaer :

2180 Dit doet hi daer dat velt es bloot /
Alse die hevet scamenesse groot /

Vs. 2162. H. En dadem honger groet. V. Het ne dade ongher. | 2163. H. Liever
h. o. d. man bit doet. V. Honder (sic) oec hi den m. | 2164. B. Dant wijf. H.V. dus
edele (edel) sede. *Welligt is dus kwalijk gelezen voor dits, of reeds van een vroe-
geren afschrijver.* | 2165. H. Eñ liever doet hi vrouwen m. V. Eñ houder (of nog
eens honder?) doot hi de vrouwen mede. | 2166. B. maechden. V. magheden omb. |
2167. B. slpat (*vglk. boven vs. 2146.*) sijn oge leet. | 2168. B. Vort gel. nemberme :
sne. H. gheloket nummerme : sne. V. Ne wort. | 2169. H.V. of. | 2170. V. Hi dect
hem met sinen staerte. B.H. sterte. | 2171. B. spor. H. om dattie m. V. Sine sp. |
2172. H. vint. | 2173. H. har. B. sin si nit. V. en sijn si niet. | 2174. H. Mer elcan-
dren. V. Marc. | 2175-2176. H.V. Sol. seghet, als menne (alsmen) iaghet, Eñ hem. |
2178. H.V. So staet hi st. eñ stict (een stic) d. n. *De afschrijver van V. had eerst
stie geschreven, maer verlengde daerna het bovenste schrapje. Heeft een vorige
schrijffout beide afschrijvers in den weg gestaen?* B. sticke. | 2179. H. Als of hi
en had gh. V. Als of. B. hine. | 2180. H. hi eer dat velt is bloet. | 2181. H. Als de
scam. heeft is groet. V. Als die scam. hevet gr.

Dat hi iemanne wiken soude;

Maer alse hi comt in den woude,

Eñ hi merct dat nieman siet,

2185 Dat hi vorr die honde vliet :

Dan vliet hi met slere macht

Vorr den iaghere eñ vorr die iacht.

Hi springhet alsi sine proye vaet;

Maer als hi vorr die honde ontgaet,

2190 So ne can hi springhen niet.

Eñ alse hi gaet daert hart es iet,

Soe trect hi sine clauwen in,

Dat si plompen selen te min :

Eñ des selues pleghet die cat.

2195 Eñ als hi loopt teneghcr stat,

So loopt hi vorder dan hi acht :

Eñ dat doet sine cracht.

Als hem honghert, den liebaert,

So trect hi op derde sinen staert,

2200 Eñ maect een wijt parc daer mede,

So maect hi grote vreesselijchede

Met grongierne onghehier.

Vs. 2182. H. iemen. V. Dat yemen w. s. (hi *ontbr*.). | 2183. H. Mar alsi coemt.
V. als hi. | 2184. B. niman. H. niemant en s. V. marct. | 2185. H. vor de honde. |
2186. H. mit al sire. V. me alle sire. B. sire. | 2187. H. Vor d. iagher eñ voer d. i.
| 2188. H. sprinct. B. proie. V. als hi. | 2189. H. Mer alsi vor de h. | 2191. H. Alsi
gaet daer hare is iet. V. Als hi gaet daert hart es hiet. | 2192. B. trecht — cauwen.
H. trecti — clawen. V. clawen. | 2193. H. Blonken sullen. B. mijn. V. blouken sul-
len. | 2194. H. selfs pleghet. V. des selvs pleget. B. pleit. | 2195. B. tereger. H. Alsi
lopet. V. Ende — tenigher. | 2196. H. So lopen vorder. B. loept. | 2197. H. sine
grote cr. V. Ende doet sine grote cr. | 2198. Alse honghert den lyebart. V. die l.
B. hogert d. libart : staert. | 2199. H. Trecti op deerde s. start (So *ontbr*.). V. Strect
hi op die aerde (So *ontbr*.). | 2200. H. maecter een w. perc mede. V. maecter enen
widen p. mede. | 2201. H.V. So maecti (maect hi) gr. vreslich. B. Soe dat hi gr. vresel.
| 2202. H. Met grongierne ongier. V. Met grongierne eñ onghehier. B. Met gr. heft
onghehier. *Het HS.* B. *stelt doorgaens* heft *voor* heeft; *is 't hier van* heffen?

Van es gheen so stout dier/

Dat dar tiden over den trec:

2205 Dus sijn die diere in sinen strec.

Dit scrivet Ambrosius over wonder:

Want menech dier/ dat besonder

Ontgaen mochte met snelheden/

Dat moet bliven daer ter steden/

2210 En dat also/ oft ware ghebonden.

Die lewe wille te gheenen stonden

Hem met andren dieren minghen;

Maer/ alse een coninc in allen dinghen/

So en wille hi hem ghesellen niet

2215 Onder ghemeinte die hi siet.

Alse hem blivet oude spise

Dies wille hi niet in gheerre wise.

Alle viervoete dier ontsien den lyoen;

Nochtan ontsiet hi tscorpioen/

2220 En waer hijt siet/ hi vliet te hant

Sinen ghevenijnden viant.

Alse die lewe hem ghevaen siet/

Es hi vervaert om den spiet.

Dier ontsiet hi alre meest.

Vs. 2203. H. So nes daer so st. d. V. Sone es dan so st. d. | 2204. V. dien tret; *sic, maer de i van dien is doorgehaeld.* | 2205. H.V. sijn strec. | 2206. H. over een w. V. Ambrosis. | 2207. B. Want dat menech dier bes. H.V. Want dat menich dier bis. (bes). | 2209. H. Dat staende blijft ter steden. V. Dat staende blijft daer t. steden. | 2210. H. Rechte alst w. V. En v't (=vaert?) ioft w. gh. | 2211. H. De l. wil. V. Die leewe diene wille. | 2212. H. Mit andren d. hem mingben. B. diere mijngen. V. Met andren d. hem ghemingen. | 2213. H.V. Mar (Maer) als een. | 2214. H. wilhi. V. Sone wil hi. | 2215. H.V. Onder meente de (die) hi s. | 2216. H. Dat hem blijft oft oude sp. V. Dat hem blivet of houde sp. | 2217. H. Diene wilhi in ghire (*sic*) wille. B. wijse. V. Desne wil hi in gheere w. | 2218. H. viervote. V. dier. | 2219. H. onsiet hi den sc. V. den sc. | 2221. B. viand. | 2222. B. hen (*sic*). V. Als die leewe h. ghevanghen siet. | 2223. H. van d. sp. V. vorden sp.

2225 Van waghenlude es hi bevreest/

Eñ hi ontsiet enen witten hane.

Als men hem gheet met bedwanghe ane/

Bluwet men voz hem enen hont :

So waent hi te diere stont/

2230 Wattene die man also mach dwinghen

Alse den hont/ dien hi hoozt singhen.

Die lewe wert nemmermee vet;

Te vastene heeft hi hem gheset:

Ate hi dan oec iet te vele/

2235 Hi traect hem weder uter kele.

Als hem sierheit gaet an/

Soe eet hi die simme dan/

Of hi dzinct des hondes bloet.

Selden es hi wel ghemoet/

2240 Eñ dan leit hem die staert stille;

Maer als hi belghen wille/

Slaet hi hem metten steerte dan.

Nauwe eñ wel kent hi den man/

Vs 2225. H.V. waghenlieden is (luden es) hi ghevreest. B. geverst, *met eene on-duidelijke verbetering na de v. Ik schreef* bevreest. | 2226. H. den witten. V. Ende hi o. e. w. ane. | 2227. H. gaet mit b. V. gat. | 2228. H. So bloumen. V. So blau-wet. | 2229. H. Dan waenti tire st. V. waent hi danne terre st. B. te dier tijt stont; *maer tijt is uitgeschrapt.* | 2230. H.V. Datten. | 2231. H. Als den hont de hi hoert. B. hort. V. Als — bort. | 2232. B. nemberme. H. De lewe en is gheen tijt vet. V. De leewe en es nemmermeer. | 2234. H. Eñ ate hi oec ene tijt te v. V. Eñ aet hi oec danne iet. | 2235. B. traecht. H. So trecte hijt w. V. dan weder. | 2236. H. siecheyt oec g. an. V. oec g. an. | 2237. H. Zo etet hi die symmie eñ gheneest dan. V. Het hi die s. eñ gheveist (*sic*) dan. | 2238. B. Oft — hons. H. honts. V. lof hi drinket des houdes bleet (*sic*) | 2239. B. Eñ selden. V. es hi sochte ghemeet. *Sic, en 't zonder-lingste van al is, dat de laetste* e *van ghemeet eene herschreven letter is : eerst was 't ghemet.* | 2240. H. leghet h. de stert. V. leghet hem den staert. | 2241. B. Eñ alsi dan b. w. V. Maer dan als hi. | 2242. H. Slaet hem mitten starte. V. staerte. | 2243. V. kennet hi. H. Nawe. *De volgende verzen heeft* H. *omgewerkt :*

> Die hem gansede ene wonde,
> Saghe hine tenegher stonde

---

(149)

Die hem gave eneghe wonde;
2245 Eñ saghe hine tenegher stonde
Onder ene grote scare/
Bestaen soudine oppenbare;
Eñ hadde een ute ere roten
Ghemist/ eñ na hem ghescoten/
2250 Hi soudene ter neder loopen;
Anders dadijt hem niet becoopen.
Sijn bleesch es heet uteverrozen;
Sijn herte heeter/ als wijt hozen:
Bedi geeft mense hem in spisen
2255 Die sijn van seere couder wisen.
Sijn been es hert/ dat menre ghemeene
Vier ute slaet als uten steene;

Onder enighe grote scare,
Hi bescuddene openbare.
Eñ hadde hi enen uter roten
Ghemest eñ na hem scoten,
Den soude hi der neder lopen, enz.

Vs. 2244. V. ghave enighe. | 2245. V. Eñ saghine tenegher st. B. Eñ dan ginge teneger st. | 2247. V. Hi soudene bestaen openb. *De omwerker had welligt vs. 2247 Bi staen voor Bestaen gelezen, terwijl Ghemest voor dialektverschil gelden kan.* | 2249. V. Ghemist eñ na h. ghesc. B. Ten minsten na hem gh. | 2250. V. Dien soudi. | 2251. V. dadijs. | 2252. H. vleys heit wtv. B. vleesc es ute vercoren (heet *ontbr.*). | 2253. B. heter. H.V. Sijn herte alre heets te voren. | 2254-2255. B. *heeft deze twee regels niet; ik volg E. In H. staen ze aldus*:

Want geeft men hem in spisen
De sijn van couder wisen.

V. *schrijft*: gheeft ment hem; *de rest als* E., *behalve dat hier* serre, *daer* sere *staet, waervoor ik* seere *schreef*. | 2256-2257.

H. Sine been sijn so hart ghemene,
Dat mer vier wt slaet ghelije den stene.

V. Sine beene so hart datmer ghemeene
Vier ute slaet als uten stene.

Eñ lettel marghs oft gheen /
Sonder in dat rebbe been.

2260 Sijn smout es goet ieghen benijn.
Die sijn smout neemt eñ wijn /
Eñ hem daer mede besmeert /
Alle beesten hi verbeert.
Sijn smout es van heeter maniere

2265 Dan van eneghen vierboeten biere.
Sijn smout / met olien van rosen /
Doet ghenesen van alre nosen
Des menschen anschijn / eñ maect claer
Eñ ghesont / dat weet voz waer.

2270 Sijn hals es van enen beene /
Dies ne keert hi hem groot no clene.
Ghetant is hi na des honts maniere /
Also aist ghetaemt den biere.

Leopardus dinket mi

Vs. 2258-2259.

H. Luttel es of march neghene,
    Sonder in die ribbe allene.

V. Lettel el eñ march ne gheene,
    Sonder in die rebbe beene.

B. marcs. | 2260. B. guet. | 2261. H. De — ende. B.E. nemt. V. Die smout n. ende w. (sijn *ontbr.*). | 2262. B. besmardt. H. smeert. V. Ende hem d. mede besmaert. *Ik volg* E. | 2263. B.V. vervaert. H. verteert. | 2264. V. van eter m. | 2265. E. enegen vier voetten. B. engen .IIII. voten. H. Dat negheen viervocte dire. V. Dan gheen der .IIII. voeter d. | 2266. H. eñ oli. V. S. sm. vret olie (*sic*) v. rosen. | 2267. H. Dat gheneset alle n. V. Die gheneset. | 2268. E. anschijn maket claer. H. Van smenschen aensicht. B. maect *ontbr.* V. eñ maket cl. | 2269. H. Eñ et ghesont wert openbare. V. dit w. overwaer. B. gesond. | 2271. H. Des ne keert hi groet noch cl. V. Des. | 2272. H. na honts manire. V. na tshonts. | 2273. H. Dan es gheen viervoete dire ! *De broddelaer heeft welligt in den tekst gelezen* : Also eist getaemt een dier, *en wilde hier zeggen* : Dats gheen verwoed dier. *De zin van onzen tekst wordt uitgelegd door* V. Maer meerre, als betaemt den d. | 2274. B.H. doncket. V. dincke.

2275 Dat in dietſch die lupaert ſi :

Die lewen ende parduſe mede

Winnen met haerre ghemanchede.

Die ſien ſijn ſtarker dan die hien.

Plinius die ſpreect van dien :

2280 Die dit dier wille wederſtaen/

Wride tuſſchen ſinen handen ſaen

Looc te ſtucken : hi vliet den man/

Want hi die lucht ghedraghen en can.

Swart ſpotte es hi/ valu en root;

2285 Maer niet alſe die liebaert groot.

Fel es hi tallen ſtonden;

Nochtan heeft menne ghetame vonden/

So datmer beeſten ane vinc;

Maer fel eeſt boven alle dinc;

2290 En alſment ontbint ter iacht/

Mach het niet met felre cracht

Ten bijften ſpronghe ghevaen ſijn dier/

Dan ſittet ſtille/ erre en fier;

En geeft hem die iaghere niet

2295 Een dier/ alſe hijt erre fiet/

Vs. 2275. H. In duutsche dat een lupaerd si. V. Dat in duutsche. | 2276. H. De lewe eñ pardus m. B. Die l. eñ perduse (met de laetste e van later hand). V. Die leeuwe eñ pardus. | 2277. H. Winnet mit hare. B. harre. V. hare. | 2278. H. De sien — de hien. V. soeen — hyen. | 2279. H. die ontbr. V. spreict. | 2280. H. De d. d. wilde. V. Die dit die (sic) wille w. | 2281. H.V. sine hande. | 2282. H. Loec te stecken eñ wecket dan. V. te sticken het wiket dan. | 2283. H. Wantet die l. niet ghe-doghen en can. V. Want die l. gh. ne can. | 2284. B. Swart sp. H. Suarte spottet (sic), valu (es hi ontbr.). V. sprotte est eñ valu root. | 2285. H. Mer niet eest als de l. B alst die lib. V. als. | 2286. H. Starc fel eest tallen st. V. Sere fel est. | 2287. H. heeft-ment tam ghevonden. V. heeft men tem gev. | 2288. B. meer beeste. H.V. beesten mede v. | 2289. H. Mer. V. est. | 2290. H. ombint tenegh iacht. V. Ende alsm. onb. | 2291. H. Maghet niet mit sire. B.V. sire. 2292. H. Te vijf spronghen begaen dat d. V. vichten spr. begaen. | 2293. H. So sittet. V. So sittet st. enne (of eime?) eñ f. | 2294. H. ghevet h. d. iagre. V. Ende ghevet h. | 2295. H. Een die alsijt. V. als hijt.

Daert an mach coelen sinen tant/
Het werpt hem op sinen meester te hant;
Want hem ne sachtet niet sijn moet/
Het ne si alleene int bloet :

2300 Dies so moeten si hem versien/
Diere mede iaghens plien.

Lamia es een groot dier/
Vreesselijc en oer onghier;
Uten bossche comtet bi nachte

2305 In der liede hove met crachte :
Met armen/ die het hevet twee/
Breect der liede bome ontwee;
Comt ieman van daer van den lieden/
Die hem dat wille verbieden/

2310 Het bijtse metten tanden van.
En groot wonder leghet daer an;
Want Aristoteles doet ons weten/
Die van lamia es ghebeten/
Hi ne gheneest in gheerre manieren/

2315 Hi ne hore dat dier grongieren.

Vs. 2296. B.H. colen. | 2297. B. Het wert. H. Et wert. V. Het wort up (hem *voegde ik er bij; werpt sluit zich nader aen 't latijn dan* wreect *of* wrect). | 2298. H. Want ne sacht niet. B. saechtet. V. hem en sochte n. | 2299. H. Hen si allene. V. En si allene sijn bl. B. ne sie allene. | 2300. H. Des moet si hem vorseien (*sic*). V. Dies so moetsi. | 2301. H. te iaghen. | 2303. H. Vreeslic en ongier. B. *ook hier en elders :* ongier. V. ende onghehier. | 2304. H. comt bi n. B. met nachte. V. bussche comet. | 2305. H. lude h. mit. V. mit. | 2306. B. arme. H. diere hevet tve. | 2307. B. En breecht. H. En breect der lude. V. Ende brect der lieden. | 2308. B. coemt iman. H. ymant ute daertoe van lieden. V. Comt yemen toe v. d. l. | 2310. H. Et bijtse mitten. B. bietse. | 2311. V. Ende gr. w. B. legter. | 2312. V. Want Aelbrecht. | 2313. V. Dat vanden l. | 2314. H. in ghire maniren. B. gerre maniren V. gheere maniere. | 2315. H. grongiren. V. dat hi grongiere.

LAnsani / alse Solinus weet /

Es een dier so bozewreet /

Dat alle beesten sijn van hare

Versaghet eñ in groten vare :

2320 Ja / die liebaert moet hem blien /

Dien nochtan alle diere ontsien.

Allen dieren eest onsachte /

Sonder van sinen gheslachte.

Het hevet sinen nijt verheven

2325 Op beesten die bi proyen leven ;

Doch blivet in sinen ghelove /

Eñ leeft bi proyen eñ bi rove.

    Noch pleghets menech groot baroen /

Die die rovers wille verdoen /

2330 Om tlant te suverne van vreesen /

Die selve rovet nochtan weesen.

Lansani hi haet nochtan

Boven allen beesten den man /

Eñ dats recht ; want / bi naturen /

2335 Soude boven alle creaturen

Die mensche sacht sijn van manieren ;

Nu es hi felst van allen dieren.

Vs. 2316. H. Lamsam als. V. Lansam (?) als S. weet. | 2317. V. dier dur wreet. | 2320. H. die lewe. B. moet hare vl. V. die leeuwe. | 2321. B. Die n. alle dier onts. V. Die n. | 2322. H.V. ist. | 2324. H. Eñ bevet. | 2325. H. op proye. B. proien. V. up. | 2326. V. in sijn gh. | 2327. V. Eñ levet bi proien. B. proien. | 2328. B. pleges. H. mennich hoghe b. | 2329. H. Die rovers willen. B. willen. | 2330. B.H. Omt lant— vresen. V. vresen. | 2331. H. Nochtan rovet hi selve wesen. V. Selve rovet hi noch- tanne wesen. B. rovers n. wesen. | 2332. H. Lamsam etet nochtan. V. Lauzam dat hetet nochtan. | 2334. H. want *ontbr.* | 2335. H. Sonde (*sic*). V. allen creaturen. | 2336. H. Sachte. V. Die m. sijn sochts van manieren. | 2337. H. boven allen diren. V. fellest boven allen d.

Lynx / seit Plinius / es een dier;

Jacob van Vitri volghets hier /

2340 Eñ Lapidarius overwaer /

Dat dit dier siet so claer /

Dat dorsiet ene maisiere.

Dit dier en draghet in gheerre maniere

Maer ene dracht / alsment bekent.

2345 Ghetonghet eest als een serpent /

Diet ute steket lanc.

Sijn hals doet meneghen ommeganc.

Van clauwen eest scarp eñ fel.

Die dit dier bekinnen wel /

2350 Segghen / dat van siere urine

Wert ene ghimme dier eñ fine :

Ligurius heet hi / dats waer /

Daer ic af spreken sal hier naer.

In India vint men dese diere

2355 Eñ andre van menegher maniere.

Lycaon / dat es bekent /

Een dier van Orient /

Van wolfs gheslachte / als wi wanen;

Vs. 2338. *Allen* Linx; *voorts* H. seyt. V. seghet. | 2340. V. Ende. | 2342. H. maisire. V. Dat het dure siet ene masiere. | 2343. H.V. ne draghet in ghire (gheere) m. | 2344. B. bekind. H. Also alst is b. V. Waer ene. | 2345. H. eest *ontbr.* V. ist. | 2346. H. steket. V. Die het ute steket. B. trecket. | 2347. H. maect mennich V. maect menighen. B. omg. | 2348. H. clawen. V. clawen ist scarp ende fel. | 2349. H. De dit d. bekennen. V. bekennen. | 2350. H. Scriven — orine. *Allen* sire. | 1351. H. Ene gimme wert dire. V. Eene ghemme wort diere eñ f. B. gimme. | 2352. V. Lingurius. | 2353. B.V. bir. H. hijr. | 2354. H. *kent deze twee regels niet.* V. vintmen. B. vindmen. | 2356. H. Licaon dats. B. Licaon. | 2357. H. Een dier van Or. V. Es een dier van Or. B. coemt ute Or. | 2358. H. gheslacht. V. wulfs.

An finen hals langhe manen;

2360 So meffelijc ghebaruwet/ als men fpzeect/

Dat hem gheene barwe gebzeert.

Langher dan die wolf ghemeene/

Maer cozter an die beene/

Van fpzonghe eeft feere fnel.

2365 Bi pzoyen levet eñ niet el.

Den menfche eeft goedertiere.

Defe beefte heeft ene maniere

Leelec ende feere ru/

In den winter/ fegghic u;

2370 Eñ in den fomer fcone eñ flecht:

Dit es fiere naturen recht.

Lupus heet in dietfcher tale

Een wolf/ men weet die waerheit wale;

Eñ es een dier fcalc eñ wzeet/

2375 Guls/ eñ ten rove ghereet.

Selke boeke maken ons cont/

Dattet es een verwilbert hont.

Si hulen/ maer fi ne belen niet/

Dies die hont bi naturen pliet.

Vs. 2359. H. van langhen manen. V. met langen m. | 2360. H. misselic ghedaen.
B. sprect. V. gedaen. | 2361. H. ghine varwe. B. narwe gebrect. | 2362. V. wulf.
B.H. gemene. | 2363. H. Mer corter die beene. V. Mer. B. bene. | 2364. B. sprongen. H. eest *ontbr.* V. es hi sere. | 2365. H. leeft hi. V. proien levet hi ende niel
(*sic*) el. B. proien. | 2366. H. is hi goedertire : manire. V. es hi. | 2367. H. beeste
ontbr. V. hevet. | 2368. H. Lelic eest eñ sere. V. Leelic ist ende sere. B. Lelec —
sere. | 2369. H. segic. V. seg ic. | 2371. H. Dits sire. B.V. sire. | 2372. H. is in dutscher. V. es. | 2373. H. de warijt. V. wulf menne w. | 2374. H. Dat is lanc eñ sere.
B. wret. V. ureet, *verbeterd uit* vroet. | 2375. H. Glus eñ te roven. V. Ghuls eñ te
rove. | 2376. H.V. Sulke boke (boeke) m. c. (ons *ontbr.*). | 2377. H. Dat si een wilt
hont. V. Dat het si. | 2378. B. Si ulen. V. Si dulen. H. mar si bassen n. | 2379. H. Des
die wolf bi n. pl. V. Des.

2380 Als menne met enen scape iaghet /

Sachte hijt metter wollen bzaghet /

Om dat stille ligghen sal :

Anders verloze hi die vlocht al.

Ambzosius seit / dien die wolf siet /

2385 Dat hi te verliesene pliet

Sijn luut / siet hine int anschijn :

Die doet sijn quade venijn ;

Maer sietene die man eerst vozen /

So heeft die wolf den moet verlozen.

2390 Wert die wolf gheware des /

Dat die mensche so hees es /

Dat hi gheroepen niet en can /

So wille hine bestaen van.

Sinte Ambzosius raet eñ heet /

2395 Dat die man werpt of sijn cleet.

Neme enen steen in elke hant /

Den wolf sal twifelen te hant ;

Want hi ter weere siet den man.

Eest dat hi bi volghet an /

2400 So make een teken tusschen u tween /

Vs. 2380. H.V. Als men mit (met). | 2381. H. So sachte hijt mitter wolle. V. So sochte — wullen. | 2382. V. Om dat het. | 2383. H. de vlucht (de van later hand). V. Els verl. hi d. vlucht. | 2384. B. seid die den w. V. Ambrosis seit dien d. wulf. | 2385. B. verlisene. | 2376. B. lud. H. siet hien in de kele sijn. V. luud. | 2387. H. Dat doet van sire sie (sinen siene?) tsenijn. V. Dat doet siere sinen v. | 2388. H. Mer s. d. man te voren. V. die man voren. | 2389. H. de w. den moet v. V. hevet d. wulf d. moet. B. den mont. | 2390. B.V. Wort. H. de wolf. | 2391. H. Dattie m. s. eener es. | 2392. H. niet gheropen en can. B. geropen. V. hi roepen niene c. | 2393. H. So bestaet hi den man. V. wil hine. B. wille hi bestaen den man ; maer man is doorgehaeld en den eñ dan veranderd. | 2394. H. eñ seit. V. Ambrosis. | 2395. H. Dattie m. w. af s. cleet. B. of was eerst op. | 2396. B. een steen. | 2397. B. twiflen. V. twivelen. | 2398. B.H. were. | 2399. B. hi hem volghet. V. Eist d. hi di na volghet an. | 2400. H. maect een tieken. B. tusschen hem .II. V. mac een tekin.

Ofte legghe neder enen steen:

Hi sal werden vervaert saen;

Want hi met strecken vrucht sijn ghevaen.

Experimentor spreect/ die wise/

2405 Dat die wolf neemt wilghe rise

Ghelovert in sinen mont/

Eñ decter hem mede te somegher stont/

Dat hi die gheite wille verraden/   -

Want si gheerne eten van den bladen;

2410 Eñ alse die wolf op vuren tart

Die droghe sijn ende hart:

Vrocht hi dat si selen craken/

Dan can hi sinen poot nat maken

Met siere tonghen (dits groot sin)/

2415 Dat si craken selen te min;

Want hi vrocht der honde laghe.

Bat siet hi bi nachte dan bi daghe.

.XII. daghe rijt hi in den iare/

Eñ dan gaenre vele teere scare;

2420 Dan huult deen voren eñ dander naer;

Vs. 2401. H.V. Of legghet (lof legt) tusschen u enen steen. | 2402. B. Want hi sal
w. V. sal worden. | 2403. B. Want hi met vruchte comet aen; *maer de twee laetste
woordenzijn herschreven; daer stond eerst* : es bevaen. *In H. staet* : Want hi mit
starker vrucht wert bevaen. ❧ Want hi met streke ducht sijn ghevaen; *maer het
woordje* met *is hier ook later bijgeschreven*. | 2404. V. spreict. | 2405. H. Dattie w.
loverkine eñ rise. B. telge ende rise; *doch* ende *van later hand*. V. Dat die wulf
neemt wilghe rise. | 2406. H. Nemet in s. mont. | 2407. H. mede someghe st. V. mede
somich st. | 2408. H. de gheet. V. die gheete. | 2409 H.V. Die gaerne (gh'ne) comen
ten (toten) bladen. | 2410. B. op vuren tard. H. als d. w. op blade t. V. Eñ als d.
wulf in loveren t. | 2411. B. hard. H.V. De (Die) dr. sijn eñ een deel h. | 2412. H. sul-
len. V. vruchti dat si sullen. | 2413. B. hi *ontbreekt*. H. sine pote. V. sine voete. |
2414. H. dats. B. groet sijn. V. tonghe. *Voorts allen* sire. | 2415. H.V. Om dat si
cr. sull. B. te mijn. | 2416. H.V. vrucht. | 2417. H.V. Bet. | 2418. V. so rijt hi. |
2419. H. daer gaenre. B. gaere vele terre sc. V. Eñ d. so gaenre vele tere sc. |
2420. B. Soe hult d. voren. H. hulet hi vore, de andre naer. V. duult deen voren.

Dan reſt bi hem weſen ſwaer.

Van honghere eet hi eerde wel.

Eñ oec eſ ſine nature fel:

Alſe hi enen oſſe ofte een paert

2425 Beſtaen wille / dat hi begaert /

So eet hi eerſt eerde daer /

Om dat hi ſal weſen ſwaer /

Eñ bitet dier daert hevet macht /

Eñ werpet neder met ſiere cracht;

2430 Dan doot hijt / eñ werpt uut die eerde /

Eñ eet tvleeſch dat hi begheerde.

Plinius ſeit / hetſ ſine ghelove /

Dat elc deilt andꝛen van ſinen rove.

In des wolfſ blaſe leghet

2435 Syrites / een ſteen / als men ſeghet /

Daer men ſome lieden mede

Mach doen grote pijnlechede.

Altoes eſ hi van maghere wiſe /

Want hi ne maelt niet ſine ſpiſe.

2440 Manatech werdſi te ſomeghen ſtonden /

Daer ſi enen boven man vonden /

Vs. 2421. H. te wesene. V. Ende dan ist. | 2422. H.V. hongre et hi de eerde. B. et hi erde. V. In hongre heit hi daerde w. | 2423. V. Ende oec. *Dit vers zou misschien beter eenen regel hooger staen.* | 2424. H. Alsi enen o. of. B. paerd : begaerd. V. Als hi — of. | 2426. H. etet — erde. B. ierst. V. So heet hi teersten aerde. | 2427. V. Om dat hi wille. | 2428. H. dat heeft die m. B. bitet dart h. V. dier daert hevet de m. | 2429. B H.V. sire. | 2430. H. dodet hijt eñ werpet wt deerde. V. w. ute daerde. | 2431. H. etet vleys. B. et twelsch (*sic*). V. etet vleys dat hi begh'de. | 2432. B. seid. H. seyt ets sijn gh. V. sijn. | 2433. B. elc deeilt eclelc (*sic, en weêr doorgehaeld*) andren. H. deelt. V. deelt dandren van den rove. | 2434. E. leegt. | 2435. E. Cicites .I. st. dat m. seegt. H. Citites een st. dat men. V. Sutites. B. Cicites. 2436. H. lude. *Allen* some. | 2437. E. piinlijchede. H.V. pijnlichede. | 2438. H. magre. | 2439. B. hi en maelt gene spise. | 2440. H. Manatich werden si te somen. st. V. Mannachtich wordsi ten somighen st. B. te menegen.

Eñ sijn vleesch van ave veten;
Des ne moghen si niet vergheten
Die soetheit van den vleesche groot :
2445 Daer omme en ontsiet hi niet de voot.
Verbzivet mense van eneghter stede/
Si bzagen hare ionc mede/
Daer si maken hare niewe ganghe.
Die wolf mach leven langhe.
2450   Sijt met clauwen/ sijt met tanden/
Die wonde es ghevenijnt te handen/
Die die wolf voet eneghen diere :
Van salmer toe doen dese maniere
Daer men mede geneest die wonden/
2455 Die comen van verwoeden honden.
Die wolve/ die cortst sijn van leven/
Sijn van meester stoutheden.
Men maghene temmen alse den hont;
Maer emmer sal hi talre stont
2460 Bi naturen iagheren vlien;
Eñ mach hi cleenre beesten sien/
Lammerkine/ houkine/ hets om niet/

Vs. 2442. B. vlesch — biten. H. vleys. V. Ende s. vl. d. aen beten. | 2443. V. Sone consi niet v. | 2444. H. De s. v. d. vloysche. B. vlessche. | 2445. H. Daer om ontsiet hi meer de doet. B. Daerombe. V. Sone vruchtsi niet d. omme d. doot. | 2446. H. Verdrijfmense. | 2447. H. har. V. ionghe. | 2448. H. har nie g. B. neuwe. V. haer. | 2449. H. De w. — harde langhe. V. wulf levet utermaten l. | 2450. H. mit clauwen, sijt mit tanden. V. clawen — tanden. | 2451. B. Sine beette. H. Sine wonde is ghevenijt thanden. V. Die wonden sijn gh. te handen. | 2452. H. Die den w. V. Die die wulf deet. | 2453. V. Eñ dan saelre toe die man. | 2454. H.V. gheneset de (die) w. | 2455. B. verwoetden, V. verwoedden. | 2456. H. De w. B. corst. V. Die wulve d. corst. | 2457. H. De sijn. B stouheden. V. Die sijn. | 2458. H. maghen temmen als. B. timmen. V. machene t. als die hont. | 2459. B. ember. | 2460. H.V. iaghers. | 2461. B.V. clene. H. beeste. | 2462. B. havekine. H. Lammere, hokene, ets o. n. V. Als lammere, hoekine, wats ghesciet (sic, door verstelling. Z. de vlg. var.).

Hi verbijtse / wats ghescict.

Selke segghen / daer die wolf gaet

2465 Scaep stelen / als hi verstaet

Dat sijn boet een rijs boet craken /

Hi bitene / om selke saken

Dat hi leere terden stille.

Hi delvet proyen die hi niene wille ;

2470 En daer hi honde oec begaet /

Ghevallet dat hise vaet /

Hi bijtse doot / en berghet die proye.

Comt die wolf in scaeps coye /

Hi bijt alle die scaep doot /

2475 Eer hire af eet cleene ofte groot.

    Wolfs herte te pulvere ghebrant

En ghedronken alte hant /

Doet ghenesen / men waent des /

Die in epilepsien es /

2480 Op dat hi hem wacht ere sake

Dat hi brouwen nemmermeer ghenake.

Oec seghet ons een quenecum /

En lichte maghet waer wesen sum :

« Snijt enen rieme in des wolfs vel /

Vs. 2463. B. verbietse. V. dats omme niet. | 2464. H. Sulke. V. Sulc seghet — w. | 2465. H. Alsi. V. Tscaep. | 2466. H. et rijs. | 2467. B. biettene. H.V. bitene om sulke. | 2468. H. treden. V. tarden. | 2469. B. proien d. hinine w. H. proye de hi niet en w. V. proie d. hi niet en w. | 2470. V. Ende. | 2471. H. hisie vaet. V. Ghevallet hem dat. | 2472. H.V. en delvet de proye (proie). B. bietse — proie. | 2573. H. Coemt de w. in scaps coye. B. sc. coie. V. wulf in tscaeps coie. | 2474. B. biet. H.V. scape. | 2475. H. hier af et cl. af (sic) groet. V. Eer hire of het cleine of gr. | 2476. E.H. verbrant. V. Wulfs harte. | 2477. V. Ende. | 2478. V. Doe gh. | 2479. E.H. epylentien. B. epilensien. V. epylensien. | 2480. H. ene sake. V. Up dat. | 2481. E. nember. H nummer. V. nemmer vrouwen g. | 2482. E. segt — quenicum. H. quenicum. V. seit men een quenicum. | 2483. E. magt waer wesen som. H. som. V. En lichte het mach. | 2484. V. ene rieme in des wulves vel.

2485 Eñ daer mede so go?ti snel /
Het sal bi quite wesen doen
Van lanc ebele / van to?sloen :
Niet ne segghic dat si waer ;
Maer dat p?oeuen en es niet swaer.
2490 Die wolfs herte d?oghe hout /
Si gheeft rotte menerchbout.

Lintiscus es een dier
Seere fel ende onghier /
Van den hont eñ van der wolbinne ;
2495 Nochtanne was no?t pais no minne
Tusschen hem in gheerre stede ;
Maer lururie maect den b?ede.
Dit dier heeft beide gader
Van der moeder eñ van den vader
2500 Beide maniere eñ haer /
Eñ mach bedieuen / ouer waer /
Na den hont den p?ochipape /
Die emmer wacht vo? den wolf die scape ;
Want die pape moet met crachten

Vs. 2485. E. Eñ daer m. s. gorde di w. V. Ende goerter di mede w. | 2486. H. Et sal. B. saldie. | 2488. E. segge ic. H. Niet en segic dat dit si w. V. Niene seg ic dat es w. | 2489. E. nes niet swaer. B. proven. V. en *ontbr.* | 2490. E. droge houdt. B. dronke. V. Die swulf herte. | 2491. E. So geft roeke menichv. H. Soe ghevet roeke menichv. V. Soe ghevet r. menichv. | 2492. V. Lintisius. | 2493. B. ongier. H. eñ ongier. D. end (l. eñ) onghier. V. Wreet eñ f. eñ onghehier. | 2494. B. Van d. wolf eñ v. d. wovinnen (*sic*). H. wlvinne. D. wulfinen. V. wulinne (*sic*). | 2495. B. noit pais. H. Nochtan was nie p. noch m. D. Nochtan ne w. noint pais no mine. V. Nochtan sone was n. pais. | 2496. B. Tussche hē in gerre. H.D.V. Tusschen bare (haren V.) gheslachte in ghere (gheere V.) st. | 2497. D. Ne maer l. maket. | 2498. H. bedegader. D. hevet. V. Dit die dat hevet bede. | 2499. D. ende. V. vandē m. | 2500. H. maniren. D. Beede manieren ende. V. Bede maniere ende. | 2501. D. Endemach b. o. war. | 2502. B.V. die pr. D. prochhi pape. | 2503. B. ember. H.D. vanden w. (D. wulf) de sc. V. Die hont wacht vor d. w. de sc. | 2504. B.V. Eñ die p. H. mit. D. crachte.

2505 Sijn volc voz den dubel wachten;

Eñ na den wolf/ die leeft bi rove/

So pzoevic wel/ eñ ghelove/

Dat men selken pape kinnet/

Die sijns volcs ziele nine minnet:

2510 Der liede goet/ der liede wijf

Rovet hi/ die onsaleghe kaitijf.

Om dat ghesciede/ wet voz waer/

Des nes niet leden menech iaer/

Dat hem Sinte Pieter verbaerde

2515 Enen pziester goliaerde/

Eñ seide : « Du hebes versleghen

Die zielen/ die gheens stervens pleghen;

Welctijt so soutuse weder bzinghen/

Die bi di ter hellen ghinghen? »

2520 Van sranden spzac hi niet een woozt/

Die pape; want hi kinde die moozt/

Eñ heeft ghebetert sijn leven/

Eñ die werelt oec begheven/

Vs. 2505. D. voer. | 2506. H. de levet. D.V. wulf d. levet. | 2507. B. provic. H. So proiet (*sic*) hi als ic gheprove. D. So proiet hi alsicket ghelove. V. Sproevic (*sic*). | 2508. H.D. sulken p. kennet (kinnet). V. sulken. | 2509. H. Die svoles siele niet en m. D. sijns volkes siele nitne m. V. siele niet ne. B. nine. | 2510. H. Daer hi gaet ter lude w. B. Der lide guet, d. lide w. D. Den (?) lieder g. ende hare w. | 2511. H. Roven die onsalich keytijf. D. Roevet die ons. V. onsalighe keytijf. | 2512. H. Des ghesciede. D. Dat gh. wetet v. w. V. Dies gh. weit over w. | 2513. H. Des is gheleden mennich. V. En es niet leden menich. | 2514. H.D.V. Dat Sente P. hem verbaerde (verbarde D.) | 2515. H. Eñ den pr. D. goliarde. V. guliaerde. | 2516. H. seghede. | 2517. B. De zilen die geens stervens plegens. H. Die zielen. D. De zielen die niet st. V. Die sielen. | 2518. B. Weltijt so soutuse br. (weder *ontbr.*). H. Welctijt si acuse (*sic*) weder br. D. Weltijt saltuse weder br. V. Wiltijt sultuse w. br. | 2519. H. De bi di. D. bidi ter ellen. V. di *ontbr.* | 2520. H woert. D. niet en wort. V. ne sprac hi n. | 2521. H. Want hi kinde sine woert. D. Want hi kende wel die mort. *In beide deze HSS. ontbr. in 't begin van den regel* : Die pape. B. die wort. V. kende d. mort. | 2522. D.V. hevet. | 2523. H. Entie w. D. Enti.

Eñ so ghebetert dat hem mesquam/
2525 Dat hi saleghen enbe nam.

Lucrocota eȝ ene beeste
Daer Plinius af spreect in sine geeste/
Die met snelheden verwint
Alle beesten die men kint.
2530 Na den hert eest ghestiet;
Ghebuuct/ gherught/ alȝ men esele siet;
Ghebozst alse die lyoen;
Ghehovet na deȝ kemelȝ doen;
Ghemont van oze toze;
2535 Spleetvoete eest/ alsit hoze;
Sonder tande : maer een been
Vast eñ scarp/ eñ el negheen
Gate/ daer tande souden staen.
Na den man roepet/ sonder waen.

2540 Leontofona/ scrivet Solñn/
Eȝ een lettel beestekñn/
Dat men al tasschen bernen pleghet/
Eñ die assche men leghet

Vs. 2524. H. misquam. | 2525. H. goeden ende. D. goeden hende nam; *waer de*
afschrijver nog een derden rijmregel bijlapte : Eud (Eñ?) te hemele dor bi clam.
V. So dat bi salighen. | 2526. V. Leucocrota. H. Lentocrata. B. Lentocroca. | 2527. H. of
seghet in s. ieeste. B. Dat Plin. V. Als Plin. scrivet in g. (sine *ontbr.*) | 2528. H. De
mit. V. verwnnet. | 2529. V. kinnet. | 2530. B. gesciet. V. es hi gh. | 2531. B. Ge-
bucht, gerugt. H. gheruct. V. Ghebuket, gheruggbet. | 2532. H. als d. lyoen. B. leoen.
V. Gheborst, ghebent na den lyoen. | 2533. H. Ghevoet. | 2534. H. thore. V. van den
hore te ore. | 2535. H. Spletvoet ist als ict h. B. Splet voete eist. V. Splet voete es
het. | 2536. V. ist maer een been. | 2537. V. scaerp. *Voorts van de eerste hand* al
ne gheen. | 2538. V. Gaet hem d'tande. | 2539. B. ropet saen. H. roept. V. Na mans
luut roept het. | 2540. H. Lentofona scrijft. V. Leocophona. B. Lentof. | 2541. V. luttel
beestkijn. | 2542. B. in hasscene te berne. H. in asche te bernen. V. al tasschen barne
pl. | 2543. H. assce. B. asscene. V. asschen men dan leghet.

In die pade daer die liebaerde

2545 Wandelen selen haerre vaerde;

Want die lewen bliven doot/

Comen sire ane cleene of groot.

Vaer die lewe dat dier oec vint/

Hi en spares niet een twint;

2550 Want hi dodet : dan moet hi mede

Selve sterven daer ter stede.

Oec dodet met siere urine

Den liebaert/ sonder ander pine.

Ontsiet die cleine/ ghi grote heeren/

2555 Hets meslijc waer die saken keeren!

Acta/ alse die glose seghet/

Die op Moyses boeke legghet/

Es een dier mate groot/

Dat milen die wet verboot.

2560 Waer dode ligghen gaet ten graven/

En voze alrehande haven

Es sine ghenoechte/ hoor ic bedieden/

Dat vleesch van den doden lieden.

Lepus es des hasen name;

Vs. 2544. B. In pade. H. lyb. | 2545. B. Wandlen. V. Wandren sullen. H. sullen. *Allen* hare. | 2546. B. Wand. H. de lewe blivet. V. leewen. | 2547. H. an clene. B. clene ofte. V. sire an clene of te gr. | 2548. B. leu. H. de l. V. leewe. | 2549. H. Hine spaets (*sic*). B. twijnt. V. Hine sparets n. en tw. | 2550. V. Hine bitet doot en dan moet hi m. | 2551. V. Sterven selve. | 2552. H. mit sire orine. V. doot het m. sire or. B. sire. | 2553. H. ander *ontbr.* | 2554. B. gi. H. de clene, ghi. | 2555. H. Ets mis-selic w. de s. V. Messelijc (Hets *ontbr.*). | 2556. H. als. | 2557. H. boke. V. up. | 2558. B. dier bore groet : verboet. V. ne buer gr. | 2559. H. En d. w. de w. verboet. V. En dat. | 2560. H. grave. V. gaet inden grave. | 2561. H. vor alreh. have. V. Ende vor alreh. have. | 2562. H. horic bedieden. B. genoecte horic. V. ghenouchte horic. | 2563. H. vleys — luden. B. vlesch, *als schier immer.* | 2564. H.V. Dats des.

2565 Sijn vleesch es vele lieden bequame.
Bloode eest seere eñ snel ter vlucht:
Daghes etet selven doz die bzucht.
Die wesele gaet met hem spelen/
Eñ alst heme comet ter kelen/

2570 Bijt soene mozdadelike doot.
Elcs iaers/dats wonder groot/
Verwandelt hi/spzeect die scrifture/
Sine beestelike nature.
Snee eten si doz die noot.

2575 Ambzosius scribet/die heere groot/
Dat selc lant es/nu merct dit/
Daer si sijn te wintere wit;
Eñ alse dat coude ballet neder/
Comt hem ander haer dan weder.

2580   Des hasen longhene/als men seghet/
Es op die oghen goet gheleghet.
Ieghen menegherhande sake/
Die an den voet es tonghemake/
Wzive die longhene ontwee/

2585 So gheneset al sijn wee.
Clip dat men bint in sine maghe/

Vs. 2565. H. vleys — luden. | 2566. B. Bloede eest sere eñ ter vlucht. H. Bloede
ist sere eñ ter vlocht. V. Sere bloot ende snel. *Ik nam dit snel uit* V. *over. Mis-
schien schreef Maerl.*: eñ seere ter vl.? | 2567. H. dor de vrocht. V. et hi selden d.
die lucht. | 2568. H. De w. gaen mit. B. gaen. | 2569. B. alshi heme. H. hem comen.
V. Maer alsi hem comt. | 2570. H.B. Bijtsie moerd. (mordalike) doot. | 2571. H. Elx i.,
dits w. B. Dit dier, dats w. V. Elxs i. dits. | 2572. H. de scr. V. hie seit die scr. |
2574. B.H. Sne. | 2575. H. scrijft de h. V. Ambrosis. | 2576. H. sulc land is. B. land.
V. sulc — marct. | 2577. H. wintre. | 2578. V. als. | 2579. B. Coemt hem ander har.
H. Coemt. V. hem tander. | 2580. E. segt. H. Dese hasen. V. longre. | 2581. E. ge-
legt. H. Es goet op d. oghen gh. V. up doghen. | 2582. H. menegherhande saken.
V. menighrande. | 2583. H. is. V. andie voete. | 2584. H. de l. en tve. V. Wrme
(*sic, of* wrine?) die longre. | 2585. E. geneest. H. we. | 2586. E. Dlib d. m. vint.
B. Lip d. m. vind. H. Dat lip. V. Libbe.

Stelpt den lichame van fiere plaghe;

Het mach oec langhe gheburen.

Hem die fijn van natter naturen/

2590 Es fijn vleesch goet eñ ghefont.

Snelre es hi voz den hont

Clemmende/ van nederwaert;

Want hem benemen fine vaert

Vozen fine cozte beene.

2595 Hi eñ die liebaert gemeene

Slapen met oghen wide ontdaen.

Sinte Bafilijs doet ons verftaen/

Waer fi dien eñ hem gheneeren/

Niet lichte mach menfe dane weeren;

2600 Want fi dien ende winnen

Meer dan men mach beklimmen.

Dit doet hem nature gheleeften/

Want hi es prope van allen breften.

Een paer ionghe werpt hi nu :

2605 So heeft hi in een ander ru/

Een ander al fonder haer /

Eñ in fade een ander paer.

Efculapius die feghet/

Dat des hafen herte pleghet :

2610 Verfch an eens hals ghehanghen

Vs. 2587. V. Suelt. H. lichaem. *Allen* sire. | 2588. H. Et mach. V. oec uutlan-
ghe. | 2589. B. na ter. H. de sijn v. mater. | 2590. H. vleys. | 2593. V. benemet.
| 2595. H. entie lieb. V. entie liebaert allene. | 2596. H. mit o. wijt ondaen. V. Sla-
pen oghen wijde ondaen. | 2597. H. Sente Baselijs. V. Baselis. | 2598. B. si dihen eñ
h. genere. | 2599. B. danne w. V. ne machmense dane gheweeren. | 2600. H. eñ
winnen. | 2601. V. dan mensche mach. | 2603. B. proie meest van. H. van andren
b. V. proie meest allen b. | 2604. H. si nu. V. ionghen. | 2605. H. Zo heeft hi in
een ander een ru. V. hevet. | 2608. E. segt. H. de seghet. | 2609. E. plegt. H. Dattes. |
2610. V. Al varsch. H. an een hals.

Doet den vierden dach rede verganghen/

Eñ helpt den ghenen oer die vallen.

Noch spreect men oec van siere gallen/

Dat soe maect donker oghen claer.

2615 Sine niere droghe/ dats waer/

Eñ ghepulvert over een

Sijn goet ieghen der blasen steen.

So es oec met warmen dome sijn bloet.

Sine matrice ghedroghet es goet;

2620 Want soe knapeline doet ontfaen.

Eñ oec mede [....] sonder waen/

Ghepulvert eñ gheminghet te hant;

Dus eest bescreven daer ict vant.

Utter/ nadien dat ict weet/

2625 Es een dier dat men otter heet/

Van seere scalker manieren.

Bi broeken wonet eñ bi rivieren.

Sijn vel es bruun/ scone eñ biere.

Holen maken si/ dats hare maniere/

2630 Daer si in broeden hare ionghe.

Op vissche sijn si ghereet te spronghe/

Vs. 2611. B. den vierden rede v. V. Den vierden rede doet verg. | 2612 E. de ge-
nen. V. den ghonen. | 2613. E. oec *ontbr.* V. Oec spreict men van sire gallen. |
2614. E. Dat so m. donkere. B. Doe soe maect. H. Dat si doet donker. V. Datsi. |
2615. H. niren. V. nieren ghedroghet. | 2616. V. Ende ghepulvert sijn over een |
2617. H. den bl. V. Sijn *ontbr.* | 2618. B. oec *ontbr.* | 2619. E. ghedroghet *ontbr.*
H.V. matrice gh. is g. B. matrise. | 2620. E. knapelkine ontfaen doet H. Want si
knapeken ontfaen doet. V. knapelijn ontfangen doet. | 2621. B. *alleen heeft dezen
regel, die wijders verminkt schijnt. Z. de Aentt.* | 2622. E. gemint. H. gheminghet.
B. gemingt. V. eñ ghenut. | 2623. E. eist. H. ist bescr. als ict. V. ist. | 2624. H. na
dat ict. V. dats na dat ict weet. | 2625. H. deer. V. Een dier d. m. den o. h. (Es
ontbr.). | 2626. H. Een dier van scalken maniren : riviren. V. Een dier van scalker
m. | 2627. B. Bi broken woene eñ bi riv. H. Bi broken w. eñ riv. | 2628. H. is br.
scoen. | 2630. H. broden. B. ioncge. | 2631. B. vessche. V. ten spronge.

Eñ daer boen si grote scade.

Tanghe eñ met goeder stade

Mach hi onder twater gaen;

2635 Doch moet hi die lucht ontfaen /

Ost hi ne mach anders leven niet.

Daer bi es sommile ghesciet /

Alse hi vissche vint ghevaen

In corve / dat hise etet saen :

2640 Can hire niet ute gheraken /

Die boot moet hire omme smaken /

Als hi die lucht niet en hevet.

Het es dat ghierste dier dat levet ;

Want het legget in sinen hole

2645 Vele vissche teere scole /

So dat al die lucht wert quaet

Van den stanke dire afgaet.

Diese vaen werden sware

Dicke deser lucht gheware.

2650   Visschers pleghen ere saken /

Dat si den otter tam maken

Eñ leerne / omme te visschene bet /

Vissche iaghen in haer net.

Vs. 2632. H. groten. V. Ende daer in doen si groten sc. | 2633. V. Langher ende goeder stade. | 2634. H. onder water. V. So mach hi. B. dwater. | 2635. B. Docht. H. de lucht. V. Doch so moet hi. | 2536. H. Of. V. Iof. | 2637. H. is. | 2638. H.V. Als hi vissche. B. vessche. | 2639. V. corne. | 2640. H. wtgher. V. Eñ can dan niet. | 2641. H. Den doet moet hijr o. sm. V. So moet hire omme die doot sm. | 2642. H. de lucht. V. Want hi der lucht. | 2643. H. Es tghierste. Het *ontbr.* B. dir. V. Hets een tghierste dier. | 3644. H. Want et l. in s. holen. V. holen. | 2645. H. vissche teere scolen. B. vessche tere sc. V. tere scolen. | 2646. V. alle d. l. wort. | 2647. H. dier. V. dire of. g. | 2648. H. Die si van (*verbeterd* vaen) werdens ware. B. worden sware. V. vanghen worden sware. | 2649. B. Dicken. V. Dicken dese l. | 2650. B. Vesschers. V. Visscher. | 2651. V. tem. | 2652. B. vesschene. | 2653. H. iaghen si. B. Vessche iagen iagen (*zoo herhaeld*) in har.

LOcuſta/ ſpꝛeect Jacob ban Bitri/

2655 Dat een bierboete bier ſi/

Eñ hebet thobet bet eñ groot/

Eñ eſ goet tetene ter noot.

Alſo alſ Auguſtinuſ wiſte/

So at dit bier Jan Baptiſte.

2660 Andꝛe ſegghen dat hi ne dede :

Eñ ſegghen dat een cruut eſ mede/

Heetet locuſta/ dat hi at ;

Maer liever volghicſ teſer ſtat

Der gloſen ban Sinte Auguſtine.

2665 Dierboete ſijn deſe dierckine/

Alſo groot alſe cronijn twaren/

Eñ wandelen te ſamen bi ſcaren.

Ariſtotileſ die telt/

Dat een wijf een locuſta helt/

2670 Om dat ionc waſ eñ cleene ;

Daer na omme lanc/ alleene/

Wart het bꝛaghende ſonder ghenoot/

Eñ dit waſ een wonder groot.

Ban der .L. hebbi ghehooꝛt/

2675 Nu hooꝛt ban der .M. hooꝛt.

Muluſ eſ een bier/ wil men kinnen/

Vs. 2655. H. viervote. B.V. vier voete. | 2656. H. Eñ heeft thoeft. V. Ende hevet.
| 2657. V. Ende es g. teitene. | 2658. B. wijste. V. als Sinte Austijn. | 2660. H. hine.
V. Ander s. d. hi en d. | 2662. H.V. Heet. | 2663. H. volgic deser st. B. liver volgics.
| 2664. B. dan S. Aug. H.V. eñ Sinte. | 2665. H.V. Viervote (voete) s. d. dierkine. |
2666. H. alse conine. V. als een conijn te waren. | 2667. H.V. wanderen te gader.
| 2668. B. teelt. | 2669. V. ene loc. B. heelt. | 2670. V. Om datsi i. was ende cl. |
2671. H. omlanc. V. Ende daer na. | 2672. H. Wart draghende. B. Wert het. V. Wort
si dr. | 2673. H. was te wondren. | 2674-2675. H. gehoert : Nu hoert — voert. B. ge-
hort : Nu hort — vort. V. ghehort, Hort vander .M. het vort. | 2676. V. wile wi k.

Dat besel eñ die merie winnen /

Eñ es ter pinen harde goet.

Alse besel es hi gheboet /

2680 Gheoret / eñ baer toe ghecruust;

Alse besel sine stimme ruust;

Magher es hi na den bader;

Anders alse een peert algader.

Nemmermeer in haren baghen

2685 Moghen si winnen no bꝛaghen.

In roomschen boeken bint men ghenoech /

Dat mulinne wilen bꝛoech /

Eñ dat was wonder groot eñ stranc /

Eñ niet der naturen ganc.

2690 Si bꝛaghen sachte eñ wel /

Haren pas / eñ niet el.

Dat peert eñ die eselinne /

Alsi bersamen in hare minne /

Daer eerhande muul af coemt /

2695 Dien tlatijn burbulus noemt;

Maer van den muul es desel bader :

Dit seit die scrifture algader.

Monocheros / berstaet mi wale /

Vs. 2677. H. Dattie esel entie merie. | 2678. Ende hets in pinen. | 2679. H.V. Als desel is (es) hi. | 2680. Ghehoret. H. Ghehoert eñ daer to gh. V. Ghehoort eñ daer toe. | 2681. H. Als desel s. stemme. V. Heiselike sine stemme. | 2683. H.V. als een paert. B. pert. | 2684. B. Nemb. H. Numm. | 2685. H. noch dr. V. Ne moghen si. | 2686. B. vindmen. H. roemsch. boken. V. genouch. | 2687. B. droch. V. Dat wilen mulinnen drouch. | 2688. V. Maer dat w. | 2690. V. sochte ende w. | 2691. V. Maer haren pas. | 2692. B. part eñ die esellinne. H. eñ oec die. V. eñ oec die esellinne. | 2694. H. Dar eenrehande mule of coemt. B. Daer erande mul. V. Daer eenrande muul of coemt. *Omzetting; versta* : Daer af comt eerhande muul. | 2695. B. Dien latijn. V. Dien dat latijn. H. burdicus. | 2696. B.H. van den mul. V. van den mule es die esel v. | 2697. B. seid. V. Dus hevet. | 2698. V. Monecroes.

Luut eenhozen in dietsche tale.

2700 Plinius spzeect eñ Solijn/

Cume mach bzeeffeliker dier sijn :

Sijn luut elken man berbaert.

Ghescepen eeft alse een paert/

Gheboet ghelijc den elpenbiere/

2705 Ghehobet na des herts maniere/

Na tswijn ghesteert/ alse wijt hozen;

Midden in den hobede bozen

Raghet hem een hozen bozclaer :

Bier boete es hi lanc/ dats waer;

2710 So scarp/ daer mach niet ieghen staen.

Men macht met gheenen engiene baen/

No niet ghetemmen/ hoe soet si.

Ons seghet Jacob ban Bitri/

Dat lebende gheen man en baet;

2715 Want eeft so datment beftaet/

Eñ het hem siet ins mans hoebe/

Het blibet doot ban obermoede.

Dit nes beenhozen niet/ dat berftaet/

Dat die reine maghet baet.

Vs. 2690. H. in dutscher t. V. Ludet — dietscher. | 2700. V. Pl. spreict ende Sol. | 2701. V. vreeseliker. | 2702. B.V. luud. | 2703. H. als. V. es het als. | 2705. H. Ghehoeft na des hertes manire. | 2706. H. ghestert als. V. Na dat swijn ghestaert als wijt. | 2707. H. hoefde. V. Boven uten h. | 2708. H. de hoerne claer. V. so dur claer. B. so claer. | 2709. H.V. viervote lanc is (es) hi. | 2710. H. So starc d. m. n. voren st. V. scaerp daer ne mach niet voren st. | 2711. B. maget — engien. H. mit gene engien. V. Men maghet bi eng. | 2712. B. getimmen. H. Noch — ho soet si. V. Mare niet gh. hoe so hetsi. | 2713. V. Oec scrivet. | 2714. H. ne vaet. B. gene manne en v. V. man ne v. | 2715. B. est soe. V. ist so also datment begh't (= beghaert?). *Anders kan deze verkorting in het haegsche of vissersche handschrift (V.) niet opgelost worden, en het is klaer te zien dat de afschrijver, zonder acht te geven op het rijm, begaert in plaets van begaet gelezen heeft.* | 2716. H. Eñ et hem siet ins mans boden. B. in mans. V. Ende — in des mans. | 2717. Et blijft doet. | 2718. H. deenhorn. V. Din es teenh. | 2719. H. Die de reyne.

2720 Molosus/ scribet Abelinus hier/
Es een seere onsienlijc dier;
Men bintse in menech wilt lant.
Dit es alre biande biant/
Eñ scinet wesen ene sake
2725 Ghescepen ter werelt wrake.
Sine tande sijn scarp eñ lanc/
Eñ sine bete groot eñ stranc;
Wat soet ghemoet stridet an/
Eñ seere vechtet opten man/
2730 Eñ doet hem grote breese mede;
Maer der kinder onnoselhede
Ontsiet/ dans gheene saghe/
Eñ scuwet seere hare slaghe.
Dus merct men in dire maniere/
2735 Wattie wreetheit van den diere
God maecte dor selke sake/
Wattet si der sonde wrake;
Niet om scade no om lette
Der gherre die sijn sonder smette.

2740 Mauricomozion es bekent

Vs. 2720. H. Melotus scrijft Ad. hijr. B. Molocus. V. Adelmus. | 2721. H. een vreeslic,
onsienlic dier. V. seer ontsienlic. | 2722. B. vindse—welt. H.V. menich. | 2723. H. Dits.
V. Dits alre vianden. | 2724. B. scijnt. H. Et scinet. V. Ende schijnt. | 2726. H. lang
(sic). | 2727. V. Sine b. wijt ende str. (Eñ ontbr.). | 2728. V. Wat soe het gh. strijt
hem an. | 2729. H. vecht op den m. V. Sere v. up den m. (Eñ ontbr.) | 2730. Allen
vrese. | 2732. B. dans gene. H. dan is ghene. V. Ontsiethet dans ghene. | 2733. V. Ende
vliet sere vor hare sl. | 2734. H. dire manire : dire. V. Dus maerc ment in deser ma-
nieren. | 2735. B. Dat die. V. Dat die wr. v. d. dieren. | 2736. V. makede om sulke.
H. sulke. | 2737. B.H. Dat het (Dattet) doen soude gene (gh.) wr. V. Dat het sider s. wr.
| 2738. H. noch. V. om smette. | 2739. H. ghere de s. V. Der ghoenre d. s. sonder lette.
| 2740. B. bekint. H. Maric. sijn beeste (bekent ontbr.). B. Maric. V. Mauricomenon.

Ene beeſte van Oꝛient;

Na ſlewen grote/ des ſijt ghewes/

Alſe ons ſcrivet Ariſtotiles;

Seere wꝛeet/ van hare root/

2745 Dꝛie paer tanbe ſcarp eñ groot/

Oꝛen/ oghen enbe anſchijn

Recht oft een menſche mochte ſijn;

Maer boghen ſijn van bonkeren boene;

Sijn ſteert alſe van ben ſcoꝛpioene;

2750 Ghetant alſe bie liebaert nochtan;

Sijn luut recht oft ſpꝛake een man;

Sijn bꝛieſchen alſe ene boſine.

Shertes ſnelheit eñ bie ſine

Die es harbe even ſnel;

2755 Eñ es allen menſche(n) fel/

Eñ waer ſoetne mach begaen/

Verbijtne enbe etene ſaen.

Manticho꞉a mach wel een wonber ſijn/

Alſe Plinius ſcrivet eñ Solijn:

2760 Gheanſchijnt alſe een man/

Maer oghen ghelu hebet nochtan;

Vs. 2741. H.V. in Orient. | 2742. B.V. Na des lewen (leewen) gr. H. sijt gewis. |
2743. H.V. Als. | 2744. B. wret van hare rote. H. rote. *Allen* sere. | 2745. H. Dre
p. t. sc. eñ grote. V. Drie pertande (*sic*) starc eñ groot. | 2746. H. Hoer oghen eñ
anschijn. V. Oghen, horen ende anschijn. | 2747. H. mocht. | 2748. H. de oghen —
done. | 2749. H.V. stert (staert) als v. d. scorpione. | 2750. B. Getand a. d. liebart.
H. als die liebaerd. V. Gheclawet als een l. | 2751. B. luud oft recht spr. V. luud r.
als spr. | 2752. H. Si breeschen als ene busine. B. bosine. V. briessche als een boe-
sinc. | 2753. H. Des hertes snellede eñ te sine. B. eñ siene. V. Des herts snelhede eñ.
| 2754. H. De is harde. | 2755. V. Het es. | 2756. H. waer sone m. bevaen. B. war
soet ne. V. soettene m. ghevaen. | 2757. H. verbiten eñ eten saen. V. verbijttene
ende. | 2758. H. Manthicora mach een w. s. B. Manchicora. | 2759. H. Als Pl. scrijft.
V. Als. | 2760. H. Gheansicht als. V. Gheanschijnt es het als die m. | 2761. H. Mer
oghen hevet ghelijc nochtan. V. Maer die oghen ghelu nochtan. B. gelijc.

Root van hare; ghelijc den lyoen

Eest bina ghemaert in al sijn doen;

So starc dattet wonder es.

2765 Soeten luut hevet/ des sijt ghewes/

So dattet scijnt die waerheit das/

Als oft conste al pipe gheblas.

Vor des menschen vleesch alleene

So ne minnet groot no cleene.

2770 So snel eest in siere vlucht

Alse die voghel in die lucht.

Ozierekede staen hem int hovet

Sine tande/ dies ghelovet.

Musquelivet es bekent

2775 Ene beeste in Ozient/

Alse Platearius seghet/

Na die grote die te sine pleghet

Dat ene ratte hier es.

Ene sweere/ des sijt ghewes/

2780 Wast hem an sinen scacht:

Vs. 2762. H. den lyone. B. lioen. | 2763. H. Is hi na gh. in al sinen done. V. Es hi bi na. B. bi na. | 2764. H. is. V. So scaerp gestaert dat w. es. | 2765. B. luud. H. heeft d. s. gewis. V. So soete gheluut, gheloeft mi des. | 2766. H. So dat scijnt de wareyt d. V. Dat het schijnt. | 2767. B. Als oft het conste pipe geblas. V. Dat dat dier can al pipe gh. H. pipen. | 2768. H. vleys allene. *Ook* B.V. allene : clene. | 2769. H. noch clene. | 2770. H. Zo. V. es het in sine vl. | 2771. H. Als d. v. in der l. V. Als d. v. es in d. l. | 2772. H. int hoeft. B.V. Drie rekede (*sic, voorts* V. in thovet). | 2773. H. Die tande dies gheloeft. V. Sine tandes, des gh. B. dijes ghelovet. | 2774-2775. V. Mus quellibet, dit es bekent, Es ene b. | 2776. V. Als ons Plat. | 2777. B. groete dat dier te sine plegh. H. grote de te sine pl. V. grote dat dicre. | 2778. H. hijr is. V. *kent dit vers niet en wijzigt de volgende aldus:*

Eene sweere wast hem an sinen scacht,
Als soe ripe es dat dier wacht, enz.

Naer Als soe *kan men bij* B.H. Alsi *gissen voor* Alst. | 2779. H. suere d. s. ghewis.

Alst ripe es/ dat dier wacht

Dat hetse an enen boom breect/

Eñ/ alse Platearius spreect/

Dat etter hart al daert staet/

2785 Eñ dit es sijn musceliaet;

Maer best eest dat die smeere uut gheeft.

Alst musceliaet verloren heeft

Sine cracht/ men hout in stanke/

Het wert starc/ al wast cranke.

2790 Hets goet ieghen cranke herte;

Eñ ieghen syncopine smerte

Eñ cranke hersine eñ quabe maghe

Eest goet/ eñ te menegherhande plaghe.

Mamonetus es ene breste/

2795 Spreect Liber rerum in sine geeste/

Na [t]simminkel een deel ghedaen/

Maer minder een deel/ sonder waen.

Ru eñ lanc es hem die staert;

Grof sijn hals ten hovede waert/

2800 Dat menne qualike als eñ als

Binden mach om sinen hals/

Vs. 2781. H. is. | 2782. H. Datse an (het *ontbr.*). *Allen* boem; *voorts in* V. brect. | 2783. V. Ende—sprect. | 2784. B. hart eñ dart staet. H. hevet al d. st. V. hart al daer het st. | 2785. H. Eñ dat is sijn muskeliaet. V. sijn *of* sijn? | 2786. H. Mer b. is datti svere u gh. V. Mare b. ist—ute gevet. | 2787. H. Alse muskeliaet. V. Als m. v. hevet. | 2788. H. in groten st. V. stanc. | 2789. H. Et w't sterc al w't cr. V. wort al was-het cr. | 2790. H. Ets g. iegen cranke herten. V. die cranke. | 2791. H. sincopinen smerten. V. Eñ tieghen der sijncopijn sm. | 2792. H. cranken hersen. V. Cranke hersene, levere, maghe. | 2793. H.V. Ist (Eist) goet eñ te (enter) menigher plaghe. | 2794. H. Mamonitus is eene b. B. Manonecus. V. Mavonethus. | 2795. H. Scrijft—ieeste. V. Spreict | 2796-2797. *Deze twee regels ontbreken in* B. *en* H. *In* V. *staet*: Na scimm. | 2798. H.V. Ru ende lanc. H. is h. de stert. B. start: wart. | 2799. B. Groef. H. Sijn hals grof ten hoefde w. V. Sijn hals so groef ten hoefde w. | 2800. H. Dat ment q. V. ment, *veranderd in* mene. | 2801. V. Mach ghebinden om den h.

Root van hare; ghelijc den lyoen

Eeft bina ghemaert in al sijn doen;

So starc dattet wonder es.

2765 Soeten luut hevet/ des sijt ghewes/

So dattet scijnt die waerheit das/

Als oft conste al pipe gheblas.

Vo; des menschen vleesch alleene

So ne minnet groot no cleene.

2770 So snel eest in siere vlucht

Alse die voghel in die lucht.

D;ierekede staen hem int hovet

Sine tande/ dies ghelovet.

Musquelibet es bekent

2775 Ene beeste in O;ient/

Alse Platearius seghet/

Na die grote die te sine pleghet

Vat ene ratte hier es.

Ene sweere/ des sijt ghewes/

2780 Wast hem an sinen scacht:

Vs. 2762. H. den lyone. B. lioen. | 2763. H. Is hi na gh. in al sinen done. V. Es
hi bi na. B. bi na. | 2764. H. is. V. So scaerp gestaert dat w. es. | 2765. B. luud.
H. heeft d. s. gewis. V. So soete gheluut, gheloeft mi des. | 2766. H. So dat scijnt
de wareyt d. V. Dat het schijnt. | 2767. B. Als oft het conste pipe geblas. V. Dat dat
dier can al pipe gh. H. pipen. | 2768. H. vleys allene. *Ook* B.V. allene : clene. |
2769. H. noch clene. | 2770. H. Zo. V. es het in sine vl. | 2771. H. Als d. v. in der l.
V. Als d. v. es in d. l. | 2772. H. int hoeft. B.V. Drie rekede (*sic, voorts* V. in tho-
vet). | 2773. H. Die tande dies gheloeft. V. Sine tandes, des gh. B. dijes ghelovet.
| 2774-2775. V. Mus quellibet, dit es bekent, Es ene b. | 2776. V. Als ons Plat. |
2777. B. groete dat dier te sine plegh. H. grote de te sine pl. V. grote dat diere.|
2778. H. hijr is. V. *kent dit vers niet en wijzigt de volgende aldus :*

> Eene sweere wast hem an sinen scacht,
> Als soe ripe es dat dier wacht, enz.

Naer Als soe *kan men bij* B.H. Alsi *gissen voor* Alst. | 2779. H. suere d. s. ghewis.

Alst ripe es / dat bier wacht

Dat hetse an enen boom breert /

Eñ / alse Plateariuß spreert /

Dat etter hart al baert staet /

2785 Eñ dit eß fijn musseliaet;

Maer beft eeft dat bie smerre uut gheeft.

Alft musseliaet berlozen heeft

Sine cracht / men hout in stanke /

Het wert starc / al wast cranke.

2790 Hetß goet ieghen cranke herte;

Eñ ieghen syncopine smerte

Eñ cranke herfine eñ quabe maghe

Eeft goet / eñ te menegherhande plaghe.

Mamonetuß eß ene breste /

2795 Spreert Liber rerum in sine geefte /

Na [t]simminkel een beel ghebaen /

Maer minder een beel / sonder waen.

Ru eñ lanc eß hem bie staert;

Grof sijn halß ten hobebe waert /

2800 Dat menne qualike alß eñ alß

Binben mach om sinen halß /

Vs. 2781. H. is. | 2782. H. Datse an (het ontbr.). Allen boem; voorts in V. brect.
| 2783. V. Ende—sprect. | 2784. B. hart eñ dart staet. H. hevet al d. st. V. hart al daer
het st. | 2785. H. Eñ dat is fijn muskeliaet. V. sijn of sijn ? | 2786. H. Mer b. is datti
svere u gh. V. Mare b. ist—ute gevet. | 2787. H. Alse muskeliaet. V. Als m. v. hevet.
| 2788. H. in groten st. V. stanc. | 2789. H. Et w't sterc al w't cr. V. wort al was-
het cr. | 2790. H. Ets g. iegen cranke herten. V. die cranke. | 2791. H. sincopinen
smerten. V. Eñ tieghen der sijncopijn sm. | 2792. H. cranken hersen. V. Cranke
hersene, levere, maghe. | 2793. H.V. Ist (Eist) goet eñ te (enter) menigher plaghe. |
2794. H. Mamonitus is eene b. B. Manonecus. V. Mavonethus. | 2795. H. Scrijft—
ieeste. V. Spreict | 2796-2797. Deze twee regels ontbreken in B. en H. In V. staet:
Na scimm. | 2798. H.V. Ru ende lanc. H. is h. de stert. B. start : wart. | 2799. B. Groef.
H. Sijn hals grof ten hoefde w. V. Sijn hals so groef ten hoefde w. | 2800. H. Dat
ment q. V. ment, veranderd in mene. | 2801. V. Mach ghebinden om den h.

Noot van hare; ghelijc den lyoen
Eest bina ghemaert in al sijn doen;
So starc dattet wonder es.

2765 Soeten luut hebet/ des sijt ghewes/
So dattet scijnt die waerheit das/
Als oft conste al pipe gheblas.
Vor des menschen vleesch alleene
So ne minnet groot no cleene.

2770 So snel eest in stere vlucht
Alse die voghel in die lucht.
Vzierekede staen hem int hovet
Sine tande/ dies ghelovet.

Musquelibet es bekent
2775 Ene beeste in Ozient/
Alse Platearius seghet/
Na die grote die te sine pleghet
Dat ene ratte hier es.
Ene sweere/ des sijt ghewes/
2780 Wast hem an sinen scacht:

Vs. 2762. H. den lyone. B. lioen. | 2763. H. Is hi na gh. in al sinen done. V. Es
hi bi na. B. bi na. | 2764. H. is. V. So scaerp gestaert dat w. es. | 2765. B. luud.
H. heeft d. s. gewis. V. So soete gheluut, gheloeft mi des. | 2766. H. So dat scijnt
de wareyt d. V. Dat het schijnt. | 2767. B. Als oft het conste pipe geblas. V. Dat dat
dier can al pipe gh. H. pipen. | 2768. H. vleys allene. *Ook* B.V. allene : clene. |
2769. H. noch clene. | 2770. H. Zo. V. es het in sine vl. | 2771. H. Als d. v. in der l.
V. Als d. v. es in d. l. | 2772. H. int hoeft. B.V. Drie rekede (*sic, voorts* V. in tho-
vet). | 2773. H. Die tande dies gheloeft. V. Sine tandes, des gh. B. dijes ghelovet.
| 2774 - 2775. V. Mus quellibet, dit es bekent, Es ene b. | 2776. V. Als ons Plat. |
2777. B. groete dat dier te sine plegh. H. grote de te sine pl. V. grote dat dicre.|
2778. H. hijr is. V. *kent dit vers niet en wijzigt de volgende aldus:*

> Eene sweere wast hem an sinen scacht,
> Als soe ripe es dat dier wacht, enz.

Naer Als soe *kan men bij* B.H. Alsi *gissen voor* Alst. | 2779. H. suere d. s. ghewis.

Alst ripe es / dat bier wacht

Dat hetse an enen boom bzeert /

Eñ / alse Plateariuß spzeect /

Dat etter hart al baert staet /

2785 Eñ dit es fijn musseliaet;

Maer best eest dat die smeere uut gheeft.

Alst musseliaet verlozen heeft

Sine cracht / men hout in stanke /

Het wert starc / al wast cranke.

2790 Hets goet ieghen cranke herte;

Eñ ieghen syncopine smerte

Eñ cranke hersine eñ quade maghe

Eest goet / eñ te menegherhande plaghe.

Mamonetuß es ene beeste /

2795 Spzeect Liber rerum in sine geeste /

Na [t]simminkel een deel ghedaen /

Maer minder een deel / sonder waen.

Ru eñ lanc es hem die staert;

Gzof sijn halß ten hovede waert /

2800 Dat menne qualike alß eñ alß

Binden mach om sinen halß /

Vs. 2781. H. is. | 2782. H. Datse an (het *ontbr.*). *Allen* boem; *voorts in* V. brect.
| 2783. V. Ende—sprect. | 2784. B. hart eñ dart staet. H. hevet al d. st. V. bart al daer
het st. | 2785. H. Eñ dat is fijn muskeliaet. V. fijn *of* sijn? | 2786. H. Mer b. is datti
svere u gh. V. Mare b. ist—ute gevet. | 2787. H. Alse muskeliaet. V. Als m. v. hevet.
| 2788. H. in groten st. V. stanc. | 2789. H. Et w't sterc al w't cr. V. wort al was-·
het cr. | 2790. H. Ets g. iegen cranke herten. V. die cranke. | 2791. H. sincopinen
smerten. V. Eñ tieghen der sijncopijn sm. | 2792. H. cranken hersen. V. Cranke
hersene, levere, maghe. | 2793. H.V. Ist (Eist) goet eñ te (enter) menigher plaghe. |
2794. H. Mamonitus is eene b. B. Manonecus. V. Mavonethus. | 2795. H. Scrijft—
ieeste. V. Spreict | 2796-2797. *Deze twee regels ontbreken in* B. *en* H. *In* V. *staet:*
Na scimm. | 2798. H.V. Ru ende lanc. H. is h. de stert. B. start : wart. | 2799. B. Groef.
H. Sijn hals grof ten hoefde w. V. Sijn hals so groef ten hoefde w. | 2800. H. Dat
ment q. V. ment, *veranderd in* mene. | 2801. V. Mach ghebinden om den h.

Hen flupet ober thooft lichte.
Dit bier hebet ſijn anſichte
Seere ghelijc na den man/
2805 Al eſſer meer ſwertheiden an.
Neſe eñ mont berſamen niet/
Als men an tſimminkel ſiet;
Maer daer eſ een lippe tuſſchen.
In woeſtinen eñ in buſſchen/
2810 Daer ſi wonen talre tijt/
Eſ altoeſ een ſtaende ſtrijt
Tuſſchen tſimminkel eñ mamonet;
Al mach tſimminkel ban crachte bet/
Met ſtoutheden eñ met ſnelheden
2815 Verwint dit bier te meneghen ſteden.
Deſe beeſte hout in den moet
Langhe dat men boꝛ hare doet.

Magale/ alſe die gloſe ſeghet/
Die op Moyſeſ boeke leghet/
2820 Eſ een quaet bier; alſt eſ ionc/
Een deel ſtarc in ſinen ſpꝛonc;
Eñ emmer toe/ dach eñ nacht/
Neemtet af an ſine cracht :

Vs. 2802. B. En spult. V. Enne sluupt over thovet. | 2803. H. Dat dier beeft. B. an-
gichte (anghesichte?). V. aensichte. | 2804. B.H.V. Sere. | 2805. B. eser. H. eser
meer svaerheden. V. swartheden. | 2806. B. mont. H. versament n. V. Nese, mont
eñ versamenen n. | 2807. H. Als men den symm. V. Als m. an andren scimminkelen s.
| 2808. H. Mer daer is ene. V. Maer dars ene. | 2809. B.H. bosschen. | 2810. V. woe-
nen. | 2812. H. Tusschen den symm. eñ mamm. V. tscemminkel eñ manonet. |
2813. H. de symm. v. machte b. V. die simme v. | 2814. B. stoutheiden — snelheiden.
H. Mit — mit. V. eñ m. scalcheden. | 2815. B. ter meneger. H. menighen. V. ver-
winnet d. d. te vele st. | 2817. V. dur haer. | 2818. H. als. V. es als die glose s. |
2819. H. boke. B. Moises. | 2720. H. Es — is. | 2822. B. ember. | 2823. H. Nemet.
V. Nemet het of.

So ouder/ so verscubber mede/

2825 Altoes wast sine onsalechede.

Int ende/ om sine bedozvenhede/

Werdet bedwonghen dattet vzede

Buten toghet/ int ghelaet;

Nochtan es sine nature quaet:

2830 Comt ieman an sinen tant/

Het venijntene al te hant.

Mule/ peerde hevet leet/

En alst ene merie weet/

Om hare scade eest dat wacht;

2835 Nochtan hevet cleene cracht:

Van buten toghet scone ghelaet;

En eest dattet wert ghestact/

So toghet met groter smerte

Dat venijn van siere herte.

2840 Dit dier slacht den nideghen vest:

Wie so den nijt int herte vest/

Die eselt van daghe te daghe/

En als sine valsche laghe

Onghehoozt es talre stede/

2845 So venst hi sine goedertierhede;

Siet hi nochtan sinen slach/

Vs. 2824. H. So ouder is, so. B. Soe — so. V. So houder. | 2825. H. Altoes so wast s. onsalichede. V. sijn onsalich. | 2826. H. Int ende om sijn bedorvene (*sic*). V. In- tende (*sic*). B. In dende. | 2827. B. Wordet. V. Wort het. | 2829. V. Nochtanne — so quaet. | 2830. B. Coemt — tand. H.V. Coemt yeman (yemen). | 2831. B. hand. V. ve- nintene te b. | 2832. B. perde. V. paerde. | 2833. B.H. merie. V. Ende als het ene marie. | 2834. H. Om scare (*sic*) scade ist. V. ist. | 2835. V. Nochtanne. | 2836. V. maectet. | 2837. H. d. wert ghescaet. V. ist dat hets wort. | 2838. V. smarte : berte. | 2840. V. nijdighen. | 2841. B.H. Want die (Wat de) nideghe int b. vest. *Ik volgde* V. | 2842. B. Die eselt. H. De eselt. V. Hie eselt. | 2843. B. Eñ al sine. H. Eñ alsmen v. l. V. Ende als. | 2844. B. Ongehort. H. Onghehoert is. V. Onghebort. | 2845. H. goedertierenhede. V. venset hi. | 2846. V. nochtanne.

12

Die sijns heeft te doene/ hem mach!

Musio es ene catte.

Jacob van Vitri seghet/ datte

2850 Soe bi nachte in donkeren holen

Vint muse/ die hare sijn verstolen.

Nachts siet men hare oghen clare/

Alse oft een carbonkel ware.

Onreine muse eñ ratten/

2855 Dat sijn al proye van der ratten.

Alsise vaen/ speelst daer mede/

Eñ/ na meneghe onsalechede

Die si hem hebben ghedaen/

Moeten si danne ter cokenen gaen.

2860 Ger vechten si/ hoor ic ghewaghen/

Op padden die venijn draghen;

Maer drinken si niet te hant daer naer/

Si sterven van borste daer.

Vs. 2847. B. done. H. De sijns h. te done bi mach. V. Die hem te doene hevet so hem mach. | 2848. H. is ene cat. V. dat es ene cat. | 2849. H. seget dat. V. spreict dat. | 2850. H. Bi nachte (Soe *ontbr.*). V. Dat soe. | 2851. B. Vind—bestolen. H. har s. verstolen. (daer sijn verscolen?). V. haer sijn bescolen. | 2852. B. Naechts. H. sie-men har o. claere (claerre?). V. haer ogen. | 2853. H. Als — carbunkel. V. Als ioft een karb. | 2854. V. Onreine es si muse eñ r. | 2855. H. proyen der c. (van *ontbr.*). B. proie. V. alle proyen der c. | 2856. B. spelsi dar m. V. Als sise v. speel sire m. | 2857. H. menich onsalich. V. menighe onsalich. | 2858. H. De si hem. V. *liet de plaets waer dit vs. staen moest, open en stelde het in de plaets van den vlgdn. regel, die dus uitgebleven is. Later heeft iemand, welligt Visser, het uitgelaten vers in de open plaets bijgeschreven en de verkeerde orde door het gewoone teeken (a—b) aengeduid en verbeterd. Den ingevulden regel, die echter gansch verschillig is van mijne andere teksten, laet ik hier op zijne plaets volgen.* | 2859. V. Eten si danne saen. *Onder dit vs. staet met potlood aengeteekend dat het uit het Leid-sche HS. ontleend is. Het zal daerom niets minder voor het werk eens tekstbe-dervers moeten gehouden worden. Ik volgde B.; in H. staet hier* : Moten si daer ter coken g. | 2860. B.H. horic. V. vechtsi dus h. gh. | 2861. H. Mit padden de v. V. Met p. die. | 2862. H. Mer—thant dar n. V. Maer drinc si n.

Den serpente doen si pine /
2865 Onghescaet van sinen venine.
Alse die catten willen riden /
Werden si wilt / eñ willen tiden
Verre banne om haer ghenoot.
Haer vechten onderlinghe es groot :
2870 Dats bedi / waent men wale /
Dat elc wille houden sine pale
Daer hi in musen sal.
Als mense strijct / verheffen si al.
In warmen steden musen si wel ;
2875 Eñ dicke ververnet hem haer vel.
Cozt men hem die grane an den baert /
Si werden bloode eñ vervaert.
Den ghenen die te verre ontgaen /
Men cozte hem die ozen saen /
2880 Si selen hem te bet temmen laten ;
Want si bzuchten utermaten
Dat hem in bozen reinen sal :
Dats dat si ontsien boz al.

Vs. 2864. H.V. serpenten. | 2865. B. Gescaet van haren; *maer* H. sinen; *beide zijn
alzoo strijdig met hunne les in den voorgaenden regel.* V. haren. | 2866. V. Als. |
2867. H. *heeft* si *van eene tweede hand.* V. Wort si w. | 2868. H. om sijn genoet.
B. hare g. V. Varre dane om hare gh. | 2869. B. Hare v. H. Har v. o. is. V. Hare v.
onderlanghe. | 2870. B. bi di. H. bedi. V. *plaetst deze twee regels verkeerd, aldus :*

Dat elc wille houden sine pale,
Dats bedi dat waent men wale.

| 2871. H. wil. | 2872. B. Daer in m. (bi *ontbr.*). | 2873. H. strict. V. verheft soe al. |
2874. V. Waerme steden minnen so wel. | 2875. B. Eñ dicken verbernt b. hare v.
V. Dat hem dicke verbarnet sel. | 2876. H. hem die granen an horen b. V. Cortmen
hare gh'ne (*sic*) an haren b. | 2877. B. bloede. H. blode. V. Si so bloot ende v. |
2878. H. de te verre. V. Den ghonen. | 2879. H. cort h. de oren. | 2880. H. Si sullen
te bet (hem *ontbr.*). V. sullen. B. timmen. | 2882. H. reghen sal. | 2883. V. over al.

Mustela dats die muushont/
2885 Een dier dat ons es wel cont.
Het levet bi proyen van dieren/
En es van scalker manieren;
Want het braghet van steden te steden
Sine ionc/ om dat hem onvreden
2890 Ontsiet/ en dat mense binden sal.
In holen es sijn wonen al.
Serpente pleghet te vane/
En alst tserpent pijnt te bestane/
So braghet vor hem wilde rute:
2895 Daer mede iaghet tvenijn ute.
Oec eest van naturen anscine
Vroet boven alre medecine :
Vint sine ionghe doot/ men seghet/
Vattet cruut te vindene pleghet/
2900 Vaert sine ionghe mede verwect.
Die muushont pleghet en mect
Om serpente en muse te vane.
In Prusen lant/ doet men te verstane/
Es een eilant daer gheen levet.
2905 Solinus bescreven hevet

Vs 2884. H. een mueshont. V. heten wi den mushont. | 2885. H. wel is c. V. dat menigben es cont. | 2886. B. proien. H. Et levet — diren. | 2887. H. is van sulker maniren. V. Ende es. | 2888. H. Want et draghet v. stede te st. | 2889. V. ionghe. | 2890. H. dat *ontbr*. V. en *ontbr*. | 2892. B. Serpenten. H. Serpenten de mushont pl. te v. V. Serp., muse, pl. | 2893. V. als tserpent. B.H. alst serp. | 2894. B. welde. | 2895. H. drive tsenijn ute. V. drivet tvenijn. | 2896. B. in scine. V. ist. | 2897. H. alle. | 2898. B. Vind. H. Vindet. V. ionghen. | 2899. V. Dat het cruut. | 2900. B. Dart. H.V. ionghen. | 2901. B. mushond. V. mushont. | 2902. V. Om tserpent en musen. | 2903. H. In Prucen lant do men. B. land — verstaene. V. In Proselana doemen te v. *De afschrijver las* lana *voor* land, *en bedierf het geheel*. | 2904. H. Is. V. heilant d. gh. in levet. | 2905. H. Solinus de bescr. h. V. Sol. es die b.

Wattet basiliscus verbijt/

Eñ sterfter na in cozter tijt/

Dat met siene doot den man/

Eñ elc dier metten ademe nochtan;

2910 Maer daer na sterben si gheerne alle.

    Men seit dat van den muushont die galle

Es goet teghen aspis venine;

Echt esser an dese medicine.

Kyramidarium doec die seghet/

2915 Daer doude philosofie in leghet/

Dat men den muushont sal ontliben/

Eñ siedene in olien van oliben/

So dat hi verteert si al;

Die olie men doen sal

2920 Woz een cleet : dats salve rike

Ieghen die sware arthritike/

Eñ es den senewen harde goet/

Eñ gheneest den seeren voet.

    Mus dats die muus/ een dier niet groot/

2925 Dat herde gheerne etet bzoot.

Hare roke scuwet delpendier.

Vs. 2906. B. baseliscus. H. Dat het basilicus verbiet : tijt. V. Dat het den basilisc
v. | 2907. B. er *ontbr.* V. Ende sterveter na. | 2908. H. dodet d. m. | 2909. H. *zoo
wel als* B. andren *voor* ademe. | 2910. B. gerne. H. gaerne. | 2911. B. seid — mush.
E. v. den muishont. H. seyt van den mush. de g. (dat *ontbr., en beter misschien*).
V. Ment seit v. d. mushont. | 2012. B. venijne. H. Is. | 2913. B. medecine. H. eser.
| 2914. E. boec *ontbr.* segt. B. Kyramm. H. Kiram. | 2915. B. doude philofie. E. legt.
V. phylosophie. | 2916. E. muishont. *Hier en vs.* 2911 *is de i van dezelfde hand er
boven geschreven.* | 2917. E. sieden in olie. H. sieden in oly. V. Ende sieden in olye.
| 2919. E.V. duwen sal. H. oly m. duwen s. | 2920. V. Duer een cl. dits s. | 2921. E. ar-
tent. H. de svare artet. V. artet. B. artit. | 2922. E. es te zenuwen. V. Ende es d. s.
seere g. | 2923. B. genest. H. ghenesen. V. sieken v. | 2924. B.V. die mus. H. Mus is
de m. | 2925. H. harde gaerne. V. uut gh'ne. | 2926. H. Hor roke sc. telp. V. telpin d.

Om hare spise sijn si onghier.

Dzinken si water / si bliven doot /

Spzeect Aristotiles / die meester groot;

2930 Ja: die muse van Libya /

Alse Plinius selve volghet na ;

Niet alre musc maniere.

Basilius spzeect / die meester diere /

Te Theben / dat in Egypten staet /

2935 Als een warme somer ingaet /

Al te hant wert tlant vol muse.

Waren .C. case in enen huse /

Den besten eten si / merct dit.

In some lande sijn muse wit /

2940 Some root; maer die ghemeine

Sijn swart balu / groot en cleine.

Van musen es ene andze maniere /

En heeten ratten; maer die diere

Sijn so quaet / alsi ontsteken

2945 Met luxurien / hoozwi spzeken /

Valt hare urine op iemans huut /

Al dat vleesch moet rotten uut.

Somwile / segt men / dat si dien

Vs. 2927. H. har. V. onghebier. | 2928. V. Drinct si w. si bliven. | 2929. H. de m. V. Spreict Aelbrecht. | 2930. B.H.V. Libia. | 2931. H. Als Pl. s. seyt hijr na. V. Als. | 2932. V. alrehande m. m. | 2933. H. de m. V. spreict de m. | 2934. B. Teteben. H. Te Tebet. *Beide* in Alexandrien; *ware het nog* boven Alex.! V. Te Beten dat in Egipten st. *Het een verbeterd, het ander meer bedorven!* | 2935. V. warm somer rein (*sic*) gaet. | 2936. B. Alte hand wertd lant. H. Altehant wert land. V. woert tlant vul m. | 2938. V. nemen si, market d. | 2939. V. lant. | 2940. H. mer d. ghemene : clene. V. Some sijn si r., m. d. ghemeene. | 2941. V. sw. valu ende clene. | 2942. H. es een ander manire. V. een ander. | 2943. H. En beet r. mer. | 2945. H. hoer wi. B. bore wi. V. Mit l. boren wi. | 2946. H. haer urine op yemans. V. orine op iemen uut. | 2947. H. vleys m. roten wt. B. ut. V. roten huut. | 2948. B. segemen. H. segmen. V. Some wile seghet men.

Harde faen in groten partien/

2950 Eñ faen verderven fi ghemeine;

Nochtan ne vint men/ groot na cleine/

Waer die dode henen varen.

In Weſt Voorne te waren

Ne mach gheene ratte leven/

2955 Dat feide hi diet heeft befcreven.

Die muſe fijn in Orient

Alfo groot alfe die vos bekent/

Die die beeften biten doot/

Eñ ben lieden doen pine groot.

2960 In Arabien/ alfe wijt horen/

Sijn grote muſe : hare voete voren

Sijn wel ere palmen breet;

Dachterfte fmal/ alſ men weet.

.M. gaet ute/ .N. comt in;

2965 Dieſ neſ maer een/ meer no min.

Neomon dat eſ een dier/

Alfe Jfibozus fcrivet hier/

Dat beſt weet na fiere wiſe

Dat befceet van fiere fpiſe/

2970 Weder dat foe braghet benijn/

Vs. 2949. V. Saen in harde groten pertien. | 2950. H. ghederven si ghemene.
V. ghemeene: clene. | 2951. B. vind. H. noch clene. | 2952. V. dode ene varen. |
2953. H. In W. Voerne tvaren. V. Voerne. B. Vorne. | 2954. H. Mach (Ne *ontbr.*). |
2955. B. hi dijt heft. V. Dat weet hie die dit hevet b. | 2956. H. De m. | 2957. H. Alse
groet als. V. als die v. | 2958. H. Die de b. | 2959. H. Enten luden. V. Enten. |
2960. H. als. V. Arabia als. | 2961. H. hor voete. | 2962. V. ere palme. H. eere. |
2963. B. Dachtester. V. sijn smal. | 2964. H. gaet wt. twe gaen in (*sic, met eene
stip na* wt). V. eñ .N. gaet in. B. coemt. | 2965. H. Des en is meer noch m. B. no
mijn. V. Des ne maer een no meer no m. | 2966. H. Neomen es. | 2967. H. Als Ys.
scrijft hier. V. Als Sente Ydorus spreict h. | 2968. B. beest. V. Dat beset na sire w.
| 2969. V. Dat besceedt v. alre sp. | 2970. H. dat si draget. V. Weder so het dr.

Of gans ben mensche moghe sijn.

Gheboestelt eest over waer

Na bes swijns maniere dat haer.

Dit dier hevet serpente leet/

2975 Eñ iaghetse daer hetse weet/

Eñ vecht op aspise dat serpent/

Om dat seere ghevenijnt kent.

Aspis legghet al sinen aert

Hoetem wachten mach voz den staert/

2980 Eñ alster hem ieghen wacht/

Neomon comt met siere cracht/

Eñ met siere scalcheit groot

Bedzieghet hanne/ eñ slaet te doot.

Dit dier ware elken mensche goet/

2985 Die hem voz venijn verhoet.

.N. gaet ute/ eñ nu voozt

Willic dat ghi van .O. hoozt.

Nager dat es een dier/

Eñ es een wilt esel fier.

2990 Groot vint mense in Afrike/

Eñ onghetemmet sekerlike/

Int wout lidende harentare

Vs. 2071. B. Oft—minsche. V. Iof ghans. | 2972. V. es het over haer. | 2973. H. van haer. B. har. V. zwijns m. over waer. | 2074. H. heeft. | 2975. H. daertse w. V. daer het weet. | 2976. H.V. aspis. | 2977. H. sere venijnt. B. sere g. kijnt. V. Om dattet sere. | 2978. B. alsmen aerd. V. haert. | 2979. B. Hoeten — staerd. H. voer den start. V. Om hem te wachtene vor. | 2980. H. Ende alster. V. Eñ als het hem aldaer i. w. | 2981. B.H. coemt. V. comt ontbr.; voorts allen sire, als mede in 't vlgde vs. | 2082. H. scalheyt groet. | 2983. H. dan eñ slat doet (van de tweede hand slaet). V. dan eñ sl. d. (beide laten te uit). | 2984. H. waer. | 2986. H. voert. B. vord. V. vort. | 2087. H. van der O hoert. B. bord. V. hort. | 2988. V. Onagher. H. is. | 2989. H. Eñ is een w. e. hijr. B. welt. V. Ende. | 2990. B. vind mense. H.V. Affrike. | 2991. H. on-ghetemt. B. ongetimmet. | 2002. B. Int woud lidende hare entare. H.V. lidende.

Van sinen soen elc hare scare;

Eñ alsi danne ionc voortbzinghen/

2995 Pooghet die vader in allen dinghen

Dat hi die hien wille vuren;

Maer die moeder/ na haerre naturen/

Decket ionc teghen den vader;

Want die soen sijn allegader

3000 Luxurieus seere utermaten:

Dats daerse die hien omme haten.

Onager es wijs van naturen/

Eñ alsene niewer en laten gheburen

Die honde/ werpt hi sinen bzec uut/

3005 Die soeter riect van enech cruut:

Daer gaen die honde rieken an/

Eñ al die wile ontgaet hi van.

Boven allen dieren die wi bedieden/

Haet hi meest wandelinghe van lieden.

3010 Claer water mint hi seere.

Men maghene temmen nemmermeere.

Vitalis scrijft dat in Polanen

Wilde esele sijn van fierre ghedanen;

Si sijn groot eñ seere wzeet/

Vs. 2993. V. Van sinen doen (sic) elc sine sc. | 2994. H. dan i. voert. B. vord. V. dan
ionghe. | 2995. H. de vader. | 2996. H. Dat hi die wille. B. Dat bi die h w. V. die
hyen w. | 2997. B. moder na bare. H. moder na haer. V. hare. | 2998. V. Dect die
ionghe jeghen. | 2999. V. die suwen sijn algader. | 3000. H. Luxurioes. *Allen* sere. |
3001. H. daer si de hi om h. V. Eñ dats daer si die hyen om haren (sic). | 3002. H. Ma-
gher ist wijs (sic). | 3003. B. ieweren. H. Alsijn niwer laten. V. Alsen niewer laten.
| 3005. H. De s. ruuct d. enich. V. ricket dan menich. | 3006. H. ruken. | 3007. H. de
wile. V. Ende d. w. ontgaet hi. | 3008. H. Van a. d. de wi beduden. | 3009. H. Haet
hi wand. v. luden. V. Haet hi die wanderinghe. | 3010. B. mijnt. V. Clare w. min-
nen si seere. | 3011. B. magene timmen nemm. H. maghen t. numm. V. machen t.
| 3012. V. scrivet d. in Pollane. | 3013. B. Welde — firre gedanen. V. v. fieren ghe-
dane. H. van sire g. | 3014. B. seere *ontbr.*

3015 Eñ hebben oren seere breet /

Eñ langhe baerde onder den kin.

Jaghense honde / seic es haer sin /

So sceppense water in nesegaten /

Eñ makent heet seere utermaten /

3020 Alst over tsier wallende stonde /

Eñ bescouder mede die honde.

In India es die esel wreet /

Die[n] men onager daer heet ;

Die hevet int hovet voren

3025 Enen sonderlinghen horen

Scarp / starc eñ seere lanc ;

Dese sijn groot eñ seere stranc /

Eñ scaven van den roken steene

Meneghe ne bore cleene.

3030 Docentaurus / scrijft Adelijn /

Eñ Ysidorus / die meester sijn /

Es dat een wonder van ene beeste :

Eens esels hooft gheeft hem die ieeste /

Eñ al tander na smenschen lede.

Vs. 3015. B. hebben horne. H. oren groet eñ wreet (*sic*). V. horne cort eñ br. |
3016. B. langhe *ontbr.* V. langhen. | 3017. H. sulc is har. B. har sijn. V. Iagh. die
honde sulc es sijn s. | 3018. H. So scepsi. B. Soe scepense. V. So scepsi w. in nueseg.
| 3019. V. makent dan heet. | 3020. B. over fier wallen stonde. V. Als of over tf.
*Ik heb de orde dezer twee regels veranderd, daer B.H. en V. vs. 3021 voor 3020
stellen.* | 3021. H. besconder (*sic*). V. bestouder. | 3022. B.H. was die. | 3023. B. daer
ontbr.; *Allen* Diemen. | 3024. H. heeft int hoeft. V. in vorhoft v. | 3025. B. sonder-
langen. | 3026. V. Scaerp eñ staerc eñ sere stranc. | 3027. V. Dese sijn sere lanc. |
3028. H. rochen. B. scranen *of* scraven (scrapen?). V. Dese scraven v. de rootsen
stene. | 3029. B. Menegen en bore cl. H. Mēneghen wtboren cl. (Meneghe ne bore
cl.?). V. Menighen ne bure clene. | 3030. V. scrivet. | 3031. H. de m. B. mester.
V. Ysodorus de m. | 3032. H. Es bet een w. d. eneghe b. V. bet. | 3033. B. hoeft
geft. H. hoeft — de ieeste. V. hovet ghevet h. de geeste. | 3034. H. alle dandre.
B. na minschen. V. na tsmenschen.

3035 Abelijn spreect wonderlichede :
Hi segghet dat comen es nochtan
Van den esel eñ van den man.
Andre redenen gaenre ieghen /
Die andre meesters te segghene pleghen :

3040 Dat dat dier paert es beneden /
Eñ boven na des menschen leden ;
Hooft eñ ansichte ru van haren
Ghelijc alse oftet borstelen waren.
Arme / hande / na den man ;

3045 Eñ alst wille spreken dan /
Roeren sine lippe alse die spreect ;
Maer der talen hem ghebreect.

      Sinte Jeronimus scrivet dat /
Dat Sinte Antonijs in ene stat

3050 Dat dier sach in een foreest ;
Maer hi twifelde alre meest /
Weder dat nature vant /
Soet selve maerte die viant.
Maer men spreect dat in Orient

3055 Dusdaen dier wel es bekent /
Eñ menech ander besonder /
Dat nature maerte boz wonder /

Vs. 3035. V. spreiet. | 3036. H. seyt—is. V. spreict. | 3038. V. Hare (*l.* Mare?) vele
red. gaen daer i. | 3039. B. segne. H. De ander m. te segghen. V. Ander meesters
(Die *ontbr.*). | 3040. B. Dat dier paer es. H. peert is. V. es paert b. | 3042. V. Hovet,
anschijn ru v. h. H. ansicht. B. van hare. *In beide ontbr.* ru. | 3043. H. Ghelijc
ioft borstelen. B. oftet van b. ware. V. Gh. oft van b. w. | 3044. B. Arme, hande
eñ man. H. Arme eñ hande. V. Arme ende h. | 3045. V. Eñ alsi spr. willen noch-
tan. | 3046. B. Roren. H. Roren si lippen als. V. Roeren si leppen als. | 3047. V. der
tale h. ghebrect. | 3048. V. Sente Ier. H. scrijft. | 3049. V. Sente Antonis in ere st.
| 3050. V. Dit — enen forest. H. ene f. | 3051. H. tvivelde. | 3053. H. So et s. m. de
v. V. Soot. | 3054. V. Mer men spreict in Or. | 3055. B. Dus dan d. voles b. H. dier
is wel bek. V. Dustaen dies es b. | 3056. V. Ende menich. | 3057. V. makede.

Als hier te toghene mede
Ons Heeren Gods almechtechede.

3060 Rix es een dier/ min no mee/
Recht ghemaert na die ree;
Den bucke gheliket vele;
Enen baert hevet onder die kele.
In woestinen wandelt/ als ic micke/

3065 En daer so vaetment metten stricke.
Sijn haer staet hem ieghen maniere
Van meest alre andre diere:
Hets vormaert ghekemt vreembelike.
Dit dier vint men in Afrike/

3070 Int lant dat Getulia heet;
Dats lant daer men gheen water weet;
En om dat daer es waters borste/
Stervet van cumeliken borste.
Die diebe die om roven pinen/

3075 En ligghen in des lants woestinen/
Die vonden bi deser beeste
Ene remedie alre meeste/
Om dat daer es waters borste/

Vs. 3058. H. Hijr. V. Al bier an te t. m. | 3059. H.V. almachtichede. Gods ontbr.
in V. | 3060. H. Onx es een d. noch min no me : ree. B. me : re. | 3061. V. Dan na
die grote vander ree. | 3062. H. gheliker. V. ghelijctet. | 3064. B. als ontbr. V. wan-
dert het sekerlike. | 3065. H. mit stricke. V. Eñ daer moet ment vanghen met stricke.
| 3067. B. Van meest alrehande diere. H. Van alre meest van andren diere. V. Van
al meest alrehande d. | 3068. H. Ets vorwart ghetekent vriend. B. getekent vrēd.
V. Dats vort w't g. vremd. | 3069. B. vind. D. vinnt. V. Affrike. | 3070. B. Betulia.
D. Gentulia. | 3071. B. Dats dlant dar. D. land. V. Dats tlant d. m. gh. water en w.
(Van de eerste hand was het Dats lant). | 3072. H. om datter is. D. om datter wa-
ter es in burste. V. Ende om datter in es w. barste. | 3073. H. eweliken. D. van ew.
durste. V. Spaert het van ew. dorste. | 3074. V. Die diene. | 3075. H. Si ligghen in
d. lands. D. ligghen in die wost. | 3076. B.H. beesten. | 3077. H. Ene redene. D. Eene.
| 3078. D. berste. V. barste.

Ieghen die pine van den dorste.

3080 Want twater es van verre maniere /

Dat es in die blase van den diere /

So wie des nut een cleene traen /

Dat hem die dorst niet mach verslaen.

Niet lichtelike bi naturen

3085 Can dit dier ieghen coude gheburen.

Wat bedie [ic] ons te verstane

Bi desen finen edelen trane?

Ic bedie die rike armoede /

Die die edele Jhesus / die goede /

3090 Ons in dese werelt toghede /

En die hitte noyt verdroghede.

Water heet ic arem / bedi /

Om dat der armer dranc si ;

Rike heet ict / want al dat levet

3095 Waters emmer ghenoech hevet.

Dus est arem / rike en vri.

Wie es die ter werelt so heere si /

Vs. 3079. H. de pine. D. von (?) den derste. V. darste. | 3080. H. is v. dere ma-
nire. V. Want dorine twater es vander manieren. | 3081. H.D. in de bl. v. desen
diere. V. in blasen van desen dieren. *Ook in B. is* die *slechts op den kant bijge-*
schreven, hoewel van dezelfde hand. | 3082. H enen traen. D. So wies nut en cl.
craen (?). V. So wies soes mit (*sic*) een cleine tr. | 3083. B. Dat hi den dorst mach
mach v. (*sic; te lezen :* mach mee verslaen? *en voor* hi : hire?). D. hem de durst.
V. Dat hi den darst mach weder staen. | 2085. D.V. Necan (cant) d. d. i. cout gh.
| 3086. B.D. bediet ons; *ook zoo* H.; *maer door correctie. Maerlant schreef welligt :*
bediec. V. Dat bediet ons. | 3087. B. edlen. D. crane (?). V. edelen finen | 3088. B. Be-
diet die idele aermoede. H. *van de eerste hand :* Bedie de rike armode; *eene latere*
hand voegde er eene t *bij :* Bediet. D. Het diet die. V. Bet dan die. *Schreef Maerl.*
misschien zoo? | 3091. H. Entie. B. noit. D. die van hitten noit v. V. die van hitten
noit ne v. | 3092. H. hetic aerm. B. hetic. D. etic arme. V. Twater. | 3093. D. Om
dat der arme dranc. B. Om datter. | 3094. D. elict. B.H. hetict. V. heet ic. H. leeft. |
3095. B. ember gnoech. D. gnouch. V. ghenouch. H. beeft. | 3096. H. Dus es de
arme rike en vri. D. eist. V. ist arm, r. ende vri. | 3097. B.D. Wies. H. Wi es de.

Ocht hi Jhesus aremoede
Altoes hout in sinen moede/
3100 Sine onweerde eñ sine smerte/
Hem en sal in sine herte/
Al die ghiereghe dorst vergaen/
Die ten eertschen goede mach staen.

Orabus dat es een dier/
3105 Dat van harwen es so fier/
Dat gheene beeste sekerlike
Van sinen hare es so rike.
Op die borste boete boren
Eest so hoghe/ alse wijt horen/
3110 Dat .XX. boete opwaert staet
Metten hovede/ daert staet;
Achter so eest hogher niet
Van die hert over den stiet.
Na den hert boete eñ staert/
3115 Eñ ghehovet alse een paert;
Den hals lanc/ opwaert gherecht/
Sijn vel so messelijc oer echt/
Eñ so meneghe harwe daer an/
Dat hem om niet elc man

Vs. 3098. H. Of — aermoede. D. Of — armoede. V. lof — arm. | 3099. H. Altoes heeft. D. moete. | 3100. H. onweerde. B. ouwerde. D. onwarde — smarte. V. onwaerde eñ s. smarte. | 3101. H. Hem ne sal. D. Hem ne sijn in sijn harte. V. harte. | 3102. H. Al de ghire d. D. durst. V. ghierichede darst v. | 3103. B. ter erdschen g. mah st. H. van de eerste hand : eerschen. D. ertschen gode. V. Die hem ten haertschen goede. | 3104. H. Orabius dats. V. Oralphus. | 3105. H. is. | 3108. B. voeten voeren. V. Up. | 3109. B. Soe eest so hoge. H. So eest hoghe als. V. So est so hoech als. | 3111. H.V. hoefde daer et (het) staet. | 3112. V. sone ist. | 3114. B. stard. H. vote en stert (sic). V. ende st. | 3115. B. pard. H. ghehoeft als een paert (sic). V. als. | 3116. H.V. Lanc opwert (upw.) den hals gher. | 3117. H. messelic. V. so misselix soens oec e. | 3118. H. mēneghe. V. menighe. | 3119. H. Dat bem daer omme niet.

(191)

3120 Pijnt te scrivene des ghelike.
Dit dier verheft hem sekerlike
Als hem die liede sien ane:
Het toghet hem al sine ghebane/
En keert hem omme besen en om dien/
3125 Om dat wille sijn besien.
Die soudaen van Babylone
Sende dese beeste scone
Wilen van Stoise Vrederike:
Int lant quam noyt hare ghelike.

3130 Dis dats een scaep bi namen;
Onder andre diere te samen
So eest tsachtste dat men vint;
Hen es an hem niet een twint
Dat onnutte es ofte quaet/
3135 Selfs die drec die van hem gaet/
Ia/ dat stuum daert in leghet.
Van den lamme men oec segghet/
Teerst dat comt ter werelt uut/
Kennet siere moeder luut;
3140 En soe kennet bi der roke.
Ambrosius seit in sine sprake:
« Die herde verliest sine conde

Vs. 3120. V. dies. | 3122. H. de lude sien aene. V. die liedene s. a. | 3123. H. Et.
V. allen sine. | 3124. H. om desen. V. om desen en dien. | 3125. B. wile. V. Om dat
het wille. | 3126. B. soutaen van Babil. H. De soudaen. V. Babil. | 3128. B.V. Wilen
van Stoise Vr. H. Wilen Stoise Vr. | 3129. B. noit. H. har. V. In dat l. ne quam noit
haer g. | 3130. B. scaep ontbr. | 3131. V. Onder alle d. | 3132. H. eist dat soeste
(soetste?). V. So ist dat sochste. B. vind. | 3133. B. en twijnt. H. en tvint. V. En es.
| 3134. B. onnette. H. is. V. of. | 3135. H. Self. | 3136. B. slum. V. Ia dat stro daert
oec in l. | 3138. B. Tierst. V. Dat teerst dat. | 3139. B. Kinnet. V. der moeder. |
3140. H. En si k. bi der roeke. B. kinnet. V. Ende soe. | 3141. H. Ambrosius seyt in
sinen. B. seid. V. Ambrosis s. in sire. | 3142. V. Die eerde verlieset.

An die scaep te menegher stonde;

Maer die moeder wisselt niet

3145 Haer lam / riect soet ofte siet. »

Isidorus spreert / dat die ram

Enen worm heeft diene maert gram /

Eñ die leghet hem int hovet boven;

Als men port wast hem sijn toren /

3150 Eñ dan hort hi sijn ghenoot.

Sijn bleesch hevet hartheit groot /

Eñ versmelt noch also sware /

Alse oft van enen scape ware.

Op deene side leghet hi half tiaer /

3155 Op dandre / dandre helcht daer naer.

Lams bleesch / hebbic verstaen /

Versmelt in die maghe saen;

Nochtan gaet node bore;

Dus comer af quade humore:

3160 Best sijn si van enen iare.

Siet tlam den wolf / het wert in vare /

Eñ vliet alse hem nature ghebiet;

Siet stier of paert / hen scuwet niet.

Lammere die te wintere comen

Vs. 3144. H.V. ne wisselt niet. | 3145. B. Hare l. riecht soet ofte s. H. riect si. V. Hare l. hoert soet riect eñ siet. | 3146. H. dattie. V. Ys. sprect. | 3147. B. worem diene (heeft *ontbr.*). H. die hem. V. bevet. | 3148. H. Entie hem leghet int vorhoeft voren. B. int thovet. | 3149. H. porret. B. pord. V. Als hine porret wast sijn t. | 3150. H. hoert bi sinen. V. Ende dan boort hi. | 3151. H. vleys heeft hartheyt. V. heeft ene vrecheit (of vreth.?) gr. | 3152. V. Ende v. | 3153. H. Als. V. Als of. | 3154. B. diare. H. Op ene. V. Up deen s. leicht hie als tjaer. | 3155. B. helecht. d. nare. H. Op dander helft. V. Up dandre d. helt. | 3156. H. vleys heb ic. V. dat heb ic. | 3157. B. maege. | 3158. V. gaet het n. dure. | 3159. V. comer of die q. humure. | 3161. B. Siet lam. H. Siet lam d. w., et w. V. wulf twort. | 3162. H.V. als. | 3163. B. ofte pard, en sc. n. H. of peert, en sciwet n. V. en scuwet niet. *In plaets van* en = het en *staet elders* hen, *hetwelk ik, als juister, volg.* | 3164. H. de bi wintere. V. bi winter.

3165 Sijn gheprijst best van hem somen.

Den wreeden ram salmen dorboren

Die hoorne boven sinen oren/

So sal hi werden goedertiere.

In Italien es die maniere/

3170 Eñ in Mesopotamien/ seght men tware/

Dat tscaep lamt tweewerf ten iare,

Best es van swarten scapen die melc/

Eñ meest oec so gheefter elc.

In droghe weide leven si lancst;

3175 Gaen si in natten/ dats een ancst.

Eten si na Meie in honech bauwe/

So staet hem van live nauwe.

Verbiten si bome ofte rise/

Si ne dien in gheerre wise.

3180   Van der .O. spre키c nemmee;

Nu hoort voort namen in .P.

P Ardus/ spreect Jacob van Vitri/

Dat messelijc ghebaruwet si.

Dese noten metter leuwinnen/

3185 Daer si onedele leuwe an winnen.

Solinus spreect/ dat waters breke

Vs. 3165. H. Sijn best vor hem s. V. vor h. | 3166. H. dore boren. | 3167. H. Sine hoerne biden oren. V. Sinen horen bi sinen oren. | 3168. H. goedertire : manire. V. worden. | 3169. B. Ycalten. V. Yt. | 3170. B. Mesopitamia seget twaren. H. segemen ware. V. Mesopotania seghet tware. | 3171. H. Dat scaep l. twewerf ten iare. B. Dart sc. — den iare. V. Dat scaep lammen .II. w. int j. | 3172. H. tmelc. B. de m. | 3173. H. Eñ m. heefter oec elc. | 3174. B. In die hoge w. H. hoghe weyde. V. droghen weiden. | 3175. B.H. natten (naten) — anxt. | 3176. H. Meye in honich dowe. V. Heit si na M. in honich d. | 3177. H.V. van den l. nowe (nauwe). | 3178. V. of te r. | 3179. H. dyen in gheerre. B. gerre. V. dyen in ghere. | 3180. H. niet me. B. nemme. | 3181. H. hoert voert van in P. B. hort. V. hort die name vort in .P. | 3182. V. spreict. | 3183. H. misselic. | 3184. B. noeten. H. mitter lew. V. leew. | 3185. H. onedelike lewen. H. onhedele leewen. | 3186. H. dats waters. V. Eñ spreict Sol. dats waters br.

13

In Afrike es sekerleke;

Dus comt somwile teere riviere

Van dieren messelike maniere/

3190 Daer die leuwinnen bzucht ontfaen

Van dieren die hem niet en bestaen:

Daer si parduse ende lupaerde/

Winnen eñ lyoene bastaerde.

Pardus spzinghet/ hen loopt niet/

3195 Daer het sine pzoye siet;

So dattet van moede groot

Hem selven somwile spzinghet doot;

Eñ het es utermaten fel.

In Afrike sijn alfo wel

3200 Parduse die hem in haghen decken/

Eñ sien si iet voz hem trecken/

Eest dier/ voghel ofte man/

Dien spzinghen si met crachte an.

Pantera/ alse scribet Solijn/

3205 Es tscoenste dier dat mach sijn:

Spekelde alse ronde appelkine/

Eñ van barwen so fine/

Blau/ roet/ swart/ gelu eñ wit/

Vs. 3187. B. H. V. Affrike. | 3188. B. coemt. V. rivieren. *Allen* tere. | 3189. H. diren. V. Menighe maniere v. dieren. | 3190. B. en H. Dat die; *voorts* H. lew. V. leew. | 3191. H. diren de hem niet bestaen. V. niene b. | 3192. H. Dat si p. eñ l. V. pardus. | 3193. H. lyone. B. leoene. V. lyoene. | 3194. H. sprinct eñ (*sic*) lopet n. V. het ne loopt n. | 3195. B. proie. | 3196. H. van mode groet. V. dat het. | 3197. H. Somwile hem selven springhen doet. *Ook in* B. *staet* springen doet. | 3198. H. Eñ es. V. Ende het es. | 3199. B. sijn si also. H. sijn si also snel. V. Affrike so sijn also. | 3201. V. hiet vor bi hem. | 3202. H. Eist dier. V. Ist d. of v. of oec m. | 3203. B. V. Die. H. Den spr. si mit cracht an. | 3204. H. als scrijft. V. Panthera als ons. | 3205. B. mah. V. tscoenste dier een dat dat m. s. | 3206. V. als. | 3207. H. van *ontbr.* V. Ende v. v. also. | 3208. B. roet, gelu (swart *ontbr.*). L. geel, wit. V. ende wit.

Dat hem so seere scone sit.

3210 Dit dier en es niet herde wreet;

    Den drake hebet alleene leet.

    Physiologus die seghet/

    Dattet sat [hem] tetene pleghet

    Van spisen herde meneghertiere :

3215 In sijn hol gaet/ dats sine maniere/

    Eñ slaept drie daghe ; dan werpet uut

    Een sonderlinghe soete luut.

    Alle beesten volghen hem naer

    Die sijn luut horen vorwaer/

3220 Om sine vorsoete lucht ;

    Maer van sinen hovede hebsi vrucht/

    Om dat het so eiseler si ;

    Van achter volghen si hem bi.

    Die drake alleene es vervaert/

3225 Eñ vliet te hole waert.

    Alse panthera dat versiet/

    Dat men sinen hovede vliet/

    Steket sijn hooft in der haghen/

    Eñ laet tandre ute raghen/

Vs. 3209. L. so sere wel sidt. V. so uut scone. | 3210. B. en *ontbr.* H. Dat dier nes n. harde. V. nes n. | 3211. V. Allene die dr. hevet l. | 3212. B. Figiol. L. Fisiol. *gelijk* H. en V. | 3213. L.B. Dat et (het). V. Dat het s. te etene. *Ik vul* [hem] *aen.* | 3214. L. tire : manire, *ook* H.; *verder* harde. V. specien menigh. | 3215. L. gaedt. | 3216. H.B. werpt. | 3217. L. Enen harden sonderlingen l. H. Een harde sonderlanghe l. V. Een sonderlanghe vremde l. | 3218. V. Alle die b. | 3219. B. luud. L. sine (*Mone* : sinen) luuthore (*Mone* : horden) dats waer. H. De sijn luut. V. luud verhoren daer. | 3220. H.B. dor soete. L. doersuete. V. dore soete. | 3221. L. hoefde hebben si. H.V. hoefde heb si. | 3222. L. Om dat so eiselyc esi (*sic Meyer! Mone* : eiselijc es-i!!; *lees* : eiseleke si.). H. Om dat eyselic si. V. heiselic. | 3224. B. vervart : wart. H. is. | 3225. V. Ende vl. | 3226. B. pantere. L. panthora (*bij Meyer*) dat besiet. H. besiet. V. Als. | 3227. L. sijn hoeft. H. hoefde. V. sine hoefde. | 3228. B. Steect hi. V. Steeclet. | 3229. H. dander. B. dandre. V. tander lijf ute r,

3230 Om dat het so scone si;

Eñ dandze diere/ die hem sijn bi/

Werden bi der lucht bedzoghen/

Eñ bi den opsiene van den oghen;

Wantet scietet in den hoop/

3235 Eñ neemt sine pzoye sonder loop.

Op sine scoudere bzaghet mede

Ene spotte teere stede/

Die na der mane in elke maent'

Altoes wasset eñ waent.

3240 Dit dier bzaghet maer enewerven;

Want sine ionghe die verderven

Eñ scozen hare moeder binnen/

So dat soe nemmermeer mach winnen.

Pzander/ spzeect Solijn/

3245 Es gheboet alst ware een swijn;

Ghehoznet eñ ghehovet mede

Vele na des herts sede;

Ku ghehaert/ alst ware een bare.

Van hem scrijft hi oppenbare/

Vs. 3230. B. Ombe dat. L. dat et. H. dattet. | 3231. L. Eñ dan die d. H. En dan de dire de hem. V. Eñ alle die diere. | 3232. V. Worden. | 3233. V. upsiene v. haren o. | 3234. B. Want het — hoep: loep. H. Waentet scieten in. V. Want het sciet daer in. | 3235. B. neempt — proie. H.V. proie. | 3236. L. scoudren (Mone: scouderen). H. scouderen. V. Up. s. scoudre. | 3237. L. bij Meijer: Eene. H. spocke. B. terre; de ander tere. | 3238. H. De nader. | 3239. B. wast. V. Herscept eñ wast eñ waent. | 3240. B. mar ene warven. L. Dit dyr (Mone: dijr) en draecht m. ene w've. H. ene-w'ven. V. ne draghet w' (waer = maer) e. w. | 3241. H. ionghen. V. die ionghe. | 3242. B.V. scuren. | 3243. B. Soe dat so nemberm. mah. L. si nemmermeer en m. w. H. So datsi. V. So datsi nemmee. | 3244. H. Pyrander. V. Pyr. tellet ons Sol. | 3245. L genoet alst waer. H. ghehoeft alst waer. D. als en zw. | 3246. L. Gehoeft eñ gehornet. H. Ghebornet eñ ghehoeft. D. Gheovet end gheornet. V. Ghehorent. | 3247. H. Wel na. D. erts. V. Harde vele. | 3248. L. oft ware .I. bere. H.B. bere: openbare. D. gheard a. w. en bare. | 3249. L. sprect hi. D. scriveti op. V. scrivet hi op.

3250 Dat sijn haer die varwe ontfeet/
 Selc alse die stede es daert geet:
 Eest cruut/ boom/ aerde ofte gras/
 Het ontfeet die ghelike das.
 Hier bi es goet te verstane/
3255 Dattet pijnlijc es te bane.
  Dit dier slacht den smekers wel:
 Sien si haren heere fel/
 Si stokene ter felheit mede;
 Sien si hem doen onsuverhede/
3260 Si bughen oec te selken dinghen;
 Es hi vro/ si willen singhen:
 Wat so hi doet/ si volghen mede;
 Eñ dits der heeren onsalechede/
 Dat si dat niet en verstaen.
3265 Dese mach men qualike vaen
 Met engiene/ met enegher aert;
 Eñ dese sijn te hove waert/
 Die haer haer altoes verkeeren
 Om te bedrieghene die heeren.

Vs. 3250. B. sijn hoft. L. ontfaet. H. de v. ontfaet. D. sijn aer varwe. V. ontfaet. | 3251. L.D. Sulc a. d. stede daert gaet (dart staet). H. als d. st. daert gael. V. Sulc—daer het gaet. | 3252. B. cruud, boem, arde. L. bome, erde. H. Eist cr., eerde, boem of gr. D. Eist cruud, boem, arde of. V. Eist cr., boem, ist aerde, ist gras. | 3253. B. ontfeet gelovet das. L. Et ontfaet geloeft d. H. Et ontfaet gheloeft das. D. ontfaet des glovet d. V. ontfaet. | 3254. B. Hir. L. *bij Meijer* Hyr. H. Hijr bi is. V. est. | 3255. B V. Dat het. L. Dat pijnlijc (*alweér, en immer, bij Meijer* y voor ij!) H. Dat dit pijnlic es. D. Dat quaet es. | 3256. L. smekere. V. smkers (*sic*). | 3257. H. Sijn si. D. aren here. | 3258. H. stoken hem t. felheyt. D. felleit. V. stoken der f. | 3260. L. ten selven d. H. ten selven. D.V. sulken. | 3261. B.D. vroe. V. Sien sine vro, so willen si s. | 3263. D.V. onsalichede. | 3264. L. Dat si hem niet. D. en *ontbr.* V. niene v. | 3265. H. qualic. | 3266. B. enegen aerd. H. Met enigher dinc of enigher aert. V. enigher. | 3267. H. En *ontbr.* | 3268. L. *heeft dezen en den volgenden regel niet.* B. hare haer alt. verkieren (*sic, met een stip onder de* i). H. De bar haer aldus verkeren. H. De haer ald. verkeren. | 3269. B. bedrigene. H. bedrig. haren heren.

3270 Pegasus/ spreect Plinius gerste/
Es ene eiselike beeste
In dat lant van Ethiopen:
Also groot alse peerde die hier lopen/
Eñ ghebloghelt alse een aren/
3275 Maer meerre vele twaren
Van arens bloghele/ dies ghelooft.
Grote horne braghet an thooft/
Eñ es so eiselijc/ dat verbeert
Wat so comet te hem weert.
3280 In vedren/ in beenen mede
Es hi so snel/ hets wonderlichede:
Waer si lopen/ si ghebaren
Alse oft wintvlaghen waren.
Vele spisen bedarf hem wel;
3285 Allen dieren es hi fel/
Eñ den mensche te waren vozen
Vor alle diere uutvercozen.

Pilosus es een wilt man;

Vs. 3270. B. Pagasus. L. Papogus seecht Pl. ieeste. H. Pag. seit Pl. ieeste. V. spreict.
| 3271. V. heiselike. | 3272. B. land. | 3273. L. als p. d. hyr loepe (*sic Meijer; Mone*:
hijr loepen). B. bir. H. Als groet als paerde de hijr l. V. Groot als p. d. hir l. (Also
ontbr.). | 3274. L. alse die. H. als een aern. V. als. | 3275. B. Mar. H. Mer vele meere
te waren. V. Maer harde vele meere te w. | 3276. L. arenvlogle dys (*Mone*: dij-s!)
gb. H. aerns vl. des gh. V. des gelovet. | 3277. B. Groete vlogele dr. hi ant hoeft.
H. hoerne. V. horne an sijn hovet (draghet *ontbr.*). | 3278. B. Eñ so eiselijc dat es
verv. L. vervaert. H. Eñ so eiselic dattet (*de laetste* t *van later hand*) vervaert.
V. Ende also heiselijc dat al vervaert. | 3279. H.L. Wat dat coemt — waert. V. comt
te h. waert. | 3280. H. vederen, in benen. V. Met vederen eñ met b. | 3281. B. Hes hi.
L. wonderhede. H. ets. w. V. Sijn si so sn. | 3282. B. Dar. L. loepen. | 3283. H. winds
vlagen. V. Als jof w. vlagen. | 3284. V. spise. | 3285. H. is. V. sijnsi f. | 3286. V. En-
ten menschen vele te voren. | 3287. H. dire. V. dieren. | 3288. B. Pylosus — welt m.
H. is. V. Pylosus.

Eñ om dat nieman twifle daer an/

3290 So spreect die heleghe Ysaie

Daer af in sine prophesie.

Die glose spreect opt wordekijn dan/

Dattet boven si een man/

Eñ beneden een ander dier.

3295 Broeder Aelbrecht spreket hier/

Dat in sinen tiden sekerlike

Dien coninc van Vranckerike

Een dier quam in ene stont

Van der grote dat es een hont:

3300 Sijn hovet was herde naer

Ghelijc eens honts hovede/ dats waer;

Altemale sine andre lede

Gheleken der menschelichede/

Voete/ hande/ aerm eñ been/

3305 Eñ de(n) hals oer over een.

Opten rugghe haddet haer;

Gheerne dranket wijn/ dats waer;

Metter hant naemt sine spise

Vs. 3289. L. en twivel. H. twifel dar. V. niemen twivele. | 3290. L. heilege. H. hilighe (*sic*). B. Ysaye. V. spreict. d. heylighe. | 3291. L. sire prophetie. V. of. | 3292. B. wordekin. L. seecht. H. De glose seit opt wordeken. V. spreict op tw. | 3293. B.V. Dat het. L. Dat et. | 3294. L. dyr (*Meijer; Mone* : dijr.). | 3295. B. Aelbrech. L. Brueder A. sprect hyr (hijr). V. seghet. | 3296. L. sine (*Meijer; sinen, Mone*). | 3297. B. Die. L. van Affrike. H. Den c. van Vrancrike. V. Den conijnc. | 3298. L. dyr (dijr) quam in ere. V. in ere. | 3299. B. groter. L. groetter (*bij Meijer; bij Mone*: groeter). H. grote dat is. | 3300. L. hoeft. H. hoeft w. harde. | 3301. L. een honts hoefde. H. eens honds hoeft. V. des h. h. | 3302. L. sijn. V. sijn ander. | 3303. B. minschelijchede. H. Ghelike. | 3304. L. Voete, arme, hand. H. Vote, h., arme eñ bene : ene. V. Bloter hande aerme eñ b. | 3305. L.H.B.V. den hals. *Vroeger heeft er welligt* Ende hals *gestaen, zonder artikel, gelijk de rest, hoewel* V. *naer gewoonte ook hier* Ende den *stelle in plaets van* Eñ. | 3306. B. Op den r. had h. L. hadt h. H. Op den r. hat haer. V. Up den ric so haddet haer. | 3307. L. dranct wyn (*Mone* wijn). H.V. dranct. | 3308. H. namt.

Sedelijc ghenoech / na menschen wise;

3310 Opweert stont / na menschen maniere.

Joncfrouwen waest goedertiere;

Oec onderkinnet / sonder blijf /

Elken man voz elc wijf.

Sijn scacht van ongheboegher maniere

3315 Na die grote van den diere.

Als men dat dier maecte gram /

Lanc waest van eert bequam;

Maer alst was goedertiere /

Waest van gheboegher maniere.

3320 **P**Apilio / seghet die ieeste /

In Capadocia die meeste

Vint men selkerhande diere.

Si hulen na wolfs maniere.

Meerre sijn si dan die vos es.

3325 Een huult voze / des sijt ghewes /

Eñ dandze volghen alle naer.

Nu es al haer wel ghehaer.

Waer si iemenne weten versleghen /

Vs. 3309. B. gnoech na des minschen. L. Redelijc. H. Sedelic. V. Sedelike ghenouch na tm. | 3310. B. minschen. V. Up w. st. na tsmenschen. | 3311. B. Ioncf'. L. *sloeg dezen en de drije volgende regels over.* H. wast. V. was het. | 3312. H. onderkendet. V. onder kennet. | 3313. V. Wilc dat was so man so w. | 3314. H. schaft. | 3315. L. groette. | 3316. L. Alsemen. V. Alsmen maecte d. d. gr. | 3317. L. dan *ontbr ; ook in* H. *waer verder :* wast. V. So wast lanc eer het beq. | 3318. V. als het w. | 3319. B. genoegher. *Ook zo* L. *bij Meijer; bij* Mone : gevoeger. H. Waset. V. So waest. | 3320. H. de ieeste. V. dats ene beeste. | 3321. V. In C. seghet die geeste. | 3322. B. Vindm. L. sulkerh. H.V. sulkerande dire (diere). | 3323. L. Die h. H. wlfs manire. V. dulen na swuls (*sic*) m. | 3324. B. Merre. H. is : gewis. V. meere. | 3325. B. voren. H. hulet voren. V. Deen dulet voren, si pleghen des. | 3327. L. al *ontbr.* H. est, *met de* t *onderstipt.* V. Nu es haer wel gh. | 3328. L. iemene. H. iemant. V. iemen.

Versamen si hem / alst pleghen /

3330 Met wolven / eñ eten daer ave.

Si gaen in der doder grave /

Honghert hem / eñ etense mede.

Als men waent sijn biber stede /

Alst roepen / so sijn si danen

3335 Verre / buten des menschen wanen.

Parhio es ene creature /

Het schijnt oftet maecte nature

Te siene omme wonder groot.

· Sijn vel es al bloet root /

3340 Eñ schijnt ieghen die sonne so claer /

Men ne cant ghepsisen niet vorwaer.

Eñ hier af es wonder gescreven :

Al es dit scone in sijn leven ;

Calce eerst dattet es doot /

3345 Verliest sine scoonheit groot ;

Maer emmer blivets hem een deel /

Maer niewer na die helft geheel.

Harde starc sijn sine beene ;

Vaster senewen vint men gheene.

Vs. 3329. L. Versamene (*Meijer; Mone* : versamenen). V. als si. | 3330. B. Met wolve. H. Mit wlven. V. Met duulve (= dwulve) eñ e. der ave. | 3331. L. doeder. V. in dode gr. | 3333. L. Alse. | 3334. B. ropen — dannen (*sic*). H. Daer si ropen. V. D'si roepen so s. si dane. | 3335. L. mensche (*Mone* : menschen). V. buten alles sm. wane. | 3336. H. Parhio. V. Pachio. | 3337. B. maecte de nature. L. Et scijnt oft. H. Et sc. oftet. V. Het dinct datse m. n. | 3338. H.L.V. om. | 3339. H. Sijn vleys al bl. r. V. dat es. | 3340. H. de sonne. V. Ende sch. | 3341. L. niet *ontbr*. B. caent. H. Men cant. V. gheprisen over w. | 3342. L. ees. H. hijr af is. V. Eñ hiers of w. gh. | 3343. V. dit dier scone. | 3344. B. ierst. L. datt es doet (*Mone* : dat'es). H. dat is. V. eerste dat het. | 3345. B. Verliset. H. Verliestet. V. dese scoenh. | 3346. B.L. blives. H. emmermeer blivets. | 3347. V. Doch niewer na d. helt gh. | 3348. H. starc *ontbr*. V. Uut starc. | 3349. L. zenuen (*bij Meijer* : zennen!). V. ne gheene.

3350 Selke heidine vaen dese diere /
Eñ houdense in goeder maniere /
Eñ anebedense / eñ erense mede /
Eñ houdense in groter werdecħede /
Eñ wachten harde nauwe twaren
3355 Dat si niet uten lande ontfaren :
Diese ontvoeret ofte rovet /
Hi wert ontlivet / des ghelovet.
Also groot / maect men ons cont
Dat si sijn / alse een hont.

3360 Putorius hevet die name
Van stanke ; sijn roke es onbequame /
Eñ dat es meest alst es gram.
Dits die vitsau / als ict vernam ;
Een bonsinc heetet in someghe stat.
3365 In die huse maket een gat /
Daert ingaet / eñ hoenre steelt /
Eñ maghet / het gheteelt
Dattet bi den hoefde ghegrijpt /

Vs. 3350. L. Sulke heidene. H. Sulke beydene. V. Sulke h. vanghen. | 3351. V. Ende
h. na gode m. B.H.L. houdense, *te lezen* : voedense? | 3352. L. eñ houdense mede.
V. Ende anebeedse eñ. | 3353. L. Eñ erense. B. houdese. V. weildichede. | 3354. H.V. te
waren. | 3355. L. ute den lande en varen. H. ne varen. V. uten lande niet en varen.
| 3356. B. Dies ontvorerde. L. ontfoert ofte roeft. H. Die si ; *de rest als* L. *In* V. Diese
ontvoert of diese rovet. | 3357. B. Hi worde. L. Hi w. ontlijft eñ onthoeft. H. ont-
lijft ofte onthoeft. V. Die wet ontwijst hem sijn hovet. | 3358. V. maect ment ons. |
3359. H.V. Als. | 3360. L. heeft dien n. H. heeft die. V. dat hevet d. n. | 3361. L. is, *bij*
Meijer ; es bij *Mone.* H. is, *ook in den volg. regel.* V. sine roke. | 3362. B.H.L. meest
ontbr. | 3363. L. de visse. H. die visse. V. als ic v. | 3364. B. Bosinc. L. boesinc
h. te someger st. H. bunsinc heet in somigher st. V. bonsing hetet in some st. |
3365. V. maect het. | 3366. V. Ende h. st. | 3367. L. Eñ maecht, et geteelt. H. Eñ ma-
get, et gh. V. Eñ emmer mach het het g. | 3368. B. Dat hetse metter stortte ge
grijpt. L. Datse bi den h. H. Dattet se biden h. gripet. V. Dat hetse biden hoofde
grijpt.

So dat ne crijscht no ne pijpt. .

3370 Men prijst an tdier niet el/

Dan namelike sijn vel.

Pirolus es een dier

Dat wi teencoren heeten hier/

Root op den rugghe/ wit op den buke;

3375 In bossche wandelt eñ op struke/

Eñ broet in holen bomen.

Des somers caent hem so begomen/

Dattet heeft te wintere spise.

Alre bome brocht van soeter wise

3380 Daer steet hem die wille toe.

Altoes esset ongheroe.

Alst wille in een ander wout

Daren omme sijn onthout/

Ent comt teere riviere/

3385 Nemet een spaen/ dats sine maniere/

Eñ sitter op/ alst een scep ware :

Metten sterte seilet dare.

Vs. 3369. L. So dat niet en crijt no pijpt. H. Noch dat niet crijst noch pipet. V. So dat no weder krijscht no pijpt. | 3370. B. Men priset an dier (*sic*). L. dyr (*zoo mede bij Mone, die ook verder niet eene enkele ij meer heeft*). | 3371. V. priset an dit d. | 3372. H. Pitolus. V. Pyrolus dat es. | 3373. L. wi eencoren. H. wi eencorn. B. teen coren h. hir. | 3374. L. opten r., wit anden b. H. anden b. V. up den ric, wit an d. b. | 3375. B. In bussche wandelt eñ in str. H. wandelt eñ an str. V. In bussche wandert het op die str. | 3376. L. broedet in holen boemen : begoemen. H. broeden. V. Ende br. in hollen b. | 3377. H. cant h. also goemen. V. cant h. so gegomen. | 3378. L. Datt h. te wintre. H. Dat heeft. V. Dat het hevet te winter. | 3379. B. Alrehande vr. van soeten prise. L. sueter. H. vrucht v. soeten prise. V. Alle b. vrucht. 3380. L.V. staet. H. staet hem wille. | 3381. B. es hēt (*sic*). L. Al eest ong. H. Eñ al eist ongeroe. V. es het. | 3382. B. ander hout. H. wil in ander w. (een *ontbr.*). | 3383. L. om. H. Varen sien om s. o. (*sic*). | 3384. B. Eñ coemt terre. L. Eñ tcomt toter r. H. Eñt comet toter r. V. Eñ het c. tere r | 3385. B.H. Neemt. | 3386. L. Eñ sidt daer op oft .I. sc. H.V. scip. | 3387. H.L. eñ seilt. V. Eñ m. staerte s. over dare.

Hier gaet ute ban ber .P.;

Hoozt ban ber .R. een / eñ nemmer.

3390 Rangium es een bier niet cleine /

Van herte comen eñ ban beine /

Dat men in Noozweghen bint /

Starc / eñ snel alse bie wint.

Dit heeft .III. paer hoozne / dats sesse /

3395 Van wonberliker ghescepenesse :

Twee hoozne baer si ben hert staen /

Maer langher bele / sonber waen :

.L. boete lanc / so sijn bie twee ;

Daer an .II. telghe ofte mee ;

3400 .II. anbze hoozne / als wijt hoozen /

Die staen hem int hovet boozen /

Niet so lanc ; bzeet eñ blac /

Eñ baer an menech cleine tac.

Noch eest met tween hooznen ghelaben /

3405 Die sijn gheljc tween scouberblaben.

Albus es ghewapent bit bier

Jeghen sine biande sier /

Eñ elken mensche / biet siet an /

Vs. 3388. H. Hijr g. wt. | 3389. L. Hoert — nummee. H. een, gheen meer (*sic*).
V. Hort vander .R. eñ nemmee. | 3390. H.L. clene : (H) dene. | 3391. B.H. herten.
V. of van d. | 3392. B. vind : wind. V. Noorweghen. | 3393. L. als hase die wint.
H. als de w. V. ende sn. als. | 3394. B. heft — dits. H. hoern. V. hevet. *Voorts per-
of paerhorne met verkorting en in een woord geschreven.* | 3395. H. wonderlike.
V. wonderlike scepp. | 3396. H. Twe daer si. | 3398. B.H. so *ontbr.* V. lanc sijn si
die tw. | 3399. B. telege. L. telgen ochte. V. of mee. | 3400. B. alse. H. hoerne.
V. Twee horne andre als. | 3401. L. hoeft. H. int thoeft (*sic*). V. So staen h. int vor-
hovet v. | 3402. L. breet no vlac. H. br. noch vlac. V. ende vlac. | 3403. *B. cleine.*
H. clene. *Alle HSS. hebben so menech (menich).* | 3404. H. eist mit. V. eest *ontbr.* |
3405. H. De. | 3406. L. dat dyr : fyr, *volgens Meijer en Mone!* H. eist ghewapen
dat dier. | 3408. B.L.H. elc. V. Ende.

Te groten wondre nochtan /
3410 Dat dit nature maken dar.
Hier volghet ene .S. na .R.

Simia mach / in latijn /
In onse dietsch simminkel sijn.
Nu van hare eñ van leden /
3415 Eñ vele na der menschelicheden.
An hare borst draghet si thint /
Dat si boben dandre mint ;
Dander sit op haren hals.
Hier bi gheballet als eñ als /
3420 Als mense iaghet / dat si dat liebe
Vallen laet onder die diebe /
Eñ moet tleetste behouden dan ;
Want soes ghelosen niet en can :
Eñ dan moet tander sijn vercozen /
3425 Om dat tliefste es verlozen.
Twee ionc draghet si ter baert /
Tene haetse / tander heeftse waert.
Een deel sijn si van sinne broet :
Dat si sien dat men vor hem doet /
3430 Dat willen si also bestaen /
Eñ om dat werden si ghevaen ;

Vs. 3409. V. w. mede nochtan. | 3411. L. na ene .R. V. ene .S. allene na .R. |
3412. V. Symia. | 3413. H. duutsch een symm. V. In onse vlaemsche .I. schimm.
| 3414. V. ende van leden. | 3415. B. menschelijch. V. Eñ *ontbr.* | 3416. H. sijt kint.
V. dr. soe dat k. | 3417. H. tandre. V. Datsoe b. den andren. | 3418. H. Dartelike
op h. h. | tleste. | 3422. H. tleste. | 3423. H. Want sijs. *Na dezen regel
heeft de afschrijver van B. er twintig over 't hoofd gezien, bedrogen door de ge-
lijkheid van vs. 3423 met 3443. Ik vul ze uit H. en V. aen.* | 3424. V. dat m. dan
sijn v. | 3425. V. dat liefste. | 3426. V. ionghe draecht soe tere v. | 3427. V. Teen
haetsoe eñ tander heeft soe w. | 3428. V. sinnen. | 3429. H. voer. | 3430. V. w. si oec
doen bestaen. | 3431. H. worden. V. Eñ hier bi so wort si bevaen.

Want iagghers pleghen eñ gomen /

Daer tſimminkel ſit in bomen

Oft op berghe / dat ſi ſcoen

3435 Ghemaect hebben / die ſi an doen

Eñ bindenſe an haer been /

Daer die ſimme al in een

Mach beſien wat doet die man.

So laetſi die ſcoen ghinder dan

3440 Eñ gaen daer menſe nine mach ſien;

So comt die beeſte eñ wil des plien /

Eñ bint die ſcoen ſo vaſte dan /

Dat ſier gheloſen niet en can.

Plinius toghet andze maniere /

3445 Hoe dat men oer vaet die biere:

Hi ſeghet / dat ſi dies plien /

Lijm te nemene / eñ gaen mettien

Daert die ſimminkle ſien moghen;

So ghebaerſi / ofte ſi hare oghen

3450 Recht met ghenen lime beſtreken;

Eñ dit doen ſi in loſen treken

Voz die beeſte oppenbare.

Si gaen wech / eñ laten tlijm bare.

So comt dat bier eñ wille mede /

3455 Eñ verlijmt al daer ter ſtede

Vs. 3433. H. Daert symm. V. Daer simm. | 3434. V. Iof op berghen. | 3435. H. de
si. | 3436. V. Ende bindese. | 3437-3440. *Deze vier verzen neem ik uit handschr.
V. over, dewijl ze ook bij* H. *ontbreken.* | 3439. V. laet si. | 3441. H. coemt. V. eñ
wille. | 3442. V. Ende b. | 3443. V. Dat sire gh. | 3446. H. des. V. Hi seide dat te
nemene plien. | 3447. H. mittien. V. Die liede lijm aldaer si sien. | 3448. H. de symm-
inkel. V. Dat die scimminkele sijn moghen. | 3449. H. So ghebaren of si har. B. ge-
barsi. V. gbebaren si of si h. o. | 3450. V. ghonen. | 3451. B. sine loese. V. Ende
dit. | 3452. V. beesten al openb. | 3453. H. latent lijm (eñ *ontbr.*). | 3454. H. wil.
V. wilt doen mede. *Misschien beter; de ellipsis in den tekst is zeer hard.*

Sine oghen / eñ wert gevaen.

Tsimminkel mach niet stille staen.

Wat smaken si van dier dat leeft;

Maer engheenen steert en heeft.

3460 Al sijn si ghetemmet wel /

Nochtan sijn si van bitene fel.

Si spelen gheerne met kinden.

Appele / noten / daer sise binden /

Eten si gheerne / maer bedi /

3465 Op dat die scorse [niet] bitter si.

Dats dulheit; want scuwet men tsure /

Eñ die bittere aventure /

Soe eest onrecht / sal men moeten

Verhoghet wesen van den soeten.

3470 Langhe leghet hem in den moet

Dat men hem eneghe scalcheit doet.

Den simminkel volghet hi an /

Niet den mensche / die felle man /

Die verghevẽ niet en mach /

3475 Alse hem sijn vrient gaf enen slach :

Die bidt sonder sine bate

Dat men hem sine sonden verlate.

Vs. 3456. V. wort. | 3457. H. en mach niet. V. Tscimm. can niet stille staen. | 3458. V. Bet — levet. | 3459. H. negenen stert. B. stert. V. ne gheenen staert en bevet. | 3460. B. getimmet. | 3461. H.V. van beten. | 3462 H. gaerne mit. B. gerne. V. mitten k. | 3463. B. Apple. V. Appele eñ n. | 3464. H. gaerne. B. gerne. V. gh'ne en ware bedi. | 3465. H. Om dattie. B. scortse better. V. Dat die scortse bitter si. *De negatie ontbr. in de drie HSS.* | 3466. B. Deñ (*sic; l.* Eñ) dats dulheit die scuwe tsute. H. Dats dulheyt want scuwet niet sure. V. Eñ dats dulheit.... *De rest van 't vers maekt den vlgdn. regel uit.* | 3467. H. Entie bittre. B. bettere. V. Ende die bitter av. | 3468. V. ist. | 3469. V. mitten soeten. | 3470. V. Langhe gheleght h. | 3471. V. Alsmen h. enighe. | 3472. V. scimminkele. | 3473. H. mensche mer de felle. B. Nie den m. | 3474. H.V. ne mach. | 3475. H. Alsem. B. geeft. V. Als hem s. vr. gheeft. | 3476. B. bid. H. De bit. V. Hi bit. *Goed! en versta vs. 3477 :* Dat God hem.

Simminkele bint men some gheſtaert;

Some ſcone/ die ſÿn ghebaert/

3480 Met bꝛeden ſteerten/ ghelÿken cleine

Na die andere ghemeine.

Tſimminkel/ alſt ſÿn anſchÿn toghet/

Eſ ghetant/ ghemont/ gheoghet

Eñ ghewinbꝛauwet na den man/

3485 Ghearmt eñ ghehant nochtan/

Eñ ghemammet na den wibe;

Maer binnen eeſt van ſinen libe

Den menſche niet ghelÿc een twint/

Ja/ min dan enech bier dat men bint.

3490 In India bint menſe wit.

Elc menſche merke dit:

Tſimminkel heeft nable gheene

Na den menſche al ghemeene.

Hier eſ vander .S. nemmee;

3495 Nu hooꝛt vooꝛt van der .T.

Tygriſ/ alſe Solinuſ ſeghet/

Eſ tſnelſte dier dat lopenſ pleghet;

Blont van hare/ gheſpekelt ront/

Vs. 3478. B. vindm. some gestaerd. H. Simminkel — gestert. V. Tscimminkel. |
3479. B. Sone scone d. s. gehaerd. H. de sijn ghehert. | 3480. B. stertten gelijc den
cleine. H. gelijc eñ clene. V. staerten ghelikende cl. | 3481. B. Gelijc die andre.
H. Na de andre. *Ik verbeterde deze twee verzen.* V. andre. | 3482. H. Tsymminkel.
V. Simminkel als haer anschyn toghet. | 3483. B. getand. H. So ist. V. Sijn ghet.
ghem. ghehoget. | 3484. H. gewinbraut. B. gewinbrawet. V. Ende ghewimbrawet. |
3485. B. Geaermt eñ gehand. H. eñ ghetant. V. Ghearemt. | 3487. H. eist. V. ist.
| 3488. B. entwijot. H. en tvint. | 3489. B. Ja mijn dan—men vind. V. Ja mijn d. enich.
| 3491. V. marke. | 3492. H. navel. B. heft. V. Simminkele ne hevet n. ne geene. |
3493. V. Na die m. | 3494. H. Hijr is—nimme. V. Hier nes. | 3495. H. hoert voert.
B. hord vord. V. Maer hir comt vort. | 3496. V. Tygris als. | 3497. H. Is dat snelste
dat. V. tsnelste dat lopen pl. (dier *ontbr.*). | 3498. H. Bont, *wat misschien echt is.*

Eñ wreet eeft talre stont.

3500 Gheene dinc es hem so verre/

Hen erbolghet/ werdet erre.

Dat weten si al sonder bzaghen/

Die hem hare ionc ontbzaghen:

Si ne hebben water ofte zee/

3505 Si en ontvaren nemmermee.

Maer ons seghet Plinius/

Datment bedzieghet aldus:

Alse die ionghe heeft die man/

Eñ die moeder bint den ban

3510 Abel/ volght soe den rovere naer.

Als hise bi haozt/ heeft hi vaer;

Dan werpt hi een der ionghe int gras.

Die moeder wert gheware das/

Eñ bzaghet weder in den ban/

3515 Eñ volghet weder na den man.

Haozt hise dan hem volghen weder/

So werpt hi noch een ionc neder;

Dat legghet soe weder in den nest/

Eñ volghet weder so si mach vest.

3520 Dit doet die rovere so dicke dan/

Vs. 3499. H. ist. V. Wreet heet in alre st. (Eñ *ontbr.*). | 3500. H. is so v. (hem *ontbr., alsmede bij* B.). V. Negheene d. | 3501. H. Hem verv. V. Henne verv. wort het. | 3502. H. Dit. V. Dit weitsi. | 3503. H. De h. h. i. ontiagen. B. onddragen. V. ionghe ondr. | 3504. B. ofte se. V. of te z. | 3505. B. memberme. H. Sine — numm. V. Sine ontfaren hem n. | 3506. V. Mare. | 3507. V. Datse die mensche bedrieghet. | 3508. H. Als. V. Als d. i. hevet. | 3509. B. vind. H. Entie. | 3510. H. volget si d. rover. V. .I. deel volghet soe. | 3511. B. behort. V. hevet hi. | 3512. H. een ionc. V. Danne w. hi een der ionghen. B. en der i. | 3513. H. moder. V. wort. | 3514. H. Ende draget. V. in den Idan. | 3515. V. volghet ander w'f (= werf, warf, *enz.*) d. m. | 3516. B.H. hem *ontbr.* | 3517. B. hi dat een ionc (noch *ontbr. Is dat eene vergissing voor* dar?). | 3518. H. leget si. V. in haer nest. | 3519. V. volghet echt so soe mach. | 3520. H. so dit dan. V. dicken.

Dat hi tscep ghewinnen can/

Eñ pijnt also tontvaerne ghinder;

Want die tigre hevet vele kinder.

   Ambrosius telt ene andre maniere

3525 Hoe men rovet dese diere.

Rovers hebben glasine balle/

Die binnen sijn bescreven alle/

Alse ofter tigris ionc in waren.

Die draghen si/ alsi int wout varen/

3530 Eñ roven der tigren dan.

Alse hem die beeste volghen an/

Werpen si[se] in den weghe ghint:

Die moeder si waent sien haer kint.

Soe bliven si daer beede staende/

3535 Upt glas terdende eñ staende/

Eñ vinden niet/ alst es ontwee.

Van lopen si na/ vervoet mee.

So vinden si noch een in den pat;

Eñ alse te broken es dat/

3540 Volghen si al dat si moghen.

So dicke werden si bedroghen/

Dat si kinder eñ inzake

Vs. 3521. H. hi scip; *maer later verbeterd:* tscip. V. Tote dat hi scip. | 3522. V. Ende pijnt tontfaerne gh. | 3523. H. Want de tigre. B. tygre (Want *ontbr.*). V. tiger. | 3524. B. teelt. V. Ambrosis tellet een. | 3525. V. Hoemen. | 3526. V. glesine valle. | 3527. H. De. | 3528. B.H. tygris. V. Als offer t. ionge. | 3529. H. De. V. daer si int w. | 3530. V. tigre. B.H. r. daer t. | 3531. H. Als. V. Als—beesten. | 3532. B. ghent. H. gint. *In beide ontbr.* se, *als mede in* V. | 3533. H.V. De (Die) moeder waent (si *ontbr.*). B. waent sijn. | 3534. B. bede. | 3535. H. Opt. gl. tredende. B. gelas teerd. V. tardende. | 3536. V. Ende vinden. | 3537. H. na *ontbr.* B. verwoeet, *sic, uit* verweet, *dat er eerst stond, kwalijk verbeterd.* V. noch mee. | 3538. B. pad: dad. *In ieder woord had de schrijver een t begonnen, die hij door een tweeden trek in d veranderde.* H. noch enen. | 3539. H. als — is. V. alst es te br. dat. | 3541. B. dicken. H. warden. V. dicken worden si. | 3542. V. ende nake (*sic*).

Al verliesen bi derre sake;

Eñ die rovere die ontvaert

3545 Cote sinen behoude waert.

Na die snelheit van desen diere

Es ghenoemt ene riviere/

Die comt uten Paradise;

Want si es van snelre wise/

3550 Dies comt hare die name ane.

Derre beesten sijn vele in Ircane.

Taurus dats in dietsche een stier;

Eñ es boven een starc dier;

Een verrinc heetment eñ een verre.

3555 Een wreet dier alst es erre;

Allen dieren wil hi deeren/

Die hem met proyen gheneeren.

Al hare meeste macht es boven/

Int hovet eñ in den hoozen:

3560 Met bitene doen si niemanne quaet;

Maer in die hoozne es al haer daet;

Eñ si sijn goet tes menschen ghevoech

Beide in waghene eñ in ploech/

Vs. 3543. H. bider s.   V. verliesen al bi deser. | 3544. H. Entie rover hi ontfaert.
B. Die die — ontfeert.   V. Ende die — ontvaert. | 3545. H. Tot sine b. waert.   B. wert.
V. Te sinen b. waert. | 3546. H. de snelheyt v. d. dere (*sic*) : rivire.   V. vanden d. |
3547. V. So es gh. | 3548. H.B.V. coemt; *voorts* H.B. paradyse. | 3549. H. si is.   V. soe
es. | 3550. H. de snel is na minen wane (*sic!*).   V. Die Tigris heet na minen wane. |
3551. H. Deser.   B. Yrcane.   V. Der (*of* Daer? *in't HS.* D', *sic*). b. s. v. in Hiercane.
| 3552. H. T. is in duutsche.   V. dat es in vlaemsche. | 3554. H. vartine — varre.   V. *geeft
voor* eñ *de oude verkorting* ‡. | 3555. H. dier eist alst is arre.   V. dier ist alst es. |
3556. B.H. deren. | 3557. H. De hem mit proien.   *Allen schrijven* ghe- *of* generen. |
3558. H. mach.   V. haer m. m. is v. | 3559. H. Int vorhoeft.   B. Int thovet.   V. vor-
hooft. | 3560. B. bietene d. s. nim.   H. nimant.   V. niemen. | 3561. H. in de hoerne.
B. es die daet.   V. al die d. | 3562. H. goet tmenschen.   V. ghevouch. | 3563. H. Beede.
V. Als in w. ende.

Op dat si ghebuert waren;

3565 En so si ouder sijn van iaren/

Wil mense van vet maken/

So sijn si moruwer in der smaken.

Twee ossen/ die in ene ploech

Te samen trecken/ daer sijn ghenoech/

3570 Alse deen den andren niet en siet/

Dat hire omme te loeyene pliet:

So lief hebsi hare ghebure/

En dits hovescher beeste nature.

Om dat si alre starcst sijn voren

3575 Draghen si tioc op den horen;

In menech lant/ in meneghe stede/

Trecken si metten halse mede.

Ossen vleesch pleghet dragher te sine

Van van den buc of van den swine/

3580 En daer comt af swart bloet;

Doch ghevet cracht en wel voet;

Maer hets te verduwene pine/

Hen si met loke of met wine.

Basilius spreect al bloot:

Vs. 3564. B. gewind w. H. gheweent. | 3565. V. houder. B.H. En alsi oud (out) sijn v. iaren. | 3567. H. morwer in der saken. V. So si sijn muerwer. | 3568. V. osse. | 3569. B. dar sijn genoech. H. daer si ghevoech. V. van de eerste hand traken; voorts: daer sijn ghenouch. Ik hield mij daer aen; een ander moge schrijven: dier sijn ghenoech, of naer sijn ghevoech, of wat hem beter dunkt. | 3570. H. Daer deen d. a. niet siet (en ontbr.). | 3571. H. hijr — loine. V. om te loiene. | 3572. H. har. V. haer gheburen. | 3573. H. dit is hefscer beester (beest'). V. Dit sijn h. beesten naturen. | 3574. V. aller st. | 3575. H. si iocken opten. V. Draghen dat op d. horen (si en ioc ontbr.). | 3576. B. land. H. menigher st. V. menich — menighe. | 3577. V. Trecsi. | 3578. H. vleys pleecht droge. B. te siene. V. Ossijn vl. pleicht dr. tsine. | 3579. B. van d. scaep ofte van. H. van den scape. V. van d. zwine. | 3580. B.H. coemt. V. Bedi comter of. Voor swart kan er ook swaer gestaen hebben; het latijn zegt: sanguinem grossum et melancolicum. | 3582. H. Mer ets. V. de verd. | 3583. H V. En si mit l. oft (en) mit (met). | 3584. E.H. bloet : doet. V. Baselis die spreict al bloet.

3585 Stierſ bloet ghedʒonken eſ die boot.

    Sijn bloet warm ober een

    Eſ goet baer te bʒaken eſ een been.

    In India bint men ſtiere/

    Spʒeect Pliniuſ/ ban bʒuunre maniere/

3590 Dien eiſelike die boʒſtelen ſtaen:

    Al weberkeert ſo ſtaet hem thaer;

    Den mont ban oʒe te oʒe ontbaen/

    Eñ ſeere bapper/ bat eſ waer;

    Wilſi/ ſi legghen hare hoʒne neber/

3595 Eñ wilſi/ ſi richtenſe op weber.

    Si langhenſe/ ſi coʒtenſe talre tijt/

    Alſi willen/ in haren ſtrijt.

    Alſ menſe iaghet/ werpſi hare ſmelt

    Berre na hem met ghewelt/

3600 Baer ſi die iagherſ eñ die honbe

    Met ſtanke letten langhe ſtonbe.

    So hart ghehuut/ bat men baer bure

    Mach comen met gheerre abenture.

    Sijn moet eſ ſo ſtarc eñ ſo groot/

3605 Wert hi ghebaen/ hi blibet boot.

Vs. 3585. H. Stijrs. V. dats die doot. *Dit èn de drij voorgaende verzen ontbreken in B.* | 3586. E. Siin bloet warm. B. ware. V. warem. | 3587. E. te br. es been. V. Goet d. te breken es een b. (Es, *in 't begin, ontbr.*). | 3588. B. vind. V. so vintmen. | 3589. H. na bruenre. V. Spreict Pl. v. brunre. B. brunre. | 3590. B. Die eiselike. H. De eyselic. V. yselike d. burstelen. | 3591. B. so *ontbr. Al de HSS. plaetsen dit vs. na 3592. Ik keer ze om.* | 3592. B. Die moeder van ore. H. Van ore tot ore de mont ondaen. V. Dien mont v. ore ten ore ondaen. | 3594. H. har hoerne. V. Wilsi legghen doren n. | 3595. H. rechtense weder. *Drie stippen onder en geplaetst, wijzen aen dat men* rechtse *moet lezen.* Op ontbr. V. Eñ wilsi si up rechtse weder. | 3596. H. Si langse, si cortse in alle tijt. V. Si langse, si cortse in hare t. | 3597. V. haren *ontbr.* | 3598. H. har sm. V. b' smelt. | 3599. V. Varre. | 3600. H. de iagers entie. V. entie. | 3601. V. stancke. | 3602. B. hard gehuud. H. dore. | 3603. B. gerre. H. Niet comen mach mit ghere a. V. Ne comt met ghere. | 3605. H. blijft.

Oer sijn daer selue/ die een hozen
Alleene hebben int houet bozen;
Eñ selue/ dire hebben dri.
Alst peert gheuoet ront sijn si.

3610 Tranes es een dierekijn
Van der grote dat es tronijn/
Alse Plinius doet te verstane;
Eñ al eest cleine in sine ghedane/
Hets nochtan van moede groot/

3615 Starc eñ stout in alre noot;
Oec heeft ghegheuen nature
Enen helm deser creature/
Die hem thooft bescermen mach
Jeghen steke eñ teghen slach.

3620 Dies mach men merken wel in dien/
Dat die Sceppze hevet versien
Elker creaturen thare/
Alse eerlijc eñ nuttelijc ware.
Dit dier es van barwen root/

3625 Eñ scone onder sijn ghenoot.
In dat lant van Orient
Seit Plinius eest bekent.

Vs. 3606. H. sulke de mer een b. V. sulke d. enen b. | 3607. B. int thovet. H. int
hoeft. | 3608. H. sulke dier b. drie. B. drie. V. sulke diere hebber .III. | 3609. B. perd
g. rond s. sie, H. sie. V. paert gh. ront so sijn sie. | 3610. B. Tranet. H. Travet es
een dierkijn. V. Tranet es een cleine dierk. | 3611. V. een conijn. | 3612. V. Als. |
3613. H. ist clene. V. ist clene in sijn. | 3614. H. Ets — groet : noet (dit ook in B.).
| 3615. B. eñ stond. | 3616. H. heeft hem gh. V. bevet. | 3617. H. in deser creature.
| 3618. H. De hem thoeft. B. thoeft. V. thovet. | 3619. H.V. Ieghen bete; misschien
beter. | 3620. H. De is machmen. V. marken. | 3621. H. Dattie sceppere heeft. V. scep-
pere b. vorsien. | 3622. H. Elken creature. | 3623. H. eerlic eñ nuttelic. B. muttelijc.•
V. Als. | 3624. V. verwen. | 3625. V. Ende scone. | 3627. B. Seid. H. Scyt. V. Se-
ghet Pl. ist bekent.

Ꞇ̶ragelaphus es ghefet
Een dier in die oude wet/
3630 Eñ was verboden tetene.
Isidorus doet ons te wetene/
Dat na den hert es ghedaen;
Maer na den buc ru/ sonder waen/
Eñ met hornen ghetelghet lanc;
3635 Starc/ eñ snel in sinen ganc/
Eñ stout in sine weere
Jeghen der vianden deere.
Men vintse omtrent Phasida/
Eñ el niewere/ verre no na.

3640 Ꞇ̶ragodite dat sijn diere
Van seere vreemder maniere :
Van viervoeten so nes niet
Dat also etet alse dit pliet; .
Want over rugghe als eñ als
3645 Werpen si haren langhen hals/
Eñ eten also dat gras.
Waer bi dat comt/ merket das :
Si hebben horne seere langhe/
Die hem neven der lieren wanghe

Vs. 3628. B.H.V. Tragelafus. | 3629. H. Bider indouwe wet (*sic*). | 3630. H. ver-
boeden. V. Ende et was v. thetene. | 3633. H. Mer alsen (*l.* als een?) buc. V. Maer
ru als een buc sonder w. | 3634. B. geteleget. | 3635. H. an sinen. | 3636. V. Ende.
B.H. were : dere. | 3638. B. vindse o. Fransidia. H. Fassidia. V. Frusida. | 3639. H. nie-
wer, v. noch na. V. Ende el niewer, varre no na. | 3640. H. Tracodite. V. Tragodice.
| 3641. B. vremder. V. seere wonderlike. | 3642. H. viervoten so nest n. V. sone ist
n. | 3643. H. als. V. also heet als. | 3645. H. Warpen. V. Werpsi. | 3646. V. Ende
eten. | 3647. H. coemt. B. coemt merct. V. Eñ waerbi. | 3648. H. hoerne. | 3649. H. De
hem n. die lierwanghe. V. never d'lere wranghe (*sic*).

3650 Coter eerden neder flaen;

Dus ne connen si niet ontfaen

Die spise/ alse andze beesten eten.

Nature/ die niet wil bergheten/

Gaf hem den langhen hals bedi/

3655 Om hem te gheneerene daer bi.

Talpa dats in vlaemsche een mol/

Die onder baerde maect sijn hol/

En es ene blinde beeste.

Van der eerde wast hi/ spzeert die ieeste;

3660 Bedi eest dat hi deerde mint/

En leeft bi den wozmen die hire in bint.

Hoeslieden doet hi dicke tozen/

En eet die woztel af onder trozen.

Somwile eet hi deerde wel.

3665 Dic es sijn haer/ peerswart sijn vel.

Een mol te pulvere ghebzant/

Met witte van eie gheminghet thant/

En tanschijn daer mede ghewzeven/

Hevet laserscap verbzeven.

3670 Sijn bloet doet wassen haer

Vs. 3650. B.V. erden. | 3651. H. Dus en cantsi. B. Dos en can sin. | 3652. H. De
spise als ander. V. Haer sp. als andere. | 3653. H. de n. wille. B. wilt. V. niet ne
wille. | 3654. H. de langhen. B. hals dar bedi. | 3655. B. generre. H. gheneerde.
V. gheneerne. | 3656. H. in vlaemschen. | 3657. H. De onder de eerde. B. darde. |
3658. V. Ende es. | 3659. B. erden. H. Seyt de i. V. aerden w. hi. seit d. geeste. |
3660. H. eist — die eerde. B. derde mijnt. V. ist dat hi daerde. | 3661. B. hir eī vind.
H. de hijr in. V. levet bi d. w. bire (die ontbr.). | 3662. H. Oec doet hi luden dicke.
B. dicken. V. Hof lieden — dicken. | 3663. B. Eñ et den wortelen af. H. etet d. w.
onder (af ontbr.). V. oec heit hi die wortele onder coren. | 3664. B. et hi derde.
H. Eñ sometijt et hi eerde. V. heit si harde w. | 3665. H. Dit is sijn. V. Dicke sijn
haer, sw't sijn v. | 3666. E.H.V. verbrant. | 3667. E.H. witten v. eye geminct te hant.
V. van heye gemenget te h. | 3668. E. danschiin. H. dat anscijn. | 3669. H. heeft
lasarscap. V. dicken verdr. | 3670. V. Sijn bloet, segsi, doet.

Op een calu hooft/ dats waer.

Aristotiles die seghet/

Wat biere dat te notene pleghet/

Sonder die mol/ hebet oghen;

3675 Maer hi wille daer toe toghen/

Diet vel kervet/ sonder waen/

Daer sine oghen souden staen/

Dat menre ghescepen oghen vint/

Al es hi bi naturen blint.

3680 Eñ hier in mach men merken mede

Van onsen Sceppre die moghenthede/

Die elker creaturen ghevet/

Dat soe metten rechte hevet :

Die mol hevet gheen siens noot.

3685 Plinius die seit al bloot/

Dat niet so nauwe hoozt alse die mol/

Alse hi es in sijn deemster hol;

Eñ dats wonder openbaert;

Want alle luut slaet opwaert.

3690 Nemmee vant ics in .C.;

Van der .U. hoozt voorztweert mee.

Vs. 3671. B. cale hoeft. H. hoeft. V. Up — hovet. | 3672. H. de seget. V. Alebrecht. | 3673. H. datte noten. B. te noetene. *Allen* diere, ooc V. | 3674. H. de mol heeft. | 3675. H. daer to. B. toegen. | 3676. B. wel kinnen. H. wel kennen. V. Die sijn vel kervet (*of* kernet? *de vierde letter is onzeker; maer het latijn en de zin beslissen voor het eerste*). | 3677. V. Daer sijn oghen soude st. | 3678. H. Dat mer. B. vind: blind. V. Dat bire gh. | 3679. V. bi *ontbr.* | 3680. H. hijr. V. hier an. | 3681. H. scepere de hoefscede. V. scepper de hovesscede. | 3682. H. De — geeft. V. creature. | 3683. H. Dat si mitten r. heeft. V. Dat het m. | 3684. H. De mol ne heeft gheensins genoet. B. geen sien. | 3685. B. seid. V. seghet. | 3686. H. nau hoert als di m. B. hort alse di m. V. hoet als de m. | 3687. H. Als hi es in s. demster. V. Daer hi es. | 3688. B. wonder openbaerd. H. wonder gheopenbaert. V. Ende dats wonder gheop. | 3689. B. luud sl. op ward. H. al luut sl. V. al luudt dat slaept up w. | 3690. B. Nemme vandix in. H. Nietmeer van die es in. V. vandicker in. | 3691. B. hord vorwert me. H. hoert voertme. V. bort vort w't.

Unicoɹnis luut eenhoɹen;

Espentijn heetment/ als wijt hoɹen;

Rhinoceros heet in dietsche wooɹt/

3695 Om dat hevet/ als men hooɹt/

Den hoɹen staende tsiere baten

Tusschen sine twee nesegaten.

Na sine cracht so eest cleene;

Na sine grote hevet coɹte beene:

3700 Dus scrivet Isboɹus die heere.

Snel en wɹeet eest herde seere;

Nemmermeer oec/ sonder waen/

Ne cant iaghere ghevaen.

Ghelu so eest ghehaer.

3705 Vier voete lanc/ voɹwaer/

Es hem die hoɹen/ starc alse een been.

Dien wettet ane enen steen:

So ne mach hem die olifant

Niet ghewreren ieghen dien viant.

Vs. 3692. B. luud .I. een horen. V. luud een horen. | 3693. B.H. Hespentijn heet ment, als wijt h. V. Espentijn heetment. | 3694. B. Unocheros heet in dietsche word. H. Unoceros hetet in duutsche woerd. V. Rinocheros heetment in dietsch wort. *In D., volgens eene schriftelijke mededeeling van den heer Petri uit Detmold :*

<blockquote>
Unicornus ludet en horen;
Espentijn heetement, als wijd horen;
Rinocheros heetet in dietscher wort.
</blockquote>

Zie de Aenteekeningen. | 3695. H. heeft -- hoert. B. hord. V. Om dat het hevet als ment hort. | 3696. H. in sire baten. V. Den oren st. tsire b. B. tsire. | 3697. V. Tus- schen .II. noseg. (sine *ontbr.*). | 3698. H. eist clene. Na sire cr. es het clene. B. cleine : beine. | 3699. B. groete. H. heeft c. bene. V. Na sire — bene. | 3700. H. scrijft Ys. de here. V. Ys. B. here : sere. | 3701. H. ist harde sere. V. ist h'de. | 3702. B. Nem- berm. H. Numm. V. Nemm. al sonder w. | 3703. B. caent. H. iager. | 3704. B. Ghele so eest gehaer. H. eist dat haer. V. es het gheb. | 3705. H. lang. B. dats waer. V. dat weet vor w. | 3706. H. Is — als. V. als. | 3707. B. Die. H.V. an. | 3708. H. de ol. | 3709. B.H. geweren ieghen den v. V. gheweren dor dien v.

3710 Gheen spiet maghet verbaren.

Op hoghe berghe wandelet twaren /

Eñ in die woestine nochtan /

Daer onghewandelt sijn die man.

Ons scrivet Jacob van Vitri /

3715 Eñ Isiborus / die meester bzi /

Hoe ment vaet eñ niet en iaghet:

Men neemt ene onbesmette maghet /

Eñ setse alleene in gheen wout /

Daer dat unicozen hem hout;

3720 Van comt dat dier / eñ siet ane

Dat reine vleesch / die scone ghedane /

Eñ werpt daer af eñ wech doet

Allen fellen overmoet /

Eñ anevevet die suverhede.

3725 Sijn hovet met groter goedertierhede

Leghet in der ioncfrouwen scoot /

Eñ slaept met genoechten groot.

So comen die iaghers mettien /

Vs. 3710. B.H. maget. V. spiet diene mach verv. | 3711. B. wandlet. H. wandelt.
V. Up. h. b. wandert te w. | 3712. H. de wost. V. Ende in w. | 3713. V. Die onghe-
wandert sijn den man. | 3714. H. Dus scrijft. | 3715. H. de meester. D. End Sente Is.
de m. V. En Sinte Ydorus. | 3716. H.D. niet ne i. V. niene. | 3717. B. Men neme.
H. ombesmitte m. D. nemet ene omb. V. een onbesmette. | 3718. H.D. allene in gent
wout (gheen woud). B. Eñ sette se allene in geen woud. V. allene in ghont wout. |
3719. B. Dar tunicoren h. houd. H. Daer de unicorne. D. Daer hem dunicorn houd.
V. Daer dat unicoren in hout. | 3720. H.B. coemt. D. Dar comet — siet hane. |
3721. H. rene vleys, de sc. g. D. vlesch, de soete gh. | 3722. B. Eñ werpt dar wech
eñ doet. H. Eñ w. daer af eñ af doet. D. End werpet dar wech end af doet. V. Eñ w.
daer wech eñ of doet. | 3723. H. evelmoet. B. over moet. D. hovermoet. | 3724. B. ane
beet. D. suverede. V. Ende. | 3725. H. hoeft mit gr. goedertirenhede. D. groter goe-
der tierede. V. hooft. | 3726. H. Eñ leget. D. End leghet. *Met de les van deze twee
handschriften,* H. *en* D., *zou het voorgaende vers moeten volgen.* | 3727. B. slaep.
D. slapet daer met gnoechten. V. ghenouchten. | 3728. H. de iaghers mittien. D. co-
ment die jaghers. V. die iaghers in dien.

Eñ vaent al onversien/

3730 Eñ slaent doot/ na haer gheboech/

Ofte si bindent vaste ghenoech/

Eñ brenghent int palaise van

Hoghen heeren te scouwene an.

Dit wreede dier/ dit espentijn/

3735 Dunct mi een bedieden sijn

Van den Gods sone/ die sonder beghin

Es eñ was in des vader sin;

Want eer hi an die maghet quam/

Daer hi onse vleesch ane nam/

3740 Was hi in hemelrike wreet/

Eñ verstac die inghele leet

Uten hemele onder vaerde/

Om hare dorpre hovaerde.

In eerdrike balch hi mede

3745 Om sine overhoricheden

Vs. 3729. H. *van de eerste hand*: vaen. D. vanghent. V. vanghent al onvors. | 3730. B. hare. D. Si slaent doot hare gh. V. ist haer ghevouch. | 3731. B. gnoech. V. Iof si b. vast ghenouch. | 3732. B. bringen in pal. D. bringent in palaisen dan. V. Ende brenget in pal. | 3734. B. wrede dier, dit serpentijn (*sic*). H. vreemde dijt (*sic*), dit hespentijn. D.V. wreede diere (dier) dit espentijn. | 3735. H. een bediet. D. Dinket mi en b. V. Dinct. | 3736. B.H. Gods sone; *verder* H. de sonder. D. Godes sone. V. Godsone. | 3737. H. ins vader. B. in des vaders sijn. V. Was ende es in den vaders s. | 3738-3739. H. Eñ daer hi onse vlees an nam. D. End daer onse vlesch an nam. *Ook in* B. *staet* Eñ dar hi; *en de drie* HSS. *plaetsen bovendien* vs. 3739 *vóór* vs. 3738. *Ik heb op eigen gezag de volgorde hersteld — en behoude ze, schoon thans het gezag van* V. *zich nog bij dat der anderen voegt; men leest daer:*

> Eñ daer onse vleesch ane nam ;
> Want eer hi van der maghet quam,
> Was hi, enz.

D. *geeft in 't tweede vs.*: Want heri an die m. q. | 3740. B. hemelreke. D. emelrike. | 3741. H. engle. D. inglen. V. Ende v. die engle. | 3742. H. Wt den h. o. deerde: hoveerde. H. Huten emele o. deerde. | 3743. D. dorpere hovarde. V. dorperlike hoverde. | 3744-3745. V. In erdrike balsch. *Deze twee regels onbreken in de drie andere handschriften.*

Op onſer alre vader Adame;

En̄ oer toghedi ſine grame

Den quaden Sodomiten mede/

Om hare quade onſuverhede;

3750 Om hare gulſecheit alſo wel

Den kinderen van Iſraël.

Cunicozen/ deſen eneghen ſone/

Ne leefde in die werelt niet de gone

Diene enechſins habbe belaghet/

3755 Sonder Maria/ die ſoete maghet/

Die alleene/ alſt was an ſcine/

Sat in der werelt woeſtine.

Alleene was ſoe; want hare ghelike

Ghebzeket in dit eerderike.

3760 Hare oetmoede/ hare ſuverhede/

Daden den ſone der eumelijchede

Vergheten ſine wreetheit groot/

En̄ beeten neder in haren ſcoot/

Dats in haren lichame reine;

3765 Daer hi/ ſonder mans ghemeine/

Vs. 3746. D. Up onsen hersten vader Adame. B.H. Op *ontbr.; voorts* H. Adamme.
| 3747. B. dogedi sine grame. H. togede si sine gramme. D. hi toghedem sine gr.
V. toghedi hem sine gr. | 3749. H. har quade. D. hare groote. V. hare onsuv., *zonder epith.* | 3750. B. gulscheit. H. har gulseyt. D. End om hare gulseit. V. Ende
om h. gulsheit. | 3751. D. kindern (?). | 3752. H. Dat unicoren de enege s. B. dese
enege. D. Dit unicoren dese eneghe. V. Dit unicoren desen enighen s. | 3753. H.V. Ne
leeft (levede) in die werelt die gone (niet *ontbr.*). B. inde w. D. Ne levede in de w.
de gone. | 3754. B. enechsijns. H. eneghens sins had b. D. enechsijns adde. V. enichsins. | 3755. D. de s. | 3756. H. als es in sc. D.V. alst es anscine (ansch.). B. in scine.
| 3757. H. Sit—wostine. B. der werelden. D. wostine. V. Dat in d. w. | 3758. H.V. was
si; want har (haer) gh. | 3759. H. Ghebreect in d. ertrike. D. in dat ardr. V. Ghebreict in d. erdrike. | 3760. H. Har oemode, bar suv. B. oetmode. D. Hoemoede. |
V. omoede, haer suv. | 3761. H.D. ewelichede(n). V. ewelich. | 3762. B. wreecheit.
D. Vergheeten s. wreeteit. | 3763. H.D. beete. B. neder *ontbr.* V. beeten n. in hare.
| 3764. H. reyne : gemeyne. D. lachame. | 3765. V. mannes.

Den menschelichen roc an dede /
Conser alre salechede.

In desen roc / sonder waen /
Hebne die iaghers ghedaen /

3770 Alse in der reinder maeghde scoot.

Dat sijn die Joden / diene boot

Sloeghen alsine daer vonden /

Die daer na / in corten stonden /

Van dode te live was ghewect /

3775 Eñ in den hoghen palaise ghetrect

Met sinen eweliken vader /

Daerne die heileghen sien algader.

Ursus dats een vreesselijc dier /

Eiselijc ende ongier;

3780 Een beere heetet in dietscher tale.

Trect sijn vel af altemale /

So es hi na den mensche ghedaen.

Sine cracht leghet / sonder waen /

In armen eñ in lenden ghemanc;

3785 Int hovet es hi wreet eñ cranc.

Men seghet / alse die beerinne

Die ionghe werpt / die si heeft inne /

Vs. 3766. D. menschelic (*sic*) roc anedede. | 3767. H. Tot onser. | 3768. V. rocke. | 3769. H.V. Hebben die. D. Hebbene de i. | 3770. H. Als in der maget scoet. D. in der reinre maghet scoet : doot. V. reinre magheden sc. | 3771. B. dine. H.D. de I. | 3772. H. Slogen. D. al sine daer. V. als sine. | 3773. D. dar naer in curten. V. daer naer. | 3774. H. was op ghewect. D.V. Van doode (dode) te l. up. | 3775. H. boge palase. | 3776. H.D.V. eweliken. | 3777. H.D. Daer de heiligen (die heilighen) sijn al g. B. hellegen. | 3778. H. vreeslic. V. dat es. | 3779. H. Eyselijc eñ. V. Heiselijc ende onghehier. | 3780. H. duutscher. B. heettet. V. hetet. | 3781. V. Trect men of tsel alt. | 3782. V. na dien m. | 3784. H. lendenen. V. lendinen. | 3785. B. Int thovet. H. Int hoeft wreet (*in beide HSS. ontbr.* es hi). | 3786. H. als. V. seghet ons als d. beerinne B.H. berinne. | 3787. H. De ionghe. B. ioncge V. werpet die soe bad inne.

Dat si banne sijn doocleine /
Lettel meerre van muse ghemeine ;
3790 Ende alse een stucke vleesch oec mede
Sijn si ghescepen / sonder lede /
Sonder clauwe : so ne esser an
Let / dat men bekennen can ;
Maer die moeder scrept die ionghe /
3795 Leckende met haerre tonghe.
Si noten / alse Plinius seghet /
Recht alse die mensche pleghet.
Solinus seghet / dat die hien
Hare soen te eerne plien /
3800 Alsi draghen. Nu merct des /
Dat niet so selsene en es /
Alse ieman comt ten spronghe
Daer die beerinne werpt hare ionghe.
Merct op dese beeste danne /
3805 Onsaleghe wive en manne!
Hebben si gheen hol / si maken danne
Neste / verbert in haren banne /
In steden daer si hebben vernomen /
Daer men qualike toe mach comen.
3810 Die soen sijn starker van die hien /

Vs. 3788. H. dan s. dor clene : gemene. V. dan. | 3789. H. Luttel mere. B. merre V. Meere luttel. | 3790. H. als een stuc vlees. V. als een stic. | 3792. H. Sunder clawe; so en esser. B. Sonder clauwe soneeser. V. Sonder clawe so nesser. | 3793. B Leet d. m. bekinnen. c. | 3794. H. Mer die moder sc. de i. | 3795. B. harre. H.V. mit hare. | 3796. V. als. | 3797. H.V. als. | 3798. V. hyen. | 3799. B. erne. V. suwen te heerne plyen. | 3800. V. Als si dr. nu merket. | 3801. H. Eñ niet. B. selsane. V. Eñ niet so selsiene es. | 3802. B. Alse iemanne coemt te spronge. H. Alse iemant coemt ten spronge. *Men versta* : Alse dat i. V. Als iemene c. ten spr. | 3803. H. de ionghe. | 3804. B. desen beesten. V. Maerct. | 3805. B. Onsalech wijf. H. Onsalige. *Dit en het vlgde. vs. ontbreken in* V. | 3806. H. hol *ontbr.* | 3809. H. qualic. *Voor* Daer men *te lezen* Dat men? | 3810 H. Die soen sien st. V. suwen — hyen.

Also die lupaerde plien.

Die beere eet/ hoer ic ghewaghen/

Vrucht die eerde en bome draghen/

En bleesch; en daer toe si pleghen/

3815 Seghet men ons/ in Norweghen/

Daer men die witte beeren bint/

En in die lande daer omtrint/

Dat si dijs breken ontwee/

En gaen onder die zee/

3820 En vaen die vissche/ en eten bi.

Oer segghen some boeke mi/

Alsi stec sijn/ van manieren

Eten si kerbetsen en mieren.

Lettel bloets hebben si ghemeine/

3825 Sonder om die herte alleine.

Sijn adem es quaet/ alst wel schijnt/

Ongans en ghebenijnt.

Herte/ evere/ dats sine maniere/

Vaet hi wel/ en wilde stiere.

3830 Die stiere can hi wel bestriden/

Vs. 3811. V. Also als die. | 3812. H. De b. is, horic g. B. et, horic g. V. Die b. betet, horic gh. | 3813. H. die bome en eerde dr. V. die deerste en b. dr. | 3814. B. En daer si meest te siene plegen (vleesch *ontbr.*). H. En vlees en daer si pl. V. En vl. en daer toe si plieghen. | 3815. H. Segemen ons in N. B. Seget men es in Norw. (ons *ontbr.*). V. Seghet m. ons in Norew. | 3816. H. de witte. B. vind : om trind. V. w. beren kent. | 3817. H. in den lande. V. Ende in den lande d. omtrent. *In V. staet dit vs. in de plaets van 't voorgaende en het voorgaende volgt, wat misschien beter is.* | 3818. B. Datsi dijs. H. Daer si tijs. V. Datsi thijs. | 3819. H. onder zee. V. Ende g. | 3820. H. De vissche en eten die. B. vessche en eten die. V. en eten die. *Z. de vlgde variant.* | 3821. H. Someghe boke me. B. mie. V. boeken mie. *Ik schreef liever* di : mi, *dan* die : mie. | 3823. B.H. *hebben* raieren *voor* mieren, *beide zeer duidelijk.* V. crevetsen en rachieren. | 3824. H. gemene : allene. V. hebsi ghemeene : allene. | 3825. H. om therte. V. omtrent d. h. | 3826. H. is q. alset sc. B. als hi wel sc. V. als het schijnt. | 3827. V. Onghans ende gh. | 3828. H. manire : stire. | 3829. V. Vaet hi ende w. st. | 3830. H. De stire. B.V. bescriden.

Eñ gaetne op den rugghe riden /

Eñ werptene metten hoznen neder /

Eñ bitene doot eer hi rijst weder.

Wil hi ieman gaen te ghemoete /

3835 Hi gaet op sine achterste voete /

Eñ vecht metten armen bozen.

Men seit dat si niet en storen

Gheenen man / no bestaen /

Si en hebben van hem smerte ontfaen.

3840 Alle slaghe / sonder boz tsel /

Sughen si uten pooten wel.

Alse die beere den buffel bestaet /

So bestet hi emmer den raet /

Dat hi ghewinne te siere bate

3845 Dien hozen ofte die nesegate /

Ombat hine daer best verwinnen mach.

Lettel beesten onder den dach

Wassen altoes in haer leven /

Sonder die beere / dus eest bescreven ;

3850 Eñ hebdi vint mense groot eñ lanc.

Swart vint mense in die werelt ghemanc ;

Ende wit vint men someghen bare /

Vs. 3831. B.H. Eñ gaen op d. r. r. V. Eñ gaet hem op d. ric r. | 3832. H. Eñ werpent mitten hoernen. V. horne. | 3833. B. Eñ bittene doe eer. H. Eñ biten. V. Eñ bittene d. eer hi rust (sic) w. | 3834. B. Wil hi heme gaen. H. Wil iemant g. (hi ontbr.). V. iemene. | 3835. B. op dachterste. V. So gaet hi up sijn. | 3836. V. Ende v. | 3837. B. seid, en voorts storen of scoren? H. niet ne storen. V. Men seghet datsi niet ne scoren. | 3838. V. Negheenen. | 3839. B. Si en. H. Sine. V. Sine hebben smarte van manne ontf. | 3840. B. Allen slagen. V. tvel. | 3841. H. uten clawen. V. uten pote. | 3842. H.V. Als. | 3843. H. bi ontbr. B. ember. | 3844. H.V. tsire. B. te sire. | 3845. B. Die oren. H. oftie. V. of die noseg. | 3846. V. daer best vermach (verwinnen ontbr.). | 3847. H.V. Luttel. | 3848. B. hare. V. Wassen al dore al haer l. | 3849. H. de bere, dus eist. V. ist. | 3850. B. bedie vindmense. | 3851. B. sward vind mense. | 3852. V. Ende wit, enz., als in den tekst, behalve dat ik bare : ware

So groot/ dat wonder te segghene ware.

Een boec van ouder wijsshede

3855 Scrijft van sberen nuttelijchede :

Hi spzeect dat elc der lede sine

Es den menschen medicine.

Die clauwe van siere rechter hant

Verdzijft den rede/ alsict vant/

3860 Van hem diese met hem bzaghet;

Die luchtere clauwe die beriaghet

Quade gheeste also wel/

En die bloen vlien sijn vel.

PEson/ alse scrivet Solijn/

3865 Es een dier/ dat dinket sijn

Na den wilden stier ghedaen/

Els van hem in den hals staen

Bozstelen/ en manen mede/

Recht na des paerds sede.

3870 Snel erst seere te siere vlucht/

Van groter weere/ van groter bzucht.

voor bere : were *schreef. B.H. kennen dezen regel niet; in B. staet :*

Soe groet dat wonder te seggene ware;
Nochtan eest menegen worden mare.

Alwaer worden, verkort (w'dē), *eerder* werden of warden *zou moeten gelezen worden. H. geeft den tweeden regel aldus :* Nochtan eist mēneghen mare. *Ik koos.*
Vs. 3854. B.V. bouc. | 3855. E. spreect van sberen nutliichede, *wat ik gedeeltelijk volgde.* B. Spreect, *en verder met* H. : van den bere. V Scrivet vanden bere wonderlichede. | 3856. H. leden. V. spreict. | 3857. B. medecine; *overigens met* E.V. des menschen. | 3858. E. claeuwe. H. De clawen. V. clawen. *Allen* sire. | 3859. H. als ict. V. Verduwet d. r. als ic v. | 3860. H. mit hem dragen. | 3861. E. luchter cleuwe veriaget. H. De luchtre clawe. V. luchter clawe. | 3863. H. Entie. V. die vloen die vlien. | 3864. H. als ons scrijft. V. als ons scrivet. | 3865. H. dunket. | 3866. B. welden. V. stiere. | 3867. B. En els. V. Als dan h. | 3868. H. bede. V. Burstelen. | 3869. H. peerds. V. Lanc recht na. | 3870. H. eist sere te siere vl. V. eist sere in sine vl. | 3871. V. Van grooter were, groter vr. *Allen* were.

Men maghet baen met somen dinghen;
Maer nemmermeer temmen no bwinghen.
In grote foreeste bint mense wale.

3875 Wesonde heetet in bietscher tale.

Uftin / spzeect Jacob eñ Solijn /
Dat wel na selke diere sijn /
Als een beson. Men bint bese
In Germanien / als ict lese /

3880 Dats tlantscap ban ober Rijn.
In Behem seghet men datter oec sijn.
So groot hebet selc ben hozen /
Dat menne bzinct heeren te bozen /
Eñ men op tasten baer ute bzinct /

3885 Om dat ben lieben wonder binct.
So starc bint mense / hooz ic ghewaghen /
Dat si op hare hozne bzaghen
Enen ghewapenben ribbere wel.
Dit wilbe bier es seere snel.

3890 Uulpes heet een bos in latijn,
Scalker beeste mach gheen sijn.
Alse bie bos bliet boz bie honbe /

Vs. 3872. H. mit. | 3873. B. Mar nemb. H. Mer numm. t. noch duinghen. *Ook* B. duingen. | 3874. B. vind. H. groten foreesten. V. In for. groot. | 3875. B. Wesende. H. heetmense in duutscher. V. Wesende betent in duutscher. | 3876. V. spreict. | 3877. H. sulke beeste mach sijn. V. Dat bina sulke beeste. | 3878. B. vind. V. Als es veson, eñ men. | 3879. H. Germania. V. Germania als ic l. | 3880. H. Dats lantscap over Rijn. V. Dats lantsc. | 3881. B. Bihem. H. seghemen. V. In Beheem seithmen. | 3882. B. selden horen. H. heeft sulc. V. heefter sulc. | 3883. H. men. V. *te ontbr.* | 3884. H. taeslen d. wt dr. V. Eñ men uut taslen d. uut dr. | 3885. H. Om datten luden. V. Om dat het l. | 3886. B. vind. | 3887. H. har hoerne. V. up. | 3888. H. ridder. V. ridd'. | 3889. B. welde. V. wilde vie es sere sn. | 3890. V. eet een v. | 3891. H. mach niet sijn. V. ne mach niet s. | 3892. H.V. Als.

Slaet hi dan dor haren monde

Sinen ruwen bepisten steert/

3895 Eñ ontvliet te woude weert.

Ambrosius spreect : Alse die vos siet/

Dat hem naect der doot verdriet/

Siet hi dat hi den pijnboom ghewint;

Eñ tsap datter ute rint

3900 Dat nut hi/ eñ gheneest al daer/

Eñ leeft daer na menech iaer.

Experimentator seghet/

Dat die das te makene pleghet

Hole/ daer hi in rusten sal;

3905 So comt die vos eñ onsubert al

(Albus bepijnt menech tgoet/

Dat een ander al verdoet);

Want die vos hi smelter in.

Van wils die das meer no min/

3910 Eñ vliet wech sere vaerde :

Albus blivet dat hol Reinaerde.

Met vos smeere bestrijc die oghen :

Men maghet sonder smerte gheboghen/

Eñ hets sake daer men mede

Vs. 3893. H. haren munde. B. hare. V. danne dur hare. | 3894. B. ruen b. steerd : weerd. H. stert : wart. V. staert. | 3895. H. ontfliet. V. Ende — waert. | 3896. H. seyt als. V. Ambrosis spreict als. | 3898. V. ghewinnet. | 3899. H. Ent sap. B. Eñ tsaep — rijnt. V. Eñ dat sap datter uut rinnet. | 3900. H. Nuthi eñ geneset. V. gheneist. | 3901. B. leefter af. H. mennich. V. Ende levet dan menich i. | 3902. V. die s. | 3903. H. Dattie. | 3904. H. in *ontbr*. | 3905. H. onsuveret. B. coemt — ontsuvert. V. eñ neemse hem al. | 3906. B. menech goet ('t *lidw. ontbr*.). | 3908. H. die vos versmelt daer in! V. die vos die sm. | 3909. H. Eñ dan ne wilhijr meer noch min. V. Eñ danne ne wils no mee no m. | 3910. H. Die das vliet sire v. V. Die das, eñ vliet sire v. B. verde : Reinarde. | 3911. H. Dus so blijft thol Reynaerde. B.V. Reinarde. | 3912. E. dijn ogen, *en zoo mede* H. V. smare b. dine o. | 3913. E. magt — dogen. | 3914. H. Eñ ets sake. V. Dats ene sake.

3915 Betert ber oghen bemſterhebe.

   Men ſeit oec/ die vos es wijs/

Sal hi gaen over een ijs/

Dat hi boze ben iſe leit bi

Om te hoozne oft bicke ſi;

3920 Eñ eeſt bat hijs hem ontſiet/

Hi en comt op bijs niet.

Eñ alſe hem gaet bie hongher an/

Can hi hem boot maken ban/

Eñ ſteert ſine tonghe ute ſinen monbe:

3925 So wanen boghele baer ter ſtonbe

Dat het een cronge ſi/

Eñ vallen hem ſo bi:

Waer bi bat hire een begaet/

Daer hi ben hongher mebe berſlaet.

3930 Alſe boſſe noten ofte riben/

Ballen ſi ober hare ſiben/

Eñ berſamenen alſo

Eic anbzen helſenbe eñ bzo.

   Des bos galle ghebet raet

3935 Hem bie hebet bie ozen quaet/

Eñ het es ben oghen goet;

Sijn ſmeere mebe wel hozen boet.

Vs. 3915. V. Bekeert d. o. deemst. E. deemst. | 3916. B. seid. H. seyt o. de vos is. V. seghet oec d. vos hi es so w. | 3917. B. gan. V. een hijs. | 3918. H. hi tore d. yse. B. leid. V. Dat hi thore den hise leghet bi. |3919. B.V. horne. H. hoerne. | 3920. H. eist. V. Eñ ist so dat. | 3921. H. Hine comt opt ijs n. V. Hine c. up den hise n. | 3922. H. als. | 3924. H. uut (wt). V. sijn tonge uut. | 3925. H. vogel. V. dan ter st. | 3926. H. Datter ene croenge si. V. ene cronge. | 3927. V. Ende. | 3928. B. Soe dat hire een. | 3929. B. honger bi mede v. H. hongher bi versl. V. bi verslaet. | 3930. V. Als v. noten ende r. | 3931. V. Liggen si. | 3932. H. versamen. V. Ende versamen |3933. H. eñ sijn vro. V. elsende. | 3935. E. die oren hevet qu. H. Hem de heeft de oren quaet. B. dat horen. V. heeft dat horen. | 3936. B. Eñ het es den oren. E. hets. H. ets. V. Ende es den o. | 3937. E. smere me wel. V. smare.

Jeghen podagre helpet wel.

Een selven evele es goet sijn vel /

3940 Op dat ment winde om den voet /

Eñ die vleeschside inwaert doet.

Bernet sine levere eñ drincse in wine /

Hets goet ieghen des kankers pine.

Levere eñ herte / beide es goet

3945 Mede te stelpene die seere bloet.

Men ghene sine hersenen dicke eten

Kindren : men wille weten /

Dat si euwelike selen wesen

Van epilepsien ghenesen.

3950 Beide sijn smeere eñ sijn roet

Es sieken lieden goet.

Sine longhene ghedronken ontbint

Lede die men vercrompen bint.

DArius es een dier

3955 Seere scone eñ niet fier.

An die wamme eest wit /

Eñ op den rugghe es graeu dit.

Van eencozen eeft ene maniere.

Vs. 3938. B. podrage. | 3940. E. wonde. B. winde op den v. V. Up datmer in winde
den v. | 3941. H. Ende de vleyside inwert. V. Eñ men die. | 3942. E. Bernt siin l.
H. lever. V. Braet siin l. | 3943. E. Dat es g. iegan cahk. H. Dats g. ieghens cankers
p. V. Dats g. i. der lanke p. | 3944. H. beede is. V. bede. | 3945. H.V. stempene de
(die) sere. | 3946. B. dicken. V. sijn hersene dicken heten. | 3947. E. Kinderen.
B.V. Kindre. | 3948. E. ewelike. H.V. ewelike sullen. B. euweliken. | 3949. E. epy-
lentien. B. epilencien. H. epilensien. V. Epylencien. | 3950. H. Bede. V. smare ende
s. r. | 3951. H. Is s. luden g. V. Es allen sieken l. E. herde g. | 3952. H. ombint.
B. ontbind. V. onbint. | 3953. E.H. gecrompen vint. B. vind. V. Leden. | 3954. V. dat
es. | 3955. V. ende niet f. | 3956. H. eist. V. Ander wammen es het. | 3957. H. ist
graeu, *met de e door eene tweede hand bijgeschreven.* V. Eñ up den ric so es het
graeu dit. B. grau. | 3958. H. van eencorne eist ene manire. B. een cornen. V. est.

In bomen wandlen dese diere /
3960 In wouden / met haren ghesellen.
Van desen dieren die vellen
Pleghen man en vrouwen mede
Te besiene hare hoverdechede /
En willen hem verheffen daer in /
3965 Al ne bestaets hem meer no min;
Nochtan achtets dit dier niet /
Dat hem so scone siet.

    Scaemt u / arme / naecte worme /
Ghi dect u menschelike worme
3970 Met vreemden huden / met vreember wullen :
Die hem verheffen / si dullen!
    .U. gaet ute en voortmee
Hoort van der namen in .Z.

Zubro dat es een vreessam dier /
3975 Erehande selsene stier /
En es wel .XVII. voete lanc.
Sijn haer es bruun na swert ghemanc.

Vs. 3959. H. In bome wandelen want dese dire. V. In bome wandren. | 3960. B. In woude. | 3961. V. Van dustanigher diere v. | 3962. B. Pleget. H. Plegen. V. eñ vrouwe. | 3963. H. beseghen. B. Te besiene. V. Te meersene. | 3964. V. Ende w. hem heffen. | 3965. B. bestaeds—no mijn. H. hem noch me no min. V. Alle bestaets h. mee. | 3966. H. achts dat d. n. V. Nochtan ne achtes dat dier. | 3967. V. hem selve so sc. | 3968. H. iu (iv *sic*) arme. V. aerme. | 3969. B. decht ve m. v. H. dect uwe. V. u scamelike v. | 3970. H. Mit vremden h., mit vreemden wllen. | 3971. H. verheffen, dat sijn de dullen. V. dat sijn die dulle. | 3972. B. hord me. H. voertmeer. | 3973. B. Hord. H. Hoert van den name in..... *De rest is weggesneden, als mede de laetste woorden of soms de helft van de zes-en-twintig verzen die thans volgen, sommige der kortste uitgenomen.* V. van den beesten .Z. | 3974. H. Zubio, dats een selsen.... V. dats een wreedsam d. B. dat es een dier. | 3975. H. Eereh. selsine. B. Erande selsiene. V. Eenreande groot wilt stier. | 3976. H. vote. V. Ende es. *Allen geven* .XXX. voet; mij scheen .XVII. ruim genoeg voor de .XI. cubitus van 't latijn. Zoo schreef ik ook vreessam voor wreedsam. | 3977. B. brun. V. na tswarte gem.

Seß voete lanc sijn sine ho2ne;

Eñ seere snel in sinen to2ne/

3980 Alß menne iaghet/ ten selven stonden

Werpt hi sinen d2er na den honden/

Eñ maectse blint ten selven stont.

Mach hi gherrighen man ofte hont/

Op sine ho2ne werpt hine opwaert/

3985 Eñ vaettene weder metter vaert/

So dicke eñ oec so vele/

Dat hine doot met sinen spele.

Met ere binc vaettene die b2oede:

Men iaghetene met honden moede:

3990 So gaet van die iaghere staen

Onder enen boom saen/

Met sinen spiete; so wille tdier

Vo2 lopen/ dat eß so fier/

Eñ veet tusschen sine ho2ne beide

3995 Ghenen boom al omme ghereide/

Alse die op den iaghere mect/

Die hem metten bome dect.

Van velt hi metten spiete tdier.

Vs. 3978. H. vote lang. | 3979. H. in sinen merne. V. Ende sere. | 3980. H.V. men
iaget. | 3981. V. na die honde. | 3982. H. maecse. *Voorts is de laetste letter* (t) *van*
stont *weggesneden. In* B. *ontbreken de verzen* 3981 *en* 3982. V. Ende maectse bl.
ter selver st. | 3983. B. honden, *rijmende met* stonden. H. Mach bi crighen man of
hont. V. of. | 3984. H. hien. B. op w'd. V. Up sine h. | 3985. H. Ende vaten w. mit-
ter. V. vatene w. mitter. B. vaerd. | 3986. B. dicken. V. dicken eñ daer toe so v. |
3987. H. mit sulken sp.... V. met sulken. | 3988. B. veetene. *Ook drie regels hooger
had de afschrijver eerst eene* e *voor eene* a *beginnen te schrijven.* H. vaten.
V. vatene. | 3989. H. iagethem mit. V. iagheten. | 3990. H. So dat dan de iagre st.
B. Soe dat dan die iageren staen. | 3992 H. spiecite (*sic*) so wil h..... V. So wil hi
dier. B. so willit dier. | 3993. H. daert is. V. Dur lopen daer het es. | 3994. H. vaet
t. sine..... V. vaet t. s. h. bede. | 3995. B. ombe. H. al om..... V. Ghonen boem al.
omme. gherede. | 3996. H. Als di op den iagre. V. Als up den i. m. (die *ontbr.*).
| 3998. H. mitten. V. vellet.

Sin eñ vroetscepe doet hier
4000 Dat cracht niet dade / dat vernem.
Die meeste vint men in Behem /
Eñ oec vint mense in Polane /
Minder eñ snelre / ic wane.

ZUlso es van felre maniere
4005 Beide den mensche eñ den diere;
Van der grote dat een wolf es /
Ghemaent alse een paert / des sijt ghewes.
Na menschen luut leert hi ghebaren :
Daer mede hoent hi liede twaren /
4010 Die wanen dat si een man.
Dat eñ menech quaet hi can.
Oec gaet hi in der dober grave /
Eñ wrivet sijn vel daer ave ;
Want hi mint tvleesch van den man.
4015 Honde bedzieghet hi nochtan
Met sinen lude / eñ scoortse mede :
Vele hevet hi na hgenen die sede.

Vs. 3999. B. Sijn — hir. H. vroetscap. V. vroescepe. | 4000. H. Dat cracht niet
en doet hem. V. niet ne doet bi hem. | 4001. B. vindmen. H. Behem. V. vintmen
Beehem (in *ontbr.*). | 4002. B. vindmense in Pollane. V. Ende oec so v. | 4003. B. Min-
det. V. dat ic wane. | 4004. V. manieren. | 4005. H. Beede mensche eñ diere. V. Bede
d. m. enten dieren. | 4006. V. dat wulf es. (een *ontbr.*). | 4007. B. Gemaenc alse.
H. Ghemaect als een peerd, d. s. gewis. V. als een pt (*sic*) sijts gewes. | 4008. B. Na
mensche leerd hi. V. Na m. lude. | 4009. B. houd hi. H.V. hoent hi lude (liede) te
w. | 4010. B. datse een m. H.V. dat hi si. | 4011. V. *had dezen regel niet; hij
staet er thans naer het leidsche HS. door eene zeer late hand (die van Vis-
ser?) in de open gebleven plaets bijgeschreven, doch geheel verschillend van
onzen tekst :* Alsine horen gebaren dan. | 4013. B. wrive. V. Ende etet sin vel daer
ave. *Was het eens :* ED etet dat vul (vuul = vuil) daer ave? | 4014. H. mint vlees. |
4015. B.H. bedriget. | 4016. B. scortse. H. scoerse. V. scuerse. | 4017. H. Dusdaen
es sijn sede. B. Dustaen es sine sede. *Ik volgde V. en 't latijn.*

Hier gaen ute die woozt der ieesten
Van den viervoeten beesten.

4020 Vondics mee / ic sindes meere
Teeren minen lieben heere.
Ghedicht hebicker .C. eñ achte
Viervoete diere in hare gheslachte;
Nu comt hier van den voglen voozt

4025 Menech sonderlinghe woozt /
Daer spel an es eñ dachcoztinghe /
Medicine eñ leeringhe.
Ghebiedijt / heere / ghi selet lesen /
Die wile dat ghi ledech selt wesen;

4030 Maer eer ic segghe van elc alleene /
Hoozt vozen spzeken int ghemeene.

Vs. 4018. B. Hir g. u. d. word van ieesten. H. Hijr gaen wt de woerde d. i. V. uut die wort vanden geesten. | 4019. V. Ende vanden. | 4020. B. Vondix me. H. Vond ixs meer, ic settes m. V. meer ic sendecs m. | 4021. V. Te heerne m. B. Teren | 4022. B. hebbicker. V. heb ic .C. | 4023. H. .IIII. voter (vot') diere in har g. B. in *ontbr.* V. haer. | 4024. B. coemt hir — vord: word. H. coemt hijr. v. d. vogelen voert: woert. V. Nu comt hi vanden v. vort. | 4025. V. Menich sonderlangh wort. | 4027. H. leringhe. *De eerste woorden van dezen en van de tien volgende regels zijn weggesneden.* V. ende l. | 4028. H. ghi sullet desen. B. gi, *als meermaels.* V. ghi sult dit l. | 4029. B. soudet wesen. H.V. ledich sult. | 4030. H.V. van elken. | 4031. B.V. Hort. H. *is verminkt.*

DERDE BOEC.

—

ELC vogel int vlieghene snel
Die ne mach te voet niet wel/
Alsmen mach an die swaluwe sien.
Cleine voghelkine plien
5 Meer te singhene dan die grote.
Bitende vogle eñ hare ghenote
Sijn starc van borsten eñ van dien.
Alrehande vogle plien
Clauwen te hebbene/ alse wijt weten.
10 Some hebsi die voete ghespleten/
Eñ some versament in een vel.
Negheen voghel so ne es snel

Vs. 1. H. in vligen. B. in vliegene. | 2. H. en mach. V. nit w. | 3. H. an de swalu s. B. swallbe *of* swallue, *onduidelijk.* V. zwalue. | 4. V. Clene vogheline. | 5. H. te singhen dan de. | 6. H.V. har (haer) gh. B. genoete. J. (*Deze letter sal van hier af aen Doctor Jonckbloets afschrift van den Berlijnschen codex aenduiden. De vier eerste verzen ontbreken er. Z. de inleiding.*) Voghelen ende h. gh. *Wat ende betreft, wete men dat de Heer Jkblt. nergens eñ schrijft, maer het immer in ende oplost.* | 7. H. van borste eñ dien. V. barsten. J. staerc v. bersten. | 8. V. voghelen. J. voghele. | 9. H.V. Clawen te hebben, als wijt (wi) w. J. Clawen—als. | 10. J: hebben si d. voeten. | 11. B.J. versamet. V. vergadert. | 12. B.H. Gheen v. es so snel. V. Negheen v. sone es snel. J. Ne gheen v. die es sn.

Die spozen bzaghet alse die hane;
Hinnen eñ ganse / als ic wane /
15 Bzinghen eiere / alse wi sien /
Dat si gheens notens plien;
Maer si sijn van argheren smake
Van dandze / dat es ware sake.
Crombect boghel heeft meeste macht /
20 Eñ hi leeft oec bi der iacht;
Andze boghele leven bi wozmen /
Dissche / slanghen van meneghen bozmen.
Waterboghele / verstaet mi wel /
Die over die clauwen hebben tvel /
25 Die blieghen te samen bi scaren;
Eñ die bi vleessche leven / twaren /
Vanghen hare ghenote niet /
Also alse die bisch oec pliet;
Maer die spareware / ieghen wet /
30 Die vaet dike sijn musschet.
Het sijn vele vogle cranc /
Die bzuchten den winter stranc /
Die in warme steden varen.

Vs. 13. H.V.J. als. | 14. H. Hinne eñ gans. V.J. Hennen ende ghanse (gansen). |
15. H. eyer, als. V. eijeren (*sic*) als. J. eyeren als. B. wij sien. | 16. V. gheen n. en
pl. J. gheens ghenoots en pl. | 17. H.V. arger. J. Mar — aergher. | 18. B. dandren.
V.J. dit is. | 19. B. Crum bect v. heft meste. H. Crombec v. h. meest cracht. V. meest.
J. Crombecke voglen hebben meest cr. | 20. V.J. Ende hi levet. | 21. H. vogle. V. Ander
vogle l. bi worme. J. Andre voghelen, dat verstaet. | 22. H.V. Vissche — menigher.
B. Vessche. J. Leven bi wormen ende bi saet. | 23. *Allen* Water v. *verdeeld.* V. vogle.
J. voghelen. | 24. H. clawen hebbent tfel. V.J. clawen hebben dat v. | 25. H. De vl.
V.J. Die *ontbr.; voorts* in scaren. | 26. V.J. te w. | 27. H. Vaen har g. V. Ne van-
ghen h. B. genoete. J. Die vanghen. | 28. H. als de visch. B. vesch. V. oec liet.
J. als die. | 29. H. Mer de sperware. V. sperw. J. Mare d. sp. oec i. w. | 30. B.V. dic-
ken. J. musscet. | 31. H. Et sijn. J. voghelen. | 32. H. De vr. V. Die duchten. |
33. B H. Die (De) in warmen st. J. waermen. V. warme. *Vglk. vs.* 72.

Vele vogle sijn te waren

35 Die wintertijt in holen slupen /

Eñ in die warme eerde crupen /

Daer elc andzen verwarmt ter noot /

Eñ ligghen daer half doot /

Eñ sonder eten langhe gheduren

40 Met Gods cracht meer dan bi naturen.

Bitende vogle alle ghemeene

Pleghen te vlieghene alleene :

Dat doet hare bzecke maniere.

Vogle die minnen clare riviere /

45 Alst laten die bloghele hanghen /

Sijn si met slecheiden bevanghen.

Vogle van pzoyen ghemeene

Sitten node op die steene ;

Eñ dat wijst hem nature /

50 Dat elc siere clauwen dure ;

Oer hevet hem nature bozwaer

Dat sien ghegheven so claer /

Om dat si verre selen sien

Pzoye / die si te vane plien.

55 Boschvogle die sijn ghesont /

Vs. 34. H. twaren. J. voghelen. | 35. H. De w. B.V. winter t. in h. (hole) sl. J. in winter t. | 36. V. aerde. B. erde. J. waerme. | 37. H. anderen. *Dit en de zeven volg. verzen hebben hunne tweede helft verloren.* J. verwaermet. | 38. V. alf d. J. als doot. | 39. H. Eñ *ontbr.* | 40. H. crachte. V. mee. B. mer. J. Met Goeds cr. bet dan bi n. | 41. V. al gh. J. voghelen alle ghemene : allene; *en zoo doorgaens met de enkele* e. | 42. H. te vligen. J. Plieten te vl. | 43. H. hor vr.... J. manieren. | 44. H. Vogle de min.... V. die *ontbr.* J. Voghelen minnen cl. rivieren. | 45. H. de vogle, *en zoo had* B. ooc *eerst* vogele *geschreven.* J. vloeghelen. | 46. H.V.J. mit (J. met) evele. | 47. H. Vogele v. proien. B.V. proien. J. Voghelen v. proie. | 49. V. Ende. B. hen. | 50. H.V. sire clawen. J. Want elc sire claw. dure. | 51. B. hen. H. heeft. V.J. over w. | 52. H.J. so *ontbr.* V. Die siene (so *ontbr.*). | 53. H.V. sullen. J. Omme—sullen. | 54. B.H.V.J. Proie. | 55. H. *heeft van dit en de zeven-en-twintig vlg. ver-zen alleen nog de laetste woorden.* V.J. Bussche v. (voghelen). B. gesond : stond.

Want men berduwetſe in corter ſtont.

Bitende bogle berſamenen niet /

Sonder alſ men notenſ pliet.

Dube / ganſe / ſwanen / ſprewen /

60 Roeken / rauwen / binken / mewen /

Eñ hare ghelike / blieghen bi ſcolen /

Ban lande te lande bolen /

Eñ gheneeren hem ghemeene;

Want ſachte bogle ſijn node alleene.

65 Some hebſt ieeberſ tharen weghen /

Alſe wilde ganſe eñ cranen pleghen;

Some blieghen ſi troepmale ghemeene /

Alſe ſprewen eñ andze bogle cleene;

Some / alſe muſſchen / bliben int lant;

70 Some blien ſi boze ſwinterſ pant /

Alſe ſwalewen ende odebaren;

Some wilſi in boſſche baren /

Eñ daer hare feeſte bziben;

Some wilſi in huſe bliben.

75 Selke ſijn die hem bekeeren

Vs. 56. V.J. verduwese. H.... douwetse. | 57. H.V.J. versamen. *Voorts* J., *naer gewoonte,* voghelen; *hetwelk ik in 't vervolg niet meer opzettelijk melden zal.* | 59. V.J. Duven, gansen, sw. (swalewen), spreewen (spr.). | 60. V. Roeke, c., vinke, meewen. | 61. V. haer. | 64. V.J. sochte diere (dieren). H. sijn de allene. | 65. B. hebben si l. w. (tharen *ontbr.*). H. hebsi leyders. V. leders. J. Somme hebben si leders te haren w. | 66. V.J. Als w. gansen. | 67. B. troep male. H. tropmael gemene. V. tropm. J. trop maelde. | 68. H. ander vogel clene. V. Als spreewen eñ andre vogline cl. J. voglen. | 69. H.... menschen bliven si int l. V. als. J. als musscen. | 70. H. dors winters p. V. *van de eerste hand* dorwinters; *eene andre voegde er eene* s *tusschen.* B. dore tswinters. J. vlieghen si duer swinters pant. | 71. B. Swaluen. H. eñ od. V. Als sw. eñ hodevaren. | 72. H.... in bosschen varen. V.J. wilsi in bussche (busscen) varen. B. vlien si in bossche hem genaren. | 74. H.... n si in h. bl. (*welligt* willen si). V.J. husen. | 75. H.... at (dat?) si hem bekeren : leren. V.J. Sulke s. d. h. bekeren; *maer deze regel heeft daer zijne plaats met den volgenden verwisseld.* B. bekeren.

Dat si andre voghe luut leeren/

Eñ wedermaken des menschen tale/

Als men in derstere siet wale/

An papegaye/ eñ andre mede.

80 Alse menech es der vogle sede/

Als si sijn mesijc in ghedane.

Nature heeft int ontfane

Eñ in winnene ghegheven

Vorbeel den cleinen/ eñ hets hem bleven.

85 Nu hoort van elken sonderlinghe/

Sine nature eñ sine dinghe;

Eñ elc na andren/ min no mee/

Na dordine van den .A. B. C.

A Quila/ dat es die aren.

90 Sente Augustijn seit te waren/

Dat hi coninc uutvercoren

Vor alle voghele es te voren:

Dies vint menne ghecroont ghescreven.

An proyen leghet al sijn leven.

95 So scarp siet hi/ dat hi gheboghen

Vs. 76. B. luud leren. V. Datsi onder andre v. luud leren. J. voghelen. | 77. *Allen* weder maken, *verdeeld.* | 78. B. daestere. H.... echster. V. Als men daghberste siet w. (in *ontbr.*). J. an daestre. | 79. H. eñ an andre m. V. papegaien eñ anderen. J. pap., an andre. | 80. V. Als menich. J. Als menech es der voghelen. | 81. B. Alsi. V.J. misselijc int g. (in gh.). H. *heeft alleen het laetste woord nog overig.* | 82. B. in tonfane. H..... ntfane; *de rest ontbr. Thans volgen weer volle regels.* V. hevet. J. hevet in tonf. | 83. B. in winne. H. winnēne, *als meermaels.* | 84. H. clenen eñ ets h. V. cleenen. J. den clenen voghelen ende hets. | 85. B. hord. H. hoert. J V. hort. | 87. V. no min no mee. H. min noch me. | 88. H. Na dordine na a. b. c. V. Na der ordene. | 89. H. dats die aern. *Later schoof men er nog eene* e *in :* aeren. J. dats .I. aren. | 90. B. Sᵗ Aug. seid. H. Sinte Augustinus seit twaren. V. seget. | 91. H. Dat hi is c. J. hi c. es wt v. | 92. H.J. vogle (voghele) te voren. V. voglen. | 93. H. Des vint men. V. vintmen. J. vintmene. *Allen* ghecroent. | 94. B. leget an sijn l. V. proien leit. J. proien. | 95. H. siet si, dat hi. B. hi dogen, *later verbeterd :* gedogen. V. scaerp.

Mach / dat hi die ziene van sinen oghen

Jnt sonneschyn ghebesten mach:

Dies siet men op meneghen darh /

Dat hi gheerne omme bit

100 Metten oghen in die sonne sit.

Daren pleghet / seit Sente Augustijn /

Alse sine ionghe een deel groot syn /

Dat hise metten clauwen op heft /

En wie / als hi die sonne beseft /

105 Die danne hebben so starke oghen /

Dat si die sonne connen gheboghen

Natuerlike te scouwene ghinder /

Die hout hi over sine edele kinder;

En die hem van der sonnen verbaert /

110 Hout hi over enen bastaert.

Ambrosius seit / dat selc spreect /

Dat hi sinen bastaert versteect /

Om dat hem vernoyet ghinder

Te voedene so vele kinder.

115 En dan es altoes niet syn sede;

Vs. 96. H. Mach mitter si, *en, door verbetering*, sie. B. Mach metter sie. V. Mach die sine v. s. o. *Ik volg* J. | 97. H. Dat int sonnenschijn. B. sonne scijn. V. Int s. gev. mach. J. sonnen sc. | 98. H. Dat siet men. V. up menighen. | 99. B. ombe. H. gaerne. V.J. ghaerne. | 100. H. in de s. V.J. Die oghen (Metten *ontbr.*). | 101. J. Die aren. H. Daerom pl. seyt Sinte A. V. Aren pleghet seghet S. Austijn. B. seid. | 102. H. sine ionc. V.J. Als sine ionghen. | 103. B.J. clawen op heeft. H. mitten clawen. V. clawen up. | 104. B. befeest. H. alsi de sonne. V.J. En siet wie die sonne b. | 105. H. Die dan. V.J. Die dan h. die st. (so staerke). | 107. B. Naturl. V. Narenstel. te scouwen. J. Naernstelike. | 108. B. houd hi o. s. edle k. H. edel k. V. Hout hi — edel (Die *ontbr.*). J. Die *ontbr.* | 109. H. Entie hem v. d. sonne v. B. vervard. | 110. B. Hout hi — bastaerd. | 111. B. seid. H. seyt d. sulc. V.J. Ambrosis s. (seghet) d. sulc spreict (speect). | 112. B. bastaerd verfeeect, *en met een niewen trek:* versteect. *Wilde de schrijver eerst* verseect *voor* versaect? V. versteict. | 113. B. vernoiet. H. vernoit. V. vernoyt. J. Omme d. h. vernoyet. | 114. H. Te voeden. | 115. H. En dat en is. V.J. En dat nes niet altoes s. s.

Maer het doet sine gherechtichede /
Eñ om dat hi niet wille ontbzien
Die edelheit van siere partien.
Ambzosius spzeect daer na /
120 Dat een voghel / heet fulica /
Neemt met hem dat ionc verbzeven /
Eñ voedet den sinen beneven.

   Abelinus / die meester / spzeect :
Alse die aren van ouden bzeect /
125 Soect hi ene fonteine cout /
Eñ blieghet opwaert met ghewout
Boven allen swerken / seghet hi /
Daer hi der sonnen viere comt bi /
Eñ hem die donkerheit van den oghen
130 Der sonnen hitte doet verbzoghen ;
Van vallet hi neder met ghewout
In die diepe fonteine cout /
Dziewerf ter selver vaert.
Van blieghet hi te neste waert /
135 Te sinen ianghen / die sijn so out
Dat si te pzoyene hebben ghewout.

Vs. 116. B. sire girechede. H. Mer et d. s. ghirichede. V.J. Maer *ontbr*. | 117. H. ont-
frien. V. Eñ *ontbr*.; *voorts* niet ne wille. J. Omme; *de rest als* V. | 118. *Allen* sire.
| 119. V. Maer Ambrosis spreict. J. Mar Ambrosius. | 120. H. het fulsita. B. fulgida. |
122. B. brodet. H. voeret. V.J. Ende v. | 123. H. de m. V. de m. spreict. | 124. H.J. Als
die aern. B. brecht. V. Als die aren — breict. | 125. B. Souct — fontaine coud. H. fon-
teyne claer cout; *maer* claer *onderstipt*. J. fonteyne. | 126. B. vleghter op m. ge-
woud. H. vlijchter op mit. *De zes volg. regels ontbreken in* B. | 127. H. allen saken.
| 128. H. hi *ontbr*.; *voorts* viere. J. vier. | 129. H. donkereyt. V. Ende hem d. donc-
kerheit. | 130. H. hette. J. Die sonne doet verdroghen. | 131. H. neder *ontbr*. |
132. H. depe fonteyne. J.V. In die fonteine diep eñ cout | 133. Drie werven. J. waer-
ven. | 134. J. ten neste w. | 135. H. Tot sinen i. de sijn. V. sijn so hout. J. Ten
sinen. | 136. J. te proien. B. *had voor* hebben *eerst* hē *geschreven. Voorts, naer
gewoonte* : te proiene. V. Datsi die proien hebben g.

Verslect es hi in dire ghebare/
Als of hi in enen rede ware :
Hi wert ontplumet. Van moetene voeden
140 Sine tonghe/ ende broeden/
Onthier eñ hi verioghelijct ghinder.
    Merct hier op/ ghi quade kinder/
Wat u stomme beesten leeren/
Die vader eñ moeder gheneeren!
145   Oec seghet ons Sente Augustijn/
Alse die aerne seere out sijn/
Wat hem die bec wert te lanc/
Doen si ten stene enen ganc/
Eñ maken weder eñ slipen
150 Haren bec/ so dat si gripen
Hare spise also daer mede/
Wat si eten na haren sede.
Gheerne maect hi hoghe sijn nest.
In sinen nest vint men best
155 Den steen/ dien men echites heet;
Om dat hi bi naturen weet/

Vs. 137. H. is hi in dier. V. in dier. J. inder ghebore. | 138. B. Oft, *zonder* Als. |
139. H. ontpluumt, dan moeten v. B. werd ontpl. V.J. wort ontpl. dan moeten v. |
140. H. eñ broeden. J. ionghen. | 141. H. Onthier eñ veriogelijct. V. onthier hi ver-
ioghet. B. veriongelijct. J. verioghet. | 142. B. hir op gi. H. hijr. V. Up dit ghi
maerct u quade k. J. Op dit merct. | 143. H. Wat u. V. Wat u stumme beeste l.
J. Wat iv st. | 144. V. Dit maerct ghi grote heeren. *De les, ik meen de zedeles,
van den tekst bekwam welligt den omwerker niet.* J. Vader ende moeder soudi
eren. | 145. H. seit ons Sinte. V. seit. J. ons *ontbr.* | 146. B. arne seere oud. H. de
aerne oec sere ontsijn (*sic*). V. Als d. aerne seer. J. Als die aernen sere. | 147. H. de
bec wert lanc. V.J. wordet lanc. | 148. H. Dan doen si tenen stene ganc. V. So doen
si tenen ganc (*sic*). J. So doen si ten stenen g. | 150. H. Hare becke. | 151. J. der
mede. | 152. H.V. hare. J. harer. | 153. H. Gaerne. V. *stelt* oec *in plaets van* hoghe,
hetwelk ontbreekt. Het HS. schijnt nogtans niet op het gehoor geschreven. J. Die
aern maect hoghe s. n. | 154. B. vindmen. V.J. neste. | 155. B. dimen. H. diemen.
V. Den steen steen (*sic*) die echites h. J. die ech. | 156. J. Omme.

Dat hi sinen ionghen es goet.

Daren es so wel ghemoet/

Al heeft hi seere langhe ghevast/

160 Dat hi ontseit engheenen gast/

Maer eten mede dies begheeren;

En ghebreect hem an sijn verteeren/

Sijn naeste gast moet betalen/

Dat hem alle bandre onthalen.

165 Aristotiles die seghet/

Dat hi twee ionghe te hebbene pleghet/

Nochtan dat hi drie riere hevet;

Maer dat hi dat een beghevet/

Ende werpet uut sinen neste.

170 Doch so segghen ons die beste/

Dat men hevet in somen stonden

In sinen nest drie ionghe vonden;

Maer Aristotiles die seghet/

Dat hi bi naturen pleghet

Vs. 157. B. Om dat hi sinen. H. is. V.J. Dat si sinen l. sijn g. | 158. H. De aern is so wel behoet. V. Die aren. J. Die aern die es. | 159. B. sere lange vast. V. Al hevet hi sere. B.J. sere. | 160. B. ontsiet geven. H. Dat *ontbr.; voorts* ontsiet. V. hi ne ontseit ghenen. J. Dat hi non seghet ghenen g. | 161. B.H. begeren : verteren. V. begheren : verteeren. J. Mare. | 162. V. ghebreict hem sijn v. (an *ontbr.*). J. hem iet an sijn teren. | 163. H. De naeste. V. die moet. | 164. V. Al dat hem alle die andren ontalen (*sic*). J. Al dat hem die andre. | 165. H. de seget. V. Alebrecht. | 166. J. ionghen. V. iongheren te hebben. B. te hebne. H. te hebben. | 167. V. eyere. *Dit vers en de negen volgende* (167-176), *ontleen ik aen* V., *behalve enkele verbeteringen die men uit de varr. zal kunnen kennen. In* B. *en* H. *stonden alleen deze twee regels :*

B. Uut enen eie comen die twee   H. eye c. de twee.
Bi naturen : dits wonder mee.   H. dats w.

J. *stemt grootendeels met* V. *overeen; de varianten zijn* : Nochtanne — eyeren. | 168. J. Mare d. hi d. eëne (*sic*) b. | 169. J. werptet wt. | 171. J. heeft in someghen. | 172. V. ionghen; *en zoo mede* J. | 173. V. Maer Aelbrecht die seghet. *De afschrijver had het bijzonder veel op met* Aelbrecht. *Volgens 't latijn* : Sed ut idem Arist. dicit, *had het eigentlijk moeten heeten* : Maer die selve Ar. seghet. J. *heeft* Aristotiles.

175 Uut enen eie ionghe twee
   Te bringhene : dats wonder mee.
· In Plinius boeke staet/
   Dat hem blicseme no donre ne scaet/
   Eñ hem die rechter voet es meest.
180 Alse hi sine ionghe starc bereeft/
   So wil hise van hem weeren/
   Om dat si hem leeren gheneeren
   Eñ hem sine proye niet nemen.
   Dus souden vader eñ moeder temen
185 Hare kindre van hem te iaghene/
   Eñ hem leeren te bedzaghene
   Met haers selfs pine te waren.
   Tusschen den hert eñ den aren
   So es een strijt tallen tiden :
190 Waren can metten vlerken striden
   Eñ verbzinctene so int slaen
   Dat hi achterwaert moet gaen/
   Tote dat hine van der roken bzivet/
   Eñ hine also ontlivet.

Vs. 175. V. eije (*sic*). J. Ute enen eye ionghen. | 176. J. Te bringhen ende dits w.
mee. | 177. H. boke. J. boeken. | 178. H. blexen noch donre slaet. V. blixem no
donre ne sc. B. blixine no donder. J. blexeme no doren. | 179. H. de rechter. *De
regel, in den tekst vergeten, is onder op den rand door dezelfde hand aengevuld.*
J. Ende den rechter voet es hem meest. | 180. H. Eñ als hi. s. i. sterc v. V. Als h. s.
i. staet v. J. Als hi s. ionghen staerc beseft (*sic*). | 181. V. wil hise. | 182. B H. leren
generen (gb.) V. gheweeren. J. Omme. | 183. H. Eñ har pr. leren nemmen. B. hare
proie. V. Eñ sine proien hem in ene (*lees* : niene) nemen. J. Ende sine proie hem
niet nemen; *maer dit vers heeft daer zijne plaets met het volgende verwisseld.* |
184. H. soude moder en vader temmen. *Een teeken wijst* vader *zijne plaets vóór* mo-
der *aen. Ook* B. moder. V.J. getemen. | 185. Har kind'. V.J. kinder. | 186. H. leren te
beiaghene. | 187. H. hars — tvaren. B. hars. J. selves. | 188. V. enten aren. J. ende. |
189. H. So is strijt. B. es en str. V. tijden. | 190. H. Die aern c. mitten verken (*sic*)
str. V.J. Die aren c. m. vogle (voglen) str. | 191. H. verdrincten so mit sl. V. in slaen.
J. verdrincten. | 192. B. achter w'd. | 193. H. Tot dat. B. roke. V.J. v. der rootsen.

195 Maer die hert werpt hem mul /
     Eñ maert den aren boghen bul.
     Eñ tusschen den aren eñ den brake
     So nes van vreden gheene sake :
     Daren slatene eñ vliet /
200 Eñ mach die brake verknopen iet
     Met sinen steerte die vlerke dan /
     So wreect hi hem daer an.
        Daer hi an roken maert sijn nest /
     Ofte op bome / daert hem dinct best /
205 Comter brake toe ofte man /
     Ofte ander dier / so vecht hi dan /
     Eñ aventuert sijn leven ghinder
     Om te bescermene sine kinder /
     Eñ hi ne beghevetse nacht no dach /
210 Cote dat hem elc verechten mach.
     Op sine scoudren hise oec set /
     Eñ leeretse vlieghen na siere wet.
     Alle edele vogle te waren
     Ontsien ghemeinlike den aren ;
215 Eñ des baghes dat sine sien

Vs. 195. J. Mare d. h. worpt. | 196. H. den aern de ogen. V. sijn ogen v. J. do-
ghen wl. | 197. H.J. den aern enten dr. V. enten dr. | 198. B. So *ontbr*. V. Sone es
v. vreeden. | 199. J. Daren slaten ende vl. H. Die aern. V. Die aren sl. ende vl.
B. sletene. | 200. H. de dr. verknopen niet. B. niet. V. vercrighen iet. J. vercoeuren
niet. | 201. H. Mit s. sterte de vloghel. B. sterte. V. sterte sine vl. J. staerte sine
vleerke. | 202. H. wrecthi hem dan daer an. V. wreict hi h. dan daer an. J. dan daer
an, | 203. B. roeken. V. an roetsen. J. an die rootse. | 204. B. donct. H. dunket.
In beide ontbr. Ofte. V. Of an b. J. Iof op bomen. | 205. B. Coemter. H. Coemter
dr. to of m. V.J. of. | 206. H. Of — vechthi d. V.J. Of. | 207. H. aventuert. B. aven-
turt. J.V. Ende a. (aventuert). | 208. H. Om te bescermen. J. Omme te beboudene sin
k. | 209. B. Eñ voetse nacht eñ dach; *doch te lezen* hoetse. J. begheeftse. | 210. H. Tot
datlen elc. J. elke. | 211. B. scoudere. H. hi sie oec s. | 212. H.J. leertse vl. V. Ende
leerse. B. na sine w. | 213. H. twaren. V. voghele. J. voghelen. | 214. H. gemeen-
liken. V.J. ghemeenlike.

Wilst qualike der proyen plien.

Van den gheervalke seit die glose /

Dat hi dicke den aer doet nose

Eñ hine beet. Merct : dese gheervalke

220 Bediet wel die dorpere scalke /

Die hem niet ne willen keeren

Onderdaen te sine haren heeren /

Eñ hare heerscap quetsen eñ iaghen :

Des salse God daer omme plaghen.

225 Plinius sprac eñ bekende /

Dat in der werelt Noortende

Erande aer groot es seere :

Twee eier brinct hi eñ nemmeere /

Eñ legghetse in sinen nest ;

230 So weet hi daer hi toe comet best /

Eest den hase / eest den vos ;

Dien maect hi des velles los /

Eñ wint deier in dat haer /

Eñ legghetse vor die sonne daer :

235 Anders so ne broet hise niet ;

Vs. 216. H. Willen si qualic. B.V.J. proien. | 217. B. seid. H. de gl. | 218. B. dicken. H. aern. V. dicken d. aren nose (doet *ontbr.*). J. aren. | 219. H. vaet — gervalke. V. vaet maerct desen gheerev. J. vaet. | 220. H. dorper (dorp, *met een streepje door den steert van de p, doch zoo daer heen geworpen, als of de schrijver geaerzeld had.* V. *dezelfde verkorting.* J. dorper. | 221. B.H. Die (De) hem niet w. keren (ne *ontbr.*). | 222. H. te sijn h. heren. V.J. den heren. | 223. H. har b. ketsen. V. haer eerscap. | 224. B. dar ombe. J. Dies. | 225. H. seyt. B. seid eñ bekinde. | 226. B. nordinde. H. nortende. V. werelde noort ende. J. inder warelt n. ende. | 227. H. Eenrande aern groet is sere. V. Eenrande aren. B. sere : nemmere. J. Eerhande aerne sijn groot sere. | 228. H. eyer — nimmere. V. Tweerande eyer. J. eyeren. | 229. H.J.V. in sijn nest. | 230. B. So weet hi dar. H. So vaet hi d. hi to comt b. V. vaet. J. So vaert hi d. hi t. comt b. | 231. H. of den vos. V. Eist — of. J. Eist — eist. | 232. H. macthi. V. maecti den velle los. J. hi dat vel al los. | 233. B. wind. H. deyer. V. windet die eyere. J. wijnt die eyeren. *De uitgang van 't meerv. op* n *is een vaste regel bij den afschrijver.* | 234. B. leetse. V.J. leitse. | 235. H.V. so en broethise.

Eñ alſe hi ſine ionghe ſiet /

Helpt hi hem voozt toten baghen /

Dat ſi hem moghen bedzaghen.

    Kyzamidarium voer ſeghet /

240 Dat die aer te hebbene pleghet

In ſine winbzauwen ſteene twee :

Die een bzeect den ſteen ontwee

Dien men in die blaſe bzaghet.

Deſ arens bec / alſe hi ghemaghet /

245 Diene leghet onder ſijn hovet ſtille /

Nachtſ ſal hem dzomen dat hi wille.

   Aꝛpia / alſe Adelinuſ cande /

Eſ een boghel van verren lande.

In Strapedos / in die woeſtine /

250 Pleghen arpien te ſine /

Met honghere altoeſ verladen /

Eñ cume mach menſe verſaden :

Die clauwen ſcarp / crom eñ wzeet /

Eñ te ghegripene ghereet.

255 Danſchijn heeft hi na den man /

Vs. 236. H. alshi. V.J. Ende als hi s. i. (ionghen) s. | 237. B. hi den vord. H. voert
tot dien d. V. vort. J. voert tote d. d. | 238. B. hen. H.V. beiaghen. J. hem selven moe-
ghen beiaghen. | 239. V. die seghet. | J. Kiramm. b. die s. | 240. H. Dattie aern te
hebben pleget. B. te hebne pleget. V.J. aren. | 241. H. winbrawen stene. B. stene.
V. wimbrawen steenen .II. J. winbrawen stenen tw. | 242. H. De een steen breect
ontwee. V. Die deen steen breken ontwee; *maer men kan zien dat de afschrijver
bij* deen *getwijfeld heeft.* J. Die den steen breken ontw. | 243. B.J.H.V. Diemen. |
244. H. aerns bec als hi g. V.J. als. | 245. B. Die ne leget. H. Dine leget o. s. hoeft.
V. Diene leit o. s. hooft. J. hoeft. | 246. B. Nacht. J. Snachts. | 247. B. knade (*sic*).
V. alst Ad. kande. J. als Ad. seghet te handen. | 248. J. landen. | 249. B. woeestine.
H. wostine. J. Strapides. | 251. H. Mit hongre. | 252. B.H. machmense saden. *In* H.
heeft eerst scaden *gestaen.* | 253. H.V. clawen. B. crõe eñ wr. J. Met clawen crom,
staerc ende wr. | 254. H. Eñ gripene gereet. V. te griepene. J. te gripene wel gh. |
255. H. Dat anscijn. B. heft hi. V. Tanschijn hevet soe na. J. Tanscijn hebben si.

Maer negheene boghet daer an.

Wien bediet het die arpie/

Van (die[n] God vermalebie!)

Den woekerare/ die nacht en dach

260 Gaept/ en niet versaden mach?

Al es hi ghelijc den man/

Daer nes gheene menscheit an.

Arpia pleghet/ ne twifels niet/

Den eersten mensche dien si siet

265 Wandelen in die woestine groot/

Vermach soene/ si slaten doot.

Alsi te watere comet nadien/

Daer si haer selven mach ghesien/

En si siet dat si heeft doot

270 Van anscine haren ghenoot:

Wert soe droevende ielanc so meere

Van rouwen en van groten seere/

En sommile oec doot blivet/

Want altoes voort si rouwe brivet.

Vs. 256. J. doeghet. | 257. H. dat arpie (het *ontbr.*, alsmede *in* B.). | 258. B.H.V.J. die God; *voorts* B. vermalendie. | 259. B. woekeraere d. naht. H. wokeraer. V. wokenare. J. wouk. | 260. B. Gaep. H. versaden en mach. | 262. B. minscheit. H. menschheyt. | 263. B. pleget, twifelt n. H. pleget, en tvifelt n. J. Arpiane pleghens twivels n. | 264. B. irsten. H. eersten menschen de si s. V. die soe siet. J. die si s. | 265. B. woeestine groet. H. wostine groet. V. Wandren. | 266. B. slaete doet. H. Verm. sine, si sl. doet. V. Verm. soene si slatene. J. slatene. | 267. B. Alse si. H. te watre coemt. V. Alsoe te watre comt. J. comt. | 268. H. har s. m. besien. V. Dat soe. J. haer s. in mach sien. B. hare s. mach sien. | 269. B. En soe s. dat soe heeft doet. H. doet. V. En soe s. dat soe hevet d. J. ghedoot. | 270. H. har genoet. B. genoet. V.J. hare. | 271. B. W'd soe droevende — mere : sere. H.V. Wert (Wort) si droevende so lanc so mere (meere). J. Wort si dr. ia lanc s. m. | 272. *Deze regel was in* V. *door den eersten afschrijver open gelaten ; eene zeer late hand schijnt hem eens aengevuld te hebben, blijkens de voorletter* E *die er nog te zien is aen 't hoofd van eenen wederom uitgewasschen en thans onleesbaren regel.* J. Ende es bevaen met groten sere. | 273. B. som wile. J.V. Ende oec somwile. | 274. B. vord. H. voert so rowe dr. V. voert soe r. dr. J. Want *ontbreekt.*

275 Somwile ghevalt/ hoor ic lien/

Dat men hevet ghetemt arpien/

Die oer spraken na den man;

Maer gheen bescreet so ne esser an.

AGotile/ dat es bekent/

280 Es een voghel in Orient/

In Arabien/ als men seghet/

Die twee eiere oft drie pleghet

Te bringhene/ eñ es groot mede.

Dese so pleghet ere breemder sede:

285 Hi sughet die gheete in dire ghevare/

Alse ofte hi een hoekin ware;

Eñ hets wonder datmer ane toghet/

Dat die gheet te hand verbroghet/

Alse sughet agotile.

290 Plinius seghet ons oec mee/

Dat ghebroeft es eñ bekint/

Datter die gheet af wert blint.

Vs. 275. H. Somwilen gevallen horic lyen. V.J. Somwile ghevallet horic lyen (lien).
B. Som wilen g. horic. | 276. H. heeft. B. getempt. V. ghetemmet arpyen. J. vint
ghetemmede. | 277. H. De oec spreken. | 278. H. Mer ghene besceetheyt esser an.
V. so nesser. J. Mare — so nesser. | 279. B.H. dat *ontbr.* | 280. B.H. Es *ontbr.* |
281. V.J. Arabia. | 282. H. eyer of. V. eyere of. B. ofte. J. eyeren ofte. | 283. H. Te
bringhen eñ es oec groet m. J. bringhen. | 284. H. Dese pleghet alre vreemder s.
V. Dese pl. ene vremder s. B. vremder. J. Dese pl. erer vreemder s. | 285. H. de
gheit in die g. V. Hie s. die gheete in dier g. J. Si suken die gheten inder gh. |
286. H. Als of hi een hoeken. V. Als of het een hoekijn. J. Als oft een gheetkijn w.
| 287. H. Eñ ets w. datmer an t. B. dat mer. V.J. an. | 288. H. Dattie gheit te hants
v. B. hand. J. ghete daer of verdr. | 289. H. Alse seget Aristoteles (*sic!*). V. Alse
sughet agotilee. B. Alse suget agotile. J. Alse suket agotile. *Moest ik hier* Alsfe *of*
Als fe (Als ze = Als haer) *schrijven?* | 290. H. Pl. seyt oec des sijt ghewes. (*sic!*).
V. ons *ontbr.* B. me. J. me (ons *ontbr.*). | 291. H. geproeft es eñ bekent : blint.
V. gheproevet w't eñ bekent. B. Dats geproeft eñ hekint. J. bekent. | 292. H. de
gheit. V. die gheet of worden blent. J. Dat die gheten worden drof blent.

Ardea/ in onsen latijn/
Mach in dietsch een heigher sijn.
295 Ardea heet hi/ als men seghet/
Dat hi hoghe te vlieghene pleghet/
Eñ dat dicke boven swerken/
Daer negheen tempeest mach werken.
Int water es sine lijfneere.
300 Enen scarpen bec hevet hi ter weere.
Sine ionghe broet hi in bomen/
Die hi nerenstlike can begomen.
Experimentator seghet/
Dat hi den havic te honene pleghet/
305 Want hine besmelt alse hi can:
So rotten sine vederen dan.
Som wit eñ som van sciere wise:
Die sciere sijn best ter spise/
Van smake best ende oec ghesont.
310 Men vint oec/ dat es ons cont/
In onse lande/ in meneghe meers/

Vs. 293. B. onsen *ontbr.* J. onse latyn. | 294. E. heiger. B. eiger. H. in dutsche
een reygher s. V.J. reygher sijn (zijn). | 295. H. heetmen. | 296. H.V.J. te vlieghen.
| 297. B. Eñ dats dicken. V. dicken b. zweerken. J. Ende ia dicke. | 298. B. Daert
geen t. mach werken. H. Daer gh. t. mach werken. V.J. Daer ne gheen t. mach
merken (werken). | 299. H. In watere s s. lijfnere. B. lijf nere : were. J. sijn lijf-
nere. | 300. B.H. Enen sc. (scerpen) bec ter were (hevet hi *ontbr.*). J. scaerpen b.
heeft hi t. were. | 301. B. ioncge. J. ionghen. | 302. B. nerenstenlike. H. De hi ne-
rentslike can gomen. V. narenstelike c. gomen. J. Dat hi naernstelike c. gomen. |
303. V.J. die seghet. | 304. B.V. havec te hoene (hoenne). H.J. te honen. | 305. H.V. als.
J. Want hi besmelt al sinen dan. | 306. H. vedren niet dan; *maer niet is onder-*
stipt. V. roten. J. vedren. | 307. H. van scire. V. an sciere wisen. J. ende som
sciere w. | 308. B.H. Die (De) witte. V.J. Maer (Mar) die sc. s. b. ter spisen (spise).
B. ter prise. | 309. H.V.J. Van smaken best eñ gh. B. Ter smake ende oec gesond. |
310. B. vind — cond (oec *ontbr.*). H. oec is ons c. (dat *ontbr.*). | 311. B.H. land —
mers. *Deze twee HSS. plaetsen dit vers na het volgende.* V. In onse lande in menighe maers. J. In onsen l. in menegher (*of* meneghen?) maers.

Voghele / eñ heeten lepeleers /
Die hare lijfneere soeken mee
Daert sout smaect van der zee /

315 Die becke hebben lanc eñ breet /
Daer mense lepeleers omme heet;
Eñ dats van heighers ene maniere /
Die sijn den visschen onghehiere.
Haer vleesch es argher van der sciere.

320 Smout van den heigher es sperie biere /
Daert anders nuwe es eñ fijn /
Als men seit / ieghen tsledersijn.

Anser es die gans in latijn /
Die som wilt eñ som tam sijn.

Vs. 312. H. Vogle heten lepelers. B. eñ h. lepelers. V. Vogle die heten lepelaers. | 313. H. lijfnere soken. B. lijfnere s. me. V. haer lijfnere. J. lijfnere. | 314. B. soud sm. vander se. V. Daer het sout. J. Dae (*sic*) het s. sm. | 315. H. De b. h. lang eñ br. J. Die langhe becken h. ende br. | 316. E.J. lepelaers. B. lepelers ombe. H. lepelers. V. leperaers om h. | 317. E. heigers .I. maniere. B. eigers eñ (*sic*) maniere. H. reyghers ene manire. V. reyghers. J. reyghers een m. | 318. E. Den vischen siin si ongiere. B. Eñ sijn d. vesschen ongehire. H. Eñ sijn — ongiere. V. Die sijn der (*sic* : d') v. onghehiere. | 319. E. Haer vl. es dan d. giere (argher *ontbr.*). H. Har vleys is a. dant scire. V. vleisch es a. d. die sciere. B. Hare vl. J. Hare vl. es aergher d. d. scier. | 320. E. van den heiger es specie d. B. Somud (*sic*) van eigeren es sp. dire. H. van den reygher is speci dire. V. van den reygher. J. Tsmout v. d. reygher es spetie dier. | 321. E. nieuwe es eñ f. B. es *ontbr.* H. *is gansch bedorven door de verwarring der varianten met den tekst. Zie hier wat en hoe het daer staet:*

    Daert anders is ende fijn .·. et federsijn
    Als men seyt ieghent tsenijn.

V. *schrijft* niewe *en* plaetst vs. 321 *na vs.* 322; *misschien beter.* J. *insgelijks :*

    Alsmen seghet ieghen tsledersijn,
    Daert anders nieuwe es ende fijn.

| 322. E. Alse men seegt i. tsledersiin. B. seid iegen tvelde sijn (*sic*). | 323. H. Ancer is de g. B. Ancer. V.J. Ancer dats die g. | 324. H. De som w. B. welt. V. Die some tem, eñ some wilt s. J. Die some tam ende wilt sijn.

325 Van den wilden tmeeste deel

Die sijn scier wel na gheheel/

Some swart en some bont/

En blieghen meest alle stont/

En maken blieghende hare scaren

330 Alse oft ghescrebene letteren waren;

En blieghen nu Oost/ nu West/

Also alst hem ghewindet best:

So dat si blieghens selben bergheten/

Sonder alleene alsi eten.

335 So plegghet hem des blieghens lusten/

Dat si selben slapen of rusten.

Maer huusganse die sijn swaer:

Si blieghen selben hier of daer;

Eten/ slapen/ dats haer leben/

340 Dats dat si node begheben.

Isidorus seit/ dat gheen dier can

So nauwe rieken den man.

Hier bi seghet men in bele bziebe/

Dat si bi nachte rieken diebe.

345 In roomschen geesten es bescreben/

Vs. 325. B. welden. H. Van wilden dat m. d. V.J. Van wilden gansen dat meeste d. | 326. H.B. De (Die) sijn sc. w. na geel. V. sciere wel naer al gheheel. J. welnaer gheheel. | 327. H. en ontbr. J. swaert. B. bond. | 328. B. allen stond. V. En die vl. J. Ende die v. m. in alre stont. | 329. B. vlienden h. sc. | 330. H.V.J. Als oft gescreven l. (V.J. lettren). | 331. H. vligen nu Oest. B.J. Oest. V. Ende vl. Oest ende W. | 332. V. ghewint es b. J. als hem die wint est best. | 333. H. seldens (So ontbr.). J. vlieghen. | 334. B.H allene. V. allene als si e. J. alleen. | 336. B.H. ofte. | 337. B. huus g. H. de sijn sw. V. huus g. J. h. gansen die s. sware. | 338. H. hijr of taer. V. hir of d. J. of dare. B. ofte. | 339. B. En slapen (Eten ontbr.). H. har. V. tlapen (sic). | 340. V. datsi onghaerne begh. J. ongherne b. | 341. B. Ys. seid. H. Ys. seyt. V. Ysodorus spreict. J. spreect. | 342. H. nowe ruken. V.J. ghericken. | 343. B.H. Hir (Hijr) bi segemen. V. seghet men. J. seghemen — brieven. | 344. B. nachten. H. ruken. J. dieven. | 345. B.V. roemscen. H. roemschen ieesten is.

Dat wilen die van Sans bzeben

Die van Rome in selker plaghen/

Dat sise int Capitolie belaghen;

Eñ alse die wachters sliepen bi nachte/

350 Habsijt ghewonnen al met crachte;

Maer dat die ganse berhoozden/

Eñ met roepene die wachters stoozden/

Die der vianbe wozden gheware/

Eñ beleiden ben toz met bare.

355 Des hielt die stebe bele iare

Hare ghebincnesse baer nare;

Want elcs iaers op ghenen bach

Dat Roomsche bolc tanebebene plach

Ene selberine gans/

360 Eñ baer bozen te makene bans.

Dies spotter mebe Ambzosius/

Eñ die grote Basilius/

Eñ seiden : « Rome/ bes es berbient/

Dat bu best ber gans bus bzient:

365 Alle bine gobe sliepen;

Vs. 346. H. die van Sander bedreven. V. bedreven. J. verdreven. | 347. H. De Romeyne van sulker. V. Die Romeine in sulker. J. Die Romeyne in sulke. | 348. H. int tcapitole. V. in capitolie. J. in Capitolien. | 349. H. als — slipen. V.J. Ende als. | 350. H.J. Hadden sijt gh. mit (met) cr. (al *ontbr.*). | 351. H. verhoerden. B. verhorden. *In beide ontbr.* die. V. verhorden. J. gansen verhoerden. | 352. H. mit ropene de w. stoerden. B. storden. V. Eñ si die w. met roepen storden. J. Die die wachters met roepen stoerden. | 353. V. der vianden ghew. (worden *ontbr.*). J. vianden. | 354. H. beleyden den torn mit v. J. den cor (*sic*) in vaer. *Dit vs. staet in al de HSS. na vs.* 355; *ik verplaetste het op eigen gezag.* | 355. B. hilt d. st. vele der iare. H. de stede. J.V. Dies helt d. st. | 356. H. Har ghedenkenis. B. dar naere. J. naer. | 357. H. elcx. V. elxs i. up ghonen d. J. elx. | 358. B. roemsche. H.V. roemsce v. tanebeden (te anebeden) pl. J. te anebedene. | 359. J. selverinen. | 360. J. daer voer maken d. | 361. H. Do spotter. B. Doe sp. met Ambr. V. sp. mede of Ambr. | 362. V. Ende die. J. Baselius. | 363. H. seyden : Rome, hebstuus v. B. Rome hefstu v. V. Eñ segghen Rome des (dies) es v. | 364. H. bist (dus *ontbr.*). J. Dattu. | 365. J. goden.

Die ganse wieken eñ riepen;

Dies offerstu dire gans op dien tiden/

Eñ laets Jupiterre liden;

Want ne habbe si ghedaen/

370 Bestolen waerst eñ ghedaen/

Dine gode/ van dinen vianden:

Dies sijn dine gode wel weert scanden. »

    Als men der ganse kiekene ghenaect/

So wispelt si/ eñ maect

375 Gheblaes om die ionghe cleene.

Onder die scare wachter eene

Altoes/ omme des arens vlucht;

Want van hem so hebst bzucht/

Eñ si kennen in hare maniere

380 Wel den aren eñ die ghiere/

Bat van enech mensche mach.

Die gans mach leven meneghen dach.

Witte ganse winnen meest/

Anbze minst/ hebbir vereest.

385 So node es die gans alleene/

Vs. 366. H. Dine g. waken. B. wiken. J. Die gansen waecten. | 367. H. Des o. de gans op die t. V. der g. up d. tijden. | 368. H. Jupitere. B. laet. V. lijden. J. Jupiter. | 369. H.B. hadden. V.J. ne hadde die gans g. | 370. H. Ghestolen waren si. V. Ghestolen waersi ende gh. J. Gheslagen waren si. | 371. H.V. van den v. J. Dinen goden vanden v. | 372. H. Des sijn si wel. B. wert. V. Dus sijn gode welt (*sic*) w't. J. Dus sijn gode wel waert. | 373. H. der gans kieken g. V.J. d. ganse (gans) kint g. (gb.). | 374. V. Soe w. soe eñ m. | 375. H.V. Geblas — clene. B. cleine. J. Gheblas omme d. ionghen clene. | 376. H. de sc. w. ene. B. eine. (scare *ontbr.*). V.J. ene. | 377. B. ombe. H.J. des aerns. V. om. | 378. B. so *ontbr.* V. voor hem so hebben si. *Deze regel ontbr. bij J.* | 379. B. kinnen — manire. J. in haren fisieren. | 380. H. aern; *voorts met* B. eñ die giere. V. Des arens vlucht eñ vanden ghiere. J. Des aerns vlucht ende manieren. *Zou ik niet beter geschreven hebben:* Wel den aren van den ghiere? | 381. H.V.J. Bet. B. minsche. | 282. H. De gans — menigen. V. menigen. | 383. H. vintmen meest. | 384. H. An die minste hebic vereest. V. Anders minst heb ic v. B. verheest. J. ghevreest. | 385. H. is de g.

Sluut men die gans / dat si cleene /

No boze branc / no boze ate /

Lichtelike haer keert ter bate.

Haer vleesch es te verduwene quaet;

390 Eñ alse reghen te comene staet /

So baet hare die gans daer ieghen:

Dat siet men dat si dicke pleghen.

Men vint ganse also groot /

Dat si bina sijn ghenoot

395 Des voghels struus / dat segghic u;

Dats in den berch van Montiu /

Eñ in die Noortside van Europen:

Cume moghen si van swaerheit lopen.

A Nas / als men die waerheit waent /

400 Es in onse dietsch een aent.

Die hie heeft vloghele eñ hals

Scoonre dan die si als eñ als.

Eñ om den hals den witten rinc.

Vs. 386. B. Slut men de g. datsi clene. H.V.J. dat si clene. | 387. H. No dor dr. noch dor a. V. Noch dor dr. noch dor bate. J. duer — duer. | 338. H. hoer ter bate (keert *ontbr.*). B. har. J. hare niet k. | 389. H. Har vleis is. B. Hare vl. V.J. te verduwen. | 390. V. Ende alse rein te c. J. als reghen te comen st. | 391. H. har de gans. V. haer d. g. der iegen. B. dar iegen. J. haer. | 392. H. Dit siemen. V. Dit sietmen d. si dicken. J. Dies sietmen dicke datsi pl. | 393. B. vind. V. Ment vint. J. gansen alse gr. | 395. H. segic, *en zoo mede* B., *waer dat ontbr.* V. Das voghes struwes seg ic u. J. seghic iv. | 396. H.J. Moniu. V. Dat ind. b. van Montiu. B. Montiou. | 397. H. de noertside. V. noortside. B. nords. v. Eropen. J. nortside v. Ethiopen. | 398. H. swaerheyt. V. swareit. | 399. J. Aras. B. als *ontbr.; voorts* warbeit. H. als men waer waent. V. wareit. | 400. H. Dat (*sic*) in onse dutsch. V. Dats in o. d. een haent. J. Dats in onsen dietsce die a. | 401. B. Di hi heeft volgle eñ als (*sic*). H. De hi h. vlogle. V.J. Die hye (hie) hevet vlogel (vloegbel) ende h. | 402. H.J. dan die si (sie) heeft (hevet) als. V. die suwe hevet als. B. scoere dan si als eñ hals; *hetgeen ik verbeterde, al ontbreken de woordjes* eñ als *in* H.J.V. | 403. H. *even als* B. den witten, *maer met de* d *in* e *veranderd* (een). V. den w. r. J. omme — den w. r.

Rivieren mint hi voz eneghe diuc/

405 Eñ aer ne mach hi niet leben/

Hi ne si den watere beneben.

Wilde aenden/ hebwi berstaen/

Ceerst dat si uten doppe gaen/

Sijn si so lebende eñ so snel/

410 Dat si hem gheneeren wel/

Al eest dat hem die moeder ontfaert.

Ghesonder eest te libe waert

Tbleesch ban der wilder aent/

Dan ban den tammen : eñ men waent

415 Dat in den winter beter es bitte/

Dan in des somers hitte;

Doch eest te berduwene swaer/

Maer lichter dan die gans/ dats waer.

Accipiter/ in latijn/

420 Mach in dietsch een habic sijn:

Een edel boghel; te bederspele

Tragher dan die balke bele/

Maer scalker in sijn banghen.

Vs. 404. H. Riviren. B. vor menege. V. minnet hi vor menighe. J. vor alle d. |
406. B. Hine sie. H. watre. V. ten watre b. J. benneven. | 407. B. Welt aenden hebbe
wi v. H. heb wi. V. haenden hebben wi. J. hebbe wi. | 408. B. Tierst. J. Teersten
datsi uten doppe vallen si gaen. | 409. J.V. Die sijn so l. | 410. *Allen* ge- *of* gheneren.
411. J.H. Aleist d. h. die m. (de moder). V. Al ist. B. moder onverd. | 412. H. eist.
V. est te l. w. J. es ten live w. B. l. werd. | 413. H. Tfleys. B. Tvlesch vander welder.
V. Vleesch (*'t lidw. ontbr.*). | 414. V.J. vander temmer, eñ men w. B.H. als men w.
| 415. H. is beter d. J. es beter d. | 416. H. Dant is in. J.V. Dant es indes s. (ints
zomers) h. | 417. H. eist. V. ist te verduwen zw. J. eist te verduwen. | 418. H. Mer.
V. lichter die g. (dan *ontbr.*). J. Maer (*of* Mar) *ontbr.* | 419. H.V. heet in latijn.
J. Ancipiter heet in l. | 420. H. Wil in dutsch. V. Dat in dietsche mach een havec s.
B. havec. J. Dat in dietsch man een h. s. | 221. V. veder sp. J. ten waerden spele. |
422. H. dan die valc ist v. V. valke es vele. J. valc es hi vele.

Laet hi sine bedzen hanghen/

425 So es hi ster; hout hise recht/ ·

So heeft hi sine ghesonde echt.

Alse hi sine sine ionghe siet

Dat si hem pinen te blieghene iet/

Steect hise uten neste twaren/

430 Eñ wille dat si hem gheneeren baren.

Kebene wille datmens ghelobe/

Als hem iemen gheneert met robe/

Dat hi sette sinen sebe

Buten alre ghenadechede;

435 Dies moet hi hozen ten ioncsten baghe

Sonder ghenaden Ons Heeren claghe.

Plinius spzeect/ die in die leden

Ebel dzaghet ban swaerheden/

Dat hi hem te sedene raet

440 Dañ den habic in olie rosaet/

Eñ tetene : het sal hem helpen

Sine sierheit ghestelpen.

Abzaham es bekent

Een boghel in Ozient/

445 Daer Aristotiles af seghet/

Vs. 425. H. is hi s.; hout hi sie r. B. boud. | 426. V. hevet hi. | 427. V. Als. J. Als—
ionghen. | 428. H. te vligen. V.J. te vlieghen. | 429. V. Steict — te waren. J. te
waren. | 430. H.J. wil dat si (datsi). V. hem neeren v. | 431. H. wilhe (*sic*) dat m.
J. wil dat mens. | 432. H. ymant g. mit r. B. generd. V. Dat wie so hem neert met
r. J. Dat so wie hem gh. bi r. | 433. H. sette sine sede. B. settet. | 434. B. Bauten,
met eene stip onder a. H.V.J. ghenadichede. | 435. H. Des — ionxten. B.J. ionxten.
V. ionxsten. | 436. H. genade. | 437. E. in leden. H. de inden leden. V. spreict die
in leden. | 438. E. draegt v. siecheden. V. draghen v. zw. J. draecht. | 439. E. hen.
| 440. B. havec. H. in oli. V. Enen havec. J. in oljen. | 441. E.V. Eñ atene (etene),
hi s. hem h. B. Eñ nut bet sal. H. Eñ etet et sal. J. Ende tetene bi sal. | 442. E.V. ver-
stelpen. H. siecheyt. J. Ende sine s. stelpen. | 445. V. Aelbrecht of seghet. J. of.

Dat hi op berghe broedens pleghet
So hoghe / dat altoes gheen man
Sinen nest ghewinnen can.
Sine ionghe sijn selben bonden;
450 Want hi ne beriaghetse te gheenen stonden
Van hoghen nederwaert te dale /
Eer si moghen blieghen wale.
Gheerne bolghen si enen heere /
Om dat si hare lijfneere
455 An croengen nemen / eest beeste of man /
Die op den belde bliben ban.

Acanthis / alse Plinius seghet /
Es een boghel / die des pleghet /
Dat hi sine spise neemt int gras.
460 Dies haet hi die peerde om das ;
En alse hi siet dat te hem weert
Al etende comt een peert /
So bliet hi / en wzeert hem ban
Met sulken binghen alse hi can /
465 Dats dat hi neiet ghelijc den peerde /

Vs. 446. B. op bome brodens. | 447. H. dat en geen m. J. altoos. | 448. H. Sijn
nest gewinnen c. V. Sine neste vinden ne can. B. vinden c. J. ghevinden.| 449. J. ion-
ghen. | 450. J. te ghere st. | 451. B. neder ward. H. nederwart. | 453. B. Gerne
vlogen (*sic*) si een here. H.V. here. J. gaerne | 454. H. har lijfnere. B.V. lijfnere.
J. Omme—lijfnere.| 455. H. croenyen n. est beest of m. B. ofte m. V. ist b. ist m. J. An
crongen, an beesten, an man. | 456. H. De op. V. Die up. J. opten. | 457. H. Atautis.
J.V. Acantis, als ons Pl. B. Acantis. | 458. V. die das pl. J. vghel (*sic*). | 459. J. hi
ontbr. | 460. H. Des haethi. V. die paerde dor das. J. haet hi paerde duer das. |
461. H.V. En als hi siet datte (dat te) hemwart (hem w't). B. werd : perd. J. als —
waert. | 462. H. Al etene coempt een part. V.J. Com (Comt) al etende een paert. |
463. H. wrecten dan. | 464. B. selken. V. als. J. dinghe als. | 465. J.V. niet ghelijc
d. p. (paerde). B.H. niet gelijct. *Ik schreef* neiet, *ofschoon het, met minder verandering,* ook neit *wezen, ja onveranderd blijven kon.*

Eñ bespottet te siere onweerde :
Hi ne mach hem doen gheen ander scade.

Dus es bediet die felle quade/
Die altoes quaet eñ scande
470 Eñ spot maert op sine viande/
Eñ els niet ne moghe scaden.
Enen hoveschen hoordic raden :
« Spreec emmer dinen viant wel/
Eñ wes hem in doene fel/
475 Behouden trouwe eñ waerhede :
Dit es edelre liede sede. »

Absalon/ spreect Plinius mede/
Es een voghel van der sede/
Dat hi des roecs eiere breect.
480 Die vos pijnt hem dat hi wreect
Den roec/ eñ iaghet absalons ionghe;
Eñ Absalon weder/ telken spronghe/
Pluct eñ bijt des vos kinder;

Vs. 466. H. bespottene te sire. B.V.J. sire onwerde (onwaerde). | 467. V. Hie ne mach hem gedoen ander scade; *ook wel, mits te schrijven* Hine; *en zoo staet het bij* J. *die dezelfde les heeft.* | 468. H. ist bediet. V. Dit es bediet. J. Dit bediet. | 469. V. Die allentoes scade eñ sc. J. altoos. | 470. B. spod. V.J. maken up (op) hare viande. | 471. H. Eñ anders niet meer mogen. B.V. mog(h)en. | 472. H. hoefscen hordic. B. hovesschen hordic. V. hordic. J. hovescen horic. | 473. H.V.J. Sprec. B. ember. | 474. B.H. done. | 475. H. wareyde. B. warh. | 476. H. Dits edelre lude s. V.J. lieden. | 477. H. Absason. *De latijnsche tekst heeft* Asalon *en* Asolon. *Het moest, gelijk bij* Plinius, Æsalon *zijn: mocht of kon in dit herstellen?* V. spreect *of* spreict *ontbr.* J. seghet. | 478. V. zede. | 479. H. eyer. V. eyer breict. J. roex eyeren. | 480-481. B.

Die vos pijnt hem dat hijt wreect,
Eñ iaget absolons ionge,

H. De vos; *en dan, in den tweeden regel,* Ende laget. *Zou er wel eens* Eñ belaghet *gestaen hebben? Voorts* absasons. | 482. B. absolon. H. absason w. talre stonde. V.J. tallen spr. | 483. H. eñ bit. V. Ploct eñ bijt, J. Poecht ende b. B. eñ bijd.

So comt hem te helpen ghinder
485 Die roec/ eñ vecht op hem mede :
Dats ozloghe sonder vzede.
In bozne gheneert hem absaloen/
Dies haet hi des esels doen;
Want hi distelen eñ bozne verteert/
490 Daer hem die boghel bi gheneert.

A Lauda/ dats die lewerke/
Die soete singhet/ als ict merke/
Eñ groet den dach als hi ontspzinghet/
In den tiden dat si singhet.
495 Selden eest in al dat iaer/
Si en singhet/ schnt die sonne claer/
Sonder alleene alst muut.
Hare sanc es groot bebuut/
Ne ware sys so milde niet.
500 So seere si bitende bogle ontsiet/
Dat si hare eer den man laet baen/
Eer si hem wert onderbaen;
Want bi abenturen twaren
Die man machse laten baren;

Vs. 484. H. compt hem de hulpe. B. coemt. J. helpe. | 485. H. Den roec V. up hem.
| 486. V.J. Dits. | 487. H. absason. V. In dornen neert hem absalon. J. doornen. |
488. H. Des h. hi d. e. don. | 489. H. dijstel eñ dorn. B. verterd. V. distele. J. dijste-
len ende doornen. | 490. H. Eñ hem. | 491. H. de lew. V. een lew. J. dat es die. |
492. H. scone sinct. V. als ic m. | 493. B. gruet. H. alsi ontspr. | 494. H.J. In dien
tiden. V. tijden als hi s. | 495. H. eist int iaer. B. int iaer. V. ist. J. eist in alt i. |
496. H. Siene siet de sonne cl. J. Sine singhet. | 497. B.H.J. allene; *voorts* B. muud.
V. allene als soe muut. | 498. H. Har sanc. B. geduud. J. groot duut. | 499. H. En
waer sies. V. Ne waers soes so m. n. J. Ware sijs te milde n. | 500. J. voghelen. |
501. B. Dat sie hare. H. har den man. (eer *ontbr.*). V. haer. J. haren heer den m. |
502. B. werd. V. wort. J. word. | 503. B. bi naturen te waren. V.J. te waren. |
504. H. mach si. V.J. mochtse.

505 Die spereware ne lieter niet/
Hoe seere si claghede haer verdriet.

Acyoen es een voghelkijn
Meerre dan die musschen sijn.
In die zee es vele sijn ganc.

510 Den hals hevet een deel lanc/
Eñ es ghevedert sciere eñ wit
Eñ purpurijn/ dat hem wel sit.
An vissche es al sijn beiach.
Selden es datment sien mach/

515 Sonder int lancste van den iare.
In den vorwinter/ dats oppenbare/
Broeden si haer ionc al;
Hare neste sijn ront alse een bal/
Die men met gheenen isere nochtan

520 Nemmermeer ghebreken can.
Negheen wilt voghel/ sonder dit/
Leest men dat te wintere besit
Sine eier/ als ict bescreven vant.
Sinen nest maket op der zee cant/

Vs. 505. H. De sperwar. V. speerware. B. ne *ontbr. als bij* J., *waer voorts* spa-reware. | 506. B.H. har. J. So hoe si cl. | 507. H. Astion. B.V. Altion. J. Altioen. | 508. V. mossche. J Merer — musscen. | 509. B. see. V. Inder see. J. Inder zee es veel. | 510. H. heeft. J. heeftet. | 511. H. is ghev. scire. B.J. scier. | 512. B. Alse purperijn. H. Alse purp. de hem w. zit. J. purpuren. | 513. B. vessche. H. vissce is. V.J. visschen (visscen) es sijn b. (al *ontbr. in beide*). | 514. H: ist datment. J. eist. | 515. H. lanxte. V.J. lanxste. | 516. B. voerw. es op. H. vorw. openb. (dats *ontbr.*). | 517. H. Broden si har. B. har. V. hare ionghen. J. ionghen. | 518. H. Har — als. V. als J. Haer — als. B. rond. | 519. H. Die men mit genen ysere. B. genen ysere. V. ysere. | 520. B. Nemberm. V. Nemmermee. | 521. B. een vogel sonder dit. H. Geen vogel s. d. *In beide ontbr.* wilt. | 522. H. Lesemen; *voorts* datte, *niet volschreven, om het in* dat te te *splitsen.* V. Ne leestmen d. te wintre. J. Lesemen. | 523. H. Sijn eyer alsic. V. Sijn eyere als ic b. J. Sijn eyeren. | 524. H. op de z. c. B. ze. V.J. Sijn n. maectet up d. (opter) z. c.

525 Alfe die zee meeft rifen begonnet.

Om dat merct men / dat God onnet

Defen voghelkine cleene

Vozdeel fonderlinghe beheene ;

Want ware die zee gram / alfi pleghet /

530 Alfe alcyoen fine eiere leghet /

Die zee werdet wel ghemoet /

Tote dat fine eiere fijn volbzoet :

Eñ dats binnen feven daghen ;

Noch feven daer na / hozic ghewaghen /

535 Ruft die zee / eñ daer binnen

Sine ionghe fo darfi beghinnen /

Dat fi hem gheneeren varen dan :

Merct wat God defen voghel an !

Ja / die fcipliede in dat lant

540 Merken defe daghe te hant /

Eñ ftoken coenlike die zee /

Eñ en fozghen min no mee.

Sente Ambzofius befcrijft ons dit /

Die van loghenen es ombefmit.

Vs. 525. B. ze. H. Als de z. V.J. Als. | 526. H. merke men. V. maerct m. d. G. jon-
net; *maer de afschrijver schijnt de* j *onmiddelijk te hebben willen uitwisschen.*
J. Omme—ionnet. | 527. H.V. vog(h)elkine allene. B. vogelk. clene. J. Dese v. allene.
| 528. B.H. sonderlinge allene (begene). J.V. sonderlanghe beghene (begheene). |
529. H. de zee. B. also pleget. | 530. H. astion sijn eyer l. V. Als altyon sijn eycre l.
J. Ende altioen s. eyeren l. | 531. H. De zee. B. ze. V. Die z. wort al wel gh. J. Si
word al wel gh. | 532. H. Tote dat eyer sijn v. V. eyere s. gebroet. J. eyeren s.
ghebr. | 534. *Allen* horit. | 535. H. de zee. | 536. B. ionge dar soe b. | H.V. iong(h)e
so dan b. J. ionghen si dan b. | 537. H. hem varen generen dan. V.J. gheneeren
(gheneren) vort an. | 538. H. desen voglen jan. V. Maerct w. G. d. beesten ian. J. ian.
| 539. B. scepliede in dat land. H.V. sciplude. J. scip lieden. | 540. V.J. Maerken
(Merken) deser daghe. | 541. H. de zee. V. stoeken. | 542. H. Eñ sorgen noch min
noch m. V.J. Sonder sorghe min of (no) mee. | 543. V. bescrivet ons dit. B. ons *ontbr.*
| 544. H. is. B. *heeft in den tekst :* es besmit; *maer op den kant staet van eene
latere hand de verbetering* ombesmit.

545 ꝲ Aſiofilon dat es

Een edel boghel / ſijts ghewes /

Daer men mede die reen baet ;

Want hiſe teerſt in boghen ſlaet /

Eñ bijtſe danne int hobet doot.

550 Deſe es ghebebert bꝛuun eñ root.

Lanc es ſijn ſteert ; bec eñ beene

Meerre ban andꝛe boghele ghemeene.

Een deel meerre ban die aren /

Snel eñ ſtarc es hi te waren.

555 Boben in die clare lurht

Daer es meeſt ſine blurht.

So hoghe hi blieghen̄ plict /

Dat menne herde ſelben ſiet.

Luttel ruſt hi op die eerde /

560 Boben den ſwerke blieghet hi ſere heerde /

Eñ banne beet hi hier neder /

Eñ pꝛoyet / eñ blieghet op weder.

Comt hem boghel te ghemoete /

Vs. 545. V. die es. J. Ar. sijt seker van des. | 546. H.V. des sijt gewes (H. *van de eerste hand* gewis). J. voghel so dat hi es. | 547. H. de reen B. veet. | 548. H. in toge slaet. B. in doghe sleet. | 549. H.J. dan int hoeft doet (doot). V. Ende bijt dan in thovet. | 550. H.V.J. is gev. bruun roet (root) ; *goed naer 't latijn* : subrufas. | 551. H. is sijn stert, bec eñ bene. B. bene. V.J. staert. | 552. H. Mere d. a. vogle gemene. B. gemene. V. Meere d. a. v. ne ghene. J. Merer dan ander voghel ne ghene. | 553. H. mere d. d. aernen. B. merre. V. meere J. merer. | 554. H. twaren. V.J. starc (staerc) sere te w. | 555. H.J.V. Boven hoghe in clare (claerre V.) l. B. Boven die cl. l. (in *ontbr*.). | 556. H. Dat is m. V.J. Daers alle weghe meest s. vl. | 557. V. hi sijns vlieghen pl. J. te vlieghene. | 558. H. Datmen harde selden sciet. V.J. Datmene (Datmen) harde. | 559. B. Lettel rest hi op d. erde. J. Lettel — aerde. H. op di. V. up die aerde. | 560. H. den swerken vliet hi sire v. B. sire verde. V.J. Boven swerke (swaerke) vl. hi sire vaerde. | 561. H. Eñ dan beet hijr n. B. hi hir n. V.J. Eñ beet in die lucht hir (hier) n. | 562. B. proiet. H. proiet eñ vl. opw't weder. V. proiet eñ keert up waert weder. J. proiet ende keert hem opwaert w. | 563. B. Coemt. H. Comt hem daer vogel. V. hem der voghelen te g. J. voghel daer te gh.

Dien groet hi met felre groete/

565 Eñ werptene daer neder boot;

Eñ men ne can gheften cleene no groot

Wie die dinc heeft ghedaen:

So faen ontfaert hi/ fonder waen.

Selden fietmene/ feghet tware/

570 Sonder die fien harde clare.

Alfe menfe uten nefte neemt/

So werden fi metten man gheteemt/

Eñ geleert proye te vane;

Anderß niet/ na minen wane/

575 So ne gheduren fi onder den man;

Eñ fo ghetrouwe werden fi dan/

Dat fi fitten onghebonden

Op een recke te méneghen ftonden.

Aues Paradifi fijn vogle

580 Scone van plumen eñ van vlogle/

Eñ alfo fcone/ alß men fpreect/

Dat hem gheene barwe ghebreect:

Om defe boꝛfcone wife

Heet menfe van den Paradife.

Vs. 564. H. Den gr. hi mit. B. snelre gr. V.J. met so fellen (felre) gr. | 565. H. Dan werpt hine. V.J. Dat hine werpt daer neder d. B. daer *ontbr.* | 566. H. Men cans sien clene noch gr. B. clene. V.J. can sien cleen no gr. | 567. H. de dinc. V.J. hevet. | 568. B. ontvaerd hi. V. óntfaet hi (*sic*). | 569. B. siet men segt twaren. H. siemene seget dw. J. sietmenne. | 570. V. sien also clare. | 571. V. Almense uuten n. nemt. J. Alsmense. | 572. H. mitten. V. W'tsi mitten man ghetemt. J. Worden si. (So *ontbr.*). | 573. B. geleerd proie. H. proie. V.J. proien. | 575. H. geduurtsi. J. gheduersi. | 576. V. wortsi dan. J. Ende ghetrouwe warden si d. | 578. H.J. een rec te menigher (menegher) stonden. B. Op.I. recke. V. Up een réc ter menigher. | 579. J. paradysi s. voghele : vloghele. | 581. H.V.J. Eñ so scone a. m. sprect (spreict V; spreect J.). | 582. H. gebrect. V. gheen v. gebreict. J. vaerwe. | 583. H. Om dese scone (dor *ontbr.*). V. dese dure scone. J. Omme dese duer scone. | 584. H.V. Heetmen vanden p. J. Heetmense vanden paradyse.

585 Haer luut es so scone eñ so soete/

Diet hozen met goeder moete/

Dat die mensche daer bi mach keeren

Herte eñ sin ten love Ons Heeren.

Wozder oec enech ghedaen/

590 Het screiet altoes/ sonder waen/

Onthier ent mach ontflien.

In Egypten sijn si ghesten/

Op Nilus/ die grote flume/

Eñ els te gheerre stede cume.

595   Oec sijn daer vogle van ander wise/

Die men heet van den Paradise/

Om dat men niet can verstaen

Wanen si comen/ ofte waer si gaen.

Alse die tijt comt/ te waren/

600 Liden si doz tlant met scaren;

Bruun sijn si/ eñ blickende claer/

Eñ minder van clauwen/ dats waer.

Also groot alse ganse sijn

Vandze/ eñ van varwen sijn.

Vs. 585. H. Har l. is. B. Hare luud es so soete. V.J. Haer luud (Hare luut) dat es so soete. | 586. H. Diet hoert moet (*eerst* muet) mit g. m. B.J. Diet horen moet (mocbt) met g. | 587. H. Dattie, *voorts met* B. keren : heren. | 588. H. zin ten love. B.V. te love. J. Hert ende s. te love. | 589. B. Worde oec. H.V. enich. | 590. H. Et screyet. V. screit. | 591. H.V. Om thier (Onthier) eñ het mach ontfl. (ontvl.). B. ontvlien. J. Onthier ende het mach ontfl. | 592. B.V. Egipten. J. sijnse. | 593. H.V. Nylus. | 594. H. Eñ anders te ghere. B. gerre. V. Ende els in ghere st. c. J. in ghere din-ghen c. | 595. H. vogel. B. van andre w. J. voglen ander w. | 596. B. Dimen heet. H.J. De men (Diemen) h. vanden paradyse. | 597. V. niet ne can. J. Omme d. m. niet ne can. | 598. H. Waen si c. of w. B. warsi g. V.J. comen of te (ofte) gaen. | 599. H. Als de t. coemt twaren. B. coemt. V.J. Als hem haer (hare) tijt. | 600. H. dort lant mit sc. B. dlant. V. Lijdsi dur dat land bi sc. J. duer dat l. bi sc. | 601. H.V.J. bleckende. | 602. H. cawen. B. clauwen. | 603. V.J. Alse gr. als ganse (alse gansen) sijn. | 604. V. dander van v'wen f. (eñ *ontbr., als mede bij* J., *waer* Dandre *staet, met een punctum er achter; en voorts* van vaerwen).

605 Hier gaen ute vogle in .A.;
    Nu comt van der .B. hier na.

Bubo/ dats die ule oft scowuut/
Die daghes rust en nachts vliecht uut.
Men vaet andꝛe vogle mettien/
610 Want sine steken daer sine sien.
Experimentatoꝛ wille weten
Dat si der duven eiere eten.
Katten eten si en muse;
In kerken wonen si en in steenhuse;
615 Dolie uten lampen si bꝛinken/
En smelter in/ en daense stinken.
Alse andꝛe vogle op hare vechten/
Can si hare voete opwaert rechten/
En weert den ghenen/ diese mesgroeten/
620 Opwaert ligghende metten voeten.
Met plumen es hi seere verladen;
Traech es hi en cranc van baven;
In dat lichte comt hi node/
En wandelt gheerne onder die bode.

Vs. 605. B. Hir. H. Hijr. V. die vogle. J. Hier gaet ute die voghelen. | 606. B. Hier coemt vander .B. dar na. H. hijr na. V. der na. | 607. H. die ule of scuufwt. V. dats hule iof die scuwut. B. scowut. J. dats ule ofte scuufuut. | 608. H. De dages — vliet wt. B. vliegt. J. sdaghes r. ende snachts comt wt. | 609. B. Men veet. H. ander vogel mittien. J. ander voglen. | 610. H. Wan sine. B. dar. | 612. H.V. eyer. J. der duven eyeren. | 613. V. ende musen. | 614. V. steenhusen. B.J. steen huse. | 615. H. Do-lye uter lampen. V. De olie drincken si uten lamplen (sic). | 617. H. Als ander vogel ophar v. J. Als andre voglen op haer v. | 618. H. har vote. V. Can soe h. v. up w. r. B. voeten. J. haer voeten. | 619. B. werd den genen dise m. H. En werpt d. g. de si misgr. V. En werpt den ghonen diese mesgr. J. warpt diese m. | 620. H. Opwert legsi mitten v. B. Op werd. V. Upwaert lichtende. | 621. H. Mit plumen sijn si sere v. B. es si sere. V. es hi sere. | 622. B. Trach. H. Traech sijn si. V. Traech en cranc es hi van d. | 623. B. coemt hi noede. H. comen si n. V. lechte. J. licht. | 624. H. En wandelen gaerne. V. wandert. J. gaerne.

625 **B**ulteus/ leeft men van hem somen/
Es van havics gheslachte comen;
Van plumen swarter/ sonder lieghen;
Craech eñ swaer es hi ant blieghen.
Met proyen onthout hi sijn lijf:
630 Die vaet hi recht alse een keitijf/
Slupende/ eñ selven teneghen stont
Vaet hi voghelkine ghesont;
Eñ men seit in waren saken/
Gheen voghel es van soeter smaken.

635 **B**ultozius/ alse ic can lesen/
Mach die butoer in dietsche wesen.
Hals eñ been heeft hi lanc/
Den bec scarp eñ stranc;
Na deerde sijn sine plumen ghedaen.
640 In marassche wille hi gaen:
Daer steet hi stille/ in dire ghebare/
Ofte hi doot ofte een steen ware/
Eñ heeft inghetrect sinen hals/

Vs. 625. J. Butens lesemen. H. lesemen. | 626. H. Is v. havix g. B. havechs. V. ha-
vixs. J. savex. | 627. H. Suart s. l. J. swart al sonder l. | 628. H. is hi int vl. V.J. Tr.
eñ swaer in sijn vl. | 629. B. proien onthoud. H. Mit proien onthouthi. V. proien.
J. proien onth. hi hem sijn l. | 630. B. veet. H.V. als een keytijf. | J. Die vaert recht
als een keytijf. | 634. H. teniger st. B. stond : gesond. V. terigher (*sic*). | 633. B. seid
in waere s. H. seyt. V.J. Men seghet in waerliken s. (Eñ *ontbr.*). | 634. H. is. V. vo-
ghel ne es. J. Ne gheen v. es v. beter sm. | 635. H. alsic. V. als ic. J. als ic hore lesen.
| 636. H.J. Mach butor in duutsche (dietse) w. V. die butor wel in d. | 637. V. hevet
hi. J. ende bene hevet hi. | 638. H. starc eñ strane. V. Den buuc starc eñ seere str.
J. scaerp. | 639. B. derde. V. Na die aerde. | 640. H.V.J. wil hi. *In B. zijn de twee
laetste letters van* wille *eene verbetering van de zelfde hand.* | 641. H.V. staet hi
st. in dier g. J. staet — inder gh. | 642. H.V.J. Als of hi doet (doot) of. | 643. B. heft
in getrecht. V. hevet ghetrect in sinen h. J. heeft ghestrect in.

Alse een dief fel eñ vals :

645 Eñ al om visſche te begane /
Dier hi vele pleghet te bane.
Alse hi hem bevoelt int stret /
Staet hi stille eñ hout den bec /
Die scarp es / ter steke dan /

650 Eñ alsene nemen waent die man /
Strect hine daer hine mach gheraken.
Die havic moet oec smaken
Somwile sine sware steke /
Alse hine beet onwiseleke.

655 Pude / ghevenijnde diere
Eet hi wel na sine maniere.
In lentine maect hi enen luut
In broecke / daer hi staet int cruut /
Met sinen becke int water clare /

660 Alse ofte een donre ware.
Seere wel riect hi te biere :
Heeren spise eest / want si es diere.
Medicinael so es sijn smout /
Sevi eest dat die meneghe hout.

Vs. 644. H. Als een dier. B. *stelt een punctum achter* dief. *Voorts* : eñ vlas. V.J. Als een d. f. eñ v. | 645. B. vesche. H. te gaene. *In beide ontbr.* al. J. omme visscen. | 646. H. Der hi pleget vele. V. vele pleicht. J. Dies. | 647. H.V.J. Als bi. | 648. B. houd. | 649. H. De scarp is. J. scaerp. | 650. H. alsen nemen w. de m. J. alsen. | 651. V. Steectine. H. daer hi en mach g. | 652. B. havec. H. De h. V.J. Die h. die moet. | 653. B. Som wile sire sw. V. Som wile. | 654. H.V.J. Als hine vaet. | 655. H. Puden. J. Ende ghev. d. (Pude *ontbr.*). | 656. H. Etet hi. V. Eit hi wel sine m. (na *ontbr.*). J. Et hi wel, dits s. m. | 657. H.V. In lentijn m. hi een l. B. luud. J. lenten — een l. | 658. H. In broke daer hi staet uut. V.J. broeken. | 659. H. Mit. J. claer. | 660. H.J. Als oft een donre ware (waer). V. Als of het een d. B. donder. | 661. H. Sere wel ruket. B.V. Sere. | 662. H. eist. V.J. ist (eist) w. hi es d. | 663. J. Medicine es al sijn sm. B. Smoud. H. is. *Ik ontleende so aen* V. | 664. E. Be di eist dat menich h. H. Daer bi eist. V. ist d. d. menighe. B. houd. J. eist.

665 ℬastarda es een voghel te waren

Bina also groot alse een aren.

Driewaerf sprinct hi / na siere wisen /

Eer hi mach van der eerden risen.

Crombecte es hi te waren /

670 En gheclauwet alse die aren.

Vleesch eet hi / maer hi ne pliet

Vlieghende te proyen niet;

Maer daer hi comt en sine ghesellen /

Dat si vermoghen si neder vellen /

675 En etent al te hant ter stede.

Croengen eten si gheerne mede.

Gheen voghel es die bi vleessche leeft /

Sonder hi / die gheers lief heeft;

Want si eten gheers ghemeine :

680 En erweten / als si sijn cleine /

Etet gheerne dese voghel.

Wit es hi op sinen vloghel

Vs. 665. H. Bjstardia — twaren. V. Bistaerda. | 666. H. als die aren. V. Also gr.
na als een a. J. Alse gr. naer als een a. B. Bi na. | 667. H. Driewerf. B. springet hi.
V. sprincti. J. .III. waerven. *Allen sire.* | 668. B. erden. V.J. aerden. | 669. B. Crum-
becte. H. Crombecke is te w. (hi *ontbr.*). J. Crombect. | 670. H. Eñ geclawet als.
B. Eñ geclaeut. V.J. Gheclawet bina als een a. (Eñ *ontbr.*). | 671. H. vlees et hi mer
hine pl. V. Vl. het hi m. hine. J. et hi mar hine. B. mar hine. | 672. V.H. te proien.
B. te proiende niet. J. Vlieghens ter proien n. | 673. B.H. coemt. | 674. B. Vliegende
si neder v. J. vermoeghen. | 675. H. al *ontbr.* B. etene te hand. V. Ende etent alte
h. J. eten alte h. | 676. H.J. gaerne. B. gerbe, *herschreven.* 677-678. H. de bi vlees-
che l., *en verder :* hi de gers lief h. B. bi vessche l. — die geers lijf h.

        V. Eñ ne gheen voghel die bi vleessche levet,
          Sonder hi , es die gars lief hevet.

J. Ende gheen v. die bi visschen l. *Voorts* gras (es *ontbr.*). | 679. B. gers. H. gers
gemene. V. gars ghemeene. J. gras ghemene. | 680. H. erwaten al sijn si clene.
B. al sijn si clene. V. arweeten (*sic*) als si sijn cleine. J. areweten alsi sijn clene. |
681. H. gaerne. B. gerne. V. Etet uut gh'ne. J. Et hi sere gaerne. | 682. H. is. V. up.

Eñ op den steert; maer anders twaren

Es hi gheplumet alse die aren.

685 Alst coren staet op dat velt groene/

Broet hire in na sinen doene;

Sine swarheide die doet

Dat hi op bome niet en broet.

Bociosa es eens boghels name.

690 Die in Almaengen quame/

In Beieren ofte in Elsaten/

Hi vonder ghenoech te maten.

Alsi selen noten dese/

So loopt die hie/ alse ict lese/

695 Gapende ene langhe stont/

Onthier eñ hem scumet die mont;

So comt die soe/ die dat ontfaet:

Dit es haerre naturen saet.

Van legghen si eiere .VI. ofte achte/

700 Eñ aldus winnen si hare gheslachte.

Van der grote dat sijn faisane

Vs. 685. H. op den rugghe, mer. V. opten staert m. a. te w. *Insgelijks* J., *doch maer ontbr.* | 684. H. gepluemt·als die aeren. V.J. als | 685. B.H. opt velt grone. J. opt velt. | 686. H. hijr. B. na sine. J. hire in in sinen (*sic*). | 687. H.V. swarede die doet. B.J. die *ontbr.* | 668. H.V. niet ne br. J. bomen niet ne br. | 689. H. Betosia. V. Bociosa. J. dats eens. | 690. H. De in Alm. V. Aelm. | 691. H.J. of in. V. Beyeren of. | 692. B. gnoech utermaten. V. ghenouch ter m. | 693. H.J. sullen. V. Als si sullen. | 694. H. loept de hi als ict. B. loept d. hi. V. die hye als ic l. J. als ict. | 695. H. Gapende eñ lange st. B. enen l. stond. | 696. H.V. de mont. B. mond. J. scuumt. | 697. H. coemt die si. B. coemt. V. die suwe. | 698. B. harre. H. Dits hare. V.J. Ende dits (dit es) hare. | 699. H. eyer eist .V. eist .VIII. V. leggen sij eyere sijt .VI. of .VIII. B. eiere .V. ofte achte. J. eyeren. | 700. H. dat geslachte V. hare *ontbr.* J. Ende dus. | 701-702. H.

Vander grote dattie faysane
Sijn si , alsic vinde eñ wane.

V. falsane; *voorts* als ic. B. fassane, Soe sijn si. J. fysane, So sijn si na minen w.

Sijn si/ alfe ic binde eñ wane.

Buten bruun eñ binnen wit

Es haer bleefch/ eñ smaert dit

705 Harde naer in dire ghebare

Alfe oft van pertrifen ware.

Barliades/ als ons feghet

Ariftotiles/ daert ware an leghet/

Sijn voghele die van houte comen/

710 Eñ die men boomganfe hoozt nomen.

Men feghet dat neben der zee strome

Waffen eerhande bome/

Die die zee belt an haren banc/

Eñ dan rotten si eer iet lanc;

715 Eñ van der vetheit comen bi naturen

Defe levende creaturen/

Eñ hanghen metten becke ant hout/

Onthier eñ si met ghewout

Hem felven van den houte bzeken:

720 Dus hozen wi fomeghe boeken fpzeken.

Der vint men liede/ hozic ghewaghen/

Vs. 703. V.J. ende binnen. | 704. H. Es hare varwe eñ merct dit. H. har vlees.
V. vleisch. J. hare. | 705. H. in dier g. V.J. in der gh. | 706. H. Als oft v. partrisen
w. V. Oft v. pertricen w. (Alse ontbr.). J. Als oft v. ere p. | 707. V. Barliates. J. Bar-
liaces. | 708. B. in leget. V.J. daer twaer in l. | 709. H. vogle. B. die ontbr. J. vo-
ghelen. | 710. B. Eñ dimen boem g. hord n. H. boemg. hoert n. V.J. boemg. (boom-
gansen) hort. | 711. B. see stroeme. H.V.J. strome. | 712. H.V. eenrehande bome.
B.J. eerhande bome. | 713. H. de zee. B. Die di ze v. V.J. vellet. | 714. H. roten si
om lanc. V.J. Ende d. roten (rotten) si omme l. B. roeten. | 715-716. J. Ende vander
vetheit bi naturen Comen dese l. cr. *Ten ware de geneigdheit van dit HS. tot wil-
lekeurige veranderingen, zou ik geerne, uit hoofde der maet, deze les aenvaerd
hebben.* | 717. H. mitten. B. ant houd. V. anthout. J. Biden becke hanghen si ant-
hout. | 718. H. So lange dat si mit g. | B. gewoud. V. Onth. eñ datsi m. gh. J. Onth-
ier datsi m. gh. | 720. H. hore wi s. boke. B. Dos hore wi somegen boeken spr.
J. hore wi some b. V. some boke. | 721. H. lude. B. vindmen lieden. J. lieden.

Ghenoech / die segghen / dat si saghen

Dese boghele ant hout hanghen.

Hare plumekine manghen

725 Graeu eñ swart ghemeine.

Ghemaert sijn si alse ganse cleine.

Swart ghevoet alse aende sijn si.

Ons seghet Jacob van Vitri /

Dat bome neven der zee staen /

730 Daer si an wassen sonder waen :

Si en hanghen an die telghe niet /

Als men an andze bome siet ;

Maer metten becke an den tronc ;

Eñ alsi neder vallen ionc /

735 Si ne comen te watere saen /

Haer leven es ghedaen.

Die dau eñ dat sap van den bome /

Daer af wassen si / als ict gome.

Water eñ gras es haer leven

740 Teerst dat si den boom begheven.

Men plachse tetene / alse wijt hozen /

In die vastene hier te vozen ;

Vs. 722. V. Ghenouch. | 723. H. vogle ant hout. B. anthoud. V. vogle an hout h.
J. vogbelen ant hout. | 724. H. Har pl. die mangen. B. pluemekine. V. plumkine. |
725. H. Grau eñ svart gemene. B. Grau. V. ghemeene. J. ghemene. | 726. H. sijn
si alle clene. V. als g. clene. J. gansen clene. | 727. H. Swart gevarwet alse erde.
V. Sw. ghevoet als hande (sic!) sijn si. B. alse erde. | 728. H. Oec seget ons Jac. |
729. B. boven neven der see. J. bomen — ze. | 730. J. an ontbr. | 731. H. Sine h.
an de t. B. telege. V. Eñ si ne h. ande telgen n. | J. Ende sine—telghen. | 732. B. an
ontbr. V. an andren bomen. J. an dandre bomen. | 733. H. Mitten becken anden
trunc (Maer ontbr.). | 734. V. als si. | 735. H.V. te watre. J. ten watre. | 736. H. Har
leven is g. B.J. Hare l. | 737. H. De dou ent sap. J. Die dou ende tsap. | 738. H. als
ic g. J.V. Daer of w. si als ict (ic) g. | 739. H. is har l. B.J. hare l. | 740. B. Tierst
H. Teerste. Allen boem. | 741-742. H.V. en J. geven deze les :

H. Men plach si tetene hijr te voren   V. hir. J. hier.
In die vastinen , als wijt horen.   V.J. In vasten tijden (tiden).

Maer die derde Innocent
Verboet der werelt al omtrent
745 Int concilie van Latrane :
Dus es mens sculdech af te stane.
Nemmeer vindics van der .B. ;
Nu hoort die namen in .C.

C Aladrius es een voghel wit.
750 Ysidorus bescrijft ons dit :
Sijn vleesch binnen / dats waer /
Maket donkere oghen claer.
Sine nature es dusghedaen /
Doet menne tenen sieken gaen /
755 Men mach bi hem weten bloot
Sijn ontgaen ofte sine doot :
Wille hi op den sieken niet sien /
So nes der doot gheen ontvlien ;
En keert hi boghen opten man /
760 So mach hi ghenesen van.
Met sinen opsiene neemt hi mede
Den mensche alle siecghede /

Vs. 743. H. in notent (*sic*). J. Mare. | 474. H. Verboet d. w. ontrent. B. Verboet
d. w. ombe trent. J. Verboet d. w. ommetrent. | 745. B.H. consilie. V. In consilie.
J. In die consilie. | 746. B. Dos — staene. H. is men sculdich af te dvane (*sic*). V. es-
mens sculdich. J. esment. | 747. H. Nietmeer vandix. B. Nember vindix. V. Nem-
mee en v. J. vant icker. | 748. B. hord. H. hoert voert name. V. Hort die namen vort.
J. Hort die namen vander .C. | 749. B.H. Calandris es(is). J. Caladerus. | 750. B.H. Ysid.
J. Ysidorius. | 751. H. vlees. V.J. dat es w. | 752. H.V.J. doncker og(h)en. | 753. H. is
dusgedane. | 754. H. Doemen tenen s. gaene. V. Doetmen thenen s. J. Doemen. |
755. B. weeten bloet. J.V. weten al bloot. | 756. H. of sinen doet. B. s. doet. V. Sijn
ontgaen of sijn leven doot (*sic*). J. Sal hi ontg. of bliven d. | 757. H.V. Wilhi op (up).
J. Wilhi opten. | 758. H. *Eerst* Sone; *door later verbetering* : Sones. V. Sone es.
B. ontvlien. | 759. B. keerd. H. die ogen op den m. V. op den m. | 760. J. hi wel gh.
| 761. H. Mit s. op siene. B. Met sienen op siene. V. opsiende. | 762. H. Den menscen.

Eñ vliechter mede in die lucht fijn/
Eñ verberntse int fonnefchijn.

765 Defe vogle/ alfe wijt hozen/
Hielden coninghe hier te bozen.
Men feit dat defen boghel vant
Alexander in Perfen lant.

C Jnamelgus/ fpzeect Solijn/

770 Es een boghel die wille fijn
In Arabien alre beft.
In hoghen bomen maert hi fijn neft/
Ront eñ hoghe eñ baft/
Van telghen daer canele an waft.

775 Die nefte ne mach nieman ghelanghen;
Maer die liede van den lande ganghen
Eñ fcieter in ghelobe fcichte/
Eñ boenfe af ballen lichte :
Dats om die fpecie daer dat neft

780 Af ghemaert es eñ ghebeft.
Lettel meerre banne muffchen

Vs. 763. B. vlieger dar. H. vlieter mede. V. vliecht daer m. | 764. H. verbernetse int
sonnen sc. B. sonne sc. V. verbarrense. J. Ende brincse int sonnen scijn. | 765. H. vo-
gle als. V. Dese voghel es wit, als wijt h. J. Dese voglen hier te voren. | 766. B. hir.
H. hijr. V. Helden coninghen bir te v. J. coninghen als wijt horen. | 767. H. seget.
B. seid — vand : land. V. kent dezen en den volgenden regel niet. J. Men leset d.
dese v. v. | 768. H. in Perten (of Parten = Parthen? De eerste sylbe is verkort). |
769. V. spreict. | 770. H. de wille. | 771. B. Arabia. | 772. H. hoegen — maecthi. |
773. B. Rond. H. eñ vas (sic). V.J. Ront eñ (ende) nauwe eñ (ende) een deel vast.
| 774. H. telege dar. H. Vanden telgen d. caniel. J. caneel. | 775. B.H. Den nest mach
nieman (niement) gelangen. J. Die nesten mach niemen. | 776. H. Mer de lude. |
777. H. gloiende schichte. B. gloende sc. V. ghegloeide sc. | 778. H. doen si af v.
B. af v. V. Dus doen sise of vallen l. J. Dus doen si ghevanghen l. | 779. B. Dat om
d. sp. H. de speci. J. omme die spetie. | 780. B. Oft gem. H. Af gem. is. V.J. Of
gb. es ende ghev. | 781. H. Luttel mere dan musscen. B. merre. V. meere dan die
mosschen. J. merer dan die mussce.

Es die voghel / eñ broet in busschen;
Maer sijn aerdinghe eñ sijn leben
Es hem ane bissche ghegheven.

785 Cygnus dats in dietsche een swane /
Al wit; want / na minen wane /
Ne was noyt man onder den dach /
Die oyt swarten swane sach.
Sijn vleesch es swart / sine plumen wit.

790 Natuerlike pleghet hi dit /
Dat hi vor sine doot onlanghe
Hem merghet met soeten sanghe.
Si hebben lieflike ghebare /
Alse die tijt comt van den iare

795 Dat si noten selen na recht;
Want elc om andren den hals vlecht /
Eñ na den notene / als men mach micken /
Purgeeren si hem int water dicken.
In sine vloghele es sine cracht

800 Gheerne broet hi op die gracht.

Cariste / seghet ons Solijn /

Vs. 782. H.V. bosschen. J. bussce. | 783. H. Mer sine aerdinghe. V. sine ardinghe.
B. ardinge. | 784. B. vessche. H. an vissce. V. an busschen. J. anden visscen. |
785. B. Cignis. H. Cignus dats in dutsce de sw. V. dat in dietsche. J. in dietsch. |
786. J. Al wit es hi na m. w. | 787. B.H. Was noit (noyt); *het woordje* Ne *ontbr.*
V. noit. J. Ende was noit. | 788. H. De noyt. B. noit. V. oit. J. noit sw. sw. ghesach.
| 789. H. vleys sw., sijn pl. w. (es *ontbr.*). B. es *ontbr.* J. die plumen. | 790. B. Na-
turl. J. Natuurl. | 791. H. voer sine doet. B. *insgelijks* doet. | 792. H. mit. B. soete.
J. met so heiten sanghe. | 793. B. lijflike. H. lievelike. J. lieflike ghedane en (in?)
hare. | 794. H. Als de tijt coemt. B coemt. | 795. H.V.J. sullen. | 796. B. elc andren
vlecht (om den hals *ontbr.*). H. elc andren om den hals. J.V. sinen hals. | 797. B. men
mah kin micken (*sic*). H.V. noten. J. noten alsmen. | 798. H. Purgeren. V. Purgeert
si hare. J. Purgieren si int w. | 799. H.V. vlogle. | 800. B. Gerne. H. Gaerne broethi.
J. Gaerne — bider gr. V. bider gracht. | 801. B. sege Solijn. H. seghet S. (ons *ontbr.*).

Dat eerhande voghle sijn /
Die vlieghen moghen doz een vier /
Dat hem die vlamme onghehier
805 Noch an vedze / noch an plume
Gheberren mach niet ene scume.

Ciconia / dats die odebare /
Die metten becke maket mare /
En anders ne heeft hi luut no sanc /
810 Dan hi maect metten becke gherlanc.
Men seit dat hi ionghe wint /
Na dien dat hi int lant vint
Dat beiach / eest groot / eest clene.
Wederwijs sijn si alle ghemeene /
815 En alse hi quaet weder vozsiet /
Hi ne begheeft die ionghe niet;
Hi keert dat hovet in den wint /
En beschermtse alse diese mint.
Alst over die zee varen /
820 So leeden die cranen die scaren /

Vs. 802. B.V. erande. J. eerhande voghelkine s. | 803. H. De vl. V. moegen. J. moeghen duer. | 804. B.H. ongier. | 805. B. No ane vedren no ane plumen. V. scume, *voor* plume, *uit den volg .regel opgehaeld.* J. No andie vedren no andie pl. | 806 B. niet .I. scumen. V.J. Ghescaden. | 807. H. Cyconia. V. Cyconia d. d. bodevare. | 808. H. De mitten b. maect nimare. V. niemare. J. maken. | 809. B. ne heft hi luud. H. ne heeft l. noch sanc (hi *ontbr.*). V. sone hevet hi. J. En *ontbr.* | 810. H. Dan dathi m. mitten b. g. V. Dan hi daer mede maect ghecl. J. Dan dat hi der mede maket clanc. | 811. B. seid — wind. H. seyt. V. winnet. J. ionghen winnet. | 812. B. land vind. V. Na dat hi in den lande kinnet. J. Na dien dat hi int lant kinnet. | 813. H. eist groet of clene : gemene. V.J. es groot of clene : ghemeene (ghemenc). B. clene : gemene | 814. B.J.V. Weder w. | 815. H. En als — versiet. V. als. J. weder siet. | 816. H.V. beg(h)evet. J. ionghen. | 817. H. dat hoeft. V. keert selve thovet. B. keerd — wind. J. sijn hoeft. | 818. H. bescermse als die si m. V. bescermerse als. J. besceermetse als. | 819. B. see. V. Als si. J. over ze v. | 820. H.J. de (die) cranen. B. cranen; *voor dat woord staet* ca *doorgehaeld.* V. die craien de sc. *Allen* leden.

Eñ si vechten te samen beede

Ieghen al dat hem doet leede;

Dit es ghepzoevet bi hem somen /

Die ghewont ten neste comen :

825 Ambzosiuß eñ Basiliuß mede

Segghen dit over waerhede.

So lief sijn si in Cessalen /

Hi moet metten halse betalen /

Wie so boot ben ovevare;

830 Want si serpente verteeren bare.

Pliniuß die wille bekinnen /

Dat si seere hare ionc minnen.

Oer sijn die ionghe der moeder goet;

Want also langhe alß sise voet /

835 Also langhe voedsise weder.

Charen neste beeten si neder

Van iare te iare / alst wel schijnt.

Al eten si wozme ghevenijnt /

Si en bliver niet af doot;

840 Pabben scuwen si / hen boe die noot.

Die crop van den obevare

Ofte die maghe / seit oppenbare

Vs. 821. B. bede: lede. V. Ende si v. te samene bede : lede. J. bede. | 822. J. Ieghen
die hem allen doet lede. | 823. H. Dats geproeft. | 824. H. De g. te neste. V. te neste.
B. gewond. | 825. V. Ambrosis ende Baselis. J. Baselis. | 827. H. Tesalen. J. Ces-
salen. | 828. H. mitten. | 829. H. dodet. | 830. H.J. serpenten. | 831. B. die ontbr.
H. de. J. wil. | 832. V.J. Datsi dur (duer) sere hare iong(h)en m. B.H. seere ontbr.
| 833. B. moder. J. die ionghen harer m. | 834. H. al sise voet. B. alse hise voed.
J. alse l. alsise v. | 835. H. voden sise. B. voet sise. V. voetsise. J. Alse l. voeden sise.
| 836. H. beten. B. nog eens weder. Vglk. vs. 805. J. Te haren n. beten si n. |
837. H. scijn. V. als het wel schijnt. B. scijnd. | 838. B. van de eerste hand : genijnd.
J. wormen. | 839. H.V.J. Sine bl. niet of doet (doot). B. doet. | 840. B. scuwen si dor
die noet. H. sciwen si dor d. noet. J. en doe. V. eñ doe d. noot; met het schreefje op
eñ ligt doorschrabd. | 841. H. Den crop. V. hodevare. | 842. E. ofte de m. siit openb.
H. Of die m. seyt openb. V. Iof d. m. seghet op. J. Ende die m. seghet op.

Plinius / dats medicine
Jeghen die cracht van venine.

845   In wat lande dat si waren
Es menschen onbekent te waren.
Alsi werch willen / seit Solijn /
In wat eighenoden si sijn /
Versamen si opt velt ghemeene /

850   En si en laten achter gheene /
Eer si hare vaert bestaen /
Hen ware dat si waren ghevaen.
Een velt es in Asia /
Daert al versament verre en na :

855   Die achter comt / dat siet men dicken /
Dien so scoren si te sticken.

COzetes / alse Plinius seghet /
Dats een voghel die pleghet
Opten raven altoes te vechtene ;

860   Die raven pijnt hem te verechtene
Jeghen hem nacht en dach.
Waer so eic op andren mach /

Vs. 843. E. Seit Plinius dat es medic. B. medecine. V. Pl. seit dats m. | 844. E. iegen cracht. H. de cracht. | 845. B. landen. | 846. B. onbekend. H. ombekent tw. V. mensche. J. mensce omb. | 847. V. Als si — seghet. J. seghet. | 848. H. ieghenoden dat si s. V. In elke ieghenode daer si s. J. In elke ieghen note dat si s.| 849. H. opt vel (sic) gemene. V.J. up (op) een velt gh. B. opt tvelt gemeine : geine. | 850. H. En sine — neghene. V.J. Ende sine later achter ne gheene. | 851. B. vard. | 852. J. En ware. B.V. En ware dat hi ware. H. dat hi ware. | 853. H. staet in As. | 854. B. Dart. | 855. B. coemt dat seidmen. H. De after coemt d. siemen. V. coemt. J. achterst—dicke (sic). | 856. H. Dien te scoren (of storen?) si te st. V. Dien scoren si al te st. J. Dien so scueren si te sticken. | 857. V. als ons Pl. J. Corotes als ons. | 858. H. de pleget. V. Dat es een v. J. Es een voghel (Dat ontbr.) | 859. H. Op den raven. V. te vechten. B. altoes ontbr. | 860. H. De raven p. hem te verrechtene. V. te verrechten. J. te verrechtene. | 861. V. nacht ende dach; en zoo mede het afschrift van J., waer noyt anders dan ende staet. | 862. V. up andren. J. Ende so waer.

Robet elc andzen eiere of ionghe :
Hier toe es elc gheteet te spzonghe.

865   Tusschen desen tween es gheen bzede;
Eñ dit dinke mi wesen die sede
Tusschen den leken eñ den papen :
Noyt man saghet so ghescapen/
Dat si wel bzoeghen over een.

870   Ic sach dat die pape green/
Daer die viere bzoeghen den bichten
Ter kerken waert/ boot/ teere ghichten ;
Oec sach ic lachen den leien/
Doe die pape moeste screien.

875   Calandzis / dats die calandze ;
Soeter singhet cume enech andze/
Eñ dats die sake twi si staen
In gayoien vaste ghevaen.
Nochtan dinct soe vergheten al

880   Haren karkere eñ haer mesval/
Eñ singhet altoes in dire ghebare/
Oft hare banghenesse al weelde ware/

Vs. 863. H. Roeft elc ander eyer of ionghen. V. eyere. B. ofte. J. eyeren of ion-
ghen. | 864. H. Hijr to is elc g. ten spronghen. B. Hir. J. spronghen. | 865. H. dese
twe. V. Tusschen desen is negheen. B. desen .II. J. dese .II. nes ghenen vr.| 866. H. Eñ
dinct mi w. V. Ende dinke mi. J. Ende het dinct mi. | 867. H. entien p. V. die leeke
entie p. J. enten papen. | 868. B. Noit. V. Noit m. en saghet. J. Noit man ne sacht.
| 869. B.H. drogen. | 870. H. Hi sach. | 871. H. droech den vijsten. B. drogen den
viften. J. vijsten. | 872. B.V. tere. H. tere giften. J. terer ghisten. | 873. B. sagec,
met eene stip van later hand op de e. H. lachgen (*sic*). *Allen* leyen : screyen. J. lach-
ghen. | 874. H. Do die p. moste. V.J. Als die pape. | 875. H. Calandrus — calendre.
V.J. Calendris. | 876. H. sinct c. enich. V.J. enich. | 877. H. waer om si st. J. twi. |
878. B.J. gaiolen. H. gaiolen vast g. | 879. B. dinct si. H. scijnt si. J. Nochtanne
d. si. | 880. H. kerker. V. karker eñ hare m. B. eñ har mesval J. carker ende hare
mesval. | 881. H.V. in dier g. J. in der gh. | 882. H. Of baer vangenes. V.J. Als of
hare vanghenesse B. gevangenesse.

Eñ conterfait der vogle sanc
Altoes met haerre kelen gheclanc.

885   Bi desen voghele mach men verstaen
Hem / die met minnen es bevaen /
Dat een swaer kerkere es eñ een soete :
Cume heeft hi eneghe moete
Om iet te pensene / van om sanc /
890   Om feeste / eñ om spel ghemanc.
Der minnen kerkere gheeft hi prijs /
Eñ dinct hem een paradijs.

Corvus / dats die raven / ic wane ;
Al swart dat hi hevet ane.
895   Die sie broet ; dan bringhet hare eten
Altoes die hie sonder vergheten.
Ons scrijst Sente Augustijn /
Alse sine ionghe uut comen sijn /
Dat hise niet wille bekinnen /
900   Onthier eñ si swerten beghinnen.
Seven daghe / segghen die wise /
Dat si leven sonder spise /
Cote dat die swarte plumen uut gaen ;

Vs. 883. H. conterfaeyt. V. Ende conterfeit. J. Ende conterfaet d. vogheline s. |
884. H. mit hare kele g. V.J. hare kelen clanc. B. hare. | 885. V. vogle. J. voghelen.
Dit en de vijf volgende verzen ontbreken in H. | 886. V. van minnen. | 887. V. kerker
es eñ soete. B. keeke' (*sic*). J. carker es ende s. | 888. V. hevet hi enighe. | 889. B. pens-
sene. J. Omme — omme. | 890. J. Ende omme f. ende omme sp. gh. | 891. V. karker
ghevet hi pr. H. kerker. B. kark'e. J. carkere ghevet hi. | 892. V. Ende. J. Ende het
dinct hem wesen een p. | 893. J. dats een r. | 894. V.J. Al swart ist (eist) dat. B. sward.
| 895. H. De si br. dan brinct har e. V. Die suwe br. dan bringt haer e. J. brinct
hem e. | 896. H. de hi. V. die hye. B. hi. | 897. V.J. scrivet. | 898. B. ionege. H. uut
gecomen. J. Als s. ionghen wt ghecomen s. | 899. H. *van de eerste hand* nie wille;
voorts bekennen. V. niet ne wille kinnen. J. wil. | 900. H.V. swarten. J. Onthier si
swarten (eñ *ontbr.*). | 901. H. de wise. | 903. H. Tote dattie. J. swarte *ontbr.*

Dan wille hise ouer sine ontfaen/

905 Eñ ghenet hem dat hem bedarf:

Dit es ghepzoenet menechwarf.

Die rauen die bzinghen uut

Herde menegherhande lunt.

Ene auenture/ segghen liebe/

910 Dat in Tiberius tibe ghesciebe/

Die Roomsch keiser was tien tiben

Dat God die boot wilde ouer liben:

Eens rauens ionc dat quam gheuallen

Ute enen tozze/ hozen wi callen;

915 In sijn hof menne op helt/

Eñ leeret spzeken met ghewelt/

So dat elker marghenstonde

Tiberiuse groeten begonde

Keiserlike/ eñ bi stere namen;

920 Daer na dandze heeren te samen/

Germanicuse eñ Dzususe mebe:

Dit was altoes des rauens sebe;

Eñ daer toe tsolc/ datter leet.

Hier omme wert een van nibe heet/

Vs. 904. H. wilhise. V.J. wilhise (wil h.) over sijn. B. sijn. | 905. V. bederf. H. geeft. J. gheeft—bedaerf. | 906. H. is geproeft. J. gheproeft m. waerf. | 907. H. De r. de bringet. J. Die raven brinct wt. | 908. H. Harde menigherande. V. Harde menichrande. J. gheluut (herde *ontbr.*). *Vs. 907-908 verplaetste ik. Z. de Aentt.* | 909. H. eerst lude. | 910. H. De in Tyb. tiden. J. Die in T. tiden. | 911. H. roemsce keyser. V. roemsch keyser. B. roemsch. J. roomsce. | 912. H. dien doet w. verliden. V. over wilde liden. | 913. B. Een ravens. H.J. dat *ontbr.* | 914. V. Uut. B. thorre wi c. (horen *ontbr.*). H. Wt enen torn hore wi c. J. toren hore wi. | 915. H. datmen op helt. V. dat men up h. J. Op sijn hof datment. | 916. B.H. leret. V. Men leeret. J. Men leerdet. | 917. B. marginstonde. V. So dat het telker morgh. J. dattet telken morghen st. | 918. B. Tyb. groten b. H. Tybernise. J. Tiberise. | 019. H.V. Keys. eñ bi namen. J. ende bi n. | 920. H.V. dander heren | 921. B. Germanicus. J. Dran amicuse ende Dr. m. | 922. B. des *ontbr.* | 923. B. dartoe. H. daer to tf. al datter l. V.J. daer na tf. | 924. B. Hir ombe werd. H. Hijr. V. wort. J. Hier naer wart enen v. n. leet.

925 Die den raven sijn leven nam.

Alse dit dus vor die liede quam /

Daden si den man ontliven /

Eñ die manne metten wiven

Daden des ravens uutvaert /

930 Alst hadde ghesijn een prince waert.

Des scovuuts eiere eet hi bi daghe;

Bi nachte doet hem dander laghe /

Eñ neemt den raven sine eiere van;

Dits strijt die niet vergaen en can.

935 Den vos mint hi bi naturen /

Als ons segghen die scrifturen.

Cornix / alse ons toe es comen /

Horen wi die craye nomen;

Eñ sijn van des ravens gheslachte.

940 Edele voghele haten si onsachte;

Si biten te sticken eñ trecken

Alle voghele met crommen becken /

Want si kinnense over hare viande;

Eñ somwile comter hem of scande:

945 Want alst hem te vele volghen /

Vs. 925. H. De den raven. V.J. tleven. | 926. B. dos vorden keizer q. H. Als d. d. vor de lude q. V. al dit aldus. J. Als dit d. vorden lieden. | 928. H. Entie manne mitten w. J. mannen. | 929. H. Danden des r. B. wd v'd (*sic, en gedeeltelijk herschreven*). J. sravens wt v. | 930. H. gesien. B. prinse. J. Als oft ware een prense. | 931. B. scovuts eiere et hi. H. scovuts eyer et hi. V. scuwts eyer et hi. J. scuufuuts eyeren et hi. | 932. J. plaghe. | 933. V. sijn eyer. H. neemt hem sijn eyer. J. eyeren. | 934. H. Dit is str. de n. v. en can. V.J. niet verscheden can. B. vergan can. | 935. J. minnet. | 936. H. de scrift. B. scrijft. | 937. H. Als ons toe is c. V.J. als. | 938. H. de crayen. V.J. Dats dat wi die craie (der craien) n. B. craie. | 039. V.J. Ende sijn. | 940. H.V. vogle. J. voghelen. | 941. H. te stucken. V. biten sticken ende tr. | 942. H. vogle mit. V. vogle. J. Alse voghelen. | 943. H. kennen se. V.J. Want (Maer) si kennense hare v. (over *ontbr.*). | 944. B. som wile coemter. V. Maer somw.

Werter omme sulc verbolghen.
Si volghen haren ionghen naer/
Eñ hebber omme groten vaer/
Eñ winnen hem dat hem bedarf
950 Langhe stont eñ menechwarf;
Eñ alse die soe die eiere wacht/
Voetse die hie dach eñ nacht.

Leert/ ghi liede van manieren/
Uwe kindere hier bi stieren;
955 Leert/ ghi manne/ uwen vrouwen
Te helpene met goeder trouwen!

Cornica/ scrivet Plinius/
Es een groot voghel/ dien men dus
Noemt/ int lant van Orient.
960 Gheenen groten voghel men kent/
Also als men die waerheit weet/
Wers met sinen plumen ghecleet.
Sine longhene die es groot/
Vet/ eñ van bloede root;
965 Groot alse die longhene van der coe/
Eñ medicinael daer toe.

Vs. 946. B. Wertter ombe selc v. V.J. Worter sulc omme verswolgben. | 947. B. Si vlogen (*sic*) h. ionegen n. H. har ionghen. V. hare ionge. | 948. B. ombe. V. hebben om hem. J. Ende dogher o. | 949. J. bedaerf : waerf. | 950. B. stond. V. menich w. | 951. H.J. als die sie de eyer (die eyeren) w. V. alse die suwe die eyer. | 952. H. de bi. V. die hye nacht eñ dach. B. hi. | 953. H. lude v. maniren. B. Leerd gi. J. lieden. | 954. H. kinder hijr bi stiren. V. kindren hier bestieren. B. hir bi. J. juwe kindren hier best. | 955. B. Leerd gi. V. mannen iouwen vrouwen. J. m. ende vrouwen. | 956. H. mit goeden tr. B. trowen. | 957. H. Cortuta scrijft Pl. | 958. H. de men dus. B. dimen. V. diemen. J. die men. | 959. H. Nomet in lant. B. land. | 960. B.H. Genen. V.J. Gheenen (Ghenen) groter v. menne k. | 961. H. de wareyt. B. warheit. V. weet *ontbr.* | 962. V. Dwers. H. mit. | 963. B. Siene longene. H. longine de is groet. V. longre. J. longhen. | 964. H. van blode roet. V. Vet ende. | 965. H. als de longene. V. die longre. J. als die longhen. | 966. V. Ende.

𝕮uculus/ dats die cucuut/
Eñ heet aldus omme sijn luut;
Want .cuc.cuc. es altoes sijn sanc/
970 Eñ daer an es gheen verganc.

Een traech voghel eñ onghestade;
Voghelkinen doet hi scade;
Sine lesse es hem so ghevest :
Hi leghet sine eiere in haren nest.

975 Dus broet die bedroghene voghel
Dat ey onder sinen vloghel/
Eñ waent dat hem toe ghehoort :
So dat die cuccuuc comt voort/
Die den voghelkine es onbekint;

980 Maer die dinc daer hine om mint/
Dats om dat hi wast so seere;
Eñ so etet die cuccuur meere
Van eneghe drie van den cleinen.
Dit moet die moeder somwile beweinen;

985 Want so langhe blieghet si hem achter/

Vs. 967. H. cuckuuc. V. cochuut. J. cucuuc. | 968. V. hetet aldus om s. l. H. om
s. l. | 969. H. cuckuuc is altoes. V. koc koc es alt. J. cucuuc. | 970. V. verghanc. |
971. H.V. Een tr. vog(h)el, een ong(h)estade. J. Die traeghe. | 072. H. Eñ vogelkine.
B. Vogelkine. V.J. Voghelkine doet het (hi) sc. | 973. H. Want sijn l. is hem. V. Want
sine lesse hem so g. (es *ontbr*.). J. Want s. l. | 974. H. Hi leget sine eyer in hare n.
B. Dat hi sine eiere leghet in h. n. V. Dat hi s. eyer leit in haer n. J. Dat hi s. eyren
leghet in hare n. | 975. B. broed. | 976. B. ey. H. Dat ey sonder s. vl. V. Dat hey.
J. Die eyeren. | 977. V.J. Ende w. d. hem toe behort. H. behoert. B. gehord. | 978. H. So
dattie cuckuuc coemt voert. V. die cockuuc comet vort. B. die cuc. cuc. coemt vord.
J. cucuuc — vort. | 979. H. is onbekint. B. onbekijnt. J. omb. | 980. H.V. Mer de (die)
dinc d. hine omme m. B. mijnt. J. Mare d. ding daer ene omme m. | 981. V. hi was-
set. B.H. sere. J. omme — sere. | 982. B. so et die cuc. cuc. mere. H. die cuckuc mere.
V. Ende so et die cockuut m. J. et die cucuuc mere. | 983. H.J. clenen. | 984. H. mo-
der — bewenen. B. moder somwille. J. bewenen. | 985. V. so langhet volget si hem.
J. volghet si.

Dat die scande eñ die lachter

Op die moeder moet berraken :

Dits die loon van sulker saken.

　　Wach hem die ben scalk verbraghet !

990 Want die scalc merct eñ iaghet

Calre stont om sijn vozdeel :

Mochte hire ane winnen gheheel

Een appelkijn / het ware verlozen

Al dat men hem dede te bozen.

995 　Men leset dat die cuccuur pleghet /

Dat hi al den winter leghet

In sine plumen / in holen bomen

Ofte in deerde / eñ hi begomen

So hem in den somer can /

1000 Dat hem gheen hongher gaet an

In den winter / sonder waen.

Van sinen spuwe / alse wijt verstaen /

Wassen crekele / die wi sien /

Die int gras te spzinghene plien.

Vs. 986. H. Dattie sc. eñ lachter. V. Dat alle die scade entie l. J. al die scade. |
987. H. moder. | 988. H. Dats. B. selker. V. sulken. *Voorts allen* loen. | 989. B. den
scalken. | 990. H. Wanti sc. merket. V. marct. | 991. B. stond. J. omme. | 992. H. Moch-
tier an w. geel. V. Mochthire an w. gheheel. B. geel. J. Mocht hier an. | 993. H. et
ware v. V. tware v. | 994. H. dade. | 995. B. Men seget dat die cuc. cuc. pl. H. dat-
tie cuckuc. V. kockuut. J. cucuuc. | 997. H.J. In sinen pl. V. hollen b. B. *van de
eerste hand*, in holen boven. | 998. H. Of. V. Iof in daerde. B. in derde eñ hi bi-
gomen. J. Of in daerde ende hem gomen. | 999. V. So inden s. dan. *Ook bij* J. *ontbr.*
hem. | 1000. J. Ne gheen hongher ne gaet an. | 1001. H. In dien winter ne mach
anegaen ; *blijkbare verwarring van twee lessen.* V. *is korter :* In den winter an
ghegaen. J. *liet den regel achter en schreef met een nieuw vers van zijn fatsoen :*

　　　　Van sinen spuwe, als wi verstaen ,
　　　　Dat te verwonderen es saen.

| 1002. H. Van sire spiwen als. V. als wi verst. | 1003. H. cricke de wi s. V cregbele.
J. crekelen als wi sien. | 1004. H. De int gras.

1005   Ozebulus/ alse Ysidorus seghet/
    Es een boghel die pleghet/
    Dat hi biber proyen levet/
    En voz alle dinc verrozen hevet
    Therte van der proyen seere.

1010   Ozebulus meent Onsen Heere/
    Die bi den Wisen Heleghen Man
    Albus den mensche spreket an:
    « Lieve kint/ gheef mi dijn herte/
    Want daer omme so ghedoghedic smerte. »

1015   Hi gaf sijn hertebloet/ alse die milde/
    Want hi onse herte hebben wilde.
    Ons allen radic al ghemeene/
    Dat hem elc ghebe sijn herte alleene.

   Columba es der duven name/
1020   Een sacht boghel en een bequame.
    Beda seghet/ si es sonder galle.
    Aristotiles wederseitse alle
    Diet segghen/ dat sire sonder levet/

Vs. 1005. V. als; *voorts met* B.H. Ysid. J. als Ysidorius. | 1006. J. Dat es een. | 1007. B.H.V. proien. J. proien leeft. | 1008. J. Ende hi minnet, als men ons seecht. | 1009. V. van den proien sere. B.H.J. *insgelijks* proien sere. | 1010. V. meenet Onse Here. B. Onse Here. J. minnet Onse Here. | 1011. H. De bi d. w. heyligen m. J. Die wilen biden heilighen m. | 1012. B.J. spreect. V. spreict. | 1013. B. Live kinder gest mi din h. H. kind gif mi. V. gef mi dine h. J. ghef. | 1014. H. daer omme dogic sm. V.J. En (Ende) daer omme doghedi sm. B. daer ombe so gedogedic sm. | 1015. B. herte bloet alse. H. hertbloet als de m. V. En gaf s. h. bl. als. J. Ende hi gaf s. h. bl. als. | 1016. H. Wanthi. J. Want onse herte hi h. w. | 1017. V. radic dan gh. B.H. gemene : allene. J. alle ghemene. | 1018. J. herte te lene. | 1019. V.J. dats der d. n. | 1020. sachte v. ende beq. (een *ontbr.*).1021. H. Dar bi seghemen si is. B. Bedie seghet men. J. Bedi seitmen. | 1022. H. wederseyt alle. V. Alebrecht weder segse. B. wederseidse. | 1023. H. De seggen dat sier. V. Die segghen dat soere s. l. B. dat siere. J. Die segghen.

Eñ seit / dat si galle hevet

1025 In een darmkijn / eñ niet ter stede

Daert es andren voghelen sede.

Dus ontsculderht men hare woort /

Die segghen dat gheene galle behoort

Der buben toe; ia : ter stat

1030 Daerse andre voghele hebben ghehat.

Met ruffene toghen si hare minne.

Gheene croenghe / als ict kinne /

So ne eten si vor gheene noot.

Si vlieghen gheerne met scaren groot.

1035 Bi puren sade leven si haer leven.

Over sanc hoort men hem uutgheven

Eranbe versuchten sonder claghen.

Men siet hem dicke tetene braghen

Kiekinen / die hem niet bestaen.

1040 Neghenwerf / hebben wi verstaen /

Dat si vernuwen haer sien.

Sijn si vluch / macht hem ghescien /

Vs. 1024. B. seid datsi. H. seget dat sie. V. seghet dat soe ghalle h. J. Ende hi seghet. | 1025. B. darmekin. H. eñ *ontbr.* J. daremkijn. | 1026. H. Dart is andre vogle. V. J. voglen. | 1027. H. onsculdigmen hoer woert. V. ontsculdicht men bede wort. B. hare word. J. bede wort (men *ontbr. Door* bede wort *versta* : Beda's woorden). | 1028. H. De seggen d. gene galle hoert. V. Die seghet dat gh. g. behord. B. J. gene (ghene) g. behord (behort). | 1029. V. J. ia inder stat. B. stad : gehad. | 1030. V. Daers andre vogle hebben gat. V. ander vogle. | 1031. H. Mit. | 1032. V. Ne gheene croenge als ic k. H. Ghene croenge als ic k. B. croenge. J. Ne ghene croonge also ict k. | 1033. V. So eten si dur gh. B. H. gene noet. J. Eten si duer ghene n. | 1034. H. Si vlien gaerne mit sc. groet. J. gaerne. | 1035. B. hare noet leven; *doch* noet *is onderstipt.* J. hare leven. | 1036. B. Genen sanc hord m. hem geven (uut *ontbr.*). H. Groven sanc hoert. J. Duer s. hortmen. | 1037. V. Eenrande verzuchten eñ cl. J. Eerhande v. ende cl. | 1038. B. dicken. V. dichten. | 1039. H. kuken d. h. niet en best. B. J. kiekine. | 1040. B. Negenew. hebbe wi. H. heb wi. V. Ne gheen w' so hebben wi v. J. Ne gheen vaer hebbe wi. | 1041. B. H. Dat si om hare (har) vernuwen sien. V. S[o] verniewen si haer s. J. So verniewen si hare s. | 1042. B. Sien si vlucht mach. H. mach hem gescijn. V. vluc maghet h. g. J. vlugghe.

So maken si so hoghe haren nest /
Dat allen voghelen es ontvest /
1045 Die hem scade willen doen.

Op elc point vint men sermoen /
Die hier voren staen bescreven:
Die duve nemet haer leven
Herde gheerne den watere naer;
1050 Dats bedi / seghet men vor waer /
Om dat si natuerlike in dien
Des havics scade willen sien.
Want van maniere sijn havike twee :
Deen ne proyet nemmermee
1055 Van dat hi sittende siet;
Dander vaet dat vlieghens pliet.
Die duve / die dit wel verstaet /
Siet soene int water / die sitters vaet /
So heft si hare dan opwaert;
1060 Eest een die vlieghers begaert /

Vs. 1043. H. so *ontbr.; voorts* har nest. V. har nest. J. hare n. | 1044. H. voglen es ontwest. V. allen wormen es ontfest. J. So dat allen wormen es ontfest. | 1046. B. vindmen. V.J. Up elc (Op elken) p. v. men wel serm. | 1047. H. De hijr vore. B. hir. V. ghescreven. | 1048. H. De duve neemt har l. B.J. neemt hare l. | 1049. H.J. Harde gaerne d. watre n., *en zoo mede* V. | 1050. B. Dats bi die segetmen. V.J. Eñ (Ende) dats bedi seit men (scitm.) over w. H. seitmen overwaer. | 1051. B. naturlike. V. indien. J. Omme dat. | 1052. B. havecs. H. havicx. J. havix. | 1053. B. haveke twe. V. haveke .II. H. van maniren s. havic tvie. J. van naturen. | 1054. H. ne proiet min noch me. V.J. proict. B. proiet nemberme. | 1055. V. dat hie sitten siet. J. *kent dit vs. niet.* | 1056. V. Dandre wat so vl. pl. J. Dandre wat dat vl. pl. | 1057. H. De duve de dit. J. die dit wel vorsiet. | 1058. B.H.J. Siet sine. *Voorts* H. de sitters *en* J. de suters. *Dan volgt bij* J. *dit nieuw vs.:*

Si dan wel vanden water gaet.

| 1059. B. Soe hebsie hare dan op ward. H. So hefsi har. V. So heft soe haer dan (*daer stond eerst* van) up waert. J. Ende neemt haren opvaert. | 1060. B. Eest en die vliegens b. V.J. Eist een die vlieghende b. H. Eist ene die.

So en po;t ſi van der ſtede niet :

Wat; daer ſi twater gheerne omme ſiet.

   Palumba heeten erande

Duven / die ſijn in ſomen lande /

1065 Eeſt dat ſi hare ghenoot verlieſen /

Die and;e nemmermeer en kieſen :

Alleene vlieghen ſi / wat; gheſciet ;

Waer ſo ſi varen weet men niet.

Men vint duven cleene eñ groot /

1070 Die nemmermee kieſen ghenoot ;

Die wonen hoghe in nauwen gaten /

Om dat ſi die duver; haten ;

Eñ daer ſi in ghenote ſijn /

E; hare minne groot eñ ſijn /

1075 Eñ ſijn nerenſt in haren dinghen /

Hoe ſi groot gheſlachte b;inghen.

Hen doe meſval / ſi b;ingher twee /

Eñ ſelden min / eñ nemmer mee.

Sien ſi b;eemde duven varen /

Vs. 1061. B. Soe en porsie. H. So ne portsi vander deste niet. V. Sone porret soe. J Sone porret si v. d. steden. n. | 1062. B. dwater gerne ombe siet. H. Dits daer si tw. gaerne om siet. V. Dits d. soe tw. g. omme s. J. Dits datsi gaerne int water siet. | 1063. H.V. Palumbe beten. J. Palumbe beten duven eerhande. | 1064. H. de sijn. V. die sijn inden lande. J. Die sijn in someghen l. *Zie* Duven *in de voorg. variant.* | 1065. H. Eist dat si h. genoet. V.J. Eist datsi baer (hare) gh. B. genoet. | 1066. H. De ander nimm. ne kiesen. V. Die ander nemmermee ne k. J. Si ander nemm. ne k. | 1067. B.H. Allene vlieget si. V. Allene vl. si so wats g. J. Allene — wat dats gh. | 1068. V. Eñ waer si rusten sone weetm. n. J. Waer si rusten weetm. n. | 1069. B. Men weet d. clene eñ groet. H. cliene (*sic*) eñ groet. V.J. clene ende gr. | 1070. B. nemberme. H. De nemmermeer. V. nemmermee en kiesen. J. nemmermeer. | 1071. H. De w. nawe in hogen g. B.J. nauwe in hog(h)en g. | 1072. J. Omme. | 1073. H. in genoten s. | 1074. H. Es har m. groet. B. groet. V. trouwe eñ sijn. J. trouwe gr. ende f. | 1075. V. narenst in hare d. J. naernst. | 1076. V. grote. B.H. groet, *als immer.* | 1077. H. En doe misval. J. Enne doe mesv. si bringhenre tw. | 1078. H. eñ nummermee. J. ende nemmee. | 1079. B.V. vremde.

19

1080 Si gheleidense met haren scaren.

Krsele eten si na hare manieren /

Om dat sire hem mede purgieren ;

Want hare maghen die sijn heet.

Bloet van duden / als ment weet /

1085 Van toztelduden / van swalewen mede /

Ute ghelaten teere stede

Onder den rechter vloghel alleene /

Maket donkere oghen reene.

Duden bzinken teere toghen

1090 Al dat si bzinken moghen /

Ghelijc dat ware ene coe :

Dat wanic dat gheen voghel doe.

.XV. iaer / dats haer leden.

Duden ionc / dus eest bescreven /

1095 Sijn best in herfste en in lentijn /

Want si met grane ghevoet sijn.

An die dude men beseft /

Dat si hare somwile verheft /

Om hare plumen te makene scone /

Vs. 1080. H.V J. gheledense mit haren. | 1081. H. na har maniren. J. Keselen. | 1082. V.J. Om (Omme) dat si hem daer (der) mede p. H. siere hem m. purgiren. | 1083. E. Duven magen. H. de sijn h. | 1084. E. men weert. H. *heeft dit vers niet.* J. Tbloet — alsmen w. | 1085. E. swalmen. B. van vlammen mede. H. en valmen mede. | 1086. E. Wte g. tere st. H.B.V. tere. J. Wt gh. terer. | 1087. E. rechtren vl. alleine. H. rechtren vogel allene. B.V. den rechter vlogel (vogel) allene. J. rechteren vl. allene. | 1088. E. Maect donker ogen reine. H. Maket donker o. r. V. donker o. r. B rene. J. donker oghen rene. | 1089. B. terre togen. H.V. tere. J. terer toeghen. | 1090. H. moegen. V. Al dat dat si. J. Aldatsi ghedr. | 1091. H. ene toe (*sic*). V. Ghelijc alse ware. J. Ghelijc alst w. | 1092. V. dat els vogel ne doe. J. Ic wane dats gh. v. me doe. | 1093. H. har leven. B. hare. J. iare d. hare. | 1094. H.J. eist. V. Duve ionc dus es b. B. dos eest. | 1095. H. herfst. V. in erefst. J. in den herefst. B. lintijn. | 1096. V. met greine ghevoedet sijn. J. met granen. | 1098. B. haren som wile verheeft. H. har somwile. V. Dat soe haer somwile. | 1099. H.V. te maken sc. J. Omme hare pl. te maken sc.

1100 Eñ daer af so comt hare hone;

Want alse die havic siet/

Dat si hare min wacht dan si pliet/

Ghegrijpt hise onversien.

Dies die duvele noch plien/

1105 Dat si in hoverden belaghen

Meneghen/ dien si met hem bჳaghen.

Carcates/ alse Aristotiles seghet/

Es een voghel/ die te sine pleghet

Bi der zee/ want hire hem bi ghenert

1110 Van den visschen/ die hi verteert.

Minder dan die havic es hi.

Int water es hi also bჳi/

Dat hire in gheburen can

Also langhe/ dat een man

1115 Wandelen mach ene mile;

Doch moet hi weder na die wile

Ter lucht/ eñ sinen adem ontfaen/

Oft sijn leven ware ghedaen.

Ay mi! merct op dese wooჳt/

Vs. 1100. B. coemt. H. daer af coemt (so *ontbr.*). V. Ende daer of. J. Ende daer of comt hare h. | 1101. H. als d. h. versiet. B. havec. V.J. als die havec (havic) dat besiet (versiet). | 1102. H. Dat si har. V. Dat soe haer m. w. d. soe pl. | 1103. H. Hi grijptsie onv. V.J. Grijpt hise al onv. | 1104. H. die dule (*sic*). V. die duvle. J. de duvelen. | 1105. J. hovaerde. | 1106. H. de si mit hem. B. die si met hen (*sic, voluit*). V. Menighen die si mit hem. | 1107. H. Cartates als. V. Carthates als Alebrecht seget. J. Carchates als. | 1108. H. Is een v. B. te siene. V. te wesen pl. | 1109. B. ze — mede generd. H. wanter hem mede g. V. hire hem bi g | 1110. B. vesschen—verteerd. H. de hi v. J.V. Van vissc(h)en. | 1111. B.V. havec. H. di havic is hi. | 1112. H.V. is hi. J. alse. | 1113. H. Dat hijr in g. | 1114. J. Alse l. als een m. | 1116. H. moethi weder na de wile. B. weder ene wile. J. nader wile. | 1117. H. Verlucht. | 1118. H. Ofte s. l. waer gedaen. V.J. Iof s. l. | 1119. H.J. dese woert. B. dese mord. V. maerct up dese wort.

1120 Ghi die in fonden fijt verfmoozt :

Als es verdzonken langhe u moet

In deertfche weelde / int eertfche goet /

Ghi blijft verlozen daer in /

Ghi en fet ane Gode uwen fin /

1125 Dat ghi van hem die lucht ontfaet.

Ay! vergave God dient alfo ftaet /

Dien die eertfche fonden bedecken /

Dat hi voz fine boot moefte vertrecken

Opwaert fijn herte / eñ Gode volghen /

1130 Eerne die zeebaren verfwolghen !

Coturnix / defe name in latijn

Mach in dietfche die quackele fijn.

In onfe lant varen fi eñ comen /

So dat felven es vernomen

1135 Welctijt fi comen ofte varen :

Maer in andzen lande te waren

Hebfi haren tijt fo oppenbare /

Vs. 1120. B. Gidie — versmord. H. Gi de in sonden s. versmoert. J. versmoert. | 1121. H. Al is. *Ook* B.V.J. Al. | 1122. B. In dertsche w. int hercsche (*sic* : ïth'csche) g. H. In deersche w. V. In eerdsche w. in erdsch g. J. In dit nedre eertsce g. | 1123. B. Gi. V.J. Ghi blivet. | 1124. H.V. Ghine set. J. Ghi ne keert an G. iuwen s. | 1125. H. Eñ gi van h. de l. ontfaen (*sic*). V. Eñ ghi. J. Ende ghi van Gode die l. | 1126. H. Eñ verg. God. | 1127. V. Die de erdsche sonde b. H. Dien die eerste. J. aertsce. | 1128. B. Datsi vor sine sonden verstrecken. H. voer sine doet vertrecken. *In beide ontbr.* moeste. V.J. vor die doot. | 1130. H. Eren die zebaren versuolgen. B. see baren versuolgen. V. zeebare versw. J. Eer hem die zeb. | 1131. B. Cotrinux. H. dese naem. | 1132. B. in dietsch. H. in dutsce de quattele. V. een quackel. J. In dietsch ene quattele. | 1133. B.V. land. H.J. lant. *Alle vier stellen* onse. | 1134. H. is. | 1135. V. Wiltijt si c. of te v. B.J. Welc tijt. H. comen eñ varen. | 1136-1137. *Deze twee regels ontbreken in* B. *In den eersten schrijft* H. twaren; *in den tweeden* V. hare tijt als openbare. J. *heeft :*

Mare in die andre lande te waren
Hebben si hare tijt al openbare.

Als die swaelwe oftie odevare /
Beide te vaerne en te keerne.
1140 Die oude pleghen die ionghe te leerne /
Alsi enen lande ghenaken /
Daer si hem te broedene maken /
Dat si borhoeden hare scare
Vor ben wreeden spereware /
1145 Die haers nauwe wacht opt lant.
Die spereware dats die viant;
Dat lant es vinde van ben levene :
Int inde plegget hem te ghevene
Die viant nerenstelike daer toe /
1150 Hoe hi sulke scalcheit doe /
Dat hi daer sielen mede va.
Nu pine hem elc hoe hi ontga!
Men seghet dat dier negheen en levet
Sonder si / dat tgroote evel hevet /
1155 En die mensche / en bedi
Seit men dat hare vleesch quaet si.

Vs. 1138. H. sualu. B. ofte die od. V. zwalewe of de od. J. swalewe ende dode-
vare. | 1139. V. Bede. H. Beede. B. varne — kerne. J. Bede te varen ende te keren. |
1140. B. lerne. H. De oude pl. de ionge. V. De houde plegen te ionge te l. J. te le-
ren. | 1141. V. Als si. | 1142. B. ben (*sic, voluit*) te broedena (*sic*) m. | 1143. H. ver-
hoeden h. scaren. B. voer hoeden. J. behouden. | 1144. H. Dor die wrede sporewaren.
V. Vor den wreden sperware (sper *of* spar *is verkort*). B. Dor den wreden spore-
ware. J. leghen den vreemden spar. | 1145. H. De hars nawe. V. hars — up tlant.
B. hars — opt land. J. op tlant. | 1146. H. sperwaer. V. sperware. J. Dese spar. |
1147. H. is tende. V. Tlant dats tende. B. land. J. es teynde v. l. (den *ontbr.*). |
1148. H. Int ende. V. In tende. J. eynde. | 1149. B. viand. H. De viant neerstelike
toe (daer *ontbr.*). V. narenstelike. J. naernstel. | 1150. H. Hohi. B. selke scalcheit (*sic*).
J. dese scalcheit. | 1151. B. die siele. V. der sielen. *Misschien te lezen* : die siele daer
mede va. J. Daer hi die ziele m. va. | 1152. H.V.J. elc dat hi ontga. | 1153. V. ne
gheen. B H. dat dier geen levet. J. dat gheen dier lev. | 1154. B. Sonder sie diet
groete. H. diet grote. V. Sekerlike dat groot. J. Sekerlike die tgrote. | 1155. H. Entie
mensche. V. Sonder die mensche en so bedi. J. Sonder die m. ende die quarttele
bedi. | 1156. H. Segemen dat har vleys. V. Seghmen d. h. vleisch. B. Seid m.

CArduelis es ene cleene dinc/

En heet met ons een destelvinc/

Om dat in destelen/ na sere wise/

1160 Gheerne soeket sine spise.

Dits van plumen meneghertiere/

En van varuwen so doze diere/

Datment te wondere ane mach sien;

Doch es sijn prijs niet al in dien:

1165 Sijn sanc es noch te prisene bet.

Hier omme dint mense gheset

In gaiolen te menegher stede/

Om den mensche te verboogene mede.

Al heeftse nature cleine ghemaect/

1170 Hare sanc/ die so soete smaect/

En hare plumen scone en fijn

Doense liever en weerder sijn

Van den dorpzen scobuut/

Die so leler es in sijn luut.

1175 **C**Arciles/ alse Plinius ontbint/

Vs. 1157. B. Cardicelis es ene clene. H.V. is (es) een clene. | 1158. B. heetmen ons. H. mit ons een destelinc. V. het met ons een distelv. J. Ende het bediet een dijstel v. | 1159. B. En dat in diestelen. V. diestelen. J. dijstelen. *Voorts allen sire.* | 1160. H.J. Gaerne. | 1161. H. – tire. V. so menigh. J. m. tiere. | 1162. H.V. van verwen (varwen) so dor d. J. Van vaerwen so duer d. (En *ontbr.*). | 1163. B. mahsien. H.V.J. te wondre an m. | 1164. V. Doch nes sijn pr. J. nes. H. is. *Bij dese twee, als mede in* B. *ontbr.* al. | 1165. H. is. V.J. es oec te pr. | 1166. B. Hir ombe vind m. H. Hijr om. | 1167. B. gaiolen ter m. H. gaiolen. | 1168. B. vervroiene. H. vermoiene. V. vermergene. J. Omme d. m. te merghene m. | 1169. V.H. heefse n. clene. J. clene. | 1170. H. Har sanc. J. wel soete. | 1171. H. En har. | 1172. B. Doetse — werder. V. liever en te werder. H. *mist den regel.* J. lief ende waert. | 1173. B. scovut. H. Dan die dorpre, die scovut. V. den dorperen scuwut. J. Dander dorper scuhuut. | 1174. H. lelic is. V.J. Hi es lelic en dorp (ende dorper) in sijn huut (*sic*). | 1175. V.J. Corchiles als. H. als Pl. ombint.

Es tminste voghelkijn dat men vint /

Eñ es dat voghelkijn / als men weet /

Dat al der voghele Coninc heet.

So hoghe ghemoet eest / als men seghet /

1180 Dat op den aer te stridene pleghet;

Eñ alst den aer dan gram doet /

Eñ hijt waent nemen in den voet /

Ontslupet hem tusschen den clauwen nochtan /

Eñ blieghet hem om die oghen dan /

1185 So dat hem die aer scaemt /

Want hi hem omme niet vergraemt /

Eñ blieghet henen siere straten.

Al es dit cleine utermaten /

Nochtan hevet van naturen

1190 Meer ionghe dan andre creaturen.

Wormе etet in der haghen.

Het es quaet te vane met laghen.

In .C. ent hier der voghele woort ;

Hoort hier na in .D. woort.

Vs. 1176. B. Es dminste. H. Es die minste vogel dimen. J. datm. kint. | 1177. H. dat men w. V. es tconelkijn (*sic*) datm. w. J. Ende es tsogh. datmen w. | 1178. H. alder vogle. V.J. alder vogele (voghelen) conijnc (coning). B. coninge. | 1179. V.J. So groot gh. ist (eist) alstmen (alsmen) s. H. So gemoet eist. | 1180. H. den aern te striden pl. V. up den aren. *In B. staet vs.* 1180 *voor vs.* 1179. *In* V. *staen de bladz. verkeerd. Zie de Inleiding.* J. Dattet opten aren te sittene. | 1181. B. dan *ontbr.* H. den aern. V. Ende alst d. aren. J. als den aren gram dan doet. | 1182. B. hijt *ontbr.* J. Ende hiet w. houden. | 1183. H. Ontslupetten t. d. clawen. V. Ontsupet (*sic*) t. d. clawen. B. clawen. J. Ontsluuptet tusscen den clawen dan. | 1184. V. So vlieghet h. J. omme die oghen an. | 1185· H. dathem d. aern. V. die aren verscaemt (verscamet). B. scaemd. | 1186. H.V. om niet. B. vergraemd. J. vergramet. | 1187. H. sire. V.J. hene sire. | 1188. H. Al is dit clene. V.J. clene. | 1189. V. van der nat. J. heeftet v. nature. | 1190. B. me ioncge. V. Mee. J. Meer ionghen. | 1191. H. in die h. J. Wormen e. in die h. | 1192. V.J. Hets q. te vanghene. H. Ets q. te v. mit. | 1193. H. ent hijr d. vogle woert. V. ent hier voglen wort. B. hir — word. J. eynden h. d. voghelen wort. | 1194. B. Hord hir na—vord. H. Hoert hijr na—voert. V.J. Hort die namen in .D. vort.

1195 ⅅ ᵵomebite/ in ware binc/
Sijn voghele/ bie na ben coninc
Biomebeş sijn gheheeten/
Bie meneghen ribbere bebe beeten
Wilen/ te Crohen boz bie ftebe/

1200 Boz sine grote bzomechebe.
Fabelen bie hebben inne/
Bat Benuş maecte/ bie gobinne/
Befe voghele ban finen ghefellen :
Buş hoozt ment poëten tellen.

1205 Solinuş bie feghet bit/
Bat fi sijn alfe bie fwane wit/
Eñ ban ber grote bat eş bie fwane.
Oer/ boet hi onş te berftane/
Ḩare oghen sijn root alfe bier;

1210 Ghetanbe becke/ fcarp eñ fter/
Baer fi bie roken hol mebe maken/
Eñ nefte te ḩaren faken.
Men feghet/ alft feere mefbaren/
Bat meent bat tlant fal berbaren/

Vs. 1195. H. Dyometite. B.V. Dyomedite. J. Diomedice. | 1196. V.H. vogle. J. vo-
ghelen. | 1197. B.H.V. Dyomedes s. geheten. J. Dimodes : gheheten. | 1198. H. men-
nigen ridder doet beten. V. menighen rudder doet beten. B. beten. J. riddre dade
beten. | 1199. B. indie stede. *Voorts* B.H.V. Troien. J. Troie. | 1200. V.J. Met sire
groter vr. | 1201. H. die *ontbr.* | 1202. V. goddinne. | 1203. B.H. Desen vogel eñ sine
gesellen. J.V. voghelen. | 1204. B. Doch hortment. H. hoertment. V. hortmen.
J. hoorment boeken t. | 1205. J. Plinius. | 1206. H.V. als die sw. J. alse swanen. |
1207. B. groette. V. zwane. H. dat is. | 1209. B. roet alse .J. vier. H. Har ogen s.
roet. V. als. | 1210. B. *schijnt eerst spare te hebben willen schrijven. Heeft er voor*
Ghetande becke *eens* Ghetant die becke (Ghetand de b.) *gestaen?* J. becken scaerp.
| 1211. V.J. rootsen. | 1212. B. Eñ roke te h. s. H. neste tot h. s. V. neste maken
tharen s. J. nesten maken te h. s. | 1213. H. sere misb. V. Men seit als si sere m.
Ook B.J. sere, *hetgeen ik in 't vervolg meestal voorbijgaen zal.* | 1214. B.V. dat
lant. J. Dat dat lant (meent *ontbr*).

1215 Ofte dat een coninc fterben fal.

Die Grieken mindenfe boben al /

Eñ andze liebe wilden fi fcuren :

Dus fo vint ment in fcrifturen.

Dariata / alfe Ariftotiles kent /

1220 Es een boghel in Ozient /

Die met vloghelen eñ met becken

Climmen can eñ hem boozt trecken ;

Want hi boete hebet gheene.

Oec fo vintmer fomeghe eene /

1225 Die men ne ftet meer no min /

Sonder omtrent des herffts beghin /

Eñ dat es alfet rimen moet.

Defe boghel hout ende bzoet

Sine ionghe tote dat fi boghen /

1230 Eñ fi hem gheneeren moghen /

Eñ dan fterft hi felve ghinder /

Eñ laet leven fine kinder /

Die moeten pleghen dat felve mede /

Dat te bozen die vader dede.

Vs. 1215. H. Of dat. V. Iof dat den coninc besterven s. J. Iof dat een coning. | 1216. B. mindese. H. De Gr. V.J. minnen si noch al. | 1217. B. andren lieden. H. andre lude willen si. V. wilsi. J. ander volc willen si scueren. | 1218. B. Dos so vind ment in scrijft. V.J. Aldus vintm. in scr. (scriftueren). | 1219. H. als Ar. V. als Aelbrecht. B. kend. | 1221. H. De mit vloglen eñ mit. | 1222. V.J. Clemmen — vort. H. Clemmen—voert. B. vord. | 1223. H. vote heeft en gene. B h. gene. J. voeten. | 1224. B. vindmen s. ene. H. vintmen menege ene. V. somich ene. J. somech ene. | 1225. B. Die men seid. H. De men sijt meer noch min. V. men siet. J. *alleen heeft* Diemen ne siet. | 1226. H. omtrint des herts. V. des herreft. J. ommetrent des herfst. | 1227. H. dat is. V. als het remen. J. alset reghen m. | 1228. H. hout eñ br. | 1229. B. ioncge. H.V. tot dat si (datsi). J. ionghen — doeghen. | 1230. B.H.V. g(h)eneren. J. gheneren moeghen. | 1231. V.J. Eñ danne (dan) stervet hi. H.B. steerft hi. | 1232. V.J. laet levende. | 1233. V. pl. des selves mede. J. des selves sede. B.H. moten. | 1234. V. Dat daer te v. hare v. d. H. daer te v. de v. d. J. Die te voren hare v. d.

1235 Hier gaet ute ban ber .D./
Eñ bolghet alſe een in .E.

Eꭓobius/ alſe bie gloſe ſeghet/
Bie op bie bꭗaye Bibele leghet/
Eꬶ bie boghel/ alꬶ ic weet/
1240 Bie met onꬶ gheerbalke heet;
Eñ eꬶ onber bie ebele boghele
Bie ebelſte bie blieghet met bloghele.
So ſtarc eꬶ hi eñ ſo groot/
Bat hi ben aer ſlaet te boot.
1245 Siet hi oec in ere ſcaren
Bat .D. cranen henen baren/
Ofte anbꭗe boghele alſo bele/
Eñ menne opwerpt in beberſpele/
Hi beltſe alle met ſtere cracht
1250 Been na ben anbꭗen in ſtere iacht/
Eer hi onbeert ſtere bloghe.
So eſſer een hont biere toe boghe/
Bie ben boghelen/ alſi ballen/

Vs. H. 1235. Hijr g. wte. | 1236. H.V. als een in .E. B. alse in ene .E. J. als ene in .E.
| 1237. V.J. als. | 1238. B. vraie. H.J. fraie bible. V. up die vraie bible. | 1239. H. Is
de vogel de ic weet. B. alsic. J. een voghel als ict. | 1240. B. gervalke. H. mit ons
geerv. hiet (sic). | 1241. V. Ende — vogle. H. is — vogle. J. onder edele voghelen. |
1242. V. vlogle. H. de vliet mit vlogle. J. Dedelste — vloghelen. | 1243. V. ende so
gr. J. staerc es hi ende. | 1244. V. Dat hij den aren. J. aren sl. ter d. | 1246. V.J. Daer
vijf cranen hene (henen) v. H. hene. | 1247. H. Of andre vogle. V. Of ander vogle.
J. Iof andre vogbelen alse v. | 1248. H. Eñ men opwert. V. Eñ men uut werpt. J. Ende
men wt worpt in spele. | 1249. V. Hi vellese a. mit sire macht. H. Hi veltse a. mit
sire. B. sire. J. sire macht. | 1250. B.H. met (mit) sire i. V. sire i. J. in sine i. |
1251. V. Eer hij omb. sire vl. B. onbert sire vl. H. ontkeert sire vlogle (sic). J. om-
beert sine vl. | 1152. B. een bond dire. H. die daer to doge. Het bijw. So in 't begin
van dit vs. valt hard na een punctum; het moest, althans voor ons, Dan wezen.
Een comma veranderde den zin. In J. vind ik thans Dan in plaets van So. |
1253. V. den voglen als sij. H. voglen. J. Die die voghelen.

Hem den hals af bijt met allen.

1255 Sijn aes moet sijn versch eñ levende ;

Eñ alst hem scudt een deel bevende/

So neemt hi proye die hem behaghet/

Eñ daer hem die moet toe braghet.

Misset hi/ hi wert so erre/

1260 Dat hi blieghet hoghe eñ verre/

Eñ cume wil hi keeren neder

Cote sinen loedere weder.

Meesters segghen int commune/

Dat best vele sijn die brune.

1265 Van .E. so gaen ute die woort;

Nu hoort van der .F. voort.

Fenix/ alse seit Isidorus/

Jacob/ Solijn/ Ambrosius/

Es een voghel sekerlike

1270 Cote Arabien int rike.

Dese ne hevet gheen ghenoot.

Na den aer es hi groot.

Vs. 1254. B. Hen, *voluit.* V. of bijt. H. Hem af bijt den hals mit a. J. In den hals
bijt. | 1255. V. varsch. | 1256. B. scud. V. Als hi hem scudt (Eñ *ontbr.*). H. scut. J. Als
hi scijnt een d. b. | 1257. V. So meent hi proie. H. proie de hem. B. proie. J. proie
die hi beiaghet. | 1258. H. sijn moet to dr. V. Ende daer hem sijn m. | 1259. B. Mest
hi. V.J. Misset hi hie (hi) wort. | 1260. V. hi up vlieget. J. op vlieghet. | 1261. V. Ende
c. w. hi keren. H. wilhi keren weder. B. keren weder. J. keren weder. | 1262 V. loe-
dre weder. H. Tot sinen loedre weder. B. lodere weder. *Dit laetste woort rijmt dus
in H. en B. met zich zelf. Vglk. vs.* 836. *De onoplettenheid eens eersten afschrijvers begrijp ik ; minder, bij zoo veel willekeur, het slaefs volgen van anderen.*
J. loedre neder. | 1263. H. in comm. V. in comine. | 1264. H. de brune (vele *ontbr.*).
J. vele best sijn. | 1265. B. gaet ute die word. H. woert. V. wort. J. Vander .E gaet
ute d. wort. | 1266. B. hord — vord. H. hoert — voert. V. Vander .F. so hoort nu
vort. J. Vander .F. nu hort vort. | 1267. V.J. als ons seghet Ys. B. seid. Ys. H. seyt
Ys. | 1268. H. eñ Ambr. J. ende Ambr. | 1271. J.H. Dese hevet (heeft) gh. ghenoet
(g. genoet). B. genoet. | 1272. H. aren is hi groet. V. aren. B. groet. J. aren so es hi.

Drie hondert eñ .XC. iaer

Pleghet hi te levene/ dats waer.

1275 Ghehovet/ ghehalset es hi mede

Seere scone na des paeus sede :

Sijn hals ofte hi guldijn ware/

Met purperinen plumen harentare ;

Sijn steert ghelu blaeu mede/

1280 Met roden vederen van groter scoonhede.

Alse fenixe doude gaet an ;

So kiest hi enen sconen boom van/

Hoghe staende op ene fonteine/

Die scone es eñ seere reine.

1285 Een nest maect hi in dire ghebare/

Als in die vorme van enen outare/

Van wierooc bomen eñ van merren/

Eñ van caneel bomen van verren :

Van desen telghen maect hi sijn nest/

1290 Eñ die rieken alre best.

Alse die sonne heete schijnt/

Vs. 1273. B.H. eñ .LX. iaer. | 1274. H.J. te leven. V. dat es waer. | 1275. H. Gehoeft, gebalst is hi m. J. ghehalst. | 1276. V.J. pawes. B. paus ; *allen hebben* sere. | 1277. H. of hi. V. Sijn hals als of hi ghuldijn w. J. of hi goudijn w. | 1278. V. purpuren pl. barentare. H. Mit purpren pl. harentare. B. bare entare. J. purperen pl. baer entare. | 1279. V. staert gh. bl. H. stert gelu bl. B. stert gelu blau. J. staert gh. ende bl. | 1280. H. scoenede. B.V. scoenh. J. vedren met gr. scoenh. | 1281. H. Alse fenix die oude. V.J. Als (Alse) fenix doude. B. fenixse. | 1282. H. Kiest bi enen sc. boem (So *ontbr.*). V. Kiest enen sc. boem (So *en* hi *ontbr.*). B. boem. J. So kieset. | 1283. H.V.J. fonteyne. B. fontaine. | 1284. H. De sc. is eñ sere reyne. V. ende dor reyne B. Die so sc. es eñ so reine. J. es ende reyne. | 1285. H. in dier g. V. inder geb. B. in dire g. J. Enen n. m. hi inder gh. | 1286. V. in *ontbr.* J. Alse ene vorme. | 1287. B. wierroc bomen. V.J. wierooc bome eñ (ende) v. merren. H. wieroc b. | 1288. V. caneel bome eñ van v. H. caneelblomen. B. caneel b. J. van canele ende van verre. | 1289. B. telegen. | 1290. H. Entie ruken. V.J. Ende van andren (andre) die rieken best. | 1291. H. de sonne hete. V. Als d. s. hete. B. *schrijft insgelijks en naer gewoonte* hete, *met eene enkele* e. J. heet scinet.

So wayet hi danne eñ pijnt/

So dat hi ontsteect dat hout/

Dat soeten roke geeft menechfout.

1295 Van valt hi selve int soete vier/

Eñ wert tasschen/ dus vint men hier.

In harde corter tijt daer naer

Wast een worm in dasschen daer/

Die cortelike te voghele diet:

1300 Dus wert fenix verniet.

    Fenix/ dese eneghe voghel/ bediet

Jhesum Christum/ diet al stet.

Fenix ne hevet vader no moeder/

Eñ Jhesus onse soete broeder

1305 Es/ na der menscheit/ sonder vader;

Na der godheit/ es hi algader

Sonder moeder in hemelrike.

Dese Fenix sekerlike

Mercte/ eñ nam wel goom

1310 Om den hoghen sconen boom/

Die op die fonteine staet;

Vs. 1292. B. wait. V. waiet danne ende p. (hi *ontbr.*). H. vaert hi d. J. waiet hi dan ende pinet. | 1293. H. So *ontbr.* V.J. Dat hi also ontst. B. ontstect d. houd. | 1294. B. soete roeke g. menechfoud. V.J. soete rieket menich f. (menechf.). H. Dat geeft soeten roke menichf. | 1295. H. velt hi. V. vallet hi. J. vallet hi in dat s. v. | 1296. B. werd — vindmen hir. H. wert te aschen d. vintment (te *is later bijgeschreven*). V.J. wort asschen (te *ontbr.*). | 1297. B. In herder (*of* harder?) corter tijt | 1298. H. daschen. V.J. Wasset een w. (worem). | 1299. H. De c. te vogle gedyet. V. te vogle. | 1300. H. vernyet. B. veruyet (*sic*). V. Aldus wort f. ver niet. J. wort f. daer v. | 1301. V. enighe. J. eneghe sone b. | 1302. V. Wel Jhesus Kerst. H.J. die wel siet. | 1303. H. Fenix hevet v. noch moder : broder. V. hevet *ontbr.* B. moder. | 1305. B. minscheit. H. nader menscheden. J. menscelycheit. | 1306. H. Na der gotlicheyt is hi. *De r van der is van later hand.* J. Ende nader godlycheit al gader. | 1307. H. moder. | 1309. V.J. Markede (Makede) ende nam w. goem (goom). H. wel gome. B. goem : boem. | 1310. V. Om die sconen oghen boem. H. Om d. sconen heyligen bome. J. Omme. | 1311. H. De op d. fonteyne. B. fontaine. J. fonteyne.

Die boom es teruce / ons toeverlaet.

Bi ver fonteinen so verstaet /

Die vonte die onfe fonde af dwaet.

1315 Thout van fperien / merct hier /

Daer fenix af maect fijn vier /

Meent dat Jhefus hinc ant hout /

Dat hi benedide menechfout /

Eñ / onfteect met viere van baritaten /.

1320 Een Vader fende om onfe verlaten ;

Die foeter roor vo2 finen Vader

Van ver werelt fperie algader.

Dus bernede in der minnen viere

Onfe Fenix in derre maniere /

1325 Onthier eñ hi taffchen bequam :

Dat es / dat hi ende nam.

Een derden daghe es hi verrefen /

Eñ voer te hemele na befen.

Eñ dit volghet ver eerfter vo2men ;

1330 Want fenix affchen werden te wo2men /

Vs. 1312. B boem es teruse to verlaet (ons *ontbr.*). H. De boem ist cruce. V. boem. J. toe v. | 1313. B. Bider fontainen dat v. V. Bider. J. Bider fonteynen. | 1314. H. Dat doepsel dattie *s.* af dw. V.J. Doopsel die (dat) ons (onse) sonden of dw. B. Die vonde d. s. o. af duaet. | 1315. B. Thoud. V.J. Dat hout v. sp. marct (merct) wel bijr (hier). H. hijr. | 1316. V. Daer fenixs af makede. J. of maecte. | 1317. V. Meent dair Jh. hinc an dat h. B. hout : menechfoud. J. hinc in dat h. | 1318. V. hi *ontbr.; voorts met* H. menichf. J. benediede. | 1319. H. onstect mit v. V. Ontsteken met v. (Eñ *ontbr.*). J. Ende ontstaect. | 1320. H. sent hi op onse v. B. sende hi om. J. sende hi omme. V. *Het voornaemw.* hi *ontbreekt hier achter* sende, *hetgeen ik volgde in weerwil der andere handschriften.* | 1321. H. Den soeten roec. B.J. roec. | 1322. H. Dats der w. B.V. Dander. J. warelt sp. al g. | 1323. B. bernende. H. bernde hi inder m. v. V. berende inder m. v. | 1324. V. fenixs inder m. H. in dier manire. | 1325. V. Onthier eñ dat hi. H. tasschen quam. J. Onthier dat hi. | 1326. dat hi eñ de man (*sic*). V. Dats tote dat hi. J. eynde. | 1327. H. daghe *ontbr.* | 1328. B. te hemelrike. J. ten h. | 1329. H. Et dit (*sic*). V.J. vorme. | 1330. V. fenix asschen die werden te worme. H. asschen comen te w. J. worden te worme.

Eñ daer na comen plumen eñ bloghele/
Eñ blieghet gheltir andzen boghele.

Dat fenix lebet .CCC. iaer
Eñ .XL./ eer hi wert fo fwaer/

1335 Meent/ dat Jhefus in eertrike
.XXXIII. iaer lebede fekerlike/
Uan dat hi ghebootfrapt was/
Cote dat hi ftarf/ fijt feker das;
Ober een iaer flaet elfte tiene/

1340 So bint ment waer in den beftene.

Uan defen fenix fcribet ons dus
Een wonder/ Sente Ifidozus:
Ene pozt in Egypten is/
Die heetet Eliopolis/

1345 Dats in dietfche der fonnen ftat.
In doude wet was ghemaect in dat
Een tempele in Ons Heeren eere/
Na Salomons tempele min no meere.
Een fenix quam ghebloghen daer

1350 Cote dien biere op den outaer/
Op fine bloghele gheladen oec

Vs. 1331. H. vlogle. V. Ende daer na c. pl. eñ vlogle. J. vloghelen. | 1332. V.J. vlie-
ghet als doen ander vogele (andre voghelen). H. vlieget als andre vogle. | 1333. H. De
fenix heeft .CCC. iaer. V. fenixs. | 1334. H. Eñ .LX. V. Ende .XL. eer dat hi wort
sw. J. wort sw. | 1335. V. erdrike. H.J. aertrike. | 1336. H.J. leefde. | 1337. B. ge-
boetscap w. H. geboetscapt. V. ghebodscapt. J. ghebootsceept. | 1338. V. hij st.
H. Tot dat. J. staerf. | 1340. H. vintmen w. in dien b. V. claer inden b. J. vintmen
ware. | 1341. V. Vanden fenixs tellet. H. Vanden f. telt. J. Vanden f. so telt ons d.
| 1342. B.H.V.J. Ysid. | 1343. H. Ene poert. B. Een port in Egipten. V. Egipten.
J. Ene poerte. | 1344. B.H. hetet. J. heet. *Allen hebben* Cliopolis. | 1345. V. Dat
in d. J.B. in dietsch. H. in duutsche. | 1346. H. is gemaect dat. | 1347. H.J. Een tem-
pel in O. Heren ere. B. Ene temple in O. Heren ere. V. O. Heren heere. | 1348. B. Sa-
lomons temple m. no mere. H. temple noch min no mere. V.J. tempel. | 1349. H. Een
felix. V. fenixs. | 1350. B. Tote die v. op dien outaer. V.J. Toten. | 1351. H. vlogle.
H. Up sine vlogle. J. vloglen.

Met bieren houte / dat foete roec /

Eñ berbzande hem op den outare.

Des naeften daghes quam die pape dare /

1355 Eñ bant in daffchen een wozmkijn oec /

Dat utermaten foete roec.

Des anders daghes hadbet bloghele

In die ghelike ban boghele.

Ten derden baghe waeft bolcomen /

1360 Eñ heeft an den pape ghenomen

Ozlof / eñ es banen ghebloghen.

Dit fcribet Ifidozus ongheloghen.

Haymo fpzeect / een wijs clerc mede /

Dat Onfe Pzoubve in defe ftede /

1365 Doe Herodes die kinder berfloech /

Ontblo / eñ woonder dicke ghenoech ;

Eñ fenix bi abenturen

Toghede daer bi fiere naturen /

Dat die warechte Fenix mede

1370 Wandelen foude in defe ftede.

Vs. 1352. H. mit diren. V.J. dat wel rooc (roec). *Ook hebben B.H. naer gewoonte roec, hetgeen ik hier, in het rijm, behield, en en zoo nog eens vier regels verder.* | 1353. V. Ende verbarrende hem op. H. Eñ verbernde op dien outare; *sonder hem, hetwelk mede in H. ontbr.* J. verbernde hem opten outaer. | 1354. V. Dese naeste daghes. B. Des anders dages. H. daechs q. d. p. dare. J. Des naest sdaghes. | 1355. H. in dasscen een wormekijn roet. V. wormekijn. B. wormkin. J. woremkijn. | 1357. B. Des ander dages hadt vl. H. Des ander dages had vlogle. V. Des ander daghes h. vlogle. J. haddit. | 1358 .V. vogle. J. van enen v. | 1359. V. Ten darden daghen wast al volc. B. wast. J. al volc. | 1360. V. hevet an die p. | 1361. H. is dane g. V. ende es dane gh. J. Oerlof. | 1362. H.J. Dit scrijft Ysidorus. *Ook* B.V. Ysid. *Voorts* J. ombeloghen. | 1363. V. Haymo spreict. H. een wijs man m. B. Haimo. J. Hanno. | 1365. J. Als Herodes d. k. sloech. H.V. d. k. sloech (slouch). | 1366. H. Ontflo eñ woender dickenoech (*sic*). V. woender d. ghenouch. B. woender d. guoch (*sic; lees* : gnoech). J. Ontfloede ende wonderde dicke. | 1367. V. Ende fenixs. | 1368. B.H.V.J. sire. | 1369. H. Dattie warachtige. V. warachtighe. J. waerachteghe. | 1370. V. Wanderen s. in die st. H. die st. J. soude daer in die st.

Fulica/ spreect Jsidorus/
Es een voghel die heet albus.
Sijn vleesch smaect alst ware een hase.
Op marassche neemt hi sine ase/
1375 Eñ emmer maect hi sinen nest/
Daert in watere es ghevest.
Dit heet der vroetstere voghele een:
Uut sinen lande ne vlierhter gheen;
Maer int lantscap daer hi broet/
1380 Leest men dat hi hem selven voet/
Eñ ne vlieghet hare no dare.
Croengen hevet hi ommare.
    Ambrosius spreerter af te waren/
Dat men vint eerhande aren
1385 Die sine ionc vernoyt te voedene/
Eñ werptse ute sinen broedene;
So comt dan fulica ghinder/
Eñ voet des arens kinder
Met sinen ionghen in sinen nest.

Vs. 1371. B. Fulcita. H. Fulsita. V. spreict. *Allen* Ysid. | 1372. B. een vogel heet dus. | 1373. B. Sijn vl. swart alse ware wase (*sic*). H. vleys sm. als die h. | 1374. V.J. Up (Op) m. levet hi bi ase. H. marassce — sijn. B. morassche | 1375. B. Eñ ember. H. Eñ nummer. V. Eñ emm. so maect hi sijn n. J. Ende emmer m. hi sijn n. | 1376. B. Dart met watere. V.J. Dat met (metten) watre. H. Daert in watre is g. | 1377. H. der vroetster vogel. V. heetet d. vroetster vogel. J. vroetster voghel. | 1378. H. Ute s. l. vliget gheen. V.Ute s. l. B. lande vligetter geen. J. Ute sinen lande vaerter ne gheen. | 1379. B. Mar — dar. H. Mer. J. Mare int lantsceep. | 1380. H.J. Lesemen dathi (dat hi). V. Leset men. | 1381. H. noch dare. | 1382. V. Alle cr. H. heeft hi. B. onmare. J. Alle croenghen heeft hi onmare. | 1383. B. spreect af. V. Ambrosis spreicter af. H. spreecter af tw. J. of. | 1384. B. vind erande. H. erande. V. eenrande. | 1385. H. De sine ionge v. te vodene. V. sine ionghen te voedene (vernoyt *ontbr.*). B. vernoit. J. ionghen vernoit te vodene. | 1386. H. werpt si wt s. br. V. werpse uut. B. brodene. J. werpse — brodene. | 1387. H. So coemt d. fulsita. B. fulcita. | 1389. V. in sijn nest.

20

1390 Dit exempel ware goet gheveft
Elken menfche / die wel doen woude /
Eñ merken dat hem ontfarmen foude
Der armer / eñ hem goedß onnen /
Die hem ghehelpen niet en connen.

1395 Fatatoz eß bekent
Een voghel in Ozient /
Die haeftech feere eß om ſyn bzoeden /
Eñ can hem felven niet verhoeden /
Hi en leghet ſine eiere ſo int iaer /
1400 Datfe hem die achterwinter ſwaer
Alle dicke verliefen doet.
Exempel ghevet hi herde goet
Hem / die eer tyt willen climmen /
Dat ſi weder moeten himmen /
1405 Onthier eñ ſi werden ſo weert /
Dat menfe ter eeren begheert ;
Eñ ware hem beter dat ſi ontbeden /
Eer ſi om die eere ſtreben /
Dan ſi met ſchanden moeten beeten.

Vs. 1390. B. exemple. | 1391. H.J. mensce. | 1392. B. merke. J. ontfermen. |
1393. J. Deser aren ende h. goets ionnen. H.V. g. (gods) ionnen. | 1394. H.J. niet ne
connen. | 1395. B. Fatatar es bekend. H. Fatatar. V.J. es een voghel bekent in dat
lant van O. | 1397. B. batech sere. V.H. Die (De) haestich sere es (is). J. haestich sere
es omme. | 1398. H. hem *ontbr*. V.J. Ende (Hine) can h. selven so verh. B. vorhoe-
den. | 1399. H. Hine leget s. eyer so int i. V.J. Hine leghet s. eyer (eyeren) so vro (vroe)
int i. | 1400. B J. Dat hem (se *ontbr*.) die achter winter. | 1401. B. Allen dicken.
J. vrieset te doot. V. Alle dicken vervrieset te doot. | 1402. V. harde groot. H.J. harde.
| 1403. H wille cliven. B. cliven. V. die ter heren willen climmen. J. clemmen. |
1404. B.V. Datsi moten (moeten) neder bliven. J. moeten emmen. | 1405. V. Tote
datsi worden so waert. B. werd. J. Onth. ende si worden so waert. | 1406. V.J. ter
heeren (eren) begaert. B. ter eren begerd. | 1407. H ombeiden. V. ombeden. J. Hem
ware beter datsi ombeden. | 1408. H. om die ere screiden. B. ere. J. Omme die ere.
| 1409. H. mit sc. moten beten. B. moten beten. V. beten. J. moeten boeten.

1410   Alse die tijt beghinnet heeten /

So broet fatator anderwarf :

Over dat hem teerst bedarf /

So comt hem dat niewe broet ;

Dies lettel ander voghel doet /

1415   Die maect sijn nest in der woeftinen /

Die alle wel na maer eens en pinen

Int iaer om hare ionc ghemeene /

Sonder fatator alleene.

F Etix es een voghel mede /

1420   Die oec na fatators sede

Tweewerf in den iare broet /

Alse Ariftotiles weten doet.

Al vint men lettel voghele minder /

Nochtan wint hi vele kinder.

Vs. 1410. H. Als de t. beg. eten. V. Als d. t. begh. heten. B. beten. J. beghinnet
soeten. | 1411. B. fortator. H. fatatar anderwerf. J. ander waerf. | 1412. V. Ende over
d. h. eerst b. H. ierst bedarf. J. Ende over d. hem tander staerf. | 1413. B. coemt —
neuwe. H. coemt — niwe. V. hem danne niewe. J. hem dan niewe. | 1414. H. Die
luttel. V.J. Des lettel. B. andren vogelen. | 1415. H. De sijn nest maect inder wost.
V.J. Die sijn n. maect in die w. | 1416. H. Want alle w. n. mer eens pinen. V. Wantse alle
w' (= waer, maer) eens ne p. J. Want alle w. naer waer ons ne pinen. | 1417. B. int
iar — gemene. H. om ontbr.; voorts gemene. V. ionge gemeene. J. omme — ghe-
mene. | 1418. B. allene. H. fatatar allene. V.J. allene. | 1419. V. Fecix. H. is. |
1420. H. De — fatatars. J. schuift na dezen regel door vergissing twee verzen uit
het volgende capittel in :

> Omme dathi gaerne et vighen,
> So waer dat bise mach ghecrighen.
> .II. warf int iaer, enz.

Maer kan men de varianten, die men in deze regels, gelijk ze hier staen en
beneden herhaeld worden, aentreft, ook aen eene vergissing toeschrijven?
Zie onder Ficedula. | 1421. J. .II. warf int iaer hi broet. | 1422. J. Des lettel ander
voghel doet. | 1423. B. vindmen. H.V. En al vintmen littel vogele (luttel vogle) m.
J. Ende al vintm. l. voghelen. | 1424. B. wind hi. V. winnet hi. H. winthi.

1425 Sine eiere en verbziesen niet;

Want eert den somer siet/

So ne wilt noten no bzoeden :

Des wert hem gheleent met goeden

Dattet wint dattet begheert.

1430 Die wille sijn bzoet eñ weert/

Leere te tijt doen sine saken/

So moet hi groter eeren naken.

F Icebula/ seghet Isbozus/

Es een voghel/ eñ heet dus/

1435 Om dattet gheerne etet vighen;

Waer so dattetse mach ghecrighen/

Soete boombzucht es sine spise.

Merct hier op/ ghi bzoede wise/

Wat dat dit bedieden can :

1440 Die boom bediet wel elken man.

Men vint messelike bome

In eerderike/ als ict gome/

Die bzucht bzinghen na hare nature/

Vs. 1425. H. sine eyer en v. V. sine eyer ne v. J. eyeren v. nijt. | 1426. V. eer het den s. s. J. eer het heeft den somer tijt. | 1427. H. noch br. V. nochte br. | 1428. H. Dus w. b. geloent mit g. V.J. Dus (Des) wort h. gheloent (gheloont) metten vroeden. | 1429. B. wind. H. dat begeert. V. Dat het winnet dat het b. | 1430. H. De willen. V. ende waert. B. eñ werd. J. wil s. vr. ende w. | 1431. B.H. Lere. V. sijn saken. J. Lere ter tijt. | 1432. B.H. gr. eren. J. eren ghenaken. | 1433. H. seyt Ys. B.V.J. Ys. | 1434. H. eñ etet dus. V. eñ heetet dus. J. voghel heet aldus (eñ of ende ontbr.) | 1435. V. Om dat hi eet gh'ne v. H. figen. B. gerne ettet. J. Omme dat hi gaerne mint v. | 1436. H. Waer dattetse can g. V. Want so waer hi m. g. B. War dat betse. J. Waer so hise. | 1437. H. Soeter bome vr. is sine sp. V.J. boem vr. dats s. sp. B. boem vr. | 1438. V. Maerct — grote wise. H. hijr op grote w. (ghi ontbr.). B. bir op gi. J. grote. | 1440. V. Dien boem b. wel elken m. B.J. boem b. wel elc m. H. De boem b. wellic m. | 1441. B. vind. H.V. misselike. J. menscelike. | 1442. H. In aertrike als ic g. V. erdrike als ic g. J. aertr. also ict. | 1443. H. De vrucht.

Some soete / some sure.

1445 Die bzucht / dats onse ghewerke :
Dat willic dat elc wise merke /
Eñ hi den goeden mensche minne
Om sine doghet / die hi heeft inne /
Eñ late den quaden henen varen.

1450 Want / alse die Wale seit / twaren :
« Hi macht voz goede dachvaert tellen /
Die hem maert quite van den fellen. »
Mint die bzucht soete eñ goet
Ghelijc dat sicedula doet.

1455 F Alco heet die valke in latijn /
Daer .VIII. manieren ane sijn /
Also alse bescreven die clerke /
Dies lettel behoozt te minen werke ;
Want hets cont ghenoech den leken /

1460 Diese houden ende streken /
Eñ rupen ende huken :
Bedi latics hem ghebzuken.
Doch willic tweerhande manieren

Vs. 1444. V. Som soete ende som s. J. suere. | 1445. H. De vrucht. V. dat sijn onse g. J. Die vruchten dat sijn o. werke. | 1446. H. Dit willic. V. Dat wil ic. B. wise eñ merke. | 1447. B., *van de eerste hand*, Eñ he. V. den goede m. | 1448. H. de hi heeft. B.V. hevet. J. Omme die d. | 1449. H. hene. V. Eñ laten die quade ene v. J. Ende laten. | 1450. V. Want als d. W. seghet te w. H. alse d. W. seit. B. seid. J. alse die wel secht te w. | 1451. B. Hi maget vor goede dach vort tellen. V. Hi mach voer Gode doch vertellen. H. voer gode d. t. J. Hi vor Gode .I. dach v. t. (mach *ontbr.*). | 1452. H. De hem. | 1453. V.J. Minnet. | 1454. V. Also als f. d. J. Ghelijc als f. d. | 1455. H. de valc. | 1456. H. maniren. V.J. an sijn. | 1457. H. Also alst. J. Also alst. (die *ontbr.*). *Allen* besceden. | 1458. V. Des luttel behort. H. Des luttel behoert. B. behort. | 1459. H. Want tis cont. B. cond gnoch. V. ghenouch. | 1460. H. De si toenen ende str. B. toenên eñ str. V.J. houden ende str. | 1461. B. Eñ ropen. H. Eñ rupen. V. Eñ daer na roepen. J. Ende daer roepen. | 1462. B. Bedie latix. H.V. latix. J. laet ix. | 1463. V. wil ic .II. manieren. H. twierande maniren. B. twerande. J. twierh.

Van den valke u visieren.

1465 Alse die onedele valke bestaet

Den heigher / eñ hine neder slaet /

Laet die heigher enen ael uut varen.

Donedele valke ghegrijpt dien tsvaren /

Eñ laet den heigher henen blieghen:

1470 Dus so laet hi hem bedzieghen;

Maer edele valke doet des niet.

Als hi sulke scalcheit siet /

So doet hi te meerre pine

Den heigher / om die scalcheit sine /

1475 Eñ latene niet ontgaen /

Eer hi den heigher heeft ghevaen.

Donedele valke / dat verstaet /

Bediet des heeren onedele daet /

Alse hi wetlike heeft verstaen /

1480 Dat sine liede hebben misdaen /

Laet hise quite omme ghelt:

Dus wert hi van der eeren ghevelt;

Vs. 1464. H.J. iv (sic) fisiren. B. viseren. | 1465. V. Als die onhedel (de h is er opzettelijk als verbetering door de zelfde hand bijgedaen). H. Als d. o. valc b. | 1466. B. hine ter neder sl. H. Den reyger. J. reygher. | 1467. B. eiger. H. die reyger e. ael varen. V. die heighere e. hael ute varen. J. reygher. | 1468. B. Don edele v. gegriept. H. De oneedel valc grijpt den ael tw. V. Donhedel v. grijp dien te w. J. grijpt d. te w. | 1469. B. eiger. H. reyger bene vl. V. die heigher bene vl. J. reygher. | 1470. V. Aldus laet hi. | 1471. V. Maer die ed. valke ne doet. J. Maer edele valken doen. | 1472. H. Eñ als hi s. scalcheyt. B. selke. J. Maer alse hi die scalcheit seit (?). | 1473. H. te mere. B. die merre. V. die meere. J. die merer. | 1474. H. reygher om die scalcheyt. V. Hoe den heigher die scalcheit scine. J. reygher omme. | 1475. V. Ende ne latene niet. H. Eñ laten niet. | 1476. B. den eiger heft. H. reygher. J. Daer hi d. reygher. | 1477. V. Donhedel. H. De oneedel. | 1478. H. onedel. V. onhedel. J. der heren onedele staet. | 1479. H.V.J. Als hi wettelike. Voorts J. heeft. | 1480. H. lude h. misd. J. lieden. | 1481. H. So heeft bise q. om gelt. V. So laet hise. J. So laet hise qu. omme tghelt. B. So ontbr., hetgeen ik volgde. De zin is : Indien hij ze vrij spreekt. | 1482. V. wort hi. H. eren. B. eren bevelt. J. wart hi vander ere gh.

Want tonedele quade goet
Vor trecht hi mint in sinen moet.

1485 Maer dit ne doet niet dedele balie:
Hi slaet / hi vaet / hi velt die scalke /
Eñ doet elken na die wet /
Die int lantscap eg ghefet.

.F. gaet ute; nu hoozt mee:

1490 Maer eer ic dichte van der .G. /
Hoozt der edelre boghele pine /
Hare evel eñ hare medecine.

Cholomeug / dang gheen ghilen /
Hieten alle die coninghe wilen /

1495 Die in Egypten bloeghen crone.
Een Cholomeug regneerde scone
In den tiden / wi lesen dug /
Dat Aquila ende Symmachug /
Eñ Theodocion meesterg waren

1500 In die werelt van groter maren.
Dese blie / bi sinen versoeke /
Die screven in enen boeke

Vs. 1483. B. don edele qu. g. V. tonreine qu. g. H. toneedel. J. Want hi tonreyne qu. g. | 1484. B. Treect hi eñ mind in s. moed. H. Trect hi voert eñ mint. V. Vor trecht minnet in s. m. J. Vort trect ende mint. | 1485. H. Mer dit doet niet de edel v. V. die edel. | 1486. V.J. Hi vaet, hi slaet, hi vellet (velt). | 1487. V.J. Ende doet. | 1488. V.J. in sijn lant sijn gh. H. is g. | 1489. H. nu hoert me. B. hort me. V. hort mee. J. wt nv hoert m. | 1490. B. Eeric meer dichte. V. Maer gheen dichte. J. Mar eric d. H. Eñ eer ic d. | 1491. B. Hort. H. Hoert — vogle. V. Hort dier. J. Hoert — voglen. | 1492. H. Haer evel, har m. V. ende hare m. B. medecine. | 1493. B. dans gene gile. H. dat nes gene gile. V.J. dit nes gh. (ghene) ghilen. | 1494. H. alle coninge bi wile. B. coninge wile. J. al die coninghen. | 1495. H. De in E. B. Egipten dragen. V. Egipten droughen. | 1496. H. Eñ Tbol. B. regnerde. | 1497. H.V. dien t. J. dien t. wi lesent dus. | 1498. B. Aquila Affimacus. V. Simachus. H eñ Simacus. J. ende Chimacus. | 1499. B.H. Theodocius. J. meesters waren hiere. | 1500. H. In der w. V.J. In die warelt van groten maren (groter maniere). | 1501. B.H. bi haren v. | 1502. B. Bescreven. (Die ontbreekt).

Der edele boghele medecine.

Also alset in den latine

1505 Van broeder Aelbrechte es bescreven /

Saelt u Jacob in dietsche voort gheven.

Die namen van cruden / diere in sijn /

Sal ic u gheven in latijn ;

Die kennisse / also alst is /

1510 Sal kennen elc apoticaris.

An den hovede / na dat wijt connen /

Selen wi leeren dit begonnen.

Wordde een boghel siec in boghen /

Men salne te ghenesene poghen

1515 Met fijnre olie van oliven /

Die menre in sal sachte driven ;

En men sal doen dicke bitte.

Wast hem oer int oghe twitte /

Men sal pulver van venkelsade

1520 En brouwen melc / dits dat ic rade /

Warmen / daer af comt hem bate.

Heeft hi bestopt die nesegate /

Vs. 1503. H. Der edele vogle. B. medecine. J. voglen. | 1504. V. Also als het in
latine. B.H. Also alst. | 1505. H. is besc. V. Aelbrecht is b. J. Alebr. | 1506. H. En
Jacob sal u nu voert g. B. Saelt u Jacob nu vort g. V. Saltu Jacob in dietsche vort g.
Ik vermoed dat er eens woord *stond.* J. Salt Jacob in dietsce vort gh. | 1507. B. dire
sijn (in *ontbr.*). V. Die name v. crude. H. Van namen van crude dier in sijn. J. van
crude diere. | 1508. B. Salijc u g. V. Sal ic u scriven. J. Salic iv nomen. | 1509. H. Die
kennis also alst es. V.J. In kennessen (Die kennesse) also alst waer is. B. Die kin-
nesse. | 1510. B. Sal kinnen. H. apotecares. | 1511. H.J. hoefde dat wijt connen.
V. conne. | 1512. H.J. Sullen wi leren. V. Sullen. B. dat b. | 1513. B. Es een v.
V.J. Wort een v. H. siec in in die ogen (*sic*). | 1515. H. Mit f. olye. | 1516. B. Di-
menre. H. Diemer. V. Die mer in sal sochte wriven. J. Diemer hem bi sal ute
driven. | 1517. B.V. dicken. | 1518. B. in dogen dwitte. J. in doghen. | 1519. V. Nem
pulver van v. s. H. venkoelsade. B. venkelsaede. J. Met pulvere van venecolen s. |
1520. H.V. dats. J. doe dat ic rade. | 1521. V.J. Warem daer of. H. Wermen d. af
coemt. | 1522. B. Heft. H. gestopt de n. V. Hevet bi bestopt de nose gate. J. nuseg.

Staffsagria / eñ peper daer toe /

Maer te pulvere / eñ te gadze doe /

1525 Eñ blaeft hem / achtune wilt ghenefen /

Met ere pipen in der nefen /

Eñ wzijf hem fijn roeft daer na

Met pulvere van ftafifagria.

Heeft hi reume int hovet mede /

1530 Doe hem / datg die benderhede /

Rute omtrent die nefegate /

Eñ fijn aeg nette / datg fine bate /

In ruten fape / dat hi fal eten.

Noch ene bate faltu weten :

1535 Neem oec loor gheftampt in wine ;

Doet hem in die nefegate fine /

Eñ settene daert eg fonder lecht /

Eñ latene enen dach vaften echt.

Heeft hi pippeide / hooz hier na /

1540 Neem pulver van ftafifagria /

Eñ dat met honeghe wel gemanc ;

Vs. 1524. B. Mac. H. te pulver eñ tegader d. V. Mac pulver en te gader d. J. Met pulvere ende te gadere dit doe. | 1525. B. blast. V. blaest hem in, wiltune g. H. bl. hem oftune wilt. J. blast hem wiltune gh. | 1526. H. Mit; *voorts met* B.V. ere. J. erer p. | 1527. H. sine roest daer mede (*sic*). J. sijn roest *ontbr.* | 1528. H. Mit pulver. V. pulver. | 1529. B. Heft hi. V. Hevet reume. H.J. reyma (rume) int hoeft. *De schrijver van* B. *had eerst* rui *geschreven, wat hij doorhaelde; boven* reume *heeft een andere oude hand de glossa :* i. e. gebreke *geplaetst.* | 1530. H.J. de (die) behendichede. V. bendichede.| 1531. V. nese gate. J. omme trent d. nueseg.| 1532. V.J. Sijn aes netter (nette) mede dats s. bate. | 1533. V. sapen. | 1534. V. sultu. J. suldi. | 1535. H. Nim oecloec. V.J. Neemt oec looc g. met w. B. loech. | 1536 B. Eñ doet. H. Eñ doet in die nesegate s. (hem *ontbr.*). V.J. Doet in die nese gate. (nuesegate.) s. *Het voornw.* hem *ontbreekt dus ook bij dezen en, trouwens, noch de zin noch de maet hebben het noodig.* | 1537. H. Eñ setten daert is. J. daer es.| 1538. H. Eñ laten. | 1539. H. Heefthi pipeide hoerter na. V. pupeide hort hir na. B. Heft hi pipp. hor hir na. J. lippeide hort. | 1540. V.H. Nem. J. Neemt pulvere. | 1541 .H. mit olien wel g. V. Dat met honighe wel g. (Eñ *ontbr.*). B. wel *ontbr.* J. Ende met h.

Wrijf hem sine tonghe / dats die ganc /

Eñ gheef hem botere tetene dan;

Eñ ghenefet hi niet daer an /

1545 Witte colen sal men broghen :

Cpulver sal sine macht toghen.

Roept hi oec te vele int huus /

So neem ene bledermuus /

Eñ stamp peper daer inne;

1550 Van ase : hi swighet ten beghinne.

Vint men der bledermuus oec niet /

So eest best dat men besiet

Om els eneghen voghel van;

Want daer en es gheen verlies an;

1555 Eñ menre ghemalen peper in doe :

Het salre lichte helpen toe.

Die vele roept / men wille kinnen /

Dat hi eier hevet binnen;

Gheneest hi qualike / du salt hem gheven

1560 Tetene muse die leven /

Ofte eens honts welpekin eerct siet.

Vs. 1542. H. Wrijf sijn ogen. V.J. Eñ (Ende) wr. s. tonghe dits te (die) ganc. | 1543. B. Eñ gef hem. H. Eñ gef hem botre. V.J. Ende ghef h. botre (boetre) eten d. | 1544. B. genest bi. J. hi niet dan. | 1546. H. Et pulver. V.J. Dat p. | 1548. H.V.J. So nem. B.V. vledermus. | 1549. V.J. Eñ ghestampt p. | 1550. V. Dat aset hi swighet. H. Dan alsi singet (sic, eerder dan suiget). B. Dan alse hi swiget. J. Dat ase hi sw. | 1551. B. Vind men der vledermus. V. Vintmen die vledermus. J. die. | 1552. V. So ist best dat men dan siet. H. So eist b. B. So eest recht. J. So es beste datm. siet. | 1553. H. Om anders enen v. d. J. Omme el enich voghelkijn d. | 1554. H. Waer (w', sic) daer nes g. V.J. Ten minsten daer nes (daers) gh. | 1555. H. Eñ mer gemalen p. V. Eñ men gh. J. Ende mer gh. | 1556. H. Et salre. V. Het sal lichte h. t. J. Esser lichte eppen daer toe. | 1557. H. De vele r. m. wil dat k. B. roep. V. men wille dat k. J. roepen men wil dat k. | 1558. H. eyer heeft. V. eyer hevet. J. Datsi eyeren hevet. | 1559. H. qualic du salten. V.J. du sout. B. genest hi. | 1560. J. musen. | 1561. V. lof eens h. welpkin eer het s. H. Of eens honds welpen. B. honds. J. Of .I. honts welpin herts siet.

Ofte hi sijn aes te werpene pliet

Dicke / so seghet dit ghedichte :

Neem een vierendeel hellincs ghewichte

1565 Scamonien / en daer toe comijn :

Moet oec also vele sijn.

Dat sal men pulveren en minghen /

En daer mede sijn aes bespzinghen.

Sijn aes moet sijn het swinen vleesch.

1570 Maecstu van hellinc wichte den eesch /

Apoticarise selen bi wel

Dat rechte wisen sonder fel.

Mach hi oec niet eten bitte /

So neem van enen eie twitte ;

1575 Werp dat pulver daer ter stede

Van in sinen bec daer mede.

Noch wees ere saken vzoet /

Die ter selver dinc es goet :

Maer hem eiere met melke van gheite ;

1580 Gheefse hem eten / doe dat ic bi heitc /

Alsi op thier gheronnen sijn :

Vs. 1562. V. Iof hi. H. Of hi sijns aes. J. Of — worpene. | 1563. B. Dicken so se-
get tgedichte. V. Dicken. J. so *ontbr.* | 1564. H.Nem (*van de eerste hand* neen)
een virendeel hellinx g. V. Neemt een vierendel allincs g. B. virendeel. J. Nemt —
hallinx. | 1565. V. Scanonia ende daer toe c. J. Scamonia. | 1567. H. Dat selmen p.
B.V.J. salmen. | 1569. H. vers sw. vleys. V. swinin vleisch. B. vlesch. | 1570. B. Eñ
maec van allinc. H. En maect van hellinc dien wichten eyschs. V. allinc. J. Maexstu
van .ɸ. ghew. *De doorstreepte* .O. *is de verkorting van obolus, het hier bedoelde
gewigtje.* | 1571. H.V. Apotecarise sullen. J. Apotecaren sullen. | 1573. V.J. Ne
mach hi. | 1574. H. So nem v. den eye tw. V.J. Nem enen eye dat w. (So *ontbr.*).
B. So nem — dwitte. | 1575. B. Werpt. V. Werp hem dat p. | J. Werpt op tpulv. |
1576. J. der mede. ǀ 1577. B.H.V. ere. J. erer saken. *Allen* wes, *gelijk elders* gef,
nem, *enz.* | 1578. H.J. ding is (es). | 1579. H. eyer mit m. v. geten. V. eyer met
m. v. geete. B. eiere van melke. J. eyeren met melc v. gheten. | 1580 B. Gef hem
e. d. datic di h. V.J. Ghefse h. e. doe dat ic heete (heten). H. Geeffem eten, doet dat
ic bete. | 1581. V. up tvier gh. zijn. H. opt vier. J. op tfier.

Hi wert ghesont van ende fijn;

Den havic en sinen gheslachte

Helpt dit herde wel met machte.

1585 Beghinnet hem muten lusten /

Doene van alre pinen rusten /

En gheef hem aes ghenoech /

Alle weghen na sijn ghevoech :

Alse dicke als hi heeft brecke /

1590 Also dicke sekerleke

Faelgiert hi in die vederen mede :

Dits der naturen heimelichede.

Groene soden onder sine voete

Sijn hem nutte te siere boete ;

1595 En daer die sonne scinet heet /

Eest dat hem best te stane steet.

Heeft hi den rede / hore hier na :

Int sap van artimesia /

Dat wanic dat bivoet si /

1600 Net hem sijn aes / en noch daer bi

Moeter binnen aes wesen toe :

Vs. 1582. H. wert dan gesont en. B. gesond en. V.J. wort g. (gh.) dan ende f. | 1583. B.V. havec. H. havic en sine g. | 1584. V. Helpet. H. Helpt dit welc mit machte (sic; herde of harde ontbr., en welc moest gewis melc zijn). J. Helpt bi w. met crachte. | 1585. H. nutten. V. Begh. hem oec nutten l. J. Beghint hem oec nuttens l. | 1586. B. Done. | 1587. B. gnoech. V. ghenouch. Allen Gef of Ghef. J. Ghevet hem (En ontbr.). | 1588. B Allen wegen. J. weghe. | 1589. B. Also dicken alse hi hevet br. V. Also dicken als hi hevet br. J. hevet. | 1590. B. dicken. H. Also d. sekerlike. V. Alse dicken. J. Also. | 1591. H.V. vedren. J. Felgiert—vedren. | 1592. J. hemelijchede. | 1593. B. sade. V. saden onder voete. H.J. soden (saden) onder die voete. | 1594. B. te sire bote. V. tsire. H. te sire. | 1596. H.V. Eist (Ist) best dat hem te st. st. J. Es best dat hem te st. st. | 1597. B. Heft hi. H. den rede oec hier na. V. Hevet hi d. rede so hoer h. na. J. hort. | 1598. J. Nem tsap. | 1599. B. bevoet. | 1600. V. Ghef hem. H. Gif hem dien en n. d. bi. J. Ghef — ende noech. | 1601. B.V. Moet binnen (hinuijn) aes w. daer toe. V. hennin. J. M[oet] enmin aes wesen daer toe. Sic; de haekjes neem ik mede uit J. over. Op den kant staet een teeken van ondervraging.

Vierwarf ofte vive dit doe;

Ofte doe dit over een :

Bint hem vaste dat rechter been;

1605 In die middel saltu sien

Ene adre/ ende mettien

So saltune wiselike laten :

Dat sal hem comen te baten.

Hier bi machstu kinnen mede/

1610 Ofte een voghel hevet ben rede :

So welctijt so hanghen dien voghele

Sijn hooft eñ sine vloghele/

Eñ hi bevet/ eñ hi toghet

In plumen ofte hi cout ghedoghet/

1615 Eñ hi wel naer aset niet/

Eñ hi ghierelike daer ave siet/

Eñ hijt qualike in mach bzinghen :

Bi aldusdanen dinghen

Mach men sien/ diere ware toe ghevet/

1620 Ofte hi enen rede hevet.

Vs. 1602. V. of vive. J. .IIII. waerf ofte .V. | 1603. V.J. Iof. H. Of doe ditte. |
1604. B. Bind; *voorts* rechte. V. dit rechter b. | 1605. H.V. In die middel (middle)
dat been saltu (sultu) sien. B. In die middelt van den bene. *Ik wierp de inschuifsels
dat been en* van den bene *uit.* J. Anden middel dat been soutstu s. | 1606. V. ader.
H. eñ mittien. | 1607. V. Die saltu. H. wijslike. J. Die soutstu. | 1608. H. Dus salhi
comen te baten. V.J. Eñ (Ende) dat sal hem. B. Dos sal hem comen bate. | 1609. B. Hir
bi. V.J. machtu kennen. | 1610. V. Iof den voghel heeft den rede. H. Of die vogel
heeft. J. Of — hevet. | 1611. H. Welctijt so hanghen die vlogle (*sic*). V. wiltijt. J.B. So
w. (welc tijt) so h. den v. (vogle). | 1612. V. eñ sijn vlogle. H. vlogle. J. hovet ende. |
1613. V. Ende hijt bevet eñ hij dan toghet. J. Ende hi beseft ende bi dan t. B. eñ toget
(bi *ontbr.*). | 1614. H. In plumen heeft hi coude g. V.J. of hi. B. coud. | 1615. H. asic
niet (*sic*). V. haset niet. J. na. | 1616. H. girichlike daer an s. V. Iof ghierlike der
ane sciet. B. gierenliken; *voorts* ane of ave *onzeker.* J. Of ghire ghelike daer an siet. |
1618. B. aldos danen. V. aldustanighen. H. aldus dane. J. al dustanen. | 1619. H. dier
waertoe g. V. waer. J. diere ware heeft (*sic*). | 1620. H. Of hi. V. Dat bi enen. J. Dat
bi enen r. heeft.

I

Dan help hem/ alfo alfe die raet

Hier boben befcreben ftaet.

Eñ ofte hem feere dozft/ doe dus:

Neem pulver ban colen lebifticus/

1625 Dats fijn toename in latijn;

Anijs ftelen felenre toe fijn/

Eñ benkel ftelen; ftet dit in wine.

Oec effer nutte toe te fine/

Alft es ghefoben recht ghenoech/

1630 Een lepel bol honichs in gheboech.

Dit fal men wel colen ban.

Gheef hem dit dzinken; of hi ne can/

So falment hem in den bec ghieten.

Of doe hem eens baghes ghenieten

1635 Aes met honighe beftreken.

Des naeften baghes binder weken

Beftrijc fijn aes/ hoe foet gaet/

Met ere olien/ heet rofaet.

Vs. 1621. H.V. helpt hem also als. B. helt hem, *waer de p uitgevallen is en men
aen geen* heelt *denken mag.* J. helpt hem also alst d. r. | 1622. H. Hijr boven. B. Hir.
V. gescreven. J. Die hier te voren bescr. st. | 1623. V. Iof h. sere dorst so doe dus
(Eñ *ontbr., als mede in* H.). J. Of hem sere derst so doe hem dus. | 1624. B.H.V. Nem;
voorts V. lemsticus. J. So nem p. van colen leviticus. | 1625. J. sine toe name. |
1626. V. Anijs scalen sulre. H. selre. J. sulre. | 1627. V. venckel scale. H. vencoel
stele; s. d. in wijn. B. stele. J. Ende venecoel stelen. | 1628. B. escer. V. nutte mede
te sine. H. te sijn. J. Oec eister n. mede te s. | 1629. H. is ges. V. ghenouch. B. gnoech.
| 1630. B. lepen vol honechs. V. vol *ontbr.; voorts* int ghevouch. J. *In het afschrift
van den heer Jkblt is deze regel, bij het aenvangen eener nieuwe bladzijde, over-
geslagen, zonder aenmerking op den kant; hetgeen hij anders nooyt vergeet,
wanneer het origineel gebrekhig is.* | 1631. V. salmen over een coelen d. B. coelen.
J. salmen over een coelen doen dan. | 1632. B. ofte hine. H J. hine. *Allen hebben* Gef *of*
Ghef. | 1633. H. So selment inden b. g. V J. So salment inden becke g. (gh.). *In alle
drie ontbr.* hem. | 1634. B. Oft. H. eens daechs gemeten (*sic*). J. .I. sdaghes (*sic*). |
1635. H. mit. B.J. honeg(h)e. | 1636. B. Des naest; dages *welligt te lezen:* naesls?
V.J. Des nachts (naest) daghes daer na inder (in die) w. H. inder w. | 1637. H. Bestrijct s.
aes, hoe dat g. V. hoe so het g. J. Bestryct. | 1638. V. ere olie hetel. H. ere oli eñ heet.

Es hi oec fiec an der gallen /

1640 So befpers ſhn aes met allen

Met pulvere van wilghe blomen.

Alſe die bloghele hanghen hem ſomen /

So neem danne ganſebloet /

Eñ ſmout van ganſen eſſer toe goet /

1645 Eñ ſalve ſine bloghele ſaen /

Eñ latene ter ſonnen ſtaen /

Eñ gheef hem tetene van ganſen bet.

Hoze nog een ander / eñ bet :

Neem olie die hetet laurhn /

1650 Eñ dwa eerſt die bloghele ſhn /

Eñ onder die bloghele ſaltu mede

Sine aſſelen ſalven wel ter ſtede.

Echt neem galle van den ſwine /

Eñ ſalver mede die bloghe ſine /

1655 Eñ gheef hem aes mede ghemeene

Ghenet in ſape van verbeene /

Oft in ſape van ſaelghen crube.

Vs. 1639. V. vander g., *en zoo mede* H., *waer verder* hi en de e *van siec van later hand sijn.* J. vander galle. | 1640. V. bespaers. H. mit. J. bespaers—met alle. | 1641. B. Met bladen v. wilge bomen. H. Mit blade v. wilgebome. J. wulghebl. | 1642. B. die vogele. H. die vogle hem hangen some. V.J. Als hem d. vlogle (vloghelen) bang(h)en hem somen. | 1643. B.J. Soe (so) nem dan gans bloet. H. So nem dan. V. nem. | 1644. B. eser. | 1645. B. vlogels. | 1646. H. Eñ laten. | 1647. V.J. Eñ (Ende) ghef hem vleesch van g. v. B. van ganse vet. *Voorts gef, als mede* H. | 1648. H. Hoor noch meer een ander eñ b. B.V. noch ene (een) andre wet. J. meer ander ende b. | 1649. B.J. Nem. H. neem oly die heet l. V. Nem. | 1650. V. Dwa teerst die vlogle s. (Eñ *ontbr.*). H. dua teerst de vlogle sijn. B. de vlogele. J. teerst die vloghelen. | 1651. B. Eñ sonder. V. die vlogle sultu m. H. die vlogle salture m. J. vloghelen. | 1652. H. Sine occelen. J. assele salven ter selver st. | 1653. V. zwine; *voorts allen* nem. J. nem van gallen swine. | 1654. J. vloghele. | 1655. V.J. ghef h. zijn aes m. g. (ghemene). B.H. gef—gemene: verbene. *Op dit woord staet in* B. *de glossa* : ysere. | 1656. B. Metten sape. H. Inden sape. V. Ghevet, *sic, wat ik verbeterde.* | 1657. H. Of inden s. v. sailge. V.J. Iof in sape v. salegen (saelien) B. v. saelge cr.

Heeft hi an die bloghele rube /

Neem tcruut dat gheheten is

1660 In latijn hedera terrestris ;

Sijn dietsch daer af / als ict weet /

Es dat men gondrabe of brefene heet.

Siet dat in watere / eñ die blade

Omtrent sine bloghele begade /

1665 Daer si siere siden ghenaken.

Sijn aes dat saltu nat maken

Int water / daer tcruut in stoet :

Dit es oec den boeten goet.

Eten sine bloghele die zieren /

1670 So behoutene in derre manieren :

Gheef hem burs bleesch nat in apsine /

Eñ bestrijc die vederen sine

Met warmen apsine / des gome /

Eñ met olien ban lauwerbome /

1675 Eñ dit doe menech werf.

Vs. 1658. V. Hevet hi an d. vlogle. H. vlogle. J. andie. | 1659. V.J. Nem. B.H. Neemt cruut d. g. es (is). | 1660. B. edera, *met de glossa* : wedewinde. H. dera (*sic*) terr. J. edria. V. terristris. | 1661. B. Sijn vleesch (*sic; voor vlaemsch? eerder voor dietsch*). H. Sijn duutsch. J. Es in dietsch, als ict w. V. daer of. | 1662. V. datment. H. of droesen. J. Datmen gandaen (*sic*) of alsene h. | 1663. H. in water entie bl. V. watre entie blade. J. watre ende die bl. | 1664. H.V. vlogle. J. Omme trent. | 1665. V.J. Daer si der siden. B. sire. | 1666. V. Sijn aes so soutu. J. Syn aes soutu. H. saltu heet m. | 1667. V.J. In dat w. daert cr. (daer tcr.) in soot. H. daert tcruut in soet. B. in stoet. | 1668. V.J. Dit selve is oec d. v. (ten v.) noot. H. Dit water is oec. | 1669. H. vlogle die (de) sieren. J. vloghelen d. sieren. | 1670. V. behouten indeser m. B. behouttene in d. maren (*sic*). H. in dire maniren. J. inder m. | 1671. H. Gef hem bocx vleis n. in asine. V. Ghef hem buxs vleesch. Nat in asine. Eñ bestrijc, enz. *De stip achter vleesch en de groote N van Nat staen in 't HS., waer dus Nat een imperativus is.* J. Ghef h. bux vl. nat in asine. | 1672. B. bestric. H. de vedren. V. vedren. J. Ende bestriker mede d. vedren s. | 1673. H. In w. asine. V. aisine, dies gome. J. waermen aisine, dies g. | 1674. H. Eñ mit oli. V. olie van lauers b. B. lauwer b. J. v. lawers bome. | 1675. V. Eñ dit soe doe menich w. B. m. werf. J. dit so doe m. waerf.

𝔅𝔯eect hem bedꝛe/ die hem bederf

𝔇at mense uut doe/ so doe datte :

𝔑eem dat bloet ban ere ratte/

𝔈ñ bestrijc der bedꝛen staet :

1680 𝔖onder pine si dan uut gaet;

𝔈ñ siet honich/ dat radicke/

𝔈ñ alse dat wert serre dicke/

𝔑eem een roedekijn ban selker mate/

𝔇at die grote si van den gate

1685 𝔇aer die bedere in was gestaen/

𝔈ñ doere in thonich mede saen:

𝔇aer sal coꝛtelike wedꝛe

𝔚assen ene niewe bedꝛe.

    𝔈ş hem scinkel of vloghel ontwee/

1690 𝔖o neem warem aloë/

𝔈ñ bint daer op/ dat bliben mach

𝔈nen nacht eñ enen dach.

𝔈cht hanen bꝛec in apsine ghesoden

𝔈ş daer op goet te haren noden.

1695   𝔈ş een voghel ongheroe

Vs. 1676. B. Gebreect — bedarf. V. Breict h. v. eñ dat b. H. Brect. J. ende dat ver-daerf. | 1677. V.J. Dattu sochte huut (vte) doen wilt datte. H. ute doe. | 1678. V. Nem — ere. H.B. ere. J. Nem d. bl. vander r. | 1679. V. Eñ b. die vedren st. J. Ende. | 1680. J. pine so dan. *Deze regel met den voorgaenden ontbreken in B. en H.* | 1681. V. Ende. B. honech. J. Ende siet honech met radicke. | 1682. H. als dat ware sere. J.V. Als (Alid *sic*; V. Eñ *ontbr. in beide*) dat wort sere. B. sere. | 1683. V.J. Nem dan een r. v. sulker. B. rodekijn. H. Nem een roedeken v. sulker. | 1684. B. groette. H. Dattie. V.J. Na die gr. van den g. (si *ontbr.*). | 1685. H.V.J. vedre. | 1686. H. Eñ dore in th. J.V. in honich. | 1687. V.J. wedere : vedre (vedere). | 1688. V. een. H. ene andre. | 1689. B. Ofte vl. ontwe. H. Of hem scinkel of vloegel is ontvee. J. ontwe. | 1690. B.H. nem water aloe. J. nem. | 1691. H. Men binder op. V.J. Eñ (Ende) binter op. B. bind daer op. | 1692. B. eñ eñ dach (*sic*). J. Een n. ende enen d. | 1693. B. Eecht. V. Echt anen dr. in edec gh. H. gesoeden. J. Echter b. dr. in adec. gh. | 1694. H. Is daer op goet in noeden. V.J. goet in noden. | 1695. H. Is een voegel. B. ongeroet.

Opt rec ofte op die hant / daer toe
Siet merre in watere / eñ daer mede
So bestrijc sine lede /
Eñ uten watere neghen warf
1700 Asene alse hijs bedarf.

Heeft hi tevel dat heet rampe /
Ic waent in dietsch es die crampe /
In artimesia / dat bivoet heet /
Saltu netten sijn aes ghereet.
1705 In lams bloet warem net sine voete /
Dit es oec ene andre voete ;
Oft du salt nemen warmen wijn /
Daer netelen in ghesoden sijn /
Eñ daer mede sine voete dwaen /
1710 Eñ daer ute sijn aes ontfaen.

Eest dat hi smelten niet en can /
Eens hanen galle gheeft hem dan
Of witte slecken ghesoden teten.
Smelt hi te seere / du selt weten
1715 Hoe dat hi te stelpene si :

Vs. 1696. H. of op de hant (op *is er later bijgevoegd*). J. Op trec of. | 1697. B. Sied.
H. watre. V. wat'. J. Siede mirre in watre ende der m. | 1698. V. So bestrijcse sine
l. H. bestrijct. J. bestrike. | 1699. J. Ende vte dien watre n. waerf. | 1700. J. Assene
als hem bedaerf. V. Aessene als hijs. B.H. Also dicken (dicke) alse (als) hem bedarf.
| 1701. V. Hevet hi t. d. h. rampa. H. heefthi teevel. B. Heft hi devel. | 1702. V. in
duutsche es die crampa (*sic*). H. in duutsche is crampe. B. heet die cr. | 1703. H arc-
miesien d. is heet. B. artumesia dat es heet. | 1704. V. Sultu sijn aes netten gh.
J. Soutu sijn aes sieden gh. | 1705. B. lamps bl. H.V. l. bl. warm net (wrijf) s. v.
J. lams bloede warem wrijf s. v. | 1706. V. een ander. H. is. | 1707. V. Iof du seut
(*sic*). J. Iof du suls n. warem w. H. Of ghi sult. | 1708. J. nettelen. | 1709. V. Ende
d. mede. J. voeten. | 1710. V.J. Eñ (Ende) uten watre s. aes. | 1711. H.V.J. Eist —
niet ne can. | 1712. B.H. gef. V. ghef. J. gheeft. | 1713. B.H. Eñ w. slecken geso-
den (gesoeden) geten. J. Iof w. sl. gh. gheten. V. Iof. | 1714. H. te sere du salt w.
V. te sere so sultu w. J. te sere soutu w. B. sere. | 1715. H. te stempene. V. te stop-
pene. J. te stoppen.

Een lettel saeps van iusquiami

Gheef hem drinken / eñ netter al

Sijn aes in dat hi eten sal.

Heeft hi luse / so neem van

1720 Van alsenen sap / eñ nochtan

Water / daer men in siet dit ;

Eñ als hi ter sonnen sit /

Bespzoyene eñ makene nat /

Vozwaer hem sal helpen dat.

1725   Dits der voghele medicine

Ieghen mesquame eñ pine /

Den latine ghelijc wel na /

Also alst wilen Aquila /

Symmachus eñ Theodocion

1730 Screven den coninghe Tholomon.

   Jacob hi ne vants nemmee.

   Voozt hoozt voghele namen in .G.

Grifis / seit Jacob van Vitri /

Vs. 1716. H. Een luttel s. v. Insqani, *met eene onduidelijke i later boven de q bij-geschreven.* V. Luttel s. v. misquami (*sic* ; *Een ontbr.*). J. Een *ontbr.* ; *voorts de-zelfde* i *boven de* q *geplaetst als in* H., *maer van de eerste hand* (?). | 1717. V. nat-ter. J. Gheeft h. dr. ende netter in al. *De andere :* Ghef *of* Gef. | 1718. B. dat hi drinken sal. J. in *ontbr., omdat het reeds in den voorg. regel stond.* V. in *ontbr. op beide plaetsen.* | 1719. V. Hevet h. l. so nem. B.J. nem. H. nim. | 1720. B. Van halsenen saep. V. Van alsene sap *iof* n. J. sape *of* n. | 1721. H. Ditte. | 1722. H. sitte. | 1723. H. Bespoeyen (*sic*) eñ maken n. B. Bespoiene (*sic*). V. Bespoeiene (*sic*). J. Be-spuwene ende. | 1724. V. Over waer. J. Over waer sal hem h. d. | 1725. H. vogle. V. voglen. J. voghelen. | 1726. V. Ieghen messelike pine. H. misq. J. misselike. | 1727. V. Den l. ghedicht w. na. J. Den latene ghedicht w. na. | 1729. B. Simacus. H.V.J. Simachus. | 1730. H. Scr. entie coninc Th. B.V. den cö. Thelomon. J. den coning. | 1731. V. diene. G. diene vands nemme. B. hine vands nemme. H. nie mee. J. diene v. nemme. | 1732. G. Hort vort der vogle n. B. Vord hort vogelen. V. Hort vort voglen. H. Hoert voert namen (vogle *ontbr.*). J. Hort hier voghelen namen. | 1733. B. seid. G.V.J. seghet. H. seyt.

Dat een vresseler voghel si/

1735 So groot/ dat si ben man bestaen
Ghewapent/ eñ te doot slaen.
Hare clauwen sijn so groot/
Dat menre ute bzinct ter noot/
Alse ofte ute enen hozne ware.

1740 In Scythia/ des hozic mare/
Dats biden lande van Enbi/
Leest men dat selc voghel si.
In enen lande houden si daer/
Daer die toeganc es te swaer/

1745 Daer gout es eñ diere steene.
Menschen comen es daer cleene;
Want teerst dat si sien ben man/
Bestaen sine eñ bobene ban:
Alse ofte si waren ghemaert van Gode

1750 Der bzecheit tenen weberbode/
Alst wel waer oec mach wesen.
Daer woont een volc/ alse wijt lesen/

Vs. 1734. G. Dat deen vreesselec v. V. Dat het een vreesam v. H. een vreemt. B. een vremd. J. een vreseleec. | 1735. B. Soe groet. H. groet; *beide naer gewoonte.* | 1736. B. Gewapend. G.V.J. eñ. (J. Ende) sine verslaen. | 1737. B.G.H.V.J. clawen. | 1738. H.V. Datmer. J. Datmer wt dr. | 1739. G. oft. V. loft. H. hoerne. J. Als oft wt enen. | 1740. B. Insicia hordic m. G. In Sicia des horics m. V. In Sycia des horic m. H. In Lycia horic m. J. In Sitia dies horic m. | 1741. V J. Dat biden l. es v. E. H. Dat in den l. v. E. (es *ontbr.*). B. Dats in d. l. v. E. | 1742. G.H. Lesemen d. sulc. V. Leset men d. sulc. J. Lesemen datter sulke voglen si. | 1743. G. In een lant. J. houden si hem daer. | 1744. G. suaer. B. swar; *voorts* toe ganc. | 1745. B. Daer goud es eñ diere stene. H. Daer gout is-eñ dure stene. V.J. Dat gout ende die d. st. (stene). *In deze is* houden=bewaren; *in* B.H. *ist* verblijven. | 1746. B.V. clene. H. is daer ſgene. J. Smenscen. | 1747. B.H. tierst dat. G. teersten dat. | 1748. G. doedene. H. doden. | 1749. B. hi ware. G. of si. V.J. Als iof (of) si waren. H.J. Als of hi ware. | 1750. H. Dor vr. tetene J. Die wreetheit. *Allen* weder b., *verdeeld.* | 1751. B. oec *ontbr.* H. wal wareyt mach w. V. Als het w. waerheit m. w. J. Alset w. waerheit mach w. | 1752. B. woent. V. woent — als. H.J. woent — als wi l.

Met enen oghe / heet Arimaspi /

Jeghen die voghele vechten si

1755 Om die mirauden die si wachten /

Eñ winnense hem af met crachten.

Die miraude sijn vercozen

Boven allen andzen / alse wijt hozen.

Men vint dit staende / wilment soeken /

1760 In die glose van Moyses boeken.

Viervoete sijn dese vogle /

Eñ hebben ghemaect hooft eñ vlogle

Na den aer / maer meerre vele /

Dattet gaet al uten spele.

1765 Achter gheliken si den lyoene.

Voghele van desen doene

Seghet men datter menech si

In den berghe van Yperbozei.

Dat paert haten si eñ den man.

1770   Experimentatoz seit nochtan /

Dat hi gagates den steen

Vs. 1753. G Met eere oeghe eñ heeten. A. V. hetet Armaspi. J. dat heet. H. Mit —
Arismaspi. *Aenmerkelijk is dat van ouds op den ondersten kant van* B. *met een
potloot mede* Arismiaspi *aengeteekend staet.* | 1754. J. voglen. G. vogle, *gelijk im-
mer* H. *en* V. | 1755. B. Omdat die m. V. mieranden. J. Omme. | 1756. G. crachte.
H. winnen si h. af. mit cr. B. winēse (*sic*), *wat zoo wel* winnese *als* winense *zijn
kan.* J. of. | 1757. V. mieranden. | 1758. G. andren te voren. H.V.J. als wijt h. |
1759. G. Dit vintment staende wilm. B. wiltm. | 1760. G. Inde gloese. | 1761. B. die
vogele. G. Viervoette. V.J. Vier voete so sijn. *Voorts* J. voghele; V. vlogle, *doch
de eerste* l *is uitgeschrapt.* H. Viervoetich syn de v. | 1762. G. hoeftde eñ. B.H. hoeft.
J. Ende elken gh. hoeft ende vloghele. | 1763. B. aer eñ mērre (*sic*) vele. G. Naden
aren maer. V. *als* G; *voorts* mere so vele. H. aern eñ mere so vele. J. Naden aren
maer merer so vele. | 1764. G.V. Dat het. H. al uut den sp. | 1765. H. leione : done.
J. Echter—lioene. | 1766. B.H.V. Vogle. J. Voghelen. | 1767. G. dat menech. V. dat
harde menich. H. Segemen—mennich. J. Segghemen dat harde m. | 1768. G. Inden
berch. B.H. Biden b. v. Yperboli. J. Inde berghe v. Ip. V. Yperbori. | 1769. B. Tpard
haeten si. G. Dpaert h. si enten man. V. enten man. H. Et peert h. si enten man. |
1770. B. seid. G.V. seghet. H. seyt. | 1771. G. ghegates. J. gagates heeft d. st.

In finen nest legget al in een /
Eñ dat es wel te berstane /
Om eneghe bate tontfane :

1775 So ne eest van niet te rechte ontsaect /
God en heeft die steene ghemaect
Eñ hem ghegheven cracht mede
Om des menschen salechede.

Gracorendzioen die es

1780 Een voghel van Oost / des sijt ghewes /
Dien men siet ghetempert mede
Van utenemender suverheden :
Van al dat levet / dat men kinnet /
So eest een voghel die winnet

1785 Met minst te notene sijn bzoet.
Eens daghes int iaer / als men ghebzoet /
Noot hi om te winnene kinder :
Gheen dinc es van luxurien minder.
Scaembi mensche / waer so du gaes /

Vs. 1772. B.H. In sijn nest heft (heeft) al in een. G.V. leghet over een. J. In s. nest over een. | 1773. G.V. Eñ dats w. V. Ende dat es. J. Ende das es te v. (wel ontbr.). | 1774. B.V. tonfane. J. Omme. | 1775. G. eist dan niet rechte. V. eist dan niet recht. H. neist hem niet te recht. B. Soene eest hem. J. So eist dan met rechte ontfaet. | 1776. B. die stene. G. Got en hevet dien steen. V. God en hevet die steene. H. de stene. J. God heeft die st. | 1777. G. Eñ cracht ghegh. mede. J. Ende ghegh. (hem ontbr.). | 1778. J. Omme—salich. | 1779. G. Grachocendrion dat es. V. Gracocendrion. H. Gracotendrion. | 1780. B.H. van Oost, ontbr. G. Oest. V. van Oest sijts gew. J. Oest (des ontbr.). | 1781. B.G.V.J. Diemen. H. Die men. | 1782. B.H. wtnem. V. uutn. zuverh. J. wt nem. scoenhede. | 1783. G.J. datmen k. V. Van alt dat l. datmen k. H. Van dat levet als men k. J. alsmen k. | 1784. G.J. eist. V. est. H. eist—de winnet. | 1785. G. te ghenoetene. B. noetene. V. mijnst. H. Mit minste noten. | 1786. G. int jaer wiltmen sijn [vroet]. B. gebroet. J. Eens int iaer dats men vr. V. Eens int iaer daghes men vroet. H. als men vroet. | 1787. B.G. Noet hi. (Ghenoet hi) om te winne. V. winnen. H. winnene. J. Noet hi omme te winnen. | 1788. G. Negheen. V. Gheer (sic) dier en es. H. Geen vogel is v. luxurie m. J. Gheen dier. | 1789. V. So waer du g. J. so ontbr.

1790 Die redene eñ bescreet verstaes /
Du best altoes sonder bescreet
Ter onsuverheden ghereet /
Eñ ne cons gheene mate doen
Also alse gracotenbzioen;
1795 Maer du verteers dijn cranke bleesch
In der onsuverheden heesch /
Eñ haests di selven ter doot
In crancheiden eñ in qualen groot.

Gostrudis es een voghel cleine /
1800 Ghelijc der eerden gheplumet reine;
Op sijn hovet / als ict vernam /
Van plumen ghemaect een cam.
Si blieghen in der ghebaren
Op eñ neder alse zeebaren.
1805 Ghemeine liede maken ons bzoet /
Dat die pabbe hare eiere bzoet;
Eñ alse die tonghe comen ute algaber /

Vs. 1790. G. redene heves ende verstaes. | 1791. B. sonder besceed. G.V. bescheet. |
1792. G. Talre onsuverheit. V. There onsuverhede. H. onsuverhede. J. Terer onsu-
verheit bereet | 1793. B. Eñ coens gene. V.J. Ende ne connes gh. (ghene). H. Eñ
cons g. | 1794. H. Also als gracot. V.J. Also als. | 1795. B. din cr. H. Waer du—
vleisch. J. Mar du verteerstc. | 1796. H. In onsuverheden eisch. J. eesch. | 1797. G. Eñ
haestes di selven. V. Eñ aes di selven. B.H. Eñ haest u selven. J. Ende haestu s. |
1798. G.V. Met crancheit en in q. H. crancheden. J. Met crancheden ende met. |
1799. V. Gostrudus—clene. H. Gestrudas—clene. J. Grostrudis—clene. | 1800. B. er-
den geplumt. G. erden. V. aerden gh. aliene (*sic*). H. rene. J. der aerde gh. allene.
| 1801. G. Upt hoeft es hem, alsict. H. Opt hoeft eist als ic v. V. Up, *doch door later
bijvoeging van een* t : Upt hovet es hem, als ic v. J. Op thovet es hem als ict v. |
1803. G. Si vlieghen no min no mee te [waren]. V. Si vl. in den gh. B. Die vliegen.
H. Die vl. in dier geb. | 1804. G. Up eñ n. alse die zee b. B. ze b. V. Up eñ n. als
zeeb. J. als zeb. | 1805. G. Ghemeene. V. Ghemeen. H. Gemeenlike maken. J. Ghe-
mene lieden. | 1806. G. eyere. H. Datte p. har eyer. V. haer eyer. J. eyeren. |
1807. B. ioncge. G. ute comen. V. als d. i. uut c. H. als d. iongen c. wt alg. J. Ende
als d. ionghen wt comen alg.

Van eerst kinnense moeder eñ vader /

Om dat si hem gheliken dinken.

1810 Selke / die voze Gode stinken /

Slachten den gostruden wel :

Si sijn van herten so fel /

Sien si dat hare kindze keeren

Ter doghet eñ ter eeren Ons Heeren /

1815 So en doen si hem gheen goet;

Maer setten si haren moet

Ter riesheit eñ te quaden dinghen /

Eñ si oncuuscheit voozt bzinghen /

So dinct hem dan dat si hem slachten /

1820 So wilsi van der kinder achten /

Eñ hebbens glorie int herte :

Hare loon wert bewelike smerte.

Grus / dats in dietsch die crane.

Elcs iaers pleghet hi te bestane

Vs. 1808. B. ierst kinnensi. H. Dan alreest kennen si moder eñ v. G. Dan eerst voedse. *De d van voedse was eerst eene t, die met de zelfde pen tot eene d omge-haeld werd. De spraekkundige vrage zich waerom.* V. Dan alre eerst voetse. *Maer-lant schreef welligt* broetse; *zekerlijk niet gelijk* J. *heeft :* Dan alreerst vretse m. ende v. | 1810. G. Sulke. B. vor. H.V.J. Sulke d. vor. | 1811. B.H. gestr. V. godstru-den. J. grostruden. | 1812. B.H. so *ontbr.* | 1813. G.H. dat hem hare (har) kinder. J. kinder. V. dat haer kinder. *Voorts allen, behalve* G., keren. | 1814. V. enter heren Ons Heren. B.H. eren O. Heren. | 1815. G.H.V. Sone doen si. J. So ne. | 1817. B. rijcheid. H. rijcheyt oft ten q. d. G. eñ ten dullen d. V. enten dullen d. J. of ten dullen d. | 1818. G. ... onc. voert br. *Twee letters, niet meer (Eñ?) zijn vooraen weggeknipt. De gansche kolom is aldus verminkt.* B. on-cusheit vord. V.J. Ende onc. v. (vort). H. voert. | 1819. H. So dinchem datsi (dan) *ontbr. als mede in* B. *en* J.). | 1820. G. ... willen si. H.J. willen si. | 1821. B. heb-ben gelorie int therte. G. hebben gl. in hare herte. H. hebben gl. J. in hare h. | 1822. G. [Ha]er loon werd die eew. B. loen werd. V. Haer loon wort die ew. H. Har leen w. J. loen wort ew. sm. | 1823. G. Grus es. B. de cr. V. in dietsche de cr. H. in dutsce een cr. | 1824. H.V.J. Elx.

1825 Sine vaert van Oosten te Westen

Jeghen winter uut sinen nesten /

Eñ scept van sine scare

Alse oft ene lettere ware.

. Alst screppen hare werhvaert /

1830 Hebben si enen biese bewaert :

Alse hi roept / volghen si hem naer /

Eñ kennen sinen luut claer ;

Worde hi heesch / so comter mede

Een ander roepze in sine stede ;

1835 Eñ daer si beeten bi nachte /

Setten si hare sciltwachte /

So dat die tiende waken moet.

Die wachters houden in den voet

Een keselkijn ; oft hem wee doe

1840 Die vaer / dat hem die voet ondoe /

Eñ hem die kesel van ontvalle /

So roept hi dat sijt hozen alle.

Eñ alsi verre willen doen vlucht /

Vs. 1825. B. vard v. Oesten. G. van Oest ten W. H. v. Oesten ten W. V. Oesten.
J. Sine v. vaen (*sic*) Oest ten Weste. | 1826. G. ... ieghen w. ute s. n. *Voor* ieghen
heeft in dit HS. welligt nog Eñ *gestaen. In* V. *staet* : An ieghen w. ute sine n. H. op
sine n. J. Ende ieghen w. wt s. neste. | 1827. G. schept. | 1828. H. Als oft ene lettre.
V. Alst ene l. J. Alselt (?) ene lettre. | 1829. B. scepen h. w. vard. V. wech v. H. har
wechv. | 1830. B. beward. G. ... hebsi. V. So heb si. H. Dan hebben si ene die si ver-
waert. J. So hebben si. | 1831. G. roep, v. si naer. V.J. Alsi (Als hi) roept v. si naer.
H. Alsi r. | 1832. B. kinnen s. luud. G. ... kennen s. l. al claer. V.J. sijn luud al cl.
H. sijn l. claer. | 1833. G. ...d hi hees. V. Wort hi ees. H. Wordi hees so coemter.
B.hees. J. Wort hi heesch. | 1834. B.H. ropen. J. roepende. | 1835. H. beten. J. beten
bi na nachten (*sic?*). | 1836. G. ... eden si hare schiltwachte. V. Steden si h. scilt w.
B.H. scilt *ontbr.* | 1837. H. S[o] datte tiende. | 1838. G.V.J. in haren v. H. De w.
| 1839. J. keiselkijn of h. we doet. V. of h. wce doe (*sic; eerst* doet, *maer de* t *is
uitgeschrapt*). H. of hem we doet. B. doet. | 1840. G. ontdloe. H. De vaec—ondoet.
B.J. ondoet. | 1841. B. ontvallen. H. de k. d. ontfalle. V. Ende hem. J. Ende — ont-
falle. | 1842. H. roepthi. | 1843. V.J. Ende alsi verre doen willen vl.

So vlieghen si hoghe in die lucht /
1845 Om dat si verre willen sien
Dat lant daer si inne tien.

Experimentator seghet

Dat die crane te roepene pleghet /
Alse hi een nat swerc siet heffen :
1850 Hi wille dat alle dandre beseffen /
Eñ si haesten na sijn heeten.

Eñ alsi omme hare dinghe beeten /
Hare leidere staet in der hoede :
Alom siende alse die broede /
1855 So roept hi lude / siet hi den man /
Eñ warnet die andre dan.

Alsi van verren lande comen /
Heeft men dicke wel vernomen /
Dat si steene uutworpen van /

Vs. 1844. G. hoeghe inde l. B.J. So *ontbr.* | 1845. G.V.J. Om (Omme) dat si van verren sien. | 1846. B. land. G. daersi henen t. V. daersi hene t. H. Om tlant daer si. J. Tlant daer si hene t. | 1847. G.V.J. die seghet. | 1848. H. Datte crane te ro- pen. B. te ropene. | 1849. G. suerc. H. Als hi — suerc. V. Als hi — zwerec. J. Als. | 1850. G. [Upd]at alle, *of misschien* [So d]at. J. wil. | 1851. G.J. Eñ (Ende) si asen na sijn heeten (heten). V. Eñ si hasen na sijn eten. B. Eñ si hasten omme har eten. H. om har eten. | 1852. G. om erdinghe beeten. V. als hi om haer dingen beten. H. om har dinge beten. J. omme h. d. beten. | 1853. G. Hare leitsaghe (*sic, maer door een streepje op de eerste* t *tot* leitsaghe *verbeterd; voorts*) : staet in hoeden. V. Hare leetsaghe die staet in der hoede. H. Har leyder st. in der hoeden. *De les van* J. *getuigt van de vermetelheid eens omwerkers :*

Hare leit saghe staet als die vroede,
Alse te sien omme die vorhoede.

| 1854. G. Omme siende ghelijc den vroeden. *Met dit vers vangt in* G. *een veel meer cursief geschrift aen.* V. Omme siende als die vroede. H. Al omme te siene als die vroeden. | 1856. G. waernet die a. d. H. waernet dandre. B. dandre. V. waerscuwet die a. J. Ende bescut die a. d | 1857. G. landen. V. van verre lande. J. van andren l. | 1858. B. Heftmen dicken. V.J. So hevet men (heeft m.) dicke vern. | 1859. B. utw. G. ute w. H. uut werpen.

1860 Vaer men gout ute purgeren can;
Want alst verre selen vlieghen /
Weet men voz waer / sonder lieghen /
Vat si inswelghen sant eñ steene;
Eñ in hare voete somerh eene
1865 Hebsi kesele / datz haer sin /
Om swaer te sine int beghin /
Vat niet te veerderh / maer ghestabe
Haer vlieghen si bi lieber lade.
Vat si steene voeren in voeten
1870 Weten scipliede diese ghemoeten;
Want baer si over die scepe liden /
Eh ghesciet te meneghen tiden /
Vat sire so vele vallen lieten /
Vat sijs cume conden ghenieten.
1875 Vie gheruste helpt den moeden.
An die oude willic u bevzoeden :
Vie swarte hebben meest iaer.
Wi lesen bat over waer /
Vat men vinbet liede cleine /

Vs. 1860. B. goud. V.J. uut (wt) purgieren. | 1861. B. verren. G.H.V.J. sullen. |
1862. G.V. over waer. H. verwaer s. ligen. J. Weet wel al sonder l. | 1863. B. in
sw. sand eñ stene. G. in suelghen. V. in zwelgen. H. in sw. s. eñ stene J. in sw.
lant ende stene.|1864. J. voeten s. ene. B. somech gemene. V. somich eene. H. me-
nich ene. | 1865. G. hare. V. dits. H. Hebben si k. d. har s. B. har. J. Hebben si
keselen dits hare s. | 1866. G. Ombe suaer. H. swar. J. Omme sw. te wesene. |
1867. G. Eñ niet teverdech. B. werdech. V.vaerdich. H. verdich, mer g. V. vaerdich
mar bi stade. | 1868. G. Vlieghen si; dus vlien si scade (*Achter* Vlieghen si *staet in*
't HS. een punctum). V. Haer vl. si dus stade. H. Har vl. si mit goeder stade. J. Hare
vl. es dus ghest. B. Har. | 1869. B. stene voren int voeten. V. steenen. H. stene.
J. Omme datsi.|1870.B. scepl. G. scip l. H. sciplide de si g. J. scip l.| 1871. V. datsi—
lijden.|1872. G. someghen. V. menighen. | 1873. H. sier. G. siere. | 1874. B. come.
V. Datsijs c. conde gh. J. mochten gh. | 1875. G.V.J. helpen. | 1876. G. An doude.
V. wil ic u vroeden. J. iu vroeden. | 1877. G.H. suarte. V. zwarte. | 1879. B. vind.
G. vind l. cleene. V. lieden clene. H. vint lude clene. J. vint lieden clene.

1880 Die bi namen heeten Pigmeine /
  Die ieghen die cranen striden /
  Eñ pays hebben alst danen tiden.

    Sijn vleesch es hart eñ swaer;
  Bedi so raet men over waer /
1885 Dat best ware dat hi laghe
  In die somertijt twee daghe /
  Eñ in den winter daghe bri;
  Want aldus so morwet hi.

    Grutis / alse Plinius sprect /
1890 Es die ene langhe tonghe uut stect /
  Een voghel / eñ alse hi wert gheware /
  Dat die voghele met groter scare
  Ieghen den winter henen varen /
  Die swaelwen metten odevaren /
1895 So vlieghet hi dor gheselscap mede ;
  Maer alse hem die pijnlichede

Vs. 1880. G. Pigmeene. V. hieten Pigmeene. H. Bi n. h. Pigmene. (Die *ontbr.*). J. heten Pigmene. | 1881. H. De iegen. | 1882. B.G. pais. V. pais hebben als si ene t. H. Eñ si pais h. alsi dane t. J. Ende pais hebben si ghenen tiden. | 1883. G. Hare vleesch. B. hard eñ swar. V. zwaer. H. vleis is h. eñ suaer. J. swart ende swaer. | 1884. B. Bedie. G. Bedi raed men ons o. w. *De d van raedm. was eerst eene t. Zie vs.* 1806. H. Daer bi so rademen overw. J. so *ontbr.* | 1885. G. Datd b. w. dat si laghen. H. Dattet b. V. Dat het b. J. *liet dit vs. achter.* | 1886. G. Te somertijt tuee daghe. V. somer tijt. J. In den s. tijt. | 1887. G. Eñ te winter tide drie. V. Eñ in wintertijt daghen .III.. H. Ende in d. w. d. drie. B. drie. J. Ende inden winter tijt d. drie. | 1888. B. aldos—hic. G. morwen sie. V.J. muerwet hie. H. hie. | 1889. G. alse ons Pl. V.J. als ons Pl. spreict (spreect). | 1890. G. Es een voghel die ute steect. V. uusteict (*sic*). H. ene *ontbr.* B. uut treect. | 1891. G. Ene langhe tonghe eñ alse hi w. gh. V. Eñ als hi wort g. J. wort. | 1892. G. vogle m. groeter. V. vogle mit. H. Dattie vogle mit. J. voglen. | 1893. V.J. hene. | 1894. G. zualewen m. odenvare. H. swaluen mitten od. J. swalewen. | 1895. Fragm. A.V J. So vlieghet hi dur. (J. duer) gh. G. So vliecht hi dore. B.H. So vliegen si dor. | 1896. A.V. als hem d. piin. (pijnl.). H. Mer als hem. J. Mar als hem.

Van den blieghene gaet in hant /
Blivet hi achter in enech lant ;
Doch blieghet hi somwilen henen
1900 Met corten dachvaerden eñ met clenen /
So dattene die winter begaet /
Diene metten coude verslaet.

  Een ander voghel es dan aldus
In Asia / heetet Cycramus /
1905 Die al boze mede vaert /
Eñ trecter enech achterwaert /
Eest nachts / eest daghes / hi roeptse dan /
Eñ trooetse dat si volghen an.

  Dese twee voghele / daer ic af rime /
1910 Bedieden tweerhande pelegrime /
Die wi metten cruse twaren
Ten heileghen lande waert sien varen /

Vs. 1897. J. vlieghen. | 1898. A. So blivet hi achter menech l.
G. Blijft hi achter in e. l. H. Blijft hi in enich l. *Ook in* B. *ontbreekt*
achter. | 1899. A. volghet hi s. wile somech enen V.G. volghet hi somw.
somich enen. H. vlieget somw. henen. B. vlieget hi somw. henen. J.
vliechter somwile menech enen. | 1900. A.G. In corten dachvarten
(dachvaerden) eñ in clenen (cleenen). V.J. In c. dachvaerden eñ (ende) in cle-
nen. H. Mit c. d. eñ clenen. B. clenen. | 1901. A. So dattere (datt'e).
G. Soe datene d. w. B. Darve (*lees* : Daerne) d. winter (So *ontbr.*). H.J.
So datten. | 1902. A.G. coude (couden) slaet. V. slaet. H. mitter coude.
B. Dine. J. metter couden. | 1903. H. is. | 1904. A. In Asien hetet
Citramus. G. In Asyen heet Cicravius. V. In Asien eñ heet cicranius.
J. In ansien hetet sicramus. H. heet cygranius. B. tigrianus. | 1905. G.
Die al mede dore v. H. al dore. B. al dure m. vard. J. al duere. V.
aldure. | 1906. G. trecter enich a. w. B. Eñ trect enech a. ward. H. enich
afterw. | 1907. A. so roept hi dan. G. Eist n., eist d., so roept hi d. V.
Eist—eist so hi roept dan. H. Ist n. ist daechs so ropen dan. J. Eist
snachts, eist sdaechs so roept hi dan. | 1908. G. vlieghen an. H. troest
si dat si. V.J. Ende troestse. *Allen* troest *met* oe. | 1909. A. tue v. dar
ic. G. tuee voghel. V.J. vogle (voglen) daeric of r. H. Dese twierhande
vogle. | 1910. A. Siin tuier hande pelgr. G.V.J. Sijn tueerande (V.
tweerande. J. twierh.). H. twierande. | 1911. A.G. Die wie (wi) m.
cruce te w. V. cruce te w. H. De wi mitten heiligen cruce tw. J.
metten crucen sien varen. | 1912. A. ward. G.H. landewaert. J. heilighen
lande te waren.

Om dat heileghe graf te winne;

Die heet fijn in den beghinne/

1915 Alfi ghefelfcap goet ter curen

Sien varen van haren gheburen;

Maer teerft dat fi werden gheware/

Dat die vaert een deel wert fware/

Eifchen fi aflaet/ en willen keeren/

1920 En vifieren ende leeren

Dat fi niet en doghen ter vaert:

Albus bliven fi achterwaert.

Hets waer/ men ne can ghewinnen

Van hem dan fi doen bekinnen/

1925 En moet gheboghen dat fi fpreken.

Rome laet van niet ghebreken/

Si ne fint ute ghenoech legate/

Vs. 1913. A. Of dat. J. Omme d. heilighe gr. te winnen. B. heilege land. G.H. h. lant. *Allen, behalve* J., winne. | 1914. H. Die oec sijn in dien b. J. beghinnen. | 1915. A. goet *ontbr.* G. Eñ si gh. hebben t. c. H. geselscep goeter turen (*sic*). V. Als si. J. groot ter c. | 1916. G. Eñ si varen met h. gh. H. Sijn varen. | 1917. A. thierst d. si werde. G. *had begonnen* ghewaren *te schrijven, doch hield bij het eerste been van de* n *stil.* V. Maer theerst datsi worden. H. Mer. J. worden. | 1918. A. Dattie vaerd — wort suare. G. vaer, *later verbeterd tot* vaert; *voorts alsmede.* B. werd. H. Dattie. J. wort. | 1919. A. Soec si of laet. G. staen si af eñ w. keeren. V. Steet si oflaet eñ w. keren. H. Eyschen si aflaet om keren. J. Sceet si of laet ende w. k. | 1920. A.G. visieren eñ willen leren (leeren). H. visiren; *de rest als* A., *terwijl* V. *met* G. *stemt.* B. viseren ende leren. J. Ende fisieren ende willen leren. | 1921-1922. *De HSS. loopen wonderlijk uiteen:* J. Varen bi achterst in sulken aert, Datsi ghemene doghen ter v. A. Haren biechters sulken aert, Datsi niene doghen ter vaert. G. Varen bi achten sulken aert, datsi niet ne, *enz.* H. Varen si achter mit sulker aert, Dat si niet d., *enz.* V. Varen biachters sulken aerd, Datsi niet en doghen, *enz. Ik volgde eenvoudig* B. *behalve* 't *woordje en* dat *ik aenvulde en* vaert: waert *voor* vard: ward. | 1923. A. men can nemme ghew. G. Hets men can ghewinnen (*sic, niets meer*). H.V. men can g. | 1924. G.V. datsi doen bek. | 1925. A. moet gheloven. G. ghedoeghen. J. Ende ghemoetsi datsi spr. | 1926. A.G. Rome (Roeme) ne laet. V. Rome en laet. J. Rome laetse niet ghebreken. | 1927. A. Soene sent uute ghenoech l. G. Sone send. B. Sien sind ute gnoech legate. V. Soene sint uut ghenouch legate. H. sent. J. sint vele ghenoech legate.

Die die traghe do2 ghelts bate

Absolveren van haren mesdaden /

1930 En sindse van sonden ontladen

Te haren pape te lande weder.

Ay! die dat verdient hier neder /

Dat al sine sonden sijn verlaten /

Hi ne darf sinen cost niet haten ;

1935 En dies verdient vo2 sine doot /

Met rechte maert hi blischap groot.

Maer wach! hoe menech hermite /

Hoe menech moner van scarpen abite

Vint men / die langhe heeft gheleeft /

1940 En die lettel solaes heeft ;

Silencie ende discipline

Ghehouden hevet / en sware pine /

Lesen / singhen en waken /

En crancke lijfneere te desen saken ;

1945 En noch en quam hem niet te bate

Vs. 1928. A. dien traghen dur ghelts b. G. Diese vertraghen dore. V. dur. H. Die de tr. B. gelds. J. de tr. duer ghels b. | 1929. A. Absolveerd van. G. En absolverense van. V.J. Absolveert v. allen m. H. misdi | 1930. A.G. En sendense. V.J. Ende sentse. H. sentse. | 1931. H. Thaten (sic) pape. | 1932. A. Ay die dat. B.G.H.V.J. Owi die dat. Voorts H. hijr. B.V. hir. | 1933. A.V. Dat alle sine. J. alsine. | 1934. B.H.G.V. Dats salecheit (salich.) van groeter (groter) baten. J. Dats al salicheit, enz. gelijk V. Ik volgde A. | 1935. A. voer s. d. G. vore. V. Ende dies. | 1936. A. maecti bl. B. maecht hi. H. maechi. | 1937. B. O wach — hermite. H. O wach ho m. | 1938. A. moenec. V. menich monec. H. Ho menich monic v. scarper abite. J. moenec v. scarper a. | 1939. A.V. hevet ghelevet : hevet. G.J. heeft ghelevet : hevet. B. vindmen — heft. H. de lange. | 1940. V. Ende die luttel. H. Entie luttel. J. Entie lettel. | 1941. A.G.H. en disc. J. Silentie. | 1942. B. in sware p. H. heeft in sw. p. J. Behouden heeft ende. | 1943. V.J. ende waken. *Deze regel is in* A. *weggeknipt, alsmede de volgende, die zeer lang schijnt geweest te zijn en gewis van de andere teksten verschilde, blijkens de omzetting en de verandering der twee regels die naest volgen.* | 1944. J. Ene crancke nere teser saken. A.B.G.H.V. lijfnere. | 1945. J. Ende noch ne qu. h. n. te bate. G. noch ne qu. *Het einde van dit en meer andere vss. op deze kolom is weggesneden.* H. te baten : aflaten. V. ter baten. A. *heeft dezen regel niet, maer biedt*

Van Rome letteren van aflate.

Sente Pauwels / ic ghelovès di /

Eñ allen pawesen daer bi /

Die dinen stoel hebben beseten :

1950 Mijn brave mont die laet ons weten /

Dat God elken lonen sal

Recht na sere verdienten al.

Dit willic spreken / elc man gome /

Schouden der eeren van Rome.

1955 Pelegrim nu merke dis /

Slachtstu den boghele glutis /

Heefstu die cruse ontfaen /

God heescht sijn ghelof volbaen :

En soeker of negheen aflaet /

1960 Hen si oft sonder loos so staet /

Dattuus bors vor Gode ghien /

na verplaetsing des volgenden een anderen gansch nieuwen aen :

Van Rome lettren van aflate ;
Dus gaet tghelt voer die caritate.

Vs. 1946. G. Van Roeme lettren. H. lettere. J. Van R. lettren of v. aflate. | 1947. J. Pauwes en voorts met A. ic ghelove di. G. in gheloefs di. H. ic geloefs di. V. ghelovets. | 1948. V. Eñ alden pavisen. A.B.G. pavesen daer (der) bi. J. Ende alden paeusen. | 1949. H. De dinen. *Welligt schreef Maerlant dien stoel, namelijk van Rome. Hij wist immers wel dat Paulus dien noyt bezeten heeft.* | 1950. B. mond laet (die ontbr.). G. vraie mont hi doet. V. Dine vr. H. vraie m. laet. J. fraye. | 1951. G. loenen. | 1952. A.G.H. Rechte (Recht) na sire pinen al. V.J. Elc (Recht) na sire pinen al. | 1953. H.V. wil ic. | 1954. G. der heeren. V. den here. J. ere. | 1955. A. Pelgrim— des. V. nu marke. B.G. Pelegrijm, *en zoo mede* H., *waer verder* dies. J. Pelegrijn— dies. | 1956. A.H.V.J. Slachstu den voghel; *voorts* J. gluties. G. vogle. B. vogele. | 1957. A.V. Hevestu. J. Hevestu d. cruce. | 1958. V.A. God heescht sijn (eeschet siin) belof vuldaen (vold.). G. belof. H. eist dijn gelof. J. eyscet s. belof. | 1959. A.V. Ne soeker of (ne) gheen oflaet. J. Soeker of ne gheen ofl. G. Ne soeker. B. Eñ soeker. H. Soeker (Eñ *of* Ne *ontbr.*). | 1960. B. En si. V. Hensi of sonder loos of staet (*sic; al de andere schrijven* loes). J. Ensi oft sonder loos. | 1961. B. Dat dut dor vor Gode gien. A. Dat duus dors voer Gode gh. G. Soe dattuus dorres vore Gode. V. So dat duus dars. H. Dattu dars voer. J. So dattu duers.

Wiens kenneffe nieman ne mach ontulien.

Gallus/ dats in dietsch een hane:
Menech kennet sine ghebane.
1965 Wilen bi nachte eñ bi daghe
Wiset hi met sanghe sonder saghe/
Eñ slaet sine bedzen ban/
Alse die hem ten sanghe wert an.
Luut es sijn sanc te midder nachte/
1970 Eñ bi den daghe singhet hi sachte.
Metten winde hoozt menne verre.
Paerde sachten/ al waren si erre/
Alsi hozen haren sanc;
Kemele stouter af in den ganc;
1975 Elfs ghedzochte scuwet sijn luut.
Die hane etet menech cruut/
Dies niet ghenasen andze diere.
Bi der sonnen es sine maniere/
Dat hi wille rusten gaen.
1980 Die lewe ontsiet/ sonder waen/

Vs. 1962. V.A.G. Wies kennesse niemen mach (ne mach) o. B. kinnesse nimanne
m. o. H.J. Wies kennis (kennesse) niemen m. ontfl. | 1963. V.A.G. es in dietsche
(dietsch) die h. H. is in duutsce. J. es in d. | 1964. B kind. H.V. menich. | 1965. V. Wilen
bi n., wilen bi d. J. nacht ende. | 1966. A. Wijst hi. H. mit. J. Wint hi. | 1967. G. vlo-
gle. | 1968. G. te sanghe werpt an. V.J. Als d. h. te s. vort (wort) an. H. Als d. h. te
s. reet an. B. te sange gereet voran. Ik volgde A. | 1969. A. Luds es — ter middern.
G. Lude singt hi bi nachte. V.H. Luud. H. Lude is s. s. te m. J. ter m. | 1970. G. bi
daghe singt hi s. J. sinct hi. | 1971. H. Mitten w. hoertmen v. J.B. hortmenne. |
1972. A.V. sochten al waer si erre. J. Paerden. | 1973. V. Als si. J. sinen sanc. |
1974. A. stoutenre af horen g. G. verstouter af. V. of. J. Kemelen st. of. | 1975. A. ghe-
droch sc. haren lud. G. ghedroch sc. sinen. H. Elfsgedroch sciwet s. l. B.V. luut. |
1976. V. hetet menich cruud. H. mennich. B. cruud. J. hane et m. | 1977. A. niene
gh. G. nietne. V. Des niene gh. H. Des niet gesanen (sic) ander dire. J. ander. |
1978. H. is s. manire. J. sonne. | 1979. B. slapen g. | 1980. G. op den kant: leeu, wel-
ligt in den weggeknipten regel vergeten. H. De lewe. V. Die leewe. J. lewe ontsietene.

22

Sekerlike den witten hane.

  Oude boeke doen te verstane /

Dat een out hane een ey leghet /

Daer men over waer af seghet /

1985 Dat daer basiliscus af coemt /

Een dier dat die werelt verdoemt;

Maer tote deser creaturen

Es niet vele gheboechs van naturen:

In warmen drecke leghet hijt;

1990 Daer broedet nature te fiere tijt;

Van comt dat dier ute na sinen aert /

Eñ hevet eens serpents staert /

Eñ anders eest ghelijc den hane.

Die ghesien hebben sine ghedane

1995 Segghen / tey es sonder scale /

In een vel beloken altemale

Dicke eñ starc / eñ wel behoet.

Selke wanen dat dit broet

Oft die padde ofte dat serpent;

Vs. 1981. G. .... el like (*sic, daer heeft nochtans eene* r *gestaen, die door dezelfde hand in* l *veranderd is.* | 1982. G.J. doen ons te verstane. | 1983. A.G.H. ey.V. een hout bane hey leghet (*sic*). B. oud — ey. J. Dat doude h. | 1984. H.V.J. of. | 1985. B. Dar dat basel. af coemd. A. Dat dat b. afcomt. G. .... basil. daraf coemt. H. Datter; *en voorts met* V. of coemt. J. of coomt. | 1986. A.H. dattie. G. dat dewerelt. B. verdoemd. J. warelt verdoomt. | 1987. V. dese. J. Mare tote desen cr. | 1988. A.V. Moet vele ghevoeghes van n. G. .... vele ghevoechs sijn bi nat. J. Moet vele ghevoghels bi n. | 1989. B. drecken. A. leghet bit. J. waermen. dr. leghet ijt. (*sic*). | 1990. B.H. brodet. V.J. broet n. te sire. G. tsire. A. te sire tijd. | 1991. J. wt. V. uut. H. coemt d. dijr uut. B. coemt — na sine aerd : staerd. A. uut na s. aerd : staert. G. aert : steert. | 1992. A. eens serpentes. G. enen serpents steert. H. heeft. | 1993. A. ghelike. G.J. eist gh. V. Ende anders ist. H. ist gelike. H. De gesien hebben. | 1994. G. die ghedane. | 1995. A. *verloor dit en 't vlgde*. vs. G. .... ghen ey es s. sc. B. tey. V. they. H. Seggen dat ey sonder sc. J. dat tey. | 1996. J.V. gheloken alte m. | 1997. G. eñ sterc eñ w. behoedt. B. Dicke, starc eñ w. behoed. V. eñ staerc. J. staerc. | 1998. A.H.J. Sulke. G. broedt. B. broed. V. Sulke w. d. die br. | 1999. A. Oftie p. oft s. G. Oftie (?) H. padde of serp. V. Die padde iof serp. (*het eerste* Iof *ontbr.*). J. Ene padde of een s.

2000 Maer het es boerde bekent.

Alse een hane vecht den seghe /

Maect hi hem fier alleweghe /

Eñ singhet / eñ gaet den hoghen ganc /

Eñ die verwonnen crupt onder den banc.

2005 Alse sine hinnen bliven doot /

Maect hi sinen sanc van rouwen groot.

Gallina / dats die name der hinnen.

Augustinus doet ons bekinnen /

Dat si hare kiekine bewaert

2010 Naerenstelike / eñ niet en spaert

Hare lijf ieghen aer no wuwen /

Om dat si die kiekine verduwen.

Some kiekine onbehoet

Willen node syn ghehoet /

2015 Eñ wandelen buten haren kerken ;

Alse die voghele van dit merken /

Vs. 2000. A. Dit es harde onbek. (Maer *ontbr.*) G. dits boerde. B. borde. V. Maer dit es borghe (*sic*) b. H. Mer dit is boerde. J. Mare dit es boerte. | 2001. G. zeghe. V.J. Als. H. Als een h. vecht sege. | 2002. B.V.J. alle weg(h)e. | 2003. G. singt eñ gaet enen moeyen g. V. den hoghen sanc. J. Ende sinct ende g. | 2004. A. Eñ *ontbr.*, *voorts* verwonne crupt onder den bant (*sic*). B. verwonne crupt onder den banc. G. . . . . s verwonnen cr. o. de banc. V. Die v. crupet onder banc. H. De v. gaet onder de b. J. Die hi verwint cr. onder den banc. | 2005. A. Eñ alse s. hennen. G. Eñ alse. V. Eñ als s. henne. H. Eñ als hinnen. J. Ende als sine hennen. | 2006. G. hi sijn singhen. | 2007. G .es de name. A.V.J. hennen. H. dats name. | 2008. A.H.V.J. doet bekennen. G. Augustijn. | 2009. G. Dat soe. A. kiekene. B. beward. V. kikene. H. kiken. | 2010. A.V. Naerenstelike (Nar.) eñ niene. G. [Ern?]stelike eñ niet ne. J. Naernstel. — ne sp. B. Naturlike — spard. H. Natuerlike. | 2011. A. ieghen craien eñ w. G.V. Haer l. ieghen aren eñ w. H. Har l. i. aren eñ wywen. J. lijf ieghen die wuwen. | 2012. A.B. kiekene. G. de k. H. die kuken. J. Omme. | 2013. A.G. Someghe k. en behoed (ombehoedt). B. kiekene ombehoed. V. Somighe k. H. kukene. | 2014. A. ghebroedt. G. Die noede willen s. ghebroedt. B. noden s. gebrod. | 2015. V. Ende w. A. wandren. B. wandlen. J. vleerken. | 2016. G. vogle dit vermerken. H. Als d. vogle dit dan m. A.V. Alse (Als) d. vogle dan des m. J. Als d. voglen dan dies meerken.

So moeten si ter proyen gaen.
Hier an mach men sin verstaen.
Plinius die meester ontbint /
2020 Dat men erande netelen bint /
Daer die kiekine af bliven boot /
Eten sire af cleine ofte groot.
Die hinne kennet wel dit cruut /
Daer sijt bint si trecket uut.
2025 Werpt men den kiekinen spise ter noot /
En het hem es van te groot :
Die moeder breket hem te sticken.
Dit siet men ane goede meesters dicken /
Als haren clerken comt te boren
2030 Grote woorde die si horen /
So doense hem dan die meesters verstaen /
Waer die woorde henen gaen.
Eiere scarp ten mindren ende /
Screef die ghene diet wel kende /

2035 Bzinghen hanen/ alse wijt kinnen/

Eñ die plompe bzinghen hinnen.

Die scarpe sijn van besten smake.

In Egypten es ene sake/

Daer bzoeden si in den sande gherect

2040 Kiekine/ daer gheene hinne af weet.

Plinius spzeert/ sonder saghe/

Dat die hinne/ in den daghe

Dat si een ey bvozt bzinghen mach/

Dat hare van aspis die starh/

2045 Dat een serpent es van den quaden/

Altoes niet en mach ghescaden;

Ia/ haer vleesch es medicine

Ieghens des serpents venine.

Dies radic elken man daer toe/

2050 Dat hi elcs daghes iet goets doe/

Dattene moghe in den daghe

Tosen van des viants plaghe.

Die beste hinnen/ dies gheloeft/

Vs. 2035. A. hannen. H. als. V.J. als w. kennen. | 2036. B. die blonke. A. plompe br. die h. V.J. Entie (Ende die) blonke br. die hennen. H. Entie pl. | 2037. A. van der bester sm. B.H. van bester. V. sijn bester sm. J. scarpste s. v. bester sm. *Ik volgde* G. | 2038. V.J. Egipten. H. is. | 2039. A.G. Daer broedsi. V. Dat broetsi. | 2040. A. henne. V. gheen henne. H. kukene—henne. J. daer goene hennen weet (*sic*). 2041. V. spreict. | 2042. A. Dattie henne. G. Wat hinnen dat binnen den daghe Een ey voert bringhen mach, Dat hare, *enz.; blijkbaer omgewerkt*. H. Datti (*sic*) hinne in dien d. J.V. Dat die henne in dien d. | 2043. A.V. Dat soe een ey voert (vort) br. H. Dat si een ey volbr. B. een ey br. (vort *ontbr*.). J. vort br. | 2044. H.V. Dat haer. | 2045. H. is. | 2046. A.J. niene. G. nietne. B. mach scaden. H. niet ne mach scaden. | 2047. *In* A. *met den vlgden r. weggeknipt*. V. Ja haers vleysches m. H. In haer vleis is m. B.G. In hare vleesch es medicine. J. hare. | 2048. B. serpenst. V. Ieghens des serpens. J. der serpens. | 2049. H. Des radic. | 2050. V. Datti elx d. hiets goeds d. H. elcx d. yet goeds d. | 2051. A. Dat hen moghen in den d. G.V. Dat hen m. (moghen) in dien d. H. Datten m. in dien d. J. Dat hi hem mach. | 2052. A.V. Lossen voer (vor) des. G. Loesen van. H. vander viande pl. J. Lossen. | 2053. A.V.J. hennen. G. gheloeft. H. De beste hennen dat geloeft.

Sijn die root sijn omme thovet.

2055   Een dover in die vulle mane

Heeft dat in / doet men te verstane /

Op dat een beel verwarmet si

Den viere gheleghen bi /

Dattet alle smetten af dwaet /

2060 Die een wullijn cleet ontfaet.

Gallinacius / dats die capoen /

 Eñ es een onnutte hoen /

Hen ware ter kokenen alleene.

Hi eet met hinnen ghemeene /

2065 Maer hi ne vogheltse / no vecht

Altoes niet om hare recht.

Met vederslaghe no met sanghe

Besceet hi niet die wilen langhe.

Sijn vleesch eeft men dat wel voet /

2070 Eñ maect utermaten goet bloet.

Vs. 2054. A.V. om. B. ombe. G. ombe thoeft. H. omt hoeft. J. Dat sijn d. r. | 2055. A. Ene eys dodere. G. Eens eys dodre inde wlle m. V. Een eys dodre. H. Een ey doder-volle. B. inde wlle. J. .I. eys doder in d. volle. | 2056. A.V. Hevet dit an (in). H. dit in domen mi te v. J. Heeft dit in doetm. | 2057. G.V. Up datd (dat) een d. verwarmt si. H. gewarmct. J. verwaermet. | 2058. A. Die viere gb. | 2059. A.V. Dat het a. smette af (of) duaet (dw.). G. Datd—duaet. H. Datte a. smette af duaet. J. alle smette of dw. | 2060. B.G. wllijn V. wullin. H. wollen. J. Dat een wullen. | 2061. A. had eerst capuen geschreven. G. Gallinarius es. V. Gallinacus, met een later bijgevoegde i. H. Gallinaticus es d. c. J. Gallinacinus dats .I. c. | 2062. V. Ende es. H. is; voorts een (.I., sic) later bijgevoegd. | 2063. A.V. Sonder te kokene. G.J. Sonder ter cokenen a. (kokine allene). H. Onder kuken allene. B. cokinen alleene. | 2064. A. Hi ettet m. hennen. G. Hi etet metten h. B. Hi et. V. Hi het m. hennen. H. Niet mit h. gh. (Niet bedorven uit Hi et). J. Hi et met hennen gemene. | 2065. A.G. voghelse none v. V. voghelse noch ne v. H. voetse noch ne v. J. Mar hine voghelse no hine v. | 2066. H.V. om haer (haer) recht. J. Altoos n. omme. | 2067. A. vlederslaghe—sange : lange. H.V. noch mit (met) sanghe. J. Met vedren ne slaet hi no met s. B. veder slage. | 2068. A. Bescheed hi. G. Besceedt hi. H. de w. | 2069. A. leset men — voet : goed bloed. G. voedt : bloet. H. vleis lesemen. J. lesc-men. | 2070. H. goed.

oghen tes na pinto venine

d ies radic elken man dar we
d at hi eles daghes iet/goers doe
d ar hen moghen in den daghe
T olen voer des brantes plaghe
D ie belte henna dies ghelouet
s ijn die voet sijn om chouet
E ne eps woere in die ville mate
T euer dit an wet/me te varue
O p dat een deel vrōmer si
D ie viere gheleghen bi
D at her alle smerte af duaer
D ie een wullen cleet ontfaer
G allinatus dats die capoen
E ues een orude hoen
s ond' te bokene allene
T ietter met henne ghemene
q at hi ne wghelien one vecht
a lwes met om hare recht
q et vleder slaghe no met range
b elch ees hi met die wilē lange
s in vleech le ser mē dat wel voet
E n maect vermate goed bloed
T oen bedied dan die capoen
b et dan der herhenhēu toen
s me winnē noch ne weden
A lemene ghee telike none hoec
i gaue die here vand' lonue

Wien bediet bet die capoen /

Van der Kerken heeren doen?

Si ne winnen no ne boeden

Niemen gheestelike / no hoeden

2075 (Vergabe die Heere van der sonnen

Dat si gheene vleeschelike kinder wonnen!);

No si ne segghen hare ghetiden

Te rechte niet / alse die wilen liden;

Maer mattine en voort noene

2080 Segghen si te samene tenen doene.

Die beste sijnt / daer wi af routen;

Want dandre hare ghetiden souten.

Dese ne boghen groot no cleene /

Sonder tes dubels kokenen alleene;

2085 Want si ne bringhen brucht no brome

Vs. 2071-2072. B. Wie bediet die capune capoen (*sic*), Bet dander papen doen. A. Wien bedied dan die capoen, Bet dan d. k. h. d. G. Wien bediedt bet d. c., Dan der kercheeren d. H.V. Wien bediet dan d. c., Bet dan der clerke (kerke heren) d. J. Wien bedieden die capoene Bet dander heren doene. | 2073. A H.V.J. noch ne v. G. none v. B. Sien w. | 2074. A. Niemene gh. none h. G. Niemene gheesteliker hoeden. V. Niemene gh. noch ne h. H. geestilike noch ne h. J. noch ne h. | 2075. G. de Heere. B.H.V.J. Here. | 2076. A. ghene vleeschelike k. G. Datsi vleeschelike kinder niet ne w. V. ghene vleeschlike. H. gene k. en w. *Ook in* B. *ontbr.* vleeschelike. J. ghene vreselike. | 2077. A. Noch sine secghen. G. Sine segghen oec niet h. gh. V. Noch. H. Noch sine s. haer getide. J. Noch sine. | 2078. G. Te rechte alsoe d. w. l. H. als d. wile liede. V. als die wile. J. als. | 2079. A.G. Maer mettene (mattinen) en voert toter (toeter) noene. V. Maer machmen en wort toter noene. H. Mer mettine en voert ter noene. B. mattiene en vord n. J. Mare mettijn ende vort toter noene. | 2080. A.G. Secghensi (Segsi) te samen. V. Segsi te samen. H. Seggensi te samen. B. te samenē. J. te samen te haren d. | 2081. A. Die beste zind. B. Die beste sand dar wi. G. Dit sijn de beste daerwi af spraken. H.V. De (Die) b. sijnt (sijt) d. wi of c. J. of. | 2082. A. Want dandere h. ghetide. G. Dandre h. gh. al laten. *Deze slimmerik moest ten minste in den voorg. regel, in plaets van sijn slechts assoneerend spraken, praten* zetten! H. dander har getide. V. haer getide. J. gbetide souken. | 2083. A. clene. G.V. cleene. H. noch clene. J. doeghen — clene. | 2084. A. te des duvels kokene allene. B. kokene alleine. G. cokenen. H. ins duvels koken allene. V. kokene allene. J. Sonder des d. koekine allene. | 2085. B. vrocht. V. sine *ontbr.* H. noch vrome.

oper en ne spuus verm...

D ies radic elken man dar we
D at hi elcs daghes iet/goets doe
D ar hen moghen in den daghe
I offen voer des vraude plaghe
D ie beste henne dies ghelouet
I nu die voet sun om chouet
E ne eys woere in die ville mane
I euet dic en voet mē te vaane
D p dat een deel vrōmet si
D ie viere gheleghen bi
D ar het alle smette af duaet
D ie een wullen cleet ontfaet
G all maaus dats die capoen
E nes een onnce hoen
S oud te kokene allene
I etter met hennē ghemene
g ar hi ne wghelsanone vechs
a loes met om hare recht/
g et vleiscflaghe no met lange
b esch eed hi met die wile lange
S in vleesch leter mē dat wel voet
E n maect voer maꝛe goed bloed
T ien bedied dan die capoen
b et dan der herhenheu wen
S me wimme noch ne weden
A iemene ghee stelike none hoecd
V gaue die here vanꝺ Connt

Wien bediet bet die capoen /
Van der Kerken heeren doen?
Si ne winnen no ne boeden
Niemen gheestelike / no hoeden
2075 (Vergabe die Heere van der sonnen
Dat si gheene vleeschelike kinder wonnen!);
No si ne segghen hare ghetiden
Te rechte niet / alse die wilen liden;
Maer mattine eñ voort noene
2080 Segghen si te samene tenen doene.
Die beste sijnt / daer wi af routen;
Want vandre hare ghetiden souten.
Vese ne doghen groot no cleene /
Sonder tes dubels kokenen alleene;
2085 Want si ne bringhen brucht no brome

Vs. 2071-2072. B. Wie bediet die capune capoen (*sic*), Bet dander papen doen. A. Wien bedied dan die capoen, Bet dan d. k. h. d. G. Wien bedietd bet d. c., Dan der kercheeren d. H.V. Wien bediet dan d. c., Bet dan der clerke (kerke heren) d. J. Wien bedieden die capoene Bet dander heren doene. | 2073. A.H.V.J. noch ne v. G. none v. B. Sien w. | 2074. A. Niemene gh. none h. G. Niemene gheesteliker hoeden. V. Niemene gh. noch ne h. H. geestilike noch ne b. J. noch ne h. | 2075. G. de Heere. B.H.V.J. Here. | 2076. A. ghene vleeschelike k. G. Datsi vleeschelike kinder niet ne w. V. ghene vleeschlike. H. gene k. en w. *Ook in* B. *ontbr.* vleeschelike. J. ghene vreselike. | 2077. A. Noch sine secghen. G. Sine segghen oec niet h. gh. V. Noch. H. Noch sine s. haer getide. J. Noch sine. | 2078. G. Te rechte alsoe d. w. l. H. als d. wile liede. V. als die wile. J. als. | 2079. A.G. Maer mettene (mattinen) eñ voert toter (toeter) noene. V. Maer machmen eñ wort toter noene. H. Mer mettine eñ voert ter noene. B. mattiene eñ vord n. J. Mare mettijn ende vort toter noene. | 2080. A.G. Secghensi (Segsi) te samen. V. Segsi te samen. H. Seggensi te samen. B. te samenē. J. te samen te haren d. | 2081. A. Die beste zind. B. Die beste sand dar wi. G. Dit sijn de beste daerwi af spraken. H.V. De (Die) b. sijnt (sijt) d. wi of c. J. of. | 2082. A. Want dandere h. ghetide. G. Dandre h. gh. al laten. *Deze slimmerik moest ten minste in den voorg. regel, in plaets van sijn slechts assoneerend spraken, praten* zetten! H. dander har getide. V. haer getide. J. ghetide souken. | 2083. A. clene. G.V. cleene. H. noch clene. J. doeghen — clene. | 2084. A. te des duvels kokene allene. B. kokene alleine. G. cokenen. H. ins duvels koken allene. V. kokene allene. J. Sonder des d. koekine allene. | 2085. B. vrocht. V. sine *ontbr.* H. noch vrome.

In die werelt / hoe soet come.

Lapidarius eñ Jacob seghet /

Dat men den hane te buurne pleghet

Na dat hi es drie iaer out;

2090 Eñ menne danne vijf iaer hout /

Ofte sesse / eñ voort an

Wasset hem an die levere van

Een steen / heet alectorius.

Na dat hi dien ontfaet aldus /

2095 Ne brinct hi nemmermeer daer naer :

Dus weet men oft hine hevet voorwaer.

In der steene Boec hier naer

Hoort sine cracht al oppenbaer.

Gallus silvestris / dats tfassaen /

2100 Een wilt hane sonder waen;

Scone gheplumet eñ meneghertiere /

Vs. 2086. G. In de w. H. hosoet c. V. hoe soe het. J. warelt. | 2087. A.V.G.J. Lapidaris. | 2088. A.B. vurne. G. wurne (= vuurne). V. vuerne. H. te wrne. J. wuerne. | 2089. G. hi drie jaer es out. B. oud. H. Na dat hijs drie. V. vier (.IIII. *sic*) iaer. | 2090. A.H. Eñ mene (menne) dan. G. Eñ menne .V. jaer dan houtd. B. dane .V. i. houd. V. Eñ men danne. J. Ende nemmer dan. | 2091. A.J. Of .VI. eñ dan voert (vort) an. G. voert. B. vord. V. Iof .VI. ende danne vort an. H. eñ daen voert an. | 2092. B. Waest hē. A. in die l. G. Wast h. in de l. H. Wast h. an de l. V. in die levre. J. So wast h. in die levre. | 2093. H.V.J. allect. | 2094. V. Na dien dat hi den ontf. H. dien dan ontf. | 2095. J. Die drinct hi. A. nemmerme. B. nemberme. G. nemmermeer. V. hie nemmermeer. H. nummermeer. | 2096. H.J. weetment of hine heeft. *Verders* J. over waer. A. of hine heeft. G. of. B. ofte. V. of hine h. overwaer. | 2097. A. In den steen boec. G. steene boeke. J. *kent dezen en den volg. regel niet.* | 2098. A.V. Hort sine cr. al over waer. G. Hoertmen s. cr. al ov.... (*verminkt, zoo als de meeste regels van deze kolom*). B. Hord sine cr. openb. H. Hoert s. cr. vorwaer. | 2099. A. *heeft dit en 't vlgde. vs. verloren.* G. silvester dats f.... V. silvester dat fasaen. H. faisaen. J. silvester dats .I. fisaen. | 2100. B. welt. G. Een bosch hane eist st.... V. Een bosch hoen es het stout gedaen. H. Eñ is een wilt h. J. Een busch hane eist stout ghedane. | 2001. A. eñ menegertieren. G. ghepluumt eñ men.... H. eñ menigertieren : maniere. B. eñ *ontbr.* J. ghepluumt.

Eñ een deel van ſtouter maniere.

In ſconen wedꝛe ſo eeſt bliide /

In andꝛen hevet bꝛoeve ghetiide /

2105 Eñ dect hem van in der hagghen.

Des moꝛghens alſt gaet bagghen /

Eñ des avonts ſpade mede /

Gaet ter weide na ſiere ſede.

Sijn vleeſch es lichtſt alghemeine /

2110 Sonder van patriſen alleine.

Garrulus es eens voghels name /

Die in boſſchen eñ in bꝛame

Voꝛe alle voghele die leven

Meeſt criſchens eñ luuts can gheven :

2115 Dies es hi garrulus ghenant;

Een gay heetet in walſche lant.

Van bome te bome blieghet hi eñ ſpꝛinghet /

Eñ crijſcht eñ garlet meer dant ſinghet /

Vs. 2102. A. Een deel v. st. manieren (Eñ *ontbr. als mede in* G., V. *en* J.) |
2103. B. so *ontbr.* G. wedre es hi bl. H. wedre eist bl. V. w. so ist bl. J. eist. |
2104. A. letet dr. G. leedt hi dr. B. drove. V. In andren wedre leetijt dr. H. heeft
drovige tide. J. heeftet. | 2105. G. dan *ontbr.* V. Ende dect. H. Et dect. J. haghe. |
2106. B. Des smargens. H. Des margens. A. alset g. G. Smarghens alse het g. V. als
het g. J. alset g. te daghe. | 2107. B.G. avonds. V. Ende des a. | 2108. G. Gaet hi
weeden. H. Gaet daer weyden na sinen sede. *In al de overige* sire. J. ter weyden. |
2109. B. licht. A.J. lichts (licht) al ghemene. V. lichts. H. is lichter al ghemene. |
2110. A.V. Sonder ionghe partricen. G. partricen. H. Sonder partricen. J. Sonder
ieghen pertr. | 2111. B. namē. | 2112. A. bussch eñ in br. G.V. bossche. H. De in bos-
scen. J. busschen. | 2113. B. Vor. V.J. Vor a. vogle (voghelen). | 2114. B. crischen eñ
luuds wt geven. A. luds uut gheven. G. Meest crijscht eñ luud ca.... V. Meest crusschen,
meest luuds uut can gh. H. Meest luuts, meest crischens uut c. g. J. Meest cryscen,
meest luuts wt gheven. | 2115. B. garrilus. V. es een garrulus. H. Des is bi. | 2116. A. he-
tet in walsch lant. G. h. int wal.... B. land. V. int w. H. heit in Walschlant. J. gai. |
2117. *In* G. *schijnt* vliecht *gestaen te hebben; in* V. *staet* vlieghet eñ spr. H. vliet
eñ sprinct. J. vliecht hi ende sprinct. | 2118. A. crist eñ garret m. dan singhet. G. Eñ
crijscht vele meer dan.... V. crischt. H. crijst eñ gerlet. J. cryscelt meer dan sinct.

Eñ ḥi en gḥebuurt te gḥeerre ſtebe.

2120 Wat ſo bi ḥem lijt oer mebe /

Eeſt man of bogḥel ofte eneḥ bier /

Beſpot bit bogḥelkijn ongḥier /

Eñ conterfait alranbe luut

Ban ben bogḥelen baer uut.

2125 Som wile eeſt ſo ſot /

Bat ſo bele maect ſijn ſpot /

Bat ḥem ſelben niet en ḥoet :

So neemt bie ſperware in ben boet.

Gḥeplumet eeſt ban menegḥer gḥebane.

2130 Experimentatoȝ boet te berſtane /

Battet bicke berwoebenȝ pliet /

Eñ ment ḥem ſelben berḥangḥen ſtet.

Garruluȝ bie binct mi bele

Bebleben ſomegḥe meneſtrele /

2135 Bie altoeȝ ſijn ongḥeſtabe /

Vs. 2119. A. Noch ne ghedurd in ghene st. G. Hine gh. in ne gh.... B. gedurt. V.H. Noch gheduert in ghene (geduurt in gere) st. J. No gheduurt in ghere st. | 2120. A.V. lijd. B. luud. G. So wat so bi hem lijdt m. H. bi hem oec lijt m. | 2121. A. of enich. B. Eest man, vogel. G. Eist. H. Eist man, vogel of enich d. V. Ist m. of v. of enich d. J. Eist man, eist v., eist enich d. | 2122. A. Bespod — onghehier. V. on-gebier. J. vogh. al hier. | 2123. A.H. conterf. alrehande lud (luut). B. luud. V. Ende c. alrehande luud. J. conterfaet alre hande l. | 2124. B. vogelkine. H. vogelkinen. | 2125. A. Some wile eest selve soe sod. G. Someghe w. eist so s. V. ist selve s. s. H. eist. J. Ende somw. eist selve so s. | 2126. A.G.V. Dat het maect soe (so) vele siin (sijn) spod (V. spot). J. Dattet maect so v. sijn sp. | 2127. A. Dat het h. s. niene h. G. Eñ hem s. so qualic.... V. niene h. J. Dattet h. s. niet ne. | 2128. A. nemet d. spore-ware. G. Datd die spareware nem.... V. nemet. H. sperwer. J. So neemtet d. spa-rew. | 2129. A. est v. meneger. G.J. Ghepluumt eist. B. van menger. V. ist v. meniger. H. eist. | 2130. G. doet ons te v. | 2131. B.V. Dat het dicken. A. Dat het dichen. H. Dattet d. verwodens. G. .... dicbe verw. pl. *Het begin van dit en de negen-en-dertig vlgde. verzen is weggesneden.* | 2132. B. ment hem dicken v. G. ....ne hem selven v. s. V. Ende ment. J. verganghen. | 2133. A. die dinket mi v. G. ....[u]se so dinken mi v. V. die dinke mi v. H. Garruluse dinken mi v. B. wele. | 2134. A.J. some m. G. ....den dese menestr. V. some menstrele. H. ministrele. | 2135. J. altoos.

Eñ callen vzo eñ spade

Vele boerden eñ vele loghen/

Eñ conterfaiten dat si moghen/

Beide ridders eñ papen/

2140 Pozters/ bzouwen eñ knapen/

Vaer si scone om sijn gheplumet;

Maer dicke ghevalt dat selc tumet/

Als hi sijns selfs niet nemet ware/

Metten helschen spereware/

2145 Diene metten clauwen lauwet

Als hi pijpt/ blaest eñ mauwet;

Want selven heeft men eneghen vernomen/

Die te goeden ende es comen;

Also menech heilech/ na minen wane/

2150 Als men vint swarter swane.

Garulus/ dat es die roec/

Vs. 2136. A.G. callende vroe. V.J. Ende callende vro (vroe). | 2137. A. Vele b. vele
l. G. ....rden eñ l. V. Vele b. vele ghelogen. H. eñ loegen. J. boerten vele loeghen
(eñ of ende ontbr.). | 2138. A. die si m. G. dien si. V. Ende c. die si m. J. conter-
feten dien si moeghen. | 2139. A.J. Bede riddren eñ (ende) p. V. Bede r. ende. |
2140. A. cnapen. | 2141. G. scoene ombe s. H. scone sijn om g. J. omme. | 2142. B. dic-
ken—selc. A.V. ghevallet dat sulke (sulc). H. sulc. J. ghevallet d. sulc cumet. |
2143. B. sins s. niet neemt. A.J. Alse hi s selves niene n. (niet neemt) w. G. .....ijns
niet ne nemt w. H. niet en neemt. V. Alsi sijns selves niene n. w. | 2144. A. spore-
ware. G.J. spareware. H. Mitten helsten (sic) sperew. B. sperware. | 2145. B. Dine—
lauwet (sic). G. ghelauwet. V.J. clawen. H. mit clawen lanc (sic; zie den vlgdn.
regel). | 2146. B. blaest ontbr. A. Alse hi. V. Als hij p. H. Alsbi p., bl. eñ mant (sic).
J. Als hi dus pipet ende mauwet. | 2147. A. hevetmen enich v. G. heefmeore enech v.
B. heftmen. V. hevet mer enich v. H. heeftmer enich v. | 2148. A.G.V. sijn comen.
H. is c. J. ten g. eynde sijn c. | 2149-2150. A. Alse m. helech na mijn wanen, Alse
vele sijn sw. suanen. G. .... esser heilech, ic wane, ... vindt suarter zuane. B. vind.
H.V. Als menich heilich na minen (mijn) wanen, Also vele sijn sw. sw. B. bellech—
vind. J. Alse vele sijnre heilich n. m. wane, Alsmen v. swarte swane. Ik aenzie esser
van 't HS. G. en veel meer nog sijnre van J. als inschuifsels. | 2151. A. heeft dit
en het vlgde. vs. verloren. H. dats. J. een roec.

Als ons toghet broeder Aelbrechts boec /

Want hi altoes roept : g r a.

Der crayen es hi ghelijc wel na /

2155 Eñ broet op bome in den soppe /

Grote menechte tenen troppe.

Ober een braghen si wel ;

Haer negheen es andren fel.

Als elc soect sijn ghenoot /

2160 So es haer roepen groot.

Die hie aset ende voet

Die soe / welctijt sose broet.

Die die ionghe tetene pleghen

Segghen / si sijn best ghebleghen.

2165 .G. gaet ute ; voort selbt

Vogle namen hoeren in .J.

J

Bis / alse Solinus seghet /

Vs. 2152. G. toecht br. Albr. V. broeder .AR. (*sic*; = Aristotiles!) boec. H. toghet *ontbreekt hier, maer staet in 't begin van den vlgdn. regel.* J. broeder *ontbr.* | 2153. A. hi emmermee roept. V. emmer. J. emmerme r. cra. | 2154. A.V. Der craien soe (so) es hi maect (ghem.) na. G. .... en es hi ghemaect na. H.J. Der creyen (craien) is hi gemaect na. B. craien. | 2155. A. in die soppe. G. up boeme in de tsoppe. V. up bome in die toppe. H. eñ brodel op bomen eñ op toppe. J. op bomen inden toppe. | 2156. A. Soe grote meneghe tenen tr. G. .... menechte teenen tr. *Het begin ontbr.* V. Só grote menichte tenen tr. H. Grote meni (*sic*) tenen droppe. | 2158. A. Hare. H. Har negeen is. V. ne gh. nes dandren. | 2159. A. Alse elke soeket. V. soeket. J. Also als elc s. | 2160. H. Soe is hor ropen so groet. V. haer roepen so gr. A.B.G. Hare r. J. hare r. harde gr. | 2161. B. Die hi haest eñ voed. A. eñ voet. G. ende voetd. V. Die hi haset. H. De hi. | 2162. A. Sine soe weltijd dat si br. G. .... wanneer dat soe broetd. B. weltijt—broed. V. Sine so wiltijt alsoe br. H. De zi w. so si br. J. Sine sie welctijt si br. | 2163. H. De ionge. J. ionghen. | 2164. A. Secghen. B. beest. | 2165. A. uute voert suldi. G. eñ voert suldi. H. uut voert so suldi. V. suldi. B. vord. J. vort suldi. | 2166. A. Voghel n. V. Voglen. *Achter dit vs. staet in V. : Leest hier na van Ibus. Daer echter Ibus volgt en een blad uitgesneden is, is het klaer dat de aengeduide misslag verbeterd is geworden.* J. voghelen | 2167. V. Ibus als S. pleghet (*sic*). J. als ons Sol.

Eñ een bogel die te sine pleghet

Neben den oeber / hets sine maniere /

2170 Van Niluse der groter ribiere.

Serpenten eier can hi binden /

Eñ die bjaghet hi sinen kinden ;

Want sise lief hebben seere :

Hi ne cesseert nemmermeere

2175 Te berteerne dat quade saet.

Ene warf int iaer / dit berstaet /

Bersamen hem blieghende serpente

In Arabien tenen cobente /

Alse omme te blieghene uten lande /

2180 Al der werelt te sine bianbe ;

Eñ eer si uten lande baren /

Comen die iben met haren scaren

Eñ ghemoetense in die lucht :

Niet enen ban al der blucht /

2185 Die de werelt willen plaghen /

Ne laten si dat lijf ontbjaghen.

Tbenijn ban besen blieghenden bieren

Vs. 2168. A. te wandren pl. G. te wandelne pl. V. te wanderne pl. H. Is een v.
d. te wandelen. J. te wandelen pleget (*sic*). | 2169. A.J.V. Nevens den overe (V. hoe-
vere) dats sine m. G. oever dats s. m. H. doever, ets sine m. B. den oren. | 2170. B. Van
Inluse (*sic*). A.G.J. Van Nilus. V. Van Jullus (*sic*) die grote riv. H. Van Nisuse. |
2171. A. eiere. G. Serpente eyere. H. Serpents eyer. V. eyer. J. eyeren. | 2172. H. En-
tie. | 2173. V. Want sine l. G. Wan sise — seere; *de andere* sere. | 2174. B. nember-
mere. H. numm. | 2175. A. verterne. G. zaet. B. saed. | 2176. G.V.J. dat verst. B. so
verst. H. Enewerf — dit v. | 2177. B. vliende. | 2178. A.B. coevente. H. conv. | 2179. A. om
te vl. upten l. G. omte. V. Als. H. Alse te vliegen uut den l. J. Als o. te vl. inden lan-
den. | 2180. H. te zine. J. vianden. *Allen* : Alder. | 2181. A.V. Eñ alsi. G. landen,
verbeterd lande. | 2182. B. die bien. H. yben mit. V. mit. | 2183. G. inde l. B. ge-
moentense. H. gemoten si. | 2184. B. al *ontbr.* A.G.J.V. alder vrucht. H. Niet enen
van vander lucht (*sic*). | 2185. G.H. de werelt. V. ter werelt. J. der warelt wille. |
2186. B. si tlijf ondr. G. ontdr., *eerst* ontr. H. Laten si gene tlijf ondr. | 2187. G. Tse-
nijn. V. vliegende d. H. Dat semijn (*sic*). J. Ende tsenijn v. desen dieren.

Es ban so felre manieren/

Dat een man es sijns lives quite/

2190 Eer hi beseft dat menne bite;

Nochtan ne sterfter af ibis niet.

Ysibozus te segghene pliet/

Als hi ghesmelten nine can/

Dat hi in sinen becke ban

2195 Water neemt na sere seden/

En purgeert hem so beneden.

Neben marassche/ of neben der zee/

Of bi ribieren es hi emmermee/

Om croenghen ofte om bisscen boot/

2200 Die hi etet te sere noat.

Waer so si sijn/ si sijn al wit;

Sonder te Peleusen/ wi lesen dit/

Sijn si swart/ dits oppenbare.

Selc waent dat dit es dodebare;

2205 Maer dan es niet/ hen ware dan/

Vs. 2188. B. so *ontbr.* H. Is — maniren. | 2189. A.G. Sijns levens. H. een m. sijs
lijfs is quijt (*sic*). J. man *ontbr.* | 2190. G. ghevoelt. H. En beseft d. menne bijt.
J. datmene. | 2191. A. Nochtan en sterfter ibia (*eerst* ibii) af niet. V. Nochtan stervet
daer of. H. Nochtan een sterfter ybis n. J. Nochtan stervet ibis n. | 2192. V. te segg-
ghen. | 2193. A.V. Alse (Als) ibis smelten. G. Alse ibis ghesm. niet ne c. H. niet en
c. J. Als ibis niet smelten ne can. | 2194. G. Nemt hi. V. in sine becke. | 2195. G. Wa-
ter dat es sijn sede. A. nempt. H.V.J. sire. | 2196. B. hem benede (so *ontbr.*). G. hem
der mede. *Op den kant staet als variant*: beneden. V. purgiert. J. purgiert h. so
benneden. | 2197. V. marassche. A.G.J. marassche neven d. see (zee) (of *ontbr.*).
H. marassche of n. die zee. B. morassche oft n. d. ze. | 2198. A.B.V. emmerme. G. em-
mermeer. B. Ofte. H. is. J. Iof bi r. | 2199. B. ofte ombe vesschen. A. croenghien
of om vissce. G. Om croengen iof om vissche. V. of om vissce. J. Omme croongen of
omme visscen d. | 2200. H. De hi. V. tsire. A.G.H. te sire. J. hi et te sire | 2201. B. si
sin wit. A.V. Waer soe (so) si siin, soe siin (so sijn) si w. H. Waer si sijn, si sijn w.
J. *stemt met* V. | 2202. B. Palaisen. *Einde van 't eerste deel van* A. V.J. Pelensen.
H. Polensen. | 2203. G.H.V.J. openb. | 2204. G.J. Sulc. V. Sulc — de hodev. H. Sulc —
is die od. | 2205. B. niet waer dan (en *of* hen *ontbr.*). G. dans niet en w. V. Mare
dans niet en w. H. Mer dan is niet mer dan. J. Mare dans niet honne (*sic*) ware d.

Alfo als ment ghemerken can /
Dat mare ban odebaers manieren /
Die men niet ne can bifieren /
Dat menfe nont in Europen fach.

2210 Plinius die boet ghemarch
Dat ibis es crom ghebert ;
Eñ hier bi merct eñ mert /
Want die odebare heeften recht.
Josephus befcrijft ons echt /

2215 Dat groot heere quam ghelopen
In Egypten ute Ethiopen /
Doe Monfes was een tonghelinc ;
Eñ dat hi der iben bele binc /
Eñ ftieretfe boze finen heere /

2220 Daer hi was maerfcalc in de weere /
Eñ boer mids in die woeftine /
Die was bol wozme ban benine :

Vs. 2206. G. Alsoe alsemen gh. A. Alsoment ghemarken c. H. men g. J. Al scalx
men (sic). | 2207. B. odevars. V. van thodev. maniere. H. maniren. J. Dats van ode-
varen m. | 2208. G.V. nietne (niene) can ghevisieren. B.H. Diemen (Die m) niet can
v. (ne of en ontbr.). J. fisieren. | 2209. G. Datmense noeit in. H. Datse mensce noit
in Erope s. V. Datmense oit. B. Datse niemen. J. noit. | 2211. G. crum. H ybis is.
| 2212. G. Hier an merct eñ m. (Eñ ontbr.). B. bir. V.J. Ende bir marct (hier merct)
ende m. H. hijr merct eñ mict. | 2213. G. Want d. od. bevet...; de rest bleef in de
pen, waerschijnelijk ter oorzaek van het volgde. rijmwoord. V. Want d. hodev.
heeft den bec recht. H. odevaer h. J. dodevare; de rest als bij V. | 2214. G. Jos. scrijft
eñ seghet. V. bescrivet. J. scrijft. | 2215-2216. G. Dat groete heeren van Ethyopen
in Egypt quamen ghelopen. J. Van groten heren van Ethiopen In Egypten quamen
ghelopen. V. Dat tgrote eere van Ethiopen In Egipten cam gelopen. De t voor grote
is later bijgedaen. Ik volgde B.H.; maer schreef heere voor here. | 2217. B. ionc-
gelijnc. V. Moises. | 2218. V.J. Ende d. bi die iben. H. Dat he der yben (sic; Eñ
ontbr.). | 2219. B. vor sijn here. V. Ende st. vor s. here. H. sceerdse voer sijn here.
J. Ende stierdse vor s. here. | 2220. B. marscalch in de were. G. marscalc. V.H. mar-
scalc in die w.(were). J. Mar hi w. m. inde were. | 2221. G. mids der woestine. V. Ende
v. m. duer te w. H. dor die wost. J. duer die w. | 2222. G. Die wl (= vul) worme
es v. v. B. worme of wormen, onzeker. V.J. Die vul (vol) worme (wormen) es v. v.

Die voghele atenſe eñ verbꝛeven /

Dat die liede onghefcaet bleven /

2225 Eñ quamen al onverften

In Ethiopen / eñ mettien

Wan Moyſes lant eñ ſtede /

Die Saba hiet / eñ daer toe mede

Wan hi al dat was daer inne /

2230 Eñ nam des lants coninghinne.

Bos es een voghel bekent

Int lantfcap van Oꝛient /

Een ftarc voghel eñ een ftout /

Die opt peert eumelike nijt hout.

2235 Ghers eet hi / alfe die gans doet /

Sijn luut es ofte hi ware verwoet /

Eñ an te hooꝛne herde wꝛeet.

Dat peert heeftene feere leet /

Om dat es van finen lude verbaert ;

2240 Eñ ibos heeft dat peert onwaert /

Vs. 2223. G.H. vogle. V. voghele haetse eñ v. | 2224. B. lieden. G. Soe dat d. l. onghescaedt. V. So dat. H. So dattie lude ongeschaed. J. So dat d. lieden ongeschent leden (*sic*). | 2225. H. alle. J. Ende quamer al. | 2226. G. Ethyop. H. mittien. | 2227. G. Vant Moysen (*sic*). B. land. V.J. ende stede. | 2228. G.H.V.J. heet. | 2229. B. Wan hi eñ al dat. | 2230. G. Eñ na (*sic*) des lands. B.H. lands. J. Ende na des l. coninghe (*sic*). | 2231. J. Ibis. | 2232. V. In dat lantscap. J. In dat lant v. Or. | 2233. G.J. Een sterc (staerc) v. eist eñ (ende) st. V. Een st. v. ist, een stout. B. stoud. | 2234. G. upt paert altoes n. houtd. B. op tp. euw. n. houd. V. up tp. ew. J. op tpaert ew. int wout (*sic*). | 2235. B. et hi. V. Gars het hi. G.H.J. Gras et hi alse. (H.J als). | 2236. G. of hi ware verwoetd. B. luud. H. is of hi. V. luud is als yof hi. J. of hi | 2237. G. ande horne harde wr. B. horne. V. Ende anden horne sere wr. H. hoerne harde wr. J. horen harde wr. | 2238. G. Dat paert heeftene harde l. V. Dat paert heveten sere l. H. heeften sere l. J. Dat paert heeft hi sere l. | 2239. G. Omdat hem sijn luut vervaert. B. vervard. V. Om dat om sijn luud verv. H. is. J. Omme dattet omme sijn luut vervaert. | 2240. G. Eñ ibus heeft dat paert onweert (*sic*). V. ybos hevet dat paert onw. H. ybos heeft onweert dat paert. J. heeft dat paert onwaert. B. ibos heeftene se' onward.

Want hetne uten belbe b2ibet :
Dits nijt die niet achter blibet.

Incendula es die men bent/
Een boghel/ in Ozient/
2245 Eñ es ban des rabens gheflachte.
Beibe bi baghe eñ bi nachte
Es tuſſchen hem eñ ben ule ſtrijt;
Want incendula baghes tijt/
Om bat die ule ben bach bliet/

Vs. 2241. G. het hem uten. B. het ne uten. V. hetten uten. H. het uten (ne = hem ontbr.). J. Wantene uten welde (*sic*) dr. | 2242. G. die achter nietne bl. V. achter en bl. H. Dits nijt die niet, *zoo verbeterd uit* Dits niet dat niet. | 2343. B. vind. G. ventd. H. is. J. diemen kent. | 2244. B. Oriend. G. oec in Or. | 2245. G. vans ravens. H. is van ravens g. V. Ende es vanden raven gh. | 2246. G. Beede. H.V.J. Bede. | 2247. G. enter ule. H. is t. h. enter ule str. V. enten hule. J. tusscen h. ender ulen. | 2249-2253. *In plaets van deze vijf verzen hebben B. en H. er zeven, blijkbaer omgewerkt. Ik stel ze hier, met hun onderling verschil, naest elkander* :

B. Om dat hē deert sijn luud	H. luut
Sijn eier plegt te supene wd	eijer pleget te supen wt
Eñ die hule en lates niet	Entie ule ne l. n.
Die weder hare eiere te rovene pliet	har eyer te roven pl.
Nachts alse die hule siet best	als de ule
So rovet sie des anders nest	So rovet si
Dos gelt andren met quade, enz.	Dus gelt elc andren quaet mit q.

Thans moet ik er de les van J. nog bijdoen, welk HS. mij later toegekomen is :

Want incendula sdaghes tijt
Omme dat hem deert sijn luut
Sine eyeren te supene wt
Ende die vle ne latets niet
Weder hare eyeren te rovene pliet
Nachts als die vle siet best
So rovet hi des anders nest
Dus ghelt malc andren quaet met quade, enz.

Ik volgde G. en V. behalve sommige varianten : G. Hare eyere soe te roevene pl. — die ule siet best, *zonder* dan. — Roeft soe des anders n. (So, *in 't begin, ontbr.*). — Dus loent elc. — V. Um dat.... *de rest is niet aengevuld.* — Hare eyer. — als dule dan siet. — So rovese des anders n. *Ik ben zeker dat Maerlant in de twee eerste regels geschreven had* : Omdat die ule vliet dat lecht : plecht ; *'t geen, kwalijk gelezen of verstaen, reeds vroeg open gelaten en daer na willekeurig aengevuld werd.*

2250 Sine eiere te rovene pliet;

Nachts/ alse die ule van siet best/

So rovet hi des anders nest.

Dus ghelt elc andzen quaet met quade/

Eñ bliven beide in die scade.

2255 Irundo/ dats der swalewen name;

Swart van plumen eñ bequame:

Menech kinnet hare ghedane.

Alse die dagheraet gaet ane/

Gzoet soene met soeten sanghe/

2260 Eñ laet den slapze niet slapen langhe;

Maer si vermaent hem dat hi waert/

Eñ Gode lovet diet al maert.

Onder den rechten vloghel bloet

Neem van der swalewen/ dat es goet

2265 Ден oghen die sijn tonghemake.

Solinus die seit ene sake/

Vat hare Nature doet weten al/

Vs. 2254. G. beede inde sc. V. Ende bl. H. beyde. J. bede. | 2255. B. Irondo dats
d. swaluen n. J. Irondo. G. es d. zwalewen n. V. die swaluwen. | 2257. B. kind.
G. kinnet wel. H. Menich kent har g. V. Menich kennet. J. kent dit vs. niet. Zie
de volg. variant. | 2258. G. comet ane. V.H. Als — comet (coemt) ane. J. geeft,
in plaets van dezen regel, de twee volgende :

Als comt an die dagheraet
So maect si een groot baraet.

| 2259. G. Groet soese. V. Gr. sise. H. Groetsene mit. J. Ende groet den dach met
sanghe. Alles omwerking. | 2260. G. Eñ ne laet d. sl. niet ru[sten l.]. V.J. slapere
n. rusten. H. slaper n. rusten. | 2201. G. Maer soe v. het dat bi w.... V. soe ver-
maect (sic) hem. J. Mer si. | 2262. G. Eñ love G. diene maecte. B. dijt al. V. Ende
Gode loven (sic). J. Ende loven Gode. H. love. | 2263. E. rechtren. G. Nem onder
den rechtren. H.V. rechtren vl. tbloet. J. tbloet. | 2264. E. swalewen. G. Vander
zualewen, dat es g. J. Vander zw. nem, dats goet. B. swaluen. H.V. dats goet.
Allen Nem. | 2265. G. oeghen. H. de sijn. | 2266. B. Solinius d. seid ene s. G. die
seghet. J. Sol. seghet (die ontbr.). H. Sol. seyt. | 2267. H. har.' J. haer.

Oft een huus saen vallen sal ;

Want daer in maect si gheen nest.

2270 Boven alle boghelen pijnt si best

Om hare ionc te broedene /

Eñ haren nest te behoedene.

Oec so vintmer meneghe eene

Die in die levere braghen steene /

2275 Die men celidonius noemt /

Daer hier na die tale af coemt /

Te wat binghen si sijn goet/

Eñ hoe dat mense binden moet.

In ouder philosophen boeken

2280 Machment binden / diet wille soeken.

Dien dat heileghe vier ontsteket /

Eet hi die swaleme / daer af breket.

Epilepsie vergater mede.

Isidorus scrijft wonderlichede :

Vs. 2268. G.H.J. Of. V. Iof. | 2269. G. daer in ne maken si ghene[n nest]. V. daer
in ne maken si. J. daer in maken. | 2270. G.J. voglen pinen si b. H.V. voglen. |
2271. G.V. h. jonghe te voedene. H. te voedene. J. Omme h. ionghen te voedene. |
2272. G.V. hare neste te b. | 2273. G. Oec vintmere. H. menich een. V. so vint me-
nich ene (mer *ontbr*.). B. vindmer — ene. J. menech ene. | 2274. G. inde l. H. De
in d. lever dr. steen. V.J. levre dr. stene. B. stene. | 2275. B. Dimen. H. Selidonius.
J. noomt. | 2276. G. Eñ hier na tale af coemt. H. hijr na tale. V. hier na tale of.
J. Als hier naer tale of coomt. | 2277. B. dinge. H. *omgekeerd :*

Eñ hoe dat mense vinden moet;
Oec waer to si sijn goet.

| 2278. V. Ende hoemense. | 2279. B. philofen. G. phyl. V.J. ouden. H. ouden phi-
losophien. | 2280. G.V.H. Machmen vinden, wilt ment (wilment V.; wilmen H.) s.
J. Machmen v. dies wil r. | 2281. E. onstect. G. Dat dien dat h. v. on.... V. Dat dien
dat elige v. ontstect. H. Dien dat heile v. onsteket. J. Dat dient helsce v. ontsteect. |
2282. E. daer af het brect. B. Et hi die swalue. G.J. Et hi d. zw. dat af (of) br. breect
V. die sw. dat of breict. H. Eñ hi de sualu daer af br. | 2283. E.G. Epylentie vergater.
V. Epilencie vergaet daer m. H. Epilencie eñ vergaeter m. B. Epilencie vergaetter.
J. Epilentie. | 2284. E. wonderliichede. G. scrivet wonderhede. V. die scrivet. J. Ysid.
scr. wonderlijcheden.

2285 Datſe gheen voghel / hoe ſoet gaet /
In proyen nemmermee ghevaet.
Haer comen / haer varen eſ wel gheacht :
Si varen vor des winters cracht
In warmen lande / daer bi naturen
2290 Negheen winter can gheburen.
Aldaer vint menſe plumelooſ.
Hare comſte bootſcapt altooſ
Den inganc van den lentine.
Selden rovet men hare ioncſkine /
2295 Eñ men doet hem ſcade node :
Dit previlegie hevſt van Gode.
Ariſtotiles ende Adelijn /
Twee herde grote meeſters ſijn /
Segghen / eñ dits wel bekint /
2300 So wie ſo hare ionghe blint /
Dat hare oghen weder comen
Met enen crude / dat wi nomen /

Vs. 2285. V. gheenen v. H. gene vogle ho soet g. | 2286. B. proien nemberme.
G.J.V. proien nemmermeer (V. — mee) ne v. H. proien nummermeer. | 2287. G. Hare
comen eñ varen. V.H. Haer (Hor) c., haer (har) v. is w. ghewacht. B. Hare c., hare v.
J. wel ghewacht. | 2288. G.V.J. Soe (V.J. Si) vaert wech vordes w. H. varen wech
voer d. | 2289. H. landen. | 2290. B.V.J. Geen (Gh.) w. H. Engheen w. | 2291. B. Al-
dar vindm. plumeloes. H. plumeloes. V. plumeloos : altoes, J. plume loos : altoes. |
2292. B. coemste boetscpt (sic) altoes. G. bodescaept altoes. H. Hor coemste boedsc.
Van de eerste hand boedscept altoes. V. comst die b. J. comt bootscap altoos. |
2293. G. lentine; eerst door misstelling : lentijn. V. Dien ing. B. van lintine (den
ontbr.). | 2294. B. ioncsine. G. roefdmen. V.J. roofmen (rooftm.) h. ionxk. H. roef-
men har ionkine. | 2295. G. noede : Gode. V. Ende. H. scade groet noede. | 2296. H. De
privilegi hebben si van Goede. J. Dese pr. hebben si. | 2297. G.H. eñ Adelijn. J. Aris-
toteles. | 2298. G .... beede groete m. sijn; het begin van al de regels dezer kolom
ontbr. V. Twee uut grote. H. Tve harde gr. meyster f. J. .II. vte vercoren m. |
2299. G. dits waer bekent : blentl. V.J. ende dit es bekent. H. Seggen dat es w. be-
kent. B. bekind. | 2300. H.V. Wie so har ionghe (haren ionghen) blent. B. ioncge.
J. Wie so h. ionghen. | 2301. B.G. comen : noemen. V. Dat hem doghen. H. Dat hem
haer og. J. Dat hem die oghen. | 2302. H. Mit.

Want het heetet celidonia :
Eñ dits wonder / hoe soet ga.

2305 Isida / na dat ict weet /
Es dat men ijsvogle heet /
Van plumen van scoonre maniere /
Groene / ghelu / root meneghertiere :
Siet men daer op die sonne bliken /

2310 Si dinken den saphire gheliken.
Elc voet die ne hevet nemmee
Van alleene clauwen twee.
Sijn beckelkijn es cort eñ recht.
An visschelkine gheneeret hem echt ;

2315 Dies eest gheerne den watere bi.
In deerde so wonen si /
Daer si hole metten becken
Maken / eñ die eerde uut trecken.
Van desen voghele segghen liede /

2320 Dat ic over waer niet en bediede /

Vs. 2303. B. hetet. V. Ic waent ment heet c. H. Want et heet. J. heet. | 2304. B. soo
hoet ga. H. ho. J. Ende dit es w. h. soot ga. | 2305. G.V. ic weet. | 2306. G. ijsvo-
ghel. B. ys vogle. V.J. Dats datm. den hijs vogbel (ijsvoglen) h. H. Is d. m. ysvogel.
| 2307. B.G.V. scoenre. H. scoenre manire. | 2308. G. roet. B. geleroet. H. Groen,
gelu, roet menigertire. J. m. tiere. | 2309. G. up. H. Siemen. J. Sietm. vter sonnen
bl. | 2310. G. . . . . dinct mi den saphier gh. B. gelicken. V. Soe dinket d. safier.
H. safire. J. Het dinct d. saffieren gh. | 2311. B. dine. G. . . . . voet en heeft n. V. Elken
v. ne hevet. H. die en heeft niet me. J. heeft. | 2312. G. . . . . crumme clawen alleene
tw. B. allene. H.V.J. allene crom. (V.J cromme) clawen tve (twee). | 2313. G. . . . . bec
es c. V. Sijn becsin es c. ende r. H. is crom eñ recht (sic !). J. beclijn. | 2314. G. . . . . vis-
sche gh. V. vissceline gheneert. H. visscelkijn geneert hi hem. B. vesschelk. J. vis-
scelk. gheneertel h. | 2315. G. esst (sic). gh. d. watre. V.J. ist (eist) gaerne d. watre
H. Des eist g. den water. | 2316. B. derde. G. . . . . erde so broeden si. V.J. In daerde
so broeden si. | 2317. H. Daer hi holen mitten b. V. holen. | 2318. B.G. die erde ut
(ute) tr. H. entie eerde. V. aerde. J. aerde ontrecken. | 2319. G. vogle. V. dese vo-
gle s. lieden. H. vogel. | 2320. B. vor war. G. nietne. H. verwaer niet bed. V. niene
bedieden (sic). J. Dattic (en ontbr.).

Eñ niet en weet oft es gheloghen :

Es hem sijn vel af ghetoghen /

Eñ an ene want ghesleghen /

Dattet alle iare sal plegghen

2325 Te vermutene / in der ghebare /

Alse ofte tvoghelkijn levende ware.

Isopis es een voghelkijn mede /

Die oec gheerne sine stede

Neemt bi lopenden waterkine ;

2330 Om te vane visschelkine ;

Een deel smart / wit op den staert /

Dat dicke op eñ neder waert

Met sinen steerte slaet daert sit.

Al pipende so vaert dit /

2335 Ende meent die ghene wel /

Die in dese werelt fel /

Die onghestade es als die beke /

Hem gheneeren sonveleke /

Eñ sijn vervaert in haren sin :

Vs. 2321. G. [Eñ nie]tne w. V. nine weet. H. is. B. en *ontbr.* J. Ende ic ne weet.
| 2322. H. Is. V.J. of ghet. | 2323. G.J. enen weech gh. V. Ende an enen weech gh.
H. geslagen. | 2324. G. .... het alle jaere. V. Dat het alle iaer. H. Datter (*sic*) alle iare
plegen (sal *ontbr.*). | 2325. V. ghebaren. V. Te vermuten in die g. J. verniewene inder
gh. | 2326. G. oft. V. Als of. H. Als oft v. J. Als oft al lev. w. | 2327. G. ...dis es een vo-
ghel m. H. is een voegel m. V.J. Isopigis es een vogel m. | 2328. H. gaerne. J. oec
nere in sine st. | 2329. G. loep. V. lopende. H. waterkijn. | 2330. V.G. vissc(h)elkine.
B. had vis... *begonnen en herschreef* ves .. (vesscheline). H. visscelkijn. J. Omme. |
2331. B. swart op den start (wit *ontbr.*). G. suart, wit upten steert. V. zwart wit up
d. st. H. suart ist opten st. J. opten st. | 2332. B. dicken — ward. G. up eñ n. vaert.
V. dicken up ende n. J. vaert. | 2333. B. starte sl. dart s. G. steerte slaetd d. s. V. sterte.
H. Mit s. sterte. J. staert sl. | 2334. B. vard. G.V.J. so vlieghet d. | 2335. B. Eñ. G. de-
ghene. V. die ghone. | 2337. G. alse. H. De ong. is. J. Die, *in 't begin*, *ontbr.* |
2338. B. geneerd. V. sonderl. H. geneert. J. Ende hem gheneren. | 2339. B. Eñ ver-
vard es in sinen s. V.J. Eñ (Ende) verv. sijn. H. Eñ verhart is in sinen sinne.

2340 Want si niet ter werelt in

Vinden dat gheburech si/

Dies beven si dicke/ owi!

Nochtan die arme lijfneere/

Daer si an setten haren gheere/

2345 Doetse minnen die lopende beke/

Daer si in leven sorghelike.

.J. gaet ute/ hoort hier na

Voghele namen die sijn in .K.

K Ilicdomos/ lesen wi/

2350 Es een voghel in Endi.

Teerst dat hi ter werelt baert/

Vlieghet hi ter sonnen waert

Int Oostende/ daer si op baert;

Eñ alse si keert ten Westen waert/

2355 So keert hi hem mede albaer.

Sijn leven dan es maer een iaer.

Vs. 2340. H. inne. | 2341. B.H. Winnen dat ged. (gedurich) si. V. Niet vinden d. gedurich si. J. Ghevinden d. gheduerech. | 2342. B. dicken bedi. G. Dat doese beven dicke bedi. H. Des bleven si dicke bedi. V. dicken owi. J. bedi. | 2343. B. lijfnere : gere. V. daerme lijfnere. J. daermen lijfnere. | 2344. G.V.J. an legghen h. gh. | 2345. B. Doense. V. Doese. H. Doen si m. d. levende b. G. loepende. | 2346. H. se-kerlike (*sic*). | 2347. G. nu volgheter na. V. Van .I. gaet ute hort hir na. H. wt hoert hijr na. B. hort hir. J. Vander .I. gaet vte hort. | 2348. G. Der vogle namen in .K. V. voghels n. H. vogel n. de sijn. J. Voglen. | 2349. B. Kilicdomos lese wi. G J. Ki-liodromos lese wi. H. Kilirdomos lese wi. V. Kyliodr. | 2350. H. Is. *Allen* Endi; *elders meermaels* Indi. | 2351. B. Tierst — bard : ward. | 2352. G.V.J. So vliech (V.J. vlieghet) hi. | 2353. B. Int Oest ende dar sie op vard. G. Int Oesten daer soe up vaert. V. Int tOestene daer soe up vaert. H. Int Oest eñ daer hi opvaert. J. Int Oostene. | 2354. B. sie keerd ten Weesten ward. G. Eñ alsoe k. V. Ende als soe. H. Eñ alshi k. J. Ende alsi k. t. Westen neder. | 2355. B. keerd. G. hi hem oec mede. J. hi hem mede weder. | 2356. G. leven es waer een j. ('*t woord leven was eerst over-geslagen en werd door dezelfde hand tusschen de regels aengevuld*). V. es w' (*sic*, = waer, *gelijk het in* G. *voluit staet*). H. is mer een. *Allen* dan es, *verdeeld; ik verwachtte* dat nes *of* dans. J. dat nes mar; *dus hetgeen ik verwachtte.*

Binden iare / eer hi fterbet /

Wint hi twee ionghe / dus ne verderbet

Sijn gheflachte niet al van.

2360   Sijn bleefch es ghefont elken man :

Hets goet ieghen tgrote ebel gheten ;

Want het verbzibet / alfe wijt weten ;

Eñ ieghen menech ebel groot

Eeft oer herbe goet ter noot.

2365   **K**m / fpzeect Ariftotiles /

Dat een groot ftarc boghel es /

Eñ die gheene felheit hebet /

Els van hi bi pzoyen lebet.

Ghebogherch es hi / hozic fpzeken /

2370 Den boghelen die op hem fteken.

Nerenft es hi eñ goet

Om te boebene fijn bzoet /

Eñ anbze boghele ionghe mebe ;

Want een aer es van quaber febe /

Vs. 2357. G. Binnen den j. alse hi. H. Binnen den i. | 2358. B Wind hi twe ionge
G. Winnet hi tuee j. H. ionghen dus en verd. J. Wint hire .II. dat het verdervet. |
2359. G. àl dan. | 2360. B. gesond. H. vleis is g. | 2361. G. tgroete. V. Ets g. iegen
groot ev. H. Ets g. i. tgroet ev. gegeten. J. Hets ieghen tgroot ev. goet gheten. |
2362. G.V. verdrivet (al) wilmen weten. H. Want et verduwet als wi w. B. verduwet.
J. verdr. wilmen weten. | 2363. B.G. groet : noet. V. Ende i. menich. H. menich. |
2364. B. Soe eest h. g. G. Eist oec dore g. V. So ist dure g. H. So est harde. J. So
eist duere g. | 2365. J. Kim. V. spreict Alebrechtes (sic). | 2366. G. groet sterc.
V. groot ontbr. J. staerc. | 2367. G Eñ ne ghene, *doch met eene van ouds er boven
bijgeschreven* e : ne gheene. V. die gene. H. Entie en gene felheyt. J. ghene f.
heeft. | 2368. B.V. proien. G. proeien. H. Anders dan hi bi proien. J. proien leeft. |
2369. G.V. Ghedoechsam (Ghedochtich) es hi. H. Gododich is hi. J. Ghedogheleec. |
2370. H. Die vogle. V.J. voglen. G. up. | 2371.V. Narenst es hi ende g. H. is. J. Naern-
steleec es hi ende vroet. | 2372. H. voeden. J. Omme. | 2373. G. and're (sic) vogle.
V. Ende ande (sic) vogle. H. ander vogle. J. voglen ionghen. | 2374. G. Want een
aren; *van de eerste hand* Wan. H. een aern is v. quaden s. V.J aren.

2375 Die tilike / als men spreect /
Sine ionghe uten neste steect /
Want si hem vernoyen te voedene /
Te verwarmene eñ te bzoedene :
Kym ontfarmets alse hise siet cranc /
2380 Eñ voetse sonder danc.

Ay! ghi edele ridderen / ghi heeren /
An desen boghel soudi leeren !
Ghi levet bi der pzoyen mede /
Dats bi der armer liede lede :
2385 En sijt niet onhovesch in die pzoye ;
En verliest niet die langhe ioye
Om deser werelt eere cranc ;
Verbzaghet dat arme volc ghemanc /
Alse kym doet / daer wi af spzeken /
2390 Die vogle die op hem steken.
Doet oec / na des boghels sede /
Verbzevene arens ionghe mede :
Dat sijn helpelose adelinghe.

Vs. 2375. V. Die te tiliken a. m. spreict. H. De til. J. tideleke. | 2376. G. uten neste. V. uten neste steict. H. Sijn ionc wt sinen n. B. ute sinen n. J. ionghen. | 2377. G. vernoeien. B.V. vernoien. H. voden. | 2378. G.V J. Eñ te bewaerne eñ te br. H. Te bewaren eñ te broeden. | 2379. V. als hise. H. Kim ontfarmts alshise. *Dit se staet in de plaets van een uitgeschrapte* s. J. Kim ontfaermets als. | 2380. V. Ende v. J. Ende v. sonder sinen d. | 2381. G. riddren. B. gi — gi heren : leren. V. edel r. „ghi heren : leeren. H. ghi e. riddere, gi heren. J. edele ridders, ghi heren. | 2382. H.J. soudi keren. | 2383. G. leeft bider procien. B.H.V. proien. J. proie. | 2384. G.V. armer menschen lede. H. armer lude l. J. aermer. | 2385. G. Ne sijt n. o. inde proeie. B. proie : ioie. H. Pinst; sijt niet onhoesch in die proie. V.J. Ne siet (sijt) niet onh. inder proie. | 2386. G. Ne v. n. de langhe joeie. V.J. Ne v. n. die langhe yoye (ioie). H. lange goie (*sic*). | 2387. B.H. Om dese werelt cranc. V. dese w. here. G. eere. J. Omme dese w. die es cranc. | 2388. G.V. dit arm (arem) volc. J. dit aerme. | 2389. V. Als — of spr. H. Als. J. Als kim — of. | 2390. G. up. H. de op. J. Den voglen. | 2391. B.G. Voed. J. voghes. | 2392. V. arems. H. Verdreven. J. ionghen. | 2393. G. *Eerst* epelose, *verbeterd* helpelose, *en op den kant* helpellose ; *voorts* edelinghe. V. elpelose ed. H. hulpelose ed. J. helpeloselinghe.

Helpt dat mense daer toe bzinghe /
2395 Dat si niet en comen te valle :
Dat sijn dogheden / daer ghi alle
Bi sout regneren emmermeere
Voz Gode in der werelt eere.

KArkolas es bekent
2400 Een voghel in Ozient /
Scalc / alse Aristotiles seghet /
Die gheerne der lederheiden pleghet /
Eñ gheerne wint hi ionghe niet ;
Doch ombat Nature ghebiet /
2405 So noot hi te somegher stont ;
Eñ alse der sie dan wert cont /
Dat si met eieren es beveft /
Teghet sise in der wilder duven nest ;
Dus moet die dube voeden daer
2410 Dat hare niet bestaet een haer.

Vs. 2394. H. daer to. | 2395. G. niet ne. J. niet ne. V. niene. H. niet comen. |
2396. G.V. Dit s. doghede. B.H. gi. J. Dit s. doegheden. | 2397. G. soud. B. soud r.
embermere. H. regnieren ummermere. J. —mere. | 2398. B. in die w. ere. G. Vore
Gode. H. Van Gode eñ die w. ere. V. ende die w. J. Vor Gode Onsen Lieven Here. |
2399. G.V.J. Karkolas dat es b. B.H. Karolus. | 2400. J. Dat es .I. voghel. | 2401. G. Scalc
es hi, Ar. s. B. Scalch. V.H.J. als. | 2402. G. Dat hi der ledecheit gherne pl. V. gh'ne
ledicheden. H. gaerne d. ledicheden. J. gaerne ledichede. | 2403. G. Eñ ionghe ne
wint hi gherne n. B. wind. V. Eñ gh'ne ne winnet hi. H. gaerne w. bi. iongen n.
J. Ende gaerne winnet ionghen n. | 2404. G. ghebietd. B. om dat. J. Omme dat. |
2405. B. meneger stond. C. Ghenoet hi te soemegher st. V. So noot soe ter somigher
st. H. noet hi te menigher st. | 2406. G. der soe d. werdet c. V. als soe danne wort c.
H. als dier si dan w. c. *De r van dier is later bijgeschreven en naer allen schijn
door eene andere hand.* J. als der sien d. wort c. | 2407. G. Dat soe met eyeren es b.
V. soe met eyer wort b. H. mit eyeren is b. B. Dat sie m. eieren es gevest. J. met
eye es b. | 2408. B. der welder d. G. soese in wilder d. n. V. Leit soe in wilder d. n.
H. Dan leget si sie inder wilder d. n. J. So leghet sise in wilder d. n. | 2409. G. broe-
den daer. H. Dus moetie duve. | 2410. G. nietne bestaet. H. Dat har niet b. J. bare
bestaet niet een haer.

Komar/ spreect Aristotiles/
Dat een voghel in Arabien es/
Eñ een boschvoghel/ die meest wint/
Boven allen voghelen die hi kint;

2415 Want vijf warf ofte sesse int iaer
Wint hi ionghe/ dat es waer/
Eñ dit ne doet gheen ander el.
Eñ dits te wonderne also wel/
Dat hi gheene brucht ne winnet/

2420 Eer hi an den hemel kinnet
Sterren risen/ die die macht
Hebben van te ghevene bracht;
Eñ alse hi die sterren siet risen/
So noot hi na siere wisen.

2425 Kiches/ spreect Aristotiles/
Dat oec mede een voghel es/
Die menegherhande soen gheeft uut;
Want elcs daghes verwandelt sijn luut.
Van hare eñ van wollen es sijn nest/

Vs. 2411. H. Kamor. V. spreict. | 2412. G. Datd een v. in Arabia. V. Arabia.|
2413. B. bosch vogel die sere wind. G.V. Eñ es een (vogel) die meest winnet. J. Ende
es een voghel d. m. winnet. H. de meest wint. | 2414. B. kind. G.V.J. Van allen bosch
(V.J. busch) voglen diemen kinnet. H. voglen. | 2415. V. waerf of. H. of. J.V. wer-
ven ofte .VI. | 2416. G.V. Winnet hi. B. ioncge. H. iongen, d. is. w. J. ionghen. |
2417. G. negheen voghel el. V. dit en doet gheen anders el. H. negeen ander el. |
2418. G.V. Maer dits. H. te wondren. J. Mare. | 2419. G. negheene vr. en w. B.H gene.
J. ghene. | 2420. G.H.V.J. inden h. | 2421. G. die de m. H. die den m. | 2422. H. van-
den genen dracht. J. cracht. | 2423. B. sterre. H.V. als hi. | 2424. G. So ghenoet hi
na sire. B. noet hi. H. noet hi na sire. V.J. sire. | 2425. V. Kyches spreict. H. Kites
sprect. J. Kithes. | 2426. G. mede *ontbr.* B. en vogel. | 2427. G. menegherande.
V. menichrande. H. menegerande luut. B. gest. | 2428. G. elkes. V. elxs d. wandelt
hi sijn geluud. H. elx. J. Elx iaers v. (Want *ontbr.*). | 2429. G.V.J. Van hare, van
wullen (V. wulle. J. wolle). H. is.

2430 Op hoghe bome ghebeſt /
Eñ daer onthout hi ſijn bꝛoet.
Alſe die eeklen ſijn ripe eñ goet /
So gadert hi ſpiſen ghenoech
Cetene na ſijn ghebaech.

2435 Alſe ſine ionghe op ſijn comen /
So dat ſi boghen te bꝛomen /
Houden ſi ledech ende voeden
Vader eñ moeder / ende bꝛoeden
Die hem ſelven van van ouden

2440 Voeden ne connen no ghehouden.
Doꝛper menſche merct hier op wel!
Hier gaet uut .K. hooꝛt booꝛt van .C.

Larus / alſe die gloſe ſeghet /
Die op Moyſes boeke leghet /

2445 Es verboden in doude wet
Cetene. Van hem es gheſet /
Dat hi pꝛoyet in ſiere vlucht /

Vs. 2430. G. Boven upte boeme gh. V.J. Boven op bome (bomen). H. Op hogen bomen. | 2431. G.V. Eñ (Ende) daer so houd (hout) hi. B. onthoud. J. d. hout hi. | 2432. G. eekelen s. rijp. B. eklen. H. Eñ als d. eclen s. rijp. V. ekelen. J. Als d. ekelen s. rijp ende g. | 2433. B. spisen. G. spise; *beide* gnoech. V. spise. H. gaderthi. | 2435. G.V. up. J. Als s. ionghen. | 2436. G.V. Soe (So) datsi hem selven leven te vromen. J. dat si hem selven vromen. | 2437. B.H. sise ledech (ledich) eñ v. V. Houdsi ledich eñ v. J. ledich. | 2438. B.G. Vader, moeder ende broeden (eñ broeder.) J. ende — ende. H.V. eñ broeden. | 2439. H. De hem. V. van houden. | 2440. G. Voeden moghen (ne *ontbr.*). V. Voeden ne moghen noch g. H. noch geh. (ne *ontbr., als ook in* B.). J. ne moeghen noch houden. | 2441. G. Dorpre m. merct dit wel. V. marc hir up. B. merct hir. H. hijr. J. mensce. | 2442. G. .K. gaet ute, hoert vander .L. B. hord vord. H. Hijr g. wt .K., hoert voert. V. gaet ute .K., hort vort .L. J. gaet vte .K., hort vander .L. | 2443. B. *door vergissing* Karus. G. Laurus — gloese. H.V.J. als. | 2444. G.V. up. H. De op M. boke. | 2445. B. verboeden. H. Is verboeden. | 2446. H. is. J. Tetene, die van hem es. gh. | 2447. B.H. proit in sire. G. proeit in sire. V. proiet in sire. J. proiet in sine.

Beide in watere eñ in die lucht;

Eñ bediet den dubel wel /

2450 Die emmer den menschen es even fel /

Weder si leiden heilech leven /

Vaer si met Gode om sijn verheven

Alse boghele die in die lucht vlieghen;

Oft weder si hem laten bedzieghen

2455 In dit wandel eertsche goet /

Wat bediet es bi der bloet :

Op hem allen groot eñ cleine

Set hi sijn pzoyen ghemeine

Dese helsche larus / alse diet al

2460 Bzinghen wille in sinen bal.

Lucidius / seghet Solijn /

Es een boghel; die name sijn

Die es ghemaect van den lechte.

Sine bedzen scinen rechte

2465 In donkeren nachte gheltic den viere.

Vs. 2448. G. Beede te watre ende ter l. H. Bede in w. eñ in l. (die *ontbr.*). V. Bede int water. J. Bede int water ende inder l. | 2449. B. die duvel. G. bedietd. V. dievel. | 2450. B. ember (den menschen *ontbr.*). G. altoes den mensche es f. H. Die emmer altoes is fel. V.J. Die hem allen emmer es f. | 2451. G.V. Weder si leeden (leden) h. (heilich) l. H. De leeden wil heylich l. B. Die leiden wille. J. leden heylichlijc l. | 2452. G. ombe sijn v. H. mit. J. omme. | 2453. G. Alse vogle si inde l. vl. B.H. vogele (vogle) in die l. (*het eerste* die *ontbr.*). V. vogle. J. Als voghelen in die l. vl. (die *ontbr.*). | 2454. G. Oft *ontbr.* H. Of. V.J. Iof. | 2455. H. ertsce. V. aerdsche. J. wandele aertsce. | 2456. G. bedietd. H.V. bediet ons bi d. vl. | 2457. G. cleene. V. Om hem — clene. H. clene. J. Omme hem — clene. | 2458. G.V. ghemeene. B. sine proie. H. sine proie gemene. J. sine proie ghemene. | 2459. B. alse *en* helsche *ontbr.;* *maer achter den regel staet om dit laetste te vervangen,* ertsche *bijgevoegd.* G. helsche laurus alse diet al. H. Dits ertsce larus als diet al. V. elsche l. als diet al. J. als diet al. | 2460. G. wilt. H. Brengen wil. V. willen. | 2462. J. Es den v. | 2463. G. lichte : richte. H. De is g. v. d. lecht : recht. | 2464. J. sijn rechte. | 2465. G. donk're nacht. H nacht. J. donker nacht.

Dies eest der ganghers maniere /
Die bi nachte willen pinen
Te liden dor donkere woestinen /
Dat si des boghels bedzen bzaghen /
2470 En ben nacht baer mede beriagen.

Plinius spzeert in die boeke sine /
Dat in Germanien die woestine /
Dats dat nu Almaengen heet /
Selke boghele togbet ghereet.

2475 Lucinia / als ons doet verstaen
Sente Ambzosius van Milaen /
Es een boghelkijn dat bzoet
Sine eier nachts en behoet /
En singhet ben nacht al durenture
2480 Sonder slaep / dats sine nature ;
Oec schint of Sente Ambzosius spzake /
Dattet singhet om die sake /
Dat met sinen soeten sanghe
Sijn bzoet leven baer af ontfanghe :

Vs. 2466. H. Des eist d. gangres. V. es het. J. eist der gansen ! | 2467. H. De.
J. willen pipen pinen ! | 2468. G. dore donkeren w. H. wost. V. Te liden doer donk' w.
J. duer die donkere w. | 2469. V. vedre. J. vederen. | 2470. G. dien nacht der m.
H. Entien n. V.J. Ende die n. | 2471. G. inde b. H. inden boke sijn. V. spreict. J. boeken. | 2472. G. de woest. H. wostijn. J. in Germania in die w. | 2473. H. dat Alm.
nu heet. V.J. Dats ontbr.; de rest als H. | 2474. V.G. Sulke vogle t. (toeghet) gh.
H. Zulke vogle togen g. B. Vogele wonen g. J. Sulc voghel. | 2475. B.V.J. Lucina.
| 2476. G.V. Ambrosis v. Melaen. H. Melaen (Sente ontbr.). J. Ambrosis v. Mylaen. |
2477. G. broedt. | 2478. G. Nachts sine eyer vaste en hoedt. V. Sine eyer nachts
vaste en hoet. H. Sijn eyer nacht. J. Sijn ey n. ende vaste hoet. | 2479. B. duren
dure. V.J. de (die) n. aldure enture. H.G. sinct (singt) d. n. aldorentore (— ure). |
2480. H. slapen. J. slapen dits. | 2481. G. Ambrosis. B. ofte. V. Oec dinct of Sinte
Ambrosis. J. Ende dict (sic) als S. Ambrosis. | 2482. B. Oft et singet. V.G. Dat het
(sinct) singt. H. Datter s. J. Omme. | 2483. G.V.H. Omdat met (mit). J. Omme dat.
| 2484. G. Sijn br. doet leven ontfanghen. V. leven dar ontfanghen. H. tleven. J. of.

2485 Eñ ditg te wonderne feere

Eñ niet te twiuelne min no meere;

Want menech meefter eñ Sente Auguftijn

Segghet ouer waerheit fijn

Dat felve mede van den lyoen;

2490 Dit wille die Nature doen.

Linacos/ fpreect Ariftotiles/

Eg een boghel/ deg fijt ghewes/

Die feere fcarp eg in fijn fien.

Uerre manieren defe vogle plien/

2495 Eer hare ionghe plumen begonnen/

Dat fife ter claerheit van der fonnen

Keeren/ om te fiene daer in;

Eñ welc haerre/ dien meer ofte min

Sine oghen tranen/ cleine of groot/

2500 Die moet daer ontfaen die doot;

Dandze voet hi fo hi mach beft.

Bi der zee eg deg boghelg neft/

Vs. 2485. V. J. Ende dit es te w. (wonderen) sere. H. te wonderen sere. | 2486. V. Ende niet te tvivele. H. te twivelen. | 2487. V. menich m. eñ S. Austijn. H. mennich m. | 2488 G. Segghent. B. H. Seget o. warheid (Wareyt). V. J. Segghen. | 2489. G. Dit selve oec mede v. d. lyoen. V. Dit s. m. vanden lyoen. H. van dien lyoen. J. Dat selve wille vanden lioen. | 2490. G. V. J. Dus wille der naturen d. | 2491. H. Linatos. V. Linatos spreict. | 2492. H. Is. J. dies sijt. | 2493. H. De sere sc. is. V. sere sc. se in sien (sijn *ontbr.*). J. Sere scarp in sijn sien; *niets meer.* | 2494. V. G. Deser manieren (maniere) vogle. J. Deser manieren voghelen. H. Deser maniren. | 2495. G. beghinnen. J. Eeer (*sic*) h. ionghen. | 2496. G. Dat sise ter sonnen lucht bringhen. B. Datsi die clarheid. V. Datse der cl. H. Dat si de clareyt. | 2497. B. Kere. H. Deren. J. Keren omme te sien. G Om te siene d. in (Keeren *ontbr.*). V. der in. | 2498. B. barre die. G. Eñ esser enech dien m. of m. V. Ende sulc hare d. m. of m. H. Eñ wilchore de m. af min (*sic*). J. Ende sulc haer die m. of m. | 2499. B. ofte groet. G. oegben tr. cleene. H. V. J. clene. | 2500. H. daeraf ontf. de doet. V. moet der ontf. B. de doet. | 2501. G. voedt hi mach b. (so hi *ontbr.*). H. V. Dander voethi (v. h.). | 2502. B. Bider see es deser voglen n. H. is hor nest.

Want hi hem bi der zee gheneert /
Daer hi visschelkine verteert ;
2505 Eñ alse hi boven hangt in die lucht /
Die vogle onder hebben bzucht /
Kisen si / dat mense banghe ;
Eñ buken int water so langhe /
Dat si verbzinken eñ boven bziven :
2510 Dan eet hise / dus hozen wi scriven.
Dit schijnt een deel oppenbare /
Oft eerhande aren ware.

Lagopus mach / na tlatijn /
In onse dietsch hasenvoet sijn ;
2515 Want daer si in plumen staen /
Sijn si alse hasen voete ghedaen :
Ruwe voete sekerlike.
Dits die scovut pzoperlike ;
Beide in haghen eñ in holen
2520 Leit hi sijn bzoeve lijf verstolen /

Vs. 2503 H. si hem bider z. B. Want die vogel hem bider see g. G. bider voghel
gh. V.J. biden vogle (voglen) gh. | 2504. G. Die vissche hi oec inde zee verteert.
V.J. Die vissche (visscen) in die zee v. B. vesschelkine. | 2505. G. hangt inde lucht.
V. Ende als hi. H. alsi b. banct. B. hanget. J. als — banghet. | 2506. J. voglen on-
der hem hebben. | 2508. V.J. Ende d. | 2509. H.J. verdrenken. | 2510. B. Dan et hise,
hore wi scr. G. Die ethi dan, dus borewi scr. V. Die heet hi, dus horen wi. H. etet
hise dus hore wi. J. Die et hi dus hore wi scr. | 2511. *Allen* openb. | 2512. G.V. Alse
(Als) oft eerande (erande) aren w. B. erande aer w. H. erehande aern. J. Als oft
eerhande ware (aren *ontbr.*). | 2513. B.G. Lagepus m. na dlatijn. H.V. Lagepus m.
naet l. (na tl.). J. in latijn. | 2514. B. hasen voet. G. hasevoet. V. diechs. H. Na onse
dutsch een hasevoet. | 2515. G. inde plumen. V. inden pl. J. in die pl. | 2516. V. als
hase voete. H. hasevoet g. J. als hasen voeten. | 2517. G.V. Des voghels voete sek.
H. Dese vogel sek. J. Des voghels voete ende sekerl. | 2518. G. Dit es die scovut waer-
like. V.J. Dit es die scuwut (scuwuut) pr. H. Is de scuufwt prop. (Dit *ontbr.*, *in*
welks plaets de voorgaende var. Dese vogel *heeft*). | 2519. G. Beede. H.V.J. Bede.
| 2520. B. Leid hi s. drove. H. Leyt hi s. drove. V.J. Leet hi.

Eñ eet sine proye alleine.

Men bintse wel na al ghemeine

Also groot bi na alse die aren /

Met plumen berlaben te waren.

2525 Si sijn oer ghehoꝛnet mede.

Sijn opsien eꝗ wonderlijchede :

Sine oghen root alst ware een bꝛant.

Hi eꝗ alre voghele viant;

Want si na hem stekenꝗ plien /

2530 Om dat sine bi baghe selben sien.

Hier gaen ute die namen in .C. /

Dan .M. berstaet die waerheit wel.

Malbuꝗ / alse wi wanen wale /

Eꝗ die wuwe in onse tale;

2535 Crom ban becke eñ crom ban boeten /

Maer niet starcꝗ bar si ghemoeten :

Vs. 2521. G.V. proeie (proie) alleene; B. proie; H. allene. J. Ende oec sine proie allene (et, *welk al de anderen hebben, ontbr.*). | 2522. B. vindse. G. wel na ghemeene. V. wel naer al gemeene. H. alle gemene. J. ghemene. | 2523. G. Alse groet. V.J Alse gr. bi na (bina) als. | 2524. H. Mit. J. gheladen. | 2525. G.V. Van plumen ghehornet (gheborent) m. *J. heeft dit vers niet. Zie de volg. variant.* | 2526. G. upsien. V.Sijn upsien dat wonderlichede. H. is wonderlichede. *Na dezen regel schuift J. er een nieuwen in, ter vollediging denk ik, van het rijmpaer:*

Want hire enen vervaert mede.

Zie de voorg. var. | 2527. G.H. Sijn oeghen roet alse (alst w.) een br. V. Sijn oghen. | 2528. G. alder vogle. V. alde vogle. H. is. J. alder voglen. | 2529. J. si hem na. | 2530. G.V. Omdat (Om dat) sine daghes s. s. B. Dat s. (Om *ontbr.*). J. Omme dat sine. | 2531. B. Hir gaet ute namen. H. Hijr g. wt namen. | 2532. G.H.V. die namen wel. J. Vander .M. verst. die namen w. | 2533. H.V. als. J. Milius als. | 2534. G.V. Dats die wuwe (wouwe). H.J. Es de wiwe (Dats die wouwe) in onser t. | 2535. B. Croem becte eñ cr. G. Crum v. becke eñ van v. H. Crombect eñ cr. v. v. V. Crum becte eñ van v. J. Crom becte ende voeten. | 2536. B. strax. V. dar soe. H. Mer niet sterts (*sic*) daer si g. G. niet starcst. daersi ghemoeten. *De stip achter starcst geeft het HS.; dan wordt daer eene conjunctie (= dewijl).* J. Niet staerc daer si ghem. (Maer *ontbr.*).

24

Hinnen / kiekine / vogheline /
Daer an setten si hare pine.
Dinc / die niemanne mach comen te baten /
2540 Die men uut werpt op der straten /
Daer af maken si hare spise.
Plinius spreect / die meester wise /
Dat hare levere braghet medecine.
Die wulwe pleghet bout te sine
2545 Ieghen voghelkine cleine /
En blode op die grote ghemeine :
Sie vliet den cleinen spereware.
Dit es een wonder van hare.
Aristotiles die seghet /
2550 Dat eerhande wulwe pleghet /
In die ioghet van haerre iouen /
Dat si voghele vaet in prouen ;
Daer na croenghen / daer na blieghen ;
Int ende sterftse / sonder lieghen /
2555 Van honghere / die haer gaet an /

Vs. 2557. G. voghelkine. V. Henne, k. eñ v. H. Hennen, kuken eñ vogelkine. J. Hennen, k., voghelkine. | 2558. G.V. Daerna setsoe. H. Daer aen (*sic*). J. Daer na setten si. | 2559. G. die nietne mach. B. mah. V.J.H. die (H. de) niet mach. | 2540. G. Diemen werpt upter str. V. up. H. opterstr. J. wt worpt inder str. | 2541. G. maecsi. V.J. of. | 2542. B.H.V.J. meester *ontbr.; voorts* V. spreict; H. de wise. | 2543. B. levre. H. har lever dracht medic. J. levre draecht. | 2544. B. boud. V.J. wouwe. H. De wiwe pl. bont (*sic*). | 2545. G. die vogh. cleene. V. die vogheline clene. H. Thegen (*sic*) v. clene. J. Tieghen v. clene : ghemene. | 2546. G. bloede upte groete ghemeene. B. bloede—groete. V. bloet up d. gr. ghemeene. H. bloede — gemene. | 2547. G. Soe vl. den cleene sparew. V. Soe vl. d. clenen. J. Hi vl. d. clenen sparew. H. clenen sperew. B. sperw. | 2548. G. van hare. V.J. van vare, *wat ik volgde.* B. Eñ dit is—van hare. H. Eñ dits — van hare. | 2549. V. Aelbrecht. | 2550. B. erande. V. eenrande ; *ook* H., *waer voorts naer gewoonte* wiwe. J. Die eerhande voghel pl. | 2551. G. Inde i. v. harre ioeien : proeien. B.H.V. v. hare ioien. J. iueghet van sire ioie. | 2552. G V. Dat soe vogle. H. vogle. J. Dat hi voglen v. in proie. | 2553. J. croongen. | 2554. B. sterft sie. V. Intende stervet soe. H. stervet si. J. eynde stervet hi s. l. | 2555. G. hongre d. hare. J. hongher die hem g. an.

Want si hare niet gheneeren en can.

Agnales/ spreect Aristotiles/
Dat eerhande boghel es/
Groot alse die ghier of die aren/
2560 Die hem gheneeren te waren
Metten visschen in rivieren.
Si sijn van rober manieren
In hare plumen/ alse wi merken;
Swart van voeten eñ van becken.

2565 Elancoziphus/ alse ons seghet
Plinius/ daer dit in leghet/
Es een vogelkijn niet groot/
Dat seere wast in sijn ghenoot;
Want boven .XX. winnen si al/
2570 Eñ emmer oneffene int ghetal.
So nerenst en es gheen boghelkijn
Om te voedene die ionghe sijn:
Dat mach men an die meneghe sien;
Nochtan alsi te blieghene plien/
2575 Eñ si volghen uten nesten

Vs. 2556. G. soe hare. B. generen. V. Want soe h' niet generen can. H. si har.
J. hi hem gheneren niet ne c. | 2557. V. spreict. H. Aristitotiles. | 2558. B. erande.
V. eenrande. | 2559. B. ofte. V.H. als. J. als d. gh. ofte aren. | 2560. B.J. g(h)eneren.
H. De hem g. twaren. | 2561. J. visscen. B. vesschen inder riv. H. Mitten v. in rivi-
ren : maniren. | 2562. G. roeder. | 2563. B. merken. H.V. har (haren) pl. als wi mer-
ken. J. haren pl. als. | 2564. B.H.V. vlerken. | 2565. H. Melarcorsus als. B. Melan-
corfus. V. als. J. Melancorifus als. | 2566. B.H. Daert in l. | 2567. H. is. V. voghelijn.
| 2568. V. sere wasset. B.H.J. sere. | 2570. B. ember onneffene. V. onneffene. H. on-
neffen. | 2571. B. nernst. G. neernst. V. So narenst so nes gh. vogelijn. H.J. So n.
(neernst) so nes vog(h)elkijn. | 2572. G. de kindre sijn. V.H. die (de) kinder. J. Omme
te voeden d. kinder. | 2573. G. ande m. B. menechte. V. menige. | 2574. B.H. Want
alsi. | 2575. V. Ende si — neste.

Der moeder / sijn si bet ten besten /
Eñ bolghen naer / na hare wise /
Vader eñ moeder om hare spise
Met ere herde groter scare /
2580 Alse ofte ene scole vogle ware.
Dese sijn ter proyen ghegheven
Den starken voghelen diere bi leven.

Mozper es een swart voghel
An plumen / eñ an bec / eñ an vloghel;
2585 Van clauwen scarp eñ van becke :
Een bastaert aer eest / als ic mecke.
Hi gheneert hem in rivieren
An vissche na stere manieren.
Al gheneert hi hem int water best /
2590 Op bome maect hi sinen nest /
Eñ voet met visschen sine ionghe;
Eñ alsi comen ten eersten spronghe
Om te vlieghene / sijn si verladen /

Vs. 2576. G. sijn si verre t. b. B. si sijn vord t. b. H. sijn si voert. | 2577. V.J. Ende v. na hare w. H. v. na hare wisen. *Deze drie HSS., als ook* B., laten naer achter. | 2578. G. Omme spise, *als mede* V.J. *waer verder ende voor* eñ. H. moder om spisen. | 2579. B.J. ere herder gr. G. harde groeter. V. ere harde. H. eere groter (harde *ontbr.*). | 2580. G. Alse oft. V.J. Als oft een (ene) sc. voglen. H. Oft (Alse *ontbr.*). | 2581. B.J. proien. G. proeie. V. ten proien. H. te proien. | 2582. G.H. sterken voglen dierre (dier). B. dire. J. staerken die hier l. (voghelen *ontbr.*). | 2583. G. een harde suart. V. een uutsw. H. is. J. wt swaert. | 2584. G. An bec, an plumen eñ an vl. H.V. An pl., an bec eñ. J. An pl., an becke ende. | 2585. G. scerp. B.V. clawen. H. clawen starc. J. clawen scaerp. | 2586. G.V. Een scolf aren eist (est). B. bastard. H. bastaert aern ist. J. scolvaert eist. | 2587. B. genert. H. riviren : maniren. J. Die gh. | 2588. B. vessche. G.J.V. Met visschen (V. vissche). H. vissce. *Allen* sire. | 2589. B. geneerd. G. te watre. | 2590. B.H.V. Nochtan maect bi op (up) b. sijn n. G. boeme. J. Nochtan maect hi op .I. boom sijn n. | 2591. G. voedt. B. vesschen. H. mit visscen. J. visscen. | 2592. G.V.J. tharen eersten. H. iersten. | 2593. H. vliegen. *Voorts van de eerste hand* verlaten. J. Omme.

So ontfien fi hare fraben/

2595 Bat fi ute werpen hare fpife/

Om te bliegljene in lichter wife;

Dies niet ne boen/ bliben fo fwaer

Bat menfe bicke beet albaer.

Sulke bint men/ alfe men weet/

2600 Ban naturen alfo heet/

Bat fi in couben wintertijt

Ontboen hare bloghele wijt/

En bercoelen hem in ben wint.

Haer bzec es fo heet/ alfe men bint/

2605 Bat groene bome baer af berbzoghen:

Dit mach men merken enbe toghen.

Memnonibes/ als ict bebant/

Sijn boghle in Egypten lant/

Alfe Ifiborus boet berftaen/

2610 Die bien name hebben ontfaen

Ban Memnoene/ ben heere groot/

Die wilen bleef boze Crojen boot;

Want fi comen ghebaren

Vs. 2594. *Bij allen* : hare. | 2595. G. Eñ werpen ute h. sp. V.H. uutw. J. wt worpen. | 2596. G. in *ontbr.* H. vliegen. J. Omme te vlieghen. | 2597. B.H. ne *ontbr.* J. niet en doen si bl. | 2598. B. dicken. v. al d. V. dicken vaet. H. vaet. J. dicke vanghet. | 2599. B. Selke vindm., alsict w. H. alsict w. J. alsmen. | 2601. *Allen hebben* winter tijd (*sic*). | 2602. G.H.V. Ondoen h. vlogle. J. vloghelen. | 2603. B. verscoelen — wind. | 2604. B.H. Hare (Her) dr. es (is) so h. datmen vind. *De orde van dit rijmpaer is in B. verkeerd; maer op den kant door het gewoone teeken (a. b.) hersteld.* J.V. als men v. | 2605. B.H. Daer bi verdroghen groene bomen. G. boeme der af verdroeghen. V. daer af *ontbr.* J. bome (*of* borne?) daer of v. | 2606. B. eñ gomen. G. toeghen. H. Dat—eñ gomen. V. marken. | 2607. *Bij allen* Mennonides. B. bevand. V. als ic. | 2608. B. Egipten land. V. Egipt. J. voglen. | 2609. B.G. Ysid. V. Als. H.J. Als Ys. | 2610. G.V.J. Die die namen. H. Die de mane heeft ontf. (*sic*). | 2611. G.V.J. Van Mennon. B. Mennoene. H. Mennone. | 2612. B.V. vor Troien. G. Troeien. H. De w. J. wijlneer bl. vor Troien. | 2613. G.V.J. Want dat si.

Ute Egypten met groten scaren

2615 Daer Troyen stoet / als men noch seghet /

Daer Memnon begraven leghet /

Ten vijften iare / vanc gheene saghe :

En vlieghen van twee baghe

Omtrent sijn graf / en op den verden /

2620 Gaet haer spel al buten verden ;

Want elc gaet den andren scuren /

En striden sonder gheburen /

So datter vele bliven doot :

En dits van voglen wonder groot.

2625 Meauca / dats der meuwen name ;

Een voghel eest onbequame /

Al es si gheplumet wel.

Na hare macht es soe fel.

Bi visschen leeft soe in der zee ;

2630 Maer si ne gheert gheene dinc mee

Cetene / van den verdronkenen man :

Vs. 2614. B.V. Egipten. G. groeten. H. mit. J. Wt Eg. m. groter sc | 2615. G. Troeien stont alsemen seghet. B.J. Troien st. alsm. noh (noch) s. V. Troien stont. H. stont alsmen seget. *Had Maerlant hier niet duidelijker geschreven : Naer Troyen toe?* | 2016. G.V.J. Aldaer Mennon. B.H. Mennon. | 2617. G.J. Ten .V. jare dit nes gh. (ghene) s. B. gene. V. vichten iare dins (sic). gh. B. viften. | 2618. B. danen in .II. dage. V. danne .II. d. | 2619. G.V. upten d. H. ende op deerde (sic). J. Omme trent ende opten d. | 2620. B. hare. H. har sp. al b. veerde. G. al uten. V. varden. J. hare sp. al vter v. | 2621. H. sturen. J. gaet naer a. scueren. | 2622. G.V.J. sonder duren. | 2623-2624. *Deze twee regels ontbreken in* B.; *in* G.J. *staet* Dits, *enz.*, *zonder* Eñ. | 2625. G. es der meeuwen. V. meewen. H. mewen. J. Meauta — mewen. B. meuwen. | 2626. G. eist. H. eist ombeq. V. es het onbecame. J. eist ende omb. | 2627. G. soe gh. B. sie gepl. H. Eñ is so g. V. Al es hi gh. J. ghepl. wit ant vel. | 2628. V. si nes niet fel. H. is sie fel. J. macht so eist so fel. | 2629. B. vesschen l. sie. G. inde zee. V. vissche levet soe. H.J. levet si in die z. | 2630. B. Mar sie ne geert gene. G. Eñ soene begheert negheene. V. soe begheert gheen d. H. Mer sine beg. geen d. J. Mar sine begh ghene d. | 2631. J. Teten dan van verdronkene m.

So ontghint sine in boghen ban.

Alse een storm naken sal /

Roepen si eñ maken ghescal;

2635 Eñ dat comt hem al van iopen /

Om dat si hopen der proyen.

Wel slachten si den riken vrecken /

Die op die diere tide merken ;

Dats der armer liede tempeest :

2640 Van wanen si emmer winnen meest ;

Van sijn si vro eñ hebben iope :

Daer omme werdst des dulels proye.

Merlicus es des merles name /

Een boghelkijn scone eñ bequame /

2645 Dapper / stout / eñ seere snel /

Eñ cleinen boghelkinen fel.

Het dar meerre dinc bestaen /

Van sine cracht mach volgaen ;

Vs. 2632. G. So ontghinnet soene dan (in doghen *ontbr.*). B. ontgintsiene. V. ont-gonnet soene. H. in die ogen. J. ontghinnet sine. | 2633. V.J. Als een storem n. s. | 2634. H. Ropen. | 2635. G. hem van ioeien (al *ontbr.*). B.H. coemt — ioien. V. ioien (al *ontbr.*). J. hem van ioie. | 2636. G. ter proeien. B.H.V. proien. J. Omme datsi h. de proie. | 2637. *Deze regel en de vijf volgende ontbreken hier in B. en H.; maer zijn beneden, na vs. 2652, aengevuld. Zie aldaer de varianten van den eersten regel.* V. slacht si. | 2638. G.V. up. H. tijt. J. opten dieren tiden. | 2639. V. lieder. H. lude. J. aermer lieden. | 2640. H.B. wanen die scalke w. | 2641. B.V. vro dan hebsi ioie. H. vro, d. hebben si ioie. G. vroe — ioeie. J. ende h. ioie. | 2642. G. Darombe — proeie. V. Doch wortsi noch des viants proie. J. Doch worden si d. viants proie. B. In inde word si d. viands proie. H. Int ende werden si der viande proie. | 2643. H. is des smerls n. V. Merilic dat es des smarels n. J. Merilic dats eens marels n. G. Merelic es smerlekijns n. B. des smerles n. | 2644. G. scoene. H.J. vog(h)el. V. became. | 2645. G. Het es stout ende s. sn. B. stoud eñ sere sn. J. stout, dapper ende sere sn. V.H. sere. | 2646. G. Cleene ghevlogelt eist eñ fel. H. Eñ clienen. V.J. Clenen voghel-kine (— kinen) fel (Eñ *ontbr.*). | 2647. G. Het dar wel meerre. H. Et dar mere. J. dar merer d. | 2648. G. mach ghegaen. H. Dan bar cr. m. bevaen; *en zoo mede* J. be-vaen; *maer* V. begaen. *Hoe zal men dit anders noemen dan willekeur?*

Eñ verwinnet met snelheden /
2650 Eñ met fiere vromecheden
Dicke onghelike dinc.

   Merc hier op / edel ionghelinc :
Staet bi therte ter boghet waert /
Wes emmer coene eñ onvervaert;
2655 God mach di wel van hoghen saken
Bi fiere macht verwinre maken.

   Muscicapa / dats een voghel /
Eñ hevet plumen eñ vloghel
Na den laenre harde naer :
2660 Maer minder es hi / weet vor waer ;
Meerre dan die duve oec es ;
Ghevoet / ghevect / sijt seker des /
Also als men die swalewe siet /
Eñ vele meerre niet.

Vs. 2649. B. verwind. H. verwint mit. J. v. bi snelh. | 2650. H. mit. J. Ende bi sire vromich. *Allen* sire. | 2651. B. Dicken. | 2652. B. hir op edele iongelijnc. G. hier up edel j. V. Maerc hir up edel. H. Merct hijr op edel. J. Merct (*of* merch?) h. op edel. | 2653. B. dien herte t. d. ward. H. dijn herte. V.G. Staet di therte t. dueghet (doghet) w. J. dueghet. | 2654. H. Wes daer to cone eñ onv. B. ember c. eñ onvervard. G.V. Wes sonder waen eñ onv. J. *stemt met* G.V., *behalve dat* eñ *ontbr. Op dezen regel volgen in* B.H. *de zes verzen die boven, na vs.* 2634, *overgeslagen waren, maer eenigszins gewijzigd om de verplaetsing minder aenstootelijk te maken, aldus:*

        Iegen den scalc, den riken vrecken,
        Die op die diere tide, enz.

Zie de overige varianten op hare plaets. | 2655. G. Got — hoegher. V. van ogen s. J. mach di noch van hogher s. | 2656. G.H. Met (Mit) sire. V. Met dire m. J. Met sire cracht. B. sire. | 2657. J. Muscipia. G.V. dat es. | 2659. H.V. laevre. | 2660. G. es hi, dats waer. B. war. V. voir w. H. Mer m. is hi, wet v. J. Minre es hi (Maer *ontbr.*). | 2661. G. Eñ meerre d. d. d. hi es. B. Merre. J. Merer dande duve. | 2662. B. Gehoeft, gebect. G. Ghevoetd. | 2663. B.H. die valme. G. die zualewe. V. swaluwe. | 2664. G.H. Eñ oec vele. H. meere. J. Ende oec vele merer n.

2665 Traech es hi in sine vloghe;

Sijn blieghen dan es niet hoghe.

Al hevet hem dit Nature onthouden /

Anders hevet si hem ghegouden /

En te siere lijfneere ghegheven;

2670 Want onder alle boghele die leven /

So ne es der scrifturen cont /

Dat enech hevet so widen mont /

Na dien te siene dat hi es groot.

En dies hevet die boghel noot /

2675 Want hi al bi blieghen leeft /

En gaept wide / daer hise heeft /

So datter hem in die kele

Te samen dicke blieghen vele.

Des heet menne muscicapa /

2680 Dats blieghevanghere in dietsch wel na.

Merops / alse Plinius seghet /

Es een boghel die dies pleghet / .

In deerde te broedene / in holen

Vs. 2665. G. Traghe es hi in sinen vl. V. in sine vlogle. H. is hi in sinen. | 2666. G. vl. en es niet. H. vl. is niet. V. niet oge. J. dat nes niet. | 2667. B.V. hem die n. onth. H. Al heefthem die n. onth. G. Al heeft nature hem dit onth. J. heeft hem die n. | 2668. G.V. heeft soe h. ghehouden. H.J. Anders so heeft si h. gheh. (ghehouden). | 2669. G. En tsiere. V. Te siere (En *ontbr. als mede bij* J., *waer verder* sire). H. sire. *Allen schrijven* lijfnere, *behalve* G. | 2670. G.V. vogle. H. vogle de leven. J. voglen. | 2671. B. scrijft. cond. G. Sones d. V.J. So nes. H. Si nes. | 2672. B. mond. G. heeft. V. enich. H. enich heeft. J. heeft. | 2673. G. Te siene nadien dat. B. Nadien. H. is. | 2674. G.J.V. Ende dies heeft. (V. hevet). H. heeft de v. | 2675. B. vligene. V. vlieghene levet. J. levet. | 2676. V. Ende g. — hevet. J. wide opdat hise hevet. | 2677. G. inde. | 2678. B. dicken. G. Te gader. V. vl. dicken vele. H. Tesamen. | 2679. G. Bedi heet hi musc. V. Ende dies heetmen musicapa. H. En des heetmense mus. J. muscipia. | 2680. G. vl. vangre. B. vl. vangh. indietsche na. H. vliegenvangher. | 2681. B. Merobs. G. Alse ons. V.J. als ons. | 2682. G.V. die des. H. die dus. J dies *ontbr.* | 2683. B.G. In derde. V. In haerde. H. te broeden en in h. J. In daerde te broeden.

.VI. voete diep / daer hi verstolen
2685 Sine ionghe onder voet /
Tote dat si sijn te vlieghene broet.
Van plumen es hi som scone graeu /
Eñ opten rugh keerende int blaeu /
Vor die vorst een lettel root /
2690 Wit an die wamme / eñ niet wel groot.

Merula / dats der merlen name /
Die soete singhet eñ bequame /
Alse die lentijn comen wille ;
Want den winter swighet si stille.
2695 Experimentator die seghet /
Dat die merle / die men pleghet
In gayoelen te houdene stille /
Dat si ieghen Naturen wille
Vleesch eten / eñ te bet singhen ;
2700 Eñ dit selve siet men volbzinghen
Der leewerken eñ der calandzen /
Eñ oec someghen voghelen andzen.

Vs. 2684. G.H.V. diep, dat hi. B. dar. J. voeten diep dat hi. | 2685. H.B. daer (dar) onder voet (voed), G. voetd. J. ionghen daer o. | 2686. B.G. goet. H. Tot d. si s. te vliegen goet. | 2687. G. scoene grau. H. is hi s. sc. graeu. V. graeu. B. grau (scone ontbr.). J. In pl. es hi som scone gr. | 2688. B. Eñ op den rig ker. int blau. G. Upten rugghe—blau. V.H. Up den ric (Up ten rugge) ker. J. Opten rig. ker. | 2689. G. Vorde b. V. luttel. H. Voer d. b. e. luttel. J. berst. | 2690. G. ande w. H. wammen. J. mamme (wel ontbr., als mede in B.). | 2691. G.V. Merila. J. Merila—maerlen. | 2692. G. singhen. V. became. | 2693. H.J. Als die lentin. V. Als. | 2694. B. Vanden wintere suiget. H. Vanden wintre sw. so st. G. suiget soe. V. soe st. | 2695. B. die ontbr. | 2696. G. de merle. V. meerle. H. Dattie m. de men. J. marel. | 2697. B.H. gaiolen. V. In die ghiole te houden. J. In die gaiole. | 2698. G. Dat soe. V. nature. H. Dat si singet i. nature w. | 2700. V. Ende — vulbr. H. siemen. | 2701. B. lewerken. J. lewerke—calandre. G. kalandre. V. enter calandre. H. van de eerste hand calendren. | 2702. G. someghe vogle andre. V. Ende oec somich voghel andre. H. voglen. J. Ende so menech voghel andre.

Al es si swart gheerne si baet:

Hare plumen streect si en begaet /

2705 Ofte si wilde wesen wit;

Maer omme niet so doet si dit:

Want sonder in den sanc alleene /

So es hare ghenoechte cleene.

In Achaya es si wit vonden /

2710 Dat die Moreie es nu bi stonden.

Die merle ne can niet muten;

Sonder an den ver buten

Pleghet si telken iare dit /

Dat si wert van ghelewen wit.

2715 Monedula es der cauwen name /

Van swarten plumen seere bequame;

Selver mint si / ghelt en gout /

En dats bi der Naturen ghewout;

Nochtan ne weet si wat hare sal /

2720 Sonder dat sijt decket al

In steden daert verholen blivet.

Vs. 2703. B. sward g. si baed. G.V. Al es soe (so) suart (sw.) gh. soe baedt (baet). H. suart. J. swert gaerne. | 2704. B. begaed. G.V. Streect soe en begaedt (begaet). J. trect si ende b. | 2705. G. Alse of soe w. V. Als of soe w. H.J. Als ofsi (of si) w. | 2706. B. ombe niet soe es dit. G. ombe niet so doet soe d. H. om n. so is dit. J. Mare omme n. | 2707. B.H. sonder sanc all. J. in desen sanc. *Allen behalve* G. allene : clene. | 2708. V. ghenouchte. H. is haer g. | 2709. G.V. es soe w. H. In Achia is si. J. In Asia. *Wist hij van* Apia? | 2710. G.V. Dats de (die) Moreye nu bi st. B. Moreye. H. Dattie M. es. J. Dats d. Moreie nu ter st. | 2711. B. Die merlen can n. mutten (*sic*, ne *ontbr.*). V. meerle ne c. H. ne *ontbr.* J. Die marel. | 2713. G.V. Pleghet soe. J. Pliet si. | 2714. B. hi ward. G. hi werd. V. hi wort v. gheluwen. J. wort v. gheluwe. | 2715. H. is der kawen n. | 2716. B. seere *ontbr.* V. swerten — betame. H. suarten pl. en beq. J. Swart van pl. sere b. | 2717. G.V. minnet soe, ghelt ende g. (en goud). B. mint sie, g. en goud. H. Silver mint se en gout. J. Sulver m. si ende gout. | 2718. B.V. gewoud. | 2719. B. ne weet sie. G. soe. V. ne weetse w. haer s. H. har. J. haer. | 2720. G.V. datsoet. H. decken sal. | 2721. G.V.J. verloren blijft (V.J. blivet).

Wel si ben bzecken man befcribet /

Die fwart eg ban bulen fonben /

Eñ fine rijcheit tallen ftonden

2725 So bect / bat hi berlieft baer mebe

Sijn ghemac eñ fine falechebe /

Der werelt eere / bie minne Ong Heeren.

Men mach bie rauwe fpzeken leeren /

Wilment pinen ionc beftaen.

2730 Nauwe wacht fi ber fonnen opgaen /

Eñ groetfe met haerre fpzake.

Experimentatoz feit bzeembe fake :

Dat rauwen bleefch niet eg goet /

Want het thoeft crauwen boet.

2735 **M**ergug eg een boghel / Gob weet /

Dat men in bietfch ben buker heet ;

In maraffchen / in ribieren /

Wanbelt hi na fiere manieren /

Om bat hi bie biffche beet.

Vs. 2722. G. Vele soe — bescrijft. V. Wel soe. H. Wel so. J. man becliven (*sic*). |
2723. H. is van wlen s. | 2724. V. Ende sine rikeit. H. rijcheyt. | 2725. B.G. der mede.
| 2726. H.J.V. eñ *ontbr.; voorts* V. Sijn — sijn. | 2727. B. ere — Heren. G. eere, de
m. O. Heren. V. Dier warelt. H. De w. ere de m. O. Heren. J. Die warelt ere — Heren.
| 2728. G. De c. spr. leeren. B.V.J. leren. H. cawe spr. leren. | 2729. G.V. Wilmens
pine jonc (i.). J. Wilmens pinen ende i. b. | 2730. G.V. soe d. s. upgaen. H. Nawe
wachtsi. | 2731. B.G. harre. V. Ende gr. m. hare spraken. H. mit hare. J. harer. |
2732. B. seid vremde. G. vremde. V. seghet vremde saken. J. seghet. | 2733. E. Cau-
wen vl. nes niet g. J. vl. es niet g. G. nietne es g. V. vlees niet nes wel g. H. Dat
kauwen vleis niet es wel g. | 2734. H. Want et heeft trauwen doet (*sic*). V. thovet.
Onder dezen regel, den laetsten van blz. 111 *recto, staet, welligt voor den schilder,
de vermaning* : Kert omme. J. thovet crauhen d. | 2735. G. Got. | 2736. G. Die-
men — dukre. B.V. duk' (verkort). H. Diemen in duutsce duker h. J. Diemen in d. |
2737. G. In merssche eñ in r. V. marassche ende in r. H. marascen, in riviren. J. ma-
rasscen ende in r. | 2738. V. Wandert hi na sire. B. sire. H. sire maniren. J. bi sire.
2739. G.H.V. vaet : gaet. J. Omme dat hi die visscen vaet.

2740 Langhe hi onder twater gheet;
Doch moet hi weder in die lucht:
Danen comt hem sijn ademtucht.
Hare ionc sijn so ghedaen /
Teerst dat si uten doppe gaen /
2745 Al verliesen si vader en moeder /
Dat si hem sonder behoeder
Bedraghen connen en gheneeren.
  Ambrosius spreect sonder sceeren /
Dat alse die dukere die zee vliet /
2750 En roepende te lande tiet /
Dat si voreweten en vorsien
Tempeeste die selen ghescien.
Te wintere / alse hi stille leghet /
Eest dat hi betst te sine plegbet /
2755 Om dat hi minst dan blieghet;
Want hen si dat Nature lieghet /
Elc voghel blieghet meer int clare /
Dan in die lucht dicke en sware.
  Voghele namen gaen ute in .M. /

Vs. 2740. B.G. dwater. H. ondert water. J. gaet. | 2741. G. de lucht. H. moethi.
| 2742. B. Dan coemt. G.V. Want dan (dane) c. hem dademt. (dadem t.). H. Dan coemt
hem sijns adems tucht, *en van de eerste hand* tocht. J. Want danne c. h. dadem t.
| 2743. G.V. ionghe. J. ionghen. | 2744. B. Tierst. J. Teersten datsi vten doppe val-
len, si gaen. | 2745. G. ende m. H. Al verliest hi v. en moder. | 2746. H. hem *ontbr.*
| 2747. B. generen : sceren. H. cunnen en generen. V.J. c. en (ende) gheneren. |
2748. B. spreect *ontbr.* H. seit s. sceren. V. spreict s. sceren. J. Ambrosis — sceren.
| 2749. G. die dukre de zee vl. V. als d. duk' in die z. H. als d. d. de se vl. B. see.
J. als — ze. | 2750. H. ropende. V. te langhe t. | 2751. G. vorew. en voresien. H. voer-
sien. B. vorw. en vors. J. vor w. ende vorsien. | 2752. B. Tempeste. G.V.J. Tempeest
die saen sal gh. H. die sullen. | 2753. G.V. Te wintre want hi. J. Ten w. want hi.
H. alsi st. | 2754. G.H. Eist dat hi vets (west). V. Ist d. hi vest. B. Es dat. J. Eist. |
2755. H. mints. G. vliecht : liecht. J. Omme. | 2756. H. ten si. J. En si dat ons n. l.
(Want *ontbr.*). | 2757 G. vliecht. H. claer : swaer. J. vliecht — claer. | 2758. V. zware.
J. swaer. | 2759. G.V. Voghels n. (name). H. Vogle n. g. wt. J. Voglen n. g. wt.

2760 Van .N. comen dandre na hem.

N Isus/ dats die sperware/
Onder edel volc een voghel mare.
Want hi met proyen hem gheneert/
Hi ne pleghet/ no ne begheert
2765 Gheenen ghecelle an sine sibe.
Selke wanen dat es van nibe/
Eñ selke dat hem doet hovaert/
Want hi seghe alleene begaert;
Maer hets te ghelovene/ dat ic telle :
2770 Want hi ne wille gheenen ghecelle
Hebben an sijns selves betach/
Vliet hi ghecelscap nacht eñ dach.
Nochtan es dit vor waer ghecet/
Dat die sperware vaet sijn musschet;

Vs. 2760. G. volghen dandre. H. coemt dander. J. Nu hort hier vort vander .N. |
2761. G. es die spareware. V. dats d. sparew. B. sperw. (of sparw.?) H. sperw. |
2762. B. en vogel. | 2763. B. proien h. geneerd. G. proeien. H. mit proien. V.J. proien.
| 2764. G. no begheert. V.J. noch ne b. H. noch beg. | 2765. G. Negheenen. B.H. Ge-
nen. V. an sijn s. J. Ghenen. | 2766. G. Sulke wanen datd es. H. Sulke w. d. is.
V.J. Sulke. | 2767. G.V. Eñ sulke datd (dat) hem d. hoeverd (hovaert). H. Eñ sulke
wanen dat doet h. B. hoverde. J. sulke — hovaerde. | 2768. G. hi den zeghe all.
begherd. V.J. den seghe allene begaert (begaerde). H. allene. B. allene begerde. |
2769. G.V. Maer dats gheloevelixt (ghelovelijcts) dat. H. En tis teghelovene. B. Eñ
hets telovene. J. Mare dats ghelovelijxt dat. | 2770. G.V.J. Want hine wilt negheenen
(V.J. wille ghenen) gh. H. hi en w. genen g. | 2771. B.H. dan sijns. V. an sijn
selfs. | 2772. J. Hi vliet ghes. nacht ende d. B. Ghes. vliet hi n. eñ d. | 2773-2774. G.

Nochtan es over waer gheseit,
Dat hi sijn musschet vaet die sparewaer.

Blijkbaer bedorven, en niet verbeterd door de verplaetsing van gheseit, *die door
zeker merk (") aengewezen wordt :*

Nochtan es gheseit over waer.

V. is dit over waer gh.; *en verder* speerw. — muscceet. H. is dit voorwaer g. Dattie
sperwaer v. s. muschet. J. eist over waer gh. Dat d. spareware vanghet s. musscet.

2775 Eñ dit / ſpꝛeect Ariſtotiles /
Dat tieghen die nature eƷ
Pan allen voglen ghemeine /
Die hem met pꝛoꝑen groot of cleine
Gheneeren : dat negheen ne baet
2780 Sijn gheſlachte dat hem beſtaet;
Maer die ſperware mach van deſen
Edelheiden wel onſculdech weſen /
Want hi pꝛoꝑet op ſijn ghenoot.
Scaemdi / menſche / van ſcanden groot /
2785 Dat elc boghel eñ elc dier /
Eeſt wꝛeet ofte onghier /
Al eeſt dat hi pꝛoꝑen leeft /
Dat den ſinen vꝛede gheeft.
Maer du eñ die ſperware
2790 Hebt deſe edelheit ommare.
Die wilde ſperware pleghet
In wintertiden / als men ſeghet /
Dat hi abonts een boghelin beet /

Vs. 2775. G. ƶeit. V. Ende dit spreict. | 2776. B.G.H. ieghen nature. | 2777. B. Je-
gen allen. G.V. ghemeene. J. ghemene. H. gemene. | 2778. B. proien groet ocht.
G. proeien groet of cleene. H.V.J. proien — clene. | 2779. H. dat geen. B. veet : be-
steet. *Voorts* B.H.V. g(h)eneren. J. Gheneert. | 2780. G.Vanden gh. d. h. b. H.J.V. Ghe-
slachte (Sijn *ontbr.*). | 2781-2782. G.V. spareware (sperw.) es van seden Onsculdech
(Ontsculdich) deser edelheden. H. Mer de sp. m. v. d. Edelen onsculdich w. J. Mar
d. sparewaer es van den seden Onsculdich deser edelheden. | 2783. B.H.J. proiet.
G. proeiet up. V. proiet up. | 2784. G. menssce. H.J. mensce. | 2785. G.V. elc men-
sche eñ elc d. B. ofte elc d. J. elc mensce si so fier. | 2786. G. Eist wr., eist ongh.
V.J. Es het wreet iof (of) onghehier. H. Eist wr. of ong. | 2787. G.V. Al eist (ist) dat
hi bi proeien (proien) levet. H. eist — proien. J. Eist dat hi bi proien levet (Al *ontbr.*).
| 2788. G.V. Dat het d. s. vr. ghevet. H. Dattet den s. J. Dat hi den s. vr. ghevet. |
2789. G. sparew. V. Mare du entie sp. H. Mer du entie sperew. J. Mare du ende die
sparew. | 2790. B. Hebs die. H. die. J. Hebben. | 2791. G.J. sparew. H. De w. sperwar.
V. leghet (*sic*). | 2792. G.V. An wintertijd alsemen | als men) s. H. An w. J. An w.
tijt alsm. ons s. | 2793. G. des avonds een voghelkijn vaet. V. navens een voghelijn
vaet. H. Des avonds tsogelkijn vaet. J. navonts een voghelkijn vaet.

Eñ onder hem hout/ daer hi steet/

2795 Om te verwarmene sine voete.

Des marghens met goeder moete

Laet hijt quite varen eñ vri.

Een scone exemple dinct dit mi/

Eñ hovesch/ eñ harde goet/

2800 Dat elc danke dat men hem doet/

Eñ hi sinen weert verdzaghe.

Die edele sperware bzoet in de haghe;

Die dozpere/ die lettel dooch/

Hi bzoet optie bome hoogh;

2805 Maer elc mensche wese des bzoet :

So edelre varen/ so meerre omoet.

NYcticozax mach/ in latijn/

In dietsch een nachtraven sijn;

Eñ es ene maniere van uleu/

2810 Die men bi nachte hoozt bulen/

Vs. 2794. B. houd. G. houd — stael. V.J. Ende—staet. H. staet. | 2795. V. war-
mene. H. Om tevermanne (*sic*). J. Omme te verwermen. | 2796. B. margins. H. mit.
J. morghens. | 2797. G. Laet hijt varen quite eñ vri. | 2798. G. scoene ex. dinket mi.
V. sc. exempel dinket mi. H. scoen exempel dunct. J. scoen exempel dincket mi. |
2799. G. ende oec goet. V. Ende hovesch. J. Ende — ende. | 2800. G.V. doet men
hem goet. H. Eñ elc d. J. danke van datmen h. d. | 2801. G.V.J. Eñ (J. Ende) elc
sinen w. (V.J. waert). B. werd. | 2802. G. Dedel sparew. broed. H. De edel sperwer
br. in die h. V. in die. J. sparew. br. in die h. | 2803. G. dorpre. H.V. luttel. *In allen*
doech : hoech, behalve in J. *waer* dorpre d. l. doghe : hoghe *staet.* | 2804. G. broed
uptie boeme V. Die br. uptie. B. in die b. J. Broet opten bome hoghe (bi *ontbr.*) |
2805. G. Merc elc mensche eñ wes vroet. V. Marc elc m. eñ wes des vr. H. Mer elc
mensce. J. Mar—dies. | 2806. G. oemoet. B. merre. H. meere oem. V. Sedelre barem
(*sic*) so meere oetm. J. Die edelre b. die meer o. | 2807. B. Nitorax, *waer boven van*
later hand . Nocticorax. G. Nicti..ax, *onduidelijk verbeterd, maer gewis noch na*
noch voren Nicticorax. V. Niticorax. H.J. Nict. | 2808. B.G.V. nacht raven. H. In
dietsce een n. r. J. nacht r. | 2809. B. eñe manieren v. hulen. G. ene. V. Ende es ene
m. v. hulen. H. ene manire. J. *heeft dezen regel niet.* | 2810. B. Dimen bi n. bord.
G.V. Diemen hoert (hort) bi n. dulen. H. bi nacht bort d. J. Diemen bort bi n. hulen.

Eñ dinke mi / an mijn verstaen /

Dat mach sijn een huweraen /

Een boschvoghel / uut eñ uut

Ghevedert na den scuvuut.

2815 Nachts vlieghet hi in velde / in husen /

Eñ leeft bi proyen van musen /

Eñ mint daer toe des menschen oer.

Crom hevet hi clauwen eñ ber.

Daghes siet menne selden iet /

2820 Want hi die clare sonne vliet.

Epa / dinct mi die sneppe wesen /

Die so claer hoort / alse wijt lesen /

Eñ in scrifturen es gheseghet /

Dat si hare oren an deerde legghet /

2825 Eñ hoort harde wel daer bi

Oft enech worm in deerde si.

Vs. 2811. J. Ende dinket mi. | 2812. G. Datd m s. een hueraen. V. Dat het—hue-raen. H. hueraen. J. Dattet m. s. een uwe raen. | 2813. B. bosch voghel. G. Ene bosch ule eist ute ende uut. V. Ene busch vele (*sic*) ist. H. bosvogel al wt eñ wt. J. busch vle eist al wt ende wt. | 2814. B. scuvut. G. nadat scovut. V. scuwut. H. sco-vut. J. scuwuut. | 2815. B. Nachs. G. vliecht hi in v. eñ in h. V. velden eñ in h. H. vliet hi in kerken, in h. J. inden velden ende in h. | 2816. B.H. proien. G. proeien. V.J. Ende levet bi proien. | 2817. G. Eñ minnet hi smenschen. V. Eñ daer toe min-net. H. daer to. J. Ende daer toe mint. | 2818. G. Crum heeft hi. B. Croem. H.J. heeft hi clawen. V. clawen. | 2819. G. sietmene selden ofte niet. V. sietmen s. of te niet. H. siemen s. iet. J. Sdaghes sietmen selden of niet. | 2820. G.V. Want het d. cl. H. die *ontbr.* J. sonne ontsiet. | 2821. V. de sneppe. J. snippe. *Boven dezen regel, die het begin eener colom is, staet van eene moderne hand, volgens den heer Jkbt:* Ficedula. | 2822. B. hord. G.V. so clare hort alse (als) wi l. H. hoert als w. J. Die claer hort als wi l. (so *ontbr.*). | 2823. G. Alst in scr. V. Als in scr. es gheset. B. scrijf-turen. H. es geset. J. Als in scr. | 2824. G. Dat soe h. oeren an derde. V. Dat soe hare hore an daerde leit. B. derde. H. Dat si an deerde har oren strect. J. Datsi toer an daerde. | 2825. B. hord. G. hort. V. Ende hort. H. hoert. J. hort herde. | 2826. G. Of daer enech worm in si. B. enech vogel in derde. V.J. Of daer wormen in daerdo si. H. Of enich w. in d. si.

25

Van steect si haren bec lanc

In deerde / eñ haeltse an haren banc.

Daghes es si in haghen ghedect;

2830 Maer ieghen avont si ute treet /

Eñ in die marghenstont vroe :

Hier bi wert si ghevaen alsoe.

Vleesch van der sneppen es ghesont /

Want men verduwet in corter stont.

2835 Van der .N. endic die woort /

Eñ scrive van der .O. voort.

Onorotalus es bekent

Een voghel in Orient /

Eñ es verboden in douwe wet /

2840 So datten gheen Jode en et.

Enen starken bec heeft hi eñ langhen /

Daer hi mede can vissche vanghen /

Eñ roept lude na den butore /

Vs. 2827. G. steect soe. V. stecsi b. b. die es l. H. Daer strec si. J. die es lanc. | 2828. G.V. In derde (daerde) eñ haelse. B. In derde. H. Eñ haeltse wt an h. d. (In deerde *ontbr.*). J. In daerde ende haelse. | 2829. B. es sie in derde g. G. es soe. H. in die hage. V. bedect. J. Sdaghes es si in daerde bed. | 2830. G. soe ute tr. H.V. uut. J. Jeghen den avont si wt tr. (Maer *ontbr.*). | 2831. G. Inde marghenstonde (Eñ *ontbr.*). V. Ende in d. morghen stonden vro. H. morgenst. vroe; *maer van de eerste hand* vore. J. Ende inder morgh. st. vro. | 2832. B. Her bi w. sie g. G. werd soe. V. wort si gh. also. H. Hijr bi. J. wort si ghevanghen also. | 2833. G. Vleesch (*'t lidw. ontbr.*). V. *als* G., *verder* sneppe. B. gesond. H. Tfleis — is g. J. snippen. | 2834. B. het wert verd. in c. stond. V.J. hets verduwet. H. Et wert v. (Want *ontbr.*). | 2835. G. Hier enden vander .N. die wort. B. word : vord. V. enden d. w. H. woert. J. so eynden d. wort. | 2836. G. Ic wille u vander .O. segghen vort. V.J. Vander .O. scrivic u (iv) vort. H. voert. | 2837. V. Onacrotallus. H. Onocrocalus. B.G.J. Onocrotallus. | 2839. V. Ende es v. in douwe w. H. is. | 2840. G. Soe dattene negheen Jode et. V. So dattene gh. Jude en het. H. dathem. | 2841. B. Enen st. b. hevet hi .l. langen. G.J. Enen sterken. V. hevet hi ende l. | 2842. G. Daer hi vissche met can v. B. vessche. H. vissce. J. vissscen. | 2843. V. Ende. B. roep. G. butoeren.

Also dat ment verre hoze.

2845 Enen crop hevet hi alse een sac

An sinen hals / dats sijn ghemac;

Want hire in gadert te siere noot

Van visschen enen hoop groot /

Nochtan dat hem die buuc es vul.

2850 Eñ dan es hi niet vul :

Alse hem die buuc gheidelt es /

Die vissche / des sijt ghewes /

Werpt hi ute sinen croppe dan /

Eñ vollet sinen buuc daer an.

2855 Om dese buulheit / waent men het /

Verbotene die oude wet.

Osma / es een voghel wit /

Groot alse die swane / die gheerne sit

Bi watere / daer vissche sijn vele.

2860 Neffens den hals / an sine kele /

Hanghet hem een sac wijt eñ groot /

Vs. 2844. G. Soe datment verre mach hoeren. V. varre. | 2845. G. heeft hi a. een zac. V. als. H.J. heefthi (beeft hi) als. | 2847. B. te sire noet. G.V. Want daer in gadert hi tsiere noet (te sire n.). H. hier in g. tsire noet. J. Daer in gadert hi te sire n. (Want ontbr.). | 2848. G. e. hoep soe groet. B. vesschen e. hoep groet. V.J. vissche (visscen) e. h. so gr. H. hoep groet. | 2849. B. buc. H. is vol. | 2850. G. niet so dul. V.J. Ende danne es hi n. so d. H. dol; *maer van de eerste hand* dul. | 2851. B. buc geideltes. H. Als h. de b. V. ghehidelt. J. Als. | 2852. B. vessche. H. De vissce. J. vis scen dies. | 2853. G. Ute sinen cr. werpt hise dan. V. Hute sinen cr. hine werpse uut dan. H. wt sinen cr. J. Vten cr. worpt hise dan. | 2854. B. buc. G. vullet — der an. V. vullet — daer van. H. Eñ wlt sinen. J. Ende vullet. | 2855. H. Om d. wleyt wanenmen bet. G.V. men te bet, *en voorts* vulheit, *als mede* B. *Insgelijks* J. Omme d. vulheit waentmen de (*sic*) bet. | 2856. G. Verboetene. V. Verboottene d. houde w. H. Verboeden. J. Verbootmen in doude w. | 2857. V. dats een. J. Osina dats een. | 2858. G. zuane. B. alse .I. swane, wi lesen dit. V.J. als een sw. die gh. (gherne). s. H. als die smaen (*sic*), wi lesen dit. | 2859. G.H. watre. B. Bi watere es hi dar vessche s. v. V. v. in sijn v. J. watre d. visscen in sijn v. | 2860. G.V. Lancs (Lanxs) den halse. H. halse. J. Lanx d. hals. | 2861. G.H Hanct h. een zac (sac).

Die hem Nature gheeft ter noot /
Om visschelkine daer in tontfane /
Eñ sine nature bi te stane;
2865 Want hem vele etens bedarf.
Men ne vintse niewer menech warf
Van in groten waterlande;
Cleine water hebsi te hande
Van visschen ghemaert al bloot.
2870 Den bec hebsi lanc eñ groot.

Oriolus es een voghel / ghenoemt
Na den sanghe die van hem coemt /
Eñ es van plumen oppenbare
Scone / ofte hi guldijn ware.
2875 In bome broet hi / ende singhet
Selc luut / alse sijn name bringhet:
Ic wane het meent den wedewale.
Al es oriolus gheplumet wale /

Vs. 2862. H. De hem n. G. gaf tsiere noet. V.J. gafter n. | 2863. G.J. Ombe (Omne) vele vissche (visscen) daer in tontf. V. Om vele vischs der in tonf. B. vesschelkine daer bi tonfane. H. visscekine daer bi. | 2864. G. Sine nature der bi tonstane (Eñ ontbr.). V.J. Sine n. bi te gestane (Eñ ontbr.). | 2865. G. etens vele. H. he (sic). vele etens. V. hetens. J. tetene bedaerf. | 2866. V.G. Men vintse n. (nieweren) menichw. B. vindse gene warf. H. Eñ men v. niwer menich werf. J. Men vintse nieuwer m. waerf. | 2867. G.V. landen. J. watre landen. | 2868. G.V.J. Want mate water hebben si (hebsi) te anden (V.J. handen). H. Clene water. | 2869. B. vesschen. J. visscen. | 2870. G. Den bec heeft hi l. eñ roet. B. Den buc. H. Den buuc. V. hevet hi. J. Enen bec heeft hi. | 2871. G. dus ghenoemt. H. genomt. J. ghenoomt: coomt. | 2872. G. sanc. H. de van h. comt. | 2873. G.H. openb. *als mede* V.J., *waer verder* Ende. | 2874. G. alse of hi goudijn. V. als of hi. H. of hi. J. of hi gouden. | 2875. B.V. eñ singet. G. In boemen broedt hi ende singt. H.J. bomen — eñ (ende) singet | 2876. B. luud. G. Sulken l. — bringt. V. Sulc luud als sine n. H.J. Sulc l. als. | 2877. B. die wedew. E. (*dit is eigentlijk geen handschrift van Maerlants Naturen bloeme, maer een medecijn-boek met sommige uittreksels uit dat werk*), trekt alles zoo te samen: Oriolus es die wedewale, Siin drec es quaet al te male. V. Ic w. ment noemt die w. H. Ic waent meent d. w. J. Ic w. datment d. w. | 2878. H. Al is orilus gepluumt.

Sijn drec hevet so sware lucht /
2880 Dat hi dat selve so seere brucht /
Dat hi seere scuwet sijn smelt;
Want begatene die ghewelt
Van den stanke / hi es so groot /
Hi macher lichte af bliven doot.
2885 Verheft u niet / sterfelike keitive /
Op die scoonheit van uwen live.
Wildi u selve wel bekinnen /
Ghi vint in uwer herten binnen
Ghenoech des ghi u moghet scamen :
2890 Alle sijn wi eerde te samen.

In .O. ne vant icker nemmee ;
.Nu hoort voort namen in .P.

PEllicanus / spreect Augustijn /
En Isidorus die meester sijn /
2895 Dat een graeu voghel si.
In Egypten wandelt hi /

Vs. 2879. G. heeft so suare l. V. drec die hevet so sware luucht. H.J. heeft. | 2880. B.H.V. sere. J. Dat hijt s. so sere. | 2881. H. sere sciwet. B.V.J. sere. | 2882. H. be- gaten. | 2883. V. Van dien st. H. is. | 2884. B. Hi mager. V. of. H. doen *voor* doet *of* doot. *In G. zijn dit en 't voorg. vs. met elkaer van plaets verwisseld.* J. magher licht of. | 2885. B. Verbeeft. G. kaitive. V. stervelike. H. Verheftu n. sterv. keytive. J. iv niet sterv. | 2886. B. van uen l. G. Upte. H. sconeyt vanden l. J. scoenh. v. iuwen l. | 2887. H. u selver w. bekennen. V. u selve. J. iv leven w. b. | 2888. B. vind. G. in u herte. V. vindet. H. in uwe herte. J. vint al in iv h. b. | 2889. G. Gnoech dies ghi. B.H. gi. V. Ghenouch. J. iv moeghet. | 2890. B. si wi erde. G. Wi sijn eerde alle te s. V. Alle s. wi harde al te s. J. aerde. | 2991-2992. H. In .O. vandicker niet mee, Nu hoert voert. B. vandicker n.; Nu hort vord. G.

Vander .O. vandics nemme,
Hort vander vogle namen in .P.

V. Hort vort voghel namen. J. vant icker nemme; Nu hort voglen n. | 2893. V. spreict J. Sente Aug. | 2894. B.G.J. Ysid. H. Ys. de m. V. Ysidorius. | 2895. G. V. Dat het een grau (graeu). J. Dattet. | 2896. V. In Egipten so w. J. so w.

Op Nilus die grote riviere.

Pellicanus heeft die maniere /

Dat hi sine ionghe minnet;

2900 Maer alse hise pijnlec kinnet /

Want si ghier sijn om haer aes /

So dootse die arme dwaes.

Drie daghe beweent hise onblide;

Dan ontdoet hi sines selves side /

2905 En met sinen bloede root

So verweert hise van der doot.

Oec es mede van hem bekent /

Alse enech ghebenijnt serpent

Sinen ionghen nemet tleven /

2910 Dat hijt hem dus mach weder gheven;

Want tusschen hem en dat serpent

Es altoes onbrede bekent;

En dats om dat die pellicane

Serpente hem pinen te verslane.

2915 Experimentator die bescrivet /

Dat die pellicaen cranc blivet /

Na dat hi dus hevet ghebloet

Vs. 2897. G.V. Up. H. de gr. rivire : manire. | 2898. G.V. hevet ene m. J. heeft
ene. | 2899. H. ionc. V.J. ionghen. | 2900. B. pijnlijc. V. hise so pijnlijc. H. hi se so
pijnlic. J. Mare als hise pijnleec. | 2901. G. Want si ghierech sijn om aes. B. En si
gier s. an hare aes. H. Dat si ghjr s. an har aes. J. ghierech s. omme. | 2902. G. Soe
doedtse. H. doetsi d. a. duaes. J. aerme. | 2903. B. bewent. H. bewenct hise ombl.
J. ombl. | 2904. G.J.V. So ondoet hi sijns (V. sijn) selves. H. ondoet hi sijns selfs s.
| 2905. B.G. roet : doet. V. Ende. H. mit s. blode roet : doet. | 2906. G. so ontbr.
V. verwectise. J. Verw. hise weder (So ontbr.). | 2907. H. is. | 2908. V. Als enich.
H. Als een venijnt. J. menech. | 2909. G. nemt hare l. V. nemen tl. B. neemt dleven
J. neemt hi tl. | 2910. G. Dat hijt dus mach (hem ontbr.). B. dos. J. weder dus mach
gh. | 2911. G. En serpent. J. T. hem ende tserpent (Want ontbr.). | 2912. B. Soe es
altoes. | 2913. V. Ende. J. Ende dats altoes dat pell. B. omme dat pell. (die ontbr., als
mede in H.). | 2914. V.J. Serpenten. | 2915. G. bescrijft. H. die ontbr. | 2916. H. Dat-
tie. G. blijft. J. ontbreekt. | 2917. H.V.J.G. Na dat bloeden dat hi bloet. (G. bloedt).

Op ſijn uutvercoꝛne bꝛoet:

So dat hi in gheerre wiſe

2920 Vlieghen mach om ſine ſpiſe.

So moeten ſine ionghe dan /

Voꝛ die noot die hem gaet an /

Soeken haerre tweer beiach.

Selc es ſo tragghe op dien dach /

2925 Dat van quader herten blivet

In ſijn neſt doot eñ ontlivet;

Selc vlieghet uut eñ voet hem ſelven /

Eñ bevelt ſinen vader den elven;

Eñ ſelke ſijn hoveſch eñ bꝛoet /

2930 Eñ dinken om dat goet

Dat hem moeder eñ vader dede /

Eñ voeden hem eñ die hare mede.

Alſe dan die moeder eñ die vader

Dies gheware werden al gader /

2935 Eñ van der crancheit ſijn ghenesen:

Die hem hoveſch hebben ghewesen /

Die voeden ſi eñ houdenſe weerde /

Vs. 2918. G.V.J. Up (J. Op) sijn dus verc. (J. vercoren) broet. H. wtvercoren. | 2919. B. in gerre w. G. in negheere w. V. gheenre w. H. in ghire w. J. ghere w. | 2921. B. ioncge. V.J. ionghen. | 2922. H. die noet de hem. J. Duer. | 2923. B. harre tweer. G. harre beeder. V. hare twiher. H. Soken hore tuier b. J. harer .II. b. | 2924. B. trach. G.V. Sulc es so tr. dat up d. d. H. Sulc is maech (sic) op d. d. J. Sulc — traech opten d. | 2925. G. Daer v. q. h. H. Dat hi v. q. J. Dattet. | 2926. G. In den nest doet. J. In dat nest. | 2927. G. Sulc vliecht ute eñ voedt. V.J. Sulc. H. Sulc vliget wt eñ voeten s. | 2928. B. bevelt. G. sinen ouderen. V. sinen houdren. J. sine oudren. | 2929. G.V. Maer sulke. H. sulke s. hoevisch. J. Sulc s. hov. ende vr. (Eñ, in 't begin, ontbr.). | 2930. V. Ende d. J. Ende denken omme. | 2932. G. Eñ gheneeren hem eñ die mede. V. Ende neeren hem entie hare mede. H. entie hare m. J. Ende gheneren entie h. m. | 2933. G. dan ontbr. V. Als d. d. m. of die v. H.J. Als — entie v. | 2934. G.H. Des. V.J. wort alg. (al g.) | 2935. V. Ende; voorts ontbr. sijn. | 2936. H. hoesch. | 2937. B. voet h. eñ houdse werde. G. Dien houden si eñ voedene w. H. De voethi eñ houtsi w. V.J. Die houdsi eñ (houden si ende) voeden waerde.

Eñ danbze iaghen ſi haerre veerde.

Tweerhande ſijn pellicane :

2940 Veen levet in foreeſten : ic wane

Dat$ die ſerpente verteert ;

Dandze hem in water gheneert.

Det en e$ negheen pellicaen :

Want hem een darm e$ ghegaen

2945 Van den gheſwelghe toten uutganghe /

Du$ ne mach hem gheene ſpiſe langhe

In ſinen lichame gheburen /

Eñ blijft magher bi naturen.

Der ouder philoſophen boec /

2950 Die van wondere doet onderſoec /

Seit dat in Lycia gheſciet

Wonder / dat men gheſcreven ſiet :

Elc$ iaer$ comen daer ter ſtede

Bitende boghele eñ andze mede /

2955 In ene maent / op ene riviere.

Daer vechten ſi in felre maniere /

Vs. 2938. B.H. iaget hi harre (hore) v. G. harre. V. Ende dander i. si hare vaerde.
J. Dandre i. si bare vaerde. | 2939. H. Twierande. J. Twierh. | 2940. V. Deene.
H. leeft. J. leeſt in foreeſte. | 2941. B.J. serpenten. V. die de serpenten. | 2942. H. Eñ
dier hem bi geneert. B. Eñ diere hem bi mede geneert. G.V. Dander hem te watre (in
twater) gh. J. Dander h. in watre. | 2943. B.H. Eñ dit en es (Eñ dats) geen recht pelli-
cane. J. Men seit dit nes gheen pell. G. Vet en es gheen pell. V. Vet so nes gheen pell.
| 2944. G.V. darem. H. Want een darm is g. J. ħem es een darem gh | 2945. G. ghe-
suelghe toten uteg. H. ghesuelge totten wtg. J. Vanden swelghe t. wt g. | 2946. G. Dus
mach hem negheene. V. en mach. H. hem *ontbr.* J. ne mach ghene (hem *ontbr.*). |
2947. G. In den lechame. | 2948. V. blivet. J. Hine blivet m. | 2949. G. Inder ouder
phyl. H. filosofien. V. houder philofien. | 2950. G.V. Die vele wonders doet ond.
H. wonder. J. Dies wonders doet onder s. | 2951. B. Seid d. in Licia es gesc. G.V. Se-
ghet d. in Licia (Libia). H. Hi seide in Licia is g. | 2952. G.V. bescreven. J. datmen
ter werelt siet. | 2953. V. Elxs iaers. H.J. Elx. | 2954. G.H.V. vogle. J. voglen ende
ander m. | 2955. G. upene. V. up een. H. rivire : manire. | 2956. V. vecht si, *zoo
verdeeld.* J. vechtense.

Dat daer menech wert ghewont /

Eñ ontplumet daer ter stont.

Van den plumen maect men daer na

2960 Bedden in Lycia;

Eñ vele van desen sijn pellicane /

Die den strijt pleghen te bestane.

Elc mensche pine hem te verstane

Die nature van den pellicane /

2965 Die sine ionghe slaet te doot /

Om hare dorpere gulsheit groot /

Eñ dan verwect met sinen bloede.

Dit can wel doen God die goede

Adame onsen vader / die langhe doot

2970 Hadde ghesijn / eñ in groter noot /

Onthier eñ dats den Heere verdochte /

Die ons met sinen bloede cochte /

Eñ ons tlijf dede daer bi ontfaen.

Dit was die vraye Pellicaen.

2975 Wie sijn / die nu ontfarmen

Jhesus lede / die carmen

Vs. 2957. G. werd ghewondt : stont. B. wert gewond : stond. V. menich wort. H. Datter menich w. geront (sic). J. So datter m. wort gh. | 2958. H. ongeplumet. | 2959. H. maecmen. | 2960. B. Licia. G.V. Bedden dan in Licia. J. Bedden danne in Libia. | 2961. B.H. Eñ vele sijn van desen pell. G. . . . le van desen sijn p. (Eñ *ontbrak, daer met* Ve *alleen de plaets vol was*).| 2962. G.V. Die desen str. | 2963. J. verstaen : pellicaen | 2964. G. Dese nat. H. De nat. | 2965. B. sleet. J. ionghen sl. ter d. | 2966. G.V. dorpre g. groet (groot). H. dorpre gulseit groet. J. Omme h. dorpre. | 2967. G. verwecse sijn bloet. V. Ende danne. H. mit. J. verwectse. | 2968. G.V. 't vs. ontbr.| 2969. G. Adam onse vader die ghelike doet. J. Adaem onse v. die langhe stoet. B.H.V. Adam onse vader. | 2970. H.J. eñ ontbr. G.V. 't vs. ontbr. | 2971. B. Onthir. H. So lange dats. J. Onthier ens den Here v. | 2972. H. De ons mit sinen blode c. | 2973. B. Eñ onse lijf. G. Eñ ons daer bi dlijf dede ontf. H. Eñ ons lijf. V. Ende. J. tlijf daer mede dede ontf. | 2974. B.G.H. vraie. V. Dat was d. vraie. J. fraye. | 2975. G. Wie sijn deghene die. H. We sijn de nu o. V.J. sijn si die nu ontf. (ontfaermen). | 2976. G. die up hem carmen. V.J. die nu c. (caermen). H. lede eñ carmen.

In eerberike ban armoeben?

In sine lebe mach men boeben

Gobe / als enen bercrancten man /

2980 Dien boze ons sijn bloet ontran.

Nu bint men traghe dozper kinder /

Die hem selben meer no minder

Doeben / noch oec Gobe mebe

En banken ban ber hobeschebe.

2985 Dese bcberben in ben neste.

Dat sijn bie Joben / bie iut lestc /

Om bat si crankelike gheloben /

In bie helle bliben berscroben.

Oec sijnre ionghe / bie ute blieghen /

2990 Eñ baber eñ moeber bebzieghen /

Eñ hem selben alleene asen :

Dat sijn bie heibine / bie berbwasen /

Eñ Gobe laten / eñ anebeben

Afgobe met groter bulheben ;

2995 Maer bie goebe kinberkine

Pensen om bie boot eñ om bie pine /

Vs. 2977. G. erterike. B. armoede. V. aerdrike v. aermoeden. J. In die werelt v. aerm. | 2978. V. sinen lede. H.J. leden. | 2980. B. dor. H.J. doer. V. Die dor. | 2981. B. vindmen tr. dorpers. H. dorpers. | 2982. H. selver m. noch. m. V. selve. | 2983. G.V. Voeden ne connen, no (noch) G. m. B. oec *ontbr.* J. Voeden connen noch G. m. | 2984. B. Noch dinken. G. Eñ danken. V. Noch danken van sire h. H. No dinken vander hoefscede. J. Ne danken v. sire h. | 2985. J. bedorven. | 2986. G. de Joden. V. Dit sijn die int l. (die Joden *ontbr.*). H. Dit s. de J. de int l. J. Dit s. | 2987. B. Ombe datsi. G. traghelijc gheloeven. V. Um dat si traechlike. H. geloeven. J. Omme datsi traghelike. | 2988. G. Inde h. bl. verscroeven. V. bliven si verscr. H. In die elke bl. v. J. verscoven. | 2989. G. Oec sijn daer i. V. *als* G.; *voorts* diere uut vl. H. sijre i. de ute vl. J. sijn daer ionghen dier wt vl. | 2990. V. vader enden (*sic*) moeder bedr. H. moder. | 2991. B. allene aesen. V. selve allene hasen. H.J. allene. | 2992. B.G. verduasen. V. heidene. H. de heyden. | 2994. H.V. mit. J. Afgoden. | 2995. H. Mer. d. g. J. Mare. | 2996. B.H. Pinssen (Pensen) om die doghet. G.V. Bepensen die doet (doot) entie (eñ die) p. J. omme die doeghet entie p.

Die Jhesus Christus om ons boghede /

Daer hi an die cruce boghede /

Eñ ons met sinen bloede ghenas ;

3000 Eñ danken sinen leven das /

Den armen van eerderike /

Die si voeden oetmoedelike.

Wel hem dies sijn bedacht !

Want alse hi romt in sine macht /

3005 Hi saels hem danken met groten lone

Hier boven in den hoghen throne ;

Eñ den dozpere / den traghen

Sal hi in helle iaghen.

Pozphirio / alse die letter seghet /

3010 Hevet dies gheen voghel pleghet /

Dien enen voet alse die aren /

Den andzen alse die gans te waren.

Desen heeten wi den vuc aren.

Vs. 2997. G. doeghede. H. De Jh. J. om ons ontbr. | 2998. G. hi hem ant cr. boe-
gede. B. cruse. V. anden cruce droghede (sic), maer de r van droghede eerst uit-
gelaten, werd door dezelfde hand aengevuld. H. stemt met V. overeen. J. ant cr.
droghede. | 2999. V.J. Ende ons. H. mit. | 3000. V. sine lede. | 3001. B. erdrike.
G. erterike. H. eertrike. V. aerdrike. J. aermen v. aertrike. | 3002. B. Dien si voet-
den. G. oemoedelike. H. omoed. J. Diese v. omoed. | 3003. B. hem dijs sijn. G.V.J. hem
die dies s. b. | 3004. B. coemt. H.J. als hi c. V. als hi coemt. | 3005. G.J. danken in
den throene (trone). V. sals h. d. in den trone. H. sal h. d. mit. | 3006. G. Metten
eeuweliken loene. B. Hir — troene. H. Hije b. — trone. V.J. Eñ (Ende) voeden met
eweliken lone. | 3007. G. dorpre metten tr. V. Eñ die dorper metten tr. J. Ende den
dorpre enten tr. | 3008. G.V. in der hellen. J. Sal hi neder in d. h. i. | 3009. G. Por-
phirio, alse d. lettere. V.J. Porphirio (Porphiro) als d. lettre. H. Porsitio, als de let-
tere. B. Porsitio. | 3010. V. des gh. v. en pleghet. H. Heeft des. | 3011. B. Want dien
enen v. heft hi alse die aren. G. Dats den enen v. alse. H.V. Want enen v. heeft (hevet)
hi als daren (die aren). J. Enen v. heeft hi als. | 3012. B. Die andre. V.J. als. H. Enen
andren als d. g. twaren. | 3013. G. heetewi. Deze variant ontleen ik aen het vervolg-
teeken onder de laetste kolom van het Gentsch Fragment, dat hier uitgaet.
V. heten wi. H. bete wi. B. heete wi. Voorts J. hete wi den broec aren.

Hi can hoghe in die lucht varen/

3015 Eñ merct eñ siet in sijn climmen

Waer die vissche int water swimmen.

Dan sciet hi neder met vluchte groot/

Eñ grijpt die vissche in sinen poot/

Die ghemaect es na des arens voet;

3020 Metten andren hi dan doet

Also/ dat hi mach op risen/

Eñ blieghet werch met siere spisen.

Men vintse groot eñ mate cleine

Vele in der werelt ghemeine.

3025 Pavo/ dats in dietsch die paeu;

Die es van bedren root eñ blaeu/

Eñ die scoonste die men kent.

Ghehovet es hi na tserpent.

Elc man kinnet sine ghedane/

3030 Dies keeric mi te min daer ane;

Maer een meester spreect dese sprake:

Vs. 3014. V. inder lucht. | 3015-3016. V. maerct — clemmen : swemmen. H. clemmen : de vissce — swemmen. B. cliemmen : vessche — swiemmen. J. clemmen : visscen — swemmen. | 3017. V. schiet. H. sciethi n. mit. J. vluchten. | 3018. H. Dan grieptbi vissce. V.J. den visch. | 3019. H. is — aerns. | 3020. B.H. Metten (Mitten) andren hi dat doet. V. hi roeit. J. bi dan roeyt. *Ik volgde de les van B. en H. om niet roet voor roeyt te moeten schrijven; echter stelde ik dan in plaets van dat.* | 3021. H. op mach r. V. mach up r. | 3022. H. mit sire. V. sire. J. Ende vlighen w. m. sire. | 3023. B. vindse groet te maten. H. groet te maten clene. V. clene. J. ente maten clene : ghemene. | 3024. H. inde w. gemene. V. in die w. ghemeene. | 3025. H. is (*in plaets van dats*) *en door later hand aengevuld. Voorts* die pau. V. in dietsche die p. B. de pau. J. die. | 3026. H. Die van v. is roet eñ bl. V. Die v. v. root eñ bl. (*is of es ontbr.*). B. Dies v. v. roet eñ blau. J. Die v. v. es root ende bl. | 3027. H. Entie sc. diemen. V. Eñ d. sc. es. B. diemen kint. J. Ende die scoonste voghel diemen k. | 3028 H. Gehoeft is hi. V. es hij na dat s. | 3029. H. kent wel sine g. V.J. kennet. | 3030. B. kiric mi te m. dar ane. H.V. keric mi te mind' (min der) ane. J. keric mi de min. | 3031. H. Mer — dese sake. V. spreict d. sake J. sake.

Die paeu es ghehalset na den drake;

Sijn luut es ofte die dubel ware;

Sijn ganc stille / in der ghebare

3035 Alse die dief; sine plumen mede

Kerht na des hemels scoonhede.

Sijn luut veriaghet / daer si sijn /

Alle beesten die draghen venijn /

No hare negheen ne blibet lanc /

3040 Daer si hozen sinen sanc.

Augustijn seit oppenbare /

Dat spaeus bleesch in enen iare

No ne stinct no ne rot.

Die paeu es een hoverdech sot:

3045 Siet menne doz sine scoonheit an /

Hi ontdoet sinen steert dan

Ieghen die sonne / dat men bi dien

Te bat sal sine scoonheit sien;

Maer alse hi sine voete siet /

3050 Velt hi den steert dan eñ bliet.

Vs. 3032. H. De pau is gehoeft. V. Paeu es gh. als die dr. (Die *in 't begin ontbr.*).
B. pau. J. Hi es ghehooft ghelijk d. dr. | 3033. H. Sijn sien is oft die divel w. *Van de*
eerste hand stond er Sien sien. V. luud es oft. J. oft. | 3035. H.V.J. Als. | 3036. V. Na
des claers hemels scoenh. H. scoenede. J. Sere nades hemels scoenh. B. schoenh. |
3037. V.J. luud (luut) v. waer so si sijn. | 3038. V.J. beesten van venijn. | 3039. H. Noch
hare geen blijft l. V. Noch haer ne gh. ne bl. J. Noch h. ne gh. blivet. | 3040. H. V. si-
nen ganc. | 3041. E. sprect oppenb. H. spreect openb. V. spreict op. B. seid op.
J. Augustinus spreect op. | 3042. E. Dat paus vl. binnen. B.H. Dats paus vl. (vleis).
V. Dat paeus vl. bin enen i. J. binnen enen | 3043. H.V. Noch ne stinct (stinket), noch
ne r. E. en B. *als in den tekst.* | 3044. H. Die pau is een hoverdich s. V. hoverdich.
B. *had eerst* Die pua *geschreven, doch haelde dit laetste door, om* Die paus (sic)
es, *enz., in de plaets te stellen!* J. hovaerdich. | 3045. V. Sietmen. H. Siemen
dor s. sconeyt. J. Sietmen omme s. scoenh. | 3046. V.J. ondoet sine (sinen) staert.
H. ondoet s. stert. B. stert. | 3047. V. bidien. H. dats bidien. J. datmen bidien. |
3048. V. Te bet dat sine sconeit s. H. Datmen tebet sal s. sconeyt s. J. bet. | 3049. H. Mer
alshi sinen voet s. V. als. J. als—voeten. | 3050. B.H. stert. V. Vellet hi sinen staert.
J. den staert ende vl.

.XXV. iaer mach hi leven.

In ouden boeken es bescreven/

Dat den ouden paeu wast int hovet

Een precieus steen/ dies ghelovet.

3055 Die paeu werpt/ alse die loveren vallen/

Sine steertvedren al met allen/

Eñ dan laet hi hem node bekinnen/

Onthier eñ si wassen beghinnen.

Alse hi ontwake wert bi nachte/

3060 Roept hi lude eñ onsachte/

Want hi vaer hevet eñ to.en/

Dat hi sine scoonheit heeft verlo.en.

Eier legghen si eens ten iare;

Eñ die pauwinne die pijnt hare/

3065 Dat sise den paeu ontsteect;

Want vint hise/ dat hise b.eect.

Sine ionghe wille hi verslaen/

Tote hi hem siet die toppen uutgaen.

Vs. 3051. V. .XV. iaer. H. *had eerst* machi *geschreven, maer schrapte de* i *met de reeds begonnen* l *van* leven *uit, om verdeeld* mach bi *te schrijven.* | 3052. V. est b. H. is. J. ghescr. | 3053. H. pawen. B. waest. J. Datten. | 3054. H. precioes stien dat g. J. preciose. | 3055. H. Die pau w. alse sine plumen vallen; *en zoo mede* B., *behalve dat* sine *ontbreekt.* V. als. J. worpt als die lovren. | 3056. V. Sinen staert ute met allen. H. stertvedren al mit allen. B. al *ontbr.* J. staert v. met allen (al *ontbr.*). | 3057. V. Eñ dat laet hi. B. *herhaelt nog eens* dan *vóór* node. H. bekennen. J. n. kinnen. | 3058. H. So lange ont si w. beginnen. V. Tote datsi weder wassen b. J. Onth. ende si hem w. b. | 3059. H. Als. V.J. Als hi ontw. (ontwaken) wort. | 3061. H.V. Want bi hevet vaer ende (eñ) t. J. hi heeft vaer ende. | 3062. H. sconeyt. B. scoenheit heft v. V.J. scoenheit. | 3063. H. Eyer. V. Eijer (*sic*). J. Eyeren — eens int iaer. | 3064. H. Entie pawinne pijnt h. (die *ontbr. als mede in* B. *op de tweede plaets*). V. Ende die pawinne. J. Ende die paw. pijnt haer. | 3065. H. pau ontstect. V. Dat soese die p. onsteket. B. siese den pau. | 3066. B. vind. H. vinthise d. hise brect. V. Dats, vinthise, om dat hise breket. J. Omme dat, vint hise, dat. | 3067. H. wilbi. V. wil hi. J. ionghen wil hi. | 3068. V.J. Tote dien dat hem die toppen (coppen) uutg. (ontgaen). H. Tottien dathi hem die cop siet wtg. B. die coppe. *De keus is moeyelijk, omdat* cop *en* top *zekere beteekenissen gemeen hebben.*

Bonen / niet te feere ghebraden /

3070 Doet den paeu gheerne ghegaden.

Alfe die paeu climmet hoghe /

Dat meent nat / waeft te boren broghe.

Witte paeuwe bint men mede /

Eñ wilde paeuwe te fomegher ftede;

3075 Maer niet ban bedren fo fijn

Alfe die huufpaeuwe fijn.

Perdix heet die pertrife bi namen.

Jacob eñ Ifidorus te famen /

Eñ Sente Ambrofius / fegghen mi /

3080 Dat het een loos boghel fi /

Want elc anders eiere fteelt;

Maer alfe die ionghe fijn gheteelt /

kennen fi die moeder / diefe wan /

Bi den lude / eñ bolghen hare ban.

3085 Haren neft maert fi / horic ghewaghen /

Gheerne in die dicke haghen;

Eñ comt iemen den nefte naer /

Vs. 3069. H.V. Boven (*sic*) n. te sere g. B.J. sere. | 3070. H. Doe die pau sere gaden. B. pau sere gaden. J. Doen d. p. sere gheg. | 3071. H. Als d. pau clemt. V.J. Als die p. clemmet. B. pau climt. | 3072. H. meent regen, waset droge. V. meent rein, waest te v. dr. J. Betekent reghen wast te droghe (voren *ontbr.*). B. wast. | 3073. V.H. pawe (pawen) vintm. B. pauwe vindm. J. pawen. | 3074. B. wildi (*sic*) pauwe. H. pawe. V. pawe in som. J. pawen in s. st. | 3075. H. Mer n. mit vedren. V.J. Niet v. vedren (Maer *ontbr.*). B. vedren. | 3076. H.V.J. Als d. h. pawe (J. pawen). B. huus pauwe, *sic; de* i *van huis is zonder stip gebleven.* | 3077. V. Perdix beet. H. is de pertrice. | 3078. V.J. Jacob ende Ys. B.H. Ys. | 3079. V. Sinte Ambrosis. H. Sinte Ambr. J. Ambrosis. | 3080. H. Dat een loes. B. loes. V. los. J. Datter een loes. | 3081. H. eyer st. V.J. elc anderen (andren) eyeren. | 3082. H.J. Mar (Mare) als d. iongen. V. als. | 3083. B. kinnen si d. moder dise w. H. de si w. J. der moeder. | 3084. H. Eñ bi den l. eñ v. har. B. *van de eerste hand* vogen. J. haer. | 3085. V. Haer nest. H. maecsi. J. Maket si. *Allen* horic. | 3086. V. Gheerne in den dicken h. B. Gerne. J. Gaerne. | 3087. H. coemt yman. B. coemt iemen ten neste daer naer. J. nest.

.XXV. iaer mach hi leven.

In ouden boeken es bescreven/

Dat den ouden paeu wast int hovet

Een precieus steen/ dies ghelovet.

3055 Die paeu werpt/ alse die loveren vallen/

Sine steertvedren al met allen/

En dan laet hi hem node bekinnen/

Onthier en si wassen beghinnen.

Alse hi ontwake wert bi nachte/

3060 Roept hi lude en onsachte/

Want hi vaer hevet en toren/

Dat hi sine scoonheit heeft verloren.

Eier legghen si eens ten iare;

En die pauwinne die pijnt hare/

3065 Dat sise den paeu ontsteect;

Want vint hise/ dat hise breect.

Sine ionghe wille hi verslaen/

Tote hi hem siet die toppen uutgaen.

Vs. 3051. V. .XV. iaer. H. *had eerst* machi *geschreven, maer schrapte de* i *met de reeds begonnen* l *van leven* uit, *om verdeeld* mach hi *te schrijven.* | 3052. V. est b. H. is. J. ghescr. | 3053. H. pawen. B. waest. J. Datten. | 3054. H. precioes stien dat g. J. preciose. | 3055. H. Die pau w. alse sine plumen vallen; *en zoo mede* B., *behalve dat* sine *ontbreekt.* V. als. J. worpt als die lovren. | 3056. V. Sinen staert ute met allen. H. stertvedren al mit allen. B. al ontbr. J. staert v. met allen (al ontbr.). | 3057. V. En dat laet hi. B. *herhaelt nog eens* dan *vóór* node. H. bekennen. J. n. kinnen. | 3058. H. So lange ont si w. beginnen. V. Tote datsi weder wassen b. J. Onth. ende si hem w. b. | 3059. H. Als. V. J. Als hi ontw. (ontwaken) wort. | 3061. H. V. Want hi hevet vaer ende (en) t. J. hi heeft vaer ende. | 3062. H. sconeyt. B. scoenheit heft v. V. J. scoenheit. | 3063. H. Eyer. V. Eijer (*sic*). J. Eyeren — eens int iaer. | 3064. H. Entie pawinne pijnt h. (die *ontbr. als mede in* B. *op de tweede plaets*). V. Ende die pawinne. J. Ende die paw. pijnt haer. | 3065. H. pau ontstect. V. Dat soese die p. onsteket. B. siese den pau. | 3066. B. vind. H. vinthise d. hise brect. V. Dats, vinthise, om dat hise breket. J. Omme dat, vint hise, dat. | 3067. H. wilhi. V. wil hi. J. iongben wil hi. | 3068. V. J. Tote dien dat hem die toppen (coppen) uutg. (ontgaen). H. Tottien dathi hem die cop siet wtg. B. die coppe. *De keus is moeyelijk, omdat* cop *en* top *zekere beteekenissen gemeen hebben.*

Bonen / niet te serre ghebraden /

3070 Doet den paeu gheerne ghegaden.

Alse die paeu climmet hoghe /

Dat meent nat / waest te voren droghe.

Witte paeuwe vint men mede /

Eñ wilde paeuwe te somegher stede;

3075 Maer niet van bedren so sijn

Alse die huuspaeuwe sijn.

Perdix heet die pertrise bi namen.

Jacob eñ Isidorus te samen /

Eñ Sente Ambrosius / segghen mi /

3080 Dat het een loos boghel si /

Want elc anders eiere steelt ;

Maer alse die tonghe sijn gheteelt /

Kennen si die moeder / diese wan /

Bi den lude / eñ volghen hare ban.

3085 Haren nest maert si / horic ghewaghen /

Gheerne in die dicke haghen ;

Eñ comt iemen den neste naer /

Vs. 3069. H.V. Boven (sic) n. te sere g. B.J. sere. | 3070. H. Doe die pau sere gaden. B. pau sere gaden. J. Doen d. p. sere gheg. | 3071. H. Als d. pau clemt. V.J. Als die p. clemmet. B. pau climt. | 3072. H. meent regen, waset droge. V. meent rein, waest te v. dr. J. Betekent reghen wast te droghe(voren ontbr.). B. wast. | 3073. V.H. pawe (pawen) vintm. B. pauwe vindm. J. pawen. | 3074. B. wildi (sic) pauwe. H. pawe. V. pawe in som. J. pawen in s. st. | 3075. H. Mer n. mit vedren. V.J. Niet v. vedren (Maer ontbr.). B. vedren. | 3076. H.V.J. Als d. h. pawe (J. pawen). B. huis pauwe, sic; de i van huis is zonder stip gebleven. | 3077. V. Perdixs beet. H. is de per- trice. | 3078. V.J. Jacob ende Ys. B.H. Ys. | 3079. V. Sinte Ambrosis. H. Sinte Ambr. J. Ambrosis. | 3080. H. Dat een loes. B. loes. V. los. J. Datter een loes. | 3081. H. eyer st. V.J. elc anderen (andren) eyeren. | 3082. H.J. Mar (Mare) als d. iongen. V. als. | 3083. B. kinnen si d. moder dise w. H. de si w. J. der moeder. | 3084. H. Eñ bi den l. eñ v. har. B. van de eerste hand vogen. J. haer. | 3085. V. Haer nest. H. maecsi. J. Maket si. Allen horic. | 3086. V. Gheerne in den dicken h. B. Gerne. J. Gaerne. | 3087. H. coemt yman. B. coemt iemen ten neste daer naer. J. nest.

Die moeder comt hem ieghen baer /

Eñ ghebaert ofte si cranc ware /

3090 Om dat sine wille doen volghen hare /

Eñ verre leiden anders waer.

Alse hare ionghe hebben baer /

Vallen si opwaert eñ decken hem mede

Met rise / dat es hare sede /

3095 Die si houden in hare voete.

Hare luxurie die es so onsoete /

Dat si noten ieghen nature.

Plinius spreect in sine scrifture /

Dat die hanekine bi tiden

3100 Seere om die hinnekine striden /

Eñ die verwint / dat hi onsoete

Die andre tert onder den voete.

Gheen wilt vleesch es so ghesont /

Alse die pertrise in hare stont.

3105 Hare galle / alse Plinius seghet /

Op dat menre effene ieghen weghet

Honech / eñ ment minghe dan /

Vs. 3088. H. moder. B. coemt. | 3089. B. gebart. V. gh. of soe. H.J. gh. of si. |
3090. V. Omme dat soene. J. Omme. B. siene; verder bleef hare vergeten. H. wil.
| 3091. V. varre of leden. H. leeden. J. Ende verre of leden. | 3092. V. Als haer ion-
ghen. H. har ionge. J. ionghen. | 3093. H. Valsi. B. si op werp (sic). V. upwaert. |
3094. H. Mit risen, dats har s. V. rusen dits. J. risen dats h. | 3095. H. De si h. |
3096. H. Har l. is. V. so ontbr. J. die ontbr. | 3098. V. spreict in sijn. H. seit in
die scr. | 3099. H. Dattie h. bitiden. J. betide. | 3100. H. hennen str. V. omme d.
hennek. J. Striden omme die hennekine. (Sere of Seere ontbr. en hennekine kan
bovendien met betide niet rijmen). | 3101. H. Entie. V. Eñ diere verwinnet. B. ver-
wind. J. Ende dire v. | 3102. H. Die ander tert. V. Tard den andren up die voete
(sic). B. teerd. J. Tret den andren onder die v. | 3103. B. Geen welt — gesond.
H. Geen w. vleis is. J. nes so gh. | 3104. H. Als d. pertrice. V. Als. J. Als d. p. tot alre
st. B. stond. | 3105. E. Perdricen galle Pl. die segt. V.J. als. | 3106. E. Op dat mer
eff. i. weegt. V.J. Op datmer effen (effene). H. Op datmer eff. i. leget. B. leget. |
3107. E. ment minct. B. mingt. H. Honich — menge d. J. menghe.

Dat het boghen verclaren can.

Placea/ alfe Plinius feghet/
3110 Es een boghel/ die des pleghet/
Dat hi die dukers wacht in die zee/
En doet hem danne so wee/
Dat hi hem hare proye ontiaghet.
Oer leeft men dat hi hem bedzaghet
3115 Met moffelen/ die hi fwelghet gheheel;
Alfe hife hebet verduwet een deel/
Werpt hi uut die fcellen weder/
En laet danbze ballen neder.

Plubiales fijn manieren
3120 Erande van plubieren/
Die men feit dat bi der lucht
Leben/ fonder anbze bzucht;
Nochtan bint menfe wel gheboet.
Waer bi men wille wefen bzoet/
3125 Datfe boet die lucht alleene/
Dats om dat men groot no cleene
In haren darem niet en bint:

Vs. 3108. E. verclaert dogen; doet dar an (*sic, omgewerkt*). H. Dattet. V. Dat die oghen. J. Dattet die oghen. | 3109. H. Placia als. V.J. Platea als. | 3111. H. Dathi des dukers w. B.V. see. H. ze. | 3112. V. Ende. H. also we. J. dan. | 3113. H. Dat hi hare proie ontraget. B.V.J. proie. | 3114. H.J. lesemen. V. leset men — verdraget. B. dat he hem. | 3115. H. Mit m. de hi suelget al geheel. V.J. musselen. B. mosschelen d. hi sw. geel. | 3116. V. Als. H. heeft. J. Als h. heeft. | 3117. H. de scellen. | 3118. H. En laet vallen dander neder. V. En later tander v. n. J. Ende laet tander. | 3119. B. Plumales. H.J. Plumales (Pluviales) dat sijn. V. dat sijn. | 3120. H. Elke-rande. J. Eerhande. | 3121. B. sied. H. seit. V.J. seghet. | 3122. H.V.J. ander. | 3123. B. vindmense. V. Nochtanne v. | 3124. H. men wil. V. men wils. J. mens wil. | 3125. *Allen* allene : clene. | 3126. H. groet noch clene. J. omme. | 3127. H. darm. V.J. niet ne. B. vind.

Dies waent men datse voet die wint.

Pica dats der ecsteren name.

3130 Van plumen scone eñ bequame

Es si / eñ die vele scalcheden can.

Haer nest ontset si elken man.

Boven can sijt decken eñ sluten;

Si maket scarp van dornen buten /

3135 Eñ maect twee gate / meer no min /

Aldaer si gaet ute eñ in.

Met eerden maect sijt sachte binnen.

Plinius doet ons bekinnen / ˙

Dat ecstre ionghe / over waer /

3140 Ghegheten maken boghen claer /

Eñ dat si sijn ghebleghen best.

Worde decstre in enen stric ghevest /

Al tijf hout si stille ghemeine;

Sonder metten becke alleine

3145 Daer toe doet si hare macht /

Vs. 3128. H. Des waenmen datsie (*sic*). B. voed de wind. | 3129. H. datster aesteren n. V. aextren. B. exsteren, *maer de* x *is eene herschreven letter.* J. aestren. | 3130. J. scoen ende b. | 3131. V. Es soe eñ die v. sc. c. B.H. Sie (Zi) eñ hi vele scalcheit (scalcheden) can (Es *ontbr.*). J. scalcheit. | 3132. B.H. Haren nest ontset sie (ontsetse) elken m. V. ontset soe gherne den m. J. Haren n. ontsetsi gaerne den m. | 3133. V. can soet. *De orde van dit en het volgende vers is in* V. *en* J. *omgekeerd.* | 3134. V. Soe m. B. Sie. H. van doerne. J. scerp v. doernen. | 3135. V. no meer no m. H. noch m. noch m. B. mijn. J. gaten. | 3136. V. Daer sou (*sic*) uut vliecht eñ weder in. H. wt eñ in. B. Aldaer sien gaet, *enz.* J. Daer si gaet wt ende in. | 3137. H. Mit eerden maecsiet s. b. V. aerden m. soet sochte b. B. erden. | 3139. E. Picas ionc. H. aesteren .i. V. aexstren. B. astre. J. Datter aestren ionghen. | 3140. E. Geten maect. B. Geten. J. Gheten m. die oghen. | 3141. V. Ende datsi. J. Ende dan sijn si. | 3142. V. Wout (*sic*) daexstre in een strec g. H. daestre in een strec g. B. daestre. J. Want daestre in een sterc nest. | 3143. V. hout soe st. gemeene : allene. H. gemene : mitten b. allene. B. houd si. J. ghemene : allene. | 3145. H. Daer to. V. doet soe al h. m. J. si al hare.

Hoe sijt ondoet met haerre cracht.

Ionghe opghehouden leeren wale

Some spreken meneghe tale /

Eñ horen nauwe na die woort /

3150 Eñ pinen hoe sise bringhen voort.

Die die tonghe hebben breet /

Spreken best eñ ghereet.

Picus es een voghel echt ;

Na minen wane hets de specht.

3155 Also starc es hi ghevert /

Dat hi die bome dore pert.

Onder die scortse / na siere wise /

Soect hi worme te siere spise.

In holen bomen maect hi sijn nest ;

3160 Daer broet hi sine ionghe best.

Sloeghe oer iemen iser ofte hout

In die gate met ghewout /

Eñ picus niet in ne mochte :

Vs. 3146. H. Ho sijt ond. mit hare cr. V. Hoe soet ondoe m. hare cr. B. harre cr.
J. hare. | 3147. V. up geh. *Allen* leren, *behalve* J. *wiens les is* : Ionghen op gheh.
leermen w. | 3148. H. Somege sp. mennighe t. V. spr. menschen t. ; *misschien beter.*
J. Spr. menegherhande t. (Some *ontbr.*). | 3149. V. Ende horen—wort : vort. H. nawe
na d. woert : voert. B. word : vord. J. wort : vort. | 3150. J. brenghen. | 3151. V. Die
de tonghen H. de tonge. J. tonghen. | 3152. V.J. ende. | 3153. E. *gansch omgewerkt :*

> Picus dats die specht.
> Van den rechtren vlogele dbloet
> Es ten seren ogen goet.

V.J. dats een voghel echt. H. is. | 3154. V. wane so ist de sp. H. eist de sp. J. wanen
so eist. | 3155. H. is. J. sterc. | 3156. V. de b. dor pect. *Deze twee regels ontbreken in*
B. J. doer bect. | 3157. H. scorse J. scuertse. *Allen* sire. | 3158. B. hi gerne sine sp.
H.V.J. sire. | 3159. B. hole bomen. V. hollen b. H. maecthi. | 3160. H.V.J. iong(b)en.
| 3161. V. Slouch—yser of h. H. Sloge oec yman yser of h. B. yser. J. of. | 3162. V. In
dien g. H. mit. J. In die bomen m. | 3163. V. Ende p. n. in en m. H. inne m.

In eerderike van armoeden?
In sine lede mach men voeden
Gode / als enen vercrancten man /
2980 Dien doze ons sijn bloet ontran.
Nu bint men traghe dozper kinder /
Die hem selven meer no minder
Voeden / noch oec Gode mede
En danken van der hovescede.
2985 Dese bederven in den neste.
Dat sijn die Joden / die int leste /
Om dat si crankelike gheloven /
In die helle bliven verscroven.
Oec sijnre ionghe / die ute blieghen /
2990 Eñ vader eñ moeder bedzieghen /
Eñ hem selven alleene asen :
Dat sijn die heidine / die verdwasen /
Eñ Gode laten / eñ anebeden
Afgode met groter dulheden ;
2995 Maer die goede kinderkine
Pensen om die doot eñ om die pine /

Vs. 2977. G. erterike. B. armoede. V. aerdrike v. aermoeden. J. In die werelt v. aerm. | 2978. V. sinen lede. H.J. leden. | 2980. B. dor. H.J. doer. V. Die dor. | 2981. B. vindmen tr. dorpers. H. dorpers. | 2982. H. selver m. noch. m. V. selve. | 2983. G.V. Voeden ne connen, no (noch) G. m. B. oec *ontbr.* J. Voeden connen noch G. m. | 2984. B. Noch dinken. G. Eñ danken. V. Noch danken van sire h. H. No dinken vander hoefscede. J. Ne danken v. sire h. | 2985. J. bedorven. | 2986. G. de Joden. V. Dit sijn die int l. (die Joden *ontbr.*). H. Dit s. de J. de int l. J. Dit s. | 2987. B. Ombe datsi. g. tragbelijc gheloeven. V. Um dat si traechlike. H. geloeven. J. Omme datsi traghelike. | 2988. G. Inde h. bl. verscroeven. V. bliven si verscr. H. In die elke bl. v. J. verscoven. | 2989. G. Oec sijn daer i. V. *als* G.; *voorts* diere uut vl. H. sijre i. de ute vl. J. sijn daer ionghen dier wt vl. | 2990. V. vader enden (*sic*) moeder bedr. H. moder. | 2991. B. allene aesen. V. selve allene hasen. H.J. allene. | 2992. B.G. verduasen. V. heidene. H. de heyden. | 2994. H.V. mit. J. Afgoden. | 2995. H. Mer. d. g. J. Mare. | 2996. B.H. Pinssen (Pensen) om die doghet. G.V. Be-pensen die doet (doot) entie (eñ die) p. J. omme die doeghet entie p.

Die Jhesus Christus om ons doghede /

Daer hi an die cruce boghede /

Eñ ons met sinen bloede ghenas ;

3000 Eñ danken sinen leden das /

Den armen van eerderike /

Die si voeden oetmoedelike.

Wel hem dies sijn bedacht !

Want alse hi comt in sine macht /

3005 Hi saels hem danken met groten lone

Hier boven in den hoghen throne ;

Eñ den dorpere / den traghen

Sal hi in helle iaghen.

P orphirio / alse die letter seghet /

3010 Hevet dies gheen voghel pleghet /

Dien enen voet alse die aren /

Den andren alse die gans te waren.

Desen heeten wi den vur aren.

Vs. 2997. G. doeghede. H. De Jh. J. om ons *ontbr.* | 2998. G. hi hem ant cr. boe-
gede. B. cruse. V. anden cruce droghede (*sic*), *maer de* r *van* droghede *eerst uit-
gelaten, werd door dezelfde hand aengevuld.* H. *stemt met* V. *overeen.* J. ant cr.
droghede. | 2999. V.J. Ende ons. H. mit. | 3000. V. sine lede. | 3001. B. erdrike.
G. erterike. H. eertrike. V. aerdrike. J. aermen v. aertrike. | 3002. B. Dien si voet-
den. G. oemoedelike. H. omoed. J. Diese v. omoed. | 3003. B. hem dijs sijn. G.V.J. hem
die dies s. b. | 3004. B. coemt. H.J. als hi c. V. als hi coemt. | 3005. G.J. danken in
den throene (trone). V. sals h. d. in den trone. H. sal h. d. mit. | 3006. G. Metten
eeuweliken loene. B. Hir — troene. H. Hijr b. — trone. V.J. Eñ (Ende) voeden met
eweliken lone. | 3007. G. dorpre metten tr. V. Eñ die dorper metten tr. J. Ende den
dorpre enten tr. | 3008. G.V. in der hellen. J. Sal hi neder in d. h. i. | 3009. G. Por-
phirio, alse d. lettere. V.J. Porphirio (Porphiro) als d. lettre. H. Porsitio, als de let-
tere. B. Porsitio. | 3010. V. des gh. v. en pleghet. H. Heeft des. | 3011. B. Want dien
enen v. heft hi alse die aren. G. Dats den enen v. alse. H.V. Want enen v. heeft (hevet)
hi als daren (die aren). J. Enen v. heeft hi als. | 3012. B. Die andre. V.J. als. H. Enen
andren als d. g. twaren. | 3013. G. heetewi. *Deze variant ontleen ik aen het vervolg-
teeken onder de laetste kolom van het Gentsch Fragment, dat hier uitgaet.*
V. heten wi. H. hete wi. B. heete wi. *Voorts* J. hete wi den broec aren.

Hi can hoghe in die lucht varen/

3015 Eñ merct eñ siet in sijn climmen

Waer die vissche int water swimmen.

Dan sciet hi neder met vluchte groot,'

Eñ grijpt die vissche in finen poot/

Die ghemaect es na bes arens voet;

3020 Metten andren hi dan doet

Also/dat hi mach op risen/

Eñ blieghet wech met siere spisen.

Men vintse groot eñ mate cleine

Vele in der werelt ghemeine.

3025 **P**avo/dats in dietsch die paeu;

Die es van bedzen root eñ blaeu/

Eñ die scoonste die men kent.

Ghehovet es hi na tserpent.

Elc man kinnet sine ghevane/

3030 Dies keeric mi te min daer ane;

Maer een meester spreect dese sprake:

Vs. 3014. V. inder lucht. | 3015-3016. V. maerct—clemmen : swemmen. H. clemmen : de vissce — swemmen. B. cliemmen : vessche — swiemmen. J. clemmen : vissceo – swemmen. | 3017. V. schiet. H. sciethi n. mit. J. vluchten. | 3018. H. Dan griepthi vissce. V.J. den visch. | 3019. H. is — aerns. | 3020. B.H. Metten (Mitten) andren hi dat doet. V. bi roeit. J. hi dan roeyt. *Ik volgde de les van B. en H. om niet roet voor roeyt te moeten schrijven; echter stelde ik dan in plaets van dat.* | 3021. H. op mach r. V. mach up r. | 3022. H. mit sire. V. sire. J. Ende vlighen w. m. sire. | 3023. B. vindse groet te maten. H. groet te maten clene. V. clene. J. ente maten clene : ghemene. | 3024. H. inde w. gemene. V. in die w. ghemeene. | 3025. H. is (*in plaets van dats*) *en door later hand aengevuld. Voorts* die pau. V. in dietsche die p. B. de pau. J. die. | 3026. H. Die van v. is roet eñ bl. V. Die v. v. root eñ bl. (*is of es ontbr.*). B. Dies v. v. roet eñ blau. J. Die v. v. es root ende bl. | 3027. H. Entie sc. diemen. V. Eñ d. sc. es. B. diemen kint. J. Ende die scoenste voghel diemen k. | 3028 H. Gehoest is hi. V. es bij na dat s. | 3020. H. kent wel sine g. V.J. kennet. | 3030. B. kiric mi te m. dar ane. H.V. keric mi te mind' (min der) ane. J. keric mi de min. | 3031. H. Mer — dese sake. V. spreict d. sake J. sake.

Die paeu es ghehalset na den drake;

Sijn luut es ofte die dubel ware;

Sijn ganc stille / in der ghebare

3035 Alse die dief; sine plumen mede

Recht na des hemels scoonhede.

Sijn luut veriaghet / daer si sijn/

Alle beesten die draghen venijn/

No hare negheen ne blivet lanc/

3040 Daer si hozen sinen sanc.

    Augustijn seit oppenbare/

Dat spaeus bleesch in enen iare

No ne stinct no ne rot.

    Die paeu es een hoverdech sot:

3045 Siet menne doz sine scoonheit an/

Hi ontdoet sinen steert van

Jeghen die sonne / dat men bi dien

Te bat sal sine scoonheit sien;

Maer alse hi sine voete siet/

3050 Velt hi den steert van eñ bliet.

Vs. 3032. H. De pau is gheboeft. V. Paeu es gh. als die dr. (Die *in 't begin ontbr.*).
B. pau. J. Hi es ghehooft ghelijk d. dr. | 3033. H. Sijn sien is oft die divel w. *Van de
eerste hand stond er* Sien sien. V. luud es oft. J. oft. | 3035. H.V.J. Als. | 3036. V. Na
des claers hemels scoenh. H. scoenede. J. Sere nades hemels scoenh. B. schoenb. |
3037. V.J. luud (luut) v. waer so si sijn. | 3038. V.J. beesten van venijn. | 3039. H. Noch
hare geen blijft l. V. Noch haer ne gh. ne bl. J. Noch h. ne gh. blivet. | 3040. H. V. si-
nen ganc. | 3041. E. sprect oppenb. H. spreect openb. V. spreict op. B. seid op.
J. Augustinus spreect op. | 3042. E. Dat paus vl. binnen. B.H. Dats paus vl. (vleis).
V. Dat paeus vl. bin enen i. J. binnen enen | 3043. H.V. Noch ne stinct (stinket), noch
ne r. E. en B. *als in den tekst*. | 3044. H. Die pau is een hoverdich s. V. hoverdich.
B. *had eerst* Die pua *geschreven, doch haelde dit laetste door, om* Die paus (*sic*)
es, enz., *in de plaets te stellen!* J. hovaerdich. | 3045. V. Sietmen. H. Siemen
dor s. sconeyt. J. Sietmen omme s. scoenh. | 2046. V.J. ondoet sine (sinen) staert.
H. ondoet s. stert. B. stert. | 3047. V. bidien. H. dats bidien. J. datmen bidien. |
3048. V. Te bet dat sine sconeit s. H. Datmen tebet sal s. sconeyt s. J. bet. | 3049. H. Mer
alshi sinen voet s. V. als. J. als — voeten. | 3050. B.H. stert. V. Vellet hi sinen staert.
J. den staert ende vl.

.XXV. iaer mach hi leben.

In ouden boeken es bescreben/

Dat den ouden paeu wast int hobet

Een precieus steen/ dies ghelobet.

3055   Die paeu werpt/ alse die loberen ballen/

Sine steertbedren al met allen/

Eñ dan laet hi hem node bekinnen/

Onthier eñ si wassen beghinnen.

Alse hi ontwake wert bi nachte/

3060   Roept hi lude eñ onsachte/

Want hi baer hebet eñ toren/

Dat hi sine scoonheit heeft berloren.

    Eier legghen si eens ten iare;

Eñ die pauwinne die pijnt hare/

3065   Dat sise den paeu ontsteect;

Want vint hise/ dat hise breect.

Sine ionghe wille hi berslaen/

Tote hi hem siet die toppen uutgaen.

Vs. 3051. V. .XV. iaer. H. *had eerst* machi *geschreven, maer schrapte de* i *met de reeds begonnen* l *van* leven uit, *om verdeeld* mach bi *te schrijven.* | 3052. V. est b. H. is. J. ghescr. | 3053. H. pawen. B. waest. J. Datten. | 3054. H. precioes stien dat g. J. preciose. | 3055. H. Die pau w. alse sine plumen vallen; *en zoo mede* B., *behalve dat* sine *ontbreekt.* V. als. J. worpt als die lovren. | 3056. V. Sinen staert ute met allen. H. stertvedren al mit allen. B. al *ontbr.* J. staert v. met allen (al *ontbr.*). | 3057. V. Eñ dat laet hi. B. *herhaelt nog eens* dan vóór node. H. bekennen. J. n. kinnen. | 3058. H. So lange ont si w. beginnen. V. Tote datsi weder wassen b. J. Onth. ende si hem w. b. | 3059. H. Als. V.J. Als hi ontw. (ontwaken) wort. | 3061. H.V. Want hi hevet vaer ende (eñ) t. J. hi beeft vaer ende. | 3062. H. sconeyt. B. scoenheit heft v. V.J. scoenheit. | 3063. H. Eyer. V. Eijer (*sic*). J. Eyeren — eens int iaer. | 3064. H. En-tie pawinne pijnt h. (die *ontbr. als mede in* B. *op de tweede plaets*). V. Ende die pawinne. J. Ende die paw. pijnt haer. | 3065. H. pau ontstect. V. Dat soese die p. onsteket. B. siese den pau. | 3066. B. vind. H. vinthise d. bise brect. V. Dats, vinthise, om dat hise breket. J. Omme dat, vint hise, dat. | 3067. H. wilhi. V. wil hi. J. iong-hen wil hi. | 3068. V.J. Tote dien dat hem die toppen (coppen) uutg. (ontgaen). H. Tottien dathi hem die cop siet wtg. B. die coppe. *De keus is moeyelijk, omdat* cop *en* top *zekere beteekenissen gemeen hebben.*

Bonen / niet te feere ghebzaden /

3070 Voet ben pacu gheerne ghegaben.

Alfe die paeu climmet hoghe /

Dat meent nat / waeft te bozen bzoghe.

Witte paeuwe vint men mede /

Eñ wilde paeuwe te fomegher ftede;

3075 Maer niet van bedzen fo fijn

Alfe die huufpaeuwe fijn.

Perbix heet die pertrife bi namen.

Jacob eñ Ifibozug te famen /

Eñ Sente Ambzofiug / fegghen mi /

3080 Dat het een loog boghel fi /

Want elc anderg eiere fteelt;

Maer alfe die ionghe fijn gheteelt /

Kennen fi die moeder / diefe wan /

Bi den lube / eñ volghen hare ban.

3085 Haren neft maert fi / hozic ghewaghen /

Gheerne in die dicke haghen;

Eñ comt iemen ben nefte naer /

Vs. 3069. H.V. Boven (sic) n. te sere g. B.J. sere. | 3070. H. Doe die pau sere gaden. B. pau sere gaden. J. Doen d. p. sere gheg. | 3071. H. Als d. pau clemt. V.J. Als die p. clemmet. B. pau climt. | 3072. H. meent regen, waset droge. V. meent rein, waest te v. dr. J. Betekent reghen wast te droghe (voren *ontbr.*). B. wast. | 3073. V.H. pawe (pawen) vintm. B. pauwe vindm. J. pawen. | 3074. B. wildi (sic) pauwe. H. pawe. V. pawe in som. J. pawen in s. st. | 3075. H. Mer n. mit vedren. V.J. Niet v. vedren (Maer *ontbr.*). B. vedren. | 3076. H.V.J. Als d. h. pawe (J. pawen). B. huis pauwe, *sic; de i van huis is zonder stip gebleven.* | 3077. V. Perdixs beet. H. is de pertrice. | 3078. V.J. Jacob ende Ys. B.H. Ys. | 3079. V. Sinte Ambrosis. H. Sinte Ambr. J. Ambrosis. | 3080. H. Dat een loes. B. loes. V. los. J. Datter een loes. | 3081. H. eyer st. V.J. elc anderen (andren) eyeren. | 3082. H.J. Mar (Mare) als d. iongen. V. als. | 3083. B. kinnen si d. moder dise w. H. de si w. J. der moeder. | 3084. H. Eñ bi den l. eñ v. har. B. *van de eerste hand* vogen. J. haer. | 3085. V. Haer nest. H. maecsi. J. Maket si. *Allen* horic. | 3086. V. Gheerne in den dicken h. B. Gerne. J. Gaerne. | 3087. H. coemt yman. B. coemt iemen ten neste daer naer. J. nest.

Die moeder comt hem ieghen baer /
Eñ ghebaert ofte si cranc ware /

3090 Om dat sine wille doen volghen hare /
Eñ verre leiden anders waer.
Alse hare ionghe hebben baer /
Vallen si opwaert eñ decken hem mede
Met rise / dat es hare sede /

3095 Die si houden in hare voete.
Hare luxurie die es so onsoete /
Dat si noten ieghen nature.
Plinius spreect in sine scrifture /
Dat die hanckine bi tiden

3100 Seere om die hinnekine striden /
Eñ die verwint / dat hi onsoete
Die andre tert onder den voete.
Gheen wilt vleesch es so ghesont /
Alse die pertrise in hare stont.

3105 Hare galle / alse Plinius seghet /
Op dat menre effene ieghen weghet
Honech / eñ ment minghe dan /

Vs. 3088. H. moder. B. coemt. | 3089. B. gebart. V. gh. of soe. H.J. gh. of si. |
3090. V. Omme dat soene. J. Omme. B. siene; *verder bleef* hare vergeten. H. wil.
| 3091. V. varre of leden. H. leeden. J. Ende verre of leden. | 3092. V. Als haer ion-
ghen. H. har ionge. J. ionghen. | 3093. H. Valsi. B. si op werp (*sic*). V. upwaert. |
3094. H. Mit risen, dats har s. V. rusen dits. J. risen dats h. | 3095. H. De si h. |
3096. H. Har l. is. V. so *ontbr*. J. die *ontbr*. | 3008. V. spreict in sijn. H. seit in
die scr. | 3099. H. Dattie b. bitiden. J. betide. | 3100. H. hennen str. V. omme d.
hennek. J. Striden omme die hennekine. (Sere *of* Seere *ontbr. en* hennekine *kan
bovendien met* betide *niet rijmen*). | 3101. H. Entie. V. Eñ diere verwinnet. B. ver-
wind. J. Ende dire v. | 3102. H. Die ander tert. V. Tard den andren up die voete
(*sic*). B. teerd. J. Tret den andren onder die v. | 3103. B. Geen welt — gesond.
H. Geen w. vleis is. J. nes so gh. | 3104. H. Als d. pertrice. V. Als. J. Als d. p. tot alre
st. B. stond. | 3105. E. Perdricen galle Pl. die segt. V.J. als. | 3106. E. Op dat mer
eff. i. weegt. V.J. Op datmer effen (*effene*). H. Op datmer eff. i. leget. B. leget. |
3107. E. ment minct. B. mingt. H. Honich — menge d. J. menghe.

Dat het boghen verclaren can.

Placea/ alse Plinius seghet/
3110 Es een boghel/ die des plheghet/
Dat hi die dukers wacht in die zee/
Eñ doet hem danne so wee/
Dat hi hem hare proye ontiaghet.
Oec leest men dat hi hem bedraghet
3115 Met mosselen/ die hi swelghet gheheel;
Alse hise hevet verduwet een deel/
Werpt hi uut die scellen weder/
Eñ laet dandre ballen neder.

Plubiales sijn manieren
3120 Erande van plubieren/
Die men seit dat bi der lucht
Leven/ sonder andre brucht;
Nochtan vint mense wel gheboet.
Waer bi men wille wesen broet/
3125 Datse voet die lucht alleene/
Dats om dat men groot no cleene
In haren darem niet en vint:

Vs. 3108. E. verclaert dogen; doet dar an (*sic, omgewerkt*). H. Dattet. V. Dat die oghen. J. Dattet die oghen. | 3109. H. Placia als. V.J. Platea als. | 3111. H. Dathi des dukers w. B.V. see. H. ze. | 3112. V. Ende. H. also we. J. dan. | 3113. H. Dat hi hare proie ontraget. B.V.J. proie. | 3114. H.J. lesemen. V. leset men — verdraget. B. dat he hem. | 3115. H. Mit m. de hi suelget al geheel. V.J. musselen. B. mosschelen d. hi sw. geel. | 3116. V. Als. H. heeft. J. Als h. heeft. | 3117. H. de scellen. | 3118. H. Eñ laet vallen dander neder. V. Eñ later tander v. n. J. Ende laet tander. | 3119. B. Plumales. H.J. Plumales (Pluviales) dat sijn. V. dat sijn. | 3120. H. Elkerande. J. Eerhande. | 3121. B. sied. H. seit. V.J. seghet. | 3122. H.V.J. ander. | 3123. B. vindmense. V. Nochtanne v. | 3124. H. men wil. V. men wils. J. mens wil. | 3125. *Allen* allene : clene. | 3126. H. groet noch clene. J. omme. | 3127. H. darm. V.J. niet ne. B. vind.

26

Dies waent men datse voet die wint.

Pica dats der eersten name.

3130 Van plumen scone eñ bequame

Es si/ eñ die vele scalcheden can.

Haer nest ontset si elken man.

Boven can sijt decken eñ sluten;

Si maket scarp van doznen buten/

3135 Eñ maect twee gate/ meer no min/

Albaer si gaet ute eñ in.

Met eerden maect sijt sachte binnen.

Plinius doet ons bekinnen/

Dat eerste ionghe/ over waer/

3140 Ghegheten maken doghen claer/

Eñ dat si sijn ghebleghen best.

Worde deerste in enen stric ghevest/

Al rijf hout si stille ghemeine;

Sonder metten becke alleine

3145 Daer toe doet si hare macht/

Vs. 3128. H. Des waenmen datsie (*sic*). B. voed de wind. | 3129. H. datster aeste-
ren n. V. aextren. B. exsteren, *maer de x is eene herschreven letter*. J. aestren. |
3130. J. scoen ende b. | 3131. V. Es soe eñ die v. sc. c. B.H. Sie (Zi) eñ hi vele scalc-
heit (scalcheden) can (Es *ontbr.*). J. scalcheit. | 3132. B.H. Haren nest ontset sie (ont-
setse) elken m. V. ontset soe gherne den m. | J. Haren n. ontsetsi gaerne den m. |
3133. V. can soet. *De orde van dit en het volgende vers is in* V. *en* J. *omgekeerd.* |
3134. V. Soe m. B. Sie. H. van doerne. J. scerp v. doernen. | 3135. V. no meer no m.
H. noch m. noch m. B. mijn. J. gaten. | 3136. V. Daer sou (*sic*) uut vliecht eñ weder
in. H. wt eñ in. B. Aldaer sien gaet, *enz.* J. Daer si gaet wt ende in. | 3137. H. Mit
eerden maecsiet s. b. V. aerden m. soet sochte b. B. erden. | 3139. E. Picas ionc.
H. aesteren .i. V. aexstren. B. astre. J. Datter aestren ionghen. | 3140. E. Geten
maect. B. Geten. J. Gheten m. die oghen. | 3141. V. Ende datsi. J. Ende dan sijn si.
| 3142. V. Wout (*sic*) daexstre in een strec g. H. daestre in een strec g. B. daestre.
J. Want daestre in een sterc nest. | 3143. V. hout soe st. gemeene : allene. H. ge-
mene : mitten b. allene. B. houd si. J. ghemene : allene. | 3145. H. Daer to. V. doet
soe al h. m. J. si al hare.

Hoe sijt ondoet met haerre cracht.

Jonghe opghehouden leeren wale

Some spreken meneghe tale/

Eñ horen nauwe na die woort/

3150 Eñ pinen hoe sise bringhen voort.

Die die tonghe hebben breet/

Spreken best eñ ghereet.

Picus es een voghel echt;

Na minen wane hets de specht.

3155 Also starc es hi ghevert/

Dat hi die bome bore pert.

Onder die scortse/ na siere wise/

Soect hi worme te siere spise.

In holen bomen maect hi sijn nest;

3160 Daer broet hi sine ionghe best.

Sloeghe aer iemen iser ofte hout

In die gate met ghewout/

Eñ picus niet in ne mochte :

Vs. 3146. H. Ho sijt ond. mit hare cr. V. Hoe soet ondoe m. hare cr. B. harre cr.
J. hare. | 3147. V. up geh. *Allen* leren, *behalve* J. *wiens les is* : Ionghen op gheh.
leermen w. | 3148. H. Somege sp. mennighe t. V. spr. menschen t.; *misschien beter.*
J. Spr. menegherhande t. (Some *ontbr.*). | 3149. V. Ende horen—wort : vort. H. nawe
na d. woert : voert. B. word : vord. J. wort : vort. | 3150. J. brenghen. | 3151. V. Die
de tonghen H. de tonge. J. tonghen. | 3152. V.J. ende. | 3153. E. *gansch omgewerkt :*

> Picus dats die specht.
> Van den rechtren vlogele dbloet
> Es ten seren ogen goet.

V.J. dats een voghel echt. H. is. | 3154. V. wane so ist de sp. H. eist de sp. J. wanen
so eist. | 3155. H. is. J. sterc. | 3156. V. de b. dor pect. *Deze twee regels ontbreken in*
B. J. doer bect. | 3157. H. scorse J. scuertse. *Allen* sire. | 3158. B. hi gerne sine sp.
H.V.J. sire. | 3159. B. hole bomen. V. hollen b. H. maecthi. | 3160. H.V.J. iong(b)en.
| 3161. V. Slouch—yser of h. H. Sloge oec yman yser of h. B. yser. J. of. | 3162. V. In
dien g. H. mit. J. In die bomen m. | 3163. V. Ende p. n. in en m. H. inne m.

Hi bloghe henen eñ sochte

3165 Een cruut daer uut mede bloghe dat /

Hoe baste dat stake int gat.

Oude boeke segghen dat

Van desen crude teser stat /

Dat menre mede mach ontsluten

3170 Alrehande slote van buten /

Die die woozt daer toe can segghen /

Viere mede toe gheleggheu;

Gheen mensche en kennet echt /

Sonder bi naturen die specht.

3175 Scarp sijn sine clauwen ghemeene /

Dies sit hi node op die steene.

Selc ghelijct der merlen wale;

Selc een deel der wedewale;

Selke sijn opt hovet root /

3180 Eñ die sijn scone eñ groot.

PAsser es der musschen name.

In huse te bzoedene es hem bequame.

Vs. 3164. B.H. vloege. V. hene ende s. J. vloeghe hene ende. | 3165. B. crut.
H.V. daer mede uut vloege (vloghe). J. Daer mede wt vloghe dat (Een cruut *ontbr*.).
| 3166. H. Ho vaste; *en van de eerste hand* steke. V. *heeft dezen en den volg. regel
overgeslagen.* J. So hoe vaste. | 3167. J. boeken. | 3168. B.H. tere. *Ik volgde* V.
Bij J. terer. | 3169. H. Dat mer. V.J. Datmer. | 3170. B. Alrande. | 3171. H. de woert
d. to. B. word. V. wort. J. woerde. | 3172. H. Dier mede to g. V. Die mede der ane
gh. J. mede ane legghen. | 3173. H. en *ontbr.* V. ne kennet. J. Ne gheen m. ken-
net. | 3174. H. die *ontbr.* | 3175. V. Scaerp s. s. clawen. H. sin sine claw. gemene.
B. claw. gemene. J. scerp so heeft bi die tene. | 3176. H. Des—stene. V. up die stene.
B. stene. J. Dies set hise node optie stene. | 3177. V. Sulc—marlen. J. Sulc—den
maerle. H. Sulc. | 3178. H. Sulc. V.J. Sulc—weduwale. | 3179. B. roet. H. Sulke
sijn opt hoeft roet. V. *kent dit en 't volg. vers niet.* J. Ende sulc s. op thoeft al root.
| 3180. H. Entie sijn scoenst eñ groet. B. groet. J. scoenst. | 3181. H. is der mus-
scen. V.J. dats der mossche (musscen) n. B. der mosschen. | 3182 .V.J. An huse (hu-
sen) broeden. H. te broeden is hem.

Dicke dinken si bermoeden /
Alsi noten ende broeden.

3185   Die heetste voghel eest bi naturen /
Dien men vint in der scrifturen.
Die soen leven langher dan die hien /
Wil men segghen ende sien.
    Aristotiles die seghet /

3190   Dat die hie alleene pleghet
Nemmee te levene dan een iaer.
Dat mach sijn in den lande daer;
Maer hier en eest niet / des sijn wi broet:
Ic waent onse coude lant doet.

3195   In someghen steden / wil men callen /
Dat si van den evele vallen;
Maer Aristotiles die seghet /.
Dats om dat die mussche pleghet
Etene dat velsensaet /

3200   En daer af comt hare dat quaet.
    Alse die ionghe ute blieghen /
Doude wilse niet bedzieghen /
Si en blieghen mede en hare ghebure /

Vs. 3183. B.V. Dicken dinken sie (si) v. | 3184. B. Alsie noten eñ br. H. eñ. V. Als si. | 3185. H. De h. v. ist. V. ist van nat. J. eist van n. | 3186. H. De men v. B. Dimen vind. V. Die men. J. Diemen. | 3187. H. De sien l. V. Die suwen l. J. Die sien l. | 3188. B.H. eñ sien. V. ende sien. J. ende lien. | 3189. H. de seghet. V. Aelbrecht. | 3190. B.H. Dat die (Dattie) bi allene. V.J. allene. | 3191. B.V.J. Nemme. H. Nemmeer. | 3193. B. hir. H. hijr eist niet, des si wi vr. V. nest niet, dat sijn wi. J. Mar hier eist n., dies sijt vr. | 3194. H. land. J. onse hete l. | 3195. V. somighen st. willmen; *doch eens* l *is doorgehaeld.* J. somegher stede wilm. | 3196. H. v. d. evel. | 3197. V. Aelbrecht d. s. (Maer *ontbr*.). H. de seghet. J. Maer *ontbr*. | 3198. H. om dattie mussce. V. mossche. J. Dat die mussce pl. (Dats om *ontbr*.). | 3199. H. dat belsaet. V. dat belue saet. B. beelde saet. *Welligt stond hier eens belsaem saet.* J. beelden s. | 3200. V.J. Daer of c. haer (hem); *zonder Eñ, welk ook* H. *niet kent.* | 3201. V. Als. J. Als d. ionghen wt vl. | 3202. H. willen si niet. V.J. Doude en (ne) wilse niet. | 3203 H.V.J. Sine vliegen m.

Eñ hoedense : dits hovesche nature.

3205 Dus souden die starke eñ die broede

Den cranken nemen in hare hoede /

Eñ bewaren eñ beraden

Beide van scanden eñ van scaden.

Passer arundineus

3210 Es die rietmussche / eñ comt aldus /

Dat die mussche eñ die nachtegale

Te samen noten te someghen male ;

Eñ die brucht die daeraf coemt /

Al eest dat mense mussche noemt /

3215 Om dat mense also gheplumet siet /

Si en broet niet daer die mussche pliet.

Si en mint oec die bossche niet /

Maer gheerne woont si int riet /

Buten husen / buten busschen.

3220 Den sanc hebben dese musschen

Een deel van der nachtegale /

Al ne singhen si niet so wale.

Vs. 3204. H. hodense, dats hoefsce n. B.J.V. houdense d. hovesce (V. hovessche) n. | 3205. B. Dos. H. soude d. st. entie vr. V. Entie. J. sterke ende die vr. | 3206. V.J. Die cranke. H. Die cranke n. in sire h. | 3207-3208. B.H. eñ bekeren Beide (Beyde) van scaden (scanden) eñ van onneren. J. Ende — ende. *Voorts* Bede v. sc. ende v. scade (*sic*). | 3210. H. Is d. rietmossce. V. Es die meet mussche. B. coemt. J. mussce. | 3211. H. Dattie mossce entie n. V.J. entie n. B.J. mussce. | 3212. H. Tesamene n. altemale. B. Tesamen noeten alte male. V. te somigen m. J. in meneghen dale. | 3213. H.V. Entie vr. de (die) daer af (of) coemt. J. Entie — of coomt. | 3214. V. Al est datsoe es m. genoemt. H. Al eist — mussce n. J. Al eist — die mussce noomt. | 3215. B. Om datmen die mussce also g. siet. V.J. Want mense also. | 3216. B.H. Sie en (Sine) br. n. d. die mussce pl. V. Soene br. niet. J. Sine br. | 3217. V. Noch sine minnet die bussche n. H. de bossce. B. bossce. *Dit en het volg. vers ontbreken in* J. | 3218. V. si woent gh'ne int r. H. Mer geerne wonet si. | 3219. B. huse. V. Buten den huse enten b. H. busscen. J. Mar buten riede ende inden busscen. | 3220. V. Den sang (*sic*) so hebben. J. so hebben. H. musscen.

An plumen fiet men eñ an fanc /
Dat fi tweerhande fijn ghemanc.

3225   **Philomela** / in onfe tale /
Lubet wel die nachtegale /
Eñ hebet ban fanghe den pzijs
Boben alle bogheien in goeder wijs.
Dzo wert fi in die bagheraet /
3230   Eñ lobet die fonne eer fi op gaet.
In lentine eñ in fomers begijn
Singhet fi / eñ els meer no min.
In lententibe ghenoecht fi haer fo
In haren fanc / eñ wert fo bzo /
3235   Dat fire felben omme et /
Eñ finghet te nerenfteliker eñ te bet.
Ia / baer fi te pzighe finghet /
Eer fi hare berwonnen ghehinghet /
Hare nerenft es fo groot /
3240   Si fal finghenbe bliben boot.

Vs. 3224. B. twerande s. g. H. tuierande s. g. V.J. Datsi van tween (twier) s. gh. | 3225. V.J. Philomena. H. Philomeus (*sic*). | 3226. B. Dat in dietsch d. n. H. Dats in dutsch. | 3227. V. Ende hevet. H. Eñ heeft. J. Ende heeft. | 3228. J. alle voglen in alre w. | 3229. H. Vroe. B. werd sie. V. wort soe indie d. | 3230. H. loeft. B. lovet den dach eer hi. V. eer soe up g. J. der sonnen. | 3231. V. lentijn. J. Inden lenten ende. | 3232. V. Singhet soe eñ els m. no m. H. eñ niet meer noch min. B. els *ontbr.* | 3233-3235. H. In lententijt voget si har so, In haren sanc wertsi vro, Dat sier sel- den, *enz.* B. In lentintide voeget si hare soe, Eñ werd in haren sanc so vroe, Dat siere s. ombe et. V. In lentijn tijt ghevoet haer so Hare sanc, eñ soe wort so vro, Dat soe selden wilen et. *In plaets van* ghenoecht *moge iemand* noeghet *verkiezen, als korter bij de letter van B. en H. Bij J. staet* : In leynten tijt so ghevoetse so Haren sanc, ende wert so vro, Datsi selden wilen et. | 3236. H. Eñ sinct te nerentstliker. V. narenstelike eñ te b. J. Ende s. de naerosteliker bet. | 3227. B.H. dar si te prige. V. daer soe te prise. | 3238. H. haer verw. ginget. V. Eer soe hare verwinghet (*sic*). J. Daer si verwinghet ghehinghet (*sic!*) | 3239. V. h. narenst. J. naernst. H. is. | 3240. B. Sie sal. V.J. Soe (Si) sal eer sing(h)ende bl. d.

Selc meester seit/ alsi berstaet

Dat met hare ten inde gaet/

Dat sijs beghint metten daghe/

Eñ verheft hare ban slaghe te slaghe/

3245 Coter noene/ dat de hitte es groot:

Dan balt si ban den bome boot.

Alle noten ban musiken

Connen si singhen eñ striken.

Ja/ die oude leeren die ionghe/

3250 Eñ formeren hare tonghe

Op eñ neder talre note:

Dus leert elc sine rote.

Maer alse die baghe ten lancsten comen/

Wert hem dese sanc benomen/

3255 So dat men ban hem niet een twint

In die wintertijt en bint;

Sonder dat selc oppenbaert/

Eñ mense ban heet rootbaert.

Eñ dit schijnt oppenbaer/

3260 Dat Plinius hout ober waer:

Vs. 3241. B. seid. H. Sulc meyster seyt also v. V. Sulke meester als soe v. (seit *ontbr.*). J. Sulc. | 3242. H. mit har ten ende g. V. ten ende. J. eynde. | 3243. V. Dat soes beginnet. H. Dat sijs begint mitten d. B. Dat si begint. J. Datsi beghinnet. | 3244. H. Eñ verhefter van sl. te sl. J. haer. | 3245. H. nonen dat ditte. V. dat hitte, *zonder lidw.* J. Totter noenen dattit es gr. | 3246. H. valsi. V. vallet si. B. sie. J. Ende dan valletse. | 3247. V. Als noten. B. noeten. | 3249. H. de oude leren de i. B.J. leren. | 3250. V. Ende. J. Te form. | 3251. V. Up ende n. B. noete: roete. J. ende. | 3252. V.J. hare rote. | 3253. H. Mer als d. d. lanc comen. B. dage lancst c. V. als—ten lanxsten. J. Als d. daghen t. lanxten c. (Maer *ontbr.*). | 3254. B. Werd. V. Wort hem desen s. J. die sanc. | 3255. B. niet en tw. H. niet en tvint. J. van haer. | 3256. V. den w. tijt. B. w. t. en vind. J. Inden winter ne v. | 3257. B. openbaerd. H.J.V. sulc openb. | 3258. V.J. Datmense d. h. robaert. H. robaert. B. roetbaerd. | 3259. V. Ende dit schijnt al openbaer. J. al openbare. B.H. openbare. | 3260. B.H. Dat hem dos (Dathem dus) h. overware. V. Dat Ovidius h. over waer. *Ik liet de rest, maer schreef* Plinius, *naer 't latijn.* J. *heeft mede:* Dat Ovidius h. vor ware.

Alſi bҙoeden eñ noten /
Van wert hem hare ſanc verſtoten.

Psittacus dincket mi ſĳn
Die papegay / baer af Solĳn
3265 Eñ Jacob ſcriben in haren boene.
Een boghel eeſt ban plumen groene;
Om ben hals enen rinc ban plumen /
Ghebaerwet alſe ban goubſcumen;
Ene tonghe groot eñ bҙeet /
3270 Daer hi mede foҙmeert ghereet
Wooҙde / oft een menſche ware.
In ben eerſten ofte in ben anbҙen iare
Eſ bie boghel te leerne beſt /
Eñ onthout dat men hem beſt.
3275 Den bec hebet hi ſo crom eñ ſtarc /
Al biele hi ban hoghen op een ſarc /
Hi ſoubem op ben bec ontfaen.
Haer hobet eſ ſo hart / ſonder waen /
Dat menne met enen iſere ſlaet /

Vs. 3262. V. So wort hem baer s. H. har s. J. So es hem bare s. v. *Zou Maerlant niet* versloten *geschreven hebben.* | 3263. B. Picatus. V. Psitatus dinke mi. H. Pſicatus dat dinke. J. Picacus dinct. | 3264. H. De p. daer S. B. papegai daer S. *In beide ontbr.* af. V. pagegaye d. of. J. of. | 3266. V. ist. H.J. eist.—3267. B.H. den rinc. J. .I. rinc. | 3268. H. van goutsc. B. van goud sc. J. Ghevaerwet gelijc g. sc. (*van ontbr.*). V. ghelijc goudsc. | 3269. V.J. ende br. | 3270. V. Daer si mede. | 3271. H. Woerde. V. Worde als offet. B. Worde. J. Woerden als oft. | 3272. B. Inden iersten. H. oft inden. V. of inden. J. Int eerste oft int ander iare. | 3273. V.J. So sijn si te l. H. Is de v. | 3274. V. onthouden. J. Ende onthouden. | 3275. H. heefthi. B. so crum eñ stra (*sic; de letter die nog volgde is uitgekrapt; maer de verdere verbetering is vergeten gebleven*). J. heeft hi crom ende staerc. | 3276. H. Al Vieli. V. Viele soe v. h. up enen s. B. op en saerc (*sic*). J. Velle hi van h. op enen saerc. | 3277. H. souden. V. Si soude haer up. J. soude hem opten b. | 3278. H. Haer hoeft is. B. Hare h. V. hooft. J. Hare hoeft es so hert. | 3279. H.V. Dat mense mit (met) e. ysere. B. Datmenne m. e. ysere. J. Datmense.

3280 Als menne wil dwinghen dat hi verstaet

Te spzekene na menschen wise.

Metten pote steect hi die spise

In den bec : dits wonders mee.

Int gheverchte van Gelboee

3285 Seit men dat hi te bzoedene pliet /

Daert selven reint ofte niet ;

Want die reghen es hare boot.

Den steert queect hi met ghenoechten groot /

Eñ strijct hem dicke / eñ maect hem sijn.

3290 Seere gheerne bzinken si wijn.

Men leeft / in conincs Karles tiden /

Dat hi wilen soude liden

Doz twout van Gzieken eñ sijn heere /

Om te varene over meere.

3295 Papegaye quamen tier stont /

Eñ seiden : « Keiser vare ghesont ! »

Doe was hi coninc ghewaerlike

Van der cronen van Vzancrike /

Vs. 3280. V. Alsmense dwinghet. J. Alsmense dwinghet datsi verstaet. H. Als men wil dw. dat hijt v. B. Als menne wille. | 3281. V. na smenschen w. J. na smenscen. | 3282. H. Mitten poet sciethi in de sp. V. poten steict si die sp. B. hi in spise (die *ontbr.*). J. steect si. | 3283. H.V. wonder. B. me. J. wonder me. | 3284. V. Gelbee. B.H.J. Gelboe. | 3285. B. Seidmen dat hi notens pl. H. Segemen dathi notens plien (*sic*). V. Seitmen dat soe te broedene pliet. J. Sietmen datsi. | 3286. H. regent. V. of. J. reghent of n. | 3287. V. den rein es baer d. H. is. J. haer. | 3288. V. staert wacht si met hoeden gr. H. stert quect bi mit gen. groet. J. stert wachtse met hoeden gr. | 3289. V.J. strijcten dicken (dicke) ende maecten f. H. streecten d. eñ maecten f. B. dicken. | 3290. V. drincsi. H. Eñ sere. J. Sere gaerne drinct si w. | 3291. V. leset bi coninxs Karels tijden. H. coninc Karels. B. coninc. J. leset int sconinx Karels t. | 3292. V. hij w. s. lijden. | 3293. H. Dort w. B. Dor twoud. V. Dor twout v. Gr. eñ s. eere. J. Duer thout v. Gr. ende sijn here. | 3294. B.H. mere. J. Omme te varen o. mere. | 3295. V.J. Papegayen q. t. (tiere) st. B. quammen. H. ter stont. | 3296. H. seyden : Keyser nu vare g. V. Keyser. B. var g. | 3297. H. Keyser. V. ghemenlike. B. gewarlike. J. coning ghemeenlike. | 3298. H. crone. V.J. crone v. Vrankerike.

Eñ hi waert Roomsch Keiser daer naer:

3300 Dus worden hare woorde waer.

Den paues Lewen / lesen wi mede /

Gaf een man dor hoveschede

Enen papegay / die sprac ghenoech.

Doe menne ten paues wert broech /

3305 Eñ hi was op sine vaert /

Sprac hi : « Ic vare ten paues waert. »

Eñ teerst dat hi den paues sach /

Ontboot hi hem goeden dach

Achter een twee werf te samen.

3310 Dese dinc so wel den paues bequamen /

Dat hi dicke sonderlinghe

Daer ieghen sprac om dachcortinghe.

Nu hoort voort van der .S. /

Want het van der .P. uut es.

Vs. 3299. V. w't romsch keyser. H. waert roems keyser. B. wert roemsch. J. wart r. coning. | 3300. H. hore woerde. V. hare woerden. B. worde war. J. worden waer. | 3301. H. paws L. lese wi. B. lese wi. J. pawes L. lese wi. | 3302. B. der hov. H. dor hoefscede. V. dur hovessch. J. duer. | 3303. V. Ene p. die spr. ghenouch. B. papegai d. spr. gnoech. J. p. ende spr. | 3304. V.J. Doe mense hene ten p. (pawes) drouch (droech). H. Doemen ten pawes w. dr. B. Eñ doe m. ten p. werd dr. | 3305. V. Seit soe hene up hare v. B. vard. J. Sciet si hene op hare v. | 3306. V. Ic vare hene ten pawes w. H. pawes. J. Ende sprac : ik v. t. pawes w. | 3307. V.J. Ende t. datsi. H.J. pawes. B. tierst. | 3308. V. Omboet si hem gueden d. H. Omboet. J. Ombootse hem wel goeden d. B. Onboet hi. | 3309. V. Achter ene twee warf. H. twelefw. | 3310. V. den p. so wel becamen. H. den pawes so wel b. J. ding den pawes wel bequ. (so *ontbr.*). | 3311. B.V. dicken. | 3312. H. Der i. V. Dar i. J. Der i. sprac omme d. | 3313. B. bord vord. H. hoert voert. | 3314. H. Wantet. V. *stelt deze twee regels aldus :*

> Nu het vander .P. uut es,
> Suldi horen vanders .S. ;

Doch de s van vanders is doorgehaeld. J. is meer omgewerkt :

> Vander .P. eynden hier die wort;
> Nu hort hier vander .S. vort.

3315 Struthio es een voghel groot/
Van voeten des kemels ghenoot.
Alse die voghel broedens pliet/
Om dat sevensterre hi siet;
Want hi altoes gheen ey en legghet
3320 Eer hijt siet; eñ men segghet/
Dat es om dat [dan] anegaet
Die hitte die ben Oost bestaet.
Van leit hi sine eier op tsant/
Eñ bedectse onder tsant.
3325 Van gaet hi wech/ eñ verghet al
Waer hise leide of vinden sal;
Eñ moet die tijt entie Nature
Doen/ dat hem werden soude te sure/
Eñ bzinghen sine ionghe boozt.
3330 Aristotiles seit dit woozt :
Qualike ofte niet mach hi blieghen.

Vs. 3315. B. Strutio. H. Strucio is. V. J. Strusio dats. | 3316. J. kemeels. | 3317. H. Als die v. V. Als dese v. B. brodens. J. Alse dese v. broeden pl. | 3318. J. Omme — hi dan siet. | 3319. B. ei. H. ey. V. ey ne l. J. altoos gh. ey ne l. | 3320. H. Eerment siet eñ seget. V. Eer hi dat siet alsmen seghet. J. alsmen ons seghet. | 3321-3322. B. Dat die hitte ane (of ave?) gaet Vanden ouste eñ bestaet. H. Dattie hette ane gaet Vanden oeste eñ bestaet. J. Ende dat es omme dat angaet Die hitte die den ogheste bestaet. V. Ende dat es om dat an gaet Die hitte, ens. als in den tekst. Ik zou er geerne [dan] bij voegen, hetgeen tusschen dat en ane gemakkelijk kan uitgevallen zijn. | 3323. B. leid — opt l. V. leghet hi sijn e. up tl. H. leyt hi s. eyer opt l. J. leghet sine eyeren (hi ontbr.). | 3324. H. laetse broeden ondert sant. Dit moest ook de les van B. wezen, maer de afschrijver stelde slechts on voor onder, en later werd met het pennemes on tot in gemaekt (: in tsant). V. J. Ende bedectse (bedecse) onder dat sant. | 3325. B. gaet si w. H. V. verg(h)et. J. ende verghet. | 3326. B. siese leiden ofte v. H. sise. V. leit. J. Daer hise leghet of. | 3327. B. H. Eñ broet die t. eñ die (entie) n. V. entie nature. J. Dan moet d. t. entie. | 3328. B. Doen ontbr. H. De hem daer warden soude. (Doen ontbr.). | 3329. B. H. Eñ comen s. ionge vord (voert). V. J. jonghen vort. | 3330. V. Aelbrecht die seghet d. wort. B. seid d. word. H. woert. J. seghet dat wort. | 3331. H. V. J. of.

Iser eet hi / sonder lieghen ;

Van der eerden mach hi niet risen ;

Maer hi loopt na beesten wisen /

3335 Eñ sine bloghele maken hem vaert /

Dat hi snelre es dan een paert.

Die paerde haet hi emmermeere /

Eñ die paerde ontsiene seere /

So dat sine niet dozzen sien.

3340 Alse hi voz den man sal vlien /

Grijpt hi in sine ghespleette voete

Steene / eñ werptse achter onsoete

Op die ghene diene iaghen.

So dul es hi / alse in der haghen

3345 Sijn hovet bedect es iet /

Waent hi dat menne niet en siet.

Sine eier sijn / die men seghet /

Die men in kerken te hanghene pleghet.

Also groot es hi wel nare /

3350 Alse een ghemate esel waer.

Vs. 3332. V. Yser het hi. B.H. Yser et hi. *In B. heeft een later hand door bijvoe-*
ging van twee letters van Yser iets als Yt *seer willen maken.* J. et hi. | 3333. B. er-
den. V. aerden. J. aerde. | 3334. B.H. loept. V. loop. J. in beester w. *Wilde hij*
bester? | 3335. H.V. vlogle. B. vloegele — vard : pard. | 3336. H. is. V. So dat hi sn.
es dan tpaert. | 3337. H. ummermere. B. embermere. J. paerden — mere. B. parde.
| 3338. H.V.J. Entie p. B. parde. *Allen sere.* | 3339. V. niet ne d. | 3340. V.J. Als hi
vorden m. B. Eñ alse hi vorden m. H. Eñ als hi voer d. | 3341. H. Grijpthi in sine
splette v. V. sine splecte v. *Vóór de* s *van splecte is eene andere begonnen letter*
doorgeschrapt. J. splette. | 3342. H. Stene eñ werpt after onsoete. V. eñ werp after.
B. Stene. J. Stene ende warpt achter hem ons. | 3343. V. Up die ghone. B. dine
iagen. J. Optie gh. | 3344. H. is hi in der b. (alse *ontbr.*). V. als in. J. So dul hi es als
hi inder b. | 3345. H. Alse sijn hoeft bedect is iet. V.J. Sijn hooft (hovet) wel bedect es
iet. B. es bedect iet. | 3346. H.J. So waent hi datmen niet en (ne) s. V. Datti waent
datmens niet en s. | 3347. V.J. Sijn eyer (Sine eyeren) sijn, alsmen seghet. H. Sijn
eyer sijn de men s. | 3348. H. De men — te hangen. V.J. te hanghen. | 3349. H. is hi.
V. es hi harde nare. J. hi herde naer. | 3350. H. Alst een. V. Alst oft een mate. J. Als
oft een melleec esel waer.

SCrix es een verdoemt voghel.

Ghevedert es hi an den vloghel

Alse oft een scarp dozen ware.

Siere ionghe es hi care/

3355 Eñ pleghet nachts te blieghene alleene.

Jeghen andze voghele ghemeene

So ghevet hi erande melc

Te sughene sinen ionghen elc.

SCurnus dinct mi die spzeuwe wesen/

3360 Als wi in Plinius boeke lesen;

Want hi bescrijftse bespot bzuun/

Eñ gheerne wesende int commuun/

Eñ tropmale blieghende bi scaren/

Daer si hem selen ghenaren.

3365 Navonds vergadzen si gheerne al/

Eñ murmeren/ eñ maken ghescal/

Alse ofte si habben ghedinghe.

Nachts swighen si onderlinghe;

Vs. 3351. B. Serio. H. Strio is. V. Stryo. J. Scrio — verdoomt. | 3352. H. is hi. |
3353. H. Als oft. J. Als oft een scerp. | 3354. B.H. Sire ionge es (is) hi care. V. Sire
ionghen es hi. J. Sinen ionghen es hi. *Het is gemakkelijker den zin te gissen, dan
de les behoorlijk vast te stellen.* | 3355. H. Eñ *ontbr.; voorts* te vliegen allene.
B. te vligene allene. V. allene : ghemeene. J. Ende — te vlieghen allene. | 3356. H. alle
vogle gemene. V. vogle. B. gemene. J. andren voglen ghemene. | 3357. J. eerhande.
| 3358. V. sine ionghen. J. Te sukene. | 3359. B. Sturmis — sprewe. H. dinken mi
sprewen w. V. dinct mi spr. w. (die *ontbr.*). J. sprewe. | 3360. V. boeke *ontbr.* J. in
Pliniuse l. (boeke *ontbr.*). | 3361. H. bescriefse gespocs (*sic*) br. V. hi scrijfse spotte
br. J. scrijfse van spocken br. | 3362. V. wesen int comuun. H. comuen. J. Ende
gaerne — comuun. | 3363. H. tropmael vliegen si in sc. V. tropmaelde vl. in scaren.
B. vliegen si. J. Ende dropmaelde vlighende in sc. | 3364. H. sullen genaeren. V. sul-
len. J. sellen. | 3365. V. Navonons (*sic*) vergaderen. H. Avonds (*de* d *is van later
hand*) vergaderen si gaerne. B. gerne. J. Navonts — gaerne. | 3366. V. Ende m.
H. murmureren. J. Ende maken berde groot ghescal. | 3367. V.J. Als of. H. Als ofsi.
| 3368. H. suigen si. V.J. singhen (*sic*) si.

Maer alse die dach oppenbaert /
3370 So singhet elc / eñ ghebaert
Alse ofte si feeste maecten eñ spel;
Eñ dan versamen si also wel
Eñ vlieghen met ghemeinen heere
Te samen om hare lijfneere.
3375 Hier gaet ute van der .S.;
Hoort wat in .T. bescreven es.

Urtur es der tortelduven name /
Een reine voghel eñ bequame /
Dat [so] seere minnet sijn ghenoot /
3380 Alst so es dat blivet doot /
Dattet nemmermee ne kieset
Ghenoot / na dat tsine verlieset:
Alleene vlieghen si / alse men ons toghet /
Eñ op telghe die sijn verdroghet
3385 Sitten si met rouwen bevaen.
Basilius doet ons verstaen
Eñ seghet / dat hier op souden scouwen

Vs. 3369. H. Mer als di d. V. als. J. Maer als. *Alle drie* openb. B. openbard. |
3370. B. Soe swiget elc eñ gebard. V. ende geb. J. ende ghepaert (*sic*). | 3371. V. Als
iof sou (*sic*) f. maecte. H. Als ofsi. J. Als oft — ende. | 3372. V. danne. J. also *ontbr.*
| 3373. H. volgen mit gemenen here. V. ghemeenen. B. here. J. ghemenen here. |
3374. *Allen* lijfneere. J. van harer lijfneere. | 3375. H. Hijr. B. ute *ontbr.*). J. wt. |
3376. H. Hoert — gescreven. B.V. Hort. J. Nu hort. | 3377. H. is. B. ter torteld. na-
men.| 3378. H. reyne. V. became. J. reyn v. ende.| 3379. H.J. mint. *Allen* Dat sere,
zonder [so], *hetwelk ik er ten minste tusschen haekjes meen te moeten bijvoegen.*
| 3380. V. dat het bl. J. dat hi bl. | 3381. H. Dat nummermeer. V.J .Datsi nemmer-
meer en (ne) k. B. nemmerme. | 3382. H. alst sine v. B. alst tsine v. V. na dat si
verl. J. Gheen ghen. na dat sijn verlieset. *Ik neem* na dat *voor* na dattet, *en* tsine
voor dat sijn. | 3383. H. als ons t. V. alsmen. J. vlighen si alsmen t. (ons *ontbr.*).
Allen allene. | 3384. V. up. B. op bome. | 3385. V. Sit si mit. H. mit. J. Sit si m.
rouwe. | 3386. J. Basilis. | 3387. V. Hir up. B. hir op. H. seit dat hijr souden sc.
J. hier an souden.

Die weduĺwen / die hoꝰefche v꙯oulwen /

Eñ dat weduwefcap bekinnen;

3390 Want die ſtomme vogle minnen.

Carmen / claghen / eş hare ſanc.

Gheenen voghel eş ſi w꙯anc;

Maer goedertierlike ſi verb꙯aghet

Al dat men op hare iaghet.

3395 Haer neſt maect ſi van lettel roeden /

Eñ ſi can haer wel behoeden

Jeghen ghevenꝼnder beeſten ſcade;

Want ſi neemt van ſcilla de blade /

Om datſe ghevenꝼnde diere

3400 Scuwen in alre maniere.

An b꙯uchte eş haer lꝼfş beganc /

Eñ ſi vliet deş ſulferş ſtanc.

Experimentato꙯ die ſeghet /

Dat ſi in wintertide leghet

3405 Jn hare plumen / in holen bomen /

Daer ſꝼt ſuverlꝼcſt can gomen.

Jn lententide / eñ nemmee /

Vs. 3388. H. De wedewen, de hoefsce vr. V.J. Weduwen eñ (Wedewen ende) hovessche vr. ('t lidw. ontbr.). B. bovessce. | 3389. V. Ende dat weduscap. H. weduscap. B. wedewesc. J. weduwesceep. | 3390. V. Ende dat die. J. Dat die st. voglen. | 3391. H. is har s. J. Caermen. | 3392. V. voghelen es hi wr. B. es sie. J .Ghenen v. es so wr. | 3393. H. Mer godertijrl. J. Mar goedertiere si v. | 3394. V. up h. H. op har. J. datmen hem op haer i. | 3395. B. Hare n. maect sie. H. Haren n. maecsi. V. luttel. J. Haren. | 3396. B. sie c. hare. H. si c. har. J. Ende si connen hare. | 3397. H. Thegen gevenijnde scade. B. gevenijnde scade. J. Ieghen ghere minder sc. ! | 3398. V. soe n. van psilla die bl. B. nemt v. silla. H. silla die bl. J. chilla.| 3399.H.Om datsi g. dire : manire. J. Op datse. | 3400. B. alrehande. | 3401. V.J. vruchten es haer lijf beganc (ghemanc). H. is hars lijfs b. B. hare lijfs b. | 3402. V. Ende si vl. des sulphers st. B.H. si scuwet. J. sulferes. | 3403. B.H. die ontbr. | 3404. V. wintertiden. J. winter tiden. | 3405. H. haren. V. hollen. | 3406. H. Eñ daer si suverlic mach g. V. Daer soet suverliest mach g. J. Aldaer sijt suverleec mach g. | 3407. E. In lentiin eñ oec niet mee. V. lentijn tijden. B. nemme. J. leynten tiden ende n.

Broet si brie werf ofte twee/
Eñ twee te samen creaturen/
3410 Die heet eñ nat sijn ban naturen;
Maer alsi blieghen op eñ onder/
Haer bleesch es te ghesonder.
Van den rechtren blerke dat bloet
Es den oghen seere goet.
3415 In lentine mach mense sien;
Maer der liede huse si blien.

Tragopales/ seit Solijn/
Siet men in Ethiopen sijn.
Meerre es hi ban die aren/
3420 Eñ ghehoznet es hi te waren
Alse een ram/ eñ des ne pliet
Gheen boghel dien men siet.
Hi berdzijft met dire saken

Vs. 3408. E. drie warf. H. Broetsie driwerf. B. Broed sie drie wf' ofte twc. V. wer-
ven of. J. Broeden si .III. werven of mee. | 3409. E. Eñ .II. te s. criat. V. Ende .II.
B.H. Eñ *ontbr.* | 3410. E. bi naturen. H. De heet. | 3411. E.V. Maer als si vl. up.
H. Mer si vl. B. Daer si vl. J. Mar alsi — ende. *Ik volgde E. en V.J.* | 3412. E. Es
haer vl. te g. V. Es hare vl. vele te gh. H. Har vleis is te g. B. Hare vl. es. J. Es haer
vl. de meer gh. | 3413. B. rechten. H. vlerken tbloet. J. rechter vlogbel. | 3414. H. Dat
is. J. Dat es. *Allen* sere. | 3415. V. lentijntide. B. lintine. J. leynten tiden machmen
s. | 3416. H. Want der lude. B. Want der liede. *V. en J. hebben twee regels meer :*

V. In lentijntide machmense sien
   Want datsi den winter vlien
   In bussche machmense broeden sien
   Maer der lieder huse si vlien.

J. In leynten tiden machmen sien
   Datsi den winter sere ontsien
   In busscen machmense broeden sien
   Der liede huse si vlien.

Ik hield ze voor een inschuifsel en volgde B. *en* H., *doch met de noodzakelijke
verandering van* Want *in* Maer. | 3417. V. Tragopales als seghet. B. seid. J. Trago-
palas seghet. | 3418. B. Seid men. H. Siemen. V. Ethiope. | 3419. H. Mere is hi.
B. Merre. V. Meere. J. Merer. | 3420. V. Mare ghehorent. H. is hi tuaren. J. Mar
ghehoernet. | 3421. H.V.J. Als. | 3422. V.J. Ne gheen v. diemen. B. diemen. H. die
men. | 3423. V.J. verdrivet met deser s. H. mittier s. B. met diere.

Alle voghele die hem ghenaken.

3425 Alse fenix heeft hi thovet;

Maer ghehoznet es hi / dies ghelovet /

Eñ van plumen bzuun root /

Starc / vermoghende eñ groot.

Turdus es een voghelkijn cleine /

3430 Van bozsienheden bzoet ghemeine.

In hoghen bomen maken si haren nest

Na hare wise eñ wel ghevest /

Daer si in bzoeden hare ionghe /

Eñ dat in wel cozten spzonghe;

3435 Want hare eier / die si bzaghen /

Sijn ripe binnen .X. daghen /

Eñ daer uut comen op die stede

Te hant hare ionghe mede.

.T. gaet ute / ende nu

3440 Comen voozt namen in .U.

Vespertilio dinket mi

Vs. 3424. H.V. vogle. J. voglen. | 3425. V.J. fenixs (fenix) es hem th. H. heefthi
thoeft. B. heft. | 3426. V.J. Met (*uit* Mer *ontstaen?*) hornen eñ des (ende dies) gh.
H. Eñ gehornet is hi des gheloeft. B. Maer *deed ik er bij.* | 3427. B. Eñ ontbr., *voorts*
brunroet. V.J. Dat hi van pl. es bruun r. H. br. roet. | 3428. H. Sterc. V. ende gr.
J. Sterc, vermoegende ende gr. | 3429. B. vogel. H. is — clene. V. clene. J. voghel
clene. | 3430. H. vorsienheden vr. gemene. V. vorsinnicheit groot ghemeene. J. vor-
sienechede groot ghemene. | 4331. V. maectet sijn n. H. In holen b. maken si nest.
B. In holen b. J. Op h. b. maect hi sijn n. | 3432. B. Van vorsienheden wel g. V.J. Van
somen eñ (some ende) w. gh. H. Na hare wise wel g. *Schreef Maerlant* : Van modere
of Van sowen? *In 't latijn* luto. | 3433. B.H. in ontbr.; *voorts* B. ioncge. J. ionghen.
| 3434. B. met wel. H. Eñ dat wel corte spr. V. in harde corten. J. in herden corten
spronghen. | 3435. H. har eyer. V. eyer. J. eyeren. | 3436. V.J. Die sijn ripe in (binnen)
.X. d. | 3437. H. ute. V. up. J. Daer wt c. optie st. | 3438. V. Thant. B. Te hand.
H.J. iong(h)en. | 3439. V. ute, seg ic u. H. ute seggic nu. J. wt, dat seghic iv. |
3440. V.J. Hier comen vort. H. Nu coemt voert | 3441. H.V.J. dinke mi.

Dattet die vledermuus si.

Die en blieghet altoes niet

Van sabonts spade / als men siet.

3445 In wintertide siet men gheene.

Si en eten niet / ofte wel cleene.

An weghe vint mense / daer si cleben /

Ofte in holen / sonder leven;

Brinct mense daer de lucht es claer /

3450 Wertsi roerende en levende daer /

En hare macht die comt hem an /

En blieghen weder slapen ban.

Si en heeft vedze noch plume gheene /

Recht ghedaen na die muus cleene;

3455 Want si bzaghet en soghet /

Also als men in muse toghet :

Van doet anders gheen voghel.

Steert heeft si en vloghel /

En vanc anders niet van vel.

3460 Die moeder can met hare wel /

Daer si blieghet / twee kinder bzaghen.

Vs. 3442. V. Dat het die. H. Dattet vledermuse si. B. Dat die vl. | 3443. H.J. Diene vl. V. Die ne vl. | 3444. B. savonds. J. avonts. H. spade *ontbr.* V. alsmen wel s. | 3445. V.J. In den winter s. gh. (ghene). H. siemen gemene (*sic*). B. gene. | 3446. H. Si weten n. of w. clene. V. Niet ne eten si of w. clene. B. Sie en eten — clene. J. Niet ne eten si of clene. | 3447. B. vindm. H. vintm. V. weghen vintm. J. An winde (wande?) vintmen daer. | 3448. B. in hole dar si leven. H. Of in h. daer si leven. V. Iof. J. Iof in h. al sonder l. | 3449. V. Maer brijncmense. J. Mar brinctm. H. Brincm. — is. | 3450. V. Wordsi r. en leven (*sic*) daer. H. Si wert ror. B. Si wert ror. en levenden d. J. Wertsi levende ende roer. d. | 3451. H. En har m. si comten an. B. coemt. J. die *ontbr.* | 3452. V.J. Dan vlieghen si w. sl. dan. | 3453. H. Sine h. — gene. V. Sine hevet v. no pl. ne gh. B. heft — gene. J. Sine hebben vedren no plumen ne ghene. | 3454. H. de m. clene. B. clene. J. na der m. clene. | 3455. H. soeget : toget. | 3456. V.J. Als nature in musen t. | 3457. V. Dat ne d. a. ne gh. v. J. Dat ne doet gheen ander v. | 3458. V. Start. B.H. Stert heeft hi (heefthi). J. Stert — ende. | 3459. B. dan anders. V. dan es a. J. Ende dat nes anders. | 3400. V. De m. c. met haer. H. mit.

Den boeken hozic ghewaghen /
Dat dat bloet van der bledermuus
Met enen crude / heet carduus /
3465 Es goet teghen serpents beten.
Oude boeke doen ons weten
Dat / daer uut ghetrect es haer /
Bestrijct met haren bloede daer /
Het wast weder / des ghelobet.
3470 Teghet oer onder bijns wijfs hobet /
Dat si daer af niet en weet /
Si sal kint ontfaen ghereet.
Dit vint men in den ondersoec
Van der ouder philosophien boec.
3475 Wesen eten si eñ anders niet.
Hare been eñ hare voete men siet
In bloghel eñ in steert gheftrect.
Ghetant es si / eñ niet ghebect /
Eñ dies ne pleghet els voghel gheen.
3480 In India esser menech een

Vs. 3462. *Allen* horic. | 3463. E. vledermuis (*sic*). H. Dattet; *voorts even als* B. vle-
dermus. J. Dattet. | 3464. E. araduus. H. Mit—tradius. V. traduus. B. tradius. J. cra-
duus. | 3466. E. Eñ boeke. V. Houde boeken. H. boke. | 3467. E. Dat thoeft daer wt g.
es haer. V. Dat waer uut gh. H. Datter ute getrect is h. B. dar—har. | 3468. E. Strijct
men haer bloet aldaer. H. Bestrict mit. V. Bestreken mit. J. Op een caleu hoeft dats
waer. | 3469. H. Et wast w. des geloeft. B. Het sal wassen des g. V. Het wat weder (*sic*).
E. dies geloeft. | 3470. E. Legt oec—hoeft. V.J. Legh dat oec. H. Leget oec — hoeft.
B. Bestrijc oec onder. | 3471. E. *Omgekeerd*: Si sal kint, enz., Eist dat sier niet af en
w. V.J. daer of niet ne w. | 3472. B. kind. | 3473. B. vindm. — onder s. V. inder
onder s. J. inder ouder (*sic*) soec. | 3474. V. Der houder. B. ouder *ontbr.* H. filosoph.
J. Der ouder philosophen. | 3475. H. Mosien. J. heten si ende. | 3476. H. Har been
eñ har v. besiet. J. Hare leven ende h. voten. | 3477. H. vloglen eñ in stert. V. vlo-
ghel eñ in staerte. B. vlogelen—gestreect. J. In vloghelen ende in staerte ghetrect.
| 3478. B. Getand es sie. H. is si. V. es hi si; *doch hi is later fijn doorstreept.* |
3479. V. Ens das (*sic*). B.H. Eñ dies pleget andres (ander) v. g. J. Ende dat ne pl. |
3480. B. In Cicia. H. In Cicis is menich. V. Iudia es menich.

„Meerre dan duben nochtan/
Eñ ghetant alst ware een man/
Daer si den lieden af biten mede
Nesen/ ozen/ andze lede.

3485 VAnellus/ dat$ dat baneel/
Een boghel wel bekent een deel :
Een kibit heetet in Oostlant.
Dese bogel/ alse hi siet te hant
Enen man ban sinen neste berre/
3490 So blieghet hi te hem waert erre/
Eñ roept ofte hi ware berbobet/
Eñ steect na de$ menschen hobet/
Om dat hine ban den neste
Waent berbziben ober sijn beste ;
3495 Eñ hier bi wert te meneghen stonden
Sijn bzoet eñ sijn nest bonden.
    Wel betekent de$ baneel$ bite
Cleben ban den ypocrite/
Die roem hebet eñ berhoghet/
3500 Alse hem ghesciet eneghe boghet/
Eñ maket$ boz die werelt tale.

Vs. 3481. B. Merre. H. Mere. J. Merer dan die duve. | 3482. H. Eñ g. oft w.
V. als w. B. Getand (Eñ ontbr.) alst w. en m. *In J. is deze regel opengelaten.* |
3483. V. die liede of biten. H. den luden. J. Daer si of biten mede. | 3484. H. Hore nese
eñ ander l. V. Nesen horen of ander l. J. ende ander lede. | 3485. V. Dat es dat v.
H. dats een v. J. die vaneel. | 3487. B. cuut h. in Oesten land. H. cuwt betet in Oest l.
V. hetet in Oest lant. J. in onse lant. | 3488. H.V.J. als hi. | 3490. H. them w't.
B.V: w't. | 3491. H. ropet of hi. V. of. J. of. | 3492. V. Ende steect dan na sijn hovet.
H. stect na des menscet (*sic*) hovet. B. minscen. | 3493. J. Omme. | 3494. B. beeste. |
3495. B. hir bi vord (*sic*). V. hir bi w't ten selven st. J. ten selven st. H. hijr bi w't te
menighen. | 3497. V. bekent. H. Wael b. J. des *ontbr.* | 3498. B. Dlevel, *maer ver-
beterd in* Dleven. V.J. Dat leven. | 3499. H. Die roemt eñ v. V. Die rom hout eñ sere
v. J. room hout ende sere veriueghet. | 3500. H. Als hem g. ene d. V.J. Ghesciet
hem enigherande (enegherb.) d. (dueghet). | 3501. V.J. Ende m. B H. Eñ makens.

Dan comt die viant / diet merct wale /
Bi deser kinnessen tsinen neste /
Eñ neemt hem sinen loon int leste.

3505   **U**pupa / alse es gheset /
Es verboden in boude wet;
Dats dor sine onreinechede :
In ben drec nestelt hi; mede
Gheerne hout hi hem ghemanc

3510   In steden daer es quaet stanc :
Dies heet hi linghinboghel.
Scone heeft hi plumen eñ bloghel /
Eñ op sijn hovet ene crone
Van plumen ghewassen scone.

3515   Te wintere siet menne no ne hoort;
In lententide comt hi voort.
Van den ouden doet men verstaen /
Vat si hem ontplumen saen /
Eñ gaen in ben neste ghinder

3520   Sitten onder hare kinder /
Die ghewassen sijn boven ber hocben :

Vs. 3502. V.J. So comt d. v., die m'ct (merct) w. H. coemt d. v., die m. w. |
3503. B.H. Bider kinnessen (kennissen) tsinen (te sinen) n. V. kennesse. J. kennessen
sinen n. | 3504. H. Eñ nemen h. s. loen te leste. V J. hem alden l. (loen). B. loen. |
3505. H. alst is gh. V.J. alst es. | 3506. H. verboeden. | 3507. H. onrenich. V. onrei-
nich. J. Dats omme s. onreinich. | 3508. H. nestelse. | 3509. B. Gerne houd hi. H. hou-
thi. V. Gh'ne houti. J. gaerne. | 3510. V.J. daert es. H. daert is; maer de t is van
later hand. | 3511. H. Des h. hi lingen v. V. heeft linghin, met de tweede en derde
letter tamelijk onzeker; de rest is duidelijk. In B. is lingin even moeyelijk om lezen.
J. heetmen den linghen v. | 3512. B. heft hi. V. hevet hi. | 3513. V. up sijn h. H.J. hoeft.
| 3515. H. Siemen eñ hoert. V. Te winter sietmen no ne hort. B. none hord. J. Inden
winter ne sietment no ne hort. | 3516. V.H. In lentijn tiden c. het vort (hi voert).
B. lintint. coemt hi vord. J. In leynten tiden c. bi vort. | 3517. V. Vanden houden.
H. doemen. | 3519. B. gaet. H. in die neste. | 3520. B.H. onder sine. | 3521. J. onder
den hoeder.

Die afenfe weder eñ voeden /
Tote fi gheplumet moghen wefen /
Eñ van crancheiden ghenefen.
3525 Meer dogheden effer ane bekint :
Alfe doude fijn van ouden blint /
So halen die ionghe cruut /
Daer die blintheit mede gaet uut.
Jacob feghet van Vitri /
3530 Eñ menech ander meefter daer bi /
Wie fo linghinvoghels bloet
An finen flaep ftrijct eñ doet
Alfe hi te bedde wille gaen :
Nachts / alfene fal die flaep beftaen /
3535 Sal hem droomen eer die morghen
Dattene viande willen worghen.
Toverare doen befonder
Met fiere herte menich wonder ;

Vs. 3522. B. Die hasen sijn eñ voeden. H. Die hasen si eñ voden; *maer de h van*
hasen is later uitgekrabd. V. Die sentse weder ende broeden. J. asen vader ende
moeder. | 3523. V. Tote datsi. H. Tote datsi ghepluemt moeghen w. B. geplumt.
J. Tote datsi gheplumet wesen. | 3524. H.V.J. crancheden. | 3525. E. Doget esser an
b. V.J. Mee dueghden (Merer duecht) esser an bekent. H. an bekent.|3526. E. Als —
v. oudden. H. Als — blent. V. Als die boude s. v. houden blent. J. Als — van ouder
bl. | 3527. E. So — een cr. H. tcruut. J. die ionghen dan een cr. | 3528. E. Dat si
die bl. iagen wt. V.J. blentheit. H. blenteit. | 3529. J. van Vetri. | 3530. V. Ende
ander menich meester. H. menich. J. Ende ander meestren menech d. bi |3531. E.J. so
ling(h)ens v. H. lingen v. V. linghen v. B. lingin v. | 3532. E. Ane sine — of d. |
3533. E.H.V.J. Als hi. | 3534. E. Nachts salne die slaep bestaen. V. als hem sal de
slaep b. H. Als hem die slaep wil b. B. alsene die slaep wille bestaen. J. als hem
die slaep sal b. | 3535. E. Eñ hem sal dr. H. eer di morgen. | 3536. E. viande ver-
worgen. J. Datten vianden willen verworghen. V. Datti viande wille verworghen.
H. Datten viande. | 3537-3538. *Dit en het volg. vers ontbreken in B. en H. In V.*
staet :

Toeverare doen besonder   *In* E. : Tovereren doen bisonder
Mit sire herte harde groot wonder.   Met den vogle menich wonder.

J. *verschilt van* V. *alleen in spelling en verbuiging :* Toveraren — sire herten herde.

Maer hoe / eñ in welker manieren /
3540 Ne willen die meesters niet visieren.

Vultur / wanic / es die ghier /
Een starc voghel eñ een fier ;
Maer in sijn vlieghen es hi swaer :
Drie spronghe ofte meer / dats waer /
3545 So doet hi na sere wisen /
Eer hi mach van der eerden risen.
Plinius spreect : dats sine maniere /
Dat sine plumen in den biere
Metter roke tserpent veriaghen ;
3550 Eñ die sijn herte met hem draghen /
Sijn versekert van allen dieren.
Wel riect hi na sere manieren /
Eñ negheen dier [siet] / dat es waer /
Onder die mane also claer.
3555 Daer orloghe es eñ strijt /
Daerwaert tien si talre tijt /
Alse die hem willen versaden

Vs. 3539. H. wilker maniren. J. Mar. | 3540. B.H. Willen meesters (Ne en die ontbr.).
J. So ne willen m. n. fisieren. | 3541. H. is. J. dat es die gh. | 3542. H. fijr. B. fijer.
J. staerc v. ende fier. | 3543. H. Vligen is. | 3544. V. of meer dats es w. De s van dats
schijnt ligt doorschrabd. H. of. J. spronghen of. | 3545. V. in sire w. H. in dier w.
J. in derre w. | 3546. V.J. aerden. B. erden. | 3547. V. spreict hets. H. manire. |
3548. J. vergat dezen regel. | 3549. B. roeke tserp. veriaget. H. veriaget. V. serpenten.
J. veriaghet. | 3550. H. Entie s. h. mit h. draget. B. draget. V. sine h. J. draghet. |
3551. B. Es versckeert (sic). H. Es v. van allen diren. J. Es versekert. | 3552. H. ruuct
hi van sire maniren. Deze regel is in V. open gebleven, welligt omdat de afschrij-
ver zoo eene les voor zich had als in J. staet : Vier roept hi na sire manieren. |
3553. V. Ende ne gheen dier also claer. H. dats waer. Het latijn en de zin wettigen
mijne inlassching [siet]. J. Gheen dier es els so claer. | 3554. V.J. dat es waer. H. so
claer. | 3555. V. Daer die orloghen sijn eñ str. B. strijd. J. Daermen oerloghet ende
str. | 3556. B. Daerw't sijn si talre tijd. H. Darw't sijn si. Detm. HS. Dar wart wilsi.
V.J. tijden (tiden) si. | 3557. V.J. Als. V. Als d. h. wille v. B. wille v.

In stride metter liede scaden.

   Alse die ionghe ghier es groot /

3560 Slaet hi sine oude moeder doot /

Alsi haer niet ne mach gheneeren.

Plinius spreect / sonder sceeren /

Dat nie man ne vant haren nest;

Want op rootsen es hi ghevest /

3565 Daer si van volke sijn behoet.

Die ghier sine ionghe voet

Cote dat comt die wintertijt /

Eñ dan wast onder hem die nijt:

So iaghet hise van hem dan /

3570 Want die proie naeuwet voort an;

Want een paer ghiere dat verteert

Vele / daert hem wide gheneert.

Bi huse ne plegghen si niet te vane /

Maer si proyen verre dane:

3575 Eñ dit leert hem / dat bekinnet

Nature / die den vroede minnet

Vs. 2558. H. mitter lude. V. luder. J. lieder. Wlf. HS.: In strite m. hede sc.; *zonder
twijfel kwalijk gelezen. Dit en de twee volgende verzen heeft het* Detm. HS. *verlo-
ren.* | 3559. B. Als die oude gier. H. gijr is groet. V.J. Als, *en zoo mede* Wlf. HS. |
3560. H. Slaethi sijn oudemoder doet. V. sijn oude. B. moder. J. sire ouder m. Wlf.
hisire oude m. (?). | 3561. B.H. Alse hise niet mach generen. V. nien mach. J. hare
niet m. gheneren. | 3562. V. spreict; *voorts allen* sceren. | 3563. H. niman. B. nieman
vand. V. ne man ne v. haer n. J. nie man v. hare n. | 3564. V. up rootsen hebsijt gh.
B. onder roetchen. H. onder rochen washi g. J. hebben sise ghev. | 3565. B. behoed.
J. Datse van volke. | 3566. H De gijr. V.J. ionghen. B. voed. | 3567. B. Tot d. coemt.
H. coemt de w. V.J. winter tijt. | 3568. V J. tusschen hem. H. de n. | 3570. H. proie
nowe wert an. V.J. nauwet hem vort an. B.J. proie naeuwet v. an. | 3571. B.H. giere
(gire) verteert, *zonder dat.* J. ere pare gh. | 3572. V. want hem wide gh. B.H. wide
ontbr. J. Vele want hi hem w. gh. | 3573. V.J. Bi vesten (*sic; voor* neste en?) pleghen
si. B. Bi huus. H. Bi huse plegen si. | 3574. V. Mar si pr. varre. H. Mer si proien.
B.J. proien. | 3575. J. Een tijt leert hem dat bekinnen. | 3576. J. die de vroeden min-
nen. B.H.V. den vroeden. *De les werd dus reeds zeer vroeg bedorven. Mijne verbetering scheen mij al te zeker om niet in den tekst te mogen opgenomen worden.*

Te houdene onder die ghebure.

Ambrosius spreect / hets selc nature /

Die sonder noten / seit sijn waren /

3580 Jonghe bringhen eñ ontfaen;

Eñ die ghiere / die comen danne

Al sonder ghenoot van manne /

Haer leben es wel te waren

Vulcomen tote honbert iaren.

3585 Oec seghet Ambrosius / bat si al bloot

Vortekenen der liede boot /

Met ere sonderlingher leere /

Die hem comt van Onsen Heere.

Alse twee lantsheeren hem ghereeden

3590 Wijch te vechtene onder hem beeden /

Eest bat bele ghiere te waren

Van bolghen haren scaren :

Vs. 3577. B.H. Te houden (houdene) vrede sinen geburen. V. ghebuere. | 3578. V. Ambrosis spreiet hets sulc n. J. Ambrosis spr. hets sulcs n. B. selker naturen. H. seit ets sulker naturen. | 3579. V.J. seghet. B. seid. | 3580. V.J. Jonghe (Jonghen) draghen eñ (ende). | 3581. V. Entie. H. Entie gire comen. B. Eñ die giere comen. J. Ende die gh. comen. *Het tweede* die *ontbr. in* B.H. *en* J. | 3582. B.H. genoet. | 3583. H. Har l. is w. tvaren. B. Hare l. V. Leven si, seghet hi, wel te w. J. Leven mach hi wel te w. | 3584. B. Vul comen. H. Volcomen. V.J. Ghemeenlike te (tote) hondert i. Detm. HS. *stemt in dit en het voorgaende vers met* B. *overeen.* | 3585. V. Ambrosis. H.B. seyt (seget) A. dat hi al bloet J. Ambrosis datsi bloot. W. seecht Ambrosis dat si bloot. *Dit vers en de tien die volgen, zijn uit het* Detm. HS. *weggesneden.* | 3586. H. Voer tekent der lude doet. B. Vor tekent. V. Vor kennen d. lieder d. W. Voerteken der lude d. J. Vorteken der lieder noot. | 3587. H. Mit — lere. B. lere. W. eenre sonderlinghe lere (?). J. erer sonderlangher lere. | 3588. B.H. coemt — Here. W. De hem coemt v. O. Here. J. Here. | 3589. H.V. Want als .II. lants heren hem gereden. B. Want alse .II. l. heren gereden (hem *ontbr.*). W. Als hem twe lants heren ghereden. J. Als .II. lants h. | 3590. B. Strijt te houdene. H. Te houden strijt. V.J. *met* Wlf. HS.: Wijch te vechten. | 3591-3592. H. Eist d. v. giren tewaren. V. Eist; *voorts* : Volghen dan h. sc. J. *en* W. *verschillen meer* :

W. Ist dat vele ghieren varen   J. Eist dat
Ghinder bider lide scaren.   lieder.

.

So macht wel over waer bedieden/

Dat van peerden en van lieden

3595 Ene grote menechte opt velt

Metten sweerde wert ghevelt.

   Plinius spreect van den ghiere/

Wat hi proyt/ na sine maniere/

Van den middaghe toter nacht/

3600 En hijs hem vor den middach wacht.

Sijn bec cromt hem in der ouden/

So dat hi gheene proye mach houden:

Van moet hi vor die noot

Also van honghere bliven boot;

3605 Hi ne can niet an den steen te waren

Den bec corten/ alse die aren.

   Experimentator seghet/

Wat hi traech te sine pleghet/

Alse die met vleesche es verladen.

Vs. 3593. B.H. Soe maget over wel b. V. So maget. W. en J. *als onze tekst.* |
3594. H.V. paerden. W.J. Dat van denpaerden eñ (ende) van den lieden. | 3595. V. me-
nichte upt v. B. Ene gr. summe opt v. W.J. menechte met ghewelt. *In* H. *is dit vers met
de gansche blz., 151 verzen, op weinige letters na, weggesneden.* | 3596. V. swaerde
wort gh. Detm. HS. swerde werdet gh. W.J. Daer doot bliven sal opt (op dat) vel t.
H. Mitten... | 3597. V. spreict oec v. d. ghiere. J. spreect oec. B. gieren. | 3598. V. proiet.
B. proit na s. manieren. J. proiet na sire. | 3599. V. totter. | 3600. V. voerden m. J. Ende
hijs vorden m. w. (hem *ontbr.*). | 3601. B. crumt. V. crommet h. in sire houden. J. in
sijn ouden. | 3602. B.J. g(h)ene proie. V. houde. | 3603. J. duer den n. | 3604. V. hongre.
J. Van hongher (Also *ontbr.*). | 3606. V.J. Sinen bec c. als (ghelijc) die (den) a. *Daerop
volgen nog twee nieuwe verzen:*

> Dat doet hem een deel die noot,
> Want hi swaer es ende groot.

| 3607. V.J. die seghet. | 3608. V. Dat die voghel swaer te sine pl. B.J. Dat die vogel.
H. Dat h.....; *hetgeen ik volgde.* | 3609. V. Alse *ontbr.* H. Alst..... B. *heeft hier:*

Alse die ionge met vlesce sijn geladen,   J. Ende met vleesche verladen
Doet ben die gier grote ongenaden;   Die ghier doet grote onghenaden
Want hi wilse verslaen,   Sine ionghen wil hi niet saden:
Datsi met vetheit sijn bevaen: Hi bijtse, ende slaet omme die saken.
Hi bietse, enz.

3610 Die ghier/ doet grote ongenaden

Sinen ionghen/ hebet hi verstaen

Dat si met vetheiden sijn bevaen:

Hi bijtse eñ slaet om die saken/

Dat hise magher wille maken.

3615 Siet hi eneghe croenghe ligghen mede/

Hi beet te hant neder ter stede/

Waer soet es eñ hoe soet gaet:

Dits daer menne dicke omme vaet/

Met strecken te menegher tijt.

3620 Tusschen hem es dicke strijt

Eñ den gheervalke/ weet men wel;

Maer die gheervalke es hem te snel/

Eñ verbzinctene so met platten/

Al es hi starc/ hi canne matten.

3625 Dat hi te male niet verteert/

Daer mede voet hi eñ gheneert

Sine ionghe in sinen neste.

Van der .D. es hier dat leste.

Z Eleucides/ spreect Plinius/

3630 Sijn voghele/ die heeten dus;

Vs. 3610. H. Doethe.....| 3611. V. Sine ionghe. H. Want.....| 3612. V. Datsi vetbede ontfaen.| 3613. B. Hi bietse. H. Hi bij.....| 3615. V.J. ene croenge (croonge) liggende (vlieghende) m. B. croengeu.| 3616. B. Hi bijt tothare n. H. Hi be.....| 3617. V. vergaet. B. geet. J. Waer soot es, hoe soot g.| 3618. B. darmenne dicken ombe veet. V. daermen. J. Dats daermen.| 3619. B. streecke. V. menigher. J. stricken in m.| 3620. B.V. dicken. J. es menech str.| 3621. V. Ende den gh. B. wale (onderstipt) wel. H. Ente.....; daer stond dus Enten gh.| 3622. J. Mar.| 3624. J. staerc hi cannen m.| 3625. J. niet ne vert.| 3626. V. Ende gh. J. voet hi hem (!) ende gh.| 3627. V.J. Sinen ionghen. H. Sine i.....| 3628. J. Hier es vander .V. dat l. V. Hier es van .V. dat beste (sic; ik ben het met den afschrijver eens, en niet enkelijk ter oorzaek van het oude spreekwoord). H. Vande.....| 3629. B.J. Zelentides. V. Xelentides spreict.| 3630. V. vogle, heten aldus (die ontbr.). B. heten. J. voglen die heten.

Eñ woont erande ghebiet/

Alse ons Plinius bediet/

Bi enen berghe die Casius heet/

Dien die crekele doen groot leet/

3635 Want si haer cozen woesten seere.

Van roepen si an Onsen Heere/

Eñ beiagghen met beden des/

Dat hi daer sende zelucides;

Eñ/ als men waent/ bi den ghebode

3640 Alleene van Onsen Heere Gode

(Doch wanen si comen/ ofte varen/

So en weet niemen te waren/

Sonder dats die liede alleene

Gode bidden met gheweene)/

3645 Si verteeren die crekele dan/

Datter gheen ontgaen en can.

Hier ent der voghele boec in .X.;

Vonbics meer/ ic dichter meer.

Hier sijnre .C.X. eñ .III.

3650 In dietsche also ghedicht van mi/

So ict vraghst vant int latijn;

Vs. 3631. B. Eñ woent erande diet. V. Eñ woent. *Welligt schreef Maerlant:* Het woont. J. Ende w. eerhande gh. | 3632. V.J. Als. | 3633. V. By enen b. d. Cadym h. B. Codini h. J. Caym. | 3634. V. Die den krekele. B. crekle. J. de crekelen. | 3635. B. hare c. w. sere. J. si den corne doen groot sere. | 3636. V.J. So roept dat volc an. B.J. Here. | 3637. B. Eñ bidden hem met b. d. | 3638. V.J. hi hem sent (seint) zelentides. B. dar sende zelentides. *Waerom niet* har (haer)? | 3639 J. Ende alsmen. | 3640. B.V. Allene—Here. J. Allene bi Onsen Here G. | 3641. J. Noch waer si c. B. Wanen dese comen ofte varen, *zonder meer.* V. Noch wanen si comen of te varen. *Ik veranderde* Noch *in* Doch. | 3842. V. Ne weet n. (So *ontbr.*). J. Ne weet n. twaren. | 3643. V.J. Sonder datse d. liede (lieden) allene. B. allene. | 3644. V.J. Bidden van Gode met weene (wene). B. gewene. | 3645. B.J. verteren d. crekle (crekelen). V. krekele. | 3646. V.J. ne can. | 3647. B. Hir ind. V. der voglen. J. eynt d. voglen. | 3648. J. Vondix m. ic seyts iv mee. B. me. | 3649. H. Hir — drie. V.J. ende drie. | 3650. B.J. dietsch — mie. V. al gh. van mie. | 3651. B.V vraist. | J. frayste v. in l.

Waer bispele af ontbonden sijn/

Some/ eñ niet thondertste deel :

Op elc te dichtene gheheel/

3655 Het ware te lanc eñ swaer;

Ic dichte cort dinc eñ waer.

Want ic ne begheere niet

Dats den lesere iet verdriet.

Hier seldi horen voortwaert mee

3660 Van den wondre van der zee/

Eñ van watere eñ van rivieren/

Alse ons die meesters visieren/

Die dat ware bringhen voort/

Bescreven in dietsche woort;

3665 Hoort doch een deel int ghemeine/

Eer ic van elken segghe alleine.

Vs. 3652. V.J. of ontbonden. | 3653. V. Som eñ n. thonderste. B eñ nie thonderste.
J. thonderste. | 3654. V. Up elc. J. U elc. B. te d. geel. | 3655. V. Waer te lanc eñ te
sw. J. Ware te lanc — ende te sw. | 3656. B. Ic d. dat cort es eñ w. J. corte ding ende
w. | 3657. V. ic en begh. B.J. beg(h)ere. | 3658. B. die lesere heeft v. | 3659. V. suldi.
B. vort me. J. suldi h. vor waert. | 3660. V.J. Wat wondre (wonder) men vint in die
zee. | 3661. V.J. Ende in watre eñ (ende) in r. | 3662. V.J. Also als die m. vis. (fisie-
ren). | 3663. B. vord. J. dat waer br. voert. | 3664. V. Scrivic u in diesche vort (*sic*).
J. Scrivic iv in dietsce woert. B. dietsce word. | 3665. V. Mer hort doch — ghemeene.
J. Maer eer ic dichte van elken allene. | 3666. B. Eeric. V. Eer ic segghe v. elken
alleene. J. Horter teerst spreken in ghemene. *Zoo dat bij J. deze twee laetste regels
onderling hunne plaets verwisselen. Op zich zelf beschouwd is het niet slechter ;
maer de tael is die van Maerlant niet.*

onstruut seget
dar latin
och in dietsch
en word sijn
vm dander togt
en ster wonder
t idat selcne es besonder
w ond' vmd men in die zee
e en groet deel eñ veletine
d tin die werelt can visteren
w onder vindment riuieren
e ii t verschen wate' mede
r oue albregelouechede
s ome wondre sijn bescreue'
s st darstmics in boeken bleue

Fragm. G. begin

acob diene vandes nemme
h ort wort der vgle namen in .G.
6 vzi als segher iacob van vitri
dard een vresselec voghel si
o groet datsi ten man bestaen
hewapont eñ sine verslaen
are clawen sijn soe groet
amte vte drinct ter noet
lse oft vte enen horne mare
n syña des hotes mare
ad biden lante van endi
esemen dat sule voghel si

VIERDE BOEC.

—

Monstrum seghet dat latijn /
Dat mach in dietsch een wonder sijn /
Om dat ment toghet en siet vor wonder /
En dat selsene es besonder.

5 Wonder vint men in die zee
Een groot deel / en vele mee
Van die werelt can visieren.
Wonder vint men in rivieren /
En in verschen watere mede
10 Boven alre ghelovechede.
Some wondre sijn bescreven /
En dats mi es in boeken bleven
Willic in dietsche bringhen voort;

Vs. 1. V. seghet tlatijn. H. *heeft de tachtig eerste verzen verloren. Z. Boec III,* vs. 5595. | 2. B. *ontbreekt.* J. Dat in dietsch mach wonder sijn. V. in dietsche. *Voorts ontbr.* een *even als bij* J. | 5. J. ende omme datment t. ende s. | 4. selsiene es al bes. J. Ende dat selsen es ende ghesonder! *Ik verwittig nog eens dat dit af-schrift overal en in ende oplost, en dat ik vervolgens dat verschil in de meeste gevallen onopgemerkt zal laten.* | 5. B. vind men. V. inder z. | 6. V. veel. B. me. | 7. J. fisieren. | 8. J. in die riv. | 9. V. Ende in varsschen watre. J. watre. | 10. V. alle ghelovichede. J. alre ghelovich. | 11. V. Som w. | 15. V.J. Wil ic (Willic) bringhen in dietsche vort (voert). B. vord : word.

Eñ om te cortene die woort/

15 Ne segghic op elc gheen bispel;

Ine quaems niet ten ende wel:

Die redene soude sijn te lanc.

Nu beginnic minen sanc

An die .A. / eñ vort mee

20 Volghic na dat .a. .b. .c.

Hier ent die tale int ghemeine;

Hoort woort van elken alleine.

ABides/ doet ons verstaen

Aristotiles sonder waen/

25 Dat es int water een wonder;

Want het teersten al besonder

Sijn wasdom neemt eñ hout

In dat water daer es sout.

Daer na verkeert sine ghedane

30 Eñ sine nature daer ane/

So dat op deerde al buten is/

Eñ danne heetet astois.

Eñ dits wonder/ dat af eñ ane

Dus doet tweerhande ghedane/

35 Nu op twater/ nu op tlant/

Vs. 14. V. omme — wort. J. omme — woert. | 15 V. Ne seg ic up elc ne gheen b. | 16. V. Want en cans (sic) niet. B. inde. J. Want ic ne qu. n. t. eynde. | 18. V.J. minen ganc. | 19. B. vord me. V. vort w't mee. J. ende vorwaert. | 20. B. Volgende ande .a. .b. .c. V. Volghe ic. J. Beghinnic naden .a. .b. .c. | 21. B. Hir ind. V. ghemeene. J. eynt — ghemene. | 22. B. Hord vord. V. Hort vort v. e. allene. J. Hoert voert v. e. allene. | 24. V. Aelbrecht. | 25. V. Dis es in water. | 26. V. te ersten. | 27. B. wasdoem — houd. J. wasdoom. | 28. B. water met gewoud. J. Int w. dat es cout! | 29. V. verkeert het sine g. J. verkeertet s. gh. | 30. B. dar ane. J. der ane. | 31. B. op derde. V. up daerde. J. daerde — es. | 32. V. Ende d. hetet. B. heet. J. Ende het heet fastioes. | 33. V. ende ane. J. dat of ende. | 34. V. twirande. B. tweirande. J. twierh. | 35. V. up tw. nu up tl. B. opt tw. nu opt tland. J. opt — opt.

Eñ sine nature te hant

Van den natten int dzoghe keert :

Dits selsiene eñ ongheleert.

Achime / spzeect Aristotiles /

40 Vat een zee wonder eś /

Vat gulste dier dat men vint /

Eñ dat men int water kint.

Bi pzoyen levet / eñ al dat et

Wert al smeere ende vet.

45 Bi pzoyen eest dat hem gheneert /

Eñ wat soet in spisen verteert /

Wert al vetheit eñ smare ;

Vus wert hem die buuc so sware /

Vat / na die grootheit van den diere /

50 Sijn buuc eś alte onghehiere.

Welctijt so dit dier verstaet /

Vat hem eneghe bzeese ane gaet /

Cremptet sijn hooft in sine lede

Een deel na deś eghels sede /

55 So dat gheen dier mach verraden.

Vs. 36. V. Ende — al te hant. J. n. hem al te hant. | 37. B naten — keerd : ongeleerd.
J. natte. | 38. V. ende ongh. J. Ende dits selsine ende ongheleet (*sic*). | 39. V. Achune
spreict. B. Achimo. | 40. V.J. een wonder in die zee (ze) es. B. ze w. | 41. B. Eñ es dat
gulste dat m. vind : kind. J. gulstre (*sic*). | 42. V.J. Ende datm. | 43. V.J. levet eñ
(levetet ende) al dat het (het *vlaemsche spelling voor* et). B: al ontbr. | 44. V. Wort
al smare. B. Wert also smere vet. J. Wart al smeer. *Had ik niet wel gedaen met
vs. 43 en 44 uit te werpen? Z. de drie vlgde.* | 45. V. ist. J. eist. B. generd : ver-
teerd. | 46. V. Ende wat dat het in sp. J. soot. | 47. B. Werd al vetheid. V. Wort —
ende smare. J. Wart al vet ende smere. | 48. B. werd h. d. buc. V. wort. J. wast hem
d. b. so sere. | 49. V. van dien diere. J. nade grote. | 50. J. al tonghehiere. B. buc —
ongiere. | 51. B. Weltijt. V. Welc tijt so dit verstaet (dier *ontbr.*). | 52. B. vrese.
V. an gaet. J. vrede angaet. | 53. V. Cremp het s. hooft. B. eñ sine l. J. Cromtet
sijn hoeft. | 54. V. eyghels. J. na des herts s. | 55. V. dat ne gheen d.

Maer somwilen comt hem te scaden;
Want alst berneemt die felle gaste
In die laghe blibende baste/
So trecket thooft boozt nemmee;
60 Maer alse hem die hongher doet wee/
So berteert sijns selbes smare:
Het heeft lieber/ hoe soet bare/
Hem selben te berteerne een beel
Dan berlozen te sine al gheheel.

65 Dit dier bediet oppenbare
Den ongheballighen sonbare/
Die wel ghebzoet eñ ghesiet/
Dat hem naect lanc berbziet
Dan den biant/ diene belaghet/
70 Eest dat hine in sine nette iaghet/
Eñ niet en kiest voz sine sonden
Penitencie ban cozten stonden
Doz die ewelike boot;
Beter ware hem voz die noot
75 Te magherne sijn bleesch een beel/
Dan te berliesene al gheheel
Ziele eñ lijf beide te samen.

Vs. 56. V.J. Maer dit comt hem somwile te staden (scaden). B. coemt h. te staden.
Ik schreef scaden, *hetgeen thans* J. *bevestigt.* | 58. B. In die lange. V.J. bliven vaste.
| 59. B. tr. thoeft vord nemme : we. V.J. Sone trect het th. (trectet thovet) vort n.
| 60. V.J. als. | 61. B. sijn selves. V. sijn selfs. J. verteertet. | 62. V. Eñ hevet l. h.
soot ware. B. heft. J. Ende heeft l. h. soot. | 63. B. selven *ontbr.* J. te verteren. |
64. V. verloren bliven. J. al *ontbr.* | 65. V. Dit dier dat bard openb. J. Dit dier dat
bediet openb. B. openb. | 66. J. onghevalghen. | 67. B. wel gevoet. V.J. ende siet.
| 68. V. tlange v. J. dat langhe. | 69. B. dine. V. die ne beiaghet. | 70. V.J. Eist d.
h. in sinen nette (in sijn net) iaghet. B. nette. *Was het eens* vette? *zie vs.* 44 *en*
vlgde. als ook 74 *en* 75. *Ik meen het niet.* | 71. V. Eñ niene kieset. B. kijst. J. Ende
niet ne k. | 72. B. Penentencie in c. st. J. Penitentie. | 73. B.J.V. ewelike | 74. J. waer
h. duer. | 76. B. te verterne. V.J. al *ontbr.* | 77. V.J. ende l. bede.

Elc mercke wel/ hi mach hem framen.

.A. gaet ute/ .B. comt in;

80 Ic ne banter af meer no min.

Belua heeten in latijn

Diere/ die groot eñ wonderlec sijn/

Eñ van breesseliker maniere;

Maer properst so sijnt zeesche diere.

85 Plinius spreect/ die meester sijn/

Dat in die zee van India sijn

Beluen van live so groot/

Dat si der zee doen selken stoot/

Dat si doen risen selke bazen/

90 Alse ofte grote zeestorme waren/

Eñ vlieghen metten baren mede

Opweert met groter moghenthede;

So dat hi seghet/ dat Alexander/

Die wonderliker was van een ander/

Vs. 78. V.J. wel *ontbr.; voorts* h. sal h. sc. | 79. V.B. eñ b. comt in. J. wt ende.
| 80. V. In vander in no mee no m. B. vander af meer no mijn. J. of. | 81. V.J. hetet.
H. , *welk HS. met dezen regel heraenvangt,* heten. | 82. V. wonderlic. H. dire —
wonderlic. J. wonderlijc. | 83. V.J. Ende v. vreseliker. H. van vreseliker maniren
(Eñ *ontbr.*). B. vreesel. | 84. H. Mer proper so sijn zeusce dire. V. seijsche. B. zeusce.
J. Properst sijnt ze vissce diere. | 85. V. spreict. H. de m. | 86. V. see. H. ze van
Indie. J. ze. | 87. J. Belnen (*sic*). | 88. B. der see d. selken stoet. V. see. H.J. ze.
Voorts met V. *naer gewoonte* sulken. | 89. *Zie de voorgaende variant.* J. *biedt
eene omwerking en omzetting van dit en de drie volgende verzen aen :*

> Als oft grote stormen waren ,
> Ende vlieghen metten baren
> Op waert met groter moghentheden;
> Ende vreselijc sijn haer seden.

| 90. V. Als oft. H. oft gr. zestorme. B. groete zee storm ware. | 91. V. Ende vl. H. mit-
ten, *en in den vlgdn. regel* mit, *hetgeen hier ook voor de laetste mael opzettelijk
aengeteekend zij.* | 92. V. Up waert. B. Op w'l. | 93. B. Eñ men seget. H.V. So
dat hi seit. | 94. H. dan enich ander.

95 Daer ieghen voer met sinen scipheere /
Eñ vachter ieghen met groten gheerre.

Barchoza / alse Aristotiles seghet /
Es een dier dat tetene pleghet
Cleine visschelkine talre stont.
100 So hartveenech es hem die mont /
Dattet den steen bijt ontwee.
Dit dier gaet sommile uter zee
Eñ verteert dat gars opt velt;
Dan moet te watere met ghewelt /
105 Eñ onderduken also wel /
Oft hem worde te hart sijn vel :
So en cant hem bughen niet int gaen /
Eñ aldus werdet te hant ghevaen.
Oec vaent visschers met cleinen visschen :
110 Si werpse daer het niet ontwisschen

Vs. 95. B. scep here. J. Der ieghen v. m. s. scip here. | 96. B.H. wachter. V. grote
gheere. | 97. J. met groter were. | 98. V. Balchora als Ar. J. Barcora als. H. als. |
99. V. Clene. H. Cliene vischelk. B. vesschelk. — stond : di mont. J. Clene visscelk. |
100. H. hart benich is. B. hart b. V. sijn mont. J. hert benech—sijn mont. | 101. V. Dat
het. H. biet en twee. | 102. J. wter z. | 103. B. verteerd d. gers. H.J. gras. V. upt. |
104. B.H. Eñ dan te watere met (mit) g. J. Dan motet te watre (Eñ *ontbr.*). | 105. B. Eñ
moet duken also wel. H. Eñ ontduken also wel. V.J. Ende onder d. | 106. V. Iof.
H. Ofhem w'de te hant hart s. v. J. te hert. | 107. H. So ne maget hem bogen. V. Sone
maghet. J. Sone macht hem b. ende niet ontgaen. | 108. V.J. Ende wort (wart) also
ghev. H. Eñ dan w. also g. | 109. B. vesschers — vesscen. H. vischers mit clienen vi-
schen. J. vanghet visscers met clenen vissce. | 110-114. *De les is in de vier HSS.*
bedorven. B. *heeft* :

    Wantet hem met (*sic*) can ontwesscen,
    Soe gaensi tenen nauwen gate dan;
    Dan volghet dit dier also an,
    Also dat die vesschers bestaen
    Daert hem niet can ontgaen,

H. komt met B. eenigszins overeen :

    Wantet hem niet can ontwischen,
    So gaensi tenen nauwen gate dan,

In enen nauwen diepe ne can;
So volghet hem dat dier dan an/
Also dat die visschers bestaen
Daert hem niet ne mach ontgaen.

115   Nemmeer vandic van desr twee
Zeewondere in .B.

C orodzillus es een dier:
Jacob en Solijn segghen hier/
Vattet machtech es en snel
120 Opt lant en int water even wel.
Vaghes eeft meest opt lant.
So stille es die viant/
Dat elc man hout over doot/
Hi en kenne sine scalcheit groot;

             Dat hi volget dit dier also an,
             Alse dattie vischers verstaen,
             Dat hem niet mach ontgaen.

V. verschilt van beiden, vooral in 't begin :

             Si werpse daer het niet ontwisschen
             In een nau hoop ne can ;
             So volghet hem dat dier dan an,
             Also dat die visschers bestaen
             Daer het niet ne mach ontgaen.

Thans doe ik er de les van J. nog bij :

             Ende asent daert niet ontwisscen
             In enen nauwen diepe nochtan;
             So volghet hem dat dier so an,
             Also dat die visscers bestaen
             Daert niet ne mach ontgaen.

Vs. 115. V. ne vandixs.. B. twe. J. vant icker. | 116. B. Zee worde in .B. H. Zewon-
dre in b. V.J. Zee (Te) wondre namen in .b. | 117. H.J. dats een dier. | 118. H. seg-
gen hijr. B. segen. | 119. H. Dat machtich is. V. Dat het machtich. J. machtich. |
120 V. Up tlant. B. land. H. en ontbr. J. w. vele wel. | 121. H. eist. V. es het m.
upt tlant. B. op dland. J. Sdaghes eist. | 122. B. viand. J. So stille so es. | 123. H. elc-
man. B. houd | 124 H Hine kende s. scalcheyt. V.J. Hine. B. kinde.

125 Eñ legħet eñ gaept talre stont /
    Eñ vaet vliegħenbe in ben mont.
    Nachtṣ cest gheerne in bie ribiere.
    Eiere legħet na ganse maniere;
    Die legħet op ben lanbe ban /
130 Baer għeen water comen can.
    Alst tijt eṣ comen sire bȝoeben tor /
    Bi wilen bie ħie / bi wilen bie soe.
        Jacob ban Bitri segħet buṣ :
    Het wast tote .XX. cubituṣ /
135 Eñ ħem eṣ so ħart bat bel /
    Men cant booȝslaen niet wel.
    Sonber tongħe eest / alse ict ħoȝe /
    Ben mont għesplet ban oȝe te oȝe;
    Die opperste rake roeret alleene;
140 Sine taube sijn bȝeesselijc għemeene;
    Sine clauwen scarp eñ groot.
    Te wintere etet niet ter noot.
    Hetṣ wȝeet in alre manieren /

Vs. 125. V. Eñ leit. B. stond. | 126. B. veet — mond H. vliegen inden m. V.J. vaet
die vogle (voglen) in sinen m. | 127. J. eist. V.H. ist gaerne. *Voorts* H. rivire : ma-
nire, *'t geen ik, als meer anders de bijzondere spelling van ieder HS. betreffende,
in 't vervolg slechts nog in zeldsame gevallen zal aenteekenen.* | 128. V. Eñ het
hevet eyer na g. m. H. Eyer. J. Het heeft eyren. | 129. V. up. J. leghetet opten. |
130. V. ne can. | 131. V. comt sire br. toe. J. Ende dit dus es so comen sire toe. |
132. H. Bewilen d. hi, bew. di zoe. B. die hi. V. Som wile die hye, som wile die suwe.
J. Somwile — somwile. | 133. J. Vetri. | 134. H. Et wast tot. V. wasset. | 135. V. Eñ
es hem so h. J. hert. | 136. H. Menne can dorslaen n. w. B. caent dor sl. V. dor sl.
J. Menne duer slaet niet w. | 137. H. eist alsict. V. est als ic h. J. eist als ict h. |
138. V.J. Sijn mont gaet van. H. v. ore tot ore. B. v. ore tore. | 139. V. Dupperste c.
H. roret. B. kake. J. Dopperste caken roertet. | 140. V. Sijn t. s. vreselic. H. vreeslic.
B.J. vreselijc. | 141. V.J. Die clawen hevet starc (heeftet scerp) eñ gr. | 142. B. etet
wel na niet dor noet. H. etet wel na dor noet. J. hetet. V. Te w. ne hetet ter niet
noot; *maer de afschrijver heeft door een teeken ter zijne ware plaets tusschen
niet en noot aengewezen.* | 143. H. Ets wr. V. maniere.

Beide ben menschen eñ ben dieren.

145 Nochtan experimentator segghet/

Dattet ben mensche te bewenene pleghet/

Alstene boot heeft ghebeten.

Van hem wil men die waerheit weten/

Dat die Sarrasine verteeren

150 Sijn bleesch/ eñ het hem niet mach deeren.

  Van sinen dzecke maken oude wibe

Ungement te haren libe/

Daer hare rumplen met te gaen/

Eñ hare huut doet bunne staen/

155 Eñ si scone scinen eñ claer.

  Maer onlanghe ghebuuret daer naer;

Want alsi sweeten gaet al uut/

Eñ onder blijct die ghelewe huut.

  In Nilus/ die dor Egypten vliet/

160 Eest datter menich te sine pliet.

Der vint men cocodzillus maniere

In Surien/ in ene riviere/

Vs. 144. H. Beyde d. viscen eñ d. diren. B. den vesschen eñ. V. Bede d. menschen eñ ten (*sic*) diere. J. Bede den man enten d. | 145. B.H. Nochtan *ontbr.* | 146. H. Datten mensche tebewenen. pl. V. Dat het den m. te bewēnee (*sic*) pl. B. te beweēne. J. te flewene. | 147. B.H. Alsten doet heft (heeft) g. J. Alst hem d. | 148. H. de wareyt. B. warhiet. | 149. H. Dattie Sarrisine verteren. | 150. H. vleis enthem niet m. deren. | 151. B.H. Van haren dr. | 152. V. Onghenoemt. H. Ongemene tharen l. J. Onghewent, *en op den kant, met eene latere hand* : salve. | 153. V. haer romplen mede te g. H. remplen mede vergaen. J. romplen mede te gaet | 154. V. Eñ hem die huut doet duene (*sic*) st. H. dinne. J. Ende die huut der bi dinne staet. | 156. H. geduert. J. Onlanghe gheduertet daer (Maer *en* naer *ontbr.*). | 157. J. Maer alsi sweten so gaet wt. *Daer in* V. *de* u *van* vut (*sic*) *boven een weinig toegehaeld was, heeft men er eene kleine* o *boven geplaetst!* Brueder, guet, *enz., is wat anders.* | 158. Eñ toghen onder die geluwe h. B. Eñ ontblijct die g. h. H. Eñ onder blijft de g. h. J. So toghet onder die ghelen h. | 159. V. duer Egipten. J. duer. | 160. V. Eist d. m. te wesen pl. B.H. Eest (Eist) datter te siene pl. (menich *ontbr.*). J. Es datter m. te wesene pl. | 161. B. vindmen. H.V. cocodrillen m. | 162. *Allen* Surien.

Daer Jacob af seit van Vitri
Hoe dat dier daer comen si :

165 Twee edle broedre waren int lant /
Die dat rike hadden in hare hant /
So dat deen benide seere /
Dat die andre met hem was heere /
Eñ dede cocobrillus tonc bringhen /

170 Om dat hi met sulken dinghen
Den broeder wilde ontliven sciere /
Die gheerne baedde in die riviere.
Die beesten wiessen / ende die tijt ginc.
Die nideghe broeder / die van der dinc

175 Altemale hadde bergheten /
Es op die riviere ghefeten /
Eñ dat dier quam onvorsten
Uten watre gapende op dien /
Eñ heeftene te hant ghefcuert.

180 Dus heeft hi die boot befuert /
Daer hi mede waende ontliven
Sinen broeder / al moeft bliven ;

Vs. 163. V. of seghet. H. of seyt. B. seid. J. of seghet v. Vetri. | 164. H. Hoe dat
dit dier. V. Dat dat dier daer dus c. si. J. Dat daer dit dier dus c. si. | 165. H. broe-
dere. V. ware. J. edele broedren.| 166. B. in bare hant. H. Die dit r. h. inde h. J. Dat
rike hadden si in.| 167. H. So dat een. B. benijnde. V. benijde sere. J. benijdde sere.
| 168. H. Dattie ouder was sulc here. V. Dat ander (of auder?). B. die andre was selc
here. J. Dat dander wel was metten here.| 169. V. ionge. J. ionghen.| 170. H.V. mit.
B. selken. J. Omme d. hi m. sulker. | 171. V. schiere. | 172. B.H. Metten (Mitten)
beesten in d. r. V. Die gh'ne hadde in d. r. J. Die goene deedse. | 173. B. Die besten.
H. wossen entie tijt g. V. wiesen entie. J. wiesen die t. gh. | 174. V. die der dinc.
J. nidighe br. die der d. | 175. J. Alte male. | 176. H. is op d. rivire. V. up. J. Hi es.
| 177. H.V. onversien. | 178. B.H. gaende mettien (mittien). V. varende up dien. *Ik
volg J.* | 179. V. Eñ bevet thant ghescuert. *Van de eerste hand* ghecuert. H. i. (*sic,
een i met een stip daer achter, in 't begin van den regel; voorts*) eñ heeften thant
gescoert. B. gescurt. | 180. V. hevet hi d. d. betuert (*sic*). H. gecoert. B. besurt.|
181. B. wande. | 182. al most bl. V. moestet.

Eñ aldus in derre maniere
Vint mense noch in die riviere.

185 Plinius spreert / dat dit dier pleghet /
Dat ghelijc oft doot ware leghet /
Eñ heeft den mont ontdaen ;
So comt dat cleine trokelkin saen
Eñ soect an sine tande blieghen ;

190 Dan swelghet hijt in / sonder lieghen.
Wat sal aldus groten diere
Proye van so cleinre maniere ?
Het dunct mi wel maniere leeren
Van den quaden balschen heeren :

195 Alse arme dorpers an hem comen
Om iet baten / om iet bromen /
Ghebaren si ofte si sliepen dan /
Eñ latense hem bet comen an :
Want si hem dinken toghen maniere

200 Ofte si waren goedertiere ;
Maer alsi comen binnen tanden /
Soe verswelghen sise te handen /

Vs. 183. B. in der m. H. in dere maniren : riviren. V. aldus eñ bi deser m. J. Ende in deser manieren : rivieren. | 184. B. Vindm. | 185. B. spr. dat dir pleget. V. spreict dat dit dier leget (sic). H. spr. dattet dier pl. J. dat dat dier. | 186. H. Des gelijc oft. V. ghelijc alst d. w. J. Dattet ghelijc of doot waer l. | 187. V. hevet d. m. ondaen. H. ondaen. B. onttaen. | 188. B. coemt dat cl. crekelkin. H. comen die clene crekel-kine. V. die cl. conichlin. J. clene credevitsken. | 189. B. an sine tonge. H. an sinen tongen. J. tanden. | 190. V. swelcht hijt in maer sonder l. H. Dan voswelget in ; maer de letters vo sijn onderstipt. | 191. J. also gr. | 192. V. van also cl. H. van sulker m. J. cleenre. | 193. H. Een dinct mi w. J. dinct. | 195. V. Als. J. Als aerme. | 196. V. biet — hiet. J. Omme i. b. ende omme. | 197. H So geb. si of si. V. So baersi of si. J. So ghelaten si of si. | 198. B. Eñ latene. H. Eñ laten si comen bi an. V. hem comen bet an. J. comen hem bet an. | 199. B. si dinken hem. H. maniren. J. si hem dicke t. manieren. | 200. V. Als of si. H. Of si w. goedertiren. J. Als of si w. goedertieren. | 201. V J. binden tanden, dat is binnen den tanden, hetgeen misschien beter was dan de les van B. en H. die ik volgde.

Eñ nemen hem thare al bloot/
Weder het es cleine ofte groot.

205 Men vint een volc van manieren/
Neven Nilus der rivieren/
Stout eñ coene/ in een eilant/
Die Centyzen sijn ghenant;
Cleine sijn si eñ van stouter maniere/

210 Eñ haten seere dese diere.
Si dozzen alleene in Nilus swemmen/
Eñ op des diers rugghe clemmen/
Eñ rider op oft ware een paert;
Eñ alse dat dier van gaept opwaert/

215 Werpen si hem in cozter stont
Ene iserine colve in den mont/
Eñ ridense also opt lant/
Eñ dwinghense so te hant
Met roepene op hem vervolghen/

220 Te spuwene dat si hebben versmolghen.

Cervus maris/ dats min no mee
In dietsch van die hert van der zee.
Kyramidarium boec seghet/

Vs. 203. V.J. Eñ nement (nemen) of al thare bl. | 204. V. Weder si es cl. of gr.
H. Weder et si clene of. J. Wedert si clene of. | 205. J. Men vint volc van ere ma-
niere. | 300. V. Wuen eñ (*sic, voor* Neven) Nilus. J. Wonende op N. die riviere. |
207. H. conc in een eyl. V. heylant. J. op een. | 208. V. Die Centierei. H. Die Cen-
tieri sint g. B. Centiren. J. Sentirien. | 209. B. Cleine liede van st. H. Clene sijn si
van st. J. Clene. | 210. B. haten. | 211. V. durren. | 212. V. Eñ up dat diers ric
oec cl. J. rig si cl. | 213. V. Eñ riter up alst w. H. peert. B. pard. J. alst ware. |
214. H. gapet opwert. V. Als — up w't. (Eñ *ontbr.*). B. dan *ontbr.* J. Als (Eñ *en
dan ontbr.*). | 215. V. Werpsi. | 216. H. yserene. V. yserine. J. iserine. B. iserne. |
217. B. al *ontbr.* V. Eñ rijste also up tl. | 218. B. dwingese. H. also thant. V. dw.
al te h. J. alte h. | 219. V. Met roepende up hem. B.H. Met (Mit) ridene. | 221. V. Cervis
marinus. J. marinus. | 222. B.H.J. In dietsch *ontbr.* | 223. V. die seghet. J. Kiramm.

Dat hi sine horne te stekene pleghet /

225 Die hi heeft an sijn hovet groot /

Boven der zee bloet al bloot /

Om die voghele die sijn moede /

Eñ blieghen over die zeebloede :

Op sine teleghe sullen si rusten /

230 Om dats hem mach van moetheit lusten ;

Eñ alsi sitten wanen met vreden /

Laet hi hem sinken daer ter steden /

Eñ laet die vogle int water vallen :

Dus verteert hise oec met allen.

235 Caab dats een vreembe dier.

Aristotiles seit oec hier /

Dattet enen voet hevet /

Die heme die Nature ghevet /

Daert mede doet in dire ghebare /

240 Recht oft ene hant ware ;

Want het hem daer mede spiset /

Also alse hem Nature wiset.

Sinen adem halet in die lucht /

Maer int water wast sine vrucht.

Vs. 224. H. hoerne te steken pl. J. hornen te steken. | 225. H. De hi h. an s. hoeft.
B. hi hevet. V.J. an s. hovet (hovede) hevet gr. | 226. H. der z. vlot. V. die zeeba-
ren. J. der zebaren. | 227. V.J. Omme die vogle (voglen). H. vogle de sijn mode. |
228. J. Te rusten over d. ze vl. | 229. V. Up sine telghen sullen r. (si *ontbr.*). H. telge.
B. selen. J. telghe sulsi r. | 230. V. moetheden. H. hem v. moetheit mach l. J. Omme
dat hem van moetheit lusten. | 231. H. mit. | 232. V. Laetsi hem s. J. senken. |
233. J. voglen. | 234. V.J. oec *ontbr.* H. mit. | 235. H. Chaab. B. vremd. J. vreemt.
| 236. H. seit bijr (oec *ontbr.*). V. die seghet hier. J. seghet hier. | 237. V. Dat het.
| 238. H.V.J. hem. | 239. V. Daer het m. d. inder gh. J. inder. H. inder bare. |
240. V. Als of het ene. J. als oft een h. | 241. B. Want hetter hem met sp. H. Wantet.
V. het hem selve daer m. J. Want them selven. | 242. H. Also alst hem. V. Also als
hem. J. Also als h. | 243. J haeltet. | 244. J. Mare - hare vr.

245   Cicos/ spreect Aristotiles/

Dat een wonder in de zee es/

Eñ heeft twee voete/ eñ clauwen bji

Ane elken voet/ dus scrivet hi.

Cleine hevet den rechteren voet/

250   Maer den luchteren starc eñ goet/

So dat hem selven daer op braghet.

Welctijt so die wint iaghet/

Eñ die zeebaren gaen al in een/

Hem onthoubet an enen steen/

255   Dat gheen wint can daer af ghesteken;

Eñ alse die storme dan brzeken/

So wandelet eñ gaet

Ane die dinc die hem bestaet.

  Clethi es een wonder dier/

260   Alse ons telt Aristotiles hier/

Dat gabert roghe in der ghebare

In hem/ als oft eier ware.

Vs. 245. B. Crices. H. Crites. V. Critos spreict. Ar. J. Cicos. | 246. V.J. in die zee (ze). | 247. H.V. hevet — clawen. J. voeten — clawen. *Allen drie.* | 248. H.V. An. B. scrijft. J. In elken. *Allen stellen* hie. | 249. V. Cleene — rechtren. J. Clene heeftet d. rechtren. | 250. H.V. luchtren. B. eñ groet. J. Mar d. luchtren sterc. | 251. H. Zo dat. V. up. | 252. B. Weltijdt soet de w. i. H. soet de w. veriaget. V. veriaghet. J. die w. so veriaghet. | 253. H. Entie sebaren gaet al. V.J. Die zeebare (zebaren) gaet al. (Eñ *ontbr.*). | 254. V. Hem si houden an. H. Hem onthouden an. J. Hem houden an. | 255. H. af steken. V. wint daer of can gh. J. Dat hem gh. w. daer of can steken. | 256. V. als d. st. dan ghebreken. H. de st. J. als die strome dan ghebr. | 257. V.J. So wanderet (wandeltet) dan eñ g. B. wandelt. | 258. H An die d. V. Om die d. J. Omme d. dig (*sic, volgens aenteek. van den heer Jblt*.). | 259. B.H. Coleti is (es). V. Celechi. | 260. H.J. Als. V. Als ons tellet. B. hir. | 261. *Deze regel en de acht volgende ontbreken in B. en H.; ik neem ze uit V. en J. over, maer schrijf in 't eerste vers* roghe (*of* roch *zoo men wil*) *in plaets van* roth, *dat de les van V. is; in J. staet niet minder verkeerd :* noch inder ghebaren. | 262. V. eyer. J. Eyeren waren.

Alſi ripe ſijn wordſi open;
So comer worme uut gecropen /
265 Eñ worden in cort ghenachte
Gheſcepen alſ hare gheſlachte.

𝕮Hilon eſ een wonder mede /
Spreect Ariſtotileſ hier ter ſtede /
Dat negheene ſpiſe ontfaet /
270 Van die van hem ſelven gaet.
Ute hem ſelven gaet ene bethede /
Eñ die ontfaet het weder mede /
Eñ anderſ in gheere wiſe
So ne ontfaet ſine ſpiſe.

275 𝕮Antſ marinuſ / dat eſ mede
Van der zee ene wonderlechede /
Die wi heeten den zeehont.
Plinius die maect onſ cont /
Dat ſi meneghen viſch verdwaſen /
280 Eñ / over haer baſſen / ſi blaſen.
Ontſienlijc ſijn ſi / eñ ſi onthoghen
Al dat leeft / dat ſi vermoghen.

Vs. 263. J. warden si. | 264. J. So comender wormen wt ghelopen. | 265. V. wort in. J. Ende werden in corter achte. | 266. J. na haren. | 268. V. spreict. | 269. V. ne gheen. B. ontfeet. | 270. V. hem *ontbr.* B. geet. | 271. H.V.J. Uut. | 272. B. Eñ die hi ontfeet weder. H. Entie bi ontf. w. m. J. Ende die ontfatet weder mede. | 273. B. in gerre. H. gere. V. gheere. J. ghere. | 274. H. Si ontf. sine sp. V. gheene sp. J. ontfatet ghene. | 275. H. is. | 276. B. ene *ontbr.* H. *insgelijks :* ze wonderlichede. J. ze ene wonderlijchede. | 277. H. De wi heten die zehont. B. heten die z. V.J. heten den seelhont (zehont). | 278. H V. die *ontbr.* | 279. B. vesch. J. menghen. | 280. V.J. Eñ alsi bassen soudensi (souden si) blasen. | 281. H. Ontsienlic. V. want si onthuegen. J. Ontsienleec s. si want si vermoeghen. | 282. B. dat si mogen. V. levet eñ si vermuegben. J. Vele visscen in hem voegben. *De kopist van dit HS. veranderde willekeurig de twee laetste verzen, die hij niet verstond.*

245 Cɣicos / ſpɣeert Ariſtotileſ /
Dat een wonder in de zee eſ /
Eñ heeft thꝛee voete / eñ clauwen bꝛi
Ane elken voet / duſ ſcribet hi.
Cleine hevet den rechteren voet /
250 Maer den luchteren ſtarc eñ goet /
So dat hem ſelven daer op bꝛaghet.
Welctĳt ſo die wint iaghet /
Eñ die zeebaren gaen al in een /
Hem onthoudet an enen ſteen /
255 Dat gheen wint can daer af gheſteken ;
Eñ alſe die ſtoꝛme van bꝛeken /
So wandelet eñ gaet
Ane die dinc die hem beſtaet.

Clethĳ eſ een wonder dier /
260 Alſe onſ telt Ariſtotileſ hier /
Dat gadert roghe in der ghebare
In hem / alſ oft eier ware.

Vs. 245. B. Crices. H. Crites. V. Critos spreict. Ar. J. Cicos. | 246. V.J. in die zee
(ze). | 247. H.V. hevet — clawen. J. voeten — clawen. *Allen* drie. | 248. H.V. An.
B. scrijft. J. In elken. *Allen stellen* hie. | 249. V. Cleene — rechtren. J. Clene heeftet
d. rechtren. | 250. H.V. luchtren. B. eñ groet. J. Mar d. luchtren sterc. | 251. H. Zo
dat. V. up. | 252. B. Weltijdt soet de w. i. H. soet de w. veriaget. V. veriaghet. J. die
w. so veriaghet. | 253. H. Entie sebaren gaet al. V.J. Die zeebare (zebaren) gaet al.
(Eñ *ontbr.*). | 254. V. Hem si houden an. H. Hem onthouden an. J. Hem houden an.
| 255. H. af steken. V. wint daer of can gh. J. Dat hem gh. w. daer of can steken. |
256. V. als d. st. dan ghebreken. H. de st. J. als die strome dan ghebr. | 257. V.J. So
wanderet (wandeltet) dan eñ g. B. wandelt. | 258. H An die d. V. Om die d. J. Omme
d. dig (*sic, volgens aenteek. van den heer Jblt.*). | 259. B.H. Coleti is (es). V. Cele-
chi. | 260. H.J. Als. V. Als ons tellet. B. hir. | 261. *Deze regel en de acht volgende
ontbreken in B. en H.; ik neem ze uit V. en J. over, maer schrijf in 't eerste vers
roghe (of roch zoo men wil) in plaets van roth, dat de les van V. is; in J. staet
niet minder verkeerd :* noch inder ghebaren. | 262. V. eyer J Eyeren waren.

Alfi ripe ſijn woꝛdſi open;

So comer woꝛme uut gecropen /

265 Eñ woꝛden in coꝛt ghenachte

Gheſcepen alſ hare gheſlachte.

Ｃ Hilon eſ een wonder mede /

Spꝛeert Ariſtotileſ hier ter ſtede /

Dat negheene ſpiſe ontfaet /

270 Dan die van hem ſelven gaet.

Utc hem ſelven gaet ene vethede /

Eñ die ontfaet het weder mede /

Eñ anderſ in gheere wiſe

So ne ontfaet ſine ſpiſe.

275 Ｃ Aniſ marinuſ / dat eſ mede

Dan der zee ene wonderlechede /

Die wi heeten den zeehont.

Pliniuſ die maert onſ cont /

Dat ſi meneghen viſch verdwaſen /

280 Eñ / over haer vaſſen / ſi blaſen.

Ontſienlijc ſijn ſi / eñ ſi onthoghen

Al dat leeft / dat ſi vermoghen.

Vs. 263. J. warden si. | 264. J. So comender wormen wt ghelopen. | 265. V. wort in. J. Ende werden in corter achte. | 266. J. na haren. | 268. V. spreict. | 269. V. ne gheen. B. ontfeet. | 270. V. hem *ontbr.* B. geet. | 271. H.V.J. Uut. | 272. B. Eñ die hi ontfeet weder. H. Entie bi ontf. w. m. J. Ende die ontfatet weder mede. | 273. B. in gerre. H. gere. V. gheere. J. ghere. | 274. H. Si ontf. sine sp. V. gheene sp. J. ontfatet ghene. | 275. H. is. | 276. B. ene *ontbr.* H. *insgelijks*: ze wonderlichede. J. ze ene wonderlijchede. | 277. H. De wi heten die zehont. B. heten die z. V.J. heten den seelhont (zehont). | 278. H V. die *ontbr.* | 279. B. vesch. J. menghen. | 280. V.J. Eñ alsi bassen soudensi (souden si) blasen. | 281. H. Ontsienlic. V. want si onthuegen. J. Ontsienleec s. si want si vermoeghen. | 282. B. dat si mogen. V. levet eñ si vermueghen. J. Vele visscen in hem voeghen. *De kopist van dit HS. veranderde willekeurig de twee laetste verzen, die hij niet verstond.*

Gheboet sijn si voꝛweert/

Maer alse een visch gesteert/

285 Bꝛeet ghesnabelt/ den mont wijt/

Eñ tande scarp in alre tijt;

Sijn vel dat es ru ghehaert/

Dat ander honde seere vervaert.

Dissche iaghen si in die zee/

290 Alse iachthonde min no mee/

Die beesten iaghen in dat wout/

Eñ verslindense menerhsout.

Al eest dat mense mach begaen/

Niet lichte machse ieman verslaen.

295 **C**eruleum/ alse ons scribet Solijn/

Es een dier/ dat men siet sijn

Int water dat men Ganges noemt/

Dat uten Parabise coemt.

Hets van barwen ghelu blaeu/

300 Een deel ghedaen na twater gracu/

Vs. 283. V. Ghevoet so sijn si vort w't. H. vorwaert. B. vorweerdt. J. vor waert.
| 284. V. Maer bachten als een v. ghestart. J. Bachten als een visch gbestaert. H. Eñ
als een v. gestaert; *maer de eerste pennetrek was om gesteert te schrijven.* B. veschs
gesteerdt. | 285. V. enten mont w. J. Groot ghesn. enten m. w. | 286. V. Ende tande
sc. in allen strijt. J. tanden scerp in allen tijt. | 287. B. gehard. | 288. B. Dan ander
h. sere vervard. V. seer. J. andre honden. | 289. B. Vessce. H. Visce i. si inde z.
V. inder z. J. Vissen. | 290. V. Als iach h. H. Alse iachonde. B. iachonde mijn no
m. J. Als iach honden no m. no mee. | 291. V. Beesten iaghen si in dat w. (Die ontbr.).
H. iagen si int wout. B. woud. J. Die *ontbr.* | 292. H. Eñ versceden meunichf. B. Eñ
versceden. V. Eñ verslinse meuichf. *Ik schreef* verslinden. | 293. V. ist. H. eist.
J. eist datm. m. bevaen. | 294. H. machsi yman. V.J. machmense. B. verslaen *of een
ander woord (het herhaelde begaen?) is uitgeschrabd; de regel is dus onvolledig.*
| 295. B. Cerulium. H. Cerulum also o. scrijft. V. als o. seghet. J. Cerilius als scr. |
296. B. men beet fijn. H. siet fijn. | 297. V. In water. B. nomt : comt. J. datmen G.
noomt : coomt. | 298. J. paradyse. | 299. H. Ets — blau. B. varven g. blau. J. Ja hets
v. verwen. | 300. H. naet water. B. na dw. V. na water.

Eñ heeft bozen twee arme stranc/

Daer elc af es dzie voete lanc.

Dit wonder/ dat wi u nomen/

Alse starke diere comen/

305 Gzipetse daer in cozter stont/

Eñ trecketse in der rivieren gront:

Dus etet die beesten van.

.C. gaet ute/ .D. comt an.

Draco/ dien men vint in de zee/

310 Es niet tontsiene min no mee

Van die dzake es opt lant;

Eñ also groot es die viant

Alse die dzake die opt lant levet/

Maer dat hi gheene vlerke hebet.

315 Sijn hooft es cleine/ die steert lanc;

Sine tande sijn so stranc!

Eñ seere wijt es hem die mont;

Die scellen hart talre stont.

Allen visschen van der zee

Vs. 301. V. hevet. H. armen. J. aermen. | 302. H. is .III. vote. J. Dier elc es. .III. voeten l. | 303. B. Die w. dat wi momen; *maer door onderstipping* nomen (u *ontbreekt*). H. u *ontbr.* J. wi iv nomen. | 304. V. Als. H. dire. J. staerke. | 305. B. Gripense — stond. H. Gripen si daer. V. Grijpt hetse. J. Grijptetse. | 306. B. treckense in der zee grond. V.J. Ende trecse. H. trecse. | 307. H. de b. B. beeste. J. ettet. | 308. H. gaet wt, .D. coemt an. V. end .D. comt an. B. .D. gaet an. | 309. B. dimen vind inde z. H. die m. v. inde z. V.J. diem. v. in die zee (ze). | 310. B. Es tonsiene mijn no m. V.J. Es niet tonsiene. H. niet *ontbr.* | 311. B. es *ontbr.*; voorts opt dlant. H. es *ontbr.* V. up tlant. | 312. B. Eñ also groet, also die viand. H. is. J. Alsoo (Eñ *ontbr.*). | 313. H. Als — leeft: heeft. V. Als — up tl. J. Als. B. land. | 314. V. vlerken. J. ghene vloglen. | 315. V. hovet es clene eñ sijn staert l. H. Sijn hoeft clene, sinen stert l. *Ook in* B. *ontbr.* es. J. clene, sijn stert l. | 316. V. Maer sine t. J. Maer s. tanden. *De vier HSS. hebben so, hetgeen ik geerne in seere of* harde *veranderen zou.* | 317. H. de mont. | 318. V. Sine scellen sijn huud hard talre st. H. De sc. h. alre st. B. stond. J. hert. | 319. B. vescen.

320 Es hi vreeffelijc emmermee;
Want al dat hi wont en bijt/
Dat es doot in corter tijt/
Eest man/ visch ofte ander dier:
Fel es hi en onghehier.

325 Plinius dinct mi meenen/
Dat pulver van sinen beenen
Den tantsweere doet ghenesen:
Dus es eneghe doghet in desen.

Delfijn/ spreect Jacob en Solijn/
330 Dat wondre van den meere sijn.
Gheen dier/ dat waent men wel/
Es in die zee so snel.
.X. maende draghen si hare dracht;
Ne waer datse die moeder wacht/
335 En deetse met liste groot/
Die vader greetse alle doot.
Die moeder mintse alsi sijn ionc;
Maer alsi comen op haren spronc/
Wilse die moeder oec verteeren:

Vs. 320. H. vreeslic ummermee. V. vreselic. B. vreselijc emberm. J. vreseleec. |
321. B. wond. | 323. H. Eist — of. V. Ist m., ist v., ist a. d. J. Eist m., eist v., eist.
B. vesc. | 324. B.H. ongier. V. ende. | 325. E.H. dunct mi. B. doet mi. V.J. die din-
ket menen. | 326. E. Men sal pulveren sine b. | 327. E. Het doet den t. g. H.V. Die
tantsw. | 328. E. Nemmeer dogden es an d. H. Doch is enege. V. is enighe duecht.
J. eneghe doecht. | 329. V. spreict. | 330. B. van meerswinen sijn. H. wondere v.
meerswine s. J. Dats wonder vanden meerswijn. Het is blijkbaer dat de les van B.
en H. slechts eene mislukte herstelling is van de reeds vroeger bedorven les van J. |
331. V. Ne gheen d. B. wantmen. H. wanemen. J. Ne gheen d. dat weetm. w. |
332. V. see also. J. Ne es in d. ze. | 333. H. haren. J. maenden. | 334. V. En ne waer
datse. B. Mar datse. H. Mer datse die moder. J. En ware datse. | 335. V.J. Ende
deese m. luste (lusten). B. deese m. luste. H. deese mit l. | 336. V. bietse. V. petse (sic).
337. V. minnetse alse sijn. B. moder minse. H. moder. J. als hare ionc. | 338. V. up.
| 339. B. Wiltse, 't woordje oec ontbr., als mede in H. J. willense der m.

340 Si moeten blien ofte hem verweeren.

Si waſſen tote .X. iaren;

Eñ ſi noten oer te waren

Alſt tien maende hebben of bet/

Eñ werden bi naturen bet.

345 Te ſomere dzaghen ſi eñ winnen;

Te wintere en willen ſhs niet beghinnen.

Si ſoghen na der ſoghe maniere.

Hare mont ſtaet niet alſe ander diere;

Maer an den buuc ſtaet hem die mont.

350 Scarpe wimmen riſen hem talre ſtont

Alſi gram ſhn; dan vallen ſi weder/

Alſe hem die moet ſittet neder.

Erande luut hebſt/ gheweent

Recht alſe een menſche die ſteent.

355 Si hozen alleene met gaten/

Vs. 340. V. Sine moghen ontflien no hem verweren. *Goede les, zoo er slechts* of *in plaets van* no *stond.* J. Sine ontflien of hem gheweren. B. moten. H. ontflien of hem weren. | 341. V. toten. J. tot .XX. | 343. H.V.J. maenden h. of b. B. ofte b. | 344. V. worden. | 346. V. Te winter wilsijs. *Ook in* H. *ontbr. en.* B. nit. J. en *ontbr.* | 347. V.J. Si sughen (suken) nader sueghen maniere. B. manieren. H. manire. | 348. V. niet na ander diere. B. mond — andre dire. H. Har m. — als ander dire. J. als der ander d. | 349. H. Mer. V. buke. *Beide* de mont. | 350. *Ik volg* J. *behalve dat daer* scerpe vinnen *staet. De les is in de drie andere HSS. bedorven. Het minste in* V.

Scarpe vinnen risen hem talre stont
Alsi gram sijn; dan vallen si neder,
Als hem die moet sittet weder.

In B. *leest men:*

Scarpe wimmen risen hem talre stont
Alse hem die mont sittet neder
Alsi gram sijn riset weder.

H. *verschilt daerin slechts van* B. *dat het* wimmen, *en* moeder (*voor* moet) *heeft; de orde is dezelfde.* | 353. V. luud hebdi gh. B. hebben si g. J. Eerhande l. hebben si. | 354. V. Recht oft ware een m. H. als. J. alst ware een mensch. | 355. *Ontbr. in* V. *en de plaets daervoor is opengelaten.* B. *en* H. *geven de bedorven les :* Si halen in allene met (mit) gaten, *een nieuw monster, waer* V. *welligt de hand voor teruggehouden heeft.* J. *had den regel ook achtergelaten, maer eene latere hand*

Eñ rieken seere nauwe utermaten.

Opt water slapen hebsi vercozen /

Eñ rusten daer / alse wijt hozen.

Hondert eñ .XX. iaer / eest bescreven /

360 Dat ghepzoevet eß haer leven.

Si hozen gheerne blasen eñ sanc.

Eñ volghen na met scaren lanc.

Wilen [eer] een harpere waß

Die Arion hiet / alse ic laß /

365 Eñ waß in een scip met lieben /

Diene te dobene verrieben.

Doe beiaghedi ene ruste /

So dat hem harpenß luste.

Alse hi dit dede een wilekijn /

370 Quam daer menerß groot delfijn /

Eñ men warpene in die zee.

Een groot delfijn namen sonder mee /

heeft hem, volgens aenteek. van den heer Jkblt., op deze wijze ingevuld : Si halen wt ende in met gaten. Ik ontleende horen aen den vlg. regel (waer men zie) en aen het latijn.

Vs. 356. B.H. Eñ horen sere nauwe (nawe) uterm. V.J. seere ontbr. | 357. B Op dwater hebben si sl. v. V. Up tw. J. hebben si. | 358. H. als. V. *heeft alweer de plaets voor dezen regel opengelaten.* J. Also als wi die waerheit h. | 359. H. eist. V.J. es bescr. | 360. B. geprovet. H. geproeft is. V.J. gheproeft es datsi leven. | 361. J. gaerne. | 362. V. volgher na. J. volghenre na. | 363. V.J. So dat wilen een arper (herpere) was. B.H. Bi wilen een harpere (harper) w. *Beide lessen zijn bedorven. Het woordje* [eer], *dat ik inschoof, kan voor een reeds vroeg uitgevallen zijn.* | 364. V. Die hiet Arrioen. H. heet als ict. B.J. Aron h. alse (als) ict. | 365. B. scep. | 367-368. B. beiachdi. H. beiagede hi.

| V. Doe behagede (*sic*) sulke vorste, | J. Doe beiaghede hi snelle vorste, |
| Dat hi een deel harpen dorste. | Dat hi een deel herpen dorste. |

| 369. H.J. Als. V. Als — wijlkijn. B. wilekin. | 370. V. Quamen ghinder menich gr. J. Quam ghinder menech. H. menich. | 371. V. Ende — inder zee. H. warpen. J. werpene. | 372. V. Een groot ontfinchene sonder wee; *sic, met een begonnen apostrophe tusschen* e'e, *als of het had moeten* weere *zijn.* J. ontfinghene s. wee.

Eñ voerbene opt lant onghescaet :

Dit es ene wonderlike daet.

375   Die delfijn ne hevet gheene galle.

Die jonghe cleine delfine alle

Sijn vele te gader in groten scaren /

Twee grote bi hem / diese bewaren.

Sterft een delfijn / dandre comen /

380 Eñ hebben op haren rugghe ghenomen /

Eñ bradghene tote dat risen die waghen /

Eñ die strome te lande iaghen.

Haers boven en wilst niet verghéten /

Sine latene gheenen vissche eten ;

385 Want elc heeft andren lief.

Dies scrijft Plinius in sinen brief /

Dat een conine habbe ghedaen

Enen delfijn / ende deden binden saen

In ene havene met ere line :

390 Mettien quamen daer vele delfine /

Die suchten seere / eñ mesbaerden /

Alse ofte si ghenade gaerden ;

Vs. 373. B. vordene — ongescaedt. H.J. voerden. V. up tlant. | 374. H.V.J. Dits ene. | 375. V. Delfijn ne hevet (Die *ontbr.*). B. delfin. H. delfijn heeft (ne *ontbr.*). J. Die *en* ne *ontbr.* | 376. H. De i. cliene. V. Die cleene ionge delfijn alle. J. Die clene ionghe delfine. | 377. *Dit en het vlg. vs. staen niet in* B. *In* H. *staet :* te gader grote scaren, *zonder* in. | 378. H. de se verwaren. | 579. B. Steerft deen delfin. V. Stervet — dander. J. Stervet. | 380. H. hebbent. V. up h. ric gh. J. hebbense op h. rig gh. | 381. B.H. dragent. V. tot. J. draghen tot dat. | 382. Entie storme. H. storme te l. dragen. J. Ende die storme te landre (*sic*) dr. | 383. B.H. en laten si niet; *voorts* Hars, *gelijk mede* V. spelt. J. Haers d. ne wilsi. | 584. B. latent genen vessce. H. laten ghenen visscen. V. gheene visschen. J. ghenen visscen. | 585. V. hevet andren harde l. B. lijf. J. elc andren heeft vele l. | 586. H. Dit scr. V. scrivet. B. eñ sijn brief. J. Dit scrivet. | 587. J. coning. | 588. B. delfin eñ deet b. V. Een d. eñ deet b. H. Een. | 589. H. haven mit. | 590. B.H. vele *ontbr.* | 591. H. De s. s. eñ misb. V. ende. B. mesbarden : garden. J. suehteden. | 592. V. Als of si ghenaden begh'den. H. Als of si g. g. J. *heeft dit vs. niet.*

So dats den coninc verdochte /

Eñ hiet dat men dat bier ontknochte.

395 Experimentatoꝛ die seghet ;

Die delfine te etene pleghet /

Comt hi int water / eest wijf oft man /

Si scuerne eñ etene dan ;

Eñ eest dat hire noyt af at /

400 Si rieken bi naturen dat /

Eñ bꝛaghene op hare snabele dan

Te lande weert / eest wijf oft man /

Eñ latene gheenen vissche eten.

Hoe sijt gherieken men cant ghewrten /

405 Hen si of si hebben den sede

Van der Naturen heimelichede.

In des keisers Augustus daghen

Was een kint / hoꝛen wi ghewaghen /

Int lant van Caeps / dat een delfijn

410 Ghewent hadde ten handen sijn

Met bꝛodekine dat hi hem gaf ;

So dattie delfijn levede daer af.

Vs. 393. B. conijac. V. die coninc of dochte. J. coning. | 394. H. datment ontkn. B. dat men ontkn. V. ontcnochte. | 395. H. die *ontbr*. | 396. H. De delf. tetene. V. Dat de delf. tetene. J. delfijn tetene. | 397. H. eist w. of. V. hij int w. ist w., ist m. J. eist w., eist m. | 398. B. scurne. H. Hi scortene eñ eten d. V. scuerne ende. J. Hi scuertene ende ettene d. | 399. eist datter noit. B. hire oit af at. V. ist d. hire noit of en at. J. eist d. h. niet of ne at. | 400. H. ruken. | 401. H.V. draghen. B. dragenne. J. haren snavel. | 402. H. eist w. of. V. Te lande ist w. of m. (weert *of* waert *ontbr*.). J. eist w., eist m. | 403. V.J. Ende ne laten (latene) visch oec eten. H. genen visscen. H. vesce. | 404. B. geriken m. caent g. H. geruken. V. ricken. J. ricken men ne c. | 405. B. En si oft si. V. Ensi—die sede. ʿH. Ten si. J. En si of si h. dien s. | 406. V. Bider n. hemelichede. B. heimelijch. J. Bider n. hemelijchede. | 407. V. Keyser. H. Keysers. J. Ende in des Keysers. | 408. B. horewi. H. kind hoer wi. J. horic- | 409. B.H. Caabs. | 410. B.V. Geweent. H. Gewend. | 411. B. broedek. V. broedek. dat hem g. (hi *ontbr*., *dus staet* dat *voor* dattet). J. brod. dattet h. g. | 412. B. Soe dat die d. V. So dat delfijn al l. der af. H. al levede. J. Dat kint des niet begaf.

Daer na / doe die knecht was groot /
Vercoendi hem / ghinc al bloot
415 Op hem riden in die zee.
Dit wonderde den lieden mee /
Dies sident worden al ghewone.
Daer na so starf die gone /
Eñ dat delffijn quam ter habenen dicken /
420 Alse die om den knecht dochte micken ;
Eñ alsten niet conste ghescouwen /
So bleef dat dier doot van rouwen :
Mecenas / eñ Fabiaen /
Eñ Solijn doent ons verstaen.
425 Cote Yponen in Afrike
Was een delffijn des ghelike /
Dat die liede hadden op ghehouden :
Het lietse tasten alsi wouden.
Der Persen historie hebet in /
430 Dat een delffijn sinen sin
Bi Babylonien / als men kint /

Vs. 413. H. do de kn. V. w't groot. B. nae. J. die kecht (*sic*) wart gr. | 414. H. Vertoende hi hem. J. Vercoende hem. | 415. V. Upt dier riden inder z. J. Op dier riden. | 416. V. Dies wonderde teersten lieden mee. J. Des w. teerst den l. H. luden. B. lieden. | 417. B. Dies sident dar na worden gewone. H. Des si worden al gewone. J. Dies si seder. | 418. V. Sident so verstarf. H. die goene. J. na verstaerf die goene. | 419. V. Eñ tdelfijn quam ten hovere d. H. delfijn. B. dicke : micke. J. Ende die defijn (*sic*) qu. ten overe. | 420. H. Als — wil micken. V. Als oft den kn. *Een later hand heeft het uitgebleven om ingevuld.* J. Als oft omme. | 421. V. Eñ als het tkint niet ne conde scouwen. B. gescowen : rowen. J. doe bi tkint niet. | 422. V. dier daer doot. J. Bleef hi ligghende doot. | 423. B. Macenacus. H. Macenatus. V. Merenatus ende Sabiaen. J. Meteanus ende Sabahaen. *Hoe meer bedorven, hoe meer recht om het gansch te herstellen.* | 424. B.H.J. doen. V. Ende Solijn doet. | 425. B. Iponien. H. Yponien in Affr. V. Affr. J. Iponen ende Affr. | 426. B. dus *of* dies gelike; *onzeker, daer de twee laetste letters ineen loopen.* J. dies. | 427. H. Dattie lude. B. liden. V. lieden h. up g. J. lieden. | 428. H. Et lietse t. V. liet hem t. als si w. J. liet hem. | 429. V.J. Der Pertiene (Perciene) istorie (hyst.). H. ystorie. B. historien. | 431. *Allen* Babil. B. vind : kind.

Gheſet hadde an een kint /

Eñ plagher dicke ſpelens ieghen.

Eens ne wils dat kint niet pleghen /

435 Eñ dat delffijn volghden opt lant /

Eñ bleef boot alſo te hant.

Oec was daer een kint / als men weet /

Dat een delffijn dicke reet ;

Int ende ſtaect af een ſtroom groot /

440 Aldus moeſt bliven boot.

Dat delffijn bzachte tkint opt lant /

Eñ bleef boot al daer te hant.

Van delfinen ene maniere

Es op Nilus / in die riviere /

445 Die hebben ſcarpe bimmen boven /

Daer ſi mede ſcozen eñ cloven

Hare buke dire cocobzillen /

Int water / alſi ſwemmen willen.

Hier gaen ute namen in .D.;

450 Hoozt die namen boozt in .E.

Equus maris / dats min no mee /

Vs. 432. H. had. | 433. V. placher dicken. J. dicken te speelne. | 434. H.V. Eens
en w. | 435. H. Dat delf. volget hem opt l. (Eñ *ontbr.*). J. Ende delfijn volghede hem
al opt l. V. Eñ delf. volghede hem up tl. (dat *ontbr.*). | 436. H. Nu bleeft doet. J. Ende
dode hem selven alte b. | 437. J. almen. | 438. V. Dat dat delf. J. dicken. | 439. V.J. So
dat of stac een storem gr. H. stac af een storm. | 440. H. most. V.J. Ende dat kint
bleef aldus (dus) d. | 441. H. brorchte tkind *(sic)*. V. brochte, *en van de eerste
hand* : up lant; *later kwam er eene* t *tusschen*. J. Ende tdelfijn brochte dat k. |
442. V.J. Ende dode hem selve (selven) alte hant. | 443. H. delfine e. manire. J. del-
fine es ene. | 444. H. Nilus de rivire. V. in Nilus die r. J. Als in N. die r. | 445. B. wim-
men. V. vinnen. J. scerpe vinnen. | 446. B. scuren. V. ende cl. J. scueren. | 447. B. dire
coc. H. der coc. V. die coc. J. buke *ontbr.; voorts* : den coc. | 448. H. suemmen.
B. swimmen. | 449. B. Hir gaet ute. H. Hijr. J. *heeft dezen regel en den vlgdn.
vergeten.* | 450. B. Hort — vord. V. Hort — vort. H. Hoert — voert. | 451. B. Equs.
J. marinus es min.

In dietsch / van tpaert van der zee
Dit wonder es starc eñ groot /
Eñ bijt meneghen visch doot.
455 Aristotiles doet ghewach /
Dat buten watere niet en mach :
Teerst dattet comet opt lant /
So blivet doot al te hant.
Een deel gheliket den peerde vozen ;
460 Maer achter weert / alse wijt hozen /
Eest na den visch ghestrert /
Eñ gheene voete achterweert.
Vissche verteeren / dats sijn recht.
Vzeesselijc eest int ghevecht.
465 Ieghen den man en strivet niet ;
Wantet hem alre meest ontsiet.

C Equonilus / spzeect Michaël /
Es een wonder starc eñ sel /
Ghebeent / ghevoet / gheclauwet mede
470 So vzeesselic / hets wonderlichede.

Vs. 452. B. pard. H. dutsch dat peert in die ze. V. dan een p. J. dietsch een paert.
| 453. H. is. V. ende gr. J. sterc. | 454. H. bit. V. vijsch te doot. B. vesch. J. ter
doot. | 456. H. watre niet ne m. V. watre niet ne vermach. J. watre niet vermach.
| 457. B. Tierst—land. H. dat coemt. V.J. Maer theersten (Mar teersten) dat comt upt
(opt) l. | 458. J. blijstet. | 459. B. En deel. J. ghelijctet den paerde vore. | 460. H.V. als.
J. Maer achterwaert als. | 461. H. Eist — gestart. V. Es het — ghestaert. B. vesch.
J. Eist naden vissce. | 462. V. Ende gh. v. achter waert. H. vote achterwart. J. voe-
ten achter waert. B. achter w. | 463. B. Vessche. V.J. Visschen. | 464. B. Vreselijc.
H. vreeslic eist. V. vreselic ist. J. vreselijc eist. | 465. H. stridet geerne niet (en ontbr.).
V. strijt gheerne niet (en *ontbr.*). J. stritet gaerne niet (en *ontbr.*). *Ik volgde* B.,
waer gheerne *ontbreeckt.* | 466. B. Want ten alre m. V. Want hettene alre m. J. Want-
ten alre. | 467. B. Equivolus. H. Equivolus scrijft. V.J. scrivet. | 468. B. eñ snel.
J. sterc. | 469. V. Ebeent (*sic*), ghevoet, gheclawet m. B. Geb., gehoeft, gebuct m.
H. Geb., gehoeft, gebuuct m. J. gheclawet. | 470. B. wreselijc. H. vreeslic ets w.
V. vreselic het es w. J. vreselijc dat es wonderlijch.

Hen gheert niet voz menschen bloet;

Comt hem een scip int ghemoet /

Het scozet met sinen voeten /

So dat si alle verbzinken moeten /

475 Oftet werpet omme te sinen spele.

Van desen wondze vint men niet vele.

Men ne cant ghevaen no gheletten /

Dan met iserinen netten

Met starken ketenen gheweven :

480 Te Damas maect mense / dus eest bescreven.

Men cant niet / al eest ghevaen /

Els dan met hameren verslaen;

Ene halve elle / seit men wel /

Dat men dicke vint sijn vel.

485 Equus fluvii es ene maniere

Van waterpeerden uter riviere;

En seghet Aristotiles

Dat in Indi dit wonder es.

Even wel eest hem bewant

Vs. 471. V. Hen soec met vordes m. bl. B. Eñ geert niet (of met). H. Ten geert.
J. Het ne soect niet vor smenschen. | 472. B. Coemt h. een scep. J. hem iet int gh. |
473. V.J. Het scoert (scuert) een scip met s. v. B. scuret scep m. s. v. H. Et scoret.
| 474. J. verdrenken. | 475. B. Ofte et w. ombe te sp. (sinen ontbr.). V.J. lof het w.
(worpt). H. Oft et werpt o. tot s. plele (sic). | 476. B. niet ontbr. V. heeft dezen re-
gel niet. Zie de vlgde. variant. J. Des pleghen si gaerne vele. | 477. V. Menne cant
no vaen no letten mede. H. Men cant gev. noch gel. B. caent. J. vaen no letten. |
478. B.V. yserinen. H. mit yserine n. J. yseren. | 479. V. Van vaster k. gh. J. Van
vasten k. | 480. V. Damasch m. mense, ist b. H. maecmense es b. J. maectmer es
bescr. | 481. B. Men can niet. V. Men caent el niet als es gev. J. Menne cant els niet
al eist. | 482. V.J. Dan met, enz. Els ontbr. H. Anders dan mit. | 483. V. Een halve
elne segghen si wel. H. segemen wel. J. ellen segghic. | 484. B. vind. | 485. V. Equus
fluminis. B. Equs fl. J. fluvius. | 486. B. water parden. J. paerden der riv. | 487. B. sege
Arist. | 488. B.H. in Endi een w. V.J. Endi. | 489. V. ist hem bew. H. issem bew.
J. Het mach hem wel bew.

490 In dat water eñ opt lant.

Spleetvoetech eest / eñ als een paert

So eest no min no meer ghehaert.

Het niet lude eñ oppenbare

Ghelijc oft een peert ware.

495 Ghesteert eest alse een swijn /

Eñ also groot alse esele sijn.

Exposita dat es een wonder

Sekerlike seere besonder.

Hier af vint men someghe pertie

500 In dat mere van Surie /

Ieghen Iaphas die vaste poozt.

Plinius scrijft dese woozt /

Dat Scaurus / die vele wonders besochte /

Dit wonder wilen te Romen bzochte /

505 Eñ was bijf ellen dicke ghespert.

Sine tande waren / alse hi spzect /

Langher eñ meerre mede

Van dzaghet gheloverhede.

Vs. 490. V. up tlant. B. eñ in dat land. | 491. H. Spletvotich eist. V. Spletvoete ist. B. pert : gehert. J. Spleetvoete eist; als, enz., eñ *ontbr.* | 492. H. eist noch m. noch m. V. es het m. no mee gh. J. eist — me gh. | 493. H. Et neyen lude eñ op. V. Het niet lude ende op. J. Hets met lude al op. B. oppenb. | 494. B. pert. H. paert. V. Gheliker wijs alst een p. w. J. Gh. als oft een paert w. | 495. H. Gestert eist als. V. Ghestaert es het als. B. swin. J. Gestaert eist als. | 496. V.J. Eñ vander grote dat esele (desele) sijn. | 497. B. een *ontbr.* H. dats een w. | 498. V. Sonderlinghe sere b. J. Sonderlanghe. | 490. B. Hir af. H. Hijr af. V. Hir of. J. of — pertien. | 500. J. In die ze v. Surien. | 501. H. Jafes d. v. poerte. V. Jaef die v. port : wort. B. pord : word. J. Japhat d. v. port. | 502. H. spreect dese woerde. V.J. scrivet. | 503. B. Scureus. H. Scurrus. V. Sturus. J. Scurus — sochte. *Ik schreef* Scaurus, *en zoo heb ik op meer plaetsen den echten vorm der eigennamen hersteld ; doch niet overal. Z. hier boven vs.* 423. | 504. B. Rome. | 505. B. vif. V. elne dicke ghect (*sic*). | 506. H. Sijn t. w. als. J. tanden w. als hi. | 507. B. merre. H.V. meere. J. ende merer m. | 508. V. gheloeflichede. J. ghelovelijcbede.

Dit saghen te wondere an
510 Die rike bzecke Roomsche man.

Eeus / als ict wel besach /
Es dat men zeecalf heeten mach.
Nu eest ghehaert; sijn vel es hart /
Eñ ghespekelt wit eñ swart.
515 Men seghet wonder van desen diere :
Sijn vel ghebleghen / es sine maniere /
Alse die stozm die zee vernuwet /
Dat van sijn haer opweert ruwet ;
Eñ welctijt so die zee es slecht /
520 Leghet sijn haer neder recht.
Hare bzacht werpen si min no mee
Van opt lant doet ander vee /
Een ofte twee / niet meer / daer toe ;
Eñ soghense alse doet die coe.
525 Si moeten sijn van .XII. daghen
Eer sise in die zee bzaghen.

Vs. 509. B.V. wondre. J. sach te wondere. | 510. H. vrecke *ontbr.* B. Roems man. J. Roomsce vrecke m. | 511. alsict b. (wel *ontbr.*). V.J. als ic (ict) bescreven sach. *Voorts* J. Eliseus. | 512.V. see calf heten. H. zecalf heten. J. ze calf heten. | 513. H. eist gestert, s. v. is h. B. eest gestert, sijn v. es bard : sward. V. ist ghehaert sijn vel eñ hart. J. Ru gheh. ende sijn v. hert. | 514. J. Eñ *in 't begin ontbr.; voorts* swert. | 516. H. is — manire. V. heeft de man. J. hets die man. | 517. H. Als d. st de ze v. B. ze verneuwet. V. Als d. st. in die see v. J. Als die ze die storem vern. | 518. V.J. Dat hem sijn haer up w't (op waert) r. B.H. sijn vel. | 519. B. weltijt soe d. ze. H. die ze is. V. see. J. welctijt dat die ze. | 520. V. Leghet dat haer n. echt. H. echt. B. sijn har. J. So leghetel — echt. | 521. H. Har dr. J. me. | 522. V. Dan up tlant alst ware an- der vee. J. lant als ander ve. | 523. B. Een ofte twe dar toe. H. Een of twe daer toe. *Dit is in beide de geheele regel.* V. Ende twee eñ meer daertoe; *waer dus het begin ontbr. Ik smolt de twee lessen ineen en voegde er naer 't latijn de negatie bij.* J. *is niet minder bedorven :* Ende twe ende twe daer toe. | 524. H. Als die coe. V.J. Ende soghense (sokense) als die coe. | 525. B.H. moten. J. moeten sij (*sic, vol- gens aent. van den heer Jklt.*). | 526. V.J. in die see (ze) oec iaghen.

Si sijn te doot te slane quaet /
Hen si dat mense opt hovet slaet.
Si briescen alse een calf / dats waer.

530 Haer slaep es vaste en swaer ;
Hier omme hebben die rechter binnen
Macht te doene slapen / alse wijt kinnen :
Men leitse onder sijn hooft van /
Die niet wel gheslapen en can.

535 .F. volghet na die .E. ;
Daer af sijn maer namen twee.

Foca / dats die stier van der zee.
Experimentator seghet mee :
Dat starc es en blivet gaerne

540 In die eighenoede daer hi pliet te vaerne.
Een stout dier eest / wreet en onsachte /
Ende dat al op sijn gheslachte ;
Want Aristotiles die seghet /
Dat euwelike vechtens pleghet

545 Op sine soe / op sine ghenoot /

Vs. 527. H.V. te doet (doot) slane (*het tweede* te *ontbr.*). J. *het eerste* te *ontbr.* |
528. B.J. En si — op thovet. H. Ensi ofmense opt hoeft. V. En si — up thovet. |
529. H. als. V.J. als dat c. B. war. | 530. B. Hare sl. es waste en swar. H. is vast.
V. die es vast. J. Hare sl. die es vast. | 531. B. Hir ombe h. d. rechte v. H. Hijr om
h. d. r. vimmen. | 532. B te doene te slapene. H. Macht doen slapene als. V. Van
slapene macht als wi bekinnen. J. Van slape macht als wi k. | 533. V. En leghet-
mense onder sijn hovet d. H. legetse. J. Ende leghetse — hovet. | 534. H. De niet
w. V. en *ontbr.* J. slapen ne can. | 535. B. voget. J. die volghet nader. | 536. H. Daer
an sijn mer n. twe. V. Daer of hoort n. tw. J. Daer of hort van n. twe. | 537. B. Fota.
H. Fota dats de stijr vander ze : me. V.J. dats een st. | 539. H. is en bl. geerne.
J. Dat hi sterc es. | 540. H. iegenode d. bi pleget te vaerne. V. ieghenode daert pleicht.
J. ieghenede (*sic*) daert pleghet. | 541. B. stoud d. est. H. st. deer ist. V. ist. J. eist.
| 542. B.H. Van al dat mach op s. g. *Welligt te verbeteren* : Van al dat meest. *Ik
nam de les van V. over, behalve* up. J. op sine. | 544. V.J. ewelike te vechten
(vechtene) pl. H. ew. | 545. V. Up sine suwe, op (*sic*) sijn gb. J. sine sie, op sijn gb.

Tote diemaels datse blive boot.

Een ander neemt hi daer ter stede /

Eñ doet hare dat selve mede.

Dit doet hi van dat hi beghint /

550 Tote dattene die soe verwint.

Dit dier int water hem gheneert /

Eñ proyet al dat het verteert.

F Ascaloen es een waterdier /

Eñ es no vreesselijc no onghier /

555 Want het bi gherse levens pleghet /

Also alse die meester seghet /

Eñ proyet altoes nemmermeere ;

Nochtan eest groot en starc seere.

Het leeft opt lant eñ in die zee.

560 Hier comt na die .F. die .G.

Vs. 546. B. dimaels dat blive d. H. Tote dien dat blijft d. V. Tote dien datse hevet d. J. Ontbier dat hise heeft ghedoot. | 547. B. nemt. J. So neemt hi ene andre daer. | 548. V. Ende doet haer. H. doet har. | 549. V. beghinnet. J. van dat hijs beghinnet. | 450. H. datten die ze. B. die ze. V. datten sine suwe verwinnet. J. dat hem sine sie verwinnet. | 552. B.H. proit (proiet) al dat hi v. V.J. proiet al dat het (dattet) v. | 553. H. Fascaleon es een w. d. V.J. Fastaleon e. e. w. d. | 554. H. is noch vreeslic noch ongier. V.J. Ende es (nes) vreselic (— lijc) eñ (no) fier. B. no vreselijc no ongier. | 555-556. H. Wantet bi grese; *voorts* als de meester. *In* V.J. *is de opvolging der verzen veranderd, zoo wel als de les :*

Als ons Aristotiles seghet,
Want het bi garse (gherste) levens pleget.

| 557. V. Henne proiet. H. Eñ (*sic* = Hen) proiet a. numm. B. Eñ proit a. nemb. J. Het ne proiet altoos nemm. | 558. V.H. ist gr. (groet). J. eist gr. ende sterc. | 559. H. Et levet — de zee. V. levet up tlant. B. op dlant. J. levet — inder zee. | 560. J. nader .F. *In plaets van dezen regel geven* B. *en* H. *er drie :*

B. Eñ es goedertieren embermee.   H. godertire umm.
.F. gaet ute, nu hord mee   hoert me.
Van den wondere die sijn in .G.   wondre de sijn.

Galasca/ spzeert Aristotiles/
Dat een zeewonder es
Van sonderliker wonderlichede;
Want het es van sulken sede/
565 Alst sine dzacht hevet beseven
Binnen in sinen buke leven/
Crecketse ute/ eñ nonbijt
Altoes niet der volre tijt.
Sietse starc/ het laetse buten;
570 Sietse cranc/ het canse sluten
In sinen buuc na sijn gheboech/
Onthier eñ si es starc ghenoech.

Gananes es een waterdier.
Aristotiles seghet oec hier
575 Dat ment in verschen watere vint.

Vs. 561. V. spreict. J. Galasta. | 562. VJ. een wonder in die see (zee) es. B.H. zee
w. | 563. H. sonderlinghe. V. Wel sonderlang wonderlicheden. B. wonderlijchede.
J. sonderlanghe wonderlijchede. | 564. H. et is v. sulker sede. V. van sulker seden.
B. v. selken seden. | 565. B. sine drach beft b. V. Als het sinen dracht heeft. J. Alset.
| 567. H. Trecket wt. B. Trecket ute. V. Trectet se uut eñ het nonbijt. J. Trectetse
wt ende ne ombijt. | 568. B. ter volre. H. wlre. V. vulre. J. die volle tijt. *Na dezen
regel volgen er in B. en H. twee die V.J. niet kennen:*

    Eñ dits een wonderlijc dinc van diere,   H. wonderlic d. v. dire.
    Dattet heeft dese maniere.   H. hevet d. manire.

| 569. B. Siesse. V. Siet hetse st. H. et laetse. J. Sietetse sterc. | 570. V. Siet hetse cr.
B. Sijn si cr. H. Eñ isse cr. et canse sl. J. Sietetse cr. | 571. V.J. buke. | 572. H. Ter
tijt dat is st. g. B. Onthier eñ dat es st. gnoech. V.J. Onthier eñ si (ensi) sijn st. gh.
Hier volgen nog eens in B. en H. twee regels die ik in den tekst niet opneem :

    Van desen diere nem (*sic*) oec seget,   H. dire men.
    Dat sine dracht te minne pleget.   H. te minnen.

| 573. B.H.V.J. water dier, *in twee woorden, gelijk de meeste samenstellingen van
dien aerd.* | 574. H.V.J. oec ontbr. | 575. V. int varsche water. H. water. B. vind.
J. watre.

Die foe die ne acht niet een twint
Hare ionghe; maer die vader
Dzaghet die forghe altegader:
Si vaert fpelen / eñ hi wacht
580 Tote dat fi hebben hare cracht /
Eñ eer ne beghevet hife niet.
   Kecht eeft datz elc vader pliet
Den kindzen hare bedozf te winnen /
Onthier eñ fi hem felven bekinnen.

585 **G**Ladius maris / datz zeefweert /
Een wonder dat meneghen verveert /
Alfe Ifidozus ons feghet /
Eñ Plinius te fegghene pleghet.
Een vifch eeft / eñ hem es de bec bozen
590 Na tfwaert ghefcepen / alfe wijt hozen /
So fcarp / dat die fcepe dozboozt /
Eñ alfo die liede verfmoozt.
   Hier gaen ute namen in .G.;
Van .I. volghet ene eñ nemmee.

Vs. 576. H. Der zee genaect niet eentwint (*sic*, *met eene stip onder de eerste e*). B. Die soe ghenaect niet en twind. V. De — suwe niet .I. twint. J. Die sie ne acht. | 577. B.H. Haren ionge (iongen) mar. J. ionghen mar. | 578. B.H. al gader. J. alte g. | 579. V. Soe v. sp. ende. H. spolen. J. hise w. | 580. J. hare *ontbr*. | 581. V. Ende. H. eer b. hisie niet. B. eer sone b. hire n. | J. ne *ontbr*. | 582. H.V. ist dat elc. J. eist d. elc v. siet. | 583. B. bedorste. V. Den kinden (*sic*) hare duerte w. J. bedorft. | 584. H. Ter tijt eñ si h. bekennen (*sic*). J. Onthier ensi (*sic*; selven *ontbr. als mede bij* V.). | 585. B. ze swert. H. zeswaert. V.J. Gladius dats zeeswaert (een ze swaert). | 586. B. mengen. H.V. menig(h)en vervaert. J. vervaert | 587. V.J. Als Ys. B.H. Ys. | 588. V. Eñ Pl. die te s. pl. J. Es een visch die te sijn pl. | 589. B. Een veschs eest eñ es hem de bec v. H.V. Een v. es (ist). J. Inder ze ende sijn bec v. | 590. B. Nae swart. V.J. Ghescepen na tswaert (V. *eerste hand* twaert) als. H. als. | 591. H. dattie scepe dor boert. V. dat het die sc. dorbort. B. dor bort. J. Ende scerp d. d. sc. duer boert. | 592. H. lude versmoert. V. die liede also vermort. B. versmort. J. die lieden aldus vermoert. | 593. B. Hir gaet. H. Hijr. | 594. B. eñ *ontbr*. H. nemme J. Vander .I. v.

595 Ipotamos / hozie vissteren /
Es erande wonder van rivieren.
In Egypten / in Indi /
Seghet men datter vele si.
Opt lant werpst hare bracht;
600 Maer even groot es hare cracht
Beide int water en opt lant.
Also groot sijn si alse bolifant /
En hem gaet die snavel op weert.
Crom ghewonden es hem die steert.
605 Spleetvoetech / en die tande mede
Naghende na des evers sede.
Gherugghet eest na dat paert /
En neiende het also ghebaert.
Nachts doet in rozen scade;
610 En so scalc eest van rade /
Dattet achterwaert can gaen /
Dat men te wers sal verstaen
Welcsins dattet mach wesen.

Vs 595. B.H. Ipostamos. V. Ipothamus. J. Iphotamus. | 596. V. Es *ontbr.* H. rivire (*sic; in den voorg. r.* visiren). J. Es *ontbr.; voorts in* riv. | 597. V. eñ in Endi. J. In Egypt ende in Endi. *De andere:* Egipten. | 598. B. Segtmen. H. Segemen. V. datter menich si. J. Seghmen d. menech. | 599. V. Up tl. H. Opt land werpen si. B. werpen si har dr J. Upt l. werpen si. | 600. H. Mer — is. V. macht. J. Herde groot (Maer even *ontbr.*). | 601. H. Bede opt w. V. Bede — up tl. J. Bede. | 602. V. Alse gr. — als. H. als dol. J. sijnse als. | 603. V up w't : start. J. opwaert : staert. | 604. H. is. | 605. H. Spletvotich entie t. B. Splet voetech eñ. V. Eñ spletvoete eñ. J. Ende splet voete ende die tanden m. | 606. V. des hevers. | 607. V. Gherigghet es het als d. p. H. Gericht eist. B. Gerugt. J. eist. | 608. V. Eñ nihende het also ghebaert. J. Ende in gaen het also ghebaert. B.H. Eñ oec mede also gebaert. | 609. B. Nacht. V. in den corne sc. H. scaden. J. doetet in corren. | 610. B. so selc. H. also sulc ist v. raden. V. also sulc es het. J. Ende al sulc eist. *Alles van ouds bedorven; ik verbeterde:* scalc. | 611. H. Dat achterw't. | 612. V. Dat men die wers. J. Datment te w. | 613. B. Wel sins. V. Welc sins dat het m. gewesen. H. dat mach.

Alst te bet es cant hem ghenesen :

615 Het gaet daer riet es ghesneden /

Ofte in dozne / en daer ter steden

Wintelet so dicke achter een /

Dattet gheraect ene adze ant been /

Daer hem bi tbloet ontsinct neder /

620 En dus werdet magher weder.

Nerenst seere eest in desen /

Hoet die wonde mach ghenesen.

Men cant op den rugghe / sonder waen /

No bozsteken no bozslaen /

625 Het ne si nat en also wachte.

Met sire huut paleert men schachte.

Plinius seide / dat ic hier scribe /

Dat dit en cocodzillen bibe

Scaurus wilen te Rome bzochte /

630 Om dat ment daer bescouwen mochte.

Vs. 614. V. Als te vet. H. is. B. caent. | 615. H. Et gaet. V. daer niet es. | 616. H. Of
doerne. B. Ofte dorne. V. Iof in dorne. J. dornen. | 617. H. Wintelt. V. Wentelt so
dicken after een. J. Weynteltet so dic. | 618. H. Dat geraect een. V. Dat het g. een.
J. een ader. | 619. H. hem tbloet bi onsict. V. hem dat bloet ontsinc bi neder. B. hem
bi dbloet. J. hem tbloet of sinket n. | 620. H. En aldus. V. Ende aldus. J. Ende aldus
wertet. | 621. B. Nernst sere. H. sere eist. V. Narenst sere ist. J. Neernstich s. eist.
| 622. B. Hoe dat die. H. Hoe die wonde. | 623. B. caent. V. up den ric. J. opten
rug. | 624. H.V. Noch dor st. noch dor sl. B. Noe dor st. no d. sl. J. No duer st.
no duer sl. | 625-626.

B. Mar alst es nat moetment wachten,	H. Mer alst is nat moetment wachten,
Datmen dan dor steect met scahten.	Dat ment dan dorsteke mit sebahten (sic).
V. Henne si nat en so wachte.	J. Het ne si nat, also wacke.
Met sine huut poleert men schachte.	Met sire huut palleertmen sacke.

Ik volgde V. en J., *die zich nader bij het latijn houden.* | 627. H. seyt d. ic hijr
scr. V. segbet. B. hir. J. spreect dattic. | 628. H. Dat dit cocodrillen wive (sic). |
V. dit ende cocodrille. J. Dattit (sic) dier ender cocodrille wive. | 629. B. Scurrus.
H. Scurrus w. te Romen. V. te Rom (sic). J. Scauerus w. te Romen. *Vglk. vs.* 503.
| 630. V. Om datmen daer. J. Omme datmense. B. bescowen mohte (sic).

Nu seldi hozen voozt hier na
Wondze die men vint in .K.

KOli / spzeect Aristotiles /
Dat een wonder in die zee es ;
635 [Maer] opt lant eest menechwarf /
En daer slapet alst hem bedarf.
Oec werpen si hare ionghe daer /
Een / of twee / of dzie / dats waer.
Te .XII. daghen / en nemmee /
640 Volghen si der moeder in die zee ;
En dats dicke in den bach /
Om dat mense albus wennen mach.
Si soghen alse die roe pleghet.
Men canse ghedoden / als men seghet /
645 Niet lichte / menne slase doot
Met hameren swaer en groot.
Recht ghebaren si alse die stier.
Vier voete hebben dese dier.

KIlioen / spzeect Aristotiles /

Vs. 631. H.V. Suldi h. voert hijr (vort hir) na. B. vort hir na. J. suldi horen vort. |
632. V. Wondere. B. vind. J. Die wondre. | 633. V. spreict. | 634. H. di ze. B. ze.
V. see. J. in die ze een w. es. | 635. V. En up tl. ist menich w. B. En opt l. H. Opt
lant ist mennichw. *Ik plaetste er* [Maer] *vóór; En verraedt eens afschrijvers
hand.* J. Ende opt l. eist menechwaerf. | 636. H.V. slaept als hem. J. Ende slaept-
ter — bedaerf. | 637. V. werpsi. J. werptsi h. ionghen. | 638. B. ofte — ofte. H. ets
waer. J. Iof .II. iof .III. | 639. V. Ten twalefesten daghe. J. Ten .XII. daghe. |
640. B. moder. H. in de z. J. Volghense — inder zee. | 642. B. winnen. V. weenen.
J. Omme datmense. *Maerl. schreef welligt :* Om dat soese of sise. | 643. H. als d. c.
plaget (*sic*). V. also. J. suken als. | 644. J. Menne conse doden alsmen s. | 645. H. Niet
lichte mit slagen doet. V. men slase doot. B. slaese. | 646. B. hamenren swar. |
647. H. Recht gebaert soe als d. st. V. Ende ghebaren als (si *ontbr.*). J. Ende si gheb.
als. | 648. H. Viervoete. J. voeten. | 649. H.J. Kilion. V. Kylion spreict.

650 Dat een bzeemt zeewonder es;

Want Nature schijnt in desen

Een groot deel in dole wesen;

Eñ dat ne mach niet wesen echt /

Want Nature gheeft elken sijn recht.

655 Maer doch eest gheleebert mede

Jeghen alre creaturen sebe :

Ter luchter side es hem gheleghen

Die levere; an danber side baer ieghen

Die melte ; eñ dat weet men wel /

660 Dat es berkeert Naturen spel.

Krabo / alse Aristotiles seghet /

Es een wonder / dat men te stene pleghet

Dicke in die grote zee.

Elc boet andzen met bechtene wer /

665 Eñ gabzen heere in beiben siben /

Alse die onberlinghe striben;

Dit siet men te menighen tiben.

Dier saken boen creaturen striben :

Deerste es fierheit / bie haer berheft;

Vs. 650. H. vreemde zew. V. vremde see w. B. zew. J. een wonder in die ze es. |
651. B. scient. V.J. dinct in d. | 652. J. in dwale. | 653. B.H. Eñ dat doet met harre
wesen (mit barren wesen). V.J. Om dat (Ende dat) ne mach niet wesen echt. *In*
B.H. *zou men misschien* niet ware *of* niet erren (erren = dolen) *mogen gissen ; in*
V.J. Maer *voor* Om en Ende. | 654. V. Nature die ghevet (Want *ontbr.*). | 655. V. es
het. H.J. Mer (Mar) doch eist. B. gelivert. | 656. J. alle. | 657. H. luchterside. J. ghe-
sleghen. | 658. B. De levre. H. lever. J. levre andier side der i. | 659. V. eñ dit weetm.
J. Die milte es. Dit weetm. w. *Ook goed , al schijnt het eene omwerking te zijn.* |
660. H. is. | 661. H.V.J. als. | 662. H. te sine. V.J. te sien. | 663. V.J. Dicken. | 664. H. mit
vecten we. V.J. vechten. | 665. V. gaderen eere an beden s. H. here an b. B. here.
J. gadren hem an beden s. | 666. V.J. Alsi onderlanghe. B. Alse liede die. H. Als die
onderlanghe. | 667. J. Dat. V. menigen tijden. *Dit en het volgende vs. ontbreken*
in B. *en* H. | 669. B. Dirste — hare verheeft. H. Dierste is fireyt die her verh. V. Teer-
ste es fierhede. J. Tierst es fierheit diese v.

670 In al dat levet dat menſe beſeſt.

Danber eg der lijfneeren ghewin /

Daer wat ſo levet an ſet ſijn ſin.

Therbe daer af comt die ſcabe /

Dat eg elc om ſine ghegabe.

675 Die vierbe om hare bzucht bererhten :

Dug ſiet men hinnen om kikine berhten.

　Karabo neemt an die mober ſinen aert /

En hebet enen bzeeben ſtaert.

Killigo / ſpzeert Abelijn /

680 Mach wel een zeewonber ſijn.

In beſen dinct wel ter cure

Dat gheſpeelt hebet Nature ;

Want ſi hem te beilne pleghet /

Dat ſi allen viſſchen ontſeghet.

685 Dit wonber heeft ſcelpen en binnen /

En bozgaet ber zee gront binnen ;

En alſe hem vernoyet ber pine

Vs. 670. H. In dat leven daer menſe b. B. In al dat leven dar menſe beſeſt. V. dat leeft ende beſeſt. J. dat leven beſeſt. | 671. B. gewijn. H. is. *Allen* lijſneeren. J. Tander. | 672. B. Dar al dat l. an ſet ſijn (ſin *ontbr.*). H. Daer wat dat leeft. V. an ſtaet die ſin. J. leven an ſtaet die ſ. | 673. V. Darde der of c. H. Dat derde d. of coemt. B. coemt ſcade (die *ontbr.*). J. Die derde daer of. | 674. H. Dats elc om ſijn gade. V. Dats elken om ſijn geg. J. Dats elken omme ſijn gade. | 675. H. om har vr. B. berichten. J. omme h. vr. rechten. | 676. H. hennen om kuken v. V. hennen. B. om kikine vichten. J. hennen omme kiekine. | 677. B.H. nemt an die moder ſ. ard (ſijn aert). V. an moderen. J. an muedren ſijn aert. | 678. V. Ende. J. heeft. B. ſtard. *Allen* breden. | 679. V. ſeghet ons Ad. J. ſeghet Ad. | 680. H.J. ze w. B.V. zee w. | 681. H. dunct. V.J. dinket. | 682. B.H. Dat (Dat wel) can ſpelen die nature. J. gheſpelt hevet. | 683. H.V. deelne. J. hare te deelne. | 684. B. veſſcen. J. Dat ſijt. | 685. B. Die heft ſc. en wimmen. H. Die heeft. V. hevet. J. ſcellen. | 686. B. ze grond. H. ze gr. V. dur gaet die ſee gronde b. J. *maekt hier van drie regels eenen :*

Als hem vernoyt te ſijn der ze binnen.

| 687. V. als h. vernoiet die p. H. als h. vernoit der pinen. B. vernoiet. J. *zie vs.* 686.

In den zeewater te sine /
So comet boven eñ heeft bloghele /
690 Eñ blieghet onder andze boghele;
Maer waytet iet / so moetet weder
Vallen in dat water neder.
.K. neemt ozlof / .M. comt an :
Hoozt wat icker af segghen can.

695 **M**onacheras / na onsen hoozne /
Es een visch met enen hoozne /
Also alse Liber Rerum seghet /
Die die scepe te scozne pleghet
Metten hozne scarp eñ lanc;
700 Maer / dies hebbe Onse Heere danc /
Dit wonder es te scuwene goet /
Daer ment siet in der zee bloet.
Die hozen staet hem bozen int hooft /
Daert die scepe mede clooft.

705 **M**onachus maris es in der zee
Een monec / dit es wonder mer.

Vs. 688. B. den *ontbr.; voorts* zee w. V. zee w. H. zewater te sinen. J. *zie on-der* vs. 686. | 689. H. Sie coemt b. eñ h. vlogle. V. vlogle. B. Soe (*als meermaels, voor* So; *'t geen ik hier enkelijk aenteeken om de les van H. uit te leggen.*) comet boven heft vl. (eñ *ontbr.*). J. comtet b. ende h. vloglen. | 690. V. dander vogle. H. vogle. J. vliecht o. ander voglen. | 691. V. Maer waitet hiet. B.H. Mar (Mer) werdet moede so moet (moetet) w. J. Mar waitet iet so moet hi. | 693. B. nemt. H. coemt. J. oerlof. | 694. B. Hort. H. Hoert. V. Hort — of. J. Nu hoert — of. | 695. V. Monoth. — horne. H. hoerne. B. horne (na *ontbr.; voorts* horne). J. horne. | 696. B.vesch. H. mit. *Allen* horne. | 697. H.V.J. Also als. | 698. B. Die di sc. H. Die de sc. te stoerne (*sic*). J.V. Die sc. te scuerne pleghet (het pleghet). | 699. H. Mitten hoerne. J. staerc. | 700. H. Mer des heb Ons Here. J. Mar. | 701. J. te scuerne. | 702. H. Daermen siet. J.V. Daerment vint inde vl. (in die zee vl.). | 703. B.H. hoeft. V.J. hovet. | 704 B.H. cloeft. V.J. Daer het (Daret) mede die sc. clovet. | 705. H.V. in die ze (zee). J. marinus es indie z. | 706. H. dits w. V.J. dits te wonderne m.

In die Bertaensce zee vint men dese.

Hoort wat wondre ickere af lese :

Boven es hi vele ghedaen

710 Na den mensche / sonder waen ;

Ene breede crune / dies ghelooft /

Een rinc van hare / op sijn hooft /

Also alse die moner pliet ;

Dopperste lippe en hevet niet :

715 Tande eñ nese es hem al een.

Beneden heeft hi gheene been :

Daer es hi alse een visch ghemaect.

Alse desen diere een man ghenaect /

So springhet dan eñ speelt /

720 Onthier eñ het den raet gheteelt /

Datten mach int water slepen ;

Eñ alsten soe heeft ghegrepen /

Etet den man / om dat minnet

Menschen vleesch vor al dat kinnet.

725 .M. gaet ute / eñ nu voort

Seldi van .N. horen die woort.

Vs. 707. H. Inde Bert. ze. V. In die Bardsche z. B. desen. J. In die versce (*wilde hij* yersche?) ze. | 708. H. Hoert w. w. ic daer af l. V.J. Hort w. wond' (wonder) icker of l. B. Hort w. wondere ickere af lesen (*sic*). | 711-712. H. des geloeft. V.J. Ene (Een) breede (brede) crune op sijn hovet, Een rinc (ring) van hare, dies ghelovet. | 713. H. als d. monic. V. als. J. Also alsmen nu pliet. | 714. V. Dupperste l. ne h. hi n. B.H. Dopp. (Dupp.) l. men hem roren (ruren) siet. J. Die opperste lippe sone heeft hi n. | 715. B. Tand eñ n. H. Tanden eñ n. is hem alleen. | 716. V. hevet hi. J. Benneden. | 717. H.V.J. als. B. vesch. | 718. H. Als. V. Dit dier als hem een m. g. J. *door later hand ingevuld*: Als dit enighen man gh. | 719. B.H. So *ontbr.; verder* H. spelet. V. So springhet, pleiet eñ sp. J. Ende springhet ende vliet ende speelt. | 720. H. Ont enten raet getelet. V. Onthier ent den r. J. Onthier dattet den r. | 721. H. int waper (*sic*) sl. B. in den watere. V. Dattene. J. Dattet hem mach. | 722. V. also. J. Ende als hetten bevel so begr. | 723. H. Eten (*sic*) den m. om dattet m. V. om dat het m. J. Dat et den man om dattet m. | 724. H. vleis. J. Smenscen vl. | 725. B. uut nu hort vord. H. voert. V. vort. J. wt ende nv bet vort. | 726. H. Suldi — woert. V.J. Suldi in .N. h. d. wort. B. word.

𝕹Ereides ſijn wel bekint /
Wondꝛe / die men in die zee bint /
Die die heidene bekinnen
730 Ober hare zeegodinnen.
Plinius ſeit ober waer
Dat ſi ſijn al ru ghehaer /
Eñ int anſchijn / ſonder waen /
Een deel na den menſche ghedaen.
735 Welctijt ſoꝛe een ſterben ſal /
So hooꝛt men ban dꝛoebe gheſcal
Ban al den andꝛen clein eñ groot;
Want ſi beweenen hare boot /
Die ſwaer es / eñ niet en mach
740 Ontgaen / dat lebet onder den dach.

𝕹Autilus / alſe Plinius ſeghet /
Es een wonder dat in die zee leghet.
Twee langhe arme hebet boꝛen /
Eñ tuſſchen den tween / alſe wijt hoꝛen /

Vs. 727. H. Nerestes. V. die sijn bekent. J. dat sijn bekent. | 728. H. Van wonder
die m. in ze v. V. Wond' diemen. B. Over wonder datmen in de ze vind. J. diemen
in die ze vent. | 729. B.H. de heidene (heyd). J. heidine. | 730. B.H. zegodinnen.
V. Over haren see God si minnen. J. Ende over haren ze God minnen. | 731. B. seid
o. war. V.J. seghet. | 732. J. ru van haer. | 733. V. Ende in tanschijn. B. in dansch.
| 734. V. Een d. des menschen gh. B. minsce. | 735. H. Wanneer so hor ene st.
B. Weltijt. V. Welc tijt. J. Welctijt datter een. | 736. H. hore men d. drove. B. hort-
men d. drove. V. hortmen dander driven gescal; bedorven. J. hortmen. | 737. H. clene.
V. cleene. J. alden — clene. | 738. V.J. Die bew. (Want ontbr.). H. haren doet. |
739. H. niet ne mach (eñ ontbr. en 't is door een punctum vervangen). V. eñ nie-
men en m. J. ende niemen ne m. | 740. J. die es onder den dach. Dit zonderling
aenhangsel sluit zich wellligt aen de gedachte van godinnen. | 741. B. Nauchilus.
H. Nanschilus. V. Natilus als. J. Nancillus als. Ik herstelde de ware spelling. |
742. H. dat ontbr.; voorts in de ze. J. indie ze. | 743. J. aermen heeftet. | 744. V. tus-
schen die .II. als. J. tusschen die twe als. H. als.

745 Hebet een vel dinne eñ·bꝛeet;

So heft hi hoghe op ghereet

Sine arme metten velle /

Enbe seilt henen alse die snelle;

Metten voeten roeyet onber /

750 Eñ metten steerte stieret : bits wonber.

Comt hem baer in sinen sin /

So suyet vele waters in :

So battet te gronbe sinct

Metten watere battet bꝛinct.

755 .N. gaet ute eñ hier comt .O. /

Daerre twee af sijn also.

Nos heet een esel van ber zee;

Acht voete lanc ofte mee /

Alse Kyramibarium boec seghet /

760 Waent men bat hi te sine pleghet.

Pulcus heet hi in somech lant.

Sijn visch te pulvere verbꝛant /

Vs. 745. B.H. So es een v. dinne (dunne). J. Heeftet. | 746. V. So heffet hi up hoghe gh. B. heeft hi. H. heefthi (*sic*, *met de tweede* e *onderstipt*). | 747. H. mitten. J. aermen vore metten. | 748. B. Soe seilt hi henen. H. Dan seilt hi b. als. V. hene als. J. seilt so h. als d. felle. | 749. V. Met handen, voeten roeiet, dits wonder. B. Metten voete roret. H. Mitten voten roret. J. Met andre voeten roertet dits wonder. | 750. mitten sterte stiert. B. stertte. V. staerte st. onder. J. sterte stiertet onder. | 751. B.H. Coemt. | 752. B. Soe spulet. J. suuptet. | 753. H. So dat te gr. V. dat het. J. sinket. | 754. V. watre dat het. H. Mitten. J. watre d. drinket. | 755. B. uut eñ hir coemt. H. hijr coemt. V. hir. J. wt. | 756. H. Daere .II. of sijn. V. Daer .II. of sijn. B. Darre. J. Daer .II. of sijn. | 757. E. *Opschrift*: Onos vel pultes. *Voorts:* Dat es desel. B. en esel. V. heet desel. J. die esel vander ze. *In dit HS. gaet het capittel* Orcha *voor, en* Onos *volgt.* | 758. E. lanc min no mee. H. vote lanc of mee. V. of mee. J. voeten lanc of me. | 759. V. Als K. boec ons seghet. J. Als Kiramm. b. ons s. | 760. B. te siene. H. Waenmen. J. Waentm. | 761. E. Pultes — lant. V. Pultus — somich. J. Pultus. H. in sulc l. B. land : verbrand. | 762. E. vleesch. V. ghebrant. J. Die visch.

Eñ gheminghet met sinen bloede /
Maert frenesie in soeten moede /
765 Baet mense eñ bestrijct daer mede.

Die van den steene draghet sterhede /
Drinct hijt / hi sal sonder pinen
Den steen pissen metter urinen.

Orcha / seghet Plinius /
770 Es een wonder / dat albus
Nature maecte / dat sine ghedane
Nieman eñ mach doen te verstane /
Niet dant fel es eñ groot.
Dese iaghen eñ slaen te doot
775 Die walvissche in groter zee :
Si ne moghen ontgaen nemmermee.
Van .O. ne segghic u nemmee ;
Nu hoozt voozt namen in .P.

Perna / seghet ons Adelijn /
780 Es een van den wondzen die sijn.

Vs. 763. E. gemingt. H. mit. J. sinen bl. | 764. E. met soeten. V. frenisie. J. Maech
fr. in sachten. | 765. E. eñ bespringet. J. Baetmen ende strijcter m. | 766. E. v. den
stene dragen s. H. van stene draget s. V. vanden steen draget oec s. B. van stene
hebben s. J. stene draecht. | 767. E.V. pine. J. Drijnct—pine. | 768. E. Dien st. p.
met der wrine. H. mit ur. V. sonder orine. J. metten orine. *Daerop volgt in dat HS.:*

Vander .O. segghic nemmee;
Nu hort vort namen in P.

Hetgeen de andere natuerlijk na Orcha *eerst stellen.* | 769. V.J. seghet ons Pl. |
771. J. dats sine. | 772. V.J. Niemen ne can. H. Niemenne mach d. teverst. | 773. B. feles.
H. fel is. V. dant es fel ende groot. | 774. V. ende slaen doot. H. eñ slaet te d. J. ter
doot. | 775. B. wal vissce. V. in die grote see. H. walvisce in grote z. J. walvisscen
in die grote zee. | 776. V.J. Sine connens ontg. B. nemb. H. numm. | 777. H. Van
.O. seggic u niet mee. V. ne seg ic. J. *plaetst dezen en den vlgdn. regel na* Onos.
Zie vs. 757 en 768. | 778. B. hord vord. V. hort vort. H. hoert voert. | 779. H. seit
ons. | 780. H. Van den wondre de sijn.

Si liggḥen in fcelpen alfe oeſtren plien.

Si ſijn wonderlijc int opſien :

Binden fcelpen ligghenfe in een blies /

Te wonderne eeſt / ſijt feker dies /

785 Daer men af maect clevere diere

Na bzouwen eñ na mans maniere /

Eñ ḥooft cleder eñ koeverkieve /

Die men vercoopt bzouwen op lieve.

Pᴵster es een wonder onder ḥem allen /

790 Gḥeſien in die zee van Gallen /

Alfe Plinius te verſtane doet /

Dat ḥem ḥeft opter zee bloet / .

Alfe oft ware een roke vaſt /

Hogḥer dan een ſcil of maſt /

795 Eñ werpt water uut ſinen monde /

Alfe oft ene lovie maken ronde :

So dat alle die fcepe vervaert /

Diet verſien in ḥare vaert.   ·

Pᴸataniſta / ſeit Plinius ḥier /

Vs. 781. B. ligen in sc. alse mosscelen pl. V.J. Eñ (Ende) leghet in sc. (scellen) als
woestren (musslen) pl. H. als. | 782. V.J. Groot eñ (ende) wonderlic (wonderleec)
an (in) sijn up (op) sien. H. wonderlic. B. in dopsien. | 783. B.H. In scelpen l. J. Bin-
den scellen leghet. V. leghet. | 784. V. Te w. scone, sijt s. d. H.J. eist. | 785. V.J. of—
cleder. H. cleder dire : manire. B. clede'. | 787-788. *Ik neem deze twee regels uit*
V. en J. over; zij ontbreken in B. en H. In V. *staet* kneverkiene : up liene, *voor wie*
slechts naer den vorm der letters zien zou; in J. *hoeft* cl. ende cuverkieve : op lieve.
| 790. V.J. Es ghesien (ghesciet) in die see (indie ze). | 791. V. Als Plunus die te v. d.
H. Eñ Pl. J. Als. | 792. V. heeft bover der z. vl. J. boven der ze. | 793. V. Als ioft w. een
rotse. J. Als oft w. ene rootse. | 794. H. een seil af mast. V.J. Hogher ist (eist) dan
seil of mast. B. een seil ofte een m. | 795. H.V.J. wt. | 796. H. Alste alst ene lovie (*sic*).
V.J. Alst oft. | 797. B. vervart : vart. | 798. B. vorsien. H. v'sien. | 799. B. Planta-
nista seid Pl. hir. H. Plant.—hijr. J. Plant. seghet. V. seghet. *Voorts* : Platanista,
hetgeen ik volgde, omdat het inderdaed bij Plinius zoo heet.

800 Es in Indi een waterbier.

In Ganges seit hi dat si sijn/

Ghesnabelt alse dat delfijn;

Haer steert es .XXX. voete lanc.

Dese sijn so boze stranc/

805 Dat si verbiten delpendiere/

Alsi gaen brinken ter riviere.

Polipus/ alse Plinius seghet/

Es een visch/ die te sine pleghet

Bi Venedie in dat meere.

810 Sijn hooft dat es goet ter weere/

Eñ sijn steert in tween ghespleten.

Twee arme hevet hi/ alse wi weten/

Daer hi mede met stere cracht

Enen man/ die hem niet en wacht/

815 Te hant halet over boozt/

Eñ etene eñ versmoozt;

Want hi bleesch vercozen hevet.

So vaste an die roche clevet/

Men ne cant daer af ghetrecken niet.

Vs. 800. B. in Ende een w. d. H.V.J. in Endi een w. d. | 801. B. seid. H. seyt. V. leset-men datsi s. J. lesemen datsi. | 802. H. als. V.J. Gh. sijn si als delfijn. | 803. H. Har stert is .XXX. vote l. V. Hare staert. B. Har. J. Hare staert—voeten. | 804. V. so dur str. B.H. dore str. J. so sere. | 805. H. delpendire. V. delphijn diere. B. delpen d. J. ver-drinken delpen d. | 806. B. dr. in die riv. | 807. V.J. als. | 808. B. vesch. V. te wesen pl. | 809. B. Bi Vencedie in dat mere : were. H. in die mere. V. in dat mere. J. Bi Jenewen in dat mere. | 810. H. is groter were. V. Sijn hovet es hart ter weere. J. hert ter were. | 811. H.J. stert. V. staert. | 812. H. hevet, als wi w. V. heeft hi, als wijt w. J. aermen. *De rest gelijk* V. | 813. V.J. sire craft (cracht). B.H. Datter mede met s. (mit sire) cr. | 814. V.J. niet ne w. acht. H. niet wacht, *zonder* en *of* ne. | 815. H. Te-hant haelt o. boert. B. Te hand — bord. V.J. Mede haelt uter boerd (boort). (Tehant *ontbr.*). | 816. V.J. Dien et hi dan eñ verscoerd (ende versmoort). H. versmoerd. B. versmord. | 817. H. vleis. | 818. B. roeche. H. So vaste hi an roke. V.J. So vaste hi andie roche (rootse). | 819. H. Men can daer af. V.J. Menne canne of. B. caent.

(475)

820 Het gaet opt lant alst ghebiet,
Diet van der rochen wille bzinghen /
Men nopet met stinkenden dinghen :
So vallet af; want het haet stanc.
Alset noot / so es sijn ganc

825 So / dat manlijc andzen ghemoet.
Sittende hi sine eier bzoet.
Boven twee iaren leefter gheen /
Segghen die meesters over een.
Hier endet dat in .P. es;

830 Nu hoozt voozt van der .S.

Serra / alse Isidozus seghet /
Es een wonder dat in die zee leghet /
Gzoot / en hevet / also wijt kinnen /
Gzoote vlogle en starke vinnen.

835 Alst een scip seilen siet /
Sine vlogle op te heffene pliet /
En wille seilen na sceeps maniere.
Alst ghedaen heeft .IIII. milen of viere /

Vs. 820. H. Et gaet. V.J. Up tlant (Opt l.) gaet hi als hijt g(h)ebiet. | 821. B. Dijt
vander r. willede br. H. roche. V.J. Diene vander rootse. | 822. B. Men nemt met
enenegen; *doch dit laetste woord als of men er menegen had willen van maken.*
V.J. Doe hem iet an van stinkenden ding(h)en. H. mit; *de rest gelijk in den tekst.* |
823. H. wantet. V. vallet hi of, want bi aet st. J. valt hi of want hi. | 824. H. Alst
noet so is. V.J. Als hi n. B. noet. | 825. H. manlic. V. Dat endelanghe elc andren.
J. Dat ende lanc elc andren. | 826. H. sijn eyer. V. eyer. J. eyeren. | 827. H. Boven
enen iare leveter gene. B. enen iare. | 828. H. die meysters over ene. | 829. H. Hijr
endet dats in .P. es. V.J. Hier gaen ute (wt) namen in .P. | 830. H. hoert voert.
V. Hort vander .S. vort waert mee. B. hord vord. J. hort vander .S. vort mee. |
831. J.V.H. als Ys. | 832. B. in de ze. H.J. ze. V. pleget. | 833. V. Gr. en hevet, als
wi k. J. heeft als wi k. H. en heeft als wijt k. B. hevet *ontbr.* | 834. B. vimmen.
J. voglen. | 835. V.J. Dit dier alst een scip s. s. B. scep. | 836. V. Sine vl. het up te
heffen pl. J. vloglen. | 837. V. na des sceeps. B. sceps. J. na scepe. | 838. V. Alst
ghedaen hevet .V. m. of .IIII. B.H. Dit dier doet vijf m. ofte (of) v.

Eñ alfem niet en diet fijn poghen /

840 So ne cant die pine niet gheboghen /

Eñ ballen fine bloghele neder :

Dan fo moet keeren weder /

Eñ finken te gronde waert /

Daer fijn nature es eñ fijn aert.

845 Serra / dit wonder / bediet wel

Meneghen ries / die feefte eñ fpel

Eñ fwaren coft wille hantieren /

Eñ volghen hogher liede manieren

Beide in cofte eñ in cleden ;

850 Eñ eer hijt half mach volleden /

So wert hi der feeften moede ;

Want het falieert hem an den goede /

Eñ moet vallen in dat pat /

Daer fijn oudervader in fat.

855 Een ander wonder men oec weet /

Dat oec mede Serra heet /

Alfe Plinius eñ Ifidozus ghewaghen :

Sijn rugghe es fcarp ghelijc der faghen.

Dit dier pleghet int water flupen

Vs. 839. V. Eñ hem niet ghedient sijn popen (*sic*). H. als hem niet diet. J. Ende
hem niet diet. | 840. B. caent. J. nie gh. | 841. V. Ende — vlogle. J. vellet s. vlogle. |
842. B. kieren. V. Danne moet het kere w. J. Dan moetet keren w. H. keren. *Het
woordje so is er later bijgedaen.* | 843. B. ward. H. wart. | 844. sine nat. B. ard.
H.J. sine nat. — art (aert). | 846. V. Menigen. H. Mēnegen. | 847. B. antieren. V. Ende —
antieren. H. hantiren. J. sware costen willen. | 848. H. lude maniren. J. lieder. |
849. V.J. Bede in ridinghen eñ (ende) in cl. H. Beede. | 850. B. af *in plaets van* half.
V. alf can vulleden. J. can volreden. H. wlleden. | 852. V. falgiert. H. Wantet fael-
gierten. J. faelgiert. | 853. B. pad. V.J. So moet hi vallen inden pat. H. inden pat. |
854. V. houder vader. B. in *ontbr.* J. oudevader. | 855. B. Sen ander, *met eene groote
roode initiael, als of hier een nieuw capittel begon,* en Sen *de naem van een
nieuw monster ware.* | 856. B. oec Serra mede h. | 857. H.V. Als — Ys. J. Als —
Ysidorius | 858. V. Sijn ric. H. is scerp. J. Sijn rug es scerp. | 859. B. plegt. H. ple-
get in water. V. te slupene J. pleecht — te slupene.

860 Ende onder die scepe crupen /

Eñ snijtse ontwee / eñ verdzinct dan

In die scepe alle die man.

Dat doet alleene om dat /

Dat mans vleesch wil wesen sat.

865 Sirena es die meerminne.

Fisiologus hevet inne /

Dat si dzaghen wijfs ghelike

Toter nabelen sekerlike.

Gzoot sijn si / eñ ciselijc ghedaen /

870 Met langhen hare / sonder waen /

Eñ dat groot eñ grof mede.

Met haren kindzen es haer sede :

Dat sise in haren arme dzaghen /

Heeft men ghesien in someghen daghen;

875 Want si soghense alse bzouwen plien.

Scipliede als sise sien /

Vs. 860. V.J. te crupene. | 861. B. snietse. H. snietse ontwe eñ drinct d. V. ver-sinct d. J. snijtse ontwe ende verdrincse d. | 862. H.V.J. In den scepe. | 863. V. doet het allene. B.H. allene. J. Dit doetet al omme d. | 864. B.H. vl. (vleis) wil eten sat. V. Dat het. J. Dattet smans vl. wil sijn s. | 865. B. Syr. es d. merm. H. Syr. es de mere m. V.J. dats die mare (maer) m. | 866. B. Fisiogolus. V. Phis. die h. J. Philio-logus. | 869. V. eñ hiselike. H. wivelic. B. wivelijc. J. eyseleec. | 870. H. Mit. | 871. V.J. Eñ dat lecht (leghet) eñ groef m. | 872-875. *In deze vier verzen heb ik alleen gezocht iets verstaenbaers voor te stellen, zonder den tekst geheel en al om te werken. Zie hier wat mijne vier HSS. twee en twee aenboden :*

B. Met haren kindren es har sede,
Dat sise in haren arme dragen,
Heeft mense in somegen dagen
Geweten alse vrouwen plien.

H. Mit . . . .
. . . . arm dragen,
Heeftmen in somigen dagen
Geweten, enz.

V. Met haren kinde es har sede,
Die si in haren arme dragen,
Heeft mense ghesien in somen dagen;
Want si soghen als vrouwen plien.

J. . . . . kinde ende es hare sede,
. . . in haren aermen draghen,
Heeftmen ghesien in somighen d.
Want si sokense als, enz. . . . .

| 876. H. Sciplude alsise. B. Scepl. alsise. J. alssise.

Werpſt hem een idel vat /

Eñ die wile dat ſi hanbelen dat /

Vlien ſi van der meerminnen.

880   Adelinus doet ons bekinnen /

Dat ſi gheclaut alſe aerne ſijn mede ;

Eñ oec na andze viſſche ſede

Sijn ſi gheſcellet eñ gheſtaert /

Daer ſi hem mede ſtieren ter vaert.

885   Cluut hebben ſi ſo boze ſoete /

Alſe ſcipliede met goeder moete

Gheent hozen / ſo neş gheen man

Die des ſlaepş ontwechten can.

Van verbzinken ſiſe eñ ſcuren.

890   Men vintſe te ſomegher uren

In ſewen eñ ſomwile in ribieren.

Some / die kinnen hare manieren /

Alſi daer bi ſelen liden /

Stoppen ſi hare ozen tien tiden /

895   So dat ſi dien ſanc niet hozen /

Eñ ſo ne connen ſiſe niet verbozen.

Vs. 877. H.V.J. Werpen si. | 878. V.J. Ende. H. Entie wile. | 879. V. Ontvlien si der marem. J. Omme die maerm. (Vlien si ontbr.). B. Vlien si dan vander m. | 880. B. Adelinius. V. Adelius boec doet. | 881. B. alse are. V. geclawet. H. geclaut sijn alse arme m. J. als. | 882. V. ander vissche. B. vessce. H. ander visce. J. ander visscen. | 883. V. ghescelpet. B. gestert. H. gescelt eñ gestert. J. Si sijn. | 884. B. hen mede st. ter vared (sic). H. mede sturen t'w't (sic). | 885. B. Dlud (so ontbr.). V. Een luud hebsi so dor s. J. Een luut h. si so duer. H. dor soete (so ontbr.). | 886. V. Als scipman met. J. Als die scipmans. B. sceplide. H. sciplude mit g. mote. | 887. V.J. Gont horen. B. Tgene horen en es g. m. | 888. V. des slapens ontwisschen c. J. ontwisscen. | 889. V.J. So verdrincsise (verdrinctsise) ende sc. H. verdrencsese. | 890. B. vindse ter meneger. H. te meneger. | 891. B. seuwe. J. seuwen ende somtijt. V. seewen. H. sewe — riviren. | 892. V.J. kennen. H. har mariren. | 893. V.J. Als si vor (Alsi vort) bi hem sullen l. H. voer bi sullen. | 894. V.J. Stopsi (Stoppense) — in dien (indien) t. H. Stoppensi har o. | 895. V.J. haren sanc niet en (ne) h. H. den s. niet verhoren. | 896. B. Eñ some conen sijs niet. V. Eñ some c. sise met (sic) v. J. Eñ ontbr.

Ulyres / wanic eñ meneghe mede /
Dat eerst vant dese behindechede.

Sulla es een wonder mede /
900 Dat men vint teere stede /
Seit ons waerlike Abelijn /
Daer twee lande verscheden sijn :
Tlant van Italien eñ van Sicile ;
Daer vint mense / sonder ghile.
905 Op al tfolc sijn si verwoet /
Want si vleesch minnen eñ bloet.
Borst gheschepen eñ hooft
Na die meerminnen / des ghelooft /
Maer den mont groot eñ wijt /
910 Eñ tande vreesselijc talre tijt /
Ghelijc dat andre diere sijn /
Eñ ghesteert na dat delsijn ;
Starc in watere / cranc opt lant.
Oec singhen si suete / alsict vant.

Vs. 897. V. Uluxes waent die menighe. J. Uluxe w. ende die meneghe m. H. Ulixes
entie menege wanic mede. | 898. B. ierst v. die b. V. bendichede. H. vant de behend.
J. behend. | 899. V.J. dats een. | 900. V. Alsment v. tere st. B. vind tere. J. in ere
st. H. tere. | 901. B. Seid ons warl. V. Seghet ons Ad. J. Seghet ons waerliken. |
902. B.V.H.J. versceden. | 903. B. Dlant van Yt. eñ van Cisile. V. Ytalien eñ Sisile.
H. Ytale — Cysile. J. Italien ende Cecile. | 904. V.J. In die zee v. B. vind mense s.
gile. H. vintmense s. gile. | 905. B. verwoetd. V. Up alle die liede. J. Op allen lie-
den. H. alt volc. | 906. B. tfleesch. H. vleis. | 907. B hoeft. V.J. hovet. | 908. B. Na
die maniere des g. H. Na manire des g. V.J. Na mareminnen (maerm.) dies ghelovet.
| 909. B.H. Mar (Mer) den mond (mont) groet. V. Mare. J. Mar die m. | 910. V. Tande
vreselijc (Eñ ontbr.). B. vreselijc. H. vreselic. J. Tanden vreseleec (Eñ ontbr.). |
911. V. Gheliket als ander d. s. J. als andre dieren. H. dire. | 912. B. dat ontbr.
V. Eñ gestaerd als dat d. J. Ende ghestaert als telfijn. B. Gesteert eest na dat d.
H. Gestert ist alst delfijn. | 913. V. int w., cr. up. lant. H. int water. J. Sterc int
water ende cr. | 914. V. soete alst ic v. J. soete. H. soete als ict.

915 Sinocus/ spreect Isidorus/
Es in die riviere Nilus/
Dat es in Egypten/ sonder waen/
Eñ es na cocobrillus ghedaen;
Maer minder vele/ eñ niet so lanc.

920 Sijn vleesch/ gheminghet in enen branc/
Doet vergaen al venijn.
Men leest/ dat si broet sijn/
Eñ dat si storme borsten/
Eñ si in haren hole vlien/

925 Eñ stoppen tgat te winde waert/
Eñ maken anders hare uutvaert.
Van .S. ne vandic nemmee;
Nu comen hier voort namen in .T.

Testudo/ dats die slecke/ in latijn/
930 Die in India so groot sijn/
Dat Plinius eñ andre tellen/
Dat liede wonen in haren scellen/
Eñ si van eilande te eilande varen
In die roode zee daer mede twaren.

Vs. 915. V. spreict Ys. H. Synochus spr. Ys. J. Sinacus spr. Ys. | 916. H. rivire. |
917. V.J.H. Dats. B. Egipten. | 918. V.J. Ende. B. cocodrilluse. | 919. H. Mer. J Mar.
| 920. B. Sijn vesch. J. gheminct. H. vleis. | 921. V.J. Die doen (doet) v. dat v. H. Doen
v. | 922. V.J. leset dat si so vr. s. | 923. V.J. Datsi die st. (Eñ ontbr.). B. vor sien.
H. versien. | 924. H. in hare hole. J. Ende in hare holen. | 925. V. Ende st. B. wart.
| 926. B. vut vart. V. haer. H. wtfaert. J. opvaert. | 927. V. Van .S. sone hebbic n.
H. ne vandic niet me. J. Vander .S. hebbe nemmee. | 928. V. Hier comen vort. B. hir
vord. H. coemt voert. J. hort hier vort vander .T. | 929. B. dat es. V. die ontbr. H. slec.
| 930. H. De in India. | 931. V. ende ander. H. eñ dandre. | 932. B. in hare. H. lude.
J. lieden w. in hare sc. | 933. V. van heilande theilande. B. te ielande H. van eylande
teylande. | 934. B. die groete zee daer met twaren. V. see d. m. te waren. H. grote
ze — tvaren. J. rode ze.

935 Wonderlike so vaet men dese :
Somwile / also alsict lese /
Die stecken bloten op die vloet /
Eñ alse die lucht es scone eñ goet /
Eñ warm dat sonneschn /

940 Dan dinct hem dat so soete sn /
Dat si uter scellen al crupen ;
Eñ eer si moghen weder in slupen /
Werden si so verdroghet van der sonnen /
Dat si niet inne comen connen /

945 Eñ en connen niet onder twater comen :
Aldus werden si op ghenomen.
Oec vaet mense anders / wildst verstaen :
Nachts / alsi ter weiden gaen /
Eñ si sat ter zee waert comen /

950 Wert sulc slapende van hem somen ;
So werpmense omme daer op neder /
So ne connen si niet op comen weder.
So scieten si uut / eñ ne connen gheleeren

Vs. 935. V.J. *so ontbr.* H. vamen. | 936. B. Som wille. V.J. aldus als ic (ict). H. Somwile alsic l. | 937. B. de vloet. V. up. J. indie vl. | 938. V. Eñ als. H. als—is. J. als. | 939. V.J. warem es d. s. (sonnen sc.). H. warem dan tsonnenscijn. | 940. B. Dan donct hem datsi seker sijn. H. Dinct hem datsi seker s. (Dan *ontbr.*). V. Dan *ontbr.* J. Dan *en so ontbreken.* | 941. B.H. So dat si uten sc. cr. (al *ontbr.*). | 942. B. Eñ *ontbr.* V.J. moghen (moeghen) in gheslupen. H. mogen in gecrupen. | 943. V.J. Wordsi. (Worden si) so droghe. B. soe bedroget metter s. H. so *ontbr.* | 944. V.J. niet weder in c. c. H. niet incomen. | 945. H.V.J. Eñ connen niet. *Het negatíve* en *ontbr.* B. conen niet onder water. *Voorts plaetsen* B. *en* H. *vers* 946 *voor* 945. | 946. V. wordsi up. | 047. B.H. Eñ men vaetse anders. V. anders el wi (*sic*) verstaen. J. als wi verstaen. | 948. V. Nacs al si (*sic*). H. ter weeden. | 949. B. wert. V. wart. J. ze. H. Eñ alsi sat derw't c. | 950. V. Wort sulc. J. sulke. B. selc. | 951. B. ombe dar. V. omme dat up dat neder. H. om dat op dat neder. J. omme op dat neder. *Allen* werpmense, *dat ik daerom behield. Vglk.* vs. 1003. | 952. V. up c. H. So connensi niet op c. J. niet comen (op *ontbr.*). | 953. B. ut eñ connen (ne *ontbr.*). V. sciet si ute. *Voorts allen* gheleren *of* geleren.

31

Dat si hem selben omme keeren:

955 So dat mense ban met linen strect/
Eñ te lande waert optrect
Met bele lieben biese slepen:
Albus so werben si begrepen.
Gheene tanbe heeft si in ben mont;

960 Doch es hi hart eñ slutenbe cont/
Eñ so starc min no mee/
Dat hi ben steen b2eect ontwee.
Si riben eñ noten in bire manieren
Dat coeye boen enbe stieren.

965 Si legghen eier alse ganse twaren/
Honbert te samen teere scaren:
Opt lant becsise/ baert es sachte/
Eñ b2oebense ban bi nachte.
Si boeben haer ionc een iaer.

970 Selke segghen ober waer
Dat si met slene hare eier b2oeben;

Vs. 954. B. ombe keren. V. Hem selven niet omme keren (Dat si *ontbr.*). J Hem
selven weder omme keren. H. Ende hem selven niet om gekeren. | 955. V.J. dat-
mense metter l. str. H. mit linen strict. | 956. B. wert. V. Ende te l. w. dan trect.
H. w't dan op trect. J. Ente (*sic, een woord*) lande waert dan trect. | 957. B. liden
dise sleipen. H. luden diesi sl. | 958. V. Dus wordsi somwile begr. H. Dus. J. Dus wer-
den si somwile b. | 959. V. ne bevet so inden m. B. Gene. H. Gene t. heeftsi, *door
verbetering, uit* heefhi. J. Ghene tanden. | 960. B. hard — rond. V. hie hard eñ eñ
sl. (*sic*). H. is. J. hert. | 961. V. Als een lous no min of no mee; *maer of is doorge-
haeld.* J. Als een lons no mee no min. *Voor lous en lons schrijve men* doos, *naer
't latijn :* pyxidis modo. *Het woord werd reeds vroeg bedorven; want al behoude
ik hier de les van B. en H., het is waerschijnelijk dat wij ze aen eenen kopist te
danken hebben.* | 962. V. Een steen breict hi ontwee. J. Enen st. breect hi ontw. |
963. H. in dier maniere. J. inder m. | 964. B. coe doen ofte st. H. coie d. of st. V. coeyen.
J. coyen. | 965. V. eyer alst ganse ware. J. eyeren alst g. waren. H. eyer als g. |
966. V. there scare. B.H. tere. J. terer. | 967. B.J. Opt dlant dicken (decken) sise.
V. Up tlant. H. is. | 968. V.J. Ende br. bi n. (dan *ontbr.*). | 969. V. hare ionghe.
B.H. har. J. hare ionghen. | 970. H.J. Sulke. | 971. B. met sine. V. mit s. h. eyer.
H. mit s. har eyer. J. eyeren.

Maer die ghene die wel ghebroeden /
Eñ die dit wonder dicke saghen /
Ne willens over waer ghewaghen.

975   Tygnus / alse Solinus seghet /
Es een wonder dat in die zee leghet.
Sijn steert es wel breet bijf voete.
Opt lant gaet eten dor honghers boete :
In norden winde het meeft des pleghet.

980   Plinius van defen seghet /
Om dat hem luft seilens ften /
Dat fi den fcepen volgheng plien.
So nernft fijn fi in defen doene /
Dat menfe friet met arpoene.

985   So vet werden fi / weet dor waer /
Dat fi ne leven maer brie iaer.

Ynnus es een vifch mede
Van harde groter wonderlichede ;
Met fiere longhenen / met finen oghen /
990   So mach men groot wonder toghen :

Vs. 972. V.J. Dits wonder; maer (mar) die w. gh. B. gevroden. | 973. V. dicken
H. Eñ de dit. | 974. B. En willens ov. war niet gew. H. Willens overw. niet g. |
975. V. Tygnus als. H. also. J. als. | 976. B. dat in de zee. V. see. H.J. inde ze. |
977. V. staert. B. vif. H.J. stert. | 978. B. Opt dlant. V. Up tl. g. eten dor des h. J. duer
shonghers. | 979. V. nordene w. B. des *ontbr.* H. B. noerden w. et meest pl. J. In
nordwinde (des *ontbr.*). | 981. B. *had, voor* sien, *begonnen* plien (pl) *te schrijven,*
maer veranderde de l *in* s; *echter bleef de* p *staen* (psien). V. seilen. J. Omme dat
lust (hem *ontbr.*). V.J.H. *plaetsen vs. 981 en 982 in eene omgekeerde orde. Ik volg*
B. | 982. B. den scepe. | 983. V. narenst. H. nerenst. J. neernst. | 984. B. arpioene.
H. mit arpioene. J. sciet aldus m. aerpoene. | 985. V. wordsi over w. B. war. H. wet
vorwaer. J. over waer. | 986. V. w' (*sic* = waer) drie i. H. mer. B.J. mar. | 987. B. Tei-
nius, *maer de* e *is onderstipt. Voorts, naer gewoonte,* vesch. J. Thinius. H. Tinius
is. | 988. B.V. herder groter. J. herde gr. wonderlijch. | 989. B. sire. V. sire longhere.
H. mit sire longene mit. J. sire longhen m. sine o. | 990. V.J. Mach men een gr. w.

Men smeltet in een glasen bat
Met zee watere; eñ al dat/
Datmer scrijft mede/ over waer/
Sal nachts scinen alse bier claer.

995   Cortura es der tortuwen name.
Die vint men groot eñ onbequame
In die zee/ .LVI. voete lanc/
Eñ .VIII. breet/ starc eñ stranc;
Langhe been/ clauwen so groot/
1000 Noyt ne hadde leuwe des ghenoot.
Stout so seere/ sonder waen/
Si bar wel drie manne bestaen.
Werpt mense omme metter macht/
So ne heeft si gheene cracht;
1005 Want hare scilt es so breet/
Si ne mach niet op wel ghereet/
Daer si in besloten leghet/
Die briehoerte es/ als men seghet.
    Van der .C. laten wi bliven nu;
1010 Hier comt een allecne in .D.

Vs. 991. V. glasin. J. Me (sic) smelt in. | 992. V. see watre ende. H. sewatre. J. ze w. | 993. V. scrivet. B. war. H. Datmen scr. mede. J. mede scrivet. | 994. B. vir. H. als. J. nachts wesen herde cl. | 995. B. cortuwen. V. dats der tortuwe. H. tortuen. J. dats. | 996. V. onbetame. H. ombequ. J. Diemen vint — omb. | 997. J. ze — voeten. | 998. B. Die vindmen groet, st. eñ str. H. De vintmen starc, groet eñ str. V. Eñ achte br. J. sterc. | 999. V.H. clawen. J. bene ende die clawen groot. | 1000. B. Dat men ne vind niet hars g. V. Noit ne h. leeuwe des g. J. Nooit ne h. lewe dies gh. H. Dat men ne vint har g. | 1001. V. Stout es soe sere. J. Stut (sic) es si sere. H. sere. | 1002. V. drie man b. H. daer wel .III. man b. | 1003. V.J. Werpmense. B. ombe. H. Werpm. — mitter. | 1004. V. hevet. H. en heefse gene. | 1005. V.J. die es. H. har scilt is. | 1006. V. Soene m. n. up gh. B. Sine m. n. op wel gh. H. Si en mach. | 1007. V. Daer soe in. | 1008. V. driehoekende es. B. drie h. H. De drihoccte is. J. Ende .III. hoekende alsmen ons seghet. | 1009. V.H. Van .T. B. late wi. | 1010. B. Hir coemt een allenc. V. enc allene. H. Hijr coemt enc allene. J. comt allene een .V.

𝕍Acca marina es die zeecoe.

Aristotiles seghet hier toe /

Vattet starc es ende groot /

Eñ wreet alst hem comt ter noot.

1015 Dit dier draghet nu een / nu twee /

Alse ene coe / no min no mee.

Tien maende draghet si haer bracht.

Seere nauwe sise wacht /

Eñ minnetse seere / dat es waer.

1020 Si leben .C. eñ .XXX. iaer /

Eñ dit es ghebroebet ghenoech /

Als men hem ben steert af sloech.

Van .V. vindic nemmee te samen ;

Van .Z. comen hier vier namen.

1025 𝕫Ebrosi / seit Plinius /

Sijn grote bissche / eñ heeten bus.

Hare been sijn sulc / als men ghewaghet /

Dat menre planken abe saghet /

Daer men af maect weghe eñ buren ;

Vs. 1011. B. de see c. V. dats d. zee c. J. dats der ze c. H. is de zeecoe. | 1012. V. se-
ghetter toe. J. daer toe. H. hijr toe. | 1013. V. Dat starc es eñ gr. J. sterc. H. Dat
sterc es. | 1014. V. hem *ontbr.* B.H. coemt. J. als hem. | 1015. H.J. twe. | 1016. V. Als.
Voorts mini *met de laetste* i *doorgeschrabd; terwijl* B, *daer het eerste* no *ontbreekt,*
nnyn (*sic*) *schrijft.* H. Als eene coe noch minnome (*sic*). J. me. | 1017. V.J. .X. maen-
den draghen si hare dr. H. dragen si hare. | 1018. B. sijn si gewacht. H. nawe sijn
si gew. | 1019. B.H. Dit es geprovet (is geproeft) over waer. V. Eñ minnese s'. J. min-
nense sere. | 1021. B. geprovet gnoech. V. gheprouvet ghenouch. J. gheproeft. H. dits
geproeft g. | 1022. V. die staert of slouch. J. die stert of sl. H. stert. | 1023. B. nemme.
J. vindicker nemme. H. nimeer. | 1024. B. hir namen (vier *ontbr.*). V. Hier comen
.Z. .IIII. namen. J. Hier comen van .Z. vier n. | 1025. B. seid. V.J. seghet. | 1026. V. gr.
vische (visscen) heten d. B. vessce. H. visce eñ heiten. | 1027. V.J. beene (benen) sijn
sulc, als hi ghew. B.H. Hare (Har) been sijn so groet alsm. | 1028. V. Datmer pl.
J.H. Datmer planken of (af) s. | 1029. V.J. of m. w. eñ doren (ende dueren). H. doren.

1030 Eñ so lanc / na der scrifturen /

Dat mense te balken in salen leghet:

.XXX. voete lanc / alse Plinius seghet.

Dese diere / lesen wi /

Sijn in die zee van Arabi.

1035 Zidrac / alse Liber Rerum seghet /

Es een wonder dat in die zee leghet /

Wonderlec eñ vreeseler mede;

Nochtan eest van sueter sede /

Want het ne heeft gheenen fellen aert.

1040 Ghehooft eest als een paert.

Na den brake els nederweert

Lanc eñ crom es hem de steert.

Meneghertiere es hem dat vel /

Eñ swimmet alse een ander visch wel.

1045 Zitron es wonder mee /

Want hets die ridder van der zee.

Liber Rerum hier af seghet /

Dat hi boven te sine pleghet

Vs. 1030. B. Also lan (sic). H. Eñ so l. | 1031. B. legt : segt. | 1032. J. .C. voeten l. als. | 1033. B. lese wi. V. Dese beesten. J. beesten lese wi. H. dire. | 1034. B. inde zee. J. Vintmen indie ze. | 1035. V.J. Zidrach. als. | 1036. J. ze. H. Is — de ze. | 1037. B. Wonderlec eñ vreeselijc. V.J. Wonderlic (— leec) ende vreselic (— leec). H. Wonderlic eñ vreeslic. | 1038. B.H. Mar (Mer) nachts eest (eist). V. ist van soeter. J. eist v. soeter. | 1039. B H. Want en heft (heeft) genen f. aerd (aert). V. Want soe ne hevet. J. want het ne hevet ghenen. | 1040. B. sloeg dezen regel over, en liet vervolgens na vs. 1042 plaets open voor den rijmregel dien hij te kort kwam. V. Ghehovel es het. J. Ghehoeft eist. H. Et heeft thoeft. | 1041. B. neder ward. V.J. neder waert. H. ist nederw't : de stert. | 1042. B. croem. V.J. staert. H. is hem de stert. | 1043. V. Menighert. H. Menegertire is. B. Meneger tire. | 1044. V.J. swemmet als and' vissche (andre visscen) w. B. vesch. H. zuemt als. | 1045. B.H. Zifron. V. es noch een w. mee. J. Zitiron es noch w. | 1046. V.J. Dat heet die ridder (ridders). H. ets de ridder. | 1047. V.J. hier of. B. hir. H. hijr. | 1048. B. te siene.

Den ribbere ghelijc / des gheloobet;

1050 Ende recht alse een helm opt hobet

Van enen herden rumen belle /

Alst ware ban ledere ofte van stuelle.

Enen scilt op die ene side /

Lanc eñ hol eñ een deel wide /

1055 Daer hem dat bier mede decken mach

Ieghen steke eñ ieghen slach.

Met starken senewen es hi best

Die scilt in sinen like ghebest;

Driehoerte es hi / horen wt sprehen /

1060 So starc men ne canc bor steken.

Tweesplette hant hem onder staet /

Daer hi seere mede slaet :

So dat cume man mach wesen /

Die des slaghes mochte ghenesen.

1065 Dus es hi te bane quaet ;

Eñ baet menne / eñ men op hem slaet /

Vs. 1049. V. rudder gh. d. ghelooft. H. ridder. J. riddre gh. dies. | 1050. V. als
een h. up thooft. H. als hi eenen h. op sijn hovet. B. op sijn hovet. J. als een helm. |
1051. V.H. harden. | 1052. V. Iof als v. ledre of v. sw. H. ledre of v. suelle. J. v. le-
dre of. | 1053. B. scild. V. an deen side. J. Een sc. op dene s. | 1054. B.H. een deel
ontbr. V. Lanc ende hol. | 1055. V. in decken. H. dat dijr. J. in decken m. | 1056.V. eñ
ontbr. | 1057. V. es hi best. J. sterken s. es hi best. H. Mit sterken s. is hi ge. . . .
*Dit vers en de zeventien volgende zijn op het einde verminkt. Daer stond zonder
twijfel* gebest, *gelijk in* B. | 1058. V.J. in sijn lijf. H. De sc. | 1059. B. Drie h. es hi,
hore wi. V. hore wi. H. Drihoecte is hi hore wi. J. Drie hoekede es als wi horen spr.
| 1060. B. menne canne niet gebreken. H. men canne gebreken. V. dur st. J. sterk
menne cannen niet duer steken. | 1061-1062. V. Twisplette. J. Twi spellete end hem.
B. *en* H. *geven de bedorven les :*

B. twee spette heft hi in den staert.　　H. .II. specte heefthi inden start,
　Daer hi sere me sleet te ward.　　　　 Daer hi sere mede slaet ter vart.

De laetste letters sijn in H. *weggesneden.* | 1063. B. come iman. H. Zo (*sic*) dat c.
| 1064. V. soude ghenesen. J. mach gh. | 1066. V.J. vaetmen eñ men up (op).

Niet lichte doet men hem wee.
Dese vint men in dinghelsche zee.

Z Afius dat es een wonder
1070 Boven allen andzen besonder.
Basilijs / die groote in sijn doen /
Spzeect in sinen boeke Exameroen /
Dat dit wonder hebet grootheit ane
Vele boven des menschen wane /
1075 So vele / dat elc man segghen soude /
Datter Nature in spelen woude.
Henne ghelijct / boven noch onder /
No visch / no dier / no gheen wonder /
Norh voghel / groot no cleene ;
1080 Maer sonderlinghe alleene
Gaet alre dinc die leven boven.
So dat menre te rechte wel in loven
Gode mach / diet al gheboot.
Sijn hooft te siene / es wonder groot ;
1085 Sijn mont te siene / es een afgront /

Vs. 1067. V.J. ne doet men. H. doemen. | 1068. B. vind men. *In dit HS. staet deze regel vóór, en* 1067 *volgt.* H. vaetmen in ding..... | 1069. J.H. dats. | 1070. B. alle andre. H. alle dandr.... | 1071. V.H. Basilius die (de) grote. J. Baselis. | 1072. V. Spreict inden b. J. inden boec van Examiroen. | 1073. B. grootheit *ontbr.* H. *is verminkt.* J. beeft groetheit. | 1074. V. boven allen m. w. J. smenscen. | 1076. V. Offer nat. J. Joffer. | 1077. B. En gelijct. H. Een gelijc. J. Het ne gh. b. no onder. | 1078. V. No visch. B. Vesch. no dier en geen besonder. J. No vissce, no d., no gherehande w. H. Visch noch dier geen besonder. | 1079. V. No voghel gheen no gr. no clene. B. clene. H. vogle — clene. J. No voghel gheen no gr. no clene. | 1080. V.J. Mare (Mar) sonderlanghe. H. ..... er sonderl. *De M is weggesneden en zoo hebben mede de achttien volgende regels hun begin verloren, de laetste het meeste.* | 1081. V. die levet. H. de levet. J. Gatet alle ding. | 1082. B. dat m. V.J. So datmer wel met rechte in l. H. ... tmer te rechte in l. | 1083. B. God m. dijt al geboet : groet. H. geboet : groet. | 1084. V. hovet. H. is. | 1085. *In J. is deze regel uitgevallen.* V. Sijn mont te siene es een afgront mont (*sic*). B.H. alse (als) een afgrond (afgront) (es *ontbr.*).

Ghelijc alse der hellen mont;

Sine oghen / alse dat helsche vier :

En elc andren so onghehier /

Dat elc mach segghen / dat hi ne sach

1090 Nie sulc wonder onder den dach.

    Hier endt die boec : ine vinds nemmee

Van den wondren van der zee.

Men sal hier in vinden sticke

Een en vijftech / dat segghicke.

1095 Hoort voort van visschen manieren /

Die de zee voet en die rivieren;

Maer int ghemeine hoort een deel /

En van van elken al gheheel.

Vs. 1086. B. mond. V. Ghelijc als der h. gront. H.J. als. | 1087. V. Sijn oghen als. H. .... ogen als. J. als. | 1088. V. Elc ander. B. Elken mensce soe ongier. H. .... minsce so ongier. | 1089. V. mach sien dat hi ne. H. seggen diene s. J. hine. | 1090. B. Selc w. op enen dach (Nie *ontbr.*). H. .... onder op enen d. J. Noit sulc w. | 1091. B. inne vinds. V. ent den boec, in vints niet mee. H. ... die boec en vints nimme. J. eynt dit b. inne vans nemm. | 1092. B. wondre. H. .... wondre inde ze. J. wondre. | 1093. H. .... ijr in v. sticken. J. in *ontbr.*| 1094. B. Een van viftecht dat seggicke. H. seggicken. V. vijftich dat seg ic ke (*sic*). J. seg icke. | 1095. B. hord vort v. vesscen. V.J. Vort hort der visschen (die vissce) maniere. H. maniren. | 1096. B. voed. V.J. Die die see (ze) v. entie riviere. H. entie riviren. | 1097. V. Mare int ghemeene hort. B. hord. J. Mar — hort. H. .... hoert. | 1098. B. al geel. V.J. Ende danne (dan) v. elken gheheel (al *ontbr.*). *Deze twee laetste verzen plaetst* B. *in 't begin van het volgende Boek.*

EINDE DES EERSTEN DEELS.

———

ERRATUM.

Bladzijde 65, vs. 541, in plaets van wi so lees wie so

———

Lightning Source UK Ltd.
Milton Keynes UK
UKHW050907050722
405403UK00007B/589